Springer-Lehrbuch

Jochen Schumann

Grundzüge der mikroökonomischen Theorie

Sechste, überarbeitete und erweiterte Auflage

Mit 217 Abbildungen

Springer-Verlag
Berlin Heidelberg New York
London Paris Tokyo
Hong Kong Barcelona
Budapest

Prof. Dr. Dr. h.c. Jochen Schumann
Institut für Wirtschafts- und Sozialwissenschaften
der Universität Münster
Universitätsstraße 14−16
D-4400 Münster/Westf.

Die erste bis fünfte Auflage erschien als Heidelberger Taschenbuch Band 92

ISBN 3-540-55600-1 6. Auflage Springer-Verlag Berlin Heidelberg New York Tokyo

ISBN 3-540-17985-2 5. Auflage Springer-Verlag Berlin Heidelberg New York Tokyo

Satz: K+V Fotosatz GmbH, Beerfelden
42/7130-5 4 3 2 1 0 − Gedruckt auf säurefreiem Papier

Vorwort zur sechsten Auflage

Obgleich dicke Bücher bekanntlich abschrecken, wurde der Umfang der 6. Auflage gegenüber dem der 5. Auflage noch einmal gesteigert – in der Absicht, das Buch leserfreundlicher zu machen! Zwei Ergänzungen sind es, die den Umfang vergrößert haben:

Erstens wurde dem Buch ein Kapitel 0 vorangestellt, welches einen einführenden Überblick über den Gegenstand der mikroökonomischen Theorie, die *Funktionsweise einer Marktwirtschaft*, gibt. Es entstand als Reaktion auf den Eindruck, daß das kapitelweise, relativ langwierige Studium der Haushalts-, der Unternehmungs-, der Markt- und der Preistheorie zu wenig das gesamte Bild marktwirtschaftlichen Geschehens erkennen läßt. Kapitel 0 nimmt vieles abgekürzt und vereinfachend, aber hoffentlich doch klar genug, vorweg, was in späteren Kapiteln ausführlicher behandelt wird. Es legt Wert auf eine zusammenhängende Beschreibung sowohl der individualistischen Grundlegung der Mikroökonomik als auch der marktlichen Koordination der Gesamtwirtschaft, einschließlich ihrer Vorzüge und Defekte.

Zweitens wurde Kapitel VI über *neuere Entwicklungen in der mikroökonomischen Theorie* überarbeitet und erweitert. Das Problem der asymmetrischen Informationsverteilung wurde in Abschnitt B schärfer gefaßt und in einem neuen Abschnitt D.4 wieder aufgegriffen, der sich mit der Agency-Theorie befaßt – einer Richtung der Neuen Institutionenökonomik, die zunehmend an Bedeutung gewinnt. Der dominierende Zweig der Neuen Institutionenökonomik, die Transaktionskostentheorie von WILLIAMSON, wurde in Abschnitt D.3 viel ausführlicher als bisher dargestellt. In Abschnitt E finden sich nun Hinweise auf die Property-Rights-Theorie und auf das Verhältnis von Gemeineigentum und externen Effekten. Die Folgerungen aus dem COASE-Theorem zur Internalisierung externer Effekte wurde deutlicher formuliert.

Außerdem wurden einige Änderungen in den Bezeichnungen von Nachfragekurven in Kapitel I vorgenommen; in Kapitel III wurde der (bisher in Kap. IV.B.2.d versteckte) Abschnitt A.2.e über Käufer- und Verkäuferrente eingefügt. Ferner wurde in Kapitel V vor allem der Abschnitt C über die Produktionsfaktoren Arbeit, Sachkapital und Boden überarbeitet und durch eine ausführlichere Behandlung der Quasi-Renten ergänzt. – Auch Kürzungen wurden in der

Neuauflage vorgenommen: Der Abschnitt D.4 des Kapitels VI über die Measure-ment-Richtung der Neuen Institutionenökonomik und ebenso der kurze Schluß-abschnitt des Buches über die Wettbewerbstheorie wurden gestrichen.

Um die 6. Auflage leicht mit der 5. Auflage vergleichbar zu halten, wurde die Numerierung der Gleichungen und der Abbildungen aus der 5. Auflage beibe-halten; für die in der 6. Auflage neu eingeführten Gleichungen und Abbildungen wurde eine ergänzende Numerierung gewählt. Dadurch ist auch eine problemlose Verwendung der sich auf die 5. Auflage beziehenden Aufgabensammlung (mit Lösungen)

ULRICH MEYER, JOCHEN DIEKMANN
Arbeitsbuch zu den Grundzügen der mikroökonomischen Theorie,
3. verb. Aufl., Springer-Verlag 1988

möglich.

Das Buch richtet sich als Einführung, die nicht nur exemplarisch auf wenige Problembereiche, sondern auf ein relativ breites Spektrum von Fragestellungen der Mikroökonomik ausgerichtet ist, an Studierende der Volkswirtschaftslehre und der Betriebswirtschaftslehre im Grundstudium und im Hauptstudium.

Das Buch ist jetzt so abgefaßt, daß im *Grundstudium* der *Überblick über die Theorie der Marktwirtschaft des Kapitels 0* und unmittelbar daran anschließend ein *Einstieg in die neueren Entwicklungen der Mikroökonomik nach Kapitel VI* erarbeitet werden kann. Auf diese Weise sollte es möglich sein, die Mikroökono-mik des Grundstudiums weniger technisch-formal, mehr ökonomisch-inhaltlich orientiert und daher attraktiver zu gestalten.

Dem *Hauptstudium* können dann die detaillierteren *Kapitel II bis V* über Haushalts-, Unternehmungs-, Markt- und Preistheorie und über Faktormärkte sowie eine *vertiefende Behandlung* der in *Kapitel VI* angesprochenen neueren Entwicklungen vorbehalten bleiben. Auch hier ist, insbesondere was die „Ergän-zungen" in den Kapiteln II und III angeht, eine Auswahl möglich.

Zur Abstattung angenehmer Dankespflichten möchte ich zunächst aus dem Vorwort zur 5. Auflage zitieren: „Mit der Zahl der Auflagen wuchs auch die Zahl derer, denen ich für Verbesserungsvorschläge sehr dankbar bin. Frau Prof. Dr. EVA BÖSSMANN, Universität zu Köln, übermittelte mir eine Fülle von Anregun-gen und kritischen Hinweisen. Herr Prof. Dr. JÜRGEN ROTH, jetzt Fachhoch-schule Reutlingen, hatte mit seinen Anregungen Einfluß auf die 2. und 3. Aufla-ge. Aus dem Kreis früherer Mitarbeiter am Lehrstuhl für Volkswirtschaftstheorie der Universität Münster ist Herr Prof. Dr. ULRICH MEYER, jetzt Universität Bamberg, seit der 2. Auflage meine kritische Instanz; ihm verdanke ich auch Ver-besserungen und Ergänzungen meiner eigenen Formulierungen zu erschöpfbaren Ressourcen in der 3. Auflage und zur Dualität in der Haushalts- und in der Un-ternehmungstheorie in der 5. Auflage. Die 1. Auflage erfuhr scharfsinnige Kritik von Herrn Prof. Dr. WERNER GÜTH, jetzt Universität Frankfurt/Main. Die 3. und 4. Auflage profitierten von zahlreichen Verbesserungsvorschlägen Herrn Dr. JOCHEN DIEKMANNS, jetzt DIW Berlin. Für Hinweise und konstruktive Zusammenarbeit danke ich besonders auch dem Leiter des volkswirtschaftlichen Tutorenprogramms der Universität Münster, Herrn AOR Dr. GERHARD THOR. An der inhaltlichen und technischen Gestaltung der 1. bis 5. Auflage waren ferner beteiligt Herr Dr. HANS BRÜNING, Herr Dr. WOLF-RÜDIGER FRANK, Frau ELISABETH ZÖLLER, Herr Dr. WALTER BAKENECKER, Herr Dipl.-Volksw. NORBERT PINNO, Herr Dr. JOHANN WALTER, Herr Dr. KONRAD RENTRUP und Herr Dipl.-Volksw. DETLEF AUFDERHEIDE. Nicht zuletzt danke ich Frau PETRA VOSS, die das Sekretariat des Lehrstuhls stets zum integrierenden Mittelpunkt macht und ohne Verlust an guter Laune die Entwürfe und Überarbeitungen zu den Neuauflagen in die Maschine tippte."

In der 6. Auflage berücksichtigte ich dankbar zur Kenntnis genommene Hinweise von Frau Prof. Dr. SUSANNE WIED-NEBBELING, Universität zu Köln, Herrn AOR Dr. GERHARD THOR sowie von studentischen Lesern und Gesprächspartnern. Meine Entwürfe zur Neuauflage wurden von den jetzigen Mitarbeitern am Lehrstuhl, Dipl.-Volksw. DETLEF AUFDERHEIDE, Dipl.-Volksw. CHRISTOF DOMRÖS, Dipl.-Math. ANDREAS SCHULTE und Dipl.-Volksw. KIRSTEN WITTE konstruktiv kritisiert und verbessert. Frau PETRA VOSS erledigte wieder die organisatorischen und technischen Arbeiten; sie wurde dabei von cand. rer. pol. JUTTA BISON und cand. rer. pol. MICHAEL HÄDER tatkräftig unterstützt. Allen danke ich für die ausgezeichnete Zusammenarbeit.

Wie immer hoffe ich, daß die verbliebenen Fehler, einschließlich der in der 6. Auflage neu hinzugekommenen, die ich selbstverständlich allein verantworte, nicht allzu zahlreich sind.

Münster, im April 1992   JOCHEN SCHUMANN

Inhaltsverzeichnis

Kapitel 0. Einführung:
Theorie der Marktwirtschaft im Überblick

A. Methodische Bemerkungen:
Mikroökonomik, Makroökonomik und Betriebswirtschaftslehre

Was ist „mikroökonomische Theorie" oder „Mikroökonomik"? Die Volkswirtschaft eines Landes oder einer Gruppe von Ländern besteht aus einer Vielzahl von *Wirtschaftseinheiten*, d. h. von einzelnen Personen, privaten Haushalten und Unternehmungen (Firmen), die Entscheidungskompetenz für wirtschaftliches Handeln haben; hinzu kommt noch der „Staat" mit seinem wirtschaftlichen Handeln. Es hängt von der *Wirtschaftsordnung* der Volkswirtschaft ab, wie umfangreich die Entscheidungsspielräume der Wirtschaftseinheiten sind. Im unmenschlichen Extremfall der Ordnung einer totalen *Zentralverwaltungswirtschaft* ist den privaten Wirtschaftseinheiten jede Entscheidungskompetenz genommen. In der Ordnung einer *Marktwirtschaft* haben die privaten Wirtschaftseinheiten grundsätzlich Entscheidungsfreiheit; sie sind allerdings eingeschränkt durch die Normen des Rechts, der Moral und auch der Tradition. Die privaten Haushalte entscheiden u. a. über die Bereitstellung von Arbeitskraft gegen Lohn zur Erzielung eines Einkommens und über die Verausgabung von Einkommen für den Kauf von Konsumgütern. Die Unternehmungen, vertreten durch Unternehmer oder Manager, entscheiden über den Einsatz von Arbeitskraft und anderen Faktorleistungen zur Produktion und Bereitstellung von Gütern. Der Staat, als Kollektivorgan aller, entscheidet über die Bereitstellung von Gütern, die von privaten Unternehmungen nicht angeboten werden können oder sollen; insbesondere entscheidet der Staat auch über die Wirtschaftsordnung sowie über wirtschaftspolitische Eingriffe.

Die mikroökonomische Theorie untersucht, ob und wie in den gegebenen Entscheidungsspielräumen einer Marktwirtschaft die unzähligen Einzelentscheidungen der Wirtschaftseinheiten aufeinander abgestimmt werden, also koordiniert werden. Die *Erklärung der marktwirtschaftlichen Koordination der einzelwirtschaftlichen Entscheidungen* ist das Hauptanliegen der mikroökonomischen Theorie. Im Zuge dieser Koordination ergibt sich die Lösung dreier Grundfragen der mikroökonomischen Theorie, nämlich

- welche Güter in welchen Mengen produziert werden sollen,
- welche Produktionsfaktoren oder Ressourcen in die Produktion der Güter gelenkt und welche Produktionsmethoden zur Anwendung kommen sollen,
- in welcher Weise die produzierten Güter an die Wirtschaftseinheiten verteilt werden sollen.

Die Ergebnisse der marktwirtschaftlichen Koordination könnten mängelbehaftet in dem Sinne sein, daß

- von manchen, z. B. umweltschädigenden, Gütern zuviel, von anderen zu wenig produziert wird,
- Teile der Ressourcen, z. B. Arbeitskräfte, unfreiwillig unterbeschäftigt bleiben,
- die Verteilung der Einkommen aus Faktorleistungen und Gewinn ungerecht in dem Sinne ist, daß sich manche Wirtschaftseinheiten damit nur wenige der produzierten Güter kaufen können.

Die mikroökonomische Theorie untersucht auch, wie sich durch Veränderung der einzelwirtschaftlichen Entscheidungsspielräume innerhalb der marktwirtschaftlichen Ordnung die Ergebnisse der Koordination ändern können, vor allem, wie sich durch staatliche Änderung rechtlicher Normen der Wirtschaftsordnung, also durch *Ordnungspolitik*, Mängel beseitigen oder reduzieren lassen.

Das Gegenstück zur mikroökonomischen ist die *makroökonomische Theorie*. Diese macht es sich insofern leichter, als sie nicht auf die Entscheidungen der Vielzahl von einzelnen Wirtschaftseinheiten zurückgeht, sondern diese Wirtschaftseinheiten zu den typischen Sektoren der privaten Haushalte und der privaten Unternehmungen zusammenfaßt („aggregiert"). Die Entscheidungen des Sektors „Haushalte", beispielsweise über Konsumausgaben insgesamt, und des Sektors „Unternehmungen", beispielsweise über Produktion oder Investitionen insgesamt, sind es dann, deren Zusammenwirken oder Koordination in der Makroökonomik untersucht wird. Diese Sektoren werden um die Sektoren „Staat" und „Ausland" ergänzt. Gegenstand der Makroökonomik ist vorzugsweise die Erklärung des Prozesses des Entstehens und der Verwendung des in der Volkswirtschaft insgesamt pro Periode produzierten „Sozialproduktes" sowie der Entwicklung von Beschäftigung und Inflation. Sind die Ergebnisse der makroökonomisch untersuchten Koordination mängelbehaftet, so kann durch staatliche *Prozeßpolitik* versucht werden, die Koordination zu verbessern, z. B. durch zusätzliche Staatsausgaben Sozialprodukt und Beschäftigung zu steigern.

Der Unterschied zwischen Mikro- und Makroökonomik ist also methodischer Art: Ausgehen von den mikroökonomischen Wirtschaftseinheiten hier, von den makroökonomischen Sektoren dort; wirtschaftspolitische Gestaltung des Rahmens einzelwirtschaftlicher Entscheidungsfelder durch Ordnungspolitik hier, des Ablaufs der Entwicklung gesamtwirtschaftlicher Größen dort.

Worin unterscheiden sich *volks- und betriebswirtschaftliche Sichtweise*? Wenn die Mikroökonomik von den Entscheidungen der einzelnen Wirtschaftseinheiten ausgeht, schließt sie dann nicht die Betriebswirtschaftslehre, die sich mit Unternehmungen befaßt, bereits ein? Auch hier ist der Unterschied methodischer Art. In der volkswirtschaftlichen Mikroökonomik sind die einzelwirtschaftlichen Theorien des Haushalts und der Unternehmung stets nur Unterbau oder Vorstufe für das Vordringen zum Problem der marktwirtschaftlichen Koordination. Die Mikroökonomik zielt letztlich stets auf die analytische Erklärung und die ordnungspolitische Gestaltung der gesamten Volkswirtschaft. In der Betriebswirtschaftslehre steht die analytische Durchdringung und die erfolgreiche Führung einer Unternehmung im Vordergrund; der Untersuchungsgegenstand „Unternehmung" oder „Firma" kann breiter aufgefächert werden. Ein erfolgreiches Management muß zwar auf die wirtschaftliche Umgebung der Unternehmung, also auf Absatzmärkte für produzierte Güter, auf Beschaffungsmärkte für Produktionsfaktoren, auf Finanzierungsmöglichkeiten über den Kapitalmarkt achten und konkurrierende Unternehmungen einbeziehen, doch stellt dieses Umfeld nur einen vergleichsweise engen Ausschnitt aus der gesamten Volkswirtschaft dar.

Der Anspruch der Mikroökonomik, die marktwirtschaftliche Koordination zu untersuchen, läßt sich für die gesamte Volkswirtschaft nur verwirklichen, wenn für die Entscheidungen der Wirtschaftseinheiten vereinfachende Annahmen gemacht werden. Jede wissenschaftliche Durchdringung von Sachverhalten erfordert, von der komplexen Wirklichkeit zu abstrahieren. Es ist eine Kunst, die Realität durch Abstraktion so auf ein *theoretisches Modell* abzubilden, daß das Modell einerseits nicht zu kompliziert ist, um überhaupt auf seiner Grundlage die Realität erklären zu können, andererseits aber die für die Erklärung relevanten Modalitäten der abzubildenden Wirklichkeit nicht unterschlägt. Der Mikroökonomik gelang das Kunststück, die marktliche Koordination der gesamten Volkswirtschaft darzustellen, mit der sogenannten *neoklassischen Theorie eines totalen Konkurrenzgleichgewichtes*, das von LEON WALRAS bereits 1874 beschrieben und dessen denkbare Existenz von ABRAHAM WALD 1936 erstmals bewiesen wurde. Der Nachteil dieser Theorie besteht in einem hohen Abstraktionsniveau; es wird z. B. angenommen, daß die privaten Haushalte Nutzenmaximierer, die Unternehmungen Gewinnmaximierer sind, daß es innerhalb der Unternehmungen keine divergierenden Interessen von Menschen gibt, daß an allen Güter- und Faktormärkten viele „kleine", „machtlose" Anbieter und Nachfrager agieren. Der neoklassischen Theorie des totalen Konkurrenzgleichgewichts wird zu Recht vorgeworfen, daß sie mit den genannten Annahmen stark von der Realität abstrahiert, so daß sie zur gedanklichen Durchdringung einer Marktwirtschaft, wie sie „wirklich existiert", wenig beiträgt.

Als Beispiel einer Theorie, die die marktwirtschaftliche Koordination der Entscheidungen der Vielzahl von Wirtschaftseinheiten unter den vereinfachenden Annahmen darstellt, werden wir die neoklassische Theorie mit ihren einzelwirtschaftlichen Grundlagen in Kapitel I und II, mit ihrer Beschreibung des

Konkurrenzgleichgewichtes auf einem Markt und schließlich auf allen Märkten einer Volkswirtschaft in Kapitel III kennenlernen.

Der Kritik eines zu hohen Abstraktionsniveaus tragen wir Rechnung, indem wir in den Kapiteln I und II unter „Ergänzungen" einzelne Annahmen abändern, in Kapitel IV Fälle der unvollständigen Konkurrenz mit weniger als „vielen" Anbietern oder Nachfragern untersuchen und in Kapitel VI neuere Entwicklungen der mikroökonomischen Theorie darstellen. Alle diese Ansätze bilden Ausschnitte der Wirklichkeit realitätsnäher ab, haben allerdings zur Folge, daß mit ihnen der oberste Anspruch der Mikroökonomik, die Erklärung der marktwirtschaftlichen Koordination aller einzelwirtschaftlichen Entscheidungen, z. Zt. noch nicht erfüllt werden kann. Die die neoklassische Theorie modifizierenden Ansätze sind einerseits für sich selbst genommen überzeugende Erklärungsversuche von Teilbereichen der Mikroökonomik und haben andererseits die Chance, Bausteine einer zukünftigen umfassenden mikroökonomischen Theorie zu werden, welche die marktwirtschaftliche Koordination unter wirklichkeitsnäheren Annahmen erklärt als die neoklassische Theorie.

B. Bedürfnisse, Nutzen, Produktion und Knappheit

1. Bedürfnisse

Die Menschen haben *Bedürfnisse*, die sie befriedigen möchten, d. h. sie empfinden subjektiv einen Mangel und haben den Wunsch, diesen zu beseitigen. Die Bedürfnisse sind nicht nur durch die körperliche Existenz des Menschen und seinen Drang bestimmt, sich zu erhalten, sondern auch durch seine Lebensumstände und sein soziales Umfeld. Die Bedürfnisse können sich auf einzelne Güter oder auch Gruppen von Gütern beziehen. Nahrungsmittel-, Kleidungs- und Wohnbedürfnisse nennt man auch *Grundbedürfnisse*, weil deren Befriedigung lebensnotwendig ist. Bedürfnisse nach Luxus und Kultur sind eher vom erreichten Wohlstand und von gesellschaftlichen Einflüssen geprägt.

2. Nutzen und Güter

Die Bedürfnisbefriedigung erfolgt durch den Konsum von Gütern, die dabei dem Verbrauchenden einen Nutzen stiften. Mit „Gütern" sind stets die *materiellen Güter* wie Brot oder Wein, aber auch die *immateriellen Güter* oder *Dienstleistungen* wie ärztlicher Rat oder musikalische Darbietungen gemeint. Der *Nutzen* aus dem Güterverbrauch ist als ein *Maß individueller, subjektiv empfundener Bedürfnisbefriedigung* zu verstehen; über Meßbarkeit und Eigenschaften des Nutzens wird in Kapitel I zu sprechen sein.

Die meisten Bedürfnisse können als praktisch unbegrenzt unterstellt werden, d. h. jeder zusätzliche Konsum eines Gutes oder einer Gruppe von Gütern stiftet einem Menschen zusätzlichen Nutzen. Allerdings nimmt der Nutzen einer zusätzlich verbrauchten Mengeneinheit des Gutes regelmäßig ab — die zweite verzehrte Scheibe Brot stiftet weniger Nutzen als die erste, die dritte weniger als die zweite, die vierte weniger als die dritte usw. Man bezeichnet den jeweiligen zusätzlichen Nutzen einer Gütermengeneinheit als den *Grenznutzen* des Gutes und spricht vom *Gesetz abnehmenden Grenznutzens* oder dem *1. GOSSENschen Gesetz*.

Stets positiver, aber abnehmender Grenznutzen trifft nicht immer zu, denn einerseits könnte zusätzlicher Verbrauch auch einmal größeren Grenznutzen bringen (das zweite Glas Bier schmeckt noch besser als das erste), andererseits ist auch ein Grenznutzen von Null oder negativer Grenznutzen nicht auszuschließen (das siebente Glas Bier steigert das Wohlbefinden nicht mehr, das achte erzeugt sogar Widerwillen).

Im Kontrast zu den praktisch unbegrenzten Bedürfnissen der Menschen sind die Möglichkeiten der Bereitstellung von Gütern begrenzt. Man unterscheidet *freie Güter*, die in beliebiger Menge verfügbar sind und keinen Preis haben (wie Sand in der Sahara), von *wirtschaftlichen Gütern*, die knapp sind und für die ein Preis zu zahlen ist. Es sind nur die letzteren, auf die sich die Aussage begrenzter Bereitstellung bezieht.

3. Produktion und Produktionsfaktoren

Wirtschaftliche Güter müssen durch den Einsatz der *Produktionsfaktoren Arbeit, Sachkapital* und *Boden*, die man zusammenfassend auch *Ressourcen* nennt, produziert werden. Genauer betrachtet verfügt eine Volkswirtschaft zu einem bestimmten Zeitpunkt über einen *Bestand an Arbeitskräften* unterschiedlichen Ausbildungsgrades, einen *Bestand an Sachkapital* in der Form von Fabrik- und Verwaltungsgebäuden, Maschinen und Ausrüstungen, sowie einen *Bestand an* zur Produktion nutzbaren *Böden*. In einer privatwirtschaftlich organisierten Marktwirtschaft stehen die *Faktorbestände* grundsätzlich *im Eigentum privater Haushalte*. Daß die Arbeitskraft privates Eigentum der Menschen ist, ist seit Abschaffung der Sklavenwirtschaft selbstverständlich. Die Bestände an Sachkapital (auch „produzierte Produktionsmittel" genannt) und Boden können zwar juristisch Eigentum von Firmen sein; wirtschaftliche Eigentümer sind jedoch die Eigentümer der Firmen, also Haushalte. Bestände an Sachkapital oder Boden haben einzeln (z. B. als Maschine) oder als Faktorkombination (z. B. als Firma) einen *Faktorbestandspreis*.

In die Produktion einer Periode, z. B. eines Jahres, gehen nicht die Faktorbestände selbst, sondern deren *Leistungsabgaben* während dieses Jahres ein, also Arbeitsstunden, Maschinenstunden und andere Sachkapitalleistungen, Bodenleistungen. Die privaten Haushalte als Eigentümer der Faktorbestände lassen sich deren Leistungsabgabe durch *Faktornutzungspreise* in Form von Lohn- oder Gehaltssätzen, von Zinsen oder Dividenden und von Miet- oder Bodenpachtsätzen vergüten. Von der Höhe dieser Faktornutzungspreise kann auch die Bereitschaft der privaten Haushalte abhängen, Faktorleistungen für die Produktion verfügbar zu machen. Werden die bereitgestellten Faktorleistungen von den Unternehmungen nicht restlos genutzt, liegt Unterbeschäftigung, beispielsweise Arbeitslosigkeit, und damit ein Funktionsmangel der Marktwirtschaft vor.

In der Produktion einer arbeitsteiligen Volkswirtschaft werden außer Arbeits-, Sachkapital- und Bodenleistungen auch *Vor-* oder *Zwischenprodukte* eingesetzt. Eine Unternehmung bezieht z. B. Materialien und Einbauteile von anderen Unternehmungen, die, wie man sagt, einer vorgelagerten Produktionsstufe zugehören. Die Vorstellung ist dabei, daß ein Gut, bis es zu einem konsumfertigen Gut gereift ist, eine Anzahl von Produktionsstufen durchläuft. Beispielsweise sind die Kornproduktion beim Bauern, die Mehlproduktion beim Müller und die Brotproduktion beim Bäcker die Stufen, die ein Brot auf seinem Weg zum Konsumenten durchläuft.

4. Knappheit

Alle ökonomischen Probleme entstehen letztlich aus der Tatsache, daß im Vergleich zu den Bedürfnissen der Menschen die Ressourcen knapp sind. Selbst in einer hochentwickelten Volkswirtschaft, die über gut ausgebildete Arbeitskräfte und Sachkapital modernster Technik verfügt, ist es unmöglich, Güter aller Art in solchen Mengen herzustellen, daß alle Bedürfnisse in dem Sinne vollständig befriedigt werden, daß der Verbrauch zusätzlicher Güter den Menschen keinen weiteren Nutzen brächte; denn regelmäßig nimmt der Grenznutzen zwar ab, bleibt aber positiv. Darüber hinaus ist es realistisch, anzunehmen, daß die Nutzenempfindungen der Menschen sich mit dem Entwicklungsstand einer Volkswirtschaft ändern nach dem Grundsatz: Je mehr sie bereits haben, desto mehr wollen sie! Aus der Knappheit der Ressourcen im Verhältnis zu den praktisch unbegrenzten Bedürfnissen ergibt sich das bereits in Abschnitt A genannte Auswahlproblem: Welche Güter sollen in welchen Mengen produziert werden?

Das Auswahlproblem kann für das Beispiel einer Volkswirtschaft, die nur zwei Güter, „Nahrung" und „Kleidung", erzeugt, anhand einer *Produktionsmöglichkeitenkurve* oder *Transformationskurve* veranschaulicht werden (vgl. Abb. 0.a): Mit den in einem bestimmten Zeitabschnitt zu bestimmten Faktornutzungspreisen von den Haushalten für die Produktion bereitgestellten Faktorleistungen an Arbeit, Sachkapital und Boden sollen sich gemäß der herrschenden Produktionstechnik wahlweise alle aus Nahrung und Kleidung bestehenden Güterbündel produzieren lassen, die durch Punkte auf der Kurve ABC dargestellt sind. Punkt A würde erfordern, alle Ressourcen in der Nahrungsproduktion zur Herstellung der Menge OA einzusetzen; es würde dann keine Kleidung erzeugt. Punkt C würde den Einsatz aller Ressourcen in der Kleidungsproduktion zur Herstellung der Menge OC bedeuten; dann würde keine Nahrung produziert. Punkt B impliziert eine Aufteilung der Ressourcen auf die Produktion beider Güter zur Herstellung der Menge OD an Nahrung und der Menge OE an Kleidung. Die genaue Herleitung der Produktionsmöglichkeitenkurve und ihrer denkbaren Verläufe erfolgt in Kap. III.B.4.c.

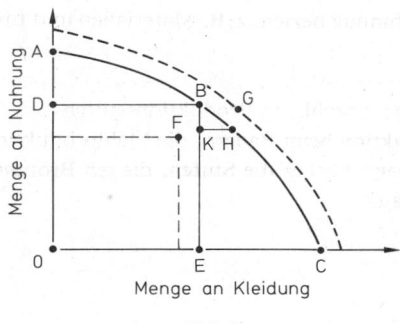

Abb. 0.a

Die Umstellung der Produktion von Nahrung auf Kleidung, also der Übergang von einem Punkt auf einen weiter rechts liegenden Punkt der Produktionsmöglichkeitenkurve erfordert die Umlenkung von Produktionsfaktoren. In einer Marktwirtschaft wird die Umlenkung über Marktsignale wie zurückbleibende Faktornutzungspreise in der Nahrungsproduktion und höhere Faktornutzungspreise in der Kleidungsproduktion eingeleitet. Es kommt dabei auch auf die Wanderbereitschaft oder *Mobilität der Faktoren* an. Für Arbeitskräfte gibt es vor allem räumliche und sozio-kulturell bedingte Mobilitätshemmnisse. Sachkapital zur Nahrungsproduktion läßt sich nicht in der Kleidungsproduktion einsetzen; eine Umlenkung ist nur durch Nichtersetzen abgenutzten Sachkapitals in der Nahrungsproduktion und Bildung entsprechenden Sachkapitals in der Kleidungsproduktion möglich. In der Wirklichkeit sind Übergänge von einem zu einem anderen Punkt der Produktionsmöglichkeitenkurve kurzfristig nur begrenzt möglich.

Wird in der Volkswirtschaft das durch den Punkt F unterhalb der Produktionsmöglichkeitenkurve dargestellte Güterbündel produziert, so bleiben die zur Produktion bereitgestellten Faktorleistungen entweder *teilweise unbeschäftigt* oder sie werden *ineffizient genutzt* (es herrscht dann z. B. „versteckte Arbeitslosigkeit"; diese war in den sozialistischen Staaten verbreitet). − Ein Güterbündel wie G rechts außerhalb der Produktionsmöglichkeitenkurve könnte die Volkswirtschaft mit den bereitgestellten Faktorleistungen bei der herrschenden Produktionstechnik nicht realisieren. Eine Vergrößerung der Faktorbestände und ihrer Leistungsabgaben oder auch eine verbesserte Produktionstechnik würde die gesamte Produktionsmöglichkeitenkurve nach rechts verlagern; mit der Geltung der in Abb. 0.a gestrichelt eingezeichneten Kurve würde dann auch G realisierbar.

Bei der Vergrößerung der Faktorbestände könnte es sich zum einen um mehr Arbeit aus einer gewachsenen Bevölkerung, zum anderen aber auch um Vergrößerung des Sachkapitalbestandes durch Netto-Investitionen handeln. In Wirklichkeit produziert eine Volkswirtschaft mit den bereitgestellten Faktorleistungen neben Konsumgütern wie Nahrung und Kleidung auch Investitionsgüter, die unter der Bezeichnung „Maschinen" zusammengefaßt seien. Je mehr Faktorleistungen in der Maschinenproduktion eingesetzt werden, desto weniger kann an Nahrung und Kleidung hergestellt werden, desto weiter links (näher zum Ursprung) verläuft die Produktionsmöglichkeitenkurve. Je größer jedoch die Maschinenproduktion eines Jahres, desto mehr bleibt von dieser Produktion − über die Re-Investitionen für den Ersatz ausrangierter Maschinen hinaus − als Netto-Investition zur Vergrößerung des Sachkapitalbestandes. Je größer diese Zunahme des Sachkapitalbestandes und seiner Leistungsabgabe, desto stärker verlagert sich die Produktionsmöglichkeitenkurve nach rechts.

Wir lassen nun die Verschiebung der Produktionsmöglichkeitenkurve im Zeitablauf außer Betracht und konzentrieren uns auf das Auswahlproblem der Gegenwart. Hat die historische Entwicklung beispielsweise auf Punkt B als produziertes Güterbündel geführt, so ist wegen mangelnder Faktormobilität zwar ein kurzfristiger Übergang insbesondere auf weit von B entfernte Punkte der Produktionsmöglichkeitenkurve ABC nicht mehr möglich. Bei frühzeitiger Orientierung der Produktionsfaktoren oder − theoretisch argumentierend − bei Vernachlässigung von Mobilitätshemmnissen und Anpassungszeiten stehen einer Volkswirtschaft jedoch alle durch Punkte auf ABC repräsentierten Güterbündel als Produktionsmöglichkeiten offen. ABC ist sozusagen die Speisekarte, aus der ein Menü gewählt werden kann.

Die Produktionsmöglichkeitenkurve oder Transformationskurve ist Ausdruck der Ressourcenknappheit; sie beschreibt eine Restriktion, unter der das Knappheitsproblem gelöst werden muß. Soll von einem Gut mehr erzeugt werden, so ist das nur unter Verzicht auf eine Menge des anderen Gutes möglich. Von B aus müßte die Volkswirtschaft auf die Menge BK an Nahrung verzichten, um zusätzlich die Menge KH an Kleidung produzieren zu können. BK sind die in Nahrungs-Mengeneinheiten ausgedrückten *Alternativ- oder Opportunitätskosten* der Menge KH an Kleidung. Lassen wir H immer näher an B heranrücken, so wird das Verhältnis von BK zu KH im Grenzfall gleich der absoluten Steigung der Produktionsmöglichkeitenkurve in B. Die Alternativkosten von Kleidung in einem Punkt der Produktionsmöglichkeitenkurve sind also gleich der absoluten Steigung der Kurve in diesem Punkt. Diese absolute Steigung ist bei dem unterstellten Kurvenverlauf umso geringer, je weiter links oben B liegt. Bei einer Wanderung auf der Kurve von A nach C steigen die Alternativkosten der Kleidung also von geringen auf hohe Mengen an Nahrung an. Es steht uns selbstverständlich frei, auch die Alternativkosten von Nahrung, ausgedrückt in Mengen an Kleidung, zu betrachten, die gleich dem Kehrwert der absoluten Steigung sein müssen.

Bei der Auswahl eines Güterbündels auf der Produktionsmöglichkeitenkurve spielt der *Wettbewerb* um die im Vergleich zu den Bedürfnissen knappen Ressourcen und Güter eine wichtige Rolle. Der Wettbewerb ist der marktwirtschaftliche Rahmen, in dem den Wirtschaftseinheiten die *Verfolgung ihres Eigeninteresses* zugestanden wird: den Haushalten das Ziel bestmöglicher Bedürfnisbefriedigung durch Nutzenmaximierung, den Unternehmungen das Ziel maximalen Gewinns im Interesse ihrer wirtschaftlichen Eigentümer. Die wettbewerblich-marktwirtschaftliche Koordination der einzelwirtschaftlichen Entscheidungen beantwortet nicht nur die erste der früher erwähnten Grundfragen, welche Güter in welchen Mengen produziert werden sollen, d. h. welcher Punkt auf ABC gewählt wird, sondern auch die zweite Grundfrage nach der Lenkung der Produktionsfaktoren in die Produktion der Güter und die dritte Grundfrage nach der Verteilung der produzierten Güter auf die Haushalte. Die Antwort auf alle drei Grundfragen ergibt sich allerdings erst, wenn wir Nachfrage, Angebot, Preisbildung und Gleichgewicht auf den Märkten in späteren Abschnitten erläutert haben. Vorerst wollen wir Teilaspekte des Wettbewerbs und der Verfolgung des Eigeninteresses am Beispiel der Haushalte betrachten.

C. Wettbewerb, Preise und Eigeninteresse

1. Wettbewerb und Preise

Im Wettbewerb stehen heißt wetteifern mit anderen. Unternehmungen wetteifern mit anderen um knappe Produktionsfaktoren; Haushalte wetteifern mit anderen Haushalten um knappe Konsumgüter. Die Knappheit impliziert bereits den Wettbewerb. Am Beispiel der Haushalte bedeutet sie, daß nicht alle Bedürfnisse so weit befriedigt werden können, daß der Grenznutzen zusätzlichen Konsums auf Null fällt. Die Haushalte können nur eine geringere Menge bekommen, als sie ohne Knappheit nehmen würden; es muß also eine rationierende Zuteilung der knappen Güter erfolgen. *Marktwirtschaftlicher Wettbewerb* ist mithin eine besondere *Form der Zuteilung knapper Produktionsfaktoren oder knapper Güter.* Wiederum am Beispiel der Haushalte argumentiert: Wirtschaftliche Güter haben einen Preis; ein Haushalt muß für eine Mengeneinheit Kleidung oder eine Mengeneinheit Nahrung einen Geldbetrag bezahlen. Dieses „Opfer" veranlaßt einen vernünftig handelnden Haushalt, seine Nachfrage nach den Gütern einzuschränken und dadurch eine marktwirtschaftliche Zuteilung zu akzeptieren. *Preise* haben demnach die *Funktion, die Nachfrage nach Gütern zurückzudrängen,* um so die rationierende Zuteilung der knappen Güter zu ermöglichen. Entsprechendes gilt für die Preise von Faktorleistungen.

Gilt es für einen Haushalt, eine bestimmte Geldsumme bei gegebenen Preisen auf den Kauf von Gütern aufzuteilen, so wird er jeweils die nächste auszugebende Geldeinheit jener Verwendung zuführen, die ihm jeweils den höchsten Nutzen bringt. Solange bei vollständigem Ausgeben der Geldsumme der Nutzen einer Geldeinheit durch zusätzlichen Nahrungskonsum noch größer ist als der durch zusätzlichen Kleidungskonsum, läßt sich der gesamte Nutzen durch Umverteilung von Geld aus dem Kauf von Kleidung in den Kauf von Nahrung noch vergrößern. Der Haushalt wird die Geldsumme schließlich so aufgeteilt haben, daß die letzte für Nahrung ausgegebene Geldeinheit den gleichen Nutzen hat wie die letzte für Kleidung ausgegebene Geldeinheit. Wir haben damit das *2. GOSSENsche Gesetz* vom *Ausgleich der Grenznutzen des Geldes* beschrieben, auf das wir im nächsten Abschnitt und in Kapitel I.B zurückkommen werden. Je höher der Preis eines Gutes, desto geringer die Menge, die man davon für eine Geldeinheit kaufen kann, desto geringer auch der Grenznutzen des Geldes für jede weitere für das Gut verausgabte Geldeinheit. Ein hoher Preis drängt daher die Kauf- und Zahlungsbereitschaft für ein Gut zurück. Kauft der Haushalt in der Situation des Ausgleichs der Grenznutzen des Geldes dennoch relativ viel von einem Gut (und dementsprechend mit der gegebenen Geldsumme relativ wenig von anderen Gütern), so zeigt sich darin die besonders hohe Bedeutung dieses Gutes im Urteil des Haushalts.

Der Wettbewerb als Zuteilungsverfahren knapper Güter läßt konkurrenzwirtschaftliche Güterpreise sich so einpendeln, daß diese die gesamte Kaufbereitschaft der Nachfrager für die einzelnen Güter auf die insgesamt von den Anbietern zur Verfügung gestellten Mengen zurückdrängen. Die Haushalte werden in der Zuteilung also gemäß ihrer objektiv erkennbaren Kaufbereitschaft berücksichtigt, in der sich ihre subjektiven Nutzeneinschätzungen ausdrücken.

Das *marktwirtschaftliche Zuteilungsverfahren* für Konsumgüter scheint fair zu sein. Allerdings sollten auch die Einkommen der verschiedenen Haushalte berücksichtigt werden, aus denen die Geldsummen für die Konsumgüterkäufe stammen. Ein „armer" Haushalt könnte sich gegenüber einem „reichen" sehr benachteiligt fühlen. Selbst wenn die Einkommen in marktwirtschaftlich fairen Zuteilungsverfahren im Wettbewerb der Unternehmungen um knappe Faktorleistungen zustandegekommen sind, bleibt das Problem, daß „reiche" Haushalte durch Erbschaft oder unter Ausnutzung von Monopolmacht zu großen Beteiligungen am Faktor Sachkapital gekommen sein könnten, während „arme" Haushalte nur auf Arbeitseinkommen angewiesen sind oder wegen Krankheit, Alter oder Arbeitslosigkeit nicht einmal Arbeitseinkommen beziehen. Damit sei hier nur angedeutet, daß sich eine Volkswirtschaft nicht allein auf die marktwirtschaftlichen Zuteilungsverfahren verlassen kann, daß vielmehr ein Korrekturbedarf bei der Einkommensverteilung vorhanden ist, der insbesondere in einer *Sozialen Marktwirtschaft* ernst genommen wird.

Die marktwirtschaftlich-wettbewerblichen Zuteilungsverfahren heben sich jedoch vorteilhaft ab von folgenden Formen der Zuteilung wirtschaftlicher Güter, die in Geschichte und Gegenwart tatsächlich oder auch nur als Forderungen eine Rolle spielten:

- Bei militärischen Feldzügen gegen andere Länder oder beim Raubrittertum ging es um Zuteilung durch Gewalt.
- Diskriminierung nach Geschlecht, Rasse oder Nationalität macht nicht die Kaufbereitschaft zum Kriterium der Zuteilung, sondern benachteiligt die Schwächeren.
- Das „Windhundverfahren" oder „Wer zuerst kommt, mahlt zuerst" benachteiligt bei der Zuteilung willkürlich die „Langsameren".
- „Jedem nach seinen Bedürfnissen" ist das Zuteilungsverfahren, das sich Marxisten für die kommunistische Gesellschaft vorstellten; es bezieht sich auf einen paradiesischen Zustand, in dem die Knappheit überwunden ist.
- „Jedem das Gleiche" fordert Zuteilung aller Güter in gleichen Mengen an alle, ohne auf die unterschiedlichen Bedürfnisse und die unterschiedlichen Fähigkeiten der Menschen Rücksicht zu nehmen.

Bei einer vergleichenden Bewertung ist auch zu beachten, daß das wettbewerbliche Zuteilungsverfahren in den marktwirtschaftlichen Koordinationsmechanismus eingebettet ist. Funktioniert dieser defektfrei, so werden die vorhandenen Faktorbestände und -leistungen effizient genutzt, und es wird jeweils ein Güterbündel produziert, das durch einen Punkt auf der Produktionsmöglichkeitenkurve darzustellen ist. Eine Rechtsverlagerung dieser Kurve im Zeitablauf bedeutet Wachstum des Güterbündels. Von der Marktwirtschaft kann also erwartet werden, daß sie einen möglichst großen und wachsenden „Kuchen" zur Zuteilung auf die Haushalte zur Verfügung stellt. Die als Kontrast genannten Zuteilungsverfahren klammern die Frage nach der Zubereitung, der Größe und einem Wachstum des „Kuchens" aus.

2. Eigeninteresse

Teilt ein Haushalt eine Geldsumme nach dem 2. GOSSENschen Gesetz auf den Kauf verschiedener Güter auf, so handelt er *nutzenmaximierend*; denn der Ausgleich der Grenznutzen des Geldes bedeutet, daß sich durch keine Umverteilung einer Geldeinheit von einer Verwendung in eine andere ein höherer Nutzen erreichen läßt. — Bezüglich des Angebotes an Faktorleistungen zur Einkommenserzielung — bei Arbeitsleistungen nach Abwägen mit Nutzen aus Freizeit — wird den Haushalten ein Streben nach möglichst hohem Einkommen unterstellt, welches sie zur Bereitstellung möglichst großer Geldsummen für den Konsum, auch unter Berücksichtigung zeitlicher Aspekte, befähigt und damit zur Nutzenmaximierung beiträgt.

Von den Unternehmungen wird in der neoklassischen Theorie angenommen, daß sie, im Interesse der Eigentümer der in ihnen eingesetzten Faktorleistungen, nach *Gewinnmaximierung* streben; denn diese fördert die Einkommen der an der Unternehmung beteiligten Eigentümer und trägt daher zu deren Nutzenmaximierung bei.

Daraus wird erkennbar, daß die Theorie der Marktwirtschaft auf einer *individualistischen Gesellschaftskonzeption* beruht, in der die einzelnen Wirtschaftseinheiten die Freiheit haben, im Rahmen von Recht, Moral und Tradition ihre Entscheidungsspielräume im *eigenen Interesse der Nutzenmaximierung oder der Gewinnmaximierung* auszufüllen. Das *Handeln der einzelnen Menschen im Eigeninteresse* — so lautet die klassisch-liberale These — *fördert bei funktionierendem Wettbewerb die Wohlfahrt aller.* Bereits der Arzt BERNARD MANDEVILLE schildert in seiner Satire „Fable of the Bees, or Private Vices Publick Benefits" (1714), wie in einem Bienenstaat gerade durch Egoismus und Laster der Fleiß angestachelt wird und das Gemeinwesen zum Blühen kommt. ADAM SMITH, der berühmteste Vertreter der englischen Klassischen Schule und eigentlicher Begründer der Marktwirtschaftslehre, trug in seinem Buch „An Inquiry into the Nature and the Causes of the Wealth of Nations" (abgekürzt übersetzt als „Wohlstand der Nationen") von 1776 die folgenden Überlegungen vor: „Nicht vom Wohlwollen des Metzgers, Brauers und Bäckers erwarten wir das, was wir zum Essen brauchen, sondern davon, daß sie ihre eigenen Interessen wahrnehmen" (deutsche Übersetzung, Bd. 1, S. 17). In der marktwirtschaftlichen Koordination der im Eigeninteresse ausgeführten individuellen Tauschhandlungen drücke sich das Wirken einer *unsichtbaren Hand* aus. Der Tausch fördere Arbeitsteilung und Produktivität; damit fördere er den Wohlstand der ganzen Volkswirtschaft. Allerdings veranlasse das Eigeninteresse insbesondere die Unternehmer zu versuchen, den Wettbewerb außer Kraft zu setzen, um durch Machtpositionen und Monopolstellungen nicht-konkurrenzwirtschaftliche Preise und Tauschbedingungen zu ihrem eigenen Vorteil und zum Nachteil anderer durchzusetzen. Damit eine auf dem Eigeninteresse basierende marktwirtschaftliche Ordnung ihre den volkswirtschaftlichen Wohlstand fördernde Wirkung entfaltet, sei daher eine gegen Macht und Monopole gerichtete Wettbewerbspolitik des Staates erforderlich.

Es gab und gibt immer wieder Zweifel, ob die Verfolgung des Eigeninteresses, auch wenn innerhalb von Recht, Moral und Tradition geschehend, nicht eine wirtschaftlich und/oder ethisch problematische Maxime sei. Wir wollen im folgenden (1) den marxistischen Standpunkt diskutieren, der mit dem Eigeninteresse bei Privateigentum an den Produktionsmitteln kapitalistische Ausbeutung verbindet, (2) den Begriff des Eigeninteresses auf altruistisches Handeln für andere Menschen und auf die Möglichkeit weitgehenden Verzichts der Teilnahme am Wirtschaftsprozeß ausdehnen, (3) auf die Probleme hinweisen, die eigeninteressiertes Handeln bei negativen externen Effekten schafft.

(1) Nach der von KARL MARX in seinem dreibändigen Hauptwerk „Das Kapital" (1867, 1885, 1894) vorgetragenen Kritik gibt es in einer kapitalistischen Marktwirtschaft, in der „Kapitalisten" die Eigentümer aller aus Sachkapital und Boden bestehenden Produktionsmittel, die Arbeiter hingegen nur Eigentümer ihrer Arbeitskraft sind, eine *Ausbeutung* der Arbeiter, weil die Verfolgung des Eigeninteresses der Profiterzielung die Kapitalisten dazu veranlaßt und die Rechtsordnung es ihnen erlaubt, den Arbeitern nur einen die Arbeitskraft erhaltenden Lohn auszuzahlen und einen von der Arbeitskraft geschaffenen *Mehrwert* sich selbst anzueignen. Nur Kapitalisten können aus ihrem Einkommen zusätzliche Produktionsmittel erwerben, während Arbeiter nur lebensnotwendige Konsumgüter kaufen können. Diese kapitalistisch-marktwirtschaftliche Zuteilung von Gütern beruht auf der fehlkonstruierten Eigentumsordnung für Produktionsmittel, denn sie gibt den Kapitalisten den Anreiz, das Eigeninteresse der Profiterzielung zu verfolgen. Gemein- oder Staatseigentum an den Produktionsmitteln soll in den dem Kapitalismus folgenden Entwicklungsstadien des Sozialismus und des Kommunismus dafür sorgen, daß der Mehrwert nicht privater Aneignung unterliegt und der Staat über die Lenkung der Produktionsmittel in die Produktion der verschiedenen Güter entscheidet. − Die wichtigsten Einwände gegen die marxistische Konzeption bestehen darin, daß erstens Arbeitskräfte in entwickelten Volkswirtschaften keineswegs nur Lohneinkommen beziehen, die zu nicht mehr als zum Erwerb lebensnotwendiger Konsumgüter ausreichen, und daß zweitens gerade aufgrund des vom Privateigentum an den Produktionsfaktoren ausgehenden Eigeninteresses an hohen Faktornutzungspreisen die Ressourcen in die Produktion von Gütern gelenkt werden, die von den Konsumenten am dringlichsten gewünscht werden − während eine staatliche Lenkung zu dramatischen Ineffizienzen führen muß.

(2) Die Möglichkeit der Einbeziehung *altruistischen Handelns* in den Begriff des Eigeninteresses ist schon in ADAM SMITH' Buch „Theory of Moral Sentiments" (übersetzt als „Theorie ethischer Gefühle") angelegt, welches bereits 1759 erschien, als sein Autor sich noch nicht vom Moralphilosophen zum Wirtschaftswissenschaftler gewandelt hatte. Nach dieser Theorie ist die für das Zusammenleben wichtigste Fähigkeit des Menschen das Empfinden von „sympathy", wodurch er sich in Mitmenschen hineinversetzen, an deren Empfinden − z. B. an deren Hunger − teilnehmen kann. Diese Fähigkeit läßt sich als Kontrollelement des Egoismus deuten. In der Interpretation der späteren Nutzen-

theorie: Ein Haushalt, der einem anderen hilft, muß durch den Verzicht auf eigenen Konsum nicht notwendigerweise eine Nutzeneinbuße erleiden; auch geleistete Hilfe könnte für ihn einen Nutzen bedeuten. Es wäre eine unnötige Einengung, der marktwirtschaftlichen Theorie einen *homo oeconomicus* zu unterstellen, der ausschließlich auf den eigenen Verbrauch materieller Güter und Dienstleistungen abzielt. Der Spielraum freier Entscheidungen eines privaten Haushaltes umfaßt auch altruistisches Weitergeben von Gütern. – Ebenso widerspricht es nicht marktwirtschaftlicher Handlungsweise, wenn ein Haushalt zu Gunsten von Freizeit auf Bereitstellung von Arbeitskraft und auf Einkommen weitgehend verzichtet; solches „eigeninteressierte Aussteigen" sollte sich allerdings nicht mit Ansprüchen auf Hilfe durch die Gesellschaft verbinden.

(3) Handeln im Eigeninteresse könnte über *negative externe Effekte* die Umwelt schädigen. Trotz geschärften Umweltbewußtseins könnte ein Haushalt zugunsten der Nutzenmaximierung Ausgaben sparen, die zur Vermeidung von mit dem Konsum verbundenen Umweltbelastungen notwendig wären. Eine Unternehmung könnte im Interesse der Gewinnmaximierung bereit sein, mit der Produktion verbundene Umweltbelastungen, deren Vermeidung Kosten verursachen würde, hinzunehmen. Umweltschädigende Anreizwirkungen zu solchem Handeln bestehen insbesondere dann, wenn es (noch) keine Rechtsvorschriften für die Vermeidung der Belastung gibt. Diese negativen externen Effekte des Konsums bzw. der Produktion betreffen einzelne oder mehrere andere Wirtschaftseinheiten, in ihrer Summe auch die ganze Volkswirtschaft und andere Volkswirtschaften. Negative (ebenso auch positive) externe Effekte gehören als nicht-marktliche Beziehungen zwischen Wirtschaftseinheiten zu den Fällen des *Marktversagens* und damit zu den Defekten marktwirtschaftlicher Steuerung, auf die wir in Abschnitt H zurückkommen werden.

D. Die Nachfrage der Haushalte nach einem Konsumgut

Aufbauend auf den Grundbegriffen der Bedürfnisse, des Nutzens, der im Eigeninteresse erfolgenden Nutzenmaximierung aus einer durch Bereitstellung von Faktorleistungen verdienten Geldsumme soll in diesem Abschnitt überblicksartig die Herleitung der Nachfrage eines Haushalts nach einem Konsumgut erläutert werden. Durch Verallgemeinerung auf alle Haushalte erhalten wir dann Aussagen für die *Nachfrage aller Haushalte nach diesem Gut*. – Im nächsten Abschnitt führen wir analog in die Theorie des Angebotes einer Unternehmung für das Konsumgut ein, verallgemeinern auf alle Unternehmungen, die dieses Gut produzieren, und erhalten so Aussagen für das *Angebot aller Unternehmungen an dem Konsumgut*.

Die dann folgenden Abschnitte führen Nachfrage und Angebot auf dem Markt des Konsumgutes zusammen, *verallgemeinern auf alle Märkte der Volkswirtschaft* und dringen so zu einer vorläufigen Beschreibung der auf den Entscheidungen der einzelnen Wirtschaftseinheiten basierenden *marktlichen Koordination der gesamten Volkswirtschaft* vor. Die Argumentation dient der Vorbereitung auf spätere Kapitel, insbesondere der Verdeutlichung ihres inhaltlichen Zusammenhangs. Wir nehmen in Kauf, daß einzelne „Bausteine" dort wiederholt werden müssen, um dann viel ausführlicher und allgemeiner besprochen zu werden.

An den Achsen der Abb. 0.b stehen die Mengen zweier Konsumgüter, Brot und Nudeln, welche die einzigen Güter sein sollen, die für die Bedürfnisbefriedigung des Haushaltes in Frage kommen. Die Mengen seien in kg ausgedrückt, die Güter seien jedoch in beliebig kleinen Teilmengen erhältlich.

Die eingezeichnete Gerade heißt *Bilanzgerade* und stellt alle Güterbündel dar, die der Haushalt mit einem aus seinem Einkommen bereitgestellten festen Geldbetrag, der Konsumsumme c, bei gegebenem Preis p_B für ein kg Brot und gegebenem Preis p_N für ein kg Nudeln kaufen kann. Würde der Haushalt nur Brot erwerben, so wären es $c/p_B = OH$ kg; würde er nur Nudeln kaufen, so wären es $c/p_N = OJ$ kg. Sämtliche Punkte auf der Verbindungsgerade HJ bezeichnen Mengenkombinationen aus Brot und Nudeln, die für den Geldbetrag c zu haben sind.

Die eingezeichneten Kurven sind *Indifferenzkurven*, welche die subjektiven Nutzenempfindungen des Haushalts beschreiben. Güterbündel wie A und B stiften dem Haushalt den gleichen Nutzen U_2; daher ist ihnen gegenüber der Haushalt gleichgültig oder indifferent. Beim Übergang von A nach B wird der Nutzenverlust aus dem um AE verringerten Brotkonsum durch den Nutzenzuwachs aus dem um EB vergrößerten Nudelkonsum gerade ausgeglichen. Nicht nur A

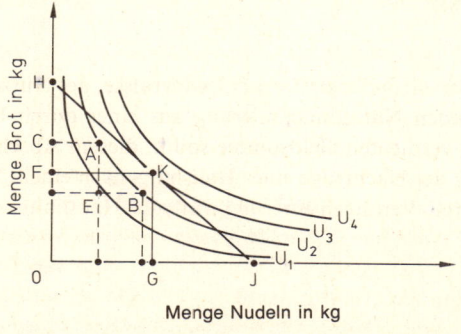

Abb. 0.b

und B, sondern ex definitionem alle durch einen Punkt auf der Indifferenzkurve dargestellten Güterbündel bedeuten für den Haushalt den Nutzen U_2. – Außer der für U_2 geltenden Indifferenzkurve sind drei weitere Indifferenzkurven eingezeichnet. Die näher zum Ursprung verlaufende kennzeichnet Güterbündel mit geringerem Nutzen U_1, die beiden weiter rechts oben verlaufenden beschreiben Güterbündel mit jeweils höherem Nutzen U_3 bzw. U_4. Zwischen den eingezeichneten Indifferenzkurven sowie unterhalb und oberhalb derselben gibt es weitere Indifferenzkurven, und zwar jeweils eine für gegebenen Nutzen. Das ganze System der Indifferenzkurven beschreibt die sichtbar gemachte Bedürfnis- oder *Präferenzstruktur* des Haushalts. – Wir können uns vorstellen, der Haushalt bestehe aus nur einer Person, und die eingezeichneten Indifferenzkurven seien durch Befragen näherungsweise ermittelt worden.

Will der Haushalt als eine im Eigeninteresse handelnde Wirtschaftseinheit mit der gegebenen Konsumsumme c höchstmöglichen Nutzen erreichen, so sollte er von den gemäß der Bilanzgeraden erwerbbaren Konsumgüterbündeln offenbar jenes Bündel wählen, welches durch einen Punkt auf der höchsterreichbaren Indifferenzkurve dargestellt wird. Der Tangentialpunkt K von Bilanzgerade und Indifferenzkurve stellt dieses Bündel dar; mit ihm realisiert der Haushalt den mit c maximal erreichbaren Nutzen. K mit den Konsummengen OF an Brot und OG an Nudeln wird als *optimaler Konsumplan* des Haushalts bezeichnet.

In K muß das 2. GOSSENsche Gesetz vom Ausgleich der Grenznutzen des Geldes erfüllt sein, welches wir im Zusammenhang mit wettbewerblich-marktwirtschaftlicher Zuteilung bereits kennenlernten: Die Konsumsumme c ist so auf den Kauf der beiden Güter aufgeteilt, daß der letzte für Brot ausgegebene Pfennig den gleichen Nutzen stiftet wie der letzte für Nudeln ausgegebene Pfennig. Auf einen Beweis dieser Eigenschaft des optimalen Konsumplans kommen wir in Kap. I.B.3 zurück.

Wir wollen nun die *Nachfrage des Haushalts nach Brot in Abhängigkeit vom Brotpreis* untersuchen. Zu diesem Zweck fragen wir, wie sich die gemäß dem optimalen Konsumplan gekaufte Brotmenge ändert, wenn sich der Brotpreis p_B ändert, während c und p_N wie bisher bleiben. Mit Brotpreisänderungen verändern sich die Ordinatenabschnitte c/p_B der Bilanzgeraden: Würde der Haushalt nur Brot erwerben, so könnte er bei Verdoppelung des Brotpreises von bisher p_{B2} auf p_{B3} nur noch die Hälfte OL der bisherigen Menge OF, bei Halbierung des Brotpreises auf p_{B1} das Doppelte OM der bisherigen Menge kaufen (vgl. Abb. 0.c.1). Der Abszissenabschnitt der Bilanzgeraden c/p_N verändert sich nicht. Wir können daher sagen: Mit sinkendem Brotpreis dreht sich die Bilanzgerade um den Punkt J im Uhrzeigersinn.

Zu den drei eingezeichneten Bilanzgeraden wurden aus dem System der Indifferenzkurven jene Kurven ausgewählt und eingezeichnet, die die Bilanzgerade berühren. N, K und P sind die optimalen Konsumpläne für die drei alternativ unterstellten Brotpreise. Mit sinkendem Brotpreis steigt demnach die Brotmen-

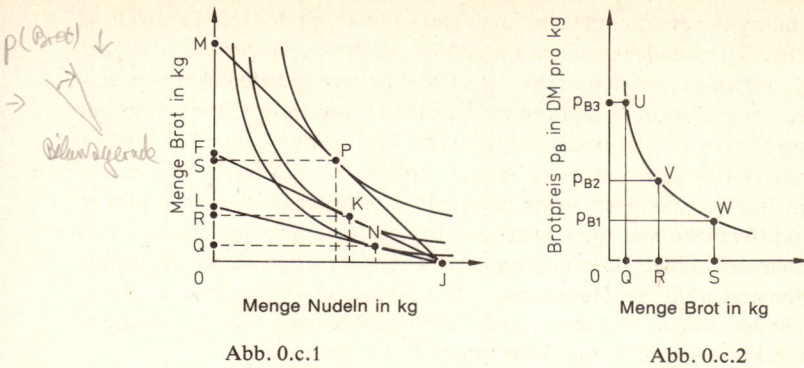

Abb. 0.c.1   Abb. 0.c.2

ge, die zum Erreichen des jeweils maximalen Nutzens verbraucht bzw. nachgefragt wird. Die zu N, K und P gehörenden Preis-Mengenkombinationen U, V,
W für Brot sind in Abb. 0.c.2 dargestellt. Die durch U, V und W gezeichnete
Kurve ergibt sich, genau genommen, bei nicht schrittweise, sondern kontinuierlich sinkendem Brotpreis. Sie wird als *individuelle Nachfragekurve* des Haushalts für Brot (bei gegebener Präferenzstruktur, gegebener Konsumsumme und
gegebenem Preis für Nudeln) bezeichnet und beschreibt dessen Kaufbereitschaft
bei alternativen Brotpreisen. Die Nachfragekurve hat in unserem Beispiel einen
typischen fallenden Verlauf.

Man könnte sich vorstellen, daß die Nachfragekurve nicht über den Umweg
eines durch Befragen des Haushalts ermittelten Indifferenzkurvensystems und
des Nachvollziehens nutzenmaximierender Entscheidungen bei alternativen
Brotpreisen, sondern durch direktes Abfragen der Brotkaufmengen bei alternativen Brotpreisen herausfindbar ist. Nur der dargestellte Umweg macht jedoch
die mikroökonomischen Grundlagen des eigeninteressierten, nutzenmaximierenden Handelns bei gegebener Konsumsumme und gegebenem Nudelpreis erkennbar.

Von der individuellen Nachfragekurve eines Haushalts gelangen wir zur *Gesamtnachfragekurve* aller n Haushalte für Brot, indem wir bei einem jeweils für
alle Haushalte als gleich unterstellten Brotpreis die einzelnen Nachfragemengen
x_{Bi}, i = 1, . . . , n, addieren. Die individuellen Nachfragemengen können dabei
wegen unterschiedlicher Präferenzstruktur und unterschiedlicher Konsumsumme der einzelnen Haushalte sehr verschieden sein. Geometrisch gesprochen erhalten wir die Gesamtnachfragekurve durch *horizontale Addition* der individuellen Kurven. Sie ist in Abb. 0.d in verkleinertem Maßstab am Beispiel von
drei Haushalten, i = 1, 2, 3, angedeutet.

Die Gesamtnachfrage beschreibt die Kaufbereitschaft der Gesamtheit der
Haushalte für Brot bei alternativen Brotpreisen *ceteris paribus*, d. h. bei gegebe-

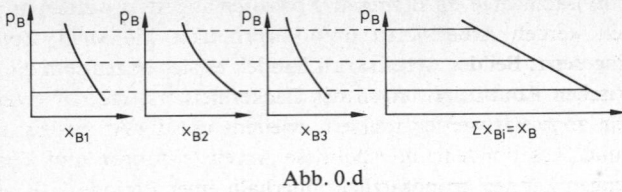

Abb. 0.d

nen Präferenzstrukturen und Konsumsummen der einzelnen Haushalte und gegebenem Nudelpreis (allgemeiner: gegebenen Preisen aller anderen Güter). Eine Änderung solcher gegebenen Größen verschiebt regelmäßig individuelle Nachfragekurven und beeinflußt daher auch die Lage der gesamtwirtschaftlichen Nachfragekurve.

E. Das Angebot der Unternehmungen an einem Konsumgut

Aufbauend auf den Grundbegriffen der Produktionsfaktoren und der Produktion sowie einer im Eigeninteresse der Faktoreigentümer angestrebten Gewinnmaximierung einer Unternehmung soll im folgenden überblicksartig und vereinfachend das Angebot der Unternehmung an einem von ihr produzierten Konsumgut dargestellt werden. Durch Verallgemeinerung auf alle dieses Gut produzierenden Unternehmungen leiten wir danach die Gesamtangebotskurve für das Konsumgut her.

Die Unternehmung, eine Bäckerei, die ausschließlich das beispielhaft ausgewählte Gut „Brot" produzieren soll, hat durch Netto-Investition einen Bestand an Sachkapital und Boden gebildet, also ein Backhaus und einen Laden, jeweils mit Ausstattung, auf einem Grundstück errichtet. Der Entschluß zur Errichtung der Bäckerei, und ebenso die Entscheidung, Brot und nicht Kuchen zu produzieren, gehen auf eine Entscheidung des Bäckermeisters als Unternehmer zurück. Die Faktorbestände stehen im Eigentum des Bäckermeisters und/oder anderer Personen. Der Bäckermeister als Unternehmer ist an einer möglichst hohen Entlohnung des unternehmerischen Gespürs, der oder die Eigentümer sind an einer möglichst hohen Verzinsung des investierten Eigenkapitals, damit an einem maximalen Gewinn der Unternehmung interessiert. Die Eigentümer tragen aber auch das Risiko eines Verlustes, wenn die Bäckerei nicht floriert. Zur Finanzierung könnten auch Fremdkapitalgeber (z. B. eine Bank) beigetragen haben, deren eingesetztes Kapital zu einem vereinbarten Satz verzinst werden muß.

Die Leistungsabgabe des Sachkapitals und des Bodens in den Produktionsprozeß pro Periode ist weitgehend unabhängig davon, wieviel Brot tatsächlich produziert wird. Es handelt sich daher um *Fixfaktoren*, für deren Leistungsabgabe oder Einsatzmenge ein Betrag an *Fixkosten* angesetzt werden muß. Neben Fixfaktoren werden Arbeitskraft und Vorprodukte wie Mehl, Zutaten und Energie eingesetzt. Bei der Arbeitskraft handelt es sich erstens um die nicht-unternehmerischen Routineleistungen des Bäckermeisters, die mit einem Unternehmerlohn angesetzt werden müssen, zweitens um die Arbeitsleistungen von Gehilfen und Auszubildenden. Alle diese Arbeitsleistungen und Vorprodukt-Einsatzmengen können grundsätzlich innerhalb einer Periode (z. B. eines Monats) der Produktionsmenge angepaßt werden (wir unterstellen damit, daß bei einem drastischen Rückgang der Brotproduktion Arbeitskräfte entlassen werden können oder Kurzarbeit eingeführt werden kann). Es handelt sich somit um *variable Faktoren.* Bei gegebenen Lohnsätzen für Arbeit und gegebenen Preisen der Vorprodukte verändern sich daher die für die variablen Faktoren entstehenden *variablen Kosten* mit der Produktionsmenge.

Bei der eingehenderen Behandlung der Theorie der Unternehmung in Kap. II.B und C werden wir ausführlich das Problem einer kostenminimierenden Kombination variabler Produktionsfaktoren (einschließlich Vorleistungen) im Rahmen eines gegebenen Fixfaktorbestandes oder Produktionsapparates diskutieren. Hier sei vorausgesetzt, die Leistungen aller variablen Faktoren seien zu einem Bündel zusammengefaßt, und zwar so, daß die Kosten einer Einheit des Bündels jeweils minimal sind. Die Routinearbeitsstunden des Bäckermeisters seien also bereits mit der für eine geplante Brotmenge günstigsten Zahl von Gehilfen- und Auszubildenden-Stunden, aber auch mit den erforderlichen Mehl-, Zutaten- und Energiemengen so kombiniert, daß eine Einheit des Bündels bei gegebenen Lohnsätzen und Preisen möglichst wenig kostet.

In Abb. 0.e.1 ist beispielhaft der Zusammenhang zwischen den aus den Fixkosten FK_B und den variablen minimalen Kosten VK_B bestehenden *totalen* oder *gesamten Kosten* K_B und der produzierten Brotmenge y_B dargestellt. Bei der Produktionsmenge $y_B = 0$ würden die Fixkosten FK_B anfallen. Mit steigender Brotmenge kommen zu den Fixkosten variable Kosten hinzu. Bei geringer Brotmenge verursacht jedes zusätzliche kg Brot zunächst weniger variable Kosten als das vorhergehende kg; es gibt in diesem Bereich Größenvorteile der Produktion, die dadurch zu erklären sind, daß das Bündel der variablen Faktoren die Fixfaktoren zunehmend besser in Anspruch nehmen kann. Die Kosten einer zusätzlichen Produktionsmengeneinheit sind die *Grenzkosten* GK_B; sie entsprechen der Steigung der Kurve der gesamten Kosten K_B. Die Grenzkosten erreichen ihren geringsten Wert bei der Wendepunktmenge y_{GKmin}. In Abb. 0.e.2 fällt daher die Grenzkostenkurve bis zu dieser Menge. Jenseits von y_{GKmin} verursacht jedes zusätzliche kg Brot höhere variable Kosten als das vorhergehende kg; es gibt nun Nachteile weiterer Produktionsausdehnung, weil es beim Mehreinsatz der variablen Faktoren immer enger in der Bäckerei wird. Das bedeutet, daß die Grenzkostenkurve von ihrem Minimum bei y_{GKmin} wieder ansteigt, wie in Abb. 0.e.2 dargestellt.

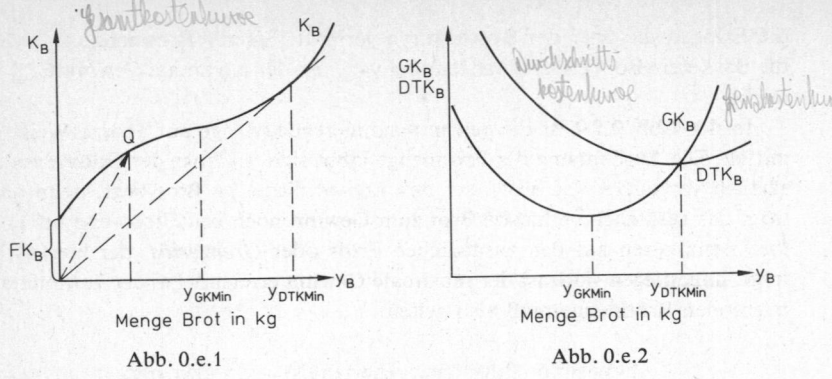

Abb. 0.e.1   Abb. 0.e.2

Bei den als gegeben unterstellten Preisen der variablen Faktoren kommt in dem Verlauf der Kurve K_B der sogenannte *typische Kostenverlauf* zum Ausdruck, der durch technische Produktionsbedingungen bestimmt ist, die wir in Kap. II.B durch eine *Produktionsfunktion* beschreiben werden.

Neben den Grenzkosten GK_B sind in Abb. 0.e.2 auch die *durchschnittlichen totalen Kosten* oder *Stückkosten* DTK_B eingezeichnet. Sie sind definiert als K_B/y_B (also als der Tangens des Winkels, den ein Fahrstrahl aus dem Ursprung an einen Punkt wie Q mit der Abszisse in Abb. 0.e.1 bildet). Die DTK_B fallen bis zur Menge y_{DTKmin}, wo sie den Grenzkosten gleich sind.

Wenn die Bäckerei nach größtmöglichem Periodengewinn strebt, welche Brotmenge sollte sie dann backen und verkaufen? Wir unterstellen hier, ebenso wie später in den Kapiteln II und III, daß der einzelne Anbieter nur einer unter vielen „kleinen", „machtlosen" Anbietern ist, der daher nicht selbständig den Verkaufspreis je kg Brot festsetzen kann. Der Anbieter muß vielmehr den Preis, so wie er sich am Markt aus Gesamtnachfrage und Gesamtangebot gebildet hat, hinnehmen. Er kann seinen Gewinn nur durch Anpassung der produzierten bzw. verkauften Brotmenge an den ihm vom Markt vorgegebenen Preis maximieren. Man nennt einen solchen Anbieter auch *Preisnehmer* oder *Mengenanpasser* (im Gegensatz zu den im nächsten Abschnitt und in Kapitel IV eingeführten *Preissetzern*). Der Gewinn ist definiert als:

$$\text{Gewinn} = \text{Erlös} - \text{Kosten}$$

(0.1)

$$G_B = p_B y_B - K_B \ .$$

In Abb. 0.f.1 ist der Erlös für den vom Markt vorgegebenen festen Preis $\bar{p}_B$ eine Gerade aus dem Ursprung mit der Steigung $\bar{p}_B$. Der Gewinn ist mithin der senkrechte Abstand zwischen Erlösgerade und Kostenkurve; er ist positiv, wo die Erlösgerade über der Kostenkurve verläuft. Bis zur Brotmenge y_G würde die Bäckerei also Verluste machen; bei y_{Gmax} ist der maximale Gewinn G_{max} erreicht.

In der Abb. 0.f.2 ist die gewinnmaximierende Menge auf andere Weise ermittelt: Die Ausdehnung der Brotmenge lohnt sich, so lange der Erlös eines zusätzlich verkauften kg Brot über den Kosten dieses kg Brot liegt, denn dann trägt das zusätzlich verkaufte Brot zum Gewinn noch bei. Erst wenn bei y_{Gmax} die Grenzkosten auf den zusätzlichen Erlös oder *Grenzerlös*, der hier $\bar{p}_B$ beträgt, angestiegen sind, ist der maximale Gewinn erreicht. Bei der gewinnmaximierenden Brotmenge muß also gelten:

Grenzerlös (hier: gegebener Preis) = Grenzkosten

$$\bar{p}_B = GK_B \ . \tag{0.2}$$

Bei Y_{Gmax} betragen die Stückkosten pro kg Brot gemäß der DTK_B-Kurve LM, und NM ist als Differenz zwischen dem Stückpreis $\bar{p}_B$ und den Stückkosten gleich dem Stückgewinn. Dieser, multipliziert mit der in kg ausgedrückten Brotmenge y_{Gmax}, ergibt den maximalen Gesamtgewinn, der geometrisch gleich der schraffierten Fläche MNRS in Abb. 0.f.2 ist.

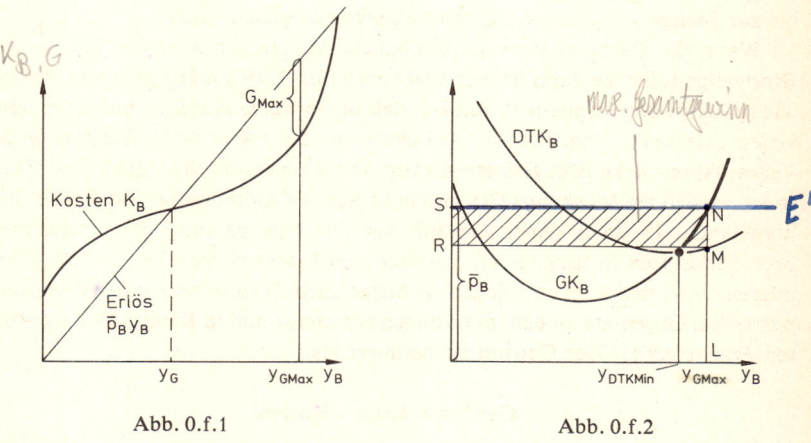

Abb. 0.f.1   Abb. 0.f.2

Je geringer der vom Markt vorgegebene Brotpreis ist, desto mehr schränkt die Bäckerei, von y_{Gmax} aus betrachtet, gemäß der Preis = Grenzkosten-Regel ihr Angebot ein. Deckt der Preis nur noch das Minimum der Durchschnitts- oder Stückkosten, so sind Stück- und Gesamtgewinn auf Null gefallen, und es würde y_{DTKmin} produziert. Jedes noch weitere Sinken des Preises würde Verluste bedeuten und die Eigentümer längerfristig veranlassen, Produktionsfaktoren aus der Brotproduktion abzuziehen. Je höher der Marktpreis des Brotes, desto mehr dehnt die Bäckerei gemäß der Preis = Grenzkosten-Regel ihre Produktion aus – bis die Grenzkostenkurve fast senkrecht verläuft und eine Ausdehnung im Rahmen des gegebenen Produktionsapparates daher nicht mehr möglich ist. Da die Angebotsvariation ab dem Minimum der DTK_B-Kurve stets gemäß dem aufsteigenden Ast der Grenzkostenkurve erfolgt, kommen wir zu dem Schluß, daß dieser (dick gezeichnete) Ast die *einzelwirtschaftliche Angebotskurve der Unternehmung* bei dem gegebenen Produktionsapparat ist, welche den Zusammenhang zwischen gegebenem Preis und dem Angebot bei Mengenanpasserverhalten zeigt. (Wie in Kap. II.D.1 zu zeigen bleibt, beginnt die Angebotskurve kurzfristig bereits ab einem Preis, der dem Minimum der durchschnittlichen variablen Kosten entspricht). Zu erinnern ist daran, daß zur Herleitung der Grenzkostenkurve auch die Produktionsbedingungen sowie die Preise für die Faktornutzungen als gegeben unterstellt wurden.

Von der Angebotskurve einer Unternehmung gelangen wir zur *Gesamtangebotskurve* aller Unternehmungen für Brot, indem wir zu einem jeweils als gegeben gedachten, für alle Anbieter als gleich unterstellten Brotpreis die von allen der insgesamt m Unternehmungen angebotenen Brotmengen y_{Bj}, $j = 1, \ldots, m$, addieren. Die einzelwirtschaftlichen Angebotsmengen können dabei wegen unterschiedlich großer Produktionsapparate und divergierenden Produktionsbedingungen sehr verschieden sein. Geometrisch erhalten wir die Gesamtangebotskurve durch *horizontale Addition* der einzelwirtschaftlichen Kurven; diese ist in Abb. 0.g in verkleinertem Maßstab am Beispiel dreier Unternehmungen,

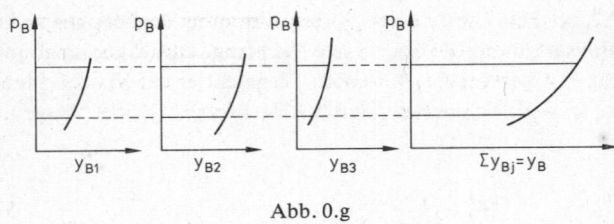

Abb. 0.g

$j = 1, 2, 3$, angedeutet. Die Gesamtangebotskurve beschreibt die Angebotsbereitschaft der Gesamtheit der Bäckereien bei alternativen Brotpreisen *ceteris paribus*, d.h. bei gegebenen Produktionsbedingungen, Produktionsapparaten und Faktornutzungspreisen.

F. Märkte und Marktgleichgewichte

1. Der idealtypische Markt mit vollständiger Konkurrenz

Die in Abschnitt D hergeleitete gesamtwirtschaftliche Nachfragekurve stellt die Kaufbereitschaft aller Haushalte für Brot bei alternativen Brotpreisen dar. Gemäß dem typischen, fallenden Verlauf der Nachfragekurve wird durch einen steigenden Brotpreis die Nachfrage nach Brot in wettbewerblicher Zuteilung gemäß individueller Kaufbereitschaft zurückgedrängt. Die in Abschnitt E hergeleitete gesamtwirtschaftliche Angebotskurve beschreibt die Produktions- und Verkaufsbereitschaft aller Unternehmungen für Brot bei alternativen Brotpreisen. Gemäß dem typischen, steigenden Verlauf der Angebotskurve wird durch steigenden Brotpreis das Angebot an Brot vergrößert.

Nachfrage und *Angebot* definieren den *Markt eines Gutes*; man sagt auch, daß sich auf dem Markt Nachfrage und Angebot treffen. In der Wirklichkeit spielt sich der Markt für Brot in einer großen Zahl von Bäckerläden und Einzelhandelsgeschäften ab, in denen die Haushalte einkaufen. Wir wollen hier jedoch einen idealtypischen Markt nach Art einer Börse (die es ja nicht nur für Wertpapiere, sondern auch für standardisierbare Waren gibt) unterstellen. Nachfrager und Anbieter geben einem Börsenmakler bekannt, welche Mengen sie zu alternativ hohen Preisen zu kaufen bzw. zu verkaufen bereit sind; sie übermitteln ihm also ihre Kauf- bzw. Verkaufsbereitschaft gemäß ihrer Nachfragekurve N bzw. ihrer Angebotskurve A in Abb. 0.h. Der Börsenmakler kann nun nach jenem Preis suchen, bei dem die gewünschte Kaufmenge mit der gewünschten Verkaufsmenge übereinstimmt. Überprüft der Makler zunächst die Wünsche der Nachfrager und der Anbieter beim Preis p_B^1, so stellt er fest, daß die Nachfrager OB nachfragen, die Anbieter aber nur OA anbieten, mithin ein *Nachfrageüberschuß* AB besteht. Um zu einer Übereinstimmung der Mengen zu kommen, muß durch Preiserhöhung die bestehende Nachfrage zurückgedrängt und ein zusätzliches Angebot hervorgelockt werden. Versucht es der Makler zunächst mit dem Preis p_B^2, so stellt sich heraus, daß die Nachfrager OC nachfragen, die An-

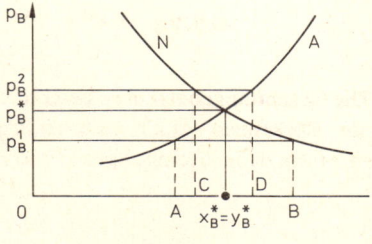

Abb. 0.h

bieter OD anbieten, mithin ein *Angebotsüberschuß* CD besteht. Von hier aus muß durch Preissenkung zusätzliche Nachfrage hervorgerufen und das zu große Angebot reduziert werden. Nur beim Preis p_B^* stimmen Nachfrage- und Angebotsmenge überein und wird gekauft bzw. verkauft: $x_B^* = y_B^*$; der Markt wird also „geräumt". Beim Schnittpunkt von Nachfrage- und Angebotskurve herrscht *Marktgleichgewicht*.

Verschiebt sich die gesamtwirtschaftliche Nachfragekurve für Brot – z.B. weil die Haushalte für teurer gewordene Nudeln weniger ausgeben und mit ihren Konsumsummen nun bei alternativen Brotpreisen jeweils mehr Brot wünschen – nach rechts, so wird Marktgleichgewicht bei einem höheren Preis und höherer Kauf- und Verkaufsmenge erreicht. – Verschiebt sich die gesamtwirtschaftliche Angebotskurve – z.B. weil Mehl teurer geworden ist und bei allen Bäckereien die Grenzkosten des Brotes erhöht hat – nach links, dann wird Marktgleichgewicht bei höherem Preis, jedoch nunmehr bei geringerer Kauf- bzw. Verkaufsmenge realisiert.

Wir musterten in Abb. 0.c.1 verschieden hohe Brotpreise durch und fragten, welche Brotmengen der als Nutzenmaximierer handelnde Haushalt jeweils kaufen sollte; diese Mengen ergaben die individuelle Nachfragekurve des Haushalts in Abb. 0.c.2. In Abb. 0.f.2 stellten wir dar, welche Brotmengen ein gewinnmaximierender Anbieter gemäß der Preis = Grenzkosten-Regel bei verschieden hohen Brotpreisen verkaufen sollte. Der aus dem Schnittpunkt von gesamtwirtschaftlicher Nachfrage- und gesamtwirtschaftlicher Angebotskurve ermittelte *Gleichgewichtspreis* p_B^* gibt den einzelnen Nachfragern und Anbietern nun das *Signal, welche Menge* sie gemäß ihren einzelwirtschaftlichen Kurven als Mengenanpasser *tatsächlich kaufen bzw. verkaufen*, welchen Konsum- bzw. Produktionsplan sie also realisieren sollten. Die Addition aller individuellen Kaufmengen bzw. aller einzelwirtschaftlichen Verkaufsmengen ergibt dann selbstverständlich die insgesamt umgesetzte Menge $x_B^* = y_B^*$. Der Gleichgewichtspreis, der an dem idealtypischen Markt aus Gesamtnachfrage und Gesamtangebot von einem Makler ermittelt wird, ist für die einzelnen Marktteilnehmer das einzig relevante Signal. Weder ein Nachfrager noch ein Anbieter benötigt Kenntnis der Nachfrage- oder Angebotskurve anderer oder der gesamtwirtschaftlichen Kurven. An dem Markt kaufen bzw. verkaufen die Marktteilnehmer gegen einen in Geld ausgedrückten Gleichgewichtspreis. Die Ähnlichkeit mit einer Börse macht verständlich, daß es dem einzelnen Nachfrager oder Anbieter nicht darauf ankommt, wer sein Tauschpartner ist. Er hat als Nachfrager *keine Präferenzen* für einen bestimmten Anbieter bzw. das Brot aus dessen Bäckerei; er muß daher keine Mühen und Kosten für die Suche eines individuellen Tauschpartners aufwenden. Die beschriebene *idealtypische Marktform der vollständigen Konkurrenz* mit vielen „kleinen" Nachfragern und Anbietern, die sich als Mengenanpasser verhalten und keine Präferenzen für bestimmte Tauschpartner und deren Produkte haben, kommt in der Wirklichkeit allenfalls für Güter vor, die sich an Börsen handeln lassen.

Die für einen einzelnen Markt behandelte Theorie der vollständigen Konkurrenz abstrahiert sehr stark von der Realität, gestattet jedoch, wenn sie für alle Märkte unterstellt wird, als walrasianische *neoklassische Theorie eines totalen Konkurrenzgleichgewichtes* die Darstellung der marktlichen Koordination der gesamten Volkswirtschaft. Ein totales Konkurrenzgleichgewicht ist definiert als ein *System von markträumenden Gleichgewichtspreisen und den zugeordneten Gleichgewichtsmengen*. Mit den Gleichgewichtspreisen sind die Nachfrage- bzw. Angebotsmengen der einzelnen nutzen- bzw. gewinnmaximierenden Haushalte bzw. Unternehmungen bestimmt, deren Addition für jeden Markt selbstverständlich wieder die Gleichgewichtsmenge ergibt.

Wir kommen im nächsten Abschnitt auf dieses idealtypische Modell einer Marktwirtschaft zurück, wollen jedoch zunächst auf einige der zahlreichen Marktformen unvollständiger Konkurrenz hinweisen, um keinen Zweifel daran zu lassen, daß die marktliche Koordination einer Volkswirtschaft in Wirklichkeit bei unvollständiger Konkurrenz vonstatten geht.

2. Hinweis auf Marktformen unvollständiger Konkurrenz

Aus den in Kapitel IV näher behandelten Varianten der unvollständigen Konkurrenz wählen wir für eine vorläufige Beschreibung als erste Variante das *Angebotsmonopol* aus, welches, genau genommen, ebenfalls keine „realistische Marktform" ist, aber einen leichten Einstieg in die Problematik liefert. Einer Brotfabrik sei es gelungen, alle Bäcker vom Brotmarkt zu vertreiben bzw. ihre Bäckereien aufzukaufen, so daß sie, mit entsprechend großem Produktionsapparat, einziger Anbieter, also *Monopolist,* auf dem Brotmarkt ist. Dieser Anbieter hat selbstverständlich die Macht, den Preis zu setzen (er ist nicht Preisnehmer, sondern *Preissetzer*). Sein Ziel bestehe wieder in Gewinnmaximierung, welches er durch gewinnmaximierende Preissetzung zu erreichen versucht. Dem Angebotsmonopolisten steht die gesamte Nachfrage gegenüber. Er habe die Gesamtnachfragekurve durch Marktforschung ermittelt; sie werde aus seiner Sicht *Preis-Absatz-Kurve* genannt. Gesucht ist die Preis-Mengenkombination, die dem Angebotsmonopolisten den höchstmöglichen Gewinn bringt. In Abb. 0.i.1 ist als Preis-Absatz-Kurve PAF eine Gerade gewählt worden, gemäß der beim Preis $\bar{p}_B$ nichts mehr und beim Preis 0 die „Sättigungsmenge" $\bar{y}_B$ gekauft würde (Brot wäre dann ein freies Gut und in so großer Menge verfügbar, daß alle Haushalte bis zu einem Grenznutzen von Null davon verbrauchen könnten). Wie bereits in Formel (0.2) angedeutet, kommt es auf den *Grenzerlös* an, der aus dem Verkauf einer zusätzlichen Mengeneinheit resultiert. So lange der Grenzerlös noch über den Grenzkosten liegt, vergrößert die letzte verkaufte Mengeneinheit Brot den Gewinn.

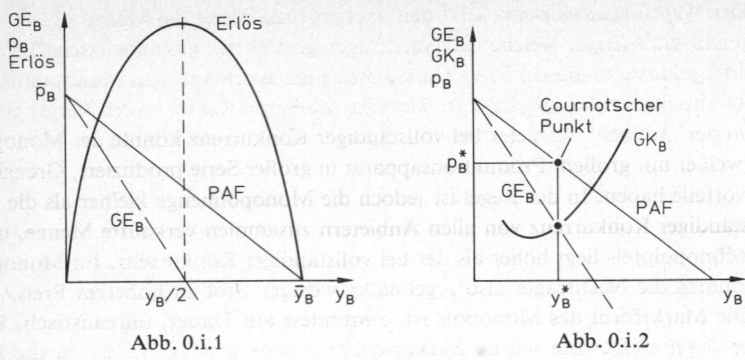

Abb. 0.i.1   Abb. 0.i.2

Zur Herleitung des Grenzerlöses betrachten wir in Abb. 0.i.1 den *Erlös* oder *Umsatz* aus Preis-Mengenkombinationen auf der Preis-Absatz-Kurve; er ist mit $p_B y_B$ jeweils gleich dem Flächeninhalt des Rechtecks unter der Preis-Absatz-Kurve. Bei $y_B = 0$ beginnend wird der Flächeninhalt der Rechtecke, von 0 beginnend, größer, bis die halbe Sättigungsmenge, $y_B/2$, erreicht ist; danach wird er wieder kleiner, bis er bei y_B wieder auf 0 geschrumpft ist. Die Größe des Flächeninhalts, als Erlöskurve dargestellt, ergibt die in Abb. 0.i.1 eingezeichnete, nach unten geöffnete Parabel. Der Grenzerlös entspricht für die erste Mengeneinheit dem Preis p_B; er sinkt mit zunehmendem y_B stärker als der Preis, denn jede zusätzlich verkaufte Mengeneinheit bedeutet, daß der Preis aller verkauften Mengeneinheiten geringer ist, also weniger an Erlös hinzukommt als der Preis der letzten Einheit. Bei der halben Sättigungsmenge, $y_B/2$, hat die Erlöskurve ihr Maximum; der Grenzerlös beträgt hier 0. Bei größeren Mengen nimmt der Erlös wieder ab, die Grenzerlöse sind dann negativ. Die Grenzerlöskurve ist im gewählten Beispiel gleich der eingezeichneten Geraden GE_B.

Die Preis-Absatz-Gerade und die Grenz-Erlös-Gerade wurden nach Abb. 0.i.2 übertragen; ferner ist hier die Grenzkostenkurve des Monopolisten, GK_B, dargestellt. Der Grenzerlös ist bei der Schnittpunktmenge beider Kurven, y_B^*, auf die Grenzkosten gesunken. Hier gilt

Grenzerlös = Grenzkosten

$$GE_B = GK_B \ .$$

(0.3)

Der Monopolgewinn hat hier sein Maximum erreicht. Will der Monopolist die Menge y_B^* verkaufen, muß er gemäß der Preis-Absatz-Geraden den Monopolpreis p_B^* setzen. Der Punkt der im Monopol gewinnmaximierenden Preis-Mengenkombination heißt *COURNOTscher Punkt*, so genannt nach dem Begründer der Monopolpreistheorie, AUGUSTIN COURNOT (1838).

Der Angebotsmonopolist setzt den Preis p_B^* und bietet die Menge y_B^* an; das ist genau die Menge, welche die Nachfrager gemäß der gesamtwirtschaftlichen Nachfragekurve zu diesem Preis kaufen möchten. Auch auf dem Monopolmarkt findet also *Markträumung* statt; es herrscht *Marktgleichgewicht*. Im Vergleich zu einem der „kleinen" Anbieter bei vollständiger Konkurrenz könnte der Monopolist, weil er mit großem Produktionsapparat in großer Serie produziert, Grenzkostenvorteile haben. In der Regel ist jedoch die Monopolmenge kleiner als die bei vollständiger Konkurrenz von allen Anbietern zusammen verkaufte Menge, und der Monopolpreis liegt höher als der bei vollständiger Konkurrenz. Im Monopol bekommen die Nachfrager also regelmäßig weniger Brot zu höherem Preis.

Die Marktform des Monopols ist, zumindest auf Dauer, unrealistisch. Ein hoher Monopolgewinn würde Bäcker-Unternehmer dazu verleiten, in die Errichtung neuer Bäckereien zu investieren, um durch ein eigenes Angebot am Gewinn teilzuhaben. Auch an ein Angebot aus dem Ausland wäre zu denken. Das zusätzliche Angebot müßte nicht unbedingt in Brot bestehen; auch ein dem Monopolgut ähnliches Gut wie Brötchen würde das Monopol brechen. Wir hätten es dann mit einem Markt zu tun, auf dem mehrere Anbieter nicht gleiche, sondern einander ähnliche Güter anbieten. Im Unterschied zu den bisher behandelten Märkten der vollständigen Konkurrenz und des Angebotsmonopols läge dann ein Markt mit *heterogenem* Güterangebot oder mit *Produktdifferenzierung* vor.

Diese Bemerkungen führen uns auf zwei wichtige allgemeine Merkmale zur Beschreibung der Angebotsseite von Märkten (in Kapitel IV werden wir auch die Nachfrageseite und ein drittes Merkmal einbeziehen),
– die Zahl der Anbieter,
– das Nichtbestehen oder das Bestehen von Unterschieden bei den auf einem Markt angebotenen Gütern.

Bei der *Zahl der Anbieter* kann man „einen", „wenige" und „viele" unterscheiden; man spricht demgemäß vom *Monopol*, vom *Oligopol* oder vom *Polypol*.

Gibt es im Urteil der Nachfrager bei den auf einem Markt angebotenen Gütern keine Unterschiede, so haben die Nachfrager keinen Grund, das Angebot bestimmter Anbieter zu bevorzugen, Präferenzen zu entwickeln; man spricht dann von einem *homogenen Markt*. – Unterschiede bei den auf einem Markt angebotenen Gütern können in Eigenschaften der Güter, in räumlicher Nähe des Angebots und in persönlichen Beziehungen zu einzelnen Anbietern begründet sein. Die Nachfrager auf einem solchen Markt haben die Möglichkeit, *Präferenzen* für die einzelnen Gütervarianten zu entwickeln; man spricht dann von einem *heterogenen Markt*.

Als besonders realitätsnah sind zwei Marktformen einzustufen, die des heterogenen Polypols und die des heterogenen Oligopols, die – vor ihrer ausführlichen Darstellung in Kapitel IV – im folgenden kurz erläutert werden sollen.

Beim *heterogenen Polypol* gibt es wie bei vollständiger Konkurrenz viele kleine Anbieter. Anders als bei vollständiger Konkurrenz ist das Güterangebot jedoch nicht homogen. Einem Nachfrager ist es nicht gleichgültig, bei wem er kauft; er hat Präferenzen. Kommen wir auf das Beispiel des Brotmarktes zurück, so haben wir diesen nun als einen Markt mit vielen Bäckereien zu beschreiben, die Brot und/oder Brötchen in verschiedenen Varianten anbieten. Die Präferenzen der Nachfrager können in tatsächlichen oder in nur vermuteten Qualitätseigenschaften der Produkte begründet sein, aber auch in räumlicher Nähe zur Verkaufsstelle oder in einer netten Bäckerin. Der gesamte Markt für Brot und Brötchen teilt sich aufgrund dieser Besonderheiten in *Teilmärkte für die einzelnen Anbieter* auf, so daß jeder Anbieter hauptsächlich an eine durch Präferenzen an ihn gebundene Stammkundschaft verkauft. Der Teilmarkt des einzelnen Bäckers ist einem Monopol ähnlich; der Anbieter kann mittels Anwendung der Grenzerlös = Grenzkosten-Regel für diesen Teilmarkt den COURNOTschen Punkt ermitteln, der ihm den gewinnmaximierenden Preis und die Absatzmenge liefert, welche seine Kunden bei dem Preis abzunehmen bereit sind. Der monopolistische Teilmarkt ist allerdings von der Abwanderungsbereitschaft der Kunden bedroht; diese wird aktuell, wenn der Bäcker einen zu hohen Preis verlangt oder das Vertrauen der Kunden enttäuscht. Je geringer die Präferenzbindungen der Kunden an die Bäckereien, desto enger die Konkurrenzbeziehung zwischen den verschiedenen Anbietern. Weil die Marktform wegen der präferenzbedingten COURNOT-Preissetzung Monopolelemente, wegen der großen Zahl der Anbieter auch Konkurrenzelemente enthält, spricht man von *monopolistischer Konkurrenz*.

Beim *heterogenen Oligopol* gibt es wenige, *Oligopolisten* genannte Anbieter; wiederum haben die Nachfrager Präferenzen für die Produkte einzelner Anbieter. Der gesamte Markt für Brot und Brötchen teilt sich nun in wenige Teilmärkte auf, und jeder Anbieter verkauft wieder hauptsächlich an seine Stammkundschaft. Gemäß der Grenzerlös = Grenzkosten-Regel maximiert ein Anbieter seinen Gewinn mit der Preis-Mengenkombination des COURNOTschen Punktes. Zu beachten ist nun nicht nur eine Abwanderungsbereitschaft der Kunden (wie beim heterogenen Polypol), sondern zusätzlich eine *oligopolistische Interdependenz* oder *Reaktionsverbundenheit* zwischen den Oligopolisten, die an folgendem Beispiel erklärt sei: Bäcker A führt eine neue Brötchensorte mit einer Werbekampagne ein, die ihm Zuwanderung von Nachfragern bringt, welche bisher bei anderen Bäckern kauften. Im heterogenen Polypol hätte sich dieser Zulauf bei A auf den Abgang bei verhältnismäßig vielen Konkurrenzanbietern verteilt, so daß der einzelne Konkurrent den Verlust durch abwandernde Nachfrage kaum gespürt und wenig Anlaß gehabt hätte, selbst mit einer absatzpolitischen Aktion, etwa Preissenkung für seine Brötchen, zu antworten. Im Oligopol ist jedoch der Verlust durch die abwandernde Nachfrage für jeden der wenigen Mitanbieter durchaus spürbar, so daß jeder Anlaß hat, auf die Aktion von A zu reagieren. Je nachdem, ob die oligopolistische Interdependenz berücksichtigt wird oder nicht, fallen theoretische Ansätze zur Erklärung des Geschehens an Oligopolmärkten mehr oder weniger kompliziert aus.

3. Weitere Aspekte marktwirtschaftlichen Geschehens

Die Betrachtung einzelner Märkte und Marktgleichgewichte ist zu ergänzen um die folgenden weiteren Aspekte marktwirtschaftlichen Geschehens:

(1) Da sich Nachfrage- und Angebotsbedingungen auf einem einzelnen Markt in nicht vorhersehbarer Weise ändern können, sind die Gewinne, die eine Unternehmung dort erzielen kann, nicht sicher, sondern mit Unsicherheit oder Risiko behaftet. Selbst wenn ein Produkt grundsätzlich ohne ein Nebenprodukt produziert werden kann, lohnt es sich für eine Firma aus Gründen der Risikostreuung regelmäßig, *Produktdiversifizierung* zu betreiben, d. h. statt eines einzelnen Gutes eine Palette von Gütern auf den verschiedensten Märkten anzubieten.

(2) Höhere Gewinne im Interesse der Eigentümer oder Ziele wie Umsatzsteigerung im Interesse des Managements lassen sich auch über Verminderung des Wettbewerbs mittels Verdrängen von Konkurrenten oder Aufkaufen von Konkurrenzunternehmungen des gleichen Marktes, d. h. durch *horizontale Konzentration*, erreichen. Kostenersparnisse durch Massenfertigung, damit verbundene Senkungen von Durchschnittskosten mögen einem „Sieger" im Konzentrationsprozeß Preissenkungsmöglichkeiten eröffnen; die Zunahme der Monopolisierung schafft ihm demgegenüber aber auch Preiserhöhungsmöglichkeiten.

(3) Kostenersparnisse durch den Wegfall des Aushandelns und Überwachens von Verträgen mit Zulieferern oder Abnehmern können dafür sprechen, hintereinander geschaltete Produktionsstufen zu integrieren, also *vertikale Konzentration* zu betreiben.

(4) Wiederum Risikostreuung kann ein Anreiz zum Aufkaufen von Unternehmungen anderer Branchen, d. h. zu *konglomerater Konzentration,* sein.

(5) Das Marktgeschehen ist stets unter dem Aspekt der Folgen von Veränderungen bisher gegebener Größen zu sehen. Beispielsweise verschieben veränderte Präferenzstrukturen der Haushalte die Nachfragekurve für manche Güter nach rechts und steigern deren Preise. Diese Preissteigerungen können Signale für Unternehmer sein, zusätzlich in Sachkapital und Boden zu investieren und damit die Produktionsapparate und das Angebot an solchen Gütern zu vergrößern. Das *Streben nach Teilnahme* an den durch Preissteigerung *gestiegenen Gewinnen führt tendenziell über vergrößertes Angebot* zum Wiederabsinken der Preise und zum *Abschmelzen der Gewinne.* – Dort, wo sich Nachfragekurven nach links verschieben und Preise fallen, ergibt sich eine Tendenz zum Abziehen von Sachkapital und Boden, so daß sich das Angebot verkleinert und der Preisrückgang aufgehalten wird.

(6) Der *Wettbewerb* kann auch als ein *Entdeckungsverfahren* angesehen werden (von HAYEK 1968), denn er verleitet *dynamische Unternehmer* zu *Innovationen*, um *Pionier-* oder *Vorsprungsgewinne* zu erzielen (SCHUMPETER 1912). − Besteht die Innovation aus einem *neuen Gut*, das von den Nachfragern (nach einer möglicherweise verlustbringenden Einführungsphase) akzeptiert wird, so ist der Pionierunternehmer mit dem von ihm durch Netto-Investition geschaffenen Produktionsapparat zunächst ein Monopolist, der bei bereits großer Nachfrage einen verhältnismäßig hohen Monopolpreis setzen kann. Durch *imitierende Unternehmer* geht das Monopol in ein Oligopol oder ein Polypol über. Das sich damit vergrößernde Angebot läßt auch hier den Preis sinken und Vorsprungsgewinne abschmelzen. − Besteht die Innovation in der *Einführung eines kostengünstigeren Produktionsverfahrens*, so ist der Vorsprungsgewinn des Pionierunternehmers nicht auf Preiserhöhung, sondern auf Kostensenkung zurückzuführen. Wenn andere Unternehmer das neue Produktionsverfahren nachahmen, geht der Vorsprungsgewinn durch Preissenkungstendenz verloren.

G. Marktliche Koordination der Gesamtwirtschaft

1. Ausgangspunkt: Gleichgewicht auf allen Märkten im volkswirtschaftlichen Kreislauf

Aus der Makroökonomik übernehmen wir das in Abb. 0.j dargestellte *Schema des volkswirtschaftlichen Kreislaufs* einer Periode ohne Staat und ohne Ausland. Die privaten *Haushalte* H streben nach Bedürfnisbefriedigung durch Kon- .

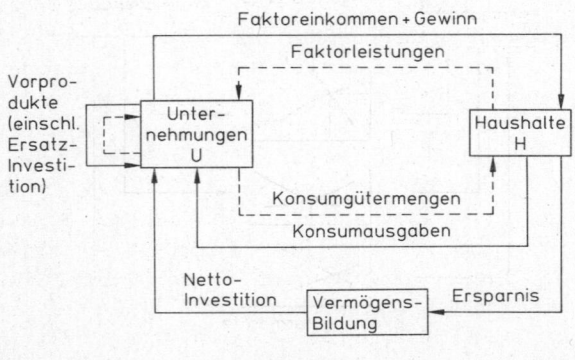

Abb. 0.j

sum von Gütern, die sie von den Unternehmungen U kaufen. Die Konsumausgaben bestreiten sie aus Einkommen, welches sie durch Bereitstellung von Leistungen der in ihrem Eigentum stehenden Bestände an den Produktionsfaktoren
Arbeit, Sachkapital und Boden erzielen oder welches sie als Unternehmerein-
kommen in Form von Gewinnen erhalten. Die Unternehmungen setzten die Faktorleistungen und ebenso Vorprodukte ein; letztere beziehen sie von anderen
Unternehmungen. Was die Haushalte von ihrem Einkommen nicht ausgeben, ist
Ersparnis oder Vermögensbildung, die der Netto-Investition von Unternehmungen in Beständen an Sachkapital oder Boden entspricht. (Die Ersatz-Investition
betrifft nicht die Vermögensbildung, sondern die Beschaffung von Vorprodukten zur Erhaltung der Faktorbestände). Ersparnis und Netto-Investition, ebenso
die Re-Investition und allgemein die Märkte für Vorprodukte lassen wir im folgenden vereinfachend außer Betracht, damit wir uns auf Märkte für Konsumgüter und Märkte für Faktorleistungen konzentrieren können.

In Abb. 0.k sind Marktdiagramme für die einzelnen Konsumgüter und Faktorleistungen angedeutet; das Diagramm soll ein *neoklassisches walrasianisches
totales Konkurrenzgleichgewicht* der Volkswirtschaft mit vollständiger Konkur-

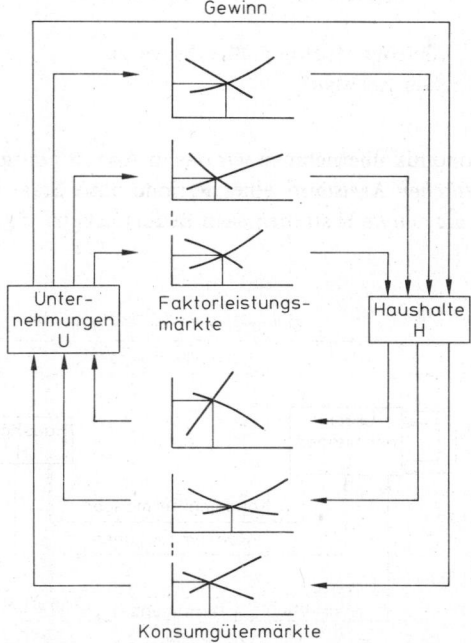

Abb. 0.k

renz auf allen Märkten vermitteln. Auf den Konsumgütermärkten äußern die Haushalte mit den Nachfragekurven Kaufbereitschaft, die Unternehmungen mit den Angebotskurven Produktions- und Lieferbereitschaft. Auf den Märkten für Faktorleistungen bieten die Haushalte an und fragen die Unternehmungen nach, und zwar jeweils abhängig vom Faktornutzungspreis. Die Schnittpunkte der Nachfrage- und der Angebotskurven beschreiben jeweils die Preis-Mengenkombination, bei welcher der Markt geräumt wird und damit Marktgleichgewicht herrscht. Die Flächeninhalte der durch Preise und Mengen gebildeten Rechtecke bezeichnen die Marktumsätze, also die Konsumausgaben der Haushalte bzw. die Erlöse der Unternehmungen, ferner die Faktorleistungsausgaben der Unternehmungen bzw. die Faktoreinkommen der Haushalte im totalen Konkurrenzgleichgewicht. Die Pfeile im unteren Teil der Abbildung beschreiben die auf den einzelnen Märkten zustandekommenden Konsumausgabenströme, deren Summe den gesamten Konsumausgabenstrom von den Haushalten zu den Unternehmungen im Gleichgewicht darstellt. Analog beschreiben die Pfeile im oberen Teil der Abbildung die auf den einzelnen Faktormärkten entstehenden Einkommensströme. Da man sich für unternehmerische Leistungen keinen Markt vorstellen kann, ist der oberste Pfeil für Gewinneinkommen ohne eine Unterbrechung durch einen Markt gezeichnet.

Wir wiesen in Abschnitt D darauf hin, daß die für einen Markt hergeleitete Nachfragekurve ceteris paribus, d. h. bei gegebenen Präferenzstrukturen und Konsumsummen der einzelnen Haushalte sowie für gegebene Preise der anderen Konsumgüter gilt. In Abschnitt E erwähnten wir, daß auch für die Angebotskurve die ceteris paribus-Bedingung gilt, d. h. die Produktionsbedingungen, die Produktionsapparate und die Faktornutzungspreise sind gegeben. Es ist wichtig, bei der Veranschaulichung des totalen Konkurrenzgleichgewichts an diese Bedingungen zu erinnern. Sie bedeuten beispielsweise für das unterste der in Abb. 0.k dargestellten Marktdiagramme, daß sowohl die Nachfragekurve als auch die Angebotskurve für die in den übrigen Marktdiagrammen dargestellten Gleichgewichts-Konsumgüter- und -Faktornutzungspreise gezeichnet zu denken sind. Allgemeiner: Auf jedem Markt ist Nachfrage- und Angebotsbereitschaft unter der Annahme dargestellt, daß auf allen übrigen Märkten bereits Gleichgewicht herrscht und daß deren Gleichgewichtspreise diejenigen sind, die für den betrachteten Markt gemäß der ceteris paribus-Bedingung als gegeben unterstellt werden.

Wir betonten in Abschnitt F.1, daß die Marktform der vollständigen Konkurrenz schon deshalb eine Abstraktion von der Wirklichkeit ist, weil es auf einem solchen Markt keinerlei Präferenzen geben darf und eine Organisation des Marktes nach Art von Börsen notwendig ist. Auch der Zustand eines totalen Konkurrenzgleichgewichts abstrahiert somit von der Wirklichkeit. Die mit Abb. 0.k veranschaulichte marktliche Koordination hat daher nur exemplarische Bedeutung; immerhin zeigt sie, daß eine Abstimmung der eigeninteressierten Entscheidungen von unzähligen einzelnen Wirtschaftseinheiten durch die „unsichtbare Hand" oder den *Marktmechanismus von Nachfrage und Angebot* unter den vereinfachenden Annahmen tatsächlich denkbar ist.

2. Störungen des Gleichgewichts

Wie würde sich eine Störung des totalen Konkurrenzgleichgewichts in Form der Verschiebung der Nachfrage- oder der Angebotskurve eines Marktes auf das System der interdependenten Märkte auswirken? Die Verschiebung löst ein Marktungleichgewicht und eine Preisänderung auf dem betrachteten Markt aus. Die Preisänderung könnte die Anbieter auf diesem Markt dazu verleiten, die Produktionsapparate zu verändern. Die Preisänderung wird sich aber auch auf die Lage anderer Nachfrage- und Angebotskurven auswirken.

Unterstellen wir als Störung beispielsweise eine Rechtsverschiebung der Nachfragekurve für ein neumodisches Konsumgut, so signalisiert eine Preiserhöhung verbesserte Gewinnchancen in dessen Produktion. Die Preiserhöhung könnte eine Faktorzuwanderung einleiten, d. h. die Anbieter auf diesem Markt veranlassen, durch Netto-Investition in Sachkapital und Boden die Produktionsapparate zu vergrößern. Dadurch verschieben sich die Angebotskurven der Anbieter des neumodischen Gutes nach rechts. Das vergrößerte Angebot wird den Preis und damit die Gewinnchancen wieder reduzieren, so daß die Faktorzuwanderungen aufhören. – Die Rechtsverschiebung der Nachfragekurve für das neumodische Gut könnte zu Lasten der Nachfrage für ein altmodisches Konsumgut erfolgt sein, die in dessen Produktion Faktorabwanderungen auslösen kann; aber auch ein Mehrangebot an Arbeit zur Erhöhung von Arbeitseinkommen ist eine denkbare Folge der Störung.

Es mag schon schwer genug sein, in einer Welt der vollständigen Konkurrenz die vielfältigen Konsequenzen der Störung eines totalen Gleichgewichts in Form von *Preissignalen* und *Faktorumlenkungen* zu durchdenken. Noch schwerer wird die Aufgabe, wenn wir statt dessen Märkte mit unvollständiger Konkurrenz berücksichtigen und an die in Abschnitt F.3 angesprochenen Aspekte marktwirtschaftlichen Geschehens erinnern. Für Angebotsmonopole, monopolistische Konkurrenz und Oligopole gibt es keine Angebotskurven; wir hätten in Abb. 0.k jeweils Diagramme zeichnen müssen, welche deren Grenzerlös = Grenzkosten-Regeln zum Ausdruck bringen. Anreize für Unternehmungen zur Diversifizierung und zur Konzentration, aber auch zur Durchsetzung von Innovationen wären zu beachten. Bei Faktorumlenkungen wäre schließlich die in Abschnitt B.4 erwähnte Wanderbereitschaft oder Mobilität der Faktoren zu berücksichtigen. Trotz der verwirrenden Vielfalt in der allgemeinen Interdependenz von Märkten ist es nicht aussichtslos, die wichtigsten Wirkungsketten bedeutender Störungen, z. B. von „Ölpreisschocks" oder von technischen Revolutionen, auch im Geflecht von Märkten mit unvollständiger Konkurrenz zu verfolgen und durch Faktorumlenkungen herbeigeführte Strukturveränderungen der Volkswirtschaft zu erklären.

H. Vorzüge marktlicher Koordination

1. Individuelle Entfaltungsmöglichkeiten

Eine marktwirtschaftliche Ordnung mit Privateigentum an den Produktionsfaktoren schafft den einzelnen Haushalten Entscheidungsspielräume, zum ersten bei der Bereitstellung von Faktorleistungen zum Einsatz in Unternehmungen gegen Arbeits-, Kapital- und Bodenrenteneinkommen, zum zweiten bei der Verwendung des Einkommens, insbesondere bei der Aufteilung der für den Verbrauch bereitgestellten Summe auf den Kauf der verschiedenen Konsumgüter. Die Entscheidungsspielräume können im Eigeninteresse ausgefüllt werden, wie es etwa in der Annahme der Nutzenmaximierung zum Ausdruck kommt. Der Begriff des Eigeninteresses schließt dabei die Möglichkeiten altruistischen Handelns ein.

Auch für die Unternehmung bestehen Entscheidungsspielräume beim Einsatz der Produktionsfaktoren und im Absatzbereich. Mit der Annahme der Gewinnmaximierung wird unterstellt, daß die Unternehmung sie im Interesse der Eigentümer nutzt.

2. Relativ faires Zuteilungsverfahren

Die marktwirtschaftlich-wettbewerbliche Zuteilung von Gütern richtet sich nach der Kaufbereitschaft von Nachfragern; sie diskriminiert nicht nach Kriterien wie Gewalt, Geschlecht oder Rasse. Die Kaufbereitschaft eines Haushalts für Konsumgüter hängt von seiner Präferenzstruktur und von seinem Einkommen ab. Das Einkommen ist allerdings von der Ausstattung des Haushalts mit Produktionsfaktoren mitbestimmt, welche nicht nur von marktwirtschaftlichen Einflußgrößen abhängt. Vermögens- und Einkommensverteilungspolitik sind daher im Interesse fairer Zuteilung besondere Anliegen einer Sozialen Marktwirtschaft.

3. Arbeitsteilung und Produktivitätssteigerung

In einem Vorstadium zur Marktwirtschaft, der *Hauswirtschaft*, sind die Haushalte *autark*, d. h. sie versorgen sich selbst durch Einsammeln, Jagen, Anbauen oder auch Selbstproduzieren von Gütern. Nur sofern Tauschpartner gefunden werden können, kann ein Haushalt einzelne Güter, mit denen er relativ zu seinen Bedürfnissen reichlich versorgt ist, gegen andere Güter eintauschen, mit denen er weniger gut versorgt ist. Die Tauschmengenverhältnisse müssen bei diesem *Naturaltausch* so sein, daß jeder Haushalt mit der erhaltenen Gütermenge mehr oder mindestens gleichviel Nutzen gewinnt als er durch die hingegebene Gütermenge verliert.

In einer Volkswirtschaft mit autarken oder nur naturaltauschenden Haushalten müssen einzelne oder wenige Personen jeweils alle Vorgänge der Güterbereitstellung selbst ausführen. Der *Grad der Arbeitsteilung* und damit die Möglichkeiten der Spezialisierung auf bestimmte Tätigkeiten sind *gering*. Das bezieht sich nicht nur auf die Bereitstellung von Konsumgütern, sondern auch auf Hilfsmittel zu deren Bereitstellung, also auf die Herstellung von Jagdgeräten oder Werkzeugen, d. h. auf Investitionsgüter zur Sachkapitalbildung. Bei geringem Grad der Arbeitsteilung ist *auch die Produktivität der Arbeit*, also *die pro Arbeitskraft oder pro Arbeitsstunde erzeugte Gütermenge*, gering.

Nur in einer Wirtschaft, in der *Güter gegen Geld* verkauft bzw. *gekauft* werden, kann es zur *Herausbildung von Märkten* kommen. In einer Hauswirtschaft könnte sich zunächst Geld als allgemeines Tauschmittel durchsetzen und Haushalte in die Lage versetzen, Güter arbeitsteilig zu produzieren und an Märkten gegen Geld auszutauschen. Die Haushalte würden die in ihrem Eigentum stehenden Produktionsfaktoren nur in ihrer eigenen Produktion einsetzen; es wäre noch nicht zur Ausgliederung von Unternehmungen gekommen, welche Faktorleistungen nachfragen. Da die Haushalte nicht mehr ihren Eigenbedarf an den verschiedenen Gütern selbst erzeugen, sondern sich auf bestimmte Güter spezialisieren, hätte diese Art des Wirtschaftens bereits eine viel höhere Produktivität als die zuvor erwähnte.

In einer *Marktwirtschaft*, in der − wie in diesem Buch sonst stets unterstellt − zur Herauslösung von Unternehmungen aus den Haushalten gekommen ist und in der daher neben Gütermärkten auch Faktormärkte existieren, können *Arbeitsteilung und Spezialisierung weiter vorangetrieben* werden, wodurch die Produktivität der Arbeitskräfte weiter steigt. ADAM SMITH demonstriert im „Wohlstand der Nationen" von 1776 die produktivitätssteigernde Wirkung der Arbeitsteilung am berühmt gewordenen *Stecknadelbeispiel* (deutsche Übersetzung Bd. 1, S. 9 f.): Wenn in einer Stecknadelfabrik jeder der 10 Arbeiter jeweils alle Arbeitsgänge in der Herstellung von Stecknadeln ausführt, kann jeder pro Tag höchstens 20 Nadeln, können alle zusammen also höchstens 200 Nadeln anfertigen. Hat sich hingegen jeder Arbeiter auf einen Teilvorgang der Erzeugung, z. B. das Ziehen, das Schneiden, das Anspitzen des Drahtes, das Herstellen, das Ansetzen des Kopfes usw. spezialisiert, so können, nach SMITH' Schätzung, alle zusammen 48 000 Nadeln täglich anfertigen. Die durchschnittliche Produktivität ist also von 20 auf 4 800 gestiegen. Die Realisierung dieser Arbeitsteilung setzt voraus, daß das viel umfangreichere Produktionsergebnis am Markt verkauft werden kann. Der *Grad der Arbeitsteilung hängt* nach ADAM SMITH daher *von der Ausdehnung der Märkte ab.*

Wenn Möglichkeiten der Produktivitätssteigerung durch zusätzliche Arbeitsteilung bestehen, lohnt es sich bei funktionierender marktwirtschaftlicher Koordination, sie zu nutzen. Denn einerseits sichert das größere volkswirtschaftliche Produktionsergebnis eine bessere durchschnittliche Versorgung der Bevölkerung mit Konsumgütern und/oder Investitionsgütern − die Einführung einer stärker arbeitsteiligen Technik verschiebt die Produktionsmöglichkeitenkurve nach außen. Andererseits bilden sich Preise und Mengen auf den durch Arbeitsteilung ausgedehnten Güter- und Faktormärkten so, daß die Märkte geräumt werden.

Die Herausbildung eines hohen Grades an Arbeitsteilung, Spezialisierung und Produktivität in einem marktwirtschaftlichen System sich ausdehnender Märkte ist auch als Entwicklungsprozeß zu sehen, der stark von der Sachkapitalbildung mitgeprägt wird. Es ist *nicht nur* die SMITHsche *Arbeitszerlegung,* sondern auch die *zunehmende Ausstattung der Arbeitsplätze mit Sachkapital* in der Form von Maschinen, die die Arbeitskräfte im Verlauf der Industrialisierung immer produktiver machte. Für die Arbeiter bedeutet Arbeitszerlegung in Kombination mit immer größerer Maschinenausstattung die Gefahr eintöniger werdender Arbeit; dies wurde am Beispiel der Arbeitskräfte am Fließband in der mechanisierten Automobilproduktion sichtbar.

Mit Sachkapital in der Form von computergesteuerten Maschinen und von Informationssystemen ist in den letzten Jahrzehnten in weiten Bereichen eine *Automatisierung* von Produktionsabläufen möglich geworden, die für viele Arbeitskräfte nicht weitere Arbeitszerlegung, sondern, im Gegenteil, *Zusammenlegung von Arbeitsaufgaben* bedeutete. Die Produktivität der Arbeit kann daher nicht länger als abhängig von der Arbeitsteilung betrachtet werden; sie hängt mehr und mehr von der modernen Informationstechnik ab, die sich einerseits in der Ausbildung der Arbeitskräfte selbst, also im *Humankapital*, andererseits im Sachkapital, mit dem die Arbeit kombiniert wird, niederschlägt.

4. Statische Effizienz: Pareto-Optimalität

Als weiterer positiver Aspekt marktwirtschaftlicher Koordination sei eine Eigenschaft des neoklassischen walrasianischen totalen Konkurrenzgleichgewichts erwähnt, die als *Pareto*-Optimalität bekannt ist (wir gehen später in Kap. III.B.3 − 5 näher darauf ein). Streben die Haushalte nach Nutzenmaximierung, die Unternehmungen nach Gewinnmaximierung, und verhalten sie sich dabei als Mengenanpasser, dann ist, bei jeder beliebigen anfänglichen Ressourcenausstattung der einzelnen Haushalte, ein sich an den Märkten einstellendes totales Konkurrenzgleichgewicht *optimal*

— erstens in dem Sinne, daß die *Produktion eines Gutes nicht erhöht* werden kann, ohne daß die *mindestens eines anderen eingeschränkt* werden muß,

— zweitens in der Bedeutung, daß der *Nutzen eines Haushalts nicht erhöht* werden kann, ohne daß der *mindestens eines anderen eingeschränkt* werden muß.

Der erste Teil des Pareto-Optimalitäts-Kriteriums läßt sich an Abb. 0.a verdeutlichen; das Kriterium ist für jeden Punkt auf der Produktionsmöglichkeitenkurve erfüllt. Die vorhandenen Faktorbestände bzw. deren Leistungsabgaben sind für Güterbündel, die durch Punkte auf ABC darzustellen sind, jeweils voll beschäftigt; wollte man die Produktion von Kleidung ausdehnen, so ginge das nur über Einschränkung der Nahrungsproduktion und Umlenkung dort frei werdender Faktoren in die Kleidungsproduktion.

Der zweite Teil des Kriteriums bezieht sich auf die Verteilung der produzierten Güter auf die Haushalte. Sie mag ungerecht in dem Sinne sein, daß manche Haushalte reichlich mit Faktoren ausgestattet sind und daher hohes Einkommen aus dem Verkauf von Faktorleistungen beziehen, während andere arm sind; dies könnte, wie erwähnt, in einer Sozialen Marktwirtschaft Anlaß für staatliche Korrekturen der Einkommensverteilung sein. Ein pareto-optimales Konkurrenzgleichgewicht bedeutet nicht mehr, aber auch nicht weniger, als daß alle produzierten Güter irgendwelchen Haushalten Nutzen stiften, daß nicht nutzlos „an den Bedürfnissen vorbei" produziert wird.

Mit der Pareto-Optimalität ist auch der Begriff *statischer Effizienz* umschrieben. Nicht-effiziente Produktion würde Erzeugung eines Güterbündels bedeuten, welches durch einen Punkt unterhalb der Produktionsmöglichkeitenkurve darzustellen ist. Die Produktion mindestens eines der Güter könnte mit den vorhandenen Produktionsfaktoren noch vergrößert werden. Nicht-effiziente Verteilung der produzierten Güter würde heißen, daß der Nutzen mindestens eines Haushalts noch erhöht werden kann, ohne daß der eines anderen vermindert wird. Statische Effizienz bedeutet also, daß keine Möglichkeit der Produktion und der Bedürfnisbefriedigung ungenutzt bleibt.

5. Dynamische Effizienz: Innovatorischer Wettbewerb

Wir wiesen wiederholt darauf hin, daß ein totales Konkurrenzgleichgewicht zum einen auf unrealistischen Annahmen beruht und zum anderen eine theoretische Fiktion ist. Die Wirklichkeit marktwirtschaftlichen Geschehens ist durch unvollständige Konkurrenz, durch Konzentration und durch mangelhafte Faktormobilität gekennzeichnet. In dieser Wirklichkeit suchen eigeninteressierte Haushalte und Unternehmungen ständig nach besonderen Vorteilen in Form von Einkommen bzw. Gewinnen; man spricht auch vom *rent-seeking*. Viele dieser Aktivitäten von einzelnen oder von Gruppen gehen zu Lasten anderer; sie tragen dazu bei, daß Möglichkeiten der Produktion und der Bedürfnisbefriedigung ungenutzt bleiben, Effizienz im statischen Sinne also nicht erreicht wird.

Es gibt allerdings Aktivitäten einzelner Wirtschaftseinheiten, die, obgleich auch sie dem konkurrenzwirtschaftlichen Mengenanpasserverhalten widersprechen und damit gegen die statische Effizienz verstoßen, eine Marktwirtschaft in Entwicklung und Wachstum treiben und sie damit zentral geplanten Volkswirtschaften besonders überlegen machen. Dies sind die bereits erwähnten *Innovationen* in der Form der *Einführung neuer Güter* oder der *Einführung neuer kostengünstigerer Produktionsverfahren*. Es ist ein besonders wichtiger Vorzug einer durch Privateigentum und Eigeninteresse geprägten marktwirtschaftlichen Ordnung, daß sie die schöpferischen Fähigkeiten von Menschen zu Entdeckungen mobilisiert, die über Innovationen durch dynamische Unternehmer eine Entwicklung auslösen. Innovierende Unternehmer werden vor allem durch die Chance, Vorsprungsgewinne zu erzielen, zu ihrem Verhalten motiviert. Einerseits gilt es, die Vorsprungsgewinne, z. B. durch Gewährung von Patenten auf die Innovationen, den dynamischen Unternehmern als Belohnung ihrer die Entwicklung anstoßenden Tätigkeiten zuzugestehen und auf Zeit zu erhalten. Andererseits kommt eine Entwicklung umfassend nur durch den Wettbewerb imitierender Unternehmungen in Gang. Diese möchten an den Vorsprungsgewinnen teilnehmen, veranlassen aber durch zusätzliches Angebot und Preissenkungen deren Abschmelzen. Nur Anbieter mit konkurrenzfähigem Angebot und günstigen Kosten können in diesem Wettbewerbsprozeß bestehen, der somit auch eine *Auslesefunktion* hat. Bestimmend für Entwicklung und Wachstum und damit für eine *dynamische Effizienz* der Volkswirtschaft sind also sowohl günstige Bedingungen für Innovationen als auch ein funktionierender Imitationswettbewerb.

I. Defekte marktlicher Koordination

1. Allgemeine Marktunvollkommenheiten

Von Defekten marktlicher Koordination ist selbstverständlich dann zu sprechen, wenn wegen Unvollkommenheiten des tatsächlichen Marktgeschehens einer oder mehrere der im Vorabschnitt geschilderten Vorzüge nicht zur Geltung kommen. Insbesondere ist hier an das Nichterreichen statischer oder dynamischer Effizienz zu denken, die sich in *Unterbeschäftigung vorhandener Produktionsfaktoren* oder *Mangel an Innovationsbereitschaft* äußert.

2. Fälle des Marktversagens

Außer den auf allgemeinen Marktunvollkommenheiten beruhenden Defekten gibt es eine Reihe von Besonderheiten, die ein *Marktversagen* implizieren. Einige Fälle des Marktversagens sollen im folgenden erläutert werden.

a. Ruinöse Konkurrenz

Von ruinöser Konkurrenz spricht man, wenn ein Anbieter durch *kampfstrategische Preisunterbietung* und Ausdehnung seines Angebotes die Nachfrage veranlaßt, sich von Mitanbietern abzuwenden und zu ihm überzugehen, um die *Mitanbieter vom Markt zu verdrängen* und selbst Monopolist zu werden. Dies setzt in der Regel voraus, daß der Anbieter über besondere finanzielle Reserven verfügt, um die Verluste, die während des Preiskampfes entstehen, besser verkraften zu können als die Konkurrenten. Ein Marktversagen liegt vor, weil durch das falsche Signal eines zu niedrigen Kampfpreises die Produktionsfaktoren der Mitanbieter aus ihrer Verwendung vertrieben werden und weil nach Erreichen der Monopolposition die Nachfrager einen hohen Monopolpreis zu zahlen haben.

b. Natürliches Monopol

Erfordert die Produktion eines Gutes sehr hohe Fixkosten und relativ geringe variable Kosten, so liegt es nahe, daß bei Erzeugung der *insgesamt anzubietenden Menge in einer einzigen Unternehmung geringere Durchschnittskosten anfallen als bei Aufteilung* dieser Menge auf mehrere oder gar viele Anbieter (eine eingehendere Darstellung ist in Kap. IV.B.2.f zu finden). Ein solcher Fall liegt beispielsweise vor, wenn zum Produktionsapparat auch ein Leitungsnetz gehört, wie beim elektrischen Strom. Eine Aufteilung der gesamten Angebotsmenge auf mehrere oder viele miteinander konkurrierende Anbieter wäre, weil diese jeweils höhere Durchschnittskosten hätten, eine Verschwendung von Faktorleistungen und würde Marktversagen bedeuten. Die Errichtung mehrerer Stromleitungsnetze wäre offenbar unsinnig. Es sollte daher unter den geschilderten technischen Bedingungen keinen Wettbewerb unter tatsächlich am Markt befindlichen Anbietern geben; ein einziger Anbieter sollte das natürliche Monopol inne haben. Damit dieser nicht gemäß dem COURNOTschen Punkt eine relativ geringe Menge zu einem relativ hohen Monopolpreis anbietet, bedarf das natürliche Monopol der öffentlichen Kontrolle oder besonderer, den Wettbewerb ersetzender Organisation.

c. Externe Effekte

Bei *externen Effekten* handelt es sich um *Leistungsbeziehungen zwischen Wirtschaftseinheiten, die nicht über Märkte vonstatten gehen und daher nicht durch Preise abgegolten werden.* Der Absender eines von dem Empfänger (den Empfängern) als *positiv bewerteten externen Effektes* erhält von diesem (von diesen) keine Vergütung. Der Absender eines von dem Empfänger (den Empfängern) *negativ bewerteten externen Effektes* haftet nicht für den von ihm damit angerichteten Schaden. Beispiele positiver externer Effekte sind Erfindungen oder Kunstwerke, die andere kostenfrei nutzen bzw. genießen. Beispiele negativer externer Effekte sind Umweltverschmutzungen, die einzelne oder mehrere andere oder aber die Gemeinschaft aller Wirtschaftseinheiten schädigen.

Für eine Chemieunternehmung, die für in den Fluß abgeführte Abwässer nicht haftet, sind die privaten Kosten der Produktion geringer als die der ganzen Volkswirtschaft entstehenden Kosten, welche auch die Kosten der Entsorgung des Flusses einschließen. Dehnt die Unternehmung gemäß der Grenzerlös = Grenzkosten-Regel ihre Chemieproduktion so weit aus, bis die (zu gering angesetzten) privaten Grenzkosten auf den Grenzerlös des Chemieproduktes angestiegen sind, so produziert sie mehr als beim Ansetzen der volkswirtschaftlichen, die Entsorgung einschließenden Grenzkosten. Das kostenfreie, nicht-marktliche Inanspruchnehmen der Umwelt, welches andere Wirtschaftseinheiten schädigt, hat also eine zu groß gewählte Menge an Chemieprodukten zur Folge. Das bedeutet, daß zu viele Produktionsfaktoren in die Chemieproduktion gelenkt werden. In dieser *Fehlallokation* von Produktionsfaktoren besteht das Marktversagen.

Man kann versuchen, die Absender positiver externer Effekte gegenüber den Empfängern anspruchsberechtigt und die Absender negativer externer Effekte gegenüber den Empfängern schadensersatzpflichtig zu machen. Nur ein Teil der externen Effekte läßt sich jedoch durch ordnungspolitische Maßnahmen in marktliche entgeltliche Beziehungen umwandeln oder *internalisieren.*

d. Kollektivgüter

Für die bisher betrachteten wirtschaftlichen Güter treffen die beiden folgenden Merkmale von *privaten Gütern* oder *Individualgütern* zu: Es besteht erstens *Rivalität im Konsum*, d.h. wenn einer das Gut verbraucht, steht es anderen nicht mehr zur Verfügung. Es besteht zweitens *Ausschließbarkeit*, d.h. nur Nachfrager, die gemäß ihrer Kaufbereitschaft gewillt sind, den Marktpreis zu zahlen, kommen in den Besitz eines Gutes; andere werden vom Erwerb des Gutes ausgeschlossen.

Daneben gibt es die *öffentlichen Güter* oder *Kollektivgüter*, für die die zwei Merkmale in ihrer Verneinung zutreffen. Erstens besteht für sie *Nichtrivalität im Konsum*, d. h. sie können gleichzeitig von mehreren oder vielen Wirtschaftseinheiten genutzt werden, ohne daß ihre Menge spürbar abnimmt. Zweitens gilt für sie die *Nichtausschließbarkeit von Nichtzahlern*; solche Nichtzahler nennt man (mit Bezug auf mißbräuchliche Benutzung von Straßenbahnen) auch *Trittbrettfahrer*. Typische Beispiele für Kollektivgüter sind Leuchtturm, Deich, Impfschutz und Rechtssicherheit. Sind diese Güter erst einmal vorhanden, werden die Nachfrager dazu verleitet, ihre Kaufbereitschaft dafür herunterzuspielen, da sie damit rechnen können, als nichtausschließbare Trittbrettfahrer ohnehin in den Genuß der Güter zu kommen.

Bei privaten Gütern ist es das Eigeninteresse von privaten Unternehmungen, deren Produktion aufzunehmen, sofern ein Angebot auf dem Markt einen Preis erwarten läßt, der die Durchschnittskosten übersteigt und damit einen Gewinn verspricht. Bei Kollektivgütern fehlt es an diesem Eigeninteresse, weil die Anbieter keine Möglichkeit hätten, Nichtzahler vom Erwerb auszuschließen. In der Nichtausschließbarkeit ist das Marktversagen bei der Produktion von Kollektivgütern begründet. Der Staat muß die Bereitstellung solcher Güter durch Finanzierung über den Staatshaushalt sichern. Viele der Kollektivgüter (wie Leuchtturm, Deich und Impfschutz) können in privaten Unternehmungen erzeugt werden, zwischen denen Wettbewerb herrschen sollte. Sind die Kollektivgüter erst einmal vorhanden, werden die Haushalte sie in einem Ausmaß wie bei einem Nullpreis verbrauchen wollen, weil sie ihren durch Steuern geleisteten Finanzierungsbeitrag kaum als Preis in Anrechnung bringen dürften. Der Sachverhalt einer großen Verbrauchsbereitschaft für Kollektivgüter könnte wiederum den Anschein erwecken, als sei die tatsächliche Kollektivgüterversorgung besonders knapp bemessen. Daraus könnte eine *Tendenz zur Überversorgung mit Kollektivgütern* resultieren, die wiederum eine *Fehlallokation* von Faktoren in der Produktion solcher Güter bedeuten würde.

Der Staat beschränkt sich übrigens nicht allein auf die Bereitstellung von Kollektivgütern, sondern stellt auch Güter bereit, für die eine Ausschließung nichtzahlender Nachfrager prinzipiell möglich wäre. Beispiele sind Schul- und Hochschulbildung, die zum Nullpreis zur Verfügung gestellt werden, oder Schwimmbäder, für die ein nicht-kostendeckender Preis verlangt wird. Die Politiker meinen, die Bereitstellung solcher *meritorischen Güter* entspreche gewissen „gesellschaftlichen Präferenzen", und man dürfe sich nicht allein auf die durch Kaufbereitschaft an den privaten Märkten geäußerten Präferenzen und eine entsprechende private Marktversorgung verlassen. Historisch ist die Bereitstellung meritorischer Güter durch den Staat hauptsächlich als Bemühen zu erklären, solche Güter auch ärmeren Bevölkerungsschichten zugänglich zu machen. Die Zielsetzung war also Umverteilung. Ein Marktversagen liegt bei meritorischen Gütern nicht vor.

Allgemeine Literaturhinweise und Quellenhinweise zu Kapitel 0

Der Name des Autors und eine Jahreszahl verweisen auf die detaillierte Quellenangabe im Literaturverzeichnis am Schluß des Buches. Zunächst seien einige Lehrbücher genannt, die als erste Lektüre einen *Überblick über das gesamte Gebiet der Volkswirtschaftslehre* vermitteln und von denen das eine oder andere vor diesem Buch gelesen werden sollte: ALCHIAN-ALLEN (1974); BARTLING-LUZIUS (1991); BASSELER-HEINRICH-KOCH (1991); BRANDT (1973); CARELL (1968); FISCHER-DORNBUSCH-SCHMALENSEE (1983); HÄUSER (1967); HICKS (1962); LIPSEY (1975); SAMUELSON (1975); SIEBERT (1991); WOLL (1990). Die folgenden Lehrbücher beschäftigen sich speziell mit dem *Gebiet der mikroökonomischen Theorie* und kommen als Lektüre parallel zu diesem Buch in Frage: BAIN (1952); BAUMOL (1977); BILAS (1971); VON BÖVENTER (1991); BORCHERT-GROSSEKETTLER (1985); BOULDING (1966) Band 1; BRAFF (1969); CLOWER-DUE (1972); FEHL-OBERENDER (1990); FERGUSON-GOULD (1975); FRIEDMAN (1976); GARB (1968); HELMSTÄDTER (1991); HENDERSON-QUANDT (1983); HERBERG (1989); HIRSHLEIFER (1988); HOYER-RETTIG (1984); KLAUS-MAUSSNER (1986); KOUTSOYIANNIS (1979); KRELLE (1976a/b); KUENNE (1963); LANCASTER (1974); LAYARD-WALTERS (1978); LEFTWICH (1979); LEVENSON-SOLON (1971); MALINVAUD (1985); MÜLLER-PÖHLMANN (1977); NEUMANN (1991); OTT (1979); PFINGSTEN (1989); REISS (1990); RICHTER (1963); RYAN (1977); SAUERMANN (1964) Band II; SCHERER (1980); SCHNEIDER E. (1972) Band II; SCHNEIDER H. (1986); VON STACKELBERG (1951); STIGLER (1987); STOBBE (1991); VARIAN (1985); WAGNER (1988); WALSH (1970); WATSON-GETZ (1981); WEISE et al. (1991). Als methodenkritische Bücher vgl. KADE (1962) und GERDSMEIER (1972). Zum *Vergleich des Funktionierens von Marktmechanismus* und *zentraler Planwirtschaft* vgl. BERNHOLZ-BREYER (1984).

In folgenden Sammelbänden sind wichtige *Aufsätze zur mikroökonomischen Theorie* wiederabgedruckt: TOWNSEND (1971); KAMERSCHEN (ed.) (1969); OTT (Hrsg.) (1965); STIGLER-BOULDING (eds.) (1953). *Übungsaufgaben zur mikroökonomischen Theorie* sind zu finden in: BRANDT-KÖHLER-SCHULZ (1972); BÖHM (1988, 1989); LEVENSON-SOLON (1964); LUMSDEN-ATTIYEH-BACH (1970); MEYER-DIEKMANN (1988); ROBINSON (1967) Teile III und IV; ROTH-SCHMID (1972); STILWELL-LIPSEY (1967). Das *mathematische Rüstzeug* vermitteln: ALLEN (1970); BADER-FRÖHLICH (1988); BECKMANN-KÜNZI (1973); HOFMANN (1989); SOMMER (1967); STÖWE-HÄRTTER (1990). *Anwendungsbeispiele der mikroökonomischen Theorie* in HESSE (1980); LYALL (1974).

Zum *Verhältnis von Wirtschaft und Ethik*: MCKENZIE-TULLOCK (1978); LACHMANN (1987); HESSE (1988); BIEVERT-HELD (1989). Zur Theorie *marktwirtschaftlicher Ordnungen*: STREISSLER-WATRIN (1980). Zur *Sozialen Marktwirtschaft* und *Marktstrukturen in der Bundesrepublik*: THIEME (1991); OBERENDER (1984 und 1989). Zu *Arbeit, Arbeitsteilung und Produktivität* SCHUMANN (1992).

Kapitel I. Theorie des Haushalts

A. Einführung

Aus dem Überblick in Kap. 0 wissen wir, daß die privaten Haushalte einerseits Konsumgüter nachfragen, deren Verbrauch einen Nutzen stiftet und damit dem Zweck jedes Wirtschaftens, der Bedürfnisbefriedigung, dient. Andererseits bieten die Haushalte Faktorleistungen an, um so ein Einkommen zu erzielen.

Grundsätzlich wird in der Haushaltstheorie davon ausgegangen, daß *Konsumentensouveränität* herrscht. In einem engeren Sinne ist darunter zu verstehen, daß der Haushalt im Rahmen der ihm zur Verfügung stehenden Mittel frei, ohne Bevormundung, gemäß seiner Präferenzstruktur entscheiden kann, welche der angebotenen privaten Güter er in welchen Mengen kauft. Hinsichtlich der vom Staat betriebenen Bereitstellung kollektiver und meritorischer Güter ist Konsumentensouveränität als demokratischer Entscheidungsprozeß über die Besetzung der Staatsorgane und damit die Verwirklichung bestimmter Staatsaufgabenprogramme zu sehen. In einem weiteren Sinne schließt Konsumentensouveränität auch ein, daß der Marktmechanismus der privaten Produktion und die mit der demokratischen Besetzung von Staatsorganen verbundene staatliche Bereitstellung von Gütern sich in einer bestmöglichen (freilich noch präzisionsbedürftigen) Weise an den Präferenzstrukturen der Haushalte orientieren.

Die Haushaltstheorie unterstellt ein zweckrationales Verhalten im Sinne des *ökonomischen Prinzips*, nach dem entweder mit gegebenen Mitteln ein größtmöglicher Erfolg oder ein gegebener Erfolg mit geringstmöglichen Mitteln angestrebt wird. Mit dem Nutzen als Maß der Bedürfnisbefriedigung durch Konsumgüter läßt sich die Rationalitätshypothese so formulieren, daß der Haushalt durch den Einsatz seiner in der Form von Produktionsfaktoren gegebenen Mittel das Ziel der *Nutzenmaximierung* verfolgt. Die damit umschriebene Problemstellung der Haushaltstheorie läßt sich in verschiedenen Schritten konkretisieren, die in den folgenden Abschnitten behandelt werden.

In *Abschnitt B* über die Haushaltsnachfrage wird die Einkommenserzielung nicht näher untersucht; wir gehen vielmehr von einer gegebenen, für den Konsum vorgesehenen Summe aus, die in optimaler Weise, d. h. so, daß der Nutzen maximiert wird, auf den Kauf verschiedener Verbrauchsgüter aufgeteilt werden soll. Im Zusammenhang damit ist auf verschiedene Nutzentheorien, die Herleitung von Nachfragefunktionen, auf Nachfrageinterdependenzen zwischen Haushalten sowie auf ergänzende Beiträge zur Konsumtheorie einzugehen. In *Abschnitt C* über das Haushaltsangebot geben wir die Annahme einer bestimmten Konsumsumme auf und untersuchen, wie der Haushalt durch Bereitstellung von Arbeit und Kapital Einkommen erzielen und mit diesem seinen Nutzen maximieren kann. Während in den Abschnitten B und C aus Vereinfachungsgründen als Entscheidungszeitraum stets eine Periode betrachtet wird, behandelt *Abschnitt D* Haushaltsnachfrage und -angebot unter Einbeziehung eines längeren Planungszeitraums. Hier finden auch Probleme wie Gebrauchsgüternachfrage, Veränderungen und Qualitätsverbesserungen der im Eigentum des Haushalts stehenden Produktionsfaktoren Berücksichtigung.

B. Theorie der Haushaltsnachfrage

1. Die Budget- oder Bilanzgleichung

Ist c die in diesem Abschnitt als gegeben betrachtete Konsumsumme eines Haushalts, sind p_i die positiven Preise und x_i die nicht negativen Mengen der für den Verbrauch in Betracht kommenden Güter i = 1, 2, ..., n, dann gilt die *Budget-* oder *Bilanzungleichung*

$$p_1x_1 + p_2x_2 + \cdots + p_nx_n \leqslant c, \qquad (\text{I}.1)$$

die aussagt, daß die Ausgabensumme, gebildet aus den mit den Preisen multiplizierten Gütermengen, höchstens gleich der Konsumsumme sein darf. Wir unterstellen *beliebige Teilbarkeit* der Güter, so daß x_i nicht nur ganzzahlig, sondern ein beliebiger reeller Wert sein kann. Ein Gut ist jeweils zu dem einheitlichen Preis p_i erhältlich, es gibt also keinen Preisunterschied etwa zwischen verschiedenen Anbietern des Gutes. Der Anteil des Haushalts an der Gesamtnachfrage nach einem Gut sei ganz gering. Der Haushalt hat daher keinen Einfluß auf den Preis p_i. Dieser ist der gleiche, ob der Haushalt nun einen kleineren oder einen größeren Teil seiner Konsumsumme für das Gut i ausgibt. Die *Preise* sind für den einzelnen Haushalt ein *Datum,* an das er sich mit der nachgefragten Gütermenge anpaßt; er verhält sich als *Mengenanpasser*. Unter dieser Annahme handelt es sich bei der Budget- oder Bilanzungleichung um eine lineare Beziehung. Beschränken wir uns auf den Fall von zwei Gütern, dann können wir die Beziehung

$$p_1x_1 + p_2x_2 \leqslant c \qquad (\text{I}.2)$$

in

$$x_1 \leqslant \frac{c}{p_1} - \frac{p_2}{p_1} x_2 \qquad (I.3)$$

umformen und in einem (x_1, x_2)-Diagramm darstellen (vgl. Abb. I.a). Gilt das = Zeichen, so repräsentiert (I.3) die *Budget-* oder *Bilanzgerade* AB, die wegen $c, p_1 > 0$ einen positiven Ordinatenabschnitt, wegen $p_2, p_1 > 0$ negative Steigung hat und wegen $x_1, x_2 \geqslant 0$ auf den ersten Quadranten beschränkt ist. Der Abszissenabschnitt ist c/p_2. Die Steigung der Geraden ist

$$\frac{dx_1}{dx_2} = -\frac{p_2}{p_1} = \mathrm{tg}\,\beta = -\mathrm{tg}\,\alpha. \qquad (I.4)$$

Gilt das $<$-Zeichen, so stellt (I.3) einen Punkt unterhalb der Bilanzgeraden dar. Jeder Punkt unterhalb oder auf der Bilanzgeraden erfüllt die Beziehung (I.3).

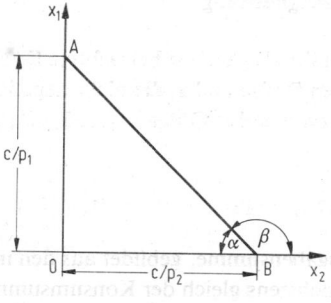

Abb. I.a

Unabhängig von der Bilanzgeraden stellt jeder Punkt in Abb. I.a eine bestimmte Gütermengenkombination dar. Die Punkte können beliebig nahe beieinander liegen, weil die Güter beliebig teilbar sind. Da wir Verbrauchsmengen untersuchen, spricht man auch von der *Verbrauchsebene*. Jede Mengenkombination kann als ein denkbarer Verbrauchsplan des Haushalts aufgefaßt werden. Realisierbar sind bei der gegebenen Konsumsumme c aber nur Verbrauchspläne, die durch Punkte unterhalb oder auf der Bilanzgeraden repräsentiert werden, also Punkte im *Bereich realisierbarer Verbrauchspläne* OAB. Jeder Verbrauchsplan, der durch einen Punkt außerhalb dieses Bereichs bezeichnet wird, würde höhere Ausgaben als die vorgegebene Konsumsumme verursachen. Die Bilanzgerade kann auch als einschränkende Bedingung aufgefaßt werden, unter der der im folgenden einzuführende Nutzen maximiert werden soll. Anders ausgedrückt: Bei Maximierung des Nutzens sind nur realisierbare Verbrauchspläne zugelassen.

Unterstellen wir drei Güter anstatt zwei, so erhalten wir eine Bilanzebene statt einer Geraden, bei beliebiger Zahl von n Gütern eine Hyperebene. Realisierbare Verbrauchspläne werden im n-dimensionalen Raum durch Punkte unterhalb oder auf dieser Hyperebene dargestellt.

2. Kardinale und ordinale Nutzenfunktionen, Indifferenzkurven

Mit der Budgetgeraden und dem Bereich realisierbarer Verbrauchspläne sind die objektiven Entscheidungsmöglichkeiten des Haushalts hinsichtlich der Verbrauchsmengenkombinationen beschrieben, denn Konsumsumme und Preise sind gegebene Größen. Wir betrachten nun die subjektiven Vorstellungen des Haushalts über diese Mengenkombinationen, die seine Bedürfnis- oder Präferenzstruktur zum Ausdruck bringen. Sie werden ausgedrückt durch eine *Nutzenfunktion*

$$U = f(x_1, x_2, \ldots, x_n), \tag{I.5}$$

die jeder Kombination nicht-negativer Verbrauchsmengen $X = (x_1, x_2, \ldots, x_n)$ einen nicht-negativen Nutzen U zuordnet. Die Funktion sei einwertig und stetig und habe stetige 1. und 2. Ableitungen. Einwertigkeit bedeutet, daß jeder Kombination X genau ein Wert von U entspricht. Stetigkeit der Funktion heißt, daß, wenn man $n - 1$ der insgesamt n Argumente konstant hält und das n-te Argument stetig variiert, auch der Nutzen stetig variiert. Entsprechendes gilt für die Ableitungen. Im Falle zweier Verbrauchsgüter hat das geometrische Bild des Zusammenhangs zwischen jeweils zwei der dann drei Variablen bei Konstanz der dritten Variablen aufgrund der Stetigkeit der Funktion keine Lücken oder Sprungstellen, aufgrund der Stetigkeit der 1. und 2. Ableitungen auch keine Knicke. Mit der Stetigkeit ist beliebige Teilbarkeit nicht nur der Verbrauchsmengen, sondern auch des Nutzens unterstellt.

In der mehr als hundert Jahre alten Theorie des *kardinalen Nutzens,* vertreten beispielsweise durch HERMANN HEINRICH GOSSEN (1853), STANLEY JEVONS (1871), LÉON WALRAS (1874), CARL MENGER (1871) und ALFRED MARSHALL (1898), wird unterstellt, daß ein Haushalt die zwei beliebigen Verbrauchsmengenkombinationen $X^{(1)}$ und $X^{(2)}$ gemäß (I.5) zugeordneten Nutzenzahlen $U^{(1)}$ und $U^{(2)}$ im Sinne einer Kardinalskala zu vergleichen in der Lage ist. Das bedeutet, daß er eine Differenz zwischen $U^{(1)}$ und $U^{(2)}$ beziffern kann. In der auf VILFREDO PARETO (1906) zurückgehenden Theorie des *ordinalen Nutzens* muß ein Haushalt lediglich zum Vergleich der beiden Nutzenzahlen im Sinne einer Ordinalskala in der Lage sein, d. h. er muß angeben können, ob $U^{(1)}$ größer, gleich oder kleiner als $U^{(2)}$ ist. Gleichheit der Nutzenzahlen bedeutet sowohl bei kardinalem als auch ordinalem Nutzen, daß $X^{(1)}$ und $X^{(2)}$ dem Haushalt gemäß seinen eigenen subjektiven Vorstellungen gleichen Nutzen stiften. $U^{(1)} > U^{(2)}$ heißt, daß $X^{(1)}$ dem Haushalt höheren Nutzen vermittelt als $X^{(2)}$, und zwar nach kardinaler Nutzentheorie einen um $U^{(1)} - U^{(2)}$ höheren Nutzen, nach ordinaler Nutzentheorie einen nicht in Ziffern angebbaren höheren Nutzen. Wir argumentieren im folgenden zunächst ohne Beachtung dieses wichtigen Unterschiedes und erläutern später, welche der Überlegungen nur für kardinalen und welche auch für ordinalen Nutzen möglich sind.

An dieser Stelle sei darauf hingewiesen, daß in der gesamten Haushaltstheorie stets Nutzenvergleiche eines Haushalts (vorerst repräsentiert durch eine Person) gemeint sind. Niemals geht es um interpersonelle Nutzenvergleiche, die grundsätzlich unmöglich sind.

Mit Hilfe geometrischer Darstellungen der Nutzenfunktion (I.5) im Beispiel zweier Güter mit den Verbrauchsmengen x_1, x_2 führen wir Annahmen ein, die in der Haushaltstheorie typischerweise für Nutzenfunktionen gemacht werden.

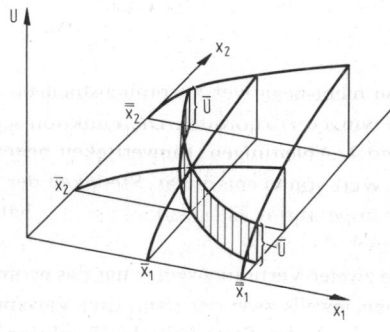

Abb. I.b

Die Variablen x_1, x_2 und U können auf den Achsen eines dreidimensionalen Diagramms abgetragen werden. Die Nutzenfunktion wird in diesem Diagramm durch ein Funktionsgebirge wiedergegeben, das die in Abb. I.b dargestellte Gestalt haben soll. Das *Nutzengebirge* können wir in verschiedener Weise schneiden, z. B. folgendermaßen:

(1) Schnitt senkrecht zur Grundfläche, parallel zur x_1-Achse. Die Schnittkurve, die wir so erhalten, beschreibt den Zusammenhang zwischen x_1 und U bei gegebener Verbrauchsmenge des Gutes 2 und wird als *Nutzenkurve für Gut 1* bezeichnet.

(2) Schnitt senkrecht zur Grundfläche, parallel zur x_2-Achse. Auf diese Weise ergibt sich bei gegebener Verbrauchsmenge des Gutes 1 die *Nutzenkurve für Gut 2*.

(3) Schnitt parallel zur Grundfläche. Wir erhalten als Schnittkurve den Zusammenhang zwischen x_1 und x_2 bei gegebenem Nutzen. Diese Schnittkurve ist, in die Grundebene projiziert, eine *Indifferenzkurve,* denn sie bezeichnet die Gesamtheit der Mengenkombinationen (x_1, x_2), die dem Haushalt den gleichen Nutzen stiften, denen gegenüber er also indifferent ist. Eine Indifferenzkurve ist mit der Höhenschichtlinie einer Landkarte vergleichbar.

Nutzenkurven, z. B. für Gut 1 bei Mengen $\bar{x}_2$ bzw. $\bar{\bar{x}}_2$, sind analytisch durch

$$U = f(x_1, \bar{x}_2) = \bar{f}(x_1) \quad \text{bzw.} \quad U = f(x_1, \bar{\bar{x}}_2) = \bar{\bar{f}}(x_1) \qquad (I.6)$$

gegeben. Geometrisch sind sie bereits in Abb. I.b zu erkennen und noch einmal in Abb. I.c dargestellt.

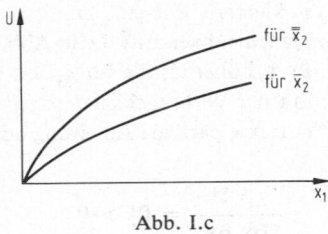

Abb. I.c

Jede der Kurven hat in unserem Beispiel folgende Eigenschaften:

(a) Die Steigung ist überall positiv. Ein Mehrverbrauch an Gut 1 bei konstantem Verbrauch am anderen Gut (allgemeiner: an anderen Gütern) bedeutet für den Haushalt einen Nutzenzuwachs; der *Grenznutzen* des Gutes 1 ist positiv. Analytisch heißt das, daß die 1. partielle Ableitung der Nutzenfunktion nach x_1 positiv ist:

$$\frac{\partial U}{\partial x_1} = f'_1 > 0. \qquad (I.7)$$

Diese Aussage läßt sich auch als Annahme der *Nichtsättigung* bezeichnen. Nach ihr zieht der Haushalt einer Verbrauchsmengenkombination, auch wenn sie schon recht viel von dem Gut enthält, stets eine solche vor, die von den übrigen Gütern gleich viel und von dem betrachteten Gut noch mehr enthält; er ist also „unersättlich". Diese Annahme ist, wie in Kap. 0.B.2 erwähnt, nicht uneingeschränkt plausibel, liegt der Haushaltstheorie, unabhängig von unserem Beispiel, jedoch zugrunde.

(b) Mit steigendem Verbrauch des Gutes 1 nimmt der jeweilige Nutzenzuwachs oder Grenznutzen ab. Für die 2. direkte partielle Ableitung der Nutzenfunktion nach x_1 gilt somit:

$$\frac{\partial^2 U}{\partial x_1^2} = f_1'' < 0 \ . \tag{I.8}$$

Durch (b) ist das *1. GOSSENsche Gesetz,* das *Gesetz abnehmenden Grenznutzens*, beschrieben. (GOSSEN unterstellte grundsätzlich positiven Grenznutzen, also $f_1' > 0$ gemäß (I.7); für große Verbrauchsmengen x_1 ließ er auch den in Kap. 0.B.2 angesprochenen Fall der *Sättigung* $f_1' = 0$ oder den Fall des *Widerwillens* $f_1' < 0$ zu). Die Geltung des 1. GOSSENschen Gesetzes ist nicht selbstverständlich, denn innerhalb bestimmter Mengenbereiche wäre auch konstanter oder zunehmender Grenznutzen plausibel. Es wird sich später zeigen, daß auf die Annahme einer uneingeschränkten Geltung des 1. GOSSENschen Gesetzes verzichtet werden kann.

(c) Die Nutzenkurve für Gut 1 bei der größeren Menge $\bar{\bar{x}}_2$ verläuft überall oberhalb derjenigen für die kleinere Menge $\bar{x}_2$ und hat für jede Menge x_1 eine größere Steigung. Dementsprechend verläuft die in Abb. I.d dargestellte Grenznutzenkurve des Gutes 1 für $\bar{\bar{x}}_2$ höher als die für $\bar{x}_2$. Im Beispiel nimmt also der Grenznutzen des Gutes 1 mit der Verbrauchsmenge des Gutes 2 zu, was analytisch bedeutet, daß die 2. indirekte partielle Ableitung oder Kreuzableitung nach x_2 positiv ist:

$$\frac{\partial^2 U}{\partial x_1 \partial x_2} = f_{12}'' > 0 . \tag{I.9}$$

(Wegen der Stetigkeit der 1. und 2. Ableitung ist es gleichgültig, ob man zuerst nach x_1 und dann nach x_2 differenziert oder umgekehrt, d. h. es gilt $f_{12}'' = f_{21}''$.)

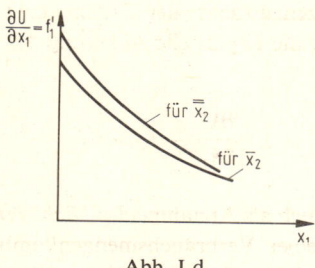

Abb. I.d

Auch die hiermit ausgedrückte Annahme, daß der Nutzenzuwachs aus dem Konsum des Gutes 1 um so größer ist, je mehr vom anderen Gut (allgemeiner: von einem anderen Gut) verbraucht wird, ist nicht immer realistisch.

Die *Indifferenzkurve* für den Nutzen $\bar{U}$ wird analytisch gegeben durch

$$\bar{U} = f(x_1, x_2) \tag{I.10}$$

oder, wenn wir nach x_1 auflösen, durch

$$x_1 = \tilde{f}(x_2, \bar{U}) = \tilde{\tilde{f}}(x_2).\qquad (I.11)$$

Die Indifferenzkurve im geometrischen Beispiel der Abb. I.b hat negative Steigung und ist konvex zum Ursprung gekrümmt:

$$\frac{dx_1}{dx_2} < 0 \quad \text{und} \quad \frac{d^2x_1}{dx_2^2} > 0.\qquad (I.12)$$

In der negativen Steigung kommt zum Ausdruck, daß der mit einem Minderverbrauch eines Gutes verbundene Nutzenentgang ausgeglichen werden kann durch Mehrverbrauch des anderen Gutes bzw. den damit verbundenen Nutzenzuwachs. Die Krümmung der Indifferenzkurve besagt, daß mit jedem weiteren Minderverbrauch um jeweils eine Einheit die zum Nutzenausgleich erforderliche Mehrverbrauchsmenge des anderen Gutes zunimmt. In Abb. I.e ist dies für Minderverbrauch an Gut 1 um jeweils eine Mengeneinheit und den zugeordneten

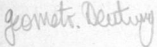

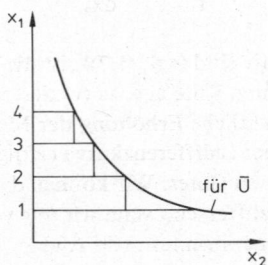

Abb. I.e

wachsenden Mehrverbrauch an Gut 2 dargestellt. Man kann auch sagen, daß das eine Gut durch wachsende Mengen des anderen substituiert wird. Nennen wir bei Argumentation mit infinitesimalen Mengen gemäß (I.12) die absolute Steigung der Indifferenzkurve, $|\,dx_1/dx_2\,|$, *Grenzrate der Substitution* von Gut 1 durch Gut 2, so können wir feststellen, daß diese bei Wanderung auf der Indifferenzkurve von links oben nach rechts unten wegen deren Krümmung abnimmt (die negative Steigung nimmt zu, die absolute dementsprechend ab). Man spricht daher von *abnehmender Grenzrate der Substitution*. Diese Eigenschaft einer Indifferenzkurve gilt nicht nur für unser Beispiel. Sie ist eine fundamentale Annahme der Haushaltstheorie, auf die, im Gegensatz zur Annahme der uneingeschränkten Geltung des 1. GOSSENschen Gesetzes, nicht verzichtet werden kann.

Die absolute Steigung einer Indifferenzkurve oder Grenzrate der Substitution erhalten wir mit Hilfe der Nutzenfunktion auf folgende Weise: Wir bilden das totale Differential der Nutzenfunktion:

$$dU = f_1' \, dx_1 + f_2' \, dx_2 \; . \tag{I.13}$$

Hier sind dx_1 und dx_2 willkürlich angenommene, kleine, aber nicht infinitesimal kleine Änderungen der Konsummengen; dU ist die daraus resultierende Nutzenänderung. Geometrisch interpretiert: Das totale Differential ist die Gleichung der Ebene, die das Nutzengebirge in einem Punkt berührt. Die Wirkungen kleiner Veränderungen von x_1 und x_2 auf den Nutzen werden durch die Bewegung auf dieser Ebene beschrieben. Die gesamte Nutzenänderung setzt sich also aus zwei Komponenten zusammen, nämlich jeweils der Konsummengenänderung multipliziert mit dem Grenznutzen. Bei einer Bewegung auf einer Indifferenzkurve handelt es sich um solche Konsummengenänderungen, die insgesamt ex definitione eine Nutzenveränderung von Null zur Folge haben. Entlang einer Indifferenzkurve gilt also

oder
$$f_1' \, dx_1 + f_2' \, dx_2 = 0 \tag{I.14}$$

$$\frac{f_2'}{f_1'} = - \frac{dx_1}{dx_2} \; . \tag{I.15}$$

Da beide Grenznutzen positiv sind (vgl. (I.7)), ist die linke Seite von (I.15) positiv. Dann muß auf der rechten Seite aber entweder der Zähler oder der Nenner negativ sein, d. h. eine willkürliche Erhöhung der Menge eines Gutes erfordert, damit die Bewegung auf einer Indifferenzkurve erfolgt, eine bestimmte Verminderung der Menge des anderen Gutes. Wir können dx_1/dx_2 unmittelbar als Steigung der Indifferenzkurve auffassen, wenn wir uns vorstellen, daß x_2 die unabhängige Variable ist und eine infinitesimale Änderung dieser Größe betrachtet wird. Aus (I.15) erhalten wir

$$\left| \frac{dx_1}{dx_2} \right| = \frac{f_2'}{f_1'} \; , \tag{I.16}$$

wonach die *Grenzrate der Substitution* von *Gut 1 durch Gut 2* dem *umgekehrten Verhältnis der Grenznutzen gleich* ist.

Abnehmende Grenzrate der Substitution bedeutet, daß eine Indifferenzkurve zum Ursprung hin gekrümmt oder konvex, mithin ihre 2. Ableitung positiv ist:

$$\frac{d^2x_1}{dx_2^2} = - \frac{f_1'\left(f_{22}'' + f_{21}'' \cdot \dfrac{dx_1}{dx_2}\right) - f_2'\left(f_{12}'' + f_{11}'' \cdot \dfrac{dx_1}{dx_2}\right)}{(f_1')^2} > 0 \; . \tag{I.17a}$$

Setzen wir $dx_1/dx_2 = - f_2'/f_1'$ in (I.17a) ein, so erhalten wir unter Beachtung von $f_{12}'' = f_{21}''$:

$$2f_{21}'' \cdot f_1' \cdot f_2' > (f_1')^2 \cdot f_{22}'' + (f_2')^2 \cdot f_{11}'' \; . \tag{I.17b}$$

Bei positiven Grenznutzen und Kreuzableitungen ist (I.17b) auf jeden Fall für abnehmenden Grenznutzen bei beiden Gütern ($f_1'' < 0$, $f_2'' < 0$) erfüllt, denn dann sind die beiden Summanden auf der rechten Seite negativ, während die linke Seite positiv ist. (I.17b) könnte auch erfüllt sein, wenn für eines der Güter zunehmender Grenznutzen zutrifft. Die *Geltung des 1. GOSSENschen Gesetzes* eines abnehmenden Grenznutzens für alle Güter ist folglich eine *hinreichende*, aber *keine notwendige Bedingung für abnehmende Grenzrate der Substitution*. Anders ausgedrückt: Die Annahme abnehmender Grenzrate der Substitution, wie sie in dem konvexen Verlauf der Indifferenzkurve in Abb. I.e zum Ausdruck kommt, ist schwächer als die, daß das 1. GOSSENsche Gesetz für alle Güter gilt.

Für jeden beliebigen alternativen Wert von U läßt sich das Nutzengebirge in Abb. I.b parallel zur Grundfläche schneiden und die Schnittkurve als Indiffe-

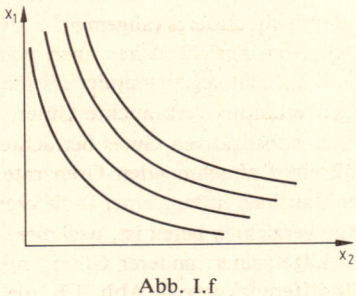

Abb. I.f

renzkurve in die Grundebene projizieren. Man erhält dort ein System von beliebig vielen Indifferenzkurven (vgl. Abb. I.f). Je weiter eine Indifferenzkurve vom Ursprung entfernt ist, desto höher ist der Nutzen, den die durch sie beschriebenen Verbrauchsmengenkombinationen repräsentieren.

Mögen die zwei Indifferenzkurven zugeordneten Nutzenzahlen nur geringfügig verschieden sein und die Kurven dementsprechend nahe beieinander verlaufen, berühren oder schneiden können sich Indifferenzkurven nicht. Denn würden sie sich beispielsweise schneiden wie die Kurven $\bar{U}$ und $\bar{\bar{U}}$ in Abb. I.g, dann

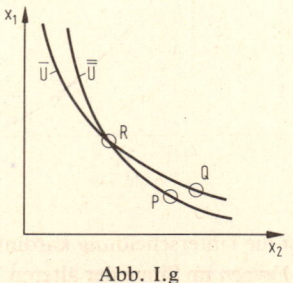

Abb. I.g

müßte im Schnittpunkt R gelten $\bar{U} = \bar{\bar{U}}$, links davon $\bar{\bar{U}} > \bar{U}$ und rechts davon $\bar{U} > \bar{\bar{U}}$. Diese Inkonsistenz läßt sich auch wie folgt aufzeigen: Weil die Verbrauchsmengenkombination Q von beiden Gütern mehr enthält als P, ordnet gemäß der Annahme der Nichtsättigung der Haushalt Q einen höheren Nutzen zu als P. Andererseits repräsentieren R und Q sowie R und P, da jeweils auf der gleichen Indifferenzkurve, jeweils den gleichen Nutzen; mithin müßten, bei Konsistenz der Nutzeneinschätzungen des Haushalts, auch Q und P gleichen Nutzen darstellen. Nur bei sich nicht schneidenden oder berührenden Indifferenzkurven werden Widersprüche in der durch das Indifferenzkurvensystem dargestellten Präferenzstruktur des Haushalts vermieden und sind konsistente (oder: transitive) Entscheidungen des Haushalts gewährleistet.

Mit der durch die Annahme der abnehmenden Grenzrate der Substitution beschriebenen Form einer Indifferenzkurve ist unterstellt, daß der Haushalt ein Konsumgut als jeweils durch ein anderes (allgemeiner: durch andere Konsumgüter) ersetzbar betrachtet. Man spricht daher auch von *substitutiven Gütern*. *Komplementäre Güter,* d. h. nicht gegeneinander ersetzbare, sondern stets in einem bestimmten Mengenverhältnis verbrauchte Güter, können regelmäßig als Bestandteile eines einzigen substitutiven Gutes betrachtet werden.

Ersetzbarkeit gemäß einer abnehmenden Grenzrate der Substitution muß nicht bedeuten, daß der Haushalt entlang einer Indifferenzkurve stets auf weitere Mengen eines Gutes zu verzichten bereit ist, weil diese durch wachsende Mengen des anderen Gutes (allgemeiner: anderer Güter) ausgeglichen werden können. Das Beispiel der Indifferenzkurve in Abb. I.h, die sich einer Senkrechten bei $\bar{x}_2$ nähert, macht deutlich, daß der Haushalt $\bar{x}_2$ als unverzichtbare Mindestmenge einschätzt. Daß die Indifferenzkurve bei $\bar{\bar{x}}_2$ auf der Abszisse endet, bedeutet, daß der Haushalt bei dieser Menge des Gutes 2 auf Gut 1 ganz zu verzichten bereit ist. Im Gegensatz zum Fall der *peripheren Substitution,* in dem keine der Indifferenzkurven eine der Achsen erreicht, liegt hier *Alternativsubstitution* vor.

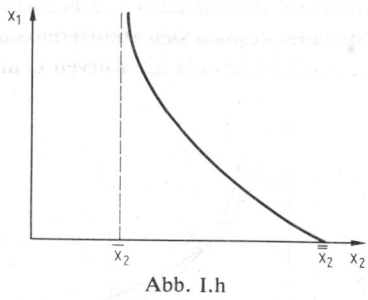

Abb. I.h

Wir kommen nun auf die Unterscheidung kardinalen und ordinalen Nutzens zurück. Bei *kardinalem Nutzen* im Sinne der älteren Theorie wird die Präferenzstruktur des Haushalts, wenn die willkürlich wählbare Maßeinheit des Nutzens festliegt, durch genau eine Nutzenfunktion der Form (I.5) dargestellt. In geometrischer Darstellung ist die Höhe des Funktionsgebirges an einem Punkt, die ja den Nutzen mißt, ebenso der Höhenunterschied zwischen zwei Punkten auf dem Gebirge, genau festgelegt. Bei *ordinalem Nutzen* ist dagegen die Präferenzstruktur des Haushalts nicht nur durch eine Nutzenfunktion, sondern durch beliebig viele Nutzenfunktionen darstellbar, welche die Eigenschaft haben, durch monotone Transformation ineinander überführbar zu sein. Anders ausgedrückt: Die ordinale Nutzenfunktion ist nur *bis auf eine monotone Transformation bestimmt*. Beschreibt also die Funktion (I.5) die Präferenzstruktur des Haushalts und ist F(U) eine beliebige monotone Transformation von U, d. h. gilt

$$F(U_1) > F(U_2), \quad \text{wenn immer} \quad U_1 > U_2, \tag{I.18}$$

dann beschreibt auch

$$W = F(U) = F\{f(x_1, x_2)\} \tag{I.19}$$

die Präferenzordnung des Haushalts. Es ist demnach gleichgültig, welche der Funktionen (I.5) oder (I.19) wir zur Bestimmung des nutzenmaximierenden optimalen Verbrauchsplans heranziehen; wir erhalten immer dieselben optimalen Verbrauchsmengen. Dies wird später bewiesen (vgl. (I.36) bis (I.38)). In geometrischer Darstellung heißt das: Wird die Höhe des Nutzengebirges durch monotone Transformation geändert, bleibt seine bisherige Gestalt erhalten. Verschiedenen Güterkombinationen, denen bisher gleicher Nutzen und damit eine Höhenlinie zugeordnet war, entspricht auch weiterhin gleicher Nutzen und damit wiederum eine Höhenlinie. Projiziert man die alte und die neue Höhenlinie in die (x_1, x_2)-Grundebene, erhält man dort die gleiche Indifferenzkurve. Allgemeiner: Durch monotone Transformation der Nutzenfunktion ändern sich die Indifferenzkurven nicht.

In der ordinalen Nutzentheorie können nur solche Eigenschaften von Nutzenfunktionen relevant sein, die bei monotonen Transformationen erhalten bleiben. Um zu prüfen, welche das sind, bilden wir folgende Ausdrücke:

$$\frac{\partial W}{\partial x_1} = \underbrace{\frac{dF}{dU}}_{>0} \cdot \frac{\partial U}{\partial x_1}, \tag{I.20}$$

$$\frac{\partial^2 W}{\partial x_1^2} = \underbrace{\frac{d^2F}{dU^2}}_{>0} \cdot \left(\frac{\partial U}{\partial x_1}\right)^2 + \underbrace{\frac{dF}{dU}}_{>0} \cdot \frac{\partial^2 U}{\partial x_1^2}, \tag{I.21}$$

$$\frac{\partial^2 W}{\partial x_1 \partial x_2} = \frac{d^2 F}{dU^2} \cdot \underbrace{\left(\frac{\partial U}{\partial x_1} \cdot \frac{\partial U}{\partial x_2}\right)}_{> 0} + \underbrace{\frac{dF}{dU}}_{> 0} \cdot \frac{\partial^2 U}{\partial x_1 \partial x_2}, \qquad (I.22)$$

$$\frac{\partial W}{\partial x_1} \Big/ \frac{\partial W}{\partial x_2} = \frac{\partial U}{\partial x_1} \Big/ \frac{\partial U}{\partial x_2}. \qquad (I.23)$$

Für $\partial U/\partial x_1 = f_1' > 0$ gilt laut (I.20): $\partial W/\partial x_1 > 0$. Das bedeutet: Wenn auch über die Höhe des Grenznutzens bei ordinaler Nutzenfunktion keine Aussage möglich ist, ein positives Vorzeichen des Grenznutzens bleibt bei monotoner Transformation erhalten, so daß man auch bei ordinaler Nutzenfunktion mit dem Vorzeichen des Grenznutzens argumentieren kann und (I.7) gültig bleibt. Für $\partial^2 U/\partial x_1^2 < 0$ kann $\partial^2 W/\partial x_1^2 > 0$ sein, wenn $d^2 F/dU^2 > 0$ ist (vgl. (I.21)). Das Vorzeichen der 2. direkten partiellen Ableitung kann sich also ändern. Für $\partial^2 U/\partial x_1 \partial x_2 > 0$ kann $\partial^2 W/\partial x_1 \partial x_2 < 0$ sein, wenn $d^2 F/dU^2 < 0$ ist (vgl. (I.22)). Auch das Vorzeichen der 2. indirekten partiellen Ableitung kann sich ändern. Das bedeutet: Aussagen über Veränderungen des Grenznutzens, wie sie in (I.8) und (I.9) gemacht werden, sind bei ordinaler Nutzenfunktion nicht möglich. Das Verhältnis der Grenznutzen ändert sich gemäß (I.23) bei monotoner Transformation nicht. Das bedeutet: Aussagen über das Verhältnis der Grenznutzen und damit über die Grenzrate der Substitution werden durch den Übergang von der Theorie kardinalen zur Theorie ordinalen Nutzens nicht berührt; (I.16) bleibt gültig. Dieser wichtige Sachverhalt wurde bereits durch die obige Feststellung deutlich, daß sich bei monotoner Transformation die Indifferenzkurven, mithin auch deren Steigungen bzw. Grenzraten der Substitution, nicht ändern.

3. Der optimale Verbrauchsplan

Wollen wir den Verbrauchsplan geometrisch bestimmen, der dem Haushalt im Zwei-Güter-Beispiel den bei gegebenen Preisen und mit gegebener Konsumsumme maximal erreichbaren Nutzen sichert, so zeichnen wir die Bilanzgerade in das Indifferenzkurvensystem ein. Wenn wir auf der Geraden z. B. von links oben nach rechts unten wandern, überqueren wir fortgesetzt Indifferenzkurven, denen zunehmender Nutzen entspricht. Das geht so bis zu dem Punkt, an dem die Bilanzgerade eine Indifferenzkurve berührt. Setzen wir die Wanderung über diesen Tangentialpunkt hinaus fort, dann überqueren wir fortgesetzt Indifferenzkurven, denen abnehmender Nutzen entspricht. Der Punkt P in Abb. I.i bezeichnet daher den *optimalen Verbrauchsplan* mit den *optimalen Konsummengen* x_1^*, x_2^*. Bereits aus der geometrischen Überlegung wird erkennbar, welche

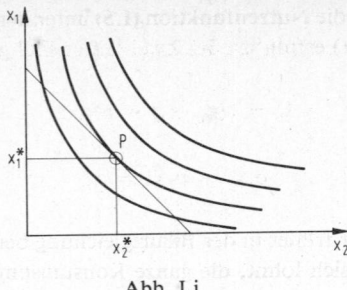

Abb. I.i

Bedeutung die Konvexität der Indifferenzkurven, d. h. die abnehmende Grenzrate der Substitution, hat. Sie stellt erstens sicher, daß P der Punkt ist, in dem ein *maximaler Nutzen* erreicht wird. Verliefen die Indifferenzkurven konkav zum Ursprung, dann wäre im Berührungspunkt einer Indifferenzkurve mit der Bilanzgeraden ein minimaler Nutzen realisiert. Konvexität gewährleistet zweitens, daß es nur einen Tangentialpunkt von Indifferenzkurve und Bilanzgerade, d. h. *nur einen optimalen Verbrauchsplan,* gibt.

In P haben Bilanzgerade und Indifferenzkurve die gleiche Steigung. Nach (I.4) und (I.16) gilt dort

$$\left| \frac{dx_1}{dx_2} \right| = \frac{p_2}{p_1}, \qquad (I.24)$$

d. h. die *Grenzrate der Substitution* des *Gutes 1 durch Gut 2* ist gleich dem *umgekehrten Verhältnis* der gegebenen *Güterpreise.* Diese Bedingung für den optimalen Verbrauchsplan gilt auch, wenn mehr als zwei Güter betrachtet werden, und zwar lautet sie dann für ein beliebiges Paar von Gütern i und j aus einer Zahl von n Gütern:

$$\left| \frac{dx_i}{dx_j} \right| = \frac{p_j}{p_i}, \quad i, j = 1, \ldots, n. \qquad (I.25)$$

Im oben erwähnten Fall, daß die Indifferenzkurve eine Achse erreicht, kann es sein, daß diese Bedingung nicht gilt, dann nämlich, wenn ein *Randoptimum* vorliegt: Berührt die Bilanzgerade die höchste Indifferenzkurve im Achsenschnittpunkt, dann stimmen die Steigungen beider Kurven in der Regel dort nicht überein.

Die analytische Bestimmung des optimalen Verbrauchsplans können wir als ein Problem der Maximierung einer Funktion unter Nebenbedingungen auffassen. Zu maximieren ist die Nutzenfunktion (I.5) unter der Nebenbedingung, daß die Bilanzgleichung (I.1) erfüllt ist. Im Zwei-Güter-Fall gilt:

$$U = f(x_1, x_2) \rightarrow Max!$$

mit

$$p_1 x_1 + p_2 x_2 = c.$$

(I.26)

Das $<$-Zeichen, das wir früher in der Bilanzgleichung berücksichtigten, können wir weglassen, weil es sich lohnt, die ganze Konsumsumme auszugeben. Denn ein nicht ausgegebener Teil würde bedeuten, daß der Haushalt auf möglichen Konsum verzichtet, der ihm aber wegen Nichtsättigung bzw. positivem Grenznutzen aller Güter zusätzlichen Nutzen stiften würde. Der Haushalt würde also auf Nutzen verzichten, er hätte demnach das Nutzenmaximum nicht erreicht.

Die *Maximierung* oder *Minimierung* einer Funktion *unter Nebenbedingungen* ist unmittelbar verwandt mit dem *ökonomischen Prinzip*. Beim Maximumproblem soll mit gegebenen Mitteln (hier: Nebenbedingung in der Form der Bilanzgleichung, d. h. gegebener Konsumsumme) ein maximaler Erfolg (hier: Nutzen) erzielt werden. Eine einfache und weit verbreitete Technik zur Bestimmung des Extremums von Funktionen unter einer oder mehreren Nebenbedingungen in der Form von Gleichungen ist die der LAGRANGE-*Multiplikatoren* (sind die Nebenbedingungen in der Form von Ungleichungen gegeben, handelt es sich um ein lineares oder auch nicht-lineares Programmierungsproblem). Man bildet aus der Funktion und den Nebenbedingungen zunächst die LAGRANGE-Funktion, die für unser Problem mit nur einer Nebenbedingung wie folgt lautet:

$$L = f(x_1, x_2) + \lambda(c - p_1 x_1 - p_2 x_2).$$

(I.27)

Die Nebenbedingung in (I.26) wird also so umgeformt, daß auf der einen Seite Null steht. Die andere Seite wird dann mit einem zunächst unbestimmten LAGRANGE-Multiplikator λ multipliziert und zu der zu maximierenden Nutzenfunktion addiert (man kann sie auch subtrahieren – das ist gleichgültig). Die LAGRANGE-Funktion enthält drei unabhängige Variablen: x_1, x_2, λ. Wären weitere Nebenbedingungen vorhanden, hätte man diese in gleicher Weise umzuformen, mit weiteren LAGRANGE-Multiplikatoren zu multiplizieren und ebenfalls von der zu maximierenden Funktion abzuziehen (oder hinzuzuzählen). Ist die Funktion zu minimieren, verfährt man genauso. Entscheidend an diesem Verfahren ist, daß die zu extremierende Funktion in dem durch die Nebenbedingungen eingegrenzten Bereich genau dort ihr Maximum bzw. Minimum erreicht, wo auch die LAGRANGE-Funktion ein solches Extremum annimmt. Wir können also mit der LAGRANGE-Funktion wie bei einer Extremierung ohne Nebenbedingungen verfahren: Wir differenzieren sie partiell nach ihren unabhängigen Variablen, hier also nach x_1, x_2 und λ, setzen die Ableitungen gleich Null und erhalten so die *Bedingungen 1. Ordnung*. Diese bilden ein System mit ebenso vielen Gleichungen wie Variablen, dessen Lösung die gesuchten Variablenwerte liefert. Die Formulierung der *Bedingungen 2. Ordnung* zur Prüfung der Frage, ob es sich um ein Maximum oder ein Minimum handelt, ist, da es um ein Problem mit mehr als einer unabhängigen Variablen geht, schwieriger, weil man hier aus den 2. Ableitungen (einschließlich Kreuzableitungen) gewisse Determinanten zu bilden und ihr Vorzeichen zu bestimmen hat. Allerdings gibt es Fälle, in denen schon mit Hilfe heuristischer Überlegungen feststellbar ist, daß es sich nur um ein Maximum oder nur um ein Minimum handeln kann.

In unserem Problem lauten die Bedingungen 1. Ordnung wie folgt:

$$\frac{\partial L}{\partial x_1} = f_1' - \lambda p_1 = 0,$$

$$\frac{\partial L}{\partial x_2} = f_2' - \lambda p_2 = 0, \qquad (I.28)$$

$$\frac{\partial L}{\partial \lambda} = c - p_1 x_1 - p_2 x_2 = 0.$$

Die letzte Gleichung ist die Nebenbedingung selbst, womit die Lösung des Gleichungssystems sicherstellt, daß die Nebenbedingung erfüllt ist. Die Bedingungen 2. Ordnung untersuchen wir hier nicht. Aufgrund der früher erwähnten Eigenschaften der Nutzenfunktion (abnehmende Grenzrate der Substitution) und der Bilanzgleichung (konstante Preise) liefert die Lösung des Systems (I.28) neben dem Wert des LAGRANGE-Multiplikators stets die optimalen Verbrauchsmengen x_1^*, x_2^*, welche die Nutzenfunktion maximieren.

Aus den beiden ersten Gleichungen (I.28) erhalten wir:

$$\frac{f_2'}{f_1'} = \frac{p_2}{p_1} \quad \text{oder} \quad \frac{f_1'}{p_1} = \frac{f_2'}{p_2} = \lambda. \qquad (I.29)$$

Diese Beziehungen gehen auch aus (I.24) in Verbindung mit (I.16) hervor:

$$\left| \frac{dx_1}{dx_2} \right| = \frac{f_2'}{f_1'} = \frac{p_2}{p_1}. \qquad (I.30)$$

Nach (I.29) muß der *Quotient aus Grenznutzen und Preis* eines Gutes *für alle Güter gleich* sein, und zwar gleich dem Wert des LAGRANGE-Multiplikators λ. Grob gesprochen bezeichnet im Haushaltsoptimum f_i' den zusätzlichen Nutzen der letzten zusätzlichen Gütermengeneinheit, z. B. $\Delta U/\Delta kg$, und p_i den zusätzlichen Geldbetrag, der für die letzte zusätzliche Gütereinheit zu zahlen ist, z. B. $\Delta DM/\Delta kg$. Im Beispiel lautet die in Dimensionen ausgedrückte Gleichung (I.29) also

$$\frac{\dfrac{\Delta U}{\Delta kg}}{\dfrac{\Delta DM}{\Delta kg}} = \frac{\Delta U}{\Delta DM} = \lambda \; . \qquad (I.31)$$

Das Herauskürzen der Dimension Δkg in (I.31) macht eine Interpretationsmöglichkeit von (I.29) deutlich: Der LAGRANGE-Multiplikator λ zeigt, um wieviel der Nutzen sich ändert, wenn eine zusätzliche Währungseinheit für Gut i ausgegeben wird. Man nennt diesen Ausdruck daher auch den *Grenznutzen des Geldes*, der nach (I.29) im Nutzenmaximum *für alle Güter gleich* sein muß. Ist also der optimale Verbrauchsplan realisiert, dann stiftet die letzte DM, verwendet zum Kauf des Gutes 1, den gleichen zusätzlichen Nutzen wie die letzte zum Kauf des Gutes 2 verwendete DM. Solange bei einer bestimmten Aufteilung der Konsumsumme auf die beiden Güter diese Gleichheit der Grenznutzen des Geldes nicht erreicht ist, lohnt es sich noch, Änderungen in der Aufteilung der Konsumsumme vorzunehmen. Gilt z. B. $f_1'/p_1 > f_2'/p_2$, so ist der Konsum des Gutes 1 auszudehnen, der des Gutes 2 einzuschränken. Die Formel (I.29) läßt sich leicht auf den Fall von n Gütern verallgemeinern: Für jeweils zwei Güter, i und j, muß gelten:

$$\frac{f_i'}{p_i} = \frac{f_j'}{p_j} = \lambda, \; i, j = 1, \dots, n \, . \qquad (I.32)$$

(I.29) bzw. (I.32) nennt man auch das *2. GOSSENsche Gesetz.* Nach der älteren kardinalen Nutzenkonzeption ist der Grenznutzen der letzten Geldeinheit in jeder Verwendung numerisch bestimmt. Wenn das Optimum noch nicht erreicht ist, lassen sich Aussagen über die Grenznutzendifferenzen einer Geldeinheit in verschiedenen Verwendungen machen. Nach der ordinalen Nutzenkonzeption sind Aussagen über Grenznutzendifferenzen nicht möglich, immerhin lassen sich aber Vergleiche der Grenznutzenverhältnisse mit den Preisverhältnissen anstellen. Diese Vergleichbarkeit reicht aus, um die optimale Aufteilung der Konsumsumme zu beurteilen. Während das 1. GOSSENsche Gesetz aufging in der schwächeren Annahme einer abnehmenden Grenzrate der Substitution, ist das 2. GOSSENsche Gesetz, losgelöst von seiner ursprünglichen kardinalen Interpretation, noch Bestandteil der mit ordinalem Nutzen argumentierenden Haushaltstheorie.

Gehen wir bei der Maximierung nicht von der Nutzenfunktion (I.5), sondern von deren monotoner Transformation (I.19) aus, dann lautet das Problem:

$$W = F(U) = F\{f(x_1, x_2)\} \rightarrow \text{Max!}$$

mit

$$p_1 x_1 + p_2 x_2 = c \, . \qquad (I.33)$$

Aus der LAGRANGE-Funktion

$$L = F\{f(x_1, x_2)\} + \lambda(c - p_1 x_1 - p_2 x_2) \qquad (I.34)$$

erhalten wir jetzt folgende *Bedingungen 1. Ordnung:*

$$\frac{\partial L}{\partial x_1} = \frac{dF}{dU} f_1' - \lambda p_1 = 0,$$

$$\frac{\partial L}{\partial x_2} = \frac{dF}{dU} f_2' - \lambda p_2 = 0, \qquad (I.35)$$

$$\frac{\partial L}{\partial \lambda} = c - p_1 x_1 - p_2 x_2 = 0.$$

Aus den beiden ersten Gleichungen folgt wieder (I.29), denn bei der Umformung kürzt sich dF/dU (eine Größe, die für monotone Transformationen ungleich Null ist) weg. Der optimale Konsumplan ist also durch die bisherigen Grenznutzenverhältnisse, mithin auch durch die bisherigen Konsummengen charakterisiert.

Abschließend wollen wir mit Hilfe einer speziellen Nutzenfunktion als Beispiel die optimalen Verbrauchsmengen des Haushalts nach der LAGRANGE-Methode bestimmen. Auf dieses Beispiel werden wir später Bezug nehmen. Das Problem lautet:

$$U = f(x_1, x_2) = (x_1 + 2)(x_2 + 1) = x_1 x_2 + x_1 + 2x_2 + 2 \to \text{Max!}$$

mit $\qquad\qquad\qquad\qquad\qquad\qquad\qquad\qquad\qquad\qquad\qquad\qquad (I.36)$

$$c = p_1 x_1 + p_2 x_2.$$

Die LAGRANGE-Funktion ist:

$$L = x_1 x_2 + x_1 + 2x_2 + 2 + \lambda(c - p_1 x_1 - p_2 x_2). \qquad (I.37)$$

Die Bedingungen 1. Ordnung sind:

$$\frac{\partial L}{\partial x_1} = x_2 + 1 - \lambda p_1 = 0,$$

$$\frac{\partial L}{\partial x_2} = x_1 + 2 - \lambda p_2 = 0, \qquad (I.38)$$

$$\frac{\partial L}{\partial \lambda} = c - p_1 x_1 - p_2 x_2 = 0.$$

In der Lösung dieses Gleichungssystems werden die Unbekannten x_1, x_2 und λ durch bekannte Größen ausgedrückt. Durch Einsetzen erhält man:

$$x_1^* = \frac{c + p_2}{2p_1} - 1,$$

$$x_2^* = \frac{c + 2p_1}{2p_2} - \frac{1}{2}. \tag{I.39}$$

Man könnte auf die unterstellte Nutzenfunktion z. B. die monotone Transformation

$$W = F(U) = a + bU^2, \tag{I.40}$$

in der a und b Konstanten sind, anwenden und käme zu den gleichen optimalen Verbrauchsmengen.

4. Die Nachfrage des Haushalts

a. Allgemeine Nachfragefunktionen

Bei gegebener Nutzenfunktion hängen die optimalen Verbrauchsmengen x_1, x_2 jeweils von c, p_1 und p_2 ab. Lassen wir von jetzt ab die Kennzeichnung optimaler Mengen durch das Symbol * weg, dann können wir schreiben:

$$x_1 = x_1(p_1, p_2, c),$$

$$x_2 = x_2(p_1, p_2, c). \tag{I.41}$$

Diese Abhängigkeit ergab sich erstens bei der geometrischen Ermittlung des optimalen Verbrauchsplans: p_1 und p_2 bestimmen die Steigung der Bilanzgeraden, c ihre Entfernung vom Ursprung. Ein anderes Preisverhältnis und eine andere Konsumsumme führen zu einer anderen Bilanzgeraden, mithin zu einem anderen Tangentialpunkt von Bilanzgerade und höchsterreichbarer Indifferenzkurve. Die Abhängigkeit ergab sich zweitens bei der algebraischen Berechnung der optimalen Verbrauchsmengen: In unserem Beispiel hing jede Menge von p_1, p_2 und c ab, so daß sich mit einer Änderung dieser als gegeben betrachteten Größen die Verbrauchsmengen ändern. Im folgenden wollen wir versuchen, Gesetzmäßigkeiten darüber herauszufinden, wie sich mit der Änderung der Größen c, p_1, p_2, die vom Haushalt nachgefragten Verbrauchsmengen ändern.

In der Literatur wird im Zusammenhang mit der Haushaltsnachfrage statt der Konsumsumme c meist das Haushaltseinkommen e verwendet. Implizite wird damit unterstellt, daß eine Ersparnisbildung $s = e - c$ keine Rolle spielt.

daß vielmehr das Einkommen ganz für Konsum verwendet wird. Obgleich die Ersparnisbildung, wie bei Betrachtung des Haushalts-Kapitalangebotes deutlich werden wird, eine wichtige Rolle spielt und besonderen Bestimmungsgründen unterliegt, wollen wir im folgenden nicht (I.41), sondern die *allgemeinen Nachfragefunktionen*

$$x_1 = x_1(p_1, p_2, e)$$
$$x_2 = x_2(p_1, p_2, e) \qquad (I.42)$$

zugrundelegen, die die Nachfrage nach einem Gut in Abhängigkeit vom Preis dieses Gutes, den Preisen anderer Güter sowie dem Einkommen angeben.

Die allgemeine Nachfragefunktion im Fall einer beliebigen Zahl n von Gütern lautet für Gut i:

$$x_i = x_i(p_1, \ldots, p_i, \ldots, p_n, e). \qquad (I.43)$$

Zwei Eigenschaften der allgemeinen Nachfragefunktion können wir sofort erkennen:

(1) Die Nachfragefunktionen sind eindeutig oder einwertig in dem Sinne, daß zu jedem gegebenen p_1, p_2, e genau je eine Verbrauchs- bzw. Nachfragemenge x_1 und x_2 gehört. Das folgt unmittelbar aus der Konvexität der Indifferenzkurven, die sicherstellt, daß es nur einen Berührungspunkt von Bilanzgerade und Indifferenzkurve geben kann.

(2) Wenn man p_1, p_2 und e mit einem positiven Faktor k multipliziert, z. B. Preise und Einkommen verdoppelt oder vertausendfacht, ändern sich die nachgefragten Mengen nicht. Das sieht man erstens aus Abb. I.a, wenn man c = e setzt: Für die Bilanzgerade

$$ke = kp_1x_1 + kp_2x_2 \qquad (I.44)$$

betragen die Achsenabschnitte wieder

$$\frac{ke}{kp_1} = \frac{e}{p_1} \quad \text{bzw.} \quad \frac{ke}{kp_2} = \frac{e}{p_2}. \qquad (I.45)$$

Die Bilanzgerade ändert sich also nicht, so daß sich bei gegebenen Indifferenzkurven auch die optimalen Verbrauchsmengen nicht verändern. Das sieht man zweitens aus dem analytischen Ansatz, wenn man mit dem LAGRANGE-Verfahren die optimalen Mengen bestimmt:

$$L = f(x_1, x_2) + \lambda(ke - kp_1x_1 - kp_2x_2); \qquad (I.46)$$

$$\frac{\partial L}{\partial x_1} = f_1' - \lambda k p_1 = 0 \,,$$

$$\frac{\partial L}{\partial x_2} = f_2' - \lambda k p_2 = 0 \,,$$
(I.47)

$$\frac{\partial L}{\partial \lambda} = ke - k p_1 x_1 - k p_2 x_2 = 0 \,.$$

Daraus ergeben sich

$$\frac{f_2'}{f_1'} = \frac{p_2}{p_1}$$
(I.29)

und

$$k(e - p_1 x_1 - p_2 x_2) = 0 \quad \text{mit} \quad k \neq 0 \,,$$
(I.48)

also

$$e - p_1 x_1 - p_2 x_2 = 0 \,.$$
(I.49)

Die optimalen Verbrauchsmengen werden demzufolge nach denselben Gleichungen bestimmt wie zuvor, so daß die Multiplikation von p_1, p_2 und e mit k ohne Einfluß bleibt. Der Haushalt erhält zwar ein höheres Geldeinkommen, merkt aber genau, daß er nicht besser gestellt ist als vorher, weil die Preise im gleichen Umfang gestiegen sind. Er fühlt sich daher nicht reicher, er *handelt ohne Geldillusion*. Mathematisch bedeutet diese Eigenschaft, daß die *Nachfragefunktionen homogen vom Grade 0 in Preisen und Einkommen* sind*, denn es gilt:

$$k^0 x_i = x_i = x_i(k p_1, k p_2, ke) \,.$$
(I.50)

b. Spezielle Nachfragefunktionen:
Einkommens-Konsum-Kurven und Engelsche Kurven

Wir untersuchen nun den Zusammenhang zwischen Nachfragemengen und Einkommen. Wir argumentieren *ceteris paribus*, d. h. wir variieren e, während die

---

* Allgemein ist eine Funktion

$$y = y(z_1, \dots, z_n)$$

homogen vom Grade m, wenn gilt

$$k^m y = y(k z_1, \dots, k z_n) \,.$$

Wenn sich bei Multiplikation aller z_i, $i = 1, \dots, n$, mit k die unabhängige Variable y nicht ändert, muß gelten m = 0, so daß $k^m = k^0 = 1$.

Preise konstante Größen $\bar{p}_1$ und $\bar{p}_2$ sind. Die Beziehungen, die wir untersuchen, sind

$$x_1 = x_1(\bar{p}_1, \bar{p}_2, e),$$
$$x_2 = x_2(\bar{p}_1, \bar{p}_2, e),$$
$$(I.51)$$

d. h. Spezialfälle der allgemeinen Nachfragefunktionen (I.42). Geometrisch bedeutet die Veränderung von c = e eine Parallelverschiebung der Bilanzgeraden, und zwar bei Vergrößerung von e vom Ursprung weg, bei Verringerung von e in Richtung des Ursprungs. Mit einer Erhöhung von e_1 auf e_2 nimmt der Ordinatenabschnitt von $e_1/\bar{p}_1$ auf $e_2/\bar{p}_1$ zu, entsprechend der Abszissenabschnitt, während die Steigung unverändert bleibt (vgl. Abb. I.j). Da die Indifferenzkurven

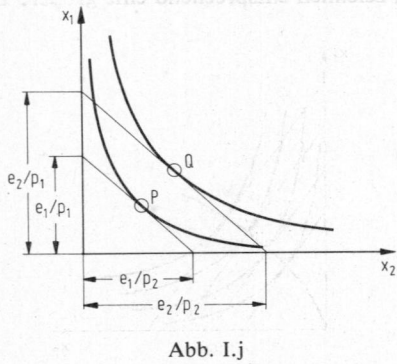

Abb. I.j

konvex sind, wird die bisher in P erreichte Indifferenzkurve von der neuen Bilanzgeraden zweimal geschnitten, was bedeutet, daß es dem Haushalt möglich ist, eine Indifferenzkurve mit höherem Nutzenindex zu erreichen. Der neue Op-

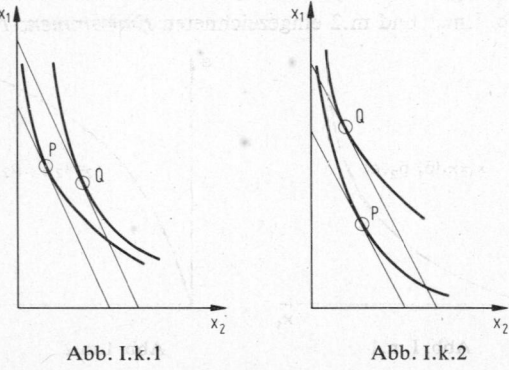

Abb. I.k.1   Abb. I.k.2

timalpunkt Q kann nun rechts oben vom bisherigen Optimalpunkt P liegen; dann nimmt die Nachfrage nach beiden Gütern mit der Erhöhung von e zu. Die Indifferenzkurven können aber auch so verlaufen, daß Q entweder rechts unten oder links oben von P zu liegen kommt (vgl. Abb. I.k.1 und k.2). Im ersten Fall nimmt die Nachfrage nach Gut 2 zu, die nach Gut 1 ab, im zweiten Fall ist es umgekehrt. Das Gut, dessen Nachfrage mit steigendem Einkommen zurückgeht, nennt man *absolut inferiores Gut*. Es handelt sich dabei typischerweise um Güter des minderen Bedarfs, die mit der Verbesserung der Einkommenssituation durch Güter des gehobenen Bedarfs ersetzt werden, z. B. Margarine (ersetzt durch Butter), Kartoffeln (ersetzt durch Fleisch). Bei Einkommenssenkung nimmt die Nachfrage nach inferioren Gütern zu.

Lassen wir das Einkommen nun eine ganze Skala von kleinen bis zu großen Werten durchlaufen, zeichnen entsprechend eine größere Zahl von Bilanzgera-

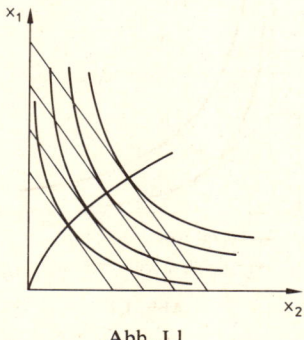

Abb. I.l

den und die zugeordneten Berührungspunkte mit Indifferenzkurven in ein Diagramm ein und verbinden dann alle Berührungspunkte, so erhalten wir die *Einkommens-Konsum-Kurve* in Abb. I.1. Übertragen wir den Zusammenhang in ein gesondertes Diagramm für jedes Gut, so erhalten wir für unser Zeichenbeispiel die in Abb. I.m.1 und m.2 eingezeichneten *Einkommens-Nachfrage-Kur-*

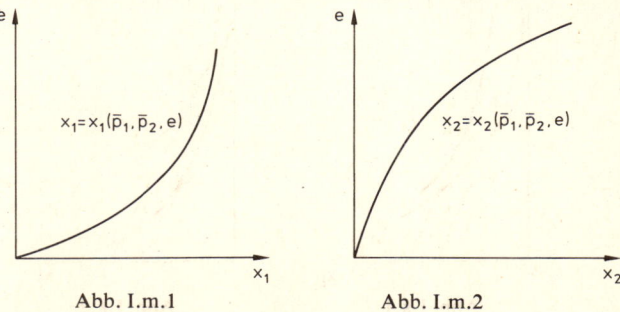

Abb. I.m.1   Abb. I.m.2

ven oder ENGELs*chen Kurven.* Beide Mengen nehmen mit wachsendem Einkommen also zu, jedoch wächst die Menge des Gutes 2 relativ stärker, die Menge des Gutes 1 relativ schwächer als das Einkommen. Für konstante Einkommenszuwächse wird die Zunahme von x_1 immer kleiner, die von x_2 immer größer.

ENGEL, der Mitte des 19. Jahrhunderts den Zusammenhang zwischen Einkommen und Nahrungsmittelnachfrage untersuchte, stellte fest, daß mit steigendem Einkommen die Ausgaben für Nahrungsmittel zwar absolut zunehmen, ihr Anteil am Einkommen aber sinkt. Kurz darauf erhielt SCHWABE ein entsprechendes Ergebnis für Mietausgaben. Diesen Zusammenhang bezeichnet man als ENGEL-SCHWABE*sches Gesetz.* Bei den hier untersuchten ENGELschen Kurven geht es zwar um nachgefragte Mengen, nicht um die Ausgaben, doch wenn sich die Preise nicht ändern, gilt derselbe tendenzielle Zusammenhang zwischen Einkommen und Ausgaben. Das ENGEL-SCHWABEsche Gesetz entspricht dem Kurvenverlauf in Abb. I.m.1, denn dort nimmt mit wachsendem x_1 der Bruch e/x_1 zu, d.h. der Bruch x_1/e nimmt ab. Die von Gut 1 nachgefragte Menge erhöht sich zwar, jedoch unterproportional zum Einkommen; man spricht dann auch von einem *relativ inferioren Gut.*

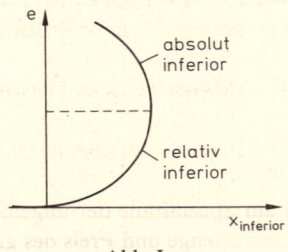

Abb. I.n

In Abb. I.n ist der Fall dargestellt, daß aus einem relativ inferioren Gut schließlich ein *absolut inferiores Gut* wird. Die positive, zunehmende Steigung der ENGELschen Kurve geht hier schließlich, bei weiter steigendem Einkommen, in eine negative Steigung über.

Analytisch erhalten wir den Zusammenhang zwischen Einkommen und Verbrauchs- bzw. Nachfragemenge aus den Bedingungen 1. Ordnung für das Nutzenmaximum. In unserem Beispiel (I.36) bis (I.39) hatten wir diese Bedingungen so aufgelöst, daß x_1^* bzw. x_2^* durch die Parameter c, p_1 und p_2 ausgedrückt wurde. Betrachten wir nun c = e als variabel und setzen $p_1 = \bar{p}_1$ und $p_2 = \bar{p}_2$, so haben wir die gesuchte Beziehung. Lassen wir wieder das Symbol * weg, dann können wir (I.39) umformen zu

$$x_1 = \frac{1}{2\bar{p}_1} e + \frac{\bar{p}_2}{2\bar{p}_1} - 1 \, ,$$

(I.52)

$$x_2 = \frac{1}{2\bar{p}_2} e + \frac{\bar{p}_1}{\bar{p}_2} - \frac{1}{2} \, .$$

Die ENGELschen Kurven sind in unserem Beispiel also linear; sie gelten selbstverständlich nur für $x_1, x_2 \geqslant 0$. Verändern wir eine der konstant gehaltenen Größen $\bar{p}_1$ oder $\bar{p}_2$ auf einen anderen konstanten Wert, dann verschieben sich die Kurven.

c. Spezielle Nachfragefunktionen: Preis-Konsum-Kurven, Marshallsche Nachfragekurven und Kreuznachfragekurven

Wir wollen nun den Zusammenhang zwischen nachgefragter Menge eines Gutes und dem Preis entweder des gleichen oder eines anderen Gutes untersuchen. Wir argumentieren wieder *ceteris paribus*, d. h. wir betrachten das Einkommen und den Preis des Gutes 2 als konstante Größen $\bar{e}$ und $\bar{p}_2$, während p_1 variabel ist. Untersucht werden also zwei Typen von speziellen Nachfragefunktionen, wobei jeder Typ am Fall eines der beiden Güter verdeutlicht wird:

Fall (1): $x_1 = x_1(p_1, \bar{p}_2, \bar{e})$ (MARSHALLsche Nachfragefunktion für Gut 1)

(I.53)

Fall (2): $x_2 = x_2(p_1, \bar{p}_2, \bar{e})$ (Kreuznachfragefunktion für Gut 2) .

Auch hier handelt es sich um Spezialfälle der allgemeinen Nachfragefunktion. Der Zusammenhang zwischen Menge und Preis des gleichen Gutes, der am Beispiel des Gutes 1 im Fall (1) angesprochen ist, war bereits Gegenstand der Überlegungen in Kap. 0.D und wird uns später immer wieder beschäftigen. Stets ist dieser, nach ALFRED MARSHALL (1890) benannte, Zusammenhang gemeint, wenn einfach von der Nachfragefunktion gesprochen wird.

Wir gehen in Abb. I.q von einer gegebenen Bilanzgeraden mit den Achsenabschnitten $\bar{e}/\bar{p}_2$ und $\bar{e}/p_1'$ aus. Sinkt p_1' über p_1'' auf p_1''', dann erhalten wir zwei Bilanzgeraden mit vergrößertem Ordinaten-, aber unverändertem Abszissenabschnitt. Wir können auch sagen: Mit einer fortlaufenden Senkung von p_1 dreht sich die Bilanzgerade im Uhrzeigersinn um den Punkt E. Geht p_1 gegen Null, so verläuft die Bilanzgerade beinahe senkrecht. Nun tragen wir diejenigen Indifferenzkurven ein, welche die eingezeichneten Bilanzgeraden berühren. Die Berührungspunkte verbinden wir zu einer Kurve. Wir können uns vorstellen, daß auf dieser Kurve alle Berührungspunkte von Bilanzgeraden und Indifferenzkurven liegen, die sich bei einer Drehung der Bilanzgeraden ergeben. Man nennt die

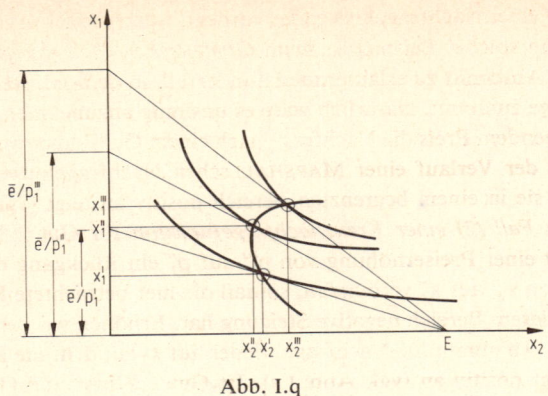

Abb. I.q

Kurve *Preis-Konsum-Kurve*. Punkte auf der Kurve bezeichnen die optimalen Verbrauchs- bzw. Nachfragemengen x_1 und x_2 für konstante Größen $\bar{e}$ und $\bar{p}_2$ und variablen Preis p_1. Den Zusammenhang (I.53) (1) zwischen x_1 und p_1 und (I.53) (2) zwischen x_2 und p_1 können wir wieder in einem gesonderten Diagramm für jedes Gut darstellen.

Was den *Fall (1) der* MARSHALL*schen Nachfragefunktion* für Gut 1 angeht, nimmt in dem in Abb. I.q wiedergegebenen Beispiel mit der Drehung der Bilanzgeraden im Uhrzeigersinn um E die optimale Nachfragemenge x_1 zu. Dem relativ hohen Preis p_1' ist eine relativ geringe Menge x_1', dem relativ niedrigen Preis p_1''' eine relativ hohe Menge x_1''' zugeordnet. Denken wir uns alle Preis-Mengenkombinationen auf diese Weise vom (x_1, x_2)-Diagramm in ein (x_1, p_1)-Diagramm übertragen, so erhalten wir eine fallende MARSHALL*sche Nachfragekurve* (vgl. Abb. I.r.1). Mit sinkendem Preis eines Gutes nimmt also die nachgefragte Menge zu, d.h. die Nachfragekurve hat negative Steigung. Dies ist der *typische Verlauf* der Nachfragekurve. – Hiervon zu unterscheiden ist der *atypi-*

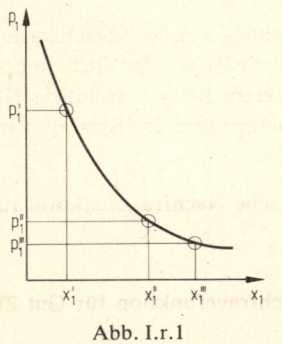

Abb. I.r.1

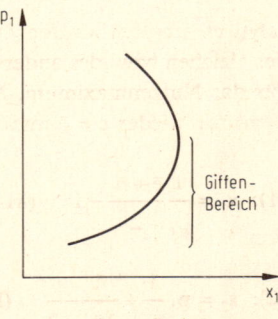

Abb. I.r.2

sche Verlauf einer Nachfragekurve, der vorliegt, wenn diese Kurve positive Steigung hat. Ein solches Beispiel ist beim GIFFENschen *Paradox* gegeben, einem im nächsten Abschnitt zu erläuternden Sonderfall, in dem mit steigendem Preis die Nachfrage zunimmt. Natürlich wäre es unsinnig anzunehmen, daß bei fortlaufend steigendem Preis die Nachfrage nach einem Gut immer weiter zunimmt. Atypisch ist der Verlauf einer MARSHALLschen Nachfragekurve daher schon dann, wenn sie in einem begrenzten Bereich positiv ansteigt (vgl. Abb. I.r.2).

Was den *Fall (2) einer Kreuznachfragefunktion* für Gut 2 betrifft, ist in Abb. I.q mit einer Preiserhöhung von p_1''' auf p_1'' ein Rückgang der Nachfrage von Gut 2 von x_2''' auf x_2'' verbunden, so daß die hier betrachtete Kreuznachfragekurve in diesem Bereich negative Steigung hat. Erhöhen wir den Preis jedoch weiter auf p_1', so nimmt die Nachfrage wieder auf x_2' zu, d. h. die Kreuznachfragekurve steigt positiv an (vgl. Abb. I.s). Ist Gut 1 Wurst und Gut 2 Käse, so nimmt hier bei steigendem Wurstpreis die Nachfrage nach Käse zunächst (komplementär zur Nachfrage nach Wurst) ab; schließlich nimmt sie aber (weil Käse jetzt Wurst ersetzt) wieder zu. Während man im Fall (1) bereits von atypischem Verlauf spricht, wenn die Nachfragekurve einen bestimmten Bereich mit positiver Steigung hat, ist im Fall (2) sowohl ein negativer als auch ein positiver Zusammenhang durchaus normal.

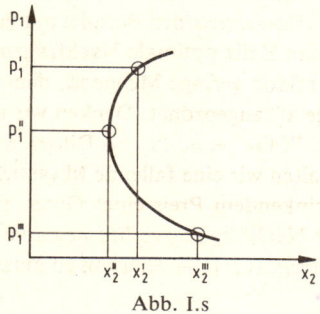

Abb. I.s

Analytisch erhalten wir den Zusammenhang zwischen Nachfragemenge und Preis des gleichen bzw. des anderen Gutes wieder aus den Bedingungen 1. Ordnung für das Nutzenmaximum. Nach unserem Beispiel (I.36) bis (I.39) ergibt sich, wenn wir wieder $c = \bar{e}$ und $p_2 = \bar{p}_2$ setzen und das Symbol * weglassen:

$$\text{Fall (1): } x_1 = \frac{1}{p_1} \frac{\bar{e} + \bar{p}_2}{2} - 1 \quad \text{(MARSHALLsche Nachfragefunktion für Gut 1)}$$

$$(\text{I}.54)$$

$$\text{Fall (2): } x_2 = p_1 \frac{1}{\bar{p}_2} + \frac{\bar{e}}{2\bar{p}_2} - \frac{1}{2} \quad \text{(Kreuznachfragefunktion für Gut 2)} .$$

Die erste dieser Beziehungen beschreibt einen Hyperbelast mit negativer Steigung, die zweite stellt eine Gerade mit positiver Steigung dar; sie gelten nur für $x_1, x_2 \geqslant 0$.

Verändern wir eine der als konstant unterstellten Größen $\bar{e}$ oder $\bar{p}_2$ auf einen anderen konstanten Wert, dann verschieben sich die untersuchten Nachfragekurven. So bedeutet in unserem Beispiel eine Erhöhung von $\bar{e}$ oder $\bar{p}_2$, wie (I.54) zeigt, eine Rechtsverschiebung der Nachfragekurve für Gut 1, so daß zu jedem Preis p_1 eine größere Menge x_1 nachgefragt wird.

d. Einkommens- und Substitutionseffekt, Giffensches Paradox

Wir untersuchen nun noch die grundsätzliche Wirkung einer Preiserhöhung auf die optimale Gütermengenkombination. Eine Erhöhung z.B. des Preises p_1 von p_1' auf p_1'' bei gegebenem Preis $\bar{p}_2$ bedeutet, daß sich in Abb. I.o bei unver-

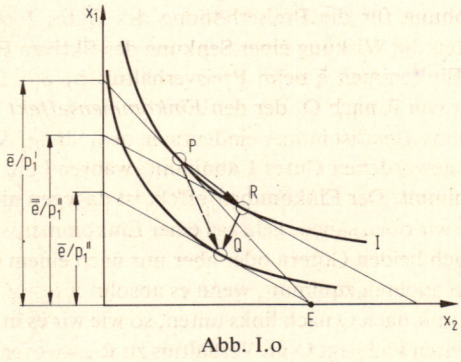

Abb. I.o

ändertem Abszissenabschnitt der Ordinatenabschnitt von $\bar{e}/p_1'$ auf $\bar{e}/p_1''$ verringert, mithin die in E gedrehte Bilanzgerade flacher verläuft. Den Nutzenindex der bisherigen optimalen Kombination P kann der Haushalt nicht mehr erreichen; die neue Bilanzgerade tangiert die höchsterreichbare Indifferenzkurve in Q. Die Preiserhöhung impliziert also ein schlechteres Versorgungsniveau des Haushalts.

Den Übergang von P nach Q kann man sich in zwei Schritte zerlegt denken: Der erste Schritt läßt sich als Substitutionsvorgang auffassen und heißt daher Substitutionseffekt; der zweite Schritt läßt sich als Folge einer Einkommensveränderung interpretieren und wird daher Einkommenseffekt genannt. Beide Schritte wollen wir kurz beschreiben:

(1) Beim *Substitutionseffekt* nehmen wir zunächst an, der Haushalt werde für die Preiserhöhung voll entschädigt durch ein fiktives höheres Einkommen, das es

ihm erlaubt, das bisherige, dem Punkt P entsprechende Versorgungsniveau auf-rechtzuerhalten, d. h. auf der Indifferenzkurve I zu bleiben. Wir suchen einen Punkt auf I, der beim neuen Preisverhältnis $\bar{p}_2/p_1''$ der optimale ist, d. h. den Punkt, an dem die Grenzrate der Substitution gleich dem neuen Preisverhältnis ist. Dieses Preisverhältnis ist gegeben durch die absolute Steigung der neuen Bilanzgeraden. Wir haben daher jenen Punkt R auf I zu wählen, in dem die Tangente parallel zur neuen Bilanzgeraden verläuft. Der Ordinatenabschnitt dieser Tangente, multipliziert mit p_1'', bezeichnet das fiktive Einkommen $\bar{\bar{e}}$, das es dem Haushalt erlaubt, durch Wahl des Punktes R auf der bisherigen Indifferenzkurve zu bleiben. Würden wir dem Haushalt dieses Einkommen bei dem neuen Preisverhältnis zugestehen, so fände lediglich eine Substitution des teurer gewordenen Gutes 1 durch das Gut 2 statt. Die Menge des teurer gewordenen Gutes nimmt wegen der negativen Steigung der Indifferenzkurve immer ab. Der Substitutionseffekt, bezogen auf die Menge des teurer gewordenen Gutes, ist also *immer negativ*; er wird in Abb. I.o durch den Pfeil von P nach R dargestellt.

(2) Nun machen wir die Annahme rückgängig, daß der Haushalt durch eine Einkommenserhöhung für die Preiserhöhung des Gutes 1 entschädigt werde, d. h. wir betrachten die Wirkung einer Senkung des fiktiven Einkommens $\bar{\bar{e}}$ auf das tatsächliche Einkommen $\bar{e}$ beim Preisverhältnis $\bar{p}_2/p_1''$. Dem entspricht in Abb. I.o der Pfeil von R nach Q, der den *Einkommenseffekt* zeigt.

Der Substitutionseffekt ist immer eindeutig in dem Sinne, daß die Nachfrage-menge des teurer gewordenen Gutes 1 abnimmt, während die des im Preis konstanten Gutes zunimmt. Der Einkommenseffekt ist dagegen nicht in diesem Sinne eindeutig. Wie wir oben sahen, geht bei einer Einkommenssenkung die Nach-frage entweder nach beiden Gütern oder aber nur nach einem Gut zurück, während die nach dem anderen zunimmt, wenn es absolut inferior ist. Im ersten Fall deutet der Pfeil von R nach Q nach links unten, so wie wir es in Abb. I.o gezeichnet haben. Im zweiten Fall liegt Q im Verhältnis zu R entweder links oben (Gut 1 absolut inferior) oder rechts unten (Gut 2 absolut inferior).

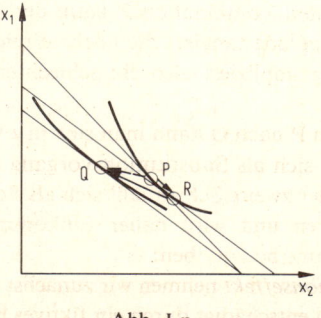

Abb. I.p

Wir konstruieren ein Beispiel, in dem Gut 1 absolut inferior ist, Q also links oben von R liegt. Ferner soll Q aber auch links oben von P liegen (vgl. Abb. I.p). In diesem Fall nimmt trotz der Preissteigerung für Gut 1 die von diesem Gut nachgefragte Menge zu. Der Einkommenseffekt ist hier so stark, daß er den Substitionseffekt in seiner Richtung nach rechts unten überkompensiert und die Gesamtwirkung, ausgedrückt durch den Pfeil von P nach Q, nach links oben gerichtet ist. Dies ist das sogenannte GIFFENsche Paradox, genannt nach ROBERT GIFFEN, der schon Mitte des vorigen Jahrhunderts die Meinung vertrat, daß bei steigendem Brotpreis die Nachfrage nach Brot in armen Bevölkerungsschichten nicht zurückgehe, sondern ansteige. Voraussetzung für diesen Fall ist also nicht nur, daß es sich um ein absolut inferiores Gut handelt; vielmehr muß sich die Nachfrage aufgrund des Einkommenseffektes so stark erhöhen, daß sie den in die andere Richtung gehenden Substitutionseffekt überkompensiert.

e. Dualität von Nutzen- und Ausgabenfunktion und Slutsky-Gleichung

Die nutzenmaximierenden Verbrauchsmengen eines Haushalts hängen gemäß (I.43) von den an den Märkten herrschenden Preisen und dem Einkommen des Haushalts ab. Der Nutzen läßt sich folglich auch als durch die Preise und das Einkommen bestimmt ansehen. Im Fall zweier Güter können wir (I.5) unter Beachtung von (I.42) als *indirekte Nutzenfunktion*

$$U = f\{x_1(p_1, p_2, e), x_2(p_1, p_2, e)\} = V(p_1, p_2, e) \qquad (I.54a)$$

anschreiben, die den zu jeder Konstellation von gegebenen Preisen und gegebenem Einkommen erreichbaren maximalen Nutzen darstellt. Unter den früher gemachten Annahmen wächst der Nutzen strikt monoton mit steigendem Einkommen e (sich parallel nach rechts verschiebenden Bilanzgeraden) und fällt der Nutzen strikt monoton mit steigenden Preisen p_1 oder p_2 (sich um einen Ordinatenabschnitt gegen den Ursprung drehenden Bilanzgeraden). Vervielfachen sich Einkommen und Preise mit dem gleichen Faktor k, so verändern sich gemäß (I.50) die Verbrauchsmengen und damit der Nutzen nicht, d.h. die indirekte Nutzenfunktion (I.54a) ist homogen vom Grade 0 in Einkommen und Preisen.

Zu dem Nutzen-Maximierungsproblem mit Nebenbedingung (I.26), mit e anstelle von c, läßt sich ein *duales Ausgaben-Minimierungsproblem* mit Nebenbedingung formulieren: Der Haushalt soll bei den gegebenen Preisen p_1 und p_2 die Mengen $\tilde{x}_1$, $\tilde{x}_2$ wählen, die den Nutzen U mit den geringstmöglichen Ausgaben a bei der geltenden Nutzenfunktion zu realisieren erlauben:

$$a = p_1\tilde{x}_1 + p_2\tilde{x}_2 \rightarrow \text{Min!} \quad \text{mit} \quad U = f(\tilde{x}_1, \tilde{x}_2). \qquad (I.54b)$$

Geometrisch sind das Nutzen-Maximierungs- und das duale Ausgaben-Minimierungsproblem in den Abb. I.t und I.u gegenübergestellt.

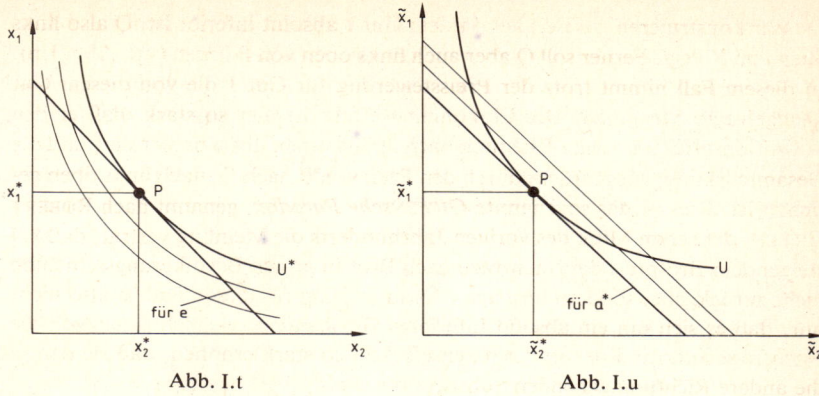

Abb. I.t   Abb. I.u

Im linken Diagramm ist die Bilanzgerade für e gegeben; auf ihr wird aus allen erreichbaren Indifferenzkurven diejenige Kurve gesucht, die den höchstmöglichen Nutzen U* stiftet. Im rechten Diagramm ist die Indifferenzkurve für U gegeben; auf ihr wird aus allen erreichbaren Ausgabengeraden diejenige gesucht, die die minimalen Ausgaben a* impliziert. Da die Bilanzgerade und die Ausgabengerade jeweils die Steigung $-p_2/p_1$ haben, sind die Lösungen des Maximierungs- und des Minimierungsproblems identisch, falls $U = U^*$ bzw. $e = a^*$; die Punkte P in beiden Diagrammen haben dann die gleichen Koordinaten $x_1^* = \tilde{x}_1^*$, $x_2^* = \tilde{x}_2^*$.

Ähnlich wie wir als indirekte Nutzenfunktion (I.54a) den maximalen Nutzen in Abhängigkeit von den jeweils gegebenen Preisen und dem gegebenen Einkommen darstellten, können wir nun als *Ausgabenfunktion* die minimalen Ausgaben in Abhängigkeit von jeweils gegebenen Preisen und gegebenem maximalen Nutzen anschreiben:

$$a^* = p_1 \tilde{x}_1(p_1, p_2, U) + p_2 \tilde{x}_2(p_1, p_2, U) = a(p_1, p_2, U) \; . \qquad (I.54c)$$

Die indirekte Nutzenfunktion (I.54a) läßt sich, da sie strikt monoton in e ist, nach e als Funktion von p_1, p_2 und U auflösen: $e = V^{-1}(p_1, p_2, U)$. Da jeweils $e = a^*$, folgt, daß die Ausgabenfunktion (I.54c) die Inverse oder Umkehrfunktion der indirekten Nutzenfunktion ist:

$$a(p_1, p_2, U) = V^{-1}(p_1, p_2, U) \; . \qquad (I.54d)$$

Betrachten wir nun die Wirkung einer Erhöhung des Preises $p_i (i = 1, 2)$ auf die Nachfragemenge x_i. Das Nutzen-Maximierungsproblem impliziert, wie in Abschnitt c erläutert, einen stets negativen Substitutionseffekt entlang der bisherigen Indifferenzkurve und einen entweder negativen oder (bei absoluter Inferiorität des Gutes i) positiven Einkommenseffekt mit Übergang auf eine näher zum Ursprung verlaufende Indifferenzkurve. Das Ausgaben-Minimierungsproblem berücksichtigt hingegen, da für gegebenen Nutzen, mithin eine gegebene Indifferenzkurve argumentiert wird, nur den Substitutionseffekt; der Haushalt wird für die Preiserhöhung durch ein höheres Einkommen entschädigt.

Die der Nutzenmaximierung entsprechende allgemeine Nachfragefunktion

$$x_i = x_i(p_1, p_2, e) \ , \tag{I.54e}$$

mit der wir bisher stets arbeiteten, heißt auch *MARSHALLsche allgemeine Nachfragefunktion*. Die der Ausgabenminimierung entsprechende Funktion

$$\tilde{x}_i = \tilde{x}_i(p_1, p_2, U) \tag{I.54f}$$

setzt Einkommenskompensation voraus und heißt *HICKSsche kompensierte allgemeine Nachfragefunktion*. Ist Gut i nicht absolut inferior, so bewirkt die Preiserhöhung beim Maximierungsproblem einen stärkeren Nachfragerückgang als beim Minimierungsproblem. Bei gegebenem Preis p_i und gegebenem Einkommen e bzw. Nutzen U^* verläuft die HICKsche kompensierte steiler als die MARSHALLsche Nachfragekurve (vgl. Abb. I.v). Ist Gut i absolut inferior, so verläuft die HICKSsche kompensierte flacher als die MARSHALLsche Nachfragekurve.

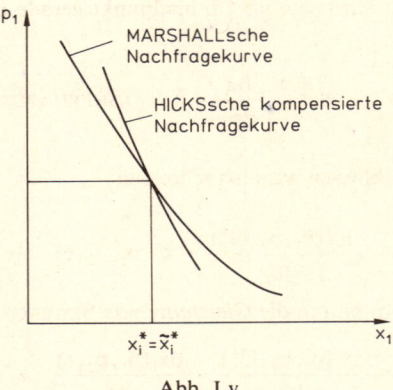

Abb. I.v

In einem Nutzenmaximum zu gegebenem Einkommen e und dem entsprechenden Ausgabenminimum für den Nutzen $U^* = V(p_1, p_2, e)$ ist, wie die Abb. I.t und I.u verdeutlichen, die HICKSsche Nachfragemenge identisch mit der MARSHALLschen Nachfragemenge:

$$\tilde{x}_i(p_1, p_2, U^*) \equiv x_i(p_1, p_2, e) \quad \text{mit} \quad e = a^* = a(p_1, p_2, U^*) \; . \qquad \text{(I.54g)}$$

Die Ableitung dieser Identität nach p_i ergibt

$$\frac{\partial \tilde{x}_i(p_1, p_2, U^*)}{\partial p_i} = \frac{\partial x_i(p_1, p_2, e)}{\partial p_i} + \frac{\partial x_i(p_1, p_2, e)}{\partial e} \cdot \frac{\partial a(p_1, p_2, U^*)}{\partial p_i} \; . \qquad \text{(I.54h)}$$

Für die Ableitung der Ausgabenfunktion $\partial a / \partial p_i$ in (I.54h) lassen sich folgende ökonomische Überlegungen anstellen, die mathematisch als SHEPHARDs *Lemma* (1970) bekannt sind: Eine Preisänderung dp_1 bewirkt eine Substitution von $\tilde{x}_1$ durch $\tilde{x}_2$ im Ausmaß $d\tilde{x}_1$ bzw. $d\tilde{x}_2$. Durch die Preisänderung dp_1 wird der Ausgabenbetrag a, der zu dem gegebenen Nutzenniveau U^* führt, um da geändert. Diese Änderung setzt sich aus zwei Komponenten zusammen,

(1) der Ausgabenänderung $\tilde{x}_1 \cdot dp_1$, wenn keine Substitution erfolgen würde (direkter Effekt),

(2) der Ausgabenänderung $d\tilde{x}_1 \cdot p_1 + d\tilde{x}_2 \cdot p_2$, die durch Substitution ausgelöst wird (indirekter Effekt).

Insgesamt gilt also

$$da = \tilde{x}_1 \cdot dp_1 + (d\tilde{x}_1 \cdot p_1 + d\tilde{x}_2 \cdot p_2) \; .$$

Der Ausdruck in Klammern, also der indirekte Effekt, ist jedoch gleich Null. Denn das Verhältnis $d\tilde{x}_1 / d\tilde{x}_2$, in dem substituiert wird, entspricht im Optimalpunkt $(\tilde{x}_1, \tilde{x}_2)$ gerade dem umgekehrten Preisverhältnis, weil entlang der Indifferenzkurve substituiert wird, die im Optimalpunkt gerade die Steigung $-p_2 / p_1$ hat. Damit gilt

$$da = \tilde{x}_1 \cdot dp_1 \quad \text{oder} \quad \frac{\partial a}{\partial p_1} = \tilde{x}_1 \quad \text{(SHEPHARDs \textit{Lemma})} \; .$$

Für $\partial a / \partial p_i$ in (I.54h) können wir also schreiben

$$\frac{\partial a(p_1, p_2, U^*)}{\partial p_i} = x_i^*(p_1, p_2, e) \; . \qquad \text{(I.54i)}$$

Mithin läßt sich (I.54h) nun in die *Gleichung von* SLUTSKY (1915)

$$\frac{\partial x_i(p_1, p_2, e)}{\partial p_i} = \frac{\partial \tilde{x}_i(p_1, p_2, U^*)}{\partial p_i} - \frac{\partial x_i(p_1, p_2, e)}{\partial e} \cdot x_i^*(p_1, p_2, e) \qquad \text{(I.54j)}$$

umformen, deren Differential wie folgt lautet:

$$dx_i = \frac{\partial x_i}{\partial p_i} dp_i = \frac{\partial \tilde{x}_i}{\partial p_i} dp_i - \frac{\partial x_i}{\partial e} \cdot x_i^* \cdot dp_i \; . \qquad \text{(I.54k)}$$

Die Wirkung einer Preiserhöhung dp_i auf die MARSHALLsche Nachfragemenge besteht also aus zwei Komponenten, dem *Substitutionseffekt* $(\partial \tilde{x}_1/\partial p_i)\,dp_i$, der wegen $\partial \tilde{x}_i/\partial p_i < 0$ negativ ist, und dem *Einkommenseffekt* $-(\partial x_i/\partial e)\,x_i^*\,dp_i$, der bei einem nicht absolut inferioren Gut i $(\partial x_i/\partial e > 0)$ negativ und bei einem absolut inferioren Gut $(\partial x_i/\partial e < 0)$ positiv ist. Handelt es sich um ein GIFFEN-Gut, ist der Einkommenseffekt so stark positiv, daß er den negativen Substitutionseffekt überwiegt, die Nachfrage also mit steigendem Preis zunimmt (vgl. dazu Abb. I.r.2).

Die in diesem Abschnitt eingeführten Begriffe und Zusammenhänge seien an folgendem einfachen *Beispiel* verdeutlicht: Das *Maximierungsproblem* sei

$$U = f(x_1, x_2) = x_1 \cdot x_2 \to \text{Max!} \tag{I.54l}$$

mit $e = p_1 x_1 + p_2 x_2$.

Aus der LAGRANGE-Funktion

$$L_{\text{Max}} = x_1 \cdot x_2 + \lambda\,(e - p_1 x_1 - p_2 x_2)$$

erhalten wir folgende Bedingungen 1. Ordnung:

$$\frac{\partial L_{\text{Max}}}{\partial x_1} = x_2 - \lambda p_1 = 0\,,$$

$$\frac{\partial L_{\text{Max}}}{\partial x_2} = x_1 - \lambda p_2 = 0\,, \tag{I.54m}$$

$$\frac{\partial L_{\text{Max}}}{\partial \lambda} = e - p_1 x_1 - p_2 x_2 = 0\,;$$

die ersten beiden Bedingungen ergeben die Gleichung der Einkommens-Konsum-Kurve,

$$\frac{p_2}{p_1} = \frac{x_1}{x_2} \quad \text{oder} \quad x_1 = \frac{p_2}{p_1} \cdot x_2\,, \tag{I.54n}$$

die, eingesetzt in die dritte Bedingung, die MARSHALL*schen Nachfragefunktionen*

$$x_1^* = \frac{e}{2p_1}\,, \quad x_2^* = \frac{e}{2p_2} \tag{I.54o}$$

liefert. Setzen wir diese in die Nutzenfunktion ein, erhalten wir die *indirekte Nutzenfunktion*

$$U = x_1^* \cdot x_2^* = \frac{e^2}{4 p_1 p_2} = V(p_1, p_2, e) \ . \tag{I.54p}$$

Das duale Ausgaben-*Minimierungsproblem* lautet

$$a = p_1 \tilde{x}_1 + p_2 \tilde{x}_2 \to \text{Min}! \tag{I.54q}$$

mit $U = \tilde{x}_1 \cdot \tilde{x}_2$.

Aus der LAGRANGE-Funktion

$$L_{\text{Min}} = p_1 \tilde{x}_1 + p_2 \tilde{x}_2 + \tilde{\lambda}\,(U - \tilde{x}_1 \tilde{x}_2) \tag{I.54r}$$

resultieren die Bedingungen 1. Ordnung,

$$\frac{\partial L_{\text{Min}}}{\partial \tilde{x}_1} = p_1 - \tilde{\lambda} \tilde{x}_2 = 0 \ ,$$

$$\frac{\partial L_{\text{Min}}}{\partial \tilde{x}_2} = p_2 - \tilde{\lambda} \tilde{x}_1 = 0 \ , \tag{I.54s}$$

$$\frac{\partial L_{\text{Min}}}{\partial \tilde{\lambda}} = U - \tilde{x}_1 \tilde{x}_2 = 0 \ ,$$

deren erste beiden wieder

$$\frac{p_2}{p_1} = \frac{\tilde{x}_1}{\tilde{x}_2} \quad \text{oder} \quad \tilde{x}_1 = \frac{p_2}{p_1} \cdot \tilde{x}_2 \tag{I.54t}$$

liefern, was, eingesetzt in die dritte Bedingung, zu den HICKS*schen kompensierten Nachfragefunktionen* führt:

$$\tilde{x}_1^* = \left(\frac{U \cdot p_2}{p_1}\right)^{1/2} ; \quad \tilde{x}_2^* = \left(\frac{U \cdot p_1}{p_2}\right)^{1/2} . \tag{I.54u}$$

Diese Funktionen, eingesetzt in die zu minimierende Funktion (I.54q), ergeben die Ausgabenfunktion:

$$a^* = p_1 \left(\frac{U \cdot p_2}{p_1}\right)^{1/2} + p_2 \left(\frac{U \cdot p_1}{p_2}\right)^{1/2} = 2(U \cdot p_1 \cdot p_2)^{1/2} = a(p_1, p_2, U) . \tag{I.54v}$$

Die Ausgabenfunktion (I.54v) ist der nach e aufgelösten indirekten Nutzenfunktion, d.h. der Inversen von (I.54p), gleich:

$$a(p_1, p_2, U) = V^{-1}(p_1, p_2, e) = 2(U \cdot p_1 \cdot p_2)^{1/2} \, . \qquad (I.54w)$$

Die Identität der HICKSschen kompensierten und der MARSHALLschen Nachfragemengen im Ausgaben-Minimum bzw. Nutzenmaximum gemäß (I.54g) bedeuten

$$\left(\frac{U^* \cdot p_2}{p_1} \right)^{1/2} = \frac{e}{2p_1} \quad \text{und} \quad \left(\frac{U^* \cdot p_1}{p_2} \right)^{1/2} = \frac{e}{2p_2} \, , \qquad (I.54x)$$

so daß wir, unter Beachtung von SHEPHARDs Lemma,

$$\frac{\partial a}{\partial p_1} = x_1^* \equiv \tilde{x}_1^* = \left(\frac{U^* \cdot p_2}{p_1} \right)^{1/2} , \qquad \frac{\partial a}{\partial p_2} = x_2^* \equiv \tilde{x}_2^* = \left(\frac{U^* \cdot p_1}{p_2} \right)^{1/2} , \qquad (I.54y)$$

das Differential der SLUTSKY-Gleichung wie folgt anschreiben können:

$$dx_i = \frac{\partial x_i}{\partial p_i} dp_i = - \frac{1}{2p_i} \tilde{x}_i^* dp_i - \frac{1}{2p_i} x_i^* dp_i = - \frac{x_i^*}{p_i} dp_i \, . \qquad (I.54z)$$

War beispielsweise die bisherige nutzenmaximierende und ausgabenminimieren-
de Nachfrage nach Gut i bei $p_i = 100$ gleich $\tilde{x}_i^* = x_i^* = 1000$, und erhöht sich nun
der Preis um $\Delta p_i = 1$, so sind der Substitutions- und der Einkommenseffekt in
unserem einfachen Beispiel gleich groß, nämlich jeweils -5, so daß $\Delta x_i = -10$.

Die Bedeutung der Dualität von Nutzenmaximierung und Ausgabenminimierung sowie der SLUTSKY-Gleichung als algebraischer Darstellung der früher gegebenen geometrischen Erläuterung des Substitutions- und des Einkommenseffektes einer Preisänderung geht viel weiter als hier ausgeführt. Folgende Hinweise
mögen genügen: Die Dualität zeigt, daß die empirische Beobachtung oder einfache Unterstellung einer bestimmten Ausgabenfunktion für einen Haushalt über
deren Inverse, die indirekte Nutzenfunktion, bereits eine bestimmte Nutzenfunktion des Haushalts impliziert. Die SLUTSKY-Gleichung läßt sich nicht nur
für $\partial x_i / \partial p_i$, sondern ganz allgemein für $\partial x_i / \partial p_j$, $i, j = 1, \ldots, n$, formulieren, so
daß sich aus einer Nutzenfunktion eine Matrix von Substitutionsbeziehungen
mit bestimmten Eigenschaften ergibt. Wird andererseits ein System von Nachfragefunktionen für den Haushalt empirisch beobachtet oder einfach unterstellt,
welchem eine Substitutionsmatrix mit diesen Eigenschaften entspricht, so ist den
Nachfragefunktionen eine Nutzenfunktion zugeordnet („Integrierbarkeitspro-
blem" der Nachfragetheorie, vgl. VARIAN, 1981, S. 102ff.). Wir kommen in
Kap. II.B.3 auf analoge Probleme der Dualität in der Produktions- und Kostentheorie der Unternehmung zurück.

f. Exkurs: Elastizitäten

Der Elastizitätsbegriff, den ALFRED MARSHALL (1890, 3. Buch, 4. Kap.) Ende
vorigen Jahrhunderts in die Wirtschaftswissenschaft einführte, ist ein wichtiges

Instrument der theoretischen und der praktischen Analyse. In der Theorie lassen sich Eigenschaften von Funktionen und Folgerungen aus ihnen mit Hilfe von Elastizitäten beschreiben. In der empirischen Wirtschaftsforschung ist statt einer ganzen Funktion manchmal nur ihre Elastizität an einer bestimmten Stelle ermittelbar.

Die Elastizität kann erstens in Form der *Strecken-* oder *Bogenelastizität* mit Hilfe von endlichen Größenänderungen definiert werden. Dann handelt es sich um das Verhältnis der relativen (prozentualen) Änderung einer abhängigen Variablen a zur relativen (prozentualen) Änderung einer unabhängigen Variablen b:

$$\varepsilon_{ab} = \frac{\Delta a/a}{\Delta b/b} = \frac{\Delta a}{\Delta b}\frac{b}{a}. \qquad (I.55)$$

Sie kann zweitens als *Punktelastizität* mit Hilfe von infinitesimalen Größenänderungen definiert werden. Dann haben wir anstelle des Differenzenquotienten in (I.55) den Differentialquotienten zu verwenden:

$$\eta_{ab} = \frac{da}{db}\frac{b}{a}. \qquad (I.56)$$

Die Elastizität bezieht sich hier auf einen einzelnen Punkt der Kurve; sie ist durch die Koordinaten a und b des Punktes und die Steigung da/db der Kurve in diesem Punkt bestimmt. Wir befassen uns im folgenden nur mit der Punktelastizität.

Zunächst erläutern wir ein geometrisches *Elastizitätsmaß* für Punkte auf *Kurven mit negativer Steigung.* Als Beispiel wählen wir eine typisch verlaufende Nachfragekurve. Den Ausdruck

$$\eta_{xp} = \frac{dx}{dp}\frac{p}{x} \qquad (I.57)$$

nennt man auch *Elastizität der Nachfrage in bezug auf den Preis* oder die *Preiselastizität der Nachfrage.* Wegen p, x > 0 und dx/dp < 0 muß diese Elastizität immer negatives Vorzeichen haben. In Abb. I.w gilt für einen beliebigen Punkt P der linearen Nachfragekurve RT:

$$\text{tg}\,\alpha = -\frac{dp}{dx} = \frac{SR}{SP};$$

$$\eta_{xp} = \frac{dx}{dp}\frac{p}{x} = -\frac{SP}{SR}\frac{SO}{SP} = -\frac{SO}{SR} = -\frac{PT}{PR}. \qquad (I.58)$$

Die Elastizität ist also gleich dem *Verhältnis der entlang der Geraden genommenen Abstände des Punktes* P *zur Abszisse und zur Ordinate,* und zwar mit negativem Vorzeichen. Im Punkt T ist die Elastizität demnach gleich Null; im Punkt

H, der die Strecke RT halbiert, ist sie gleich minus eins. Nähern wir uns dem Punkt R, dann geht die Elastizität gegen minus unendlich. Das Elastizitätsmaß läßt sich auch anwenden, wenn die Nachfragekurve gekrümmt verläuft. In diesem Fall legen wir in dem Punkt, für den die Elastizität bestimmt werden soll, die Tangente an die Nachfragekurve und zeichnen diese bis zu den Achsen. Ist P in Abb. I.w ein Punkt auf einer der beiden gekrümmten Nachfragekurven, dann haben wir RT jetzt als Tangente aufzufassen. Da die Elastizität in P nur von der Steigung der Kurve in P und von den Koordinaten dieses Punktes abhängt, also nicht vom sonstigen Verlauf der Kurve bestimmt wird, gilt wieder (I.58).

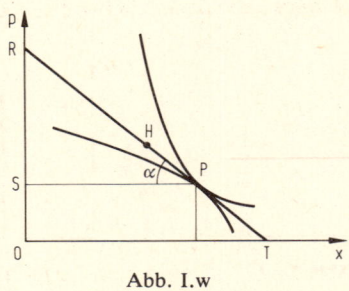

Abb. I.w

Die Elastizität ist an jedem Punkt auf einer der drei in Abb. I.w unterstellten Nachfragekurven verschieden. Es gibt jedoch Kurven mit negativer Steigung, deren Elastizität in jedem Punkt gleich ist. Es handelt sich dabei um Hyperbeläste, deren Formel

$$p = \frac{k}{x^{\lambda}} = kx^{-\lambda}, \quad k, \lambda > 0, \tag{I.59}$$

lautet, nach der wir den Elastizitätskoeffizienten wie folgt berechnen:

$$\frac{dp}{dx} = -\lambda k x^{-\lambda-1} = -\lambda \frac{p}{x};$$

$$\frac{dx}{dp} = -\frac{1}{\lambda} \frac{x}{p}; \quad \eta_{xp} = \frac{dx}{dp} \frac{p}{x} = -\frac{1}{\lambda}. \tag{I.60}$$

Die Nachfragekurve in Form einer gleichseitigen Hyperbel mit $\lambda = 1$ hat also an jeder Stelle die Elastizität minus eins. Zwei Grenzfälle von Kurven mit konstanter Elastizität sind besonders zu erwähnen (vgl. Abb. I.x.1 und x.2): Für Geraden parallel zur Abszisse gilt an jedem Punkt

$$\frac{dp}{dx} = 0 \quad \text{oder} \quad \frac{dx}{dp} \to \infty \quad \text{und} \quad \eta_{xp} \to \infty;$$

man spricht dann von *vollkommen elastischer Nachfrage.* Für Geraden parallel zur Ordinate gilt in jedem Punkt

$$\frac{dp}{dx} \to \infty \quad \text{oder} \quad \frac{dx}{dp} = 0 \quad \text{und} \quad \eta_{xp} = 0;$$

hier spricht man von *vollkommen unelastischer Nachfrage.*

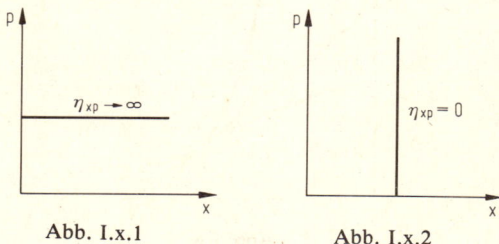

Abb. I.x.1   Abb. I.x.2

Wir diskutieren nun ein *Elastizitätsmaß* für Punkte auf *Kurven* mit *positiver Steigung* und wählen als Beispiel eine Einkommens-Konsum-Kurve für ein nicht-inferiores Gut. Den Ausdruck

$$\eta_{xe} = \frac{dx}{de} \frac{e}{x} \tag{I.61}$$

bezeichnet man als *Elastizität der Nachfrage in bezug auf das Einkommen* oder als *Einkommenselastizität der Nachfrage.* Wegen e, x > 0 und dx/de > 0 hat diese Elastizität stets positives Vorzeichen. In den Abb. I.y.1 und y.2 verläuft durch P eine lineare Einkommens-Konsum-Kurve, die wir bis zu den Schnittpunkten mit den Achsen verlängern. In beiden Diagrammen gilt:

$$\text{tg}\,\alpha = \frac{de}{dx} = \frac{SP}{ST};$$

$$\eta_{xe} = \frac{dx}{de} \frac{e}{x} = \frac{ST}{SP} \frac{SP}{SO} = \frac{ST}{SO} = \frac{PT}{PR}. \tag{I.62}$$

Die Elastizität ist wieder gleich dem *Verhältnis der entlang der Geraden genommenen Abstände des Punktes P zur Abszisse und zur Ordinate,* und zwar hier mit positivem Vorzeichen. Im Punkt T der Abb. I.y.2 ist sie gleich Null, im Punkt R

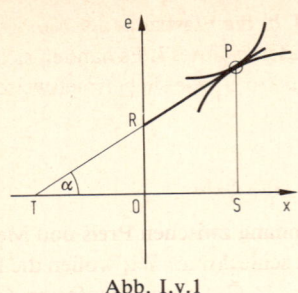
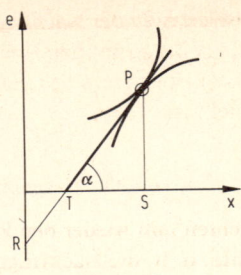

Abb. I.y.1   Abb. I.y.2

der Abb. I.y.1 geht sie gegen unendlich. Das geometrische Elastizitätsmaß können wir auch für gekrümmte Einkommens-Konsum-Kurven anwenden. Wir legen in diesem Fall in dem Punkt, für den die Elastizität zu ermitteln ist, die Tangente an die Kurve und zeichnen sie bis zum Schnittpunkt mit den Achsen. Gilt in Abb. I.y.1 und y.2 eine der gekrümmt eingezeichneten Kurven, dann ist die Gerade durch P, R und T als Tangente aufzufassen, und es gilt wieder (I.62).

Die Elastizität ist an jedem Punkt der in den Abb. I.y.1 und y.2 dargestellten Kurven verschieden. Jedoch gibt es Kurven mit positiver Steigung, deren Elastizität überall gleich ist. Für die Potenzfunktion

$$e = kx^\lambda, \quad k, \lambda > 0, \tag{I.63}$$

gilt nämlich:

$$\frac{de}{dx} = \lambda k x^{\lambda-1} = \frac{\lambda e}{x},$$

$$\eta_{xe} = \frac{dx}{de}\frac{e}{x} = \frac{x}{\lambda e}\frac{e}{x} = \frac{1}{\lambda}. \tag{I.64}$$

Für $\lambda = 1$ stellt (I.63) eine Gerade durch den Ursprung dar. Eine solche Gerade mit beliebiger Steigung k hat, wie auch das geometrische Elastizitätsmaß zeigt, überall die Elastizität eins.

Wir führten unsere Überlegungen für Kurven mit positiver Steigung am Beispiel des Zusammenhangs zwischen Einkommen und Nachfragemenge durch. Wir werden später sehen, daß auch der Zusammenhang zwischen Preis p und angebotener Menge y, d. h. die Angebotsfunktion, typischerweise durch eine Kurve mit positiver Steigung darzustellen ist. Dieselben Überlegungen gelten daher auch für die *Elastizität des Angebots in bezug auf den Preis* oder die *Preiselastizität des Angebots* η_{yp}.

Der Elastizitätsbegriff läßt sich für beliebige Kurven anwenden, die einen Zusammenhang zwischen zwei ökonomischen Größen beschreiben. Erwähnt sei die

Kreuzpreiselastizität der Nachfrage $\eta_{x_i p_j}$, d. h. die Elastizität der Nachfrage nach einem Gut i in bezug auf den Preis eines anderen Gutes j. Es handelt sich hier um die Elastizität einer speziellen Nachfragefunktion, wie sie beispielsweise in Abb. I.s dargestellt ist.

g. Aggregation von Nachfragekurven der Haushalte

Wir betrachten nun wieder den Zusammenhang zwischen Preis und Menge desselben Gutes, d. h. die Nachfragefunktion schlechthin. Wir wollen die Nachfragefunktionen der einzelnen Haushalte für ein Gut zusammenfassen (*aggregieren*) zu einer Gesamtnachfragefunktion aller Haushalte. Wir argumentieren wieder *ceteris paribus*, d. h. unter der Annahme, daß die übrigen Preise und die individuellen Einkommen der Haushalte konstante Größen sind.

Bei der Aggregation werden die bei jedem gegebenen Preis des Gutes von den einzelnen Haushalten nachgefragten Mengen addiert. Wir betrachten als Beispiel den Fall, daß die Gesamtwirtschaft nur zwei Haushalte umfaßt, deren Nachfragefunktionen linear wie in den Abb. I.z.1 und z.2 dargestellt verlaufen. Bei Preisen, die höher sind als $\bar{p}$, fragen beide Haushalte nichts nach. Sinkt der Preis unter $\bar{p}$, so tritt Haushalt 1 mit Nachfrage an den Markt. Solange der Preis über $\bar{\bar{p}}$ liegt, ist dieser Haushalt einziger Nachfrager. Zwischen $\bar{p}$ und $\bar{\bar{p}}$ ist die Summe der nachgefragten Mengen mit x^1, der Nachfrage des Haushalts 1, identisch, so daß in diesem Preisbereich die Gesamtnachfragekurve mit der des Haushalts 1 übereinstimmt. Sinkt der Preis unter $\bar{\bar{p}}$, so kommt zusätzlich Haushalt 2 mit einer Nachfragemenge x^2 an den Markt. Um bei gegebenem Preis $\bar{\bar{p}}$ die Gesamtnachfrage zu ermitteln, sind die zugeordneten beiden Mengen x^1 und x^2 zur Menge x *horizontal zu addieren*. Wir erhalten so in Abb. I.z.3 einen Punkt P auf der Gesamtnachfragekurve. Genauso verfahren wir bei anderen Preisen zwischen $\bar{\bar{p}}$ und 0 und ermitteln in dieser Weise beliebig viele Punkte auf der gesuchten Kurve. Da die individuellen Kurven im Beispiel linear sind, muß in diesem Preisbereich auch die Gesamtnachfragekurve linear sein. Sie verläuft hier flacher als jede der beiden individuellen Kurven.

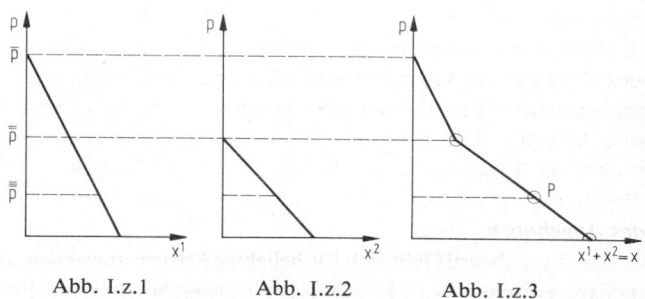

Abb. I.z.1   Abb. I.z.2   Abb. I.z.3

Weil die beiden einzelnen Geraden verschiedene Ordinatenabschnitte haben, hat die Gesamtnachfragekurve in Höhe von $\bar{\bar{p}}$ einen Knick. Betrachtet man statt zwei eine größere Zahl n von Haushalten mit linearen Nachfragefunktionen, dann gibt es in der Regel nicht nur einen Knick, sondern bis zu n − 1 Knicke in der aggregierten Kurve. Auch bei nicht-linearen, insbesondere verschieden gekrümmten individuellen Nachfragekurven sind Knicke in der Gesamtnachfragekurve nicht ausgeschlossen. Wenn der Anteil des einzelnen Haushalts an der Gesamtnachfrage gering ist, wird jedoch der einzelne Knick regelmäßig immer weniger ausgeprägt in Erscheinung treten. Geht man von einer großen Zahl von Haushalten aus, kann man zwar das Vorkommen von Knicken in der Gesamtnachfragekurve nicht ausschließen; es erscheint jedoch nicht restriktiv, die Kurve ohne Knick zu zeichnen, wie es in der Regel geschieht.

Verändern wir eine der unter der *ceteris-paribus*-Annahme konstant gesetzten Größen auf einen anderen konstanten Wert, dann verschieben sich die individuellen Nachfragekurven und damit auch die gesamtwirtschaftliche Nachfragekurve. Bewirkt etwa ein höherer Preis für ein anderes Gut eine Rechtsverschiebung aller individuellen Kurven, so verschiebt sich auch die aggregierte Kurve nach rechts. Bei Verschiebung der individuellen Kurven in verschiedener Richtung läßt sich die Nettowirkung auf die Gesamtnachfragekurve nicht ohne weiteres angeben.

Zu beachten ist, daß bei der Aggregation sämtliche individuellen Einkommen (bzw. Konsumsummen) als konstant vorausgesetzt werden, daß wir mithin von einer *gegebenen Verteilung des Gesamteinkommens* auf die Haushalte ausgehen. Allein durch eine Umverteilung dieses Gesamteinkommens verschiebt sich in der Regel die Gesamtnachfragekurve, da sich die durch die individuellen Einkommensverminderungen bzw. -erhöhungen bewirkten Links- und Rechtsverschiebungen der individuellen Nachfragekurven keineswegs gerade aufheben müssen.

Bei der analytischen Addition von Nachfragefunktionen hat man diese stets zunächst nach den Mengen aufzulösen und erst dann zu aggregieren. Sind etwa

$$p = -a^1 x^1 + b^1$$
$$p = -a^2 x^2 + b^2 \quad \text{mit} \quad a^1, a^2, b^1, b^2 > 0 \quad \text{und} \quad b^1 > b^2$$

die linearen Nachfragefunktionen der Haushalte 1 und 2, dann gilt für $p > b^2$ die Funktion des Haushalts 1 als Gesamtnachfragefunktion. In Höhe von b^2 entsteht ein Knick. Für den Bereich $0 \leqslant p \leqslant b^2$ ermitteln wir die Gesamtnachfragefunktion, indem wir die beiden individuellen Funktionen nach den Mengen auflösen und diese dann addieren:

$$x^1 = -\frac{1}{a^1} p + \frac{b^1}{a^1}; \quad x^2 = -\frac{1}{a^2} p + \frac{b^2}{a^2};$$

$$x = x^1 + x^2 = -\left(\frac{1}{a^1} + \frac{1}{a^2}\right) p + \frac{b^1}{a^1} + \frac{b^2}{a^2}.$$

Gelten die nicht-linearen Nachfragekurven ohne Achsenschnittpunkt

$$p = \frac{a^1}{x^1} \quad \text{und} \quad p = \frac{a^2}{x^2} \quad \text{mit} \quad a^1, a^2 > 0,$$

dann folgt

$$x^1 = \frac{a^1}{p} \quad \text{und} \quad x^2 = \frac{a^2}{p},$$

und damit für alle p

$$x = x^1 + x^2 = \frac{a^1 + a^2}{p}.$$

5. Ergänzungen

a. Axiomatische Konstruktion von Indifferenzkurven

Wegen der Unmöglichkeit, eine subjektive Größe wie den Nutzen zu beobachten, wurden Ansätze entwickelt, in denen die Präferenzstruktur des Haushalts nicht durch eine Nutzenfunktion, sondern auf der Grundlage bestimmter Grundannahmen (Axiome) dargestellt wird. Im Beispiel zweier Verbrauchsgüter lassen sich aus den Axiomen wieder Indifferenzkurven und, in Verbindung mit der Bilanzgeraden, der optimale Verbrauchsplan und die Nachfrage des Haushalts herleiten. Damit zeigen die axiomatischen Ansätze, daß die Haushaltstheorie prinzipiell ohne Nutzenfunktion auskommen kann, daß die Schlußfolgerungen bezüglich optimalem Verbrauchsplan und Haushaltsnachfrage jedoch die gleichen sind wie bei Zugrundelegung einer Nutzenfunktion.

Als ersten erläutern wir einen Ansatz, der auf Axiomen aufbaut, die durch Selbstbeobachtung gewonnen sein könnten, der daher auch als *introspektive Version* bezeichnet wird; die Darstellung geht im wesentlichen auf JOHN HICKS und R. G. D. ALLEN zurück. Es gelten folgende Axiome:

(1) *Ordinale Vergleichbarkeit:* Der Haushalt hat eine Präferenzordnung derart, daß er beim Vergleich zweier beliebiger Verbrauchsmengenkombinationen $X^{(1)}$ und $X^{(2)}$ angeben kann, ob

$$X^{(1)} > X^{(2)} \quad \text{oder} \quad X^{(2)} > X^{(1)} \quad \text{oder} \quad X^{(2)} \equiv X^{(1)}$$

(hier bedeutet: > „wird vorgezogen", $\equiv$ „wird gleichgeschätzt").

(2) *Vollständigkeit:* Die Präferenzordnung soll vollständig in dem Sinne sein, daß ordinale Vergleichbarkeit für jede beliebige zwei Kombinationen gegeben ist, die der Haushalt realisieren kann.

(3) *Transitivität oder Konsistenz:* Sind $X^{(1)}$, $X^{(2)}$, $X^{(3)}$ Verbrauchsmengen-kombinationen und gilt

$$X^{(1)} > X^{(2)} \quad \text{und} \quad X^{(2)} > X^{(3)},$$

dann soll auch gelten: $X^{(1)} > X^{(3)}$.

Ferner: Ist

$$X^{(1)} \equiv X^{(2)} \quad \text{und} \quad X^{(2)} \equiv X^{(3)},$$

dann soll auch gelten: $X^{(1)} \equiv X^{(3)}$.

(4) *Nichtsättigung:* Unterscheidet sich eine beliebige Kombination $X^{(1)}$ von $X^{(2)}$ dadurch, daß sie von einem Gut mehr und von allen anderen Gütern gleich viel enthält, dann gilt $X^{(1)} > X^{(2)}$. (Diese Annahme entspricht der eines positiven Grenznutzens.)

(5) *Abnehmende Grenzrate der Substitution:* Ausgehend von jeder Verbrauchsmengenkombination gilt, daß (in gewissen, mit Abb. I.h erläuterten Grenzen) jede Zu- oder Abnahme der Menge eines Gutes durch Ab- oder Zunahme der Menge eines anderen Gutes (im Beispiel zweier Güter: des anderen Gutes) so ausgeglichen werden kann, daß der Haushalt die alte und die neue Kombination gleich schätzt. Die zum Ausgleich benötigte Menge entspricht bei infinitesimalen Änderungen einer abnehmenden Grenzrate der Substitution.

Diese Annahmen reichen aus, um folgende Überlegungen zur geometrischen Darstellung einer Präferenzordnung im Fall zweier Güter anzustellen: In Abb. I.A gehen wir von einer beliebigen Kombination P aus, zeichnen durch diesen Punkt eine Senkrechte und eine Waagerechte und erhalten so die Bereiche I bis IV. Kombinationen im Bereich I enthalten von beiden Gütern (auf dem Rand: von jeweils einem Gut) mehr als P und werden daher (wegen (4)) der Kombination P vorgezogen. Solche im Bereich III enthalten von beiden Gütern (auf dem Rand: von jeweils einem Gut) weniger, so daß P diesen vorgezogen wird. Schwieriger sind Aussagen über Kombinationen in den Bereichen II und IV (soweit nicht auf deren Rand gelegen), denn diese enthalten von einem Gut mehr und vom anderen weniger als P. In diesen Bereichen muß es offenbar Kombinationen geben, die der Haushalt mit P gleichschätzt, denen gegenüber er also indifferent ist. Es ist vorstellbar, daß dem Haushalt immer wieder Kombinationen aus II und IV zur Feststellung ihrer Rangordnung gegenüber P vorgelegt werden und auf diese Weise durch Abfragen eine große Anzahl von Kombinationen (vgl. A bis F in Abb. I.A) ermittelt wird, die der Haushalt mit P gleichschätzt.

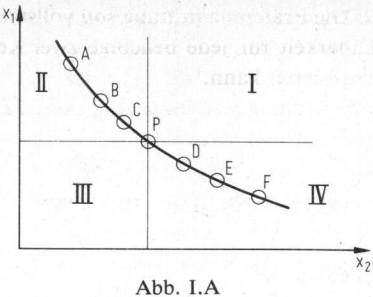

Abb. I.A

Verbindet man die diese Kombinationen darstellenden Punkte zu einer Kurve ohne Lücken, Sprungstellen und Knicke, womit man beliebige Teilbarkeit der Mengen unterstellt, so entspricht diese einer Indifferenzkurve. Sie muß durch die Bereiche II und IV verlaufen und daher negative Steigung haben; wegen (5) ist sie konvex zum Ursprung. Auf ähnliche Weise können wir zu jedem anderen Ausgangspunkt als P eine Indifferenzkurve ermitteln und so das Indifferenzkurvensystem des Haushalts herleiten. Zwei Indifferenzkurven dieses Systems können sich nicht schneiden; denn gäbe es einen Schnittpunkt, erhielte man die in Abb. I.g dargestellte Inkonsistenz: Da Q von beiden Gütern mehr enthält als P, gilt wegen (4): Q > P. Weil P ≡ R und R ≡ Q, ist nach (3): P ≡ Q. Nur ein System sich nicht schneidender Indifferenzkurven ist frei von solchen Widersprüchen.

Als zweiten axiomatischen Ansatz erläutern wir die von PAUL SAMUELSON und I. M. D. LITTLE vorgeschlagene Theorie der *bekundeten Präferenzen (revealed preference),* die, weil von prinzipiell beobachtbarem Marktverhalten eines Haushalts ausgehend, auch als *behavioristische Version* bezeichnet wird. In diesem Ansatz wird vom Haushalt nicht verlangt, Indifferenz zwischen zwei Verbrauchskombinationen konstatieren zu können. Auch Konsistenz wird nicht hinsichtlich verschiedener Verbrauchsmengenkombinationen gefordert, sondern hinsichtlich des am Markt beobachtbaren Handelns des Haushalts, das sich in Ausgabensummen äußert. Konsistentes Verhalten wird durch das sogenannte Indexzahlenkriterium mit den beiden Bedingungen

$$\text{(a)} \ P^{(2)}X^{(2)} \geqslant P^{(2)}X^{(1)} \quad \text{und} \quad \text{(b)} \ P^{(1)}X^{(1)} < P^{(1)}X^{(2)} \tag{I.65}$$

beschrieben, in denen jeweils (Zeilen-)Preisvektoren P mit (Spalten-)Gütervektoren X multipliziert und somit Ausgabensummen verglichen werden. Läßt sich beobachten, daß der Haushalt bei den Preisen $P^{(2)}$ die Kombination $X^{(2)}$ kauft und dafür seine gegebene Konsumsumme $P^{(2)}X^{(2)}$ ausgibt, so zieht er damit $X^{(2)}$ offenbar der Kombination $X^{(1)}$ vor, die er gemäß (a) bei den Preisen $P^{(2)}$ mit der gegebenen Konsumsumme ebenfalls hätte kaufen können. Daß der Haushalt in einer anderen Situation bei den Preisen $P^{(1)}$ die Kombination $X^{(1)}$ kauft und dafür seine dann gegebene Konsumsumme $P^{(1)}X^{(1)}$ ausgibt, kann bei konsistentem Handeln nur so ausgelegt werden, daß diese Konsumsumme nicht ausreicht, um bei $P^{(1)}$ die Kombination $X^{(2)}$ zu erwerben und so seine Präferenz für $X^{(2)}$ zu bekunden. Dies ist in der Bedingung (b) ausgedrückt. Sind beide Bedingungen erfüllt, dann zieht der Haushalt, konsistentes Handeln vorausgesetzt, $X^{(2)}$ gegenüber $X^{(1)}$ vor.

Diese Überlegungen seien nun im Beispiel zweier Güter geometrisch ausgewertet. Bei der ersten Beobachtung eines Haushalts seien Preise (damit ein Preisverhältnis) und eine Konsumsumme vorgegeben, die der Budgetgeraden A′ in Abb. I.B entprechen. Der Haushalt wählt A und bekundet damit, daß er A jeder anderen Kombination auf oder links von A′ vorzieht, die er mit der Konsumsumme bei diesen Preisen ebenfalls hätte kaufen können. Verringern sich Preisverhältnis und Konsumsumme so, daß die neue Budgetgerade B′ lautet und auf dieser B gewählt wird, so läßt sich feststellen, daß B geringer als A, aber höher als jede andere Kombination auf oder links von B′ geschätzt wird. Tritt nun eine solche Senkung des Preisverhältnisses und der Konsumsumme ein, daß C′ gilt und die Wahl auf C fällt, dann steht fest, daß C geringer als B, aber höher als jede andere Kombination auf oder links von C′ eingestuft wird. Es gilt A > B und B > C, mithin bei Transitivität A > C. Werden Preisverhältnis und Konsumsumme in kleinen Schritten reduziert, so lassen sich analog B und C viele Kombinationen herausfinden, die weniger als A geschätzt werden. Ähnlich lassen sich Kombinationen ermitteln, die höher als A eingestuft werden. Vermindert sich das Preisverhältnis und steigt die Konsumsumme, so daß D′ gilt und der Haushalt D wählt, dann zeigt sich, daß er D höher als A schätzt. Sinkt das Preisverhältnis und steigt die Konsumsumme abermals, so daß E′ zutrifft und E gewählt wird, dann ergibt sich eine Präferenz von E gegenüber D. Es gilt E > D und D > A, bei Transitivität also E > A. Werden Preisverhältnis und Konsum-

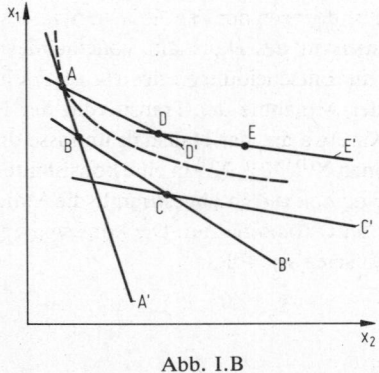

Abb. I.B

summe in kleinen Schritten reduziert bzw. erhöht, dann erhält man viele Kombinationen, die gegenüber A höher eingeschätzt werden. Je kleiner die Schritte sind, in denen Preisverhältnis und Konsumsumme sukzessive geändert werden, desto enger rücken die ABC und ADE entsprechenden Linienzüge in Abb. I.B zusammen, und zwar im Grenzfall beliebig dicht etwa an die gestrichelte Kurve. Durch diese Kurve müssen dann aber die Kombinationen repräsentiert werden, die der Haushalt gegenüber A gleich schätzt, denen gegenüber er also indifferent ist. In ähnlicher Weise könnten wir, ausgehend von anderen Punkten als A, weitere Indifferenzkurven näherungsweise ermitteln.

Dieser Ansatz zeigt, daß man nicht von einer Nutzenfunktion als Annahme ausgehen muß, sondern bei einer Vielzahl von Beobachtungen des Kaufverhaltens eines Haushalts im Prinzip sein Indifferenzkurvensystem konstruieren kann. Den Kritikern, die die Existenz einer Nutzenfunktion bezweifeln, kann man also entgegnen, daß die Haushaltstheorie und die darauf aufbauende Nachfragetheorie auch ohne Nutzenkonzeption auskommen kann. Da die Ergebnisse und die Konsequenzen für die Nachfrage aber völlig die gleichen sind, kann man so argumentieren, als besitze der Haushalt eine ordinale Nutzenfunktion.

b. Indifferenzkurven für einzelne und mehrere Personen

In der Regel besteht der Haushalt aus mehreren Personen. Wir können zunächst nur unterstellen, daß für die einzelne Person ein Indifferenzkurvensystem existiert. Es ergibt sich die Frage, ob auch für den Mehr-Personen-Haushalt ein Indifferenzkurvensystem unterstellt werden kann. Die Frage ist einfach zu beantworten, wenn der Haushalt von einem Diktator regiert wird; denn dann gilt dessen Vorstellung über die Bedarfsstruktur des Haushalts, während die Vorstellungen der anderen Haushaltsmitglieder ohne Einfluß auf den optimalen Verbrauchsplan und die Nachfragefunktionen des Haushalts bleiben. Einfach ist die Antwort ferner, wenn alle Mitglieder die gleiche Auffassung über die Bedarfsstruktur des Haushalts haben.

Schwierig zu lösen ist dagegen der Fall, in dem die Vorstellungen der Mitglieder über die Bedarfsstruktur des Haushalts voneinander abweichen und jedes Mitglied Einfluß auf die Entscheidungen des Haushalts hat. Die Schwierigkeit zeigt sich schon bei der Annahme der Transitivität der Präferenzordnung des Haushalts. Nehmen wir etwa an, der Haushalt umfasse drei Personen. Es seien drei Güterkombinationen $X^{(1)}$, $X^{(2)}$, $X^{(3)}$ in eine konsistente Präferenzordnung zu bringen. Dabei werde demokratisch abgestimmt; die Majorität entscheide über die Einordnung einer Güterkombination. Die konsistenten Präferenzordnungen der einzelnen Personen seien wie folgt:

Person Nr.	Präferenzordnung	Es gilt mithin
1	$X^{(1)} > X^{(2)} > X^{(3)}$	$X^{(1)} > X^{(3)}$
2	$X^{(2)} > X^{(3)} > X^{(1)}$	$X^{(2)} > X^{(1)}$
3	$X^{(3)} > X^{(1)} > X^{(2)}$	$X^{(3)} > X^{(2)}$

Wird nun darüber abgestimmt, welche Kombination beim Vergleich jeweils zweier Kombinationen von der Gesamtheit der Personen vorgezogen wird, so ergibt sich:

Zur Wahl gestellte Alternative	Person Nr. stimmt		Bei Konsistenz folgt
	dafür	dagegen	
$X^{(1)} > X^{(2)}$	1; 3	2	
$X^{(2)} > X^{(3)}$	1; 2	3	$X^{(1)} > X^{(3)}$
$X^{(1)} > X^{(3)}$	1	2; 3	

Die ersten beiden Präferenzrelationen werden von der Mehrheit akzeptiert; bei Konsistenz würde daraus folgen, daß die Mehrheit auch $X^{(1)}$ höher als $X^{(3)}$ einschätzt. In Wirklichkeit wird diese dritte Präferenzrelation jedoch von der Mehrheit nicht akzeptiert. Trotz Transitivität der Präferenzordnungen der einzelnen Personen ist die Präferenzordnung des demokratischen Haushalts intransitiv. Das Beispiel stammt von KENNETH ARROW (1963, Kap. 1); man spricht auch vom CONDORCET-Paradox, weil CONDORCET das Problem als erster 1785 erkannte. Schon die Annahme der Transitivität der Präferenzordnung, die für die Existenz eines Systems von Indifferenzkurven unentbehrlich ist, erweist sich also für einen Mehr-Personen-Haushalt als problematisch.

c. Die Bedeutung von Gütereigenschaften

In der unter B.2 eingeführten Nutzenfunktion des Haushalts sind es unmittelbar die Güter, deren Verbrauch dem Haushalt Nutzen stiftet. Nach KELVIN LANCASTER (1971) sollten hingegen die Güter mit ihren *Eigenschaften (characteristics)* als Bestimmungsgründe des Nutzens aufgefaßt werden. Die Nutzenfunktion lautet dann

$$U = f(z_1, z_2, \ldots, z_m), \tag{I.66}$$

wobei z_j, $j = 1, \ldots, m$, Mengen von kardinal meßbaren Gütereigenschaften sind, wie z. B. Kalorien, Vitamingehalt, Geschmacksstoffe bei Lebensmitteln. Die Haushalte können sich die Gütereigenschaften nur indirekt, über den Kauf von Gütern, verschaffen. Regelmäßig weist jedes Gut mehrere Eigenschaften auf und kommt eine Eigenschaft in mehreren Gütern vor. Vereinfachend wird im folgenden angenommen, daß jedes von vier Gütern i = 1, 2, 3, 4 zwei Eigenschaften j = 1, 2 hat, und zwar in konstanter Mengenproportion. D. h., um z_{i1} Einheiten der ersten Eigenschaft zu erhalten, müssen die Haushalte die Menge $x_{i1} = a_{i1}z_{i1}$ des Gutes i kaufen. Entsprechend gilt $x_{i2} = a_{i2}z_{i2}$, wobei die Koeffizienten unabhängig von den Mengen sind. Da es möglich ist, stets beide Eigenschaften eines Gutes zu nutzen, kann man $x_{i1} = x_{i2} = x_i$ setzen und erhält für den Eigenschaftenstrahl des i-ten Gutes die Gleichung:

$$z_{i2} = \frac{a_{i1}}{a_{i2}} \cdot z_{i1} .$$

In Abb. I.C erscheinen die Mengen z_1 und z_2 der Gütereigenschaften als Achsen eines Koordinatensystems, und die Steigung eines Ursprungsstrahls x_i gibt an, in welchem Verhältnis z_2/z_1 die Eigenschaften in dem Gut i enthalten sind. Auf jedem der Ursprungsstrahlen ist eine Skala der Mengeneinheiten des Gutes i gegeben. Ein Punkt auf einem Strahl repräsentiert zugleich bestimmte Mengen der

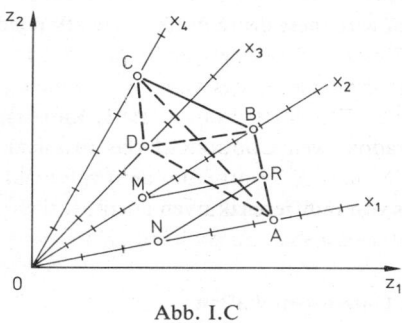

Abb. I.C

Eigenschaften, die an den Ordinaten abzulesen sind, und eine bestimmte Menge des Gutes, die durch die jeweilige Skala bestimmt wird.

Bei gegebener Konsumsumme c und gegebenem Preis p_i des Gutes i ist die Menge des Gutes x_i und sind die Mengen an Eigenschaften z_1, z_2 ermittelbar, die ein Haushalt bei Verbrauch nur des Gutes i erreicht. Diese seien durch die Punkte A, B, C, D beschrieben. Diese Punkte erfüllen jeweils $z_{i2} = x_i^{max}/a_{i2}$ und $z_{i1} = x_i^{max}/a_{i1}$, wobei $x_i^{max} \equiv c/p_i$ die maximal erwerbbaren Mengen sind. Die Koordinaten des Punktes A sind also $z_1 = z_{11} = (c/p_1)/a_{11}$ und $z_2 = z_{12} = (c/p_1)a_{12}$.

Die Ursprungsstrahlen werden auch als Konsumaktivitäten bezeichnet. Wählt ein Haushalt zur Befriedigung seiner Bedürfnisse an den Eigenschaften $j = 1, 2$ nur ein Gut, so betreibt er eine „reine Konsumaktivität", wählt er mehrere Güter, dann spricht man von „gemischter Konsumaktivität". Der Haushalt ist in der Lage, mit seiner Konsumsumme bei den gegebenen Preisen durch Mischung der Konsumaktivitäten x_1 und x_2 jeden beliebigen Punkt auf der Verbindungsgeraden AB zu erreichen, und zwar nach den Vektoradditionsregeln des Kräfteparallelogramms. Die Kombination R der Eigenschaften 1 und 2 realisiert der Haushalt, wenn er die der Strecke ON = MR entsprechende Menge des Gutes 1 und die der Strecke OM = NR entsprechende Menge des Gutes 2 kauft und verbraucht. Ebenso kann der Haushalt jeden Punkt auf den Verbindungsgeraden BC, CD oder DA durch Mischung von jeweils zwei Konsumaktivitäten realisieren. Abb. I.C verdeutlicht, daß die reine Konsumaktivität x_3 und ebenso Mischungen (x_1, x_3), (x_2, x_3), (x_1, x_4), (x_3, x_4) ineffizient sind, denn ab jedem Punkt auf den diese Mischungen darstellenden gestrichelten Verbindungsgeraden ist eine Verbesserung der Versorgung des Haushalts möglich. Die reinen Konsumaktivitäten x_1, x_2 und x_4 und Mischungen (x_1, x_2), (x_2, x_4) sind hingegen effizient. Es ist der Streckenzug ABC, der den Bereich der realisierbaren Kombinationen von Gütereigenschaften begrenzt. Die die Konsumaktivitäten darstellenden Strahlen haben für alle Haushalte die gleiche Steigung und die gleiche Gütermengenskala. Für zwei Haushalte mit gleicher Konsumsumme ist der Streckenzug ABC identisch, für solche mit ungleicher Konsumsumme verlaufen die beiden Teilstrecken AB und BC jeweils parallel.

Steigt (sinkt) der Preis eines Gutes, dann vermindert (erhöht) sich die Menge des Gutes, die ein Haushalt mit seiner Konsumsumme kaufen kann; entsprechend wandert der Punkt, z. B. B für Gut 2, auf dem Ursprungsstrahl in Richtung (weg vom) Ursprung. Durch Preiserhöhung kann eine bisher effiziente reine Konsumaktivität ineffizient und durch Preissenkung eine bisher ineffiziente Konsumaktivität effizient werden. Aber keinesfalls jede Preisveränderung führt zu einem Austausch effizienter Konsumaktivitäten.

Das geometrische Bild der Nutzenfunktion (I.66) im Beispiel zweier Güter ist ein Indifferenzkurvensystem im (z_1, z_2)-Diagramm. Für eine Indifferenzkurve dieses Systems kann wie für die früher erläuterten Indifferenzkurven abnehmende Grenzrate der Substitution, d. h. negative Steigung und Konvexität, unterstellt werden. Der optimale Konsumplan eines Haushalts wird durch den Punkt beschrieben, in dem eine Indifferenzkurve den Streckenzug ABC berührt. Ist A, B oder C Berührungspunkt, dann wählt der Haushalt eine reine Konsumaktivität; liegt der Berührungspunkt zwischen A und B oder B und C, dann wählt er eine aus zwei Gütern bestehende Mischung von Konsumaktivitäten. Das unrealistische Ergebnis, daß mit A, B oder C nur jeweils ein Gut zum Verbrauch nachgefragt wird, stellt sich regelmäßig nicht ein, wenn eine größere Zahl von Gütern und Gütereigenschaften in die Analyse einbezogen wird.

Schon das einfache geometrische Beispiel der Abb. I.C zeigt zwei in der Realität zu beobachtende Sachverhalte. Erstens werden manche Güter mangels Effizienz der entsprechenden Konsumaktivität nicht (mehr) nachgefragt. Zweitens reagiert die Nachfrage bei Preiserhöhung für ein Gut anders als in B.4.c beschrieben: Dort dreht sich die Bilanzgerade und treten Einkommens- und Substitutionseffekt ein. Auch hier kommt es zu ähnlichen Effekten, jedoch möglicherweise mit unterschiedlicher Stärke. Wird nur ein Gut zum Verbrauch nachgefragt, erhöht sich der Preis dieses Gutes und kommt es nicht zum Austausch dieser Konsumaktivität, dann gibt es nur einen der verminderten Kaufkraft der Konsumsumme entsprechenden Einkommenseffekt; aufgrund einer „Substitutionslücke" entsteht keine Mehrnachfrage nach anderen Gütern. War und bleibt das verteuerte Gut Bestandteil einer Mischung effizienter Konsumaktivitäten, so tritt neben dem Einkommens- ein Substitutionseffekt in einer der früheren Darstellung vergleichbaren Größenordnung auf. Scheidet das verteuerte Gut aus der Mischung effizienter Konsumaktivitäten aus, so erweist sich die Preiserhöhung als Auslöser starker Substitutionsvorgänge.

d. Die Bedeutung der Konsumzeit

Während die ältere Haushaltstheorie davon ausging, daß für den Verbrauch der Güter stets genügend Zeit zur Verfügung steht, machte GARY BECKER (1965) auf die Notwendigkeit aufmerksam, die Konsumzeit in Rechnung zu stellen. Erst durch geeignete Kombinationen von Konsumgütermengen und Konsumzeiten erhält der Haushalt zur Bedürfnisbefriedigung geeignete *Verbrauchsleistungen* X_j. Z. B. erfordert die Befriedigung des Nahrungsbedürfnisses Speisen, Getränke und Mahlzeit, die des Erholungsbedürfnisses Transport- und Unterkunftsleistungen und Reisezeit. Eine Nutzenfunktion, gemäß der es m solcher, den Nutzen bestimmender Verbrauchsleistungen gibt, lautet:

$$U = f(X_1, X_2, \ldots, X_m). \tag{I.67}$$

Im Fall zweier Verbrauchsleistungen läßt sich die Funktion im (X_1, X_2)-Diagramm durch Indifferenzkurven darstellen. Es gelte wieder abnehmende Grenzrate der Substitution. Vereinfachend wird angenommen, daß jeweils die Konsumzeit T_{cj} und die Menge x_{ij} eines Gutes i, das in die Verbrauchsleistung j eingeht, proportional zur Verbrauchsleistung X_j ist:

$$T_{cj} = t_{cj} \cdot X_j; \quad x_{ij} = a_{ij} \cdot X_j; \quad i = 1, 2, \ldots, n, \quad j = 1, 2, \ldots, m. \tag{I.68}$$

Die Koeffizienten sind entweder positiv oder gleich Null: $t_{cj} \geqslant 0$; $a_{ij} \geqslant 0$. Ein Koeffizient von Null bedeutet, daß keine Konsumzeit benötigt wird bzw. ein Gut i in eine Verbrauchsleistung j nicht eingeht.

Der Haushalt hat nun zwei Restriktionen zu berücksichtigen, nämlich die Einkommensrestriktion

$$e \geqslant \sum_{j=1}^{m} \sum_{i=1}^{n} p_i x_{ij} = \sum_{j=1}^{m} \sum_{i=1}^{n} p_i a_{ij} X_j = \sum_{j=1}^{m} P_j \cdot X_j, \qquad (I.69)$$

worin p_i den Preis des Gutes i bedeutet, und die Konsumzeitrestriktion

$$T_c \geqslant \sum_{j=1}^{m} T_{cj} = \sum_{j=1}^{m} t_{cj} \cdot X_j, \qquad (I.70)$$

wobei angenommen ist, daß die gesamte Konsumzeit T_c – und damit auch die gesamte Arbeitszeit – vorgegeben ist.

Unter diesen Nebenbedingungen ist die Nutzenfunktion (I.67) zu maximieren. Die Nebenbedingung (I.69) ist derjenigen der herkömmlichen Haushaltstheorie ähnlich (vgl. (I.26)); ihre geometrische Darstellung für m = 2 im Diagramm der Verbrauchsleistungen X_1, X_2 ist eine Gerade mit den Ordinatenschnittpunkten e/P_1 und e/P_2 und der Steigung $dX_1/dX_2 = -P_2/P_1$. Hierbei sind $P_j = \sum_{i=1}^{n} p_i a_{ij}$ für j = 1, 2 die Ausgaben für Güter, die jeweils für eine Einheit der Verbrauchsleistung j notwendig sind. Die Restriktion (I.70) läßt sich für den Fall zweier Verbrauchsleistungsarten ebenfalls als linear fallende Funktion mit den Ordinatenschnittpunkten T_c/t_{c1} bzw. T_c/t_{c2} und der Steigung $dX_1/dX_2 = -t_{c2}/t_{c1}$ darstellen. Realisierbar sind nun nur Verbrauchsleistungskombinationen, die *beiden* Nebenbedingungen genügen, d. h. die links unterhalb beider Geraden liegen. In Abhängigkeit von den Parametern der Restriktionen lassen sich nun drei Fälle unterscheiden:

(1) Verläuft die zu (I.70) gehörige Gerade stets rechts oberhalb der Einkommensbedingung (vgl. Abb. I.D.1), so muß im Optimum gelten

$$\frac{f_1'}{P_1} = \frac{f_2'}{P_2}. \qquad (I.71)$$

Der Haushalt hat also in diesem Fall Verbrauchsleistungen in solcher Menge zu „erzeugen", daß der Grenznutzen des Geldes für jede Verbrauchsleistung gleich ist bzw. das 2. Gossensche Gesetz erfüllt ist.

(2) Verläuft jedoch die die Zeitrestriktion widerspiegelnde Gerade stets links unterhalb der Einkommensbedingung (vgl. Abb. I.D.2), dann herrscht Mangel an Konsumzeit. Die zur Verfügung stehende Zeit muß dann so aufgeteilt wer-

den, daß der aus den Verbrauchsleistungen fließende Nutzen maximiert wird. Das 2. Gossensche Gesetz impliziert nun:

$$\frac{f_1'}{t_{c1}} = \frac{f_2'}{t_{c2}}.$$ (I.72)

Die Verbrauchsleistungen sind so zu kombinieren, daß der Grenznutzen pro Zeiteinheit in jeder Verwendungsrichtung gleich ist.

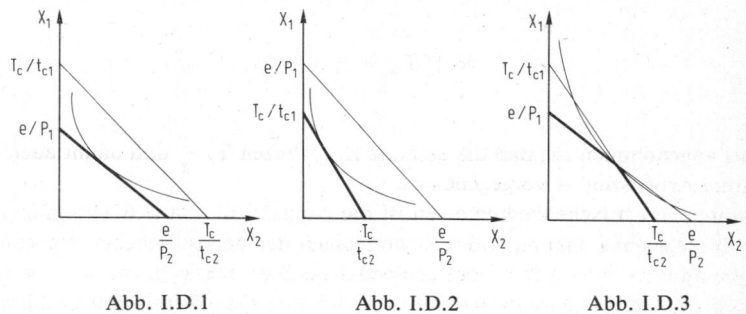

Abb. I.D.1   Abb. I.D.2   Abb. I.D.3

(3) Es ist auch denkbar, daß sich die beiden Geraden schneiden (vgl. Abb. I.D.3). Da die Restriktion bindend ist, die jeweils links unterhalb der anderen verläuft, erhält man eine geknickte Möglichkeitengrenze. Auf welchem Teilstück die optimale Verbrauchsleistungskombination liegt und somit, ob (I.71) oder (I.72) gilt, hängt hier vom genauen Verlauf der Indifferenzkurven ab. Zusätzlich besteht die Möglichkeit eines Berührungspunktes im „Knick". In diesem Spezialfall, der um so eher eintritt, je unterschiedlicher P_2/P_1 und t_{c2}/t_{c1} sind, gilt in der Regel nicht mehr das 2. Gossensche Gesetz. Das Grenznutzenverhältnis liegt jetzt nämlich im geschlossenen Intervall mit den Grenzen P_2/P_1 und t_{c2}/t_{c1}.

Diese Überlegungen zeigen, wie der optimale Konsumplan eines Haushalts zu modifizieren ist, wenn die von STAFFAN LINDER (1971) beschriebene Befürchtung akut wird, in einer entwickelten Volkswirtschaft herrsche Mangel an Konsumzeit. Es muß allerdings betont werden, daß in diesem Abschnitt von einer gegebenen Konsumzeit ausgegangen worden ist. Die Konsumzeitrestriktion läßt sich aber selbstverständlich durch eine Senkung des Arbeitsangebotes, das in Abschnitt C.1. analysiert wird, lockern.

e. Nachfrageinterdependenzen

Wir gingen davon aus, daß jeder Haushalt eine unabhängige Wirtschaftseinheit in dem Sinne ist, daß sein Nutzen nur von den von ihm konsumierten Gütermengen, nicht von den Konsummengen oder dem Einkommen anderer Haushalte abhängt. Das entspricht sicher nicht den Tatsachen, denn wir lassen damit wirtschaftlich relevante Auswirkungen von zwischenmenschlichen Beziehungen unberücksichtigt, welche die Soziologie untersucht. Der Nutzen des Haushalts und damit seine Nachfrage sind zweifellos abhängig von der Nachfrage anderer Haushalte; es besteht eine Interdependenz der Konsumentscheidungen der verschiedenen Haushalte. Die von den Konsumentscheidungen anderer Haushalte ausgehenden Einflüsse bezeichnet man als *externe Konsum-* oder *Nachfrageeffekte.* Auf die allgemeine Problematik externer Effekte gehen wir in den Kapiteln III.B.6 und VI.C ein. Im folgenden werden die Wirkungen dreier spezieller externer Effekte auf das Indifferenzkurvensystem im Gütermengendiagramm eines Haushalts sowie auf die Nachfragefunktionen untersucht.

Nach HARVEY LEIBENSTEIN (1966) kann man unterscheiden:

(1) *Mitläufer-Effekt (band wagon effect)*: Der Haushalt schätzt ein Gut höher ein und fragt mehr davon nach, wenn auch andere Haushalte das Gut konsumieren. Seine Indifferenzkurven verschieben sich also mit der Folge einer ceteris paribus-Bevorzugung des betrachteten Gutes, wenn – je nach Sachlage – entweder die vermutete Gesamtnachfragemenge, die vermutete Nachfragemenge einzelner anderer Haushalte (z. B. der Nachbarn) oder die vermutete Zahl von Konsumenten des Gutes zunimmt. In diesem Effekt kommt der Wunsch zum Ausdruck, mit dem Kauf des Gutes es jener Gruppe von Leuten gleichzutun, zu der man gezählt werden will. Hierdurch lassen sich auch wesentliche Aspekte des Verhaltens nach der herrschenden Mode erklären.

(2) *Snob-Effekt:* Ein Haushalt schätzt ein Gut weniger hoch ein und senkt seine Nachfrage, wenn andere Haushalte das Gut konsumieren bzw. verstärkt konsumieren. Seine Indifferenzkurven verschieben sich gegenläufig zum Fall (1). In diesem Effekt drückt sich das Streben nach Exklusivität, nach Abhebung von der großen Masse aus.

(3) *Veblen-Effekt (Prestige Effekt):* Ein Haushalt mißt einem Gut um so höheren Nutzen bei, je höher der Preis des Gutes, den Nicht-Käufer vermuten. Diese Erscheinung spielt in der Theorie von VEBLEN (1924) eine Rolle, nach der in einer Gesellschaft, die den sozialen Rang nach dem Reichtum bemißt, der Reiche in demonstrativem Müßiggang leben und auffälligen Konsum (*conspicuous consumption*) ausüben muß.

Wir betrachten im folgenden zur Veranschaulichung nur zwei Haushalte, i = 1, 2, die zwei Güter, j = 1, 2, nachfragen. Das Verhalten jedes Haushalts richtet sich nach einer vermuteten Gesamtnachfragemenge oder dem vermuteten Preis – einer Größe, auf die der Haushalt bei einer Zahl von nur zwei Haushalten durch sein eigenes Verhalten erheblichen Einfluß hat. Dieser Einfluß soll hier vernachlässigbar klein sein, wie es bei einer sehr großen Zahl von kleinen Nachfragern (die wir aufgrund der Annahme der Mengenanpassung eigentlich zu unterstellen hätten) tatsächlich der Fall wäre. Das gibt uns die Berechtigung, Indif-

ferenzkurven und einzelwirtschaftliche Nachfragekurven, z. B. jeweils für eine
gegebene konstante vermutete Gesamtnachfragemenge eines Gutes zu zeichnen,
obgleich die Indifferenzkurven bzw. die einzelwirtschaftlichen Nachfragekurven
für variable Konsum- bzw. Nachfragemenge des einzelnen Haushalts gelten.

Bei der Untersuchung des *Mitläufer-Effektes* unterstellen wir, daß sich beide
Haushalte bezüglich des Gutes 1 als Mitläufer verhalten: Die Nachfrage des
Haushalts i nach Gut 1, x_1^i, hängt von der vermuteten Gesamtnachfragemenge
x_1^v ab. Wir veranschaulichen die Situation am Beispiel des Haushalts 1. Gelten
in Abb. I.E die durchgezeichneten Indifferenzkurven für eine vermutete Gesamtnachfragemenge $\bar{x}_1^v$ und die gestrichelten für eine größere vermutete Gesamtnachfragemenge $\bar{\bar{x}}_1^v$, so erhalten wir zwei Preis-Konsum-Kurven, die zeigen, daß der Haushalt bei der größeren Menge $\bar{\bar{x}}_1^v$ bei jedem Preis p_1 mehr vom
Gut 1 nachfragt als bei der kleineren Menge $\bar{x}_1^v$. In die allgemeine Nachfragefunktion des Haushalts haben wir jetzt auch die vermutete Gesamtmenge x_1^v
aufzunehmen:

$$x_1^1 = x_1^1(p_1, p_2, e^1, x_1^v) \ . \tag{I.73}$$

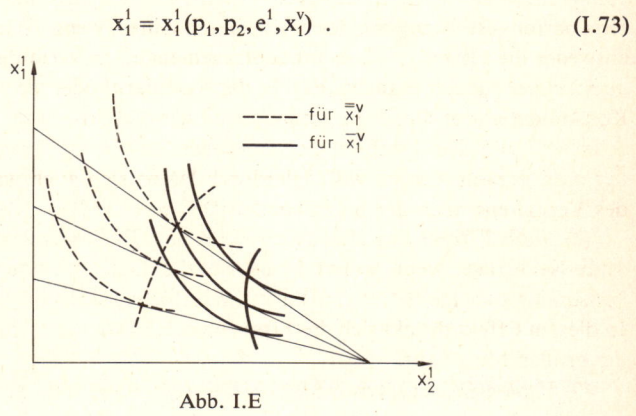

Abb. I.E

Wenn wir den Zusammenhang zwischen p_1 und x_1^1 untersuchen, argumentieren
wir unter der *ceteris paribus*-Annahme, die hier bedeutet, daß wir nicht nur konstante Größen $\bar{p}_2$ und $\bar{e}^1$ voraussetzen, sondern auch die vermutete Gesamtnachfragemenge auf einen konstanten gegebenen Wert, z. B. $\bar{x}_1^v$, fixieren. Vergrößert sich die vermutete Gesamtnachfragemenge auf $\bar{\bar{x}}_1^v$, dann verschiebt sich
die Nachfragekurve wegen des Mitläufer-Effektes nach rechts.

In Abb. I.F.1 und F.2 sind die Nachfragekurven beider Haushalte für drei
jeweils konstante Gesamtnachfragemengen $\bar{x}_1^v < \bar{\bar{x}}_1^v < \bar{\bar{\bar{x}}}_1^v$ dargestellt. Wir können
nun die Nachfragekurven der beiden Haushalte, die den gleichen Index, z. B.
$\bar{x}_1^v$, tragen, horizontal addieren und gelangen so zu der Kurve mit dem Index $\bar{x}_1^v$
in Abb. I.F.3. Unter der Annahme, daß auf Dauer die vermutete gleich der tat-

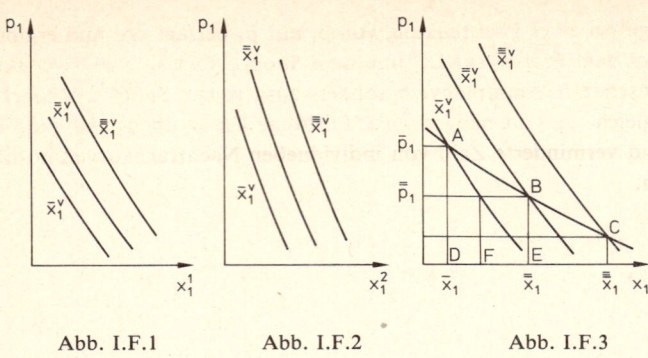

Abb. I.F.1   Abb. I.F.2   Abb. I.F.3

sächlichen Gesamtnachfrage sein muß, kann längerfristig nur ein Punkt auf dieser Kurve gelten. Dies ist der Punkt A, bei dem die vermutete Menge $\bar{x}_1^v$ der tatsächlichen, auf der Abszisse abzulesenden, Menge $\bar{x}_1$ entspricht. Ganz analog kommen auf den Gesamtnachfragekurven, die durch Horizontaladdition der individuellen Kurven mit den Indizes $\bar{\bar{x}}_1^v$ bzw. $\bar{\bar{\bar{x}}}_1^v$ entstehen, nur die Punkte B bzw. C in Frage. Wir können nun die Punkte A, B und C durch eine Kurve verbinden und erhalten so die Gesamtnachfragekurve unter Berücksichtigung des Mitläufer-Effekts. Sie muß flacher verlaufen als die Kurven, die diesen Effekt nicht einbeziehen, weil bei einer Preissenkung aus den früher angeführten Gründen mehr nachgefragt wird, und eben diese Mehrnachfrage noch einmal zu einer Zusatznachfrage der Haushalte führt. Die gesamte Mehrnachfrage aufgrund einer Preissenkung von $\bar{p}_1$ auf $\bar{\bar{p}}_1$ beträgt DE und kann aufgeteilt werden in den *Preiseffekt* DF und den *Mitläufer-Effekt* FE.

Beim *Snob-Effekt* reduziert sich die Nachfrage eines Haushalts mit zunehmender Gesamtnachfragemenge. In Abb. I.E können wir jetzt die gestrichelten Kurven für die kleinere Menge $\bar{x}_1^v$, die durchgezogenen für die größere Menge $\bar{\bar{x}}_1^v$ gelten lassen. In der allgemeinen Nachfragefunktion kommt auch hier die vermutete Gesamtmenge x_1^v vor, jedoch bewirkt jetzt eine Erhöhung dieser Menge *ceteris paribus* eine Verminderung der Haushaltsnachfrage x_1^1, so daß sich im (p_1, x_1^1)-Diagramm die Nachfragekurve nach links verschiebt.

Stellen wir in Abb. I.G.1 und G.2 die Nachfragekurven für die beiden Haushalte wieder für jeweils gegebene Gesamtmengen $\bar{x}_1^v < \bar{\bar{x}}_1^v < \bar{\bar{\bar{x}}}_1^v$ dar und addieren Kurven mit gleichem Mengenindex horizontal, so erhalten wir die Kurven in Abb. I.G.3. Nur die Punkte A, B und C können längerfristig gelten, und wir erhalten durch Verbindung dieser Punkte die Gesamtnachfragekurve unter Berücksichtigung des Snob-Effekts. Diese Kurve verläuft steiler als die Kurven, die diesen Effekt nicht beachten, weil die bei einer Preissenkung auftretende Mehrnachfrage die Haushalte zu einer Nachfrageeinschränkung veranlaßt. Die Mehrnachfrage bei einer Preissenkung von $\bar{p}_1$ auf $\bar{\bar{p}}_1$ beträgt DE und ergibt sich als Saldo aus dem *Preiseffekt* DF und dem *Snob-Effekt* EF. Es ist denkbar, daß bei wachsender Gesamtmenge besonders ausgeprägte Snobs den Markt verlassen, obgleich das Gut billiger wird. Für diese Gesamtmenge ist dann eine entsprechend verminderte Zahl von individuellen Nachfragekurven horizontal zu addieren.

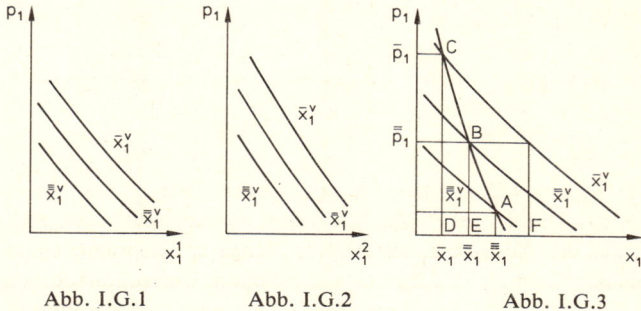

Abb. I.G.1   Abb. I.G.2   Abb. I.G.3

Beim VEBLEN-*Effekt* hängt der Nutzen eines Gutes von dem von Nicht-Käufern vermuteten Preis des Gutes ab, und zwar so, daß mit steigendem vermuteten Preis die nachgefragte Menge zunimmt. Während wir bisher Indifferenzkurven völlig unabhängig von den Preisen zeichneten, haben wir hier zu berücksichtigen, daß für alternative vermutete Preise p_1^v des Veblen-Gutes 1 auch alternative Indifferenzkurvensysteme zutreffen. In Abb. I.H gelte für $\bar{p}_1^v$ das durchgezeichnete, für $\bar{\bar{p}}_1^v$ das gestrichelte Indifferenzkurvensystem, wobei $\bar{\bar{p}}_1^v > \bar{p}_1^v$. Für

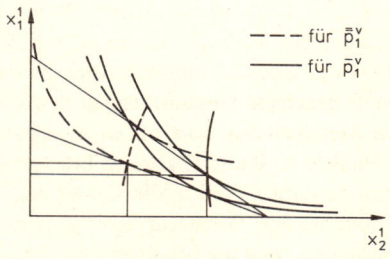

Abb. I.H

Haushalt 1 erhalten wir bei alternativen tatsächlichen Preisen p_1 für jeden vermuteten Preis p_1^v eine Preis-Konsum-Kurve im (x_1^1, x_2^1)-Diagramm und eine Nachfragekurve im (p_1, x_1^1)-Diagramm.

In Abb. I.I.1 und I.2 sind die Nachfragekurven beider Haushalte für drei vermutete Preise eingezeichnet, wobei $\bar{\bar{p}}_1^v > \bar{p}_1^v > \underline{p}_1^v$. Je höher also der vermutete Preis, desto weiter vom Ursprung entfernt ist die Nachfragekurve. Die gesamtwirtschaftliche Nachfragekurve für einen vermuteten Preis erhalten wir in Abb. I.I.3 durch Horizontaladdition der entsprechenden individuellen Nachfragekurven. Nun kann sich längerfristig eine Differenz zwischen tatsächlichem und vermutetem Preis nicht ergeben. Tatsächlicher und vermuteter Preis stimmen nur in den Punkten A, B und C überein. Längerfristig wird sich also immer eine Situation einstellen, die durch einen Punkt auf der durch A, B und C verlaufenden Kurve gekennzeichnet ist, die die Nachfragekurve unter Berücksichtigung des VEBLEN-Verhaltens darstellt. Kurzfristig sind dagegen Abweichungen zwischen vermutetem Preis der Nicht-Käufer und tatsächlichem Preis möglich. Geht der tatsächliche Preis z. B. von $\bar{p}_1$ auf $\underline{p}_1$ zurück und die Nicht-Käufer vermuten zunächst noch den alten Preis $\bar{p}_1^v$, so wird die Menge DE zusätzlich nachgefragt. Mit dem Sinken des vermuteten Preises auf den tatsächlichen Preis erlangt die Kurve mit dem Index $\underline{p}_1^v$ Geltung, d. h. die Nachfrage geht um AE zurück. Die Gesamtwirkung AD auf die Nachfragemenge ergibt sich als Saldo aus dem positiven *Preiseffekt* DE und dem negativen VEBLEN-*Effekt* AE. Der Gesamteffekt ist in unserem Zeichenbeispiel negativ und bewirkt einen atypischen Verlauf der Nachfragekurve durch A, B, C. Zwingend ist der atypische Verlauf allerdings nicht. Verlaufen die für bestimmte vermutete Preise geltenden Nachfragekurven vergleichsweise flach und nahe beisammen, so ist der Preiseffekt groß, der VEBLEN-Effekt klein, der Gesamteffekt mithin positiv, und die Punkte A, B, C liegen auf einer typisch verlaufenden Nachfragekurve. Am plausibelsten erscheint eine Kurve, die nur in einem mittleren Bereich atypisch verläuft: Bei niedrigem Preis ist das Gut nicht für auffälligen Konsum geeignet, der VEBLEN-

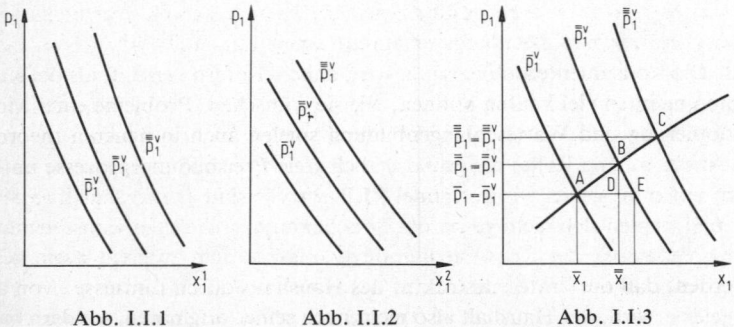

Abb. I.I.1   Abb. I.I.2   Abb. I.I.3

Effekt mithin zu vernachlässigen. In einem höheren Preisbereich tritt dagegen dieser Effekt in solcher Stärke auf, daß er den Preiseffekt übertrifft. Bei extrem hohen Preisen kann man sich dagegen immer weniger ein Verhalten nach VE-BLEN erlauben.

Mitläufer-, Snob- und VEBLEN-Verhalten wurden hier für die Gesamtheit der Haushalte, deren Zahl in unserem Beispiel zwei betrug, unterstellt. Natürlich wäre es möglich, nur für einen Haushalt oder einen Teil aus einer größeren Gesamtheit von Haushalten ein solches Verhalten anzunehmen. Die Ergebnisse gelten dann in entsprechend abgeschwächter Form.

f. Die Problematik der Konsumentensouveränität und des rationalen Verhaltens

In der Einführung A zu diesem Kapitel erläuterten wir, daß die Haushaltstheorie von Konsumentensouveränität in dem (engeren) Sinne ausgeht, der Haushalt könne im Rahmen der ihm zur Verfügung stehenden Mittel gemäß seiner Präferenzstruktur frei über den Kauf von Gütern entscheiden, und daß diese Theorie rationales Handeln im Sinne der Nutzenmaximierung unterstellt. In diesem Schlußabschnitt zur Theorie der Haushaltsnachfrage soll die Frage nach der Berechtigung dieser Grundannahmen kurz diskutiert werden, wobei wir uns wieder auf die über Märkte von privaten Unternehmungen bereitgestellten Individualgüter beschränken, damit also die über den Staatshaushalt finanzierten Kollektivgüter und meritorischen Güter ausklammern.

Die *Konsumentensouveränität* ist erstens dann verletzt, wenn der Haushalt gemäß seiner die Präferenzstruktur ausdrückenden Nutzenfunktion zu einem bestimmten am Markt herrschenden Preis eine im Rahmen seines optimalen Konsumplans ermittelte Menge eines privaten Gutes kaufen möchte, er diese Menge jedoch nicht erhält. Der Grund dafür könnte in einer *Mengenrationierung* liegen, die dadurch bedingt ist, daß zu dem betreffenden Preis die Gesamtnachfrage nach dem Gut das Angebot an dem Gut übertrifft. Handelt es sich um einen staatlich festgesetzten Stoppreis, so wird die Mengenrationierung häufig mittels Bezugsscheinen durchgeführt. Andernfalls bilden sich Warteschlangen oder diskriminierende Zuteilungsverfahren („gute Beziehungen", Korruption) heraus. Die Konsumentensouveränität wird dabei insofern verletzt, als die Konsumenten nicht so viel kaufen können, wie sie wünschen. Probleme einer Mengenrationierung und Warteschlangenbildung spielen auch in neueren theoretischen Ansätzen eine Rolle, die grundsätzlich freie Preisbildungsprozesse untersuchen; auf diese gehen wir in Kapitel VI.B ein. Sie sind grundsätzlich anderer Natur und richten sich nicht gegen die Entscheidungsfreiheit des Konsumenten.

Eine Verletzung der Konsumentensouveränität könnte zweitens darin gesehen werden, daß die Präferenzstruktur des Haushalts durch Einflüsse „von außen" gelenkt wird, der Haushalt also nicht nach seiner originären, sondern nach einer manipulierten Präferenzstruktur nur scheinbar frei entscheidet. Die im Vorabschnitt erläuterte Abhängigkeit eines Haushalts von der Nachfrage anderer Haushalte könnte als ein solcher Einfluß gedeutet werden, allerdings als nicht ausdrücklich beabsichtigter. Vor allem ist hier freilich an die ganz beabsichtigte Einflußnahme der Anbieter von Konsumgütern auf die Präferenzstruktur der Haushalte durch Einsatz des „absatzpolitischen Instrumentariums", insbesondere der *Werbung*, zu denken. Werbekosten — oder allgemeiner: Verkaufskosten (*selling costs*), die auch Kosten der Produktvariation durch ansprechende Verpackung usw. einschließen — sind ganz speziell Aufwendungen mit dem Zweck, die Nachfrage nach dem Erzeugnis zu vergrößern, d. h. die Nachfragekurve, der sich ein Anbieter gegenüber sieht, nach rechts zu verschieben. Im Fall der Werbung für Konsumgüter kommt diese Verschiebung über eine Beeinflussung der Nutzenfunktionen bzw. der Indifferenzkurven zustande, weshalb die Werbemittel auch als die „geheimen Verführer" (VANCE PACKARD, 1958) bezeichnet wurden. Eine extrem kritische Einstellung zur These der Konsumentensouveränität ist bei HERBERT MARCUSE (1967) zu finden, nach dem in den hochentwickelten Überflußgesellschaften die „wahren Bedürfnisse" der Haushalte längst befriedigt sind und die Reklame die Aufgabe hat, durch Weckung künstlicher, daher „falscher" Bedürfnisse das Weiterfunktionieren dieser Volkswirtschaften zu sichern. Auch KENNETH GALBRAITH (1959) behauptet, alle dringenden Bedürfnisse der Haushalte seien befriedigt, und die Anbieter müßten die Bedürfnisse, die durch die von ihnen angebotenen Güter befriedigt werden sollen, erst künstlich durch moderne Verkaufstechnik, vor allem durch Werbung, schaffen.

Daß die Anbieter auf Schaffung von Nachfrage, beispielsweise auch für neue Güter, und auf Erhaltung von Nachfrage, auch im Interesse von Kapazitätsauslastung und Beschäftigung, angewiesen sind und in diesem Zusammenhang auf die Präferenzstruktur der Haushalte einzuwirken versuchen, ist unbestreitbar. Ein Teil der Werbung, insbesondere die für neue Güter, ist als *Informationsaktivität* zu sehen und spielt in dieser Eigenschaft in der in Kapitel VI.B zu erörternden *Neuen Mikroökonomik* eine Rolle. Hier ist hervorzuheben, daß informierende Werbung nicht als Schaffung künstlicher Bedürfnisse zu sehen ist, sondern unter dem Gesichtspunkt, daß sie dem Konsumenten die Möglichkeit vermittelt, vorhandene latente Bedürfnisse in das Bewußtsein zu rücken und/oder eine grobe Struktur von Bedürfnissen auszudifferenzieren und damit den Spielraum für souveräne Konsumentscheidungen zu erweitern.

Über den Einfluß des anderen, über die Information hinausgehenden, in praxi freilich nur schwer abtrennbaren Teils der Werbung gehen die Meinungen auseinander. Zwar wird nicht bezweifelt, daß einzelne Anbieter eines Gutes durch Werbung ihren Absatz oder ihren Anteil am gesamten Absatz erhöhen können. Fraglich ist jedoch, in welchem Ausmaß dies auf Kosten anderer Anbieter des gleichen Gutes oder ähnlicher Güter geschieht, mithin eine *kompensatorische*, d. h. sich gegenseitig aufhebende *Wirkung von Werbemaßnahmen* vorliegt. Eine Kompensation könnte sowohl in bezug auf einen einzelnen Haushalt als auch in bezug auf die Gesamtheit der Haushalte gegeben sein. Ist nun, soweit beim einzelnen Haushalt keine Kompensation eintritt, sein Indifferenzkurvensystem also von der Werbung mitgeprägt ist, zweifelsfrei von einer Aufhebung der Konsumentensouveränität zu sprechen? Bedürfnisse, selbst wenn ganz durch Nachfrageinterdependenzen oder durch Werbung geschaffen, müssen vom Haushalt keineswegs weniger dringlich als andere, originäre Bedürfnisse empfunden werden. Sind sie einmal vorhanden, dann entscheidet der Haushalt, wenn er sie befriedigt, souverän. Nicht ihre Befriedigung, sondern ein Verbot ihrer Befriedigung müßte als eine Einschränkung der Konsumentensouveränität eingestuft werden. Selbstverständlich bleibt es Beobachtern, die die soziale Bestimmtheit oder Werbeabhängigkeit der Nachfrage eines Haushaltes durchschauen, unbenommen, den Haushalt selbst oder die Öffentlichkeit auf diesen Sachverhalt hinzuweisen. Geht es beispielsweise um gesundheitsschädigende Güter, an deren Konsum sich Folgen für die staatliche Bereitstellung von Gütern (Gesundheitsfürsorge, Wohlfahrtseinrichtungen) knüpfen, dann ist das Problem der Konsumentensouveränität nicht mehr unabhängig von der Finanzierung des Staatsbudgets zu sehen.

Unter *Rationalität* des Haushalts ist, solange im Rahmen der Theorie der Haushaltsnachfrage noch nicht das optimale Haushaltsangebot und die Einkommensbestimmung behandelt werden, die Maximierung des Nutzens bei gegebener Konsumsumme zu verstehen. Zweifel an der so formulierten Annahme rationalen Verhaltens könnten erstens am Indifferenzkurvensystem ansetzen. Der Hinweis auf dessen durch Nachfrageinterdependenzen und Werbung beeinflußte Struktur bildet allerdings keinen stichhaltigen Einwand gegen die Möglichkeit rationalen Verhaltens, wenn auch einem Beobachter, der diese Einflüsse durchschaut und der selbst eine andere Nutzenfunktion hat, das Verhalten des Haushalts als sehr unvernünftig erscheinen mag. Hingegen stellt sich die Frage, ob die mit einer Nutzenfunktion unterstellte und auch bei der axiomatischen Konstruktion von Indifferenzkurven benötigte Annahme der Konsistenz stets zutrifft. Angenommen, ein Haushalt wählt bei gleicher Konsumsumme in kurz aufeinanderfolgenden Situationen verschiedene Verbrauchsmengenkombinationen auf der Bilanzgeraden. Man kann zwar nicht ausschließen, daß in jeder der Situationen ein anderes konsistentes Indifferenzkurvensystem gilt und der Haushalt mit seiner unterschiedlichen Wahl seinen jeweiligen Nutzen maximiert. Müßte mit kurzfristigen Veränderungen der Präferenzstruktur gerechnet werden, so wäre die Behauptung, der Haushalt habe jeweils ein konsistentes Indifferenzkurvensystem und wähle stets die nutzenmaximierende Kombination, niemals falsifizierbar. Zwar ändert sich die Bedürfnislage des Haushalts beispielsweise hinsichtlich Nahrung im Rhythmus der Mahlzeiten; nichtsdestoweniger muß die Theorie der Haushaltsnachfrage mit einer „durchschnittlichen" Bedürfnisstruktur und damit einem „durchschnittlichen" Indifferenzkurvensystem für einen etwa der Einkommenszahlungsperiode entsprechenden Zeitraum, zumindest mit einem Tag oder einer Woche, argumentieren. Wählt der Haushalt etwa im Ablauf mehrerer aufeinanderfolgender Wochen bei gleicher Konsumsumme stets andere Verbrauchsmengenkombinationen, so ist zu vermuten, daß er nicht in der Lage ist, gemäß einem konsistenten Indifferenzkurvensystem rational handelnd seinen Nutzen zu maximieren. Sein Indifferenzkurvensystem mag nur bruchstückhaft ausgebildet sein, Indifferenzkurven können sich schneiden.

Zweifel an der Annahme rationalen Verhaltens in der Form der Nutzenmaximierung bei gegebener Konsumsumme könnten zweitens bei der Frage der Information ansetzen. Mit der Nutzenfunktion wird stets vorausgesetzt, daß der Haushalt kostenfrei über alle relevanten Güter und deren Eignung, ihm Nutzen zu stiften, informiert ist (dabei ist es gleichgültig, ob die Gütermengen selbst oder, wie im LANCASTER-Ansatz B.5.c, die Mengen ihrer Eigenschaften als Bestimmungsgründe des Nutzens angesehen werden). Er hat Sicherheit, daß die Entscheidung für den Kauf der Mengenkombination gemäß dem optimalen Verbrauchsplan ihm höheren Nutzen verschafft als die Entscheidung für jede andere Kombination. Es handelt sich um eine *Entscheidung bei vollständiger Information* über deren Ergebnisse, um eine *Entscheidung unter Sicherheit*.

g. Rationales Verhalten bei Risiko und Unsicherheit

Viele Entscheidungen des Haushalts werden in Wirklichkeit bei *unvollständiger Information* über die Ergebnisse gefällt. Nicht nur in der Haushaltstheorie, sondern allgemein gliedert man diese in *Entscheidungen unter Risiko* und *Entscheidungen unter Unsicherheit* (vgl. KNIGHT 1921). Bei ersteren sind die Wahrscheinlichkeiten, mit denen alternative Ergebnisse eintreten, aufgrund von Erfahrungen mit gleichartigen Entscheidungen aus der Vergangenheit bekannt, bei letzteren hingegen nicht. Unterstellen wir vereinfachend kardinale Meßbarkeit des Grenznutzens des Geldes in einer bestimmten Nutzeneinheit, dann läßt sich folgendes Beispiel konstruieren (nach HEINZ SAUERMANN 1965, S. 48 ff.): Ein Haushalt, der sein Nutzenmaximum noch nicht erreicht hat, steht vor der Entscheidung, eine zusätzliche Geldeinheit zum Kauf entweder des Gutes A, B oder C zu verwenden. Jeder dieser Güterkäufe könnte zwei Ergebnisse haben, nämlich Erwerb einer einwandfreien, nutzensteigernden, oder Erwerb einer – äußerlich nicht erkennbar – verdorbenen, nutzenmindernden Menge (es ließen sich leicht mehr als zwei mögliche Ergebnisse berücksichtigen).

Im *Teil I* der Tabelle sind die *Nutzenveränderungen bei den verschiedenen Ergebnissen* von Güterkäufen im Wert von einer Einheit angeführt. Das Problem besteht darin, daß es nicht mehr möglich ist, rationales Verhalten wie früher in einer unmittelbar einsichtigen Weise, im Anschluß an das ökonomische Prinzip, als Maximierung einer Funktion (hier: Nutzenfunktion) unter Nebenbedingungen (hier der Nebenbedingung: Erfüllung der Bilanzgleichung) zu be-

I. Nutzenveränderung

Gut	Ergebnis 1	Ergebnis 2
A	5	−2
B	2	−1
C	10	−5

II. Entscheidung bei Risiko: Bayessche Verhaltensweise

Gut	bekannte Wahrscheinlichkeiten		Erwartungswert
	P_1	P_2	
A	4/5	1/5	3,6
B	1/2	1/2	0,5
C	3/4	1/4	6,25

III. Entscheidung bei Unsicherheit
a) *Prinzip des unzureichenden Grundes*

Gut	als gleich unterstellte Wahrscheinlichkeiten		Erwartungswert
	P_1	P_2	
A	1/2	1/2	1,5
B	1/2	1/2	0,5
C	1/2	1/2	2,5

b) *Maximin-Kriterium*

Gut	ungünstigstes Ergebnis (Zeilenminimum)
A	−2
B	−1
C	−5

c) *Optimismus-Pessimismus-Kriterium*

Gut	Zeilenmaximum	Gewichtung	Zeilenminimum	Gewichtung	Index
A	5	3/10	−2	7/10	0,1
B	2	3/10	−1	7/10	−0,1
C	10	3/10	−5	7/10	−0,5

schreiben; vielmehr ist es jetzt notwendig, erst einmal festzulegen, was unter rationalem Verhalten verstanden werden soll.

Bei *Risiko* liegt es nahe, die BAYESsche *Verhaltensweise* „Maximierung des Erwartungswertes" als rationales Verhalten anzusehen (*Teil II* der Tabelle). In unserem Beispiel ist der Erwartungswert der Nutzenveränderung, der sich aus der Multiplikation der möglichen Ergebnisse mit ihren Wahrscheinlichkeiten und Addition der so erhaltenen Zahlen ergibt, bei Kauf des Gutes C am höchsten.

Bei *Unsicherheit* gibt es kein dem Maximierungsprinzip bei Sicherheit unmittelbar analoges Kriterium zur Definition rationalen Verhaltens. Es wurden eine ganze Reihe von Entscheidungskriterien vorgeschlagen, die möglicherweise zu unterschiedlichen Entscheidungsalternativen raten. In *Teil III* der Tabelle ist unter a) das auf LAPLACE zurückgehende *Prinzip des unzureichenden Grundes* dargestellt: Gibt es keinerlei Information über die Wahrscheinlichkeiten, mit denen verschiedene, sich einander ausschließende Ergebnisse einer Entscheidung eintreten, dann besteht kein Grund, ein beliebiges dieser Ergebnisse für wahrscheinlicher zu halten als ein anderes. Bei n möglichen Ergebnissen ordne man jedem Ergebnis die gleiche Wahrscheinlichkeit $1/n$ zu und wähle die Entscheidung, die dann den höchsten Erwartungswert hat. Im Beispiel sind die gleichen Wahrscheinlichkeiten $1/2$; wieder fiele die Entscheidung auf Gut C. Unter b) ist das *Maximin-Kriterium* von ABRAHAM WALD erläutert: Man untersuche jede Entscheidungsmöglichkeit auf das ungünstigste Ergebnis hin und treffe diejenige Entscheidung, deren ungünstigstes Ergebnis unter allen ungünstigsten Ergebnissen noch das beste ist. Das ungünstigste Ergebnis ist das jeweilige Zeilenminimum; das beste davon ist das Maximum der Zeilenminima. Dieses Kriterium ist das eines Pessimisten. Es führt im Beispiel auf die Entscheidung für Gut B. Unter c) ist das *Optimismus-Pessimismus-Kriterium* von LEONID HURWICZ zugrundegelegt, nach dem sowohl das günstigste als auch das ungünstigste Ergebnis jeder Entscheidung berücksichtigt wird und beide Größen in einem bestimmten, den individuellen Grad des Optimismus ausdrückenden Verhältnis gewichtet und zu einem „Pessimismus-Optimismus-Index" addiert werden. Im Beispiel sei der Haushalt ein gemäßigter Pessimist, der die günstigsten Ergebnisse, d. h. die Zeilenmaxima, mit $3/10$, die ungünstigsten Ergebnisse, d. h. die Zeilenminima, mit $7/10$ gewichtet. Die Entscheidung fällt dann auf Gut A. Nicht in jedem Fall empfiehlt jedes der drei Kriterien in einer Situation bei Unsicherheit eine andere Entscheidung; es zeigen sich damit aber die Schwierigkeiten, die einer Definition rationalen Verhaltens in einer solchen Situation entgegenstehen.

h. Die Risiko-Nutzenfunktion

Mit dem Optimismus-Pessimismus-Kriterium wurde bereits eine Möglichkeit angesprochen, persönliche Einstellungen gegenüber unsicheren Ereignissen zu berücksichtigen. Nach HURWICZ bestimmt jeweils allein das denkbar günstigste und das ungünstigste Ergebnis einer Entscheidung sowie deren individuelle Gewichtung den Index und damit die Bewertung dieser Entscheidung. Eine weitere, auf DANIEL BERNOULLI (1738) zurückgehende Möglichkeit, individuelle Einstellungen bei Entscheidungen unter Risiko zu erfassen und zu klassifizieren, besteht in der Unterscheidung *risikoscheuen, risikoneutralen* und *risikofreudigen Verhaltens.* Die Zahlen des Teils I der Tabelle wurden bisher als individuelle Nutzenveränderungen, hervorgerufen durch Ausgeben einer zusätzlichen Geldeinheit, verstanden. Zur Untersuchung des Risikoverhaltens werden die Zahlen jetzt als jeweils zwei monetäre Auszahlungsergebnisse interpretiert, die beliebigen Entscheidungen A, B oder C zugeordnet sind (es ließen sich wieder leicht mehr als zwei mögliche Auszahlungsergebnisse berücksichtigen). Für jede Entscheidung seien die Wahrscheinlichkeiten, mit denen die verschiedenen Ergebnisse eintreten, bekannt, wie wir es bereits in Teil II der Tabelle unterstellten. Die Entscheidungsmöglichkeiten mit den jeweils zugeordneten Auszahlungen W_i und deren Wahrscheinlichkeiten P_i, mit $\Sigma P_i = 1$, werden auch als *Lotterien* oder *Lose* bezeichnet, denen jeweils ein bestimmter Erwartungswert der Auszahlung $E(W)$ entspricht. In unserem Beispiel mit zwei möglichen Ergebnissen hat eine Lotterie den Erwartungswert

$$E(W) = P_1 W_1 + (1 - P_1) W_2 . \tag{I.73a}$$

In Abb. I.I.4 seien W_1 und W_2 die beiden Auszahlungen. Ist $P_1 = 1/4$ und $P_2 = 1 - P_1 = 3/4$, so ist die Strecke $W_1 W_2$ im Verhältnis $3:1$ aufzuteilen, um den Erwartungswert der Auszahlungen, $E(W) = W_3$, zu erhalten. Den Auszahlungen W_1 und W_2 sind, dargestellt durch $W_1 F$ und $W_2 H$, gemäß einer *Risiko-Nutzenfunktion* die Nutzen $U(W_1)$, $U(W_2)$ zugeordnet, die mit den gleichen Wahrscheinlichkeiten wie die Auszahlungen realisiert werden. Der Erwartungswert der Nutzen ist $P_1 U(W_1) + P_2 U(W_2)$; er wird in der Abbildung durch $W_3 G$ dargestellt, wobei G die Strecke FH ebenfalls im Verhältnis $3:1$ aufteilt.

Eine Person ist *risikoscheu*, wenn sie den Nutzen des Erwartungswertes einer Lotterie höher als den Erwartungswert des Nutzens ihrer Auszahlungen einschätzt:

$$U\{E(W)\} = U\{P_1 W_1 + (1 - P_1) W_2\} > P_1 U(W_1) + (1 - P_1) U(W_2) . \tag{I.73b}$$

Die risikoscheue Person zieht den Nutzen einer sicheren Auszahlung W_3, die gleich dem Nutzen des Erwartungswertes der Lotterie $U(E(W))$ ist, der Summe der mit den Wahrscheinlichkeiten multiplizierten Nutzen der unsicheren Auszahlungen vor. In der Abbildung entspricht einer sicheren Auszahlung W_3 und damit dem Erwartungswert $E(W)$ ein Nutzen $W_3 J$, der größer ist als der Erwartungswert der Nutzen der beiden unsicheren Auszahlungen, $W_3 G$. Die Risiko-

Nutzenkurve muß durch die Punkte F und H gehen, denn $W_1 F$ bzw. $W_2 H$ sind die Erwartungswerte der Nutzen, die bei Wahrscheinlichkeiten $P_1 = 1$, $P_2 = 0$ bzw. $P_1 = 0$, $P_2 = 1$, also jeweils bei sicheren Auszahlungen W_1 bzw. W_2, realisiert werden. Zwischen W_1 und W_2 muß die Nutzenfunktion einer risikoscheuen Person oberhalb der Geraden FH verlaufen, weil hier für jede Kombination von positiven Wahrscheinlichkeiten der Nutzen des Erwartungswertes der Lotterie größer als der Erwartungswert der Nutzen beider Auszahlung ist. Die *Nutzenfunktion* muß folglich, wie in der Abbildung gezeichnet, *streng konkav* sein, d. h. ihre positive Steigung muß abnehmen: $dU/dW > 0$, $d^2 U/dW^2 < 0$.

Zu den unsicheren Auszahlungen W_1 und W_2 mit $P_1 = 1/4$ und $P_2 = 3/4$ und dem zugehörigen Erwartungswert $E(W) = W_3$ dieser Auszahlungen läßt sich nun eine sichere Auszahlung W_4 angeben, die nach der eingezeichneten Nutzenfunktion einen Nutzen in Höhe des aus den unsicheren Auszahlungen erwarteten Nutzens $W_3 G$ liefert. W_4 ist das *Sicherheitsäquivalent* der Lotterie, $W_3 \div W_4$ ist eine *Risikoprämie* zum Ausgleich der Unsicherheit der risikoscheuen Person. Interpretiert man W_2 als status quo und $W_2 \div W_1$ als einen Schaden, der mit positiver Wahrscheinlichkeit eintritt und einen Erwartungswert $W_2 \div W_3$ hat, dann lohnt es sich für die Person, bis zu einer *Versicherungsprämie* von maximal $W_2 \div W_4$ eine *Versicherung* abzuschließen. Die Entscheidung bei Risiko würde dadurch in eine bei Sicherheit umgewandelt, die allerdings nicht den status quo W_2, sondern eine um die Versicherungsprämie gekürzte Auszahlung implizieren würde.

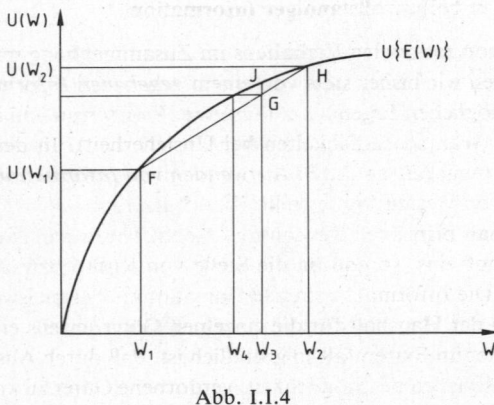

Abb. I.I.4

Eine Person ist *risikoneutral*, wenn sie den Nutzen des Erwartungswertes einer Lotterie gleich dem Erwartungswert des Nutzens der Auszahlungen einschätzt, wenn also in (I.73b) statt $>$ das $=$-Zeichen gilt. In diesem Fall ist die *Risiko-Nutzenfunktion* eine *Gerade* mit positiver Steigung. Das Sicherheitsäquivalent einer Lotterie fällt mit dem Erwartungswert der unsicheren Auszahlungen zusammen; es gibt keine Risikoprämie zum Ausgleich der Unsicherheit. Eine Versicherungsprämie für einen Schaden $W_2 - W_1$ kommt für die risikoneutrale Person nur bis zur Höhe des Wertes des Schadens $W_2 - W_3$ in Betracht. Da Versicherungen neben dem Schadensausgleich Kosten haben und Gewinn erzielen wollen, wird für eine solche Prämie kaum Versicherungsschutz erhältlich sein.

Eine Person ist *risikofreudig*, wenn sie den Nutzen des Erwartungswertes einer Lotterie geringer als den Erwartungswert des Nutzens der Auszahlungen einschätzt, wenn also in (I.73b) statt $>$ das $<$-Zeichen zutrifft. Die *Nutzenfunktion* hat dann *konvexen* Verlauf, d. h. ihre positive Steigung nimmt zu.

Die meisten Menschen verhalten sich risikoscheu, doch könnte mit wachsendem Einkommen oder Vermögen die Risikoscheu abnehmen. Ferner könnte die Nutzenfunktion einer Person in einem Teilbereich konkav, in einem anderen konvex sein, so daß sich die Neigung zum Risiko in Abhängigkeit von E(W) verändert.

Das Vorzeichen der 2. Ableitung entscheidet zwar über „risikoscheu" oder „risikofreudig". So lange die Einheit des kardinalen Nutzens nicht festgelegt ist, lassen sich mit der Größe der 2. Ableitung allerdings keine Aussagen über das Ausmaß von Risikoscheu oder -freude verbinden (vgl. zur Diskussion eines Maßes z. B. HENDERSON-QUANDT, 1983, S. 58 f.).

i. Entscheidungen bei unvollständiger Information

Bei der Diskussion rationalen Verhaltens im Zusammenhang mit Informationsproblemen gingen wir bisher stets von einem *gegebenen Informationsstand* aus (Kenntnis der möglichen Ergebnisse; bekannte Wahrscheinlichkeiten bei Risiko, Unkenntnis der Wahrscheinlichkeiten bei Unsicherheit). In der *Neuen Mikroökonomik* wird hingegen ein durch *Aufwenden von Informationskosten verbesserbarer Informationsstand* unterstellt. Durch Beschaffung von Informationen kann der Haushalt prinzipiell die Zahl der möglichen Ergebnisse reduzieren, im Extremfall bis auf eins, so daß an die Stelle von Risiko bzw. Unsicherheit die Sicherheit tritt. Die Informationsbeschaffung könnte beispielsweise dadurch erfolgen, daß sich der Haushalt für die einzelnen Güter jeweils einen Marktüberblick aneignet, der im Extremfall so gründlich ist, daß durch Auswahl der zuverlässigsten Bezugsquellen die Möglichkeit, verdorbene Güter zu kaufen, praktisch ausgeschlossen wird. Die mit der Informationsbeschaffung verbundenen Informationskosten können im Fall des Haushalts Verzicht auf den Kauf gewisser Gütermengen oder, wenn sich der Haushalt den Marktüberblick durch zeitaufwendiges Aufsuchen von Bezugsquellen verschafft, Verzicht auf Freizeit oder Zeit zum Einkommenserwerb bedeuten; sie implizieren auf jeden Fall eine Nutzeneinbuße. Jede zusätzliche Verbesserung des Informationsstandes kann mit erheblichen und stets steigenden Kosten einhergehen. Es lohnt sich für den Haushalt offensichtlich, den Informationsstand nur so weit zu verbessern, als die aus zusätzlicher Information erwartete Nutzensteigerung die Nutzeneinbuße aufgrund der Informationskosten übertrifft.

Generell läßt sich sagen, daß Informationen die Grundlagen rationalen Verhaltens im Sinne der Maximierung einer Nutzenfunktion verbessern und *Informationsaktivitäten in den Begriff rationalen Verhaltens einbezogen* werden sollten. Es gibt allerdings Risiken und Unsicherheiten über die Zukunft, die sich gewissermaßen ihrer Natur nach nicht beseitigen lassen. Und auch wenn durch Informationsaktivitäten Risiko und Unsicherheit reduziert werden könnten, verhindern die Kosten solcher Aktivitäten, daß es sich lohnt, den denkbar besten Informationsstand anzustreben.

Vor dem Hintergrund *nichtbeseitigbarer Elemente von Risiko und Unsicherheit* und angesichts der *Kosten einer Reduzierung unvollständiger Information* ist zu fragen, ob die in der Haushaltstheorie unterstellte Konzeption eines bei gegebenen Nebenbedingungen nutzenmaximierenden Menschen noch vertretbar ist. Ein so handelnder Mensch wurde auch als „*homo oeconomicus*" apostrophiert; dieser stelle ein verzerrtes Bild des Menschen dar. Soweit diese Kritik eine fehlende Einbindung des „homo oeconomicus" in zwischenmenschliche Beziehungen behauptet, ist sie weitgehend unberechtigt, lassen sich doch Nachfrageinterdependenzen (vgl. Abschnitt e) oder auch Neid und Mitgefühl in der Nutzenfunktion eines Haushaltes berücksichtigen (vgl. HEINZ SAUERMANN, Bd. II, 1964, S. 60 f.). Soweit diese Kritik den begrenzten Informationsstand und auch die begrenzte Rechenkapazität des Menschen bei wirtschaftlichen Entscheidungen zum Inhalt hat, ist sie gerechtfertigt. In den modernen Weiterentwicklungen der neoklassischen Theorie einzelwirtschaftlicher Entscheidungen ist aus dem vollständig informierten und unbegrenzt rechenfähigen „homo oeconomicus" ein „*resourceful, evaluating, maximizing man*" (REMM) (vgl. MECKLING 1976), zu deutsch: ein lernfähiger, abwägender, maximierender Mensch (LAMM) (vgl. MANFRED NEUMANN 1984, S. 208) geworden, der seinen Informationsstand, auch aus Erfahrungen lernend, verbessert, sich der verbleibenden Unsicherheit oder des Risikos bewußt ist und unter diesen Einschränkungen nach höchstmöglichem Nutzen strebt.

Ähnlich wie für die Theorie der Unternehmung ließe sich auch für die Theorie des Haushalts die von HERBERT SIMON (1955) vertretene These anwenden, statt von einem maximierenden, vollständig rationalen Verhalten von Wirtschaftseinheiten sei von einem *satisfizierenden Verhalten* auszugehen, das als Streben nach zufriedenstellender Zielerfüllung in einer Umwelt zu interpretieren ist, über die unvollständige Information besteht. Dem Gedanken zufriedenstellender Zielerfüllung liegt das Menschenbild des „*administrative man*" zugrunde, der unvollständig informiert und nur begrenzt fähig ist, Informationen zu verarbeiten, der daher auch nur nach einem Prinzip *„eingeschränkter Rationalität"* („bounded rationality") entscheiden kann. Bei satisfizierendem Verhalten werden den Wirtschaftseinheiten bestimmte *Anspruchsniveaus (aspiration levels)* unterstellt; gelingt es (nicht), diese zu erfüllen, setzt ein Suchprozeß ein, der die Möglichkeiten und die Herausbildung höherer (niedrigerer) Anspruchsniveaus zum Inhalt hat. Im Zentrum einer Theorie satisfizierenden Verhaltens steht dementsprechend eine Theorie der *Anspruchsanpassung*. Für den Haushalt ginge es nach dieser Konzeption nicht um maximalen, sondern um „befriedigenden Nutzen" oder einfach um befriedigende Versorgung. Erlauben die Verhältnisse eine Erhöhung des diesbezüglichen Anspruchsniveaus oder erzwingen sie dessen Senkung, so setzt ein Suchprozeß nach der Antwort auf die Frage ein, nach welchen Gütern und in welchem Ausmaß die Haushaltsnachfrage erhöht bzw. gesenkt werden soll. Während die Theorie der Unternehmung aus der Konzeption satisfizierenden Verhaltens wesentliche Anstöße erhielt (vgl. dazu Kapitel VI.A.6), steht die Ausgestaltung einer entsprechenden Haushaltstheorie noch aus.

Zu erwähnen ist schließlich die *verhaltenswissenschaftlich orientierte Verbrauchsforschung,* in der unter Einbeziehung außerökonomischer, insbesondere psychologischer, sozialpsychologischer und soziologischer Erklärungsansätze die Motive, Einstellungen und Meinungen der Haushalte untersucht werden, ohne daß von maximierendem oder satisfizierendem Verhalten in bezug auf eine Zielgröße „Nutzen" ausgegangen wird. Die Ergebnisse solcher Forschungen sind für den Einsatz des absatzpolitischen Instrumentariums der Unternehmungen, insbesondere der Werbung, auf den Verbrauchsgütermärkten im Rahmen des *Marketing* von Bedeutung. Ein Teil der verhaltenswissenschaftlich ausgerichteten Verbrauchsforschung wird im Zusammenhang mit der Absatzförderung in Unternehmungen, ein anderer Teil im Zusammenhang mit dem *Konsumerismus,* einer Bewegung zum Schutz der Verbraucher gegen eine unsachgemäße Beeinflussung durch Werbung, durchgeführt.

Die Konzeption satisfizierenden Verhaltens und die verhaltenswissenschaftliche Verbrauchsforschung sind durch Einbeziehung ökonomischer und außerökonomischer Bestimmungsgründe in der Lage, das Verhalten einzelner Haushalte oder Gruppen oder die Besonderheiten einzelner Gütermärkte weniger abstrakt und daher „realitätsnäher" zu beschreiben. Beide Ansätze dürften dennoch als Ersatz für die auf der Nutzenmaximierung basierende Nachfragetheorie des Haushaltes derzeit nicht in Frage kommen. Nur diese Theorie gestattet die Ableitung von Gesamtnachfragefunktionen für ein Gut; nur sie erlaubt die Untersuchung der Zusammenhänge zwischen Märkten über Preise und Einkommen; nur für sie liegen Erweiterungen bezüglich des Haushaltsangebotes an Produktionsfaktoren vor. Als Grundlage einer auf gesamtwirtschaftliche Fragestellungen ausgerichteten mikroökonomischen Theorie kann auf sie jedenfalls vorerst nicht verzichtet werden.

C. Theorie des Haushaltsangebotes

1. Arbeitsangebot

a. Höhe des Arbeitsangebotes

In Abschnitt B argumentierten wir unter der Voraussetzung eines gegebenen Einkommens bzw. einer gegebenen Konsumsumme des Haushalts. Wir diskutieren nun Probleme der Einkommenserzielung, und zwar als erste solche der Einkommenserzielung durch *Angebot des Produktionsfaktors Arbeit*. Zunächst gehen wir von der Annahme aus, der Haushalt könne nur Arbeitsleistungen einer bestimmten Art anbieten. Der Haushalt steht vor der Entscheidung, (1) durch den Einsatz von Arbeit zu einem gegebenen, von ihm nicht beeinflußbaren Lohnsatz pro Stunde Einkommen zu verdienen, das ihm, wie wir annehmen wollen, durch Aufstellung eines optimalen Konsumplans einen bestimmten Nutzen verschafft, (2) die mögliche Arbeitszeit nicht zur Arbeit, sondern als Freizeit zu verwenden und so aus dem Gut „Freizeit" einen Nutzen zu ziehen.

Wir können die Entscheidung zwischen den beiden Möglichkeiten in einem Zwei-Güter-Diagramm untersuchen, wobei das eine Gut „Einkommen pro Tag", das andere Gut „Freizeit in Stunden pro Tag" ist (vgl. Abb. I.J). Zuerst konstruieren wir die Bilanzgerade bzw. den Bereich aller realisierbaren Kombinationen zwischen Einkommen und Freizeit. Rechnen wir mit einem Minimum von 8 Stunden Erholung täglich, so ist die maximale Arbeitszeit 16 Stunden pro Tag, mit der bei einem Lohnsatz von 1 ein Einkommen von 16 erzielt werden kann. Die hier interessierende, über die Mindesterholung hinausgehende Freizeit ist dann 0. Jede Stunde Freizeit kostet den Haushalt 1 Stunde Arbeitszeit, mithin beim Lohnsatz 1 eine Einkommenseinheit. Der Preis einer Stunde Freizeit ist 1. Arbeitet der Haushalt überhaupt nicht, sondern konsumiert nur Freizeit, dann kommt er auf 16 Stunden Freizeit. Die Bilanzgerade verläuft also von A nach B.

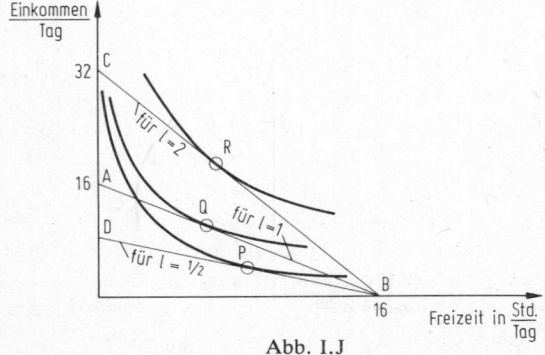

Abb. I.J

Beträgt der Lohnsatz 2, dann ist das Einkommen bei einer Freizeit von 0 gleich 32. Jede Stunde Freizeit kostet jetzt 2; bei einer Arbeitszeit von 0, mithin einem Einkommen von 0, ist die Freizeit wieder 16. Die Bilanzgerade verläuft jetzt von C nach B. Sinkt der Lohnsatz auf 1/2, so verläuft die Bilanzgerade von D nach B. Allgemein lautet die Bilanzgleichung, wenn l den Lohnsatz und f die Freizeit bezeichnet,

$$e + lf = 16l. \qquad (I.74)$$

Wir unterstellen nun wieder eine ordinale Nutzenkonzeption für den Nutzen der Güter „Einkommen" und „Freizeit" und tragen jene Indifferenzkurven in Abb. I.J ein, die mit den eingezeichneten Bilanzgeraden einen Berührungspunkt haben. Die Tangentialpunkte aller denkbaren Bilanzgeraden mit den entsprechenden Indifferenzkurven können wir wieder zu einer Kurve verbinden, deren einzelne Punkte gegebenen Lohnsätzen erstens die optimale tägliche Stundenzahl an Freizeit, zweitens das optimale Arbeitseinkommen und damit auch die optimale tägliche Arbeitsstundenzahl zuordnen. Einem Lohnsatz $l = 0,5$ entspricht eine größere Freizeit als einem Lohnsatz $l = 1$ (vgl. P und Q); einem Lohnsatz $l = 2$ entspricht eine größere Freizeit als einem Lohnsatz $l = 1$ (vgl. R und Q). Mit wachsendem Lohnsatz nimmt also im Beispiel der Abb. I.J die Nachfrage nach Freizeit zunächst ab, dann wieder zu.

Diesen Zusammenhang zwischen Lohnsatz und Freizeit bilden wir als *Lohn-Freizeit-Kurve* in Abb. I.K.1 ab. Das Arbeitsangebot ergibt sich aus der Differenz zwischen 16 und der Freizeitnachfrage. Wir können es unmittelbar der Abb. I.K.1 entnehmen, nämlich als waagerechten Abstand zwischen der bei dem Abszissenwert 16 gezeichneten Senkrechten und der Lohn-Freizeit-Kurve. Diesen Abstand übertragen wir in Abb. I.K.2. Dort erhalten wir die *Arbeitsangebotskurve*. Mit wachsendem Lohnsatz nimmt in unserem Beispiel das Arbeitsangebot zunächst zu, bei weiter steigendem Lohnsatz jedoch wieder ab. Die Ar-

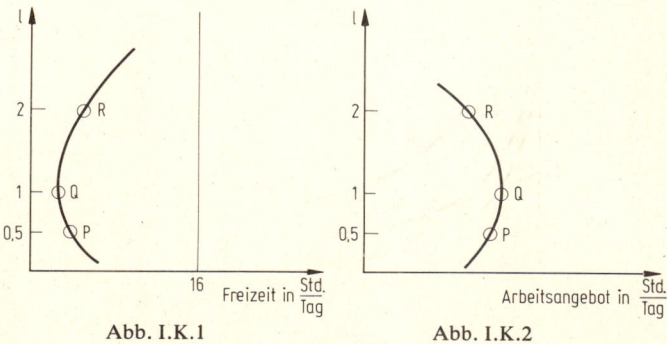

Abb. I.K.1   Abb. I.K.2

beitsangebotskurve hat in ihrem unteren Bereich also positive, im oberen Bereich negative Steigung. Wir werden später feststellen, daß Angebotskurven für beliebige Güter typischerweise positiv ansteigen. Der Bereich negativer Steigung in Abb. I.K.2 ist also ein Beispiel für eine *atypische* Reaktion des Angebots.

Es ist zu betonen, daß der gezeichnete Verlauf der Arbeitsangebotskurve auf der speziellen Lage und Gestalt der Indifferenzkurven beruht. Man kann sich Indifferenzkurven auch so verlaufend vorstellen, daß die Nachfrage nach Freizeit mit steigendem Lohnsatz im ganzen betrachteten Bereich zunimmt, die Arbeitsangebotskurve folglich im ganzen Bereich negative Steigung hat.

Es kommt auch darauf an, bei welchen Lohnsätzen man mit der Betrachtung einsetzt. Früher verzichtete man darauf, die Arbeitsangebotskurve aus Indifferenzkurven abzuleiten, sondern argumentierte anhand einer in Abb. I.L dargestellten Kurve etwa wie folgt: Bei sehr niedrigen Lohnsätzen muß das Arbeitsangebot unter Verzicht auf Freizeit bis zur äußersten Grenze der Leistungsfähigkeit, also beispielsweise auf 16 Stunden täglich, ausgedehnt werden, damit überhaupt das Existenzminimum gesichert ist. Mit steigendem Lohnsatz wird das Arbeitsangebot zunächst zurückgehen, weil der Anbieter es dann nicht mehr nötig hat, bis zur Grenze seiner Leistungsfähigkeit zu gehen. Erst bei weiter steigendem Lohnsatz mag es attraktiv sein, wieder mehr zu arbeiten und zu verdienen, um einen dann in den Bereich des Möglichen rückenden Luxusbedarf zu befriedigen. Wenn der Lohnsatz noch weiter steigt, so daß ein gewisser Luxus der Lebenshaltung sowieso möglich ist, könnte das Angebot abermals zurückgehen. Unsere mit Indifferenzkurven fundierte Betrachtung setzt erst in dem bei B beginnenden Bereich ein.

Welcher Bereich der Arbeitsangebotskurve der tatsächlich relevante ist, hängt auch vom Entwicklungsstand einer Wirtschaft ab: Je höher die Entwicklung, desto höher der Lohnsatz, desto relevanter der obere Bereich der Kurve. Dabei ist allerdings zu berücksichtigen, daß sich bei gegebenem Entwicklungsstand und gegebenem Lohnsatz auch die Einstellung zur Arbeit und damit die Arbeitsangebotskurve verändern kann.

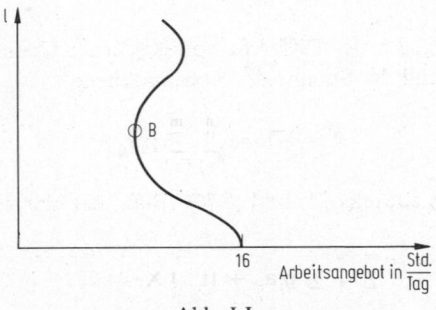

Abb. I.L

Die Ableitung der Arbeitsangebotskurve erfolgte unter der Voraussetzung, daß der Haushalt über sein Arbeitsangebot frei entscheiden kann. Diese Voraussetzung ist regelmäßig wegen der Kollektivvereinbarungen der Sozialpartner über die Arbeitszeit sowie wegen technischer Bedingungen der Produktion nicht erfüllt. Man hat vorgeschlagen, eine Kurve des in Abb. I.L verwendeten Typs auch als gesamtwirtschaftliche Arbeitsangebotskurve zu unterstellen, die bei solchen Vereinbarungen als Grundlage dienen könnte. Allerdings ist es nicht zwingend, daß eine Horizontaladdition individueller Arbeitsangebotskurven auf eine Kurve des gleichen Typs führt. Dies wäre nur dann der Fall, wenn alle individuellen Kurven jeweils im gleichen Lohnsatzbereich positiv bzw. negativ anstiegen. Ist diese Bedingung nicht erfüllt, dann ist es völlig offen, welcher Kurventyp für die Gesamtwirtschaft gilt.

Wir gingen oben davon aus, der Haushalt erziele mit einer bestimmten Einkommens-Freizeit-Kombination einen bestimmten Nutzen, und diskutierten diese optimale Kombination in Abhängigkeit vom Lohnsatz, ohne explizite die Verwendung des erzielten Einkommens und die Nutzung der Freizeit zu berücksichtigen. In Abschnitt B.5.d wurde andererseits die Einkommensverwendung und die Freizeitnutzung unter der Prämisse gegebenen Einkommens und gegebener Konsumzeit diskutiert. Im folgenden sollen diese beiden Aspekte simultan betrachtet werden.

Wir gehen wieder aus von der Nutzenfunktion

$$U = f(X_1, X_2, \ldots, X_m), \tag{I.67}$$

die den Nutzen in Abhängigkeit von alternativen Verbrauchsleistungskombinationen angibt. Vereinfachend soll wieder davon ausgegangen werden, daß die Verbrauchskoeffizienten t_{cj} bzw. a_{ij} der Zeit bzw. der Konsumgütermengen jeweils unabhängig von der Höhe der Verbrauchsleistung sind.

Bezieht der Haushalt nur Arbeitseinkommen und plant er keine Ersparnisse, dann gilt bei einer variablen Arbeitszeit von T_a die Budgetgleichung

$$T_a = T - T_c = T - \sum_{j=1}^{m} T_{cj}. \tag{I.76}$$

Die Arbeitszeit ist gleich der Differenz von gegebener Gesamtzeit T (z. B. 16 Stunden pro Tag) und der Summe der Konsumzeiten:

$$e = lT_a = \sum_{i=1}^{n} \sum_{j=1}^{m} p_i x_{ij}. \tag{I.75}$$

Aus (I.68) bis (I.70) sowie (I.75) und (I.76) erhält man durch Einsetzen

$$\sum_{j=1}^{m} \left(\sum_{i=1}^{n} p_i a_{ij} + l t_{cj} \right) X_j = lT. \tag{I.77}$$

Unter dieser Nebenbedingung ist die Nutzenfunktion (I.67) zu maximieren. Die Nebenbedingung ist derjenigen der herkömmlichen Haushaltstheorie ähnlich (vgl. (I.26)); ihre geometrische Darstellung im Beispiel der Verbrauchsleistungen X_1, X_2 wäre eine Gerade mit negativer Steigung. $1T$ ist das Einkommen, das der Haushalt bei Einsatz der Gesamtzeit T als Arbeitszeit erreichen könnte. In der Klammer steht der Preis einer Einheit der Verbrauchsleistung j, der sich aus den direkten Kosten der in diese Einheit eingehenden Güter $\sum\limits_{i=1}^{n} p_i a_{ij}$ und den indirekten Kosten $1t_{cj}$, die entgangenes Einkommen darstellen, zusammensetzt. Schreiben wir für die Klammer P_j^{d+i}, dann können wir das LAGRANGE-Verfahren anwenden und erhalten analog zu (I.27) bis (I.32) als Ergebnis des Maximierungsprozesses die Aussage, daß

$$\frac{f_j'}{P_j^{d+i}} = \frac{f_k'}{P_k^{d+i}}, \quad j, k = 1, 2, \ldots, m. \tag{I.78}$$

Das bedeutet, daß der Haushalt zur Erreichung des Nutzenmaximums durch Kombination von Gütern und Konsumzeit Verbrauchsleistungen in solcher Menge zu „erzeugen" hat, daß der Grenznutzen des Geldes für jede Verbrauchsleistung gleich ist bzw. das 2. Gossensche Gesetz erfüllt ist. Diese Lösung stellt sicher, daß sich Konsum- und Arbeitszeit zur Gesamtzeit T addieren.

Wir können nun auch angeben, wie sich Lohnsatz-Güterpreis-Variationen auf das optimale Arbeitsangebot auswirken. Zunächst soll dabei die Überlegung aus Abschnitt B.4.a angewandt werden. Multiplizieren wir alle Konsumgüterpreise und den Lohnsatz mit einem konstanten Faktor k, so erhalten wir

$$\sum_{j=1}^{m}\left(\sum_{i=1}^{n} k p_i a_{ij} + k \cdot 1 t_{cj}\right) X_j = k \cdot \sum_{j=1}^{m}\left(\sum_{i=1}^{n} p_i a_{ij} + 1 \cdot t_{cj}\right) X_j = k \cdot 1T.$$

Die Nebenbedingung wird demnach durch gleich hohe proportionale Lohnsatz- und Preisniveausteigerungen nicht beeinflußt. Da zusätzlich die Nutzenfunktion weder Preise noch den Lohnsatz enthält, bleibt das Arbeitsangebot von rein monetären Lohnerhöhungen unbeeinflußt, ebenso wie die Verwendungsentscheidungen. Der Haushalt ist also sowohl in seinem Nachfrage- als auch in seinem Angebotsverhalten frei von Geldillusion.

Betrachten wir eine isolierte Lohnsatzsteigerung, so haben wir vier Effekte zu unterscheiden: Erstens ergibt sich ein positiver Substitutionseffekt auf die Arbeitszeit. Nicht-Arbeits-Aktivitäten werden also tendenziell durch Arbeit substituiert. Zweitens resultiert ein negativer Substitutionseffekt bei zeitintensiven Verbrauchsleistungen, da bei diesen die Lohnsatzsteigerung zu einer stärkeren

Erhöhung der indirekten Kosten und damit von P_j^{d+i} führt. Drittens ist der Einkommenseffekt auf die Arbeitszeit zu berücksichtigen. Insbesondere bei hohem Ausgangseinkommen kann dieser Effekt den Substitutionseffekt auf die Arbeitszeit überkompensieren, so daß insgesamt die angebotene Arbeitszeit sinkt. Regelmäßig wird diese Arbeitsreduktion aber nicht die Lohnsteigerung überkompensieren; d. h. es ist viertens mit einem Ansteigen des Haushaltseinkommens zu rechnen, das bei den nicht-inferioren Verbrauchsleistungen einen Mehrverbrauch bewirkt, so daß die freigewordene Zeit wieder ausgefüllt ist.

b. Zusammensetzung des Arbeitsangebotes

Wir unterstellen nun, der Haushalt könne mehr als eine Arbeitsqualität anbieten. Der geometrischen Darstellung wegen beschränken wir uns auf das Beispiel zweier Arbeitsarten. Die pro Periode angebotenen Arbeitsstunden t = konstant teilen sich in die Arbeitsstunden t_1 und t_2 für die beiden Arbeitsarten auf. Die entsprechenden, gegebenen Lohnsätze seien l_1 und l_2. In Abb. I.M ist auf der Or-

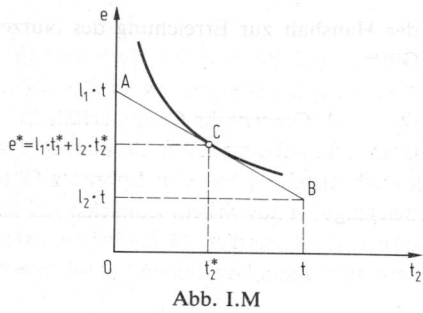

Abb. I.M

dinate das Gesamteinkommen $e = l_1 t_1 + l_2 t_2$ und auf der Abszisse die Arbeitszeit in der Tätigkeit 2, t_2, abgetragen.

Bietet der Haushalt nur Arbeitsart 1 an ($t_2 = 0$), so erzielt er ein Einkommen von $l_1 \cdot t$, und realisiert Punkt A; bietet er nur Arbeitsart 2 an ($t_2 = t$), so beträgt das Einkommen $l_2 \cdot t$, und Punkt B wird verwirklicht. Alle Aufteilungen der Arbeitszeit auf beide Arbeitsarten ergeben eine Kombination (e, t_2), die durch einen Punkt auf der Geraden AB dargestellt wird, deren absolute Steigung $(l_1 - l_2)$ beträgt. Da im Beispiel $l_1 > l_2$, bedeutet jede Einschränkung von t_1 zugunsten von t_2 einen Verzicht auf ein Einkommen. Wäre der Haushalt allein an einem höchstmöglichen Einkommen interessiert, so böte er nur die Arbeitsart an, die den höchsten Lohnsatz erbringt. Seine Indifferenzkurven verliefen dann parallel zur Abszisse. Jede Art von Arbeit ist jedoch durch Merkmale geprägt, die den Nutzen teils positiv, teils negativ beeinflussen (positiv z. B. Prestige, negativ z. B. Schmutz). Es gilt dann abzuwägen zwischen dem Nutzen der mit dem Einkommen erwerbbaren Konsumgüter und dem (positiven oder negativen) Nutzen der Arbeit. Man kann sich vorstellen, daß e und t_2 die Bestimmungsgrößen in einer ordinalen Nutzenfunktion sind, die durch ein Indifferenzkurvensystem in Abb. I.M dargestellt wird. Die negative Steigung der Indifferenzkurven bedeutet, daß ein Nutzenverlust aufgrund der Einschränkung einer Arbeits- und damit Einkommensart stets durch einen Nutzenzuwachs aufgrund der Ausdehnung der anderen Arbeits- bzw. Einkommensart ausgeglichen wird. Die Konvexität der Indifferenzkurve oder abnehmende Grenzrate der Substitution impliziert, daß mit jeder weiteren Einschränkung einer Arbeits- bzw. Einkommensart die zum Nutzenausgleich erforderliche Ausdehnung der anderen Arbeits- bzw. Einkommensart zunimmt. Plausibel wird ein solcher Indifferenzkurvenverlauf, wenn man sich beispielsweise vorstellt, daß die Arbeitsart 1 im Vergleich zur Arbeitsart 2 die geringer entlohnte, aber höheres Prestige verleihende ist (z. B. nach Stunden bezahlte Professorentätigkeit versus Nebentätigkeit). Der Tangentialpunkt C einer Indifferenzkurve beschreibt die optimale Höhe des Arbeitseinkommens und die optimale Zusammensetzung des Arbeitsangebotes $t_2 = t_2^*$ und $t_1 = t - t_2^*$.

Selbstverständlich sind Fälle der Alternativsubstitution denkbar und zugelassen, in denen die Indifferenzkurven bei $t_2 = 0$ bzw. $t_2 = t$ enden. Eine starke Präferenz für die höher entlohnte Arbeitsart würde in Abb. I.M ein Indifferenzkurvensystem mit positiver Steigung bedeuten und einen Tangentialpunkt A implizieren.

Ausdehnungen der Arbeitszeit bedeuten jeweils eine Parallelverschiebung der Geraden AB nach oben und eine Verlängerung der Geraden nach rechts unten. Die Verbindungslinie der Tangentialpunkte der verschobenen Geraden mit Indifferenzkurven ergeben eine (der Einkommens-Konsumkurve ähnliche) Kurve, die den Zusammenhang erstens zwischen t und e, zweitens zwischen t und t_1 bzw. t_2 beschreibt. Steigerungen (Senkungen) des Lohnsatzes l_1 bedeuten eine Drehung der Geraden im Punkte B mit (entgegen) dem Uhrzeiger. Die Verbindungslinie der Tangentialpunkte ist eine (der Preis-Konsumkurve ähnliche) Kurve, die den Zusammenhang erstens zwischen l_1 und e, zweitens zwischen l_1 und t_1 bzw. t_2 darstellt. Analog läßt sich die Untersuchung für Variationen von l_2 durchführen.

Wie bei Erörterung der Höhe des Arbeitsangebotes ist auch hier darauf hinzuweisen, daß der Haushalt regelmäßig nicht frei in der Gestaltung seines Arbeitsangebotes, hier: dessen Zusammensetzung, ist. Es gibt jedoch eine zunehmende Zahl von Ausnahmen zu dieser Regel, in denen wenigstens eine gewisse Wahlfreiheit besteht (Haupt- und Nebentätigkeiten, Halbtagstätigkeiten).

Die Entscheidungen über Höhe und Zusammensetzung des Arbeitsangebotes wurden unter a. und b. in gesonderten Nutzenmaximierungsansätzen diskutiert. Bei genauerer Betrachtung fällt der Haushalt beide Entscheidungen gleichzeitig. Dementsprechend wäre von einer einzigen Nutzenfunktion auszugehen, in welcher die Nutzen von mit Einkommen erwerbbaren Konsumgütern, von Freizeit und von verschiedenen Arbeitsarten als Bestimmungsgrößen fungieren, die unter den Nebenbedingungen gegebener Gesamtzeit, gegebener Preise und gegebener Lohnsätze für die verschiedenen Arbeitsarten zu maximieren wäre.

2. Kapitalangebot

Um zu erkennen, was unter dem Kapitalangebot eines Haushaltes zu verstehen ist, ist es nützlich, von einem Überblick über die Gesamtheit der *Aktiva eines Haushalts* auszugehen. Ähnlich wie für eine Unternehmung könnte man auch für einen Haushalt zu einem Zeitpunkt (Stichtag) eine Bilanz aufstellen, deren Aktivseite alle Vermögensbestände an Gütern und Forderungen ausweist und deren Passivseite über die Bereitstellung bzw. Finanzierung der Vermögensbestände Auskunft gibt. Ebenso wie die Bilanz der Unternehmung über den zu einem Zeitpunkt realisierten Einsatz von Mitteln in der Form von Gebäuden, Maschinen, Lagervorräten, Forderungen im Zuge der Verfolgung des Unternehmungszieles (z. B. Gewinnmaximierung) Aufschluß gibt, stellt die Bilanz eines Haushaltes dar, in welcher Weise dessen Mittel zur Verfolgung der Zielsetzung einer Nutzenmaximierung eingesetzt sind. Zu den Aktiva des Haushalts gehören erstens seine Vorräte an dauerhaften Konsumgütern oder Gebrauchsgütern wie Wohnhaus, Möbel, Haushaltsmaschinen, also Gütern, die ihren Nutzen im Zeitablauf abgeben. Zweitens zählt dazu seine Arbeitskraft, die, wie erläutert, teils direkt nutzenstiftend oder zum Einkommenserwerb eingesetzt werden kann. Drittens sind hier Aktiva in finanzieller Form zu nennen, die als Transaktionskasse der zeitlichen Überbrückung der Unterschiede zwischen Einkommenszahlungs- und Ausgabenzahlungsterminen dienen. Viertens sind Sparguthaben, entstanden durch Zwecksparen, zu erwähnen, die für zukünftigen Erwerb dauerhafter Konsumgüter bestimmt sind. Fünftens gibt es Aktiva, die dem Einkommenserwerb in der Kapitalform dienen und dem Haushalt ein Besitzeinkommen verschaffen sollen. Es ist dieser letztere Teil, auf den wir uns beziehen, wenn wir vom Kapitalangebot eines Haushalts sprechen.

Die Veränderung der Vermögensbestände auf der Aktivseite der Haushaltsbilanz ist das Ergebnis der Entscheidungen des Haushalts. Verbraucht der Haushalt in einer Periode nicht sein gesamtes Einkommen, spart er vielmehr einen Teil desselben, so nimmt ein Aktivum oder nehmen mehrere Aktiva zu. Analoges gilt bei einer Kreditaufnahme. Auch ohne Ersparnis oder Kreditaufnahme ist eine Veränderung von Vermögensbeständen möglich, nämlich durch Verkäufe der einen Art und Käufe einer anderen Art von Aktiva. Auch die Erlangung einer besseren Qualifikation der Arbeit, d. h. Entstehung von *Humankapital* durch Schule und Ausbildung, läßt sich als Zunahme des Vermögensbestandes an Arbeitskraft interpretieren.

Beim *Kapitalangebot* des Haushalts kann es sich dementsprechend um Mittel aus früheren Perioden oder um solche aus Ersparnis oder Verkauf anderer Aktiva handeln, die in einer Periode Anlage suchen. Als Anlageformen kommen vor allem der *Erwerb von Wertpapieren* oder *Anteilen an Unternehmungen* in Frage. Bei Wertpapieren ist an festverzinsliche Papiere wie Obligationen, Pfandbriefe und Staatsanleihen zu denken. Bei Anteilen an Unternehmungen handelt es sich um solche in der Form von Aktien oder Beteiligungen, die regelmäßig nicht fest, sondern, je nach Gewinnlage und Gewinnausschüttung der Unternehmungen, variabel verzinslich sind. Über den Erwerb von Anteilen an Unternehmungen werden die Haushalte wirtschaftliche (Mit-)Eigentümer an den Unternehmungen.

Da Aktiva, die in der Kapitalform gehalten werden und dem Besitzeinkommenserwerb dienen, nur eine unter den fünf genannten Arten von Aktiva in der Haushaltsbilanz sind, deren Umfang und Struktur insbesondere von Haushalten in einer hoch entwickelten Volkswirtschaft in weiten Grenzen frei gestaltbar sind, ist es klar, daß die Bestimmung der Höhe und der Zusammensetzung des Kapitalangebotes eines Haushaltes das Ergebnis eines vielschichtigen Entscheidungsprozesses ist. Ebenso wie in den Abschnitten über die Verbrauchsgüternachfrage und das Arbeitsangebot in partiellen Ansätzen bestimmte (Nutzenmaximierungs-) Zielsetzungen unter bestimmten Nebenbedingungen analysiert wurden, ließen sich partielle Ansätze zur Bestimmung der Höhe und Zusammensetzung des Kapitalangebotes bezüglich der verschiedenen Anlageformen untersuchen. Als Zielsetzung käme hier *Besitzeinkommensmaximierung* in Frage, wobei die Höhe des anlagesuchenden Kapitalangebotes in Abhängigkeit von dem Wunsch nach Haltung der übrigen Arten von Aktiva zu bestimmen und die Zusammensetzung eines solchen Portefeuilles in Abhängigkeit von den Einkommen aus den einzelnen Anlageformen zu ermitteln wäre. Da bezüglich der Einkommen keine vollständige Information besteht, ergeben sich hier ähnliche Probleme wie bezüglich der Annahme rationalen Verhaltens in Form der Nutzenmaximierung in der Verbrauchsgüternachfragetheorie (vgl. B.5.f – i). Bei gegebenem Stand der Uninformiertheit muß entweder die Bayessche Verhaltensweise der Erwartungswertmaximierung oder eines der Entscheidungskriterien bei Unsicherheit angewendet werden; oder der Grad der Uninformiertheit ist durch mit Kosten verbundene Informationen (z.B. Anlagenberatung) zu reduzieren. Zu denken wäre schließlich auch an die Anwendung der Konzeption satisfizierenden Verhaltens, d.h. hier des Erzielens eines befriedigenden Besitzeinkommens.

Da die Besitzeinkommen aus den Anlagen des Haushalts im Zeitablauf anfallen, zeigt sich am Beispiel des Kapitalangebotes besonders deutlich, daß Zielsetzungen und Entscheidungen des Haushalts eine zeitliche Dimension haben, die mehr als eine Periode umfaßt. Im folgenden werden daher Haushaltsnachfrage und -angebot unter Berücksichtigung des Zeitablaufes diskutiert, wobei wir auch auf die Frage des Kapitalangebotes zurückkommen werden.

D. Intertemporale Haushaltsgleichgewichte

1. Das intertemporale Nachfragegleichgewicht

In der intertemporalen Theorie des Haushaltes kann berücksichtigt werden, daß die zeitliche Verteilung des Verbrauches für den Nutzen eines Haushaltes eine wichtige Rolle spielt. Der Haushalt könnte den Wunsch haben, einen gegebenen zeitlichen Einkommensstrom nicht in einen damit identischen zeitlichen Konsumausgabenstrom zu verwandeln, sondern den Konsumausgabenstrom zeitlich anders zu gestalten. In diesem Fall müssen sich in einigen Perioden Überschüsse des Einkommens über die Konsumausgaben, d. h. positive Ersparnisse, in anderen Perioden Überschüsse der Konsumausgaben über das Einkommen, d. h. negative Ersparnisse, ergeben. Finden die positiven bzw. negativen Ersparnisse nicht in einer Aufstockung bzw. einem Abbau sonstiger Aktiva des Haushalts ihren Niederschlag, argumentieren wir bezüglich solcher Aktiva also *ceteris paribus,* dann bedeuten positive Ersparnisse ein Kapitalangebot, negative eine Kapitalnachfrage des Haushaltes. Kapitalangebot bzw. -nachfrage haben wiederum Einfluß auf den Einkommensstrom. Diese einführenden Überlegungen zeigen, daß die Möglichkeit einer zeitlichen Verteilung des Verbrauches nicht nur Aussagen über die Verbrauchsgüternachfrage, sondern auch solche über das Kapitalangebot bzw. die Kapitalnachfrage impliziert. In diesem Abschnitt wird der zeitliche Strom des Arbeitseinkommens als gegeben angenommen; erst im nächsten Abschnitt wird er als gestaltbar betrachtet.

In den bisher verwendeten Nutzenfunktionen erübrigte es sich, die Größen durch einen Zeitindex einer bestimmten Periode zuzuordnen, denn alle bezogen sich auf die gleiche Periode. Nunmehr soll prinzipiell zugelassen sein, daß der (ordinale) Nutzen *aus der Sicht einer Periode* t, U_t, von den Verbrauchsmengen der gleichen Periode und allen zukünftigen Perioden, also t, t + 1, t + 2, ..., bis hin zur letzten Periode eines Planungszeitraumes gegebener Länge, abhängt. Man spricht dann von einer *mehrperiodigen Nutzenfunktion.* Aus Gründen der Vereinfachung und der geometrischen Darstellbarkeit wollen wir allerdings zunächst nur die Verbrauchsmengen der Perioden t und t + 1, und diese in der Form von Konsumsummen, entstanden aus der Multiplikation der Mengen mit konstanten, gegebenen Preisen, betrachten. Die zweiperiodige Nutzenfunktion

$$U_t = f(c_t, c_{t+1}) \qquad (I.79)$$

drückt die Präferenzstruktur des Haushaltes in Periode t aus, die durch die Konsumsummen der Perioden t und t + 1 bestimmt wird. Da auch der zukünftige Konsum den Nutzen beeinflußt und es somit für den Haushalt abzuwägen gilt zwischen Gegenwarts- und Zukunftskonsum, heißt (I. 79) auch

Zeitpräferenzfunktion. Im (c_t, c_{t+1})-Diagramm läßt sich (I.79) durch Indifferenzkurven darstellen. Eine Indifferenzkurve beschreibt Kombinationen aus gegenwärtigem und zukünftigem Konsum, die nach dem subjektiven gegenwärtigen Urteil des Haushaltes den gleichen Nutzen stiften. Für die Indifferenzkurven gelten wieder die üblichen Annahmen, darunter die Annahme einer abnehmenden Grenzrate der Substitution, mit der negative Steigung und zum Ursprung konvexer Verlauf einer Indifferenzkurve impliziert ist. Es handelt sich hier um die *Grenzrate der intertemporalen Substitution*, in der, analog zu (I.16), das umgekehrte Verhältnis der Grenznutzen der Konsumsummen in beiden Perioden zum Ausdruck kommt. Der Haushalt ist dementsprechend bereit, zugunsten von Gegenwartskonsum auf Zukunftskonsum zu verzichten und umgekehrt. Je geringer der Gegenwarts- (Zukunfts-) Konsum ist, desto größer bei dessen weiterer Einschränkung um eine Einheit der zusätzliche Zukunfts- (Gegenwarts-) Konsum, der diese Einschränkung ausgleicht. Ist beispielsweise in Abb. I.N am Punkt P die Grenzrate der Substitution (die absolute Steigung der Indifferenzkurve) gleich 1,2, dann wird im Urteil des Haushaltes, ausgehend von der Konsumsummenkombination $(\bar{c}_t, \bar{c}_{t+1})$, Konsum in Höhe von einer Geldeinheit in t durch Konsum in Höhe von 1,2 Geldeinheiten in t + 1 ersetzt.

Hat der Haushalt in t ein Einkommen $\bar{e}_t$ und in t + 1 ein solches von Null, dann kann er eine Konsumsumme in t + 1 dadurch bereitstellen, daß er c_t kleiner wählt als $\bar{e}_t$, mithin $\bar{e}_t - c_t = s_t$ spart. Die Ersparnisse s_t könnte er als Kapital zu einem gegebenen Zinssatz i bis zur folgenden Periode anlegen, so daß er für Konsum in t + 1 einen Betrag $c_{t+1} = s_t(1 + i)$ verfügbar hat. Dieser Betrag beliefe sich auf $\bar{e}_t(1 + i)$, sofern in t keinerlei Konsumausgaben erfolgten. Die Gesamtheit aller mit $\bar{e}_t$ realisierbaren (c_t, c_{t+1})-Kombinationen wird in Abb. I.O.1 durch die eingezeichnete Bilanzgerade beschrieben, die die absolute Steigung 1 + i hat.

Bezieht der Haushalt in t + 1 ein Einkommen $\bar{e}_{t+1}$ und in Periode t ein solches von Null, dann kann er eine Konsumsumme in t dadurch verfügbar machen, daß er Kapital zum Zinssatz i aufnimmt und mit der Ersparnis $s_{t+1} = \bar{e}_{t+1}$

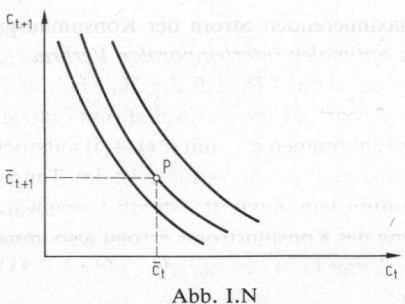

Abb. I.N

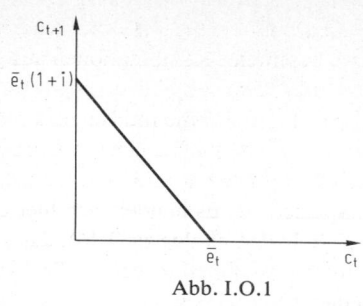

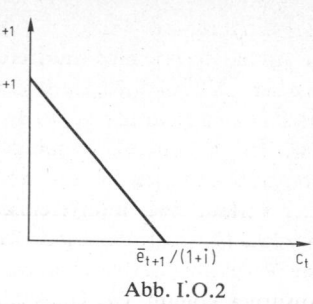

Abb. I.O.1   Abb. I.O.2

– $c_{t+1} = c_t(1 + i)$ zurückzahlt. Die Konsumsumme in t beliefe sich auf $c_t = \bar{e}_{t+1}/(1 + i)$, sofern in t + 1 keinerlei Konsumausgaben erfolgten. Die Gesamtheit aller realisierbaren (c_t, c_{t+1})-Kombinationen wird durch die Bilanzgerade in Abb. I.O.2 dargestellt, welche wieder die absolute Steigung $(1 + i)$ hat.

Erhält der Haushalt in beiden Perioden ein Einkommen, nämlich $\bar{e}_t$, $\bar{e}_{t+1}$, dann ist er offenbar in der Lage, mittels Kapitalangebot aus Ersparnis der ersten Periode die Konsumsumme $c_{t+1} > \bar{e}_{t+1}$ bzw. mittels Kapitalnachfrage und -rückzahlung aus Ersparnis der zweiten Periode die Konsumsumme $c_t > \bar{e}_t$ zu wählen. Die Gesamtheit aller realisierbaren (c_t, c_{t+1})-Kombinationen wird jetzt durch die intertemporale Bilanzgerade in Abb. I.P gegeben, deren Gleichung

$$c_{t+1} = -(1 + i)c_t + \bar{e}_{t+1} + \bar{e}_t(1 + i) \qquad (I.80)$$

oder

$$c_t + \frac{c_{t+1}}{1 + i} = \bar{e}_t + \frac{\bar{e}_{t+1}}{1 + i} \qquad (I.81)$$

lautet. Gemäß (I.80) beträgt die absolute Steigung der Geraden wieder $(1 + i)$. Gemäß (I.81) ist die Summe der auf Periode t abgezinsten Konsumausgaben gleich der Summe der auf Periode t abgezinsten Einkommen.

Der Tangentialpunkt C* der Bilanzgeraden mit der Indifferenzkurve U* beschreibt den nutzenmaximierenden Strom der Konsumausgaben c_t^*, c_{t+1}^*. Die Verwirklichung dieses *optimalen intertemporalen Verbrauchsplans* bedeutet im geometrischen Beispiel der Abb. I.P, daß der Haushalt in Periode t vom Einkommen $\bar{e}_t$ den Betrag s_t^* spart, diesen als Kapital zum Zinssatz i für eine Periode anlegt und mithin sein Einkommen $\bar{e}_{t+1}$ um $s_t^*(1 + i)$ aufstockt. Da die absolute Steigung der Bilanzgeraden $(1 + i)$ beträgt, ist im Tangentialpunkt C* die Grenzrate der Substitution von Zukunfts- durch Gegenwartskonsum $(1 + i)$. Die optimale Gestaltung des Konsumstroms erfolgt also immer so, daß die *Zeitpräferenzrate des Haushaltes* (definiert als $|dc_{t+1}/dc_t| - 1$) *gleich* dem gegebenen *Zinssatz* ist.

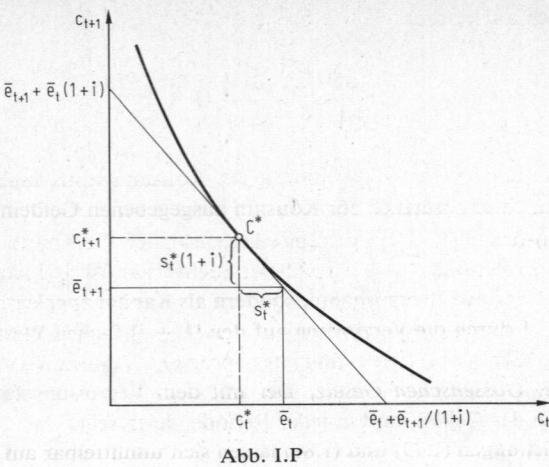

Abb. I.P

Zur analytischen Bestimmung des intertemporalen Nachfragegleichgewichts bilden wir aus (I.79) und (I.81) die LAGRANGE-Funktion

$$L = f(c_t, c_{t+1}) + \lambda\left(c_t + \frac{c_{t+1}}{1+i} - \bar{e}_t - \frac{\bar{e}_{t+1}}{1+i}\right), \qquad (I.82)$$

deren partielle Ableitungen nach c_t, c_{t+1} und λ wir gleich Null setzen:

$$\frac{\partial L}{\partial c_t} = \frac{\partial f}{\partial c_t} + \lambda = 0,$$

$$\frac{\partial L}{\partial c_{t+1}} = \frac{\partial f}{\partial c_{t+1}} + \lambda\frac{1}{1+i} = 0, \qquad (I.83)$$

$$\frac{\partial L}{\partial \lambda} = c_t + \frac{c_{t+1}}{1+i} - \bar{e}_t - \frac{\bar{e}_{t+1}}{1+i} = 0.$$

Aus den ersten beiden dieser Gleichungen folgt, was bereits aus der geometrischen Überlegung hervorging, daß nämlich die Grenzrate der Substitution von Zukunfts- durch Gegenwartsgüter, ausgedrückt durch das umgekehrte Verhältnis der Grenznutzen in den Perioden t und t + 1, gleich dem Zinsfaktor (1 + i) ist:

$$\left|\frac{dc_{t+1}}{dc_t}\right| = \frac{\partial f}{\partial c_t} : \frac{\partial f}{\partial c_{t+1}} = (1 + i). \qquad (I.84)$$

Dies läßt sich auch durch

$$\frac{\partial f}{\partial c_t} = \frac{\partial f}{\partial c_{t+1}} (1 + i) \tag{I.85}$$

ausdrücken. Bei optimaler Gestaltung des Konsumstroms muß demnach der Grenznutzen einer zusätzlich für Konsum ausgegebenen Geldeinheit in Periode t das $(1 + i)$-fache des Grenznutzens einer zusätzlich für Konsum ausgegebenen Geldeinheit in Periode $t + 1$ sein. Dieser Sachverhalt ist deshalb plausibel, weil eine nicht in Periode t verausgabte, sondern als Kapital angelegte Geldeinheit in Periode $t + 1$ durch die Verzinsung auf den $(1 + i)$-fachen Wert ansteigt. Man spricht bezüglich dieser Eigenschaft des optimalen Verbrauchsplanes auch vom *zeitlichen 2. Gossenschen Gesetz:* Der mit dem Verzinsungsfaktor gewogene Grenznutzen des Geldes muß in jeder Periode gleich sein.

Die Gleichungen (I.79) und (I.81) lassen sich unmittelbar auf den Fall von k Perioden verallgemeinern:

$$U_t = f(c_t, c_{t+1}, c_{t+2}, \ldots, c_{t+k}), \tag{I.86}$$

$$c_t + \frac{c_{t+1}}{1 + i} + \frac{c_{t+2}}{(1 + i)^2} + \cdots + \frac{c_{t+k}}{(1 + i)^k} =$$

$$\bar{e} + \frac{\bar{e}_{t+1}}{1 + i} + \frac{\bar{e}_{t+2}}{(1 + i)^2} + \cdots + \frac{\bar{e}_{t+k}}{(1 + i)^k} . \tag{I.87}$$

Die (I.85) entsprechende Beziehung lautet dann:

$$\frac{\partial f}{\partial c_t} = \frac{\partial f}{\partial c_{t+1}} (1 + i) = \frac{\partial f}{\partial c_{t+2}} (1 + i)^2 = \cdots = \frac{\partial f}{\partial c_{t+k}} (1 + i)^k . \tag{I.88}$$

Sie hat wieder das zeitliche 2. Gossensche Gesetz zum Inhalt.

An dieser Stelle liegt es nahe, auf die Problematik der *dauerhaften Konsumgüter* oder *Gebrauchsgüter* einzugehen. In der statischen Theorie der Haushaltsnachfrage, die in Abschnitt B behandelt wurde, ist es unmöglich, solche Güter zu berücksichtigen, deren Kauf in einer Periode erfolgt, deren Nutzenabgabe sich jedoch über mehrere Perioden erstreckt, da die statische Theorie keine Unterscheidung von Zeitperioden zuläßt. In einer mehrperiodigen Nutzenfunktion wäre der Nutzen eines dauerhaften Konsumgutes nicht allein in dessen Beschaffungsperiode, sondern auch in den darauf folgenden Perioden zu berücksichtigen. In der Nutzenfunktion müßten also für jede einzelne Periode neben den in dieser Periode beschafften und konsumierten Verbrauchsgütern die Nutzenabgaben der Gebrauchsgüter als Bestimmungsgrößen erscheinen. Zu erwähnen ist dabei, daß die Nutzenabgaben eines dauerhaften Konsumgutes über die Zeit vom Haushalt regelmäßig nicht als gleichbleibend, sondern, wegen Verschleißes oder Wandels der Mode, als abnehmend (im Sonderfall von Antiquitäten auch als zunehmend) betrachtet werden.

Man kann das Problem auch so angehen, daß man als Konsumsumme einer Periode in der Nutzenfunktion (I.79) nicht die Ausgaben für sämtliche in dieser Periode gekauften Konsumgüter ansetzt, sondern eine Konsumsumme mit zwei Komponenten bildet, deren erste die Ausgaben für Verbrauchsgüter und deren zweite den Wert der Nutzungen von Gebrauchsgütern (bewertet etwa mit Mietpreisen für Gebrauchsgüter, z. B. Mietauto) darstellt. Es ist dann allerdings nicht mehr möglich, die Konsumsumme unmittelbar mit dem Einkommen in Verbindung zu bringen wie in der Argumentation, die auf (I.80) und (I.81) führte. Nur die erste Komponente der Konsumsumme, Ausgaben für Verbrauchsgüter, wird aus dem Einkommen bestritten. Das übrige Einkommen findet in zusätzlichen Aktivabeständen seinen Niederschlag, unter denen dauerhafte Konsumgüter, wie unter C.2 erläutert, nur eine von fünf möglichen Formen sind. Die zweite Komponente der Konsumsumme wird durch Nutzung des Vermögensbestandes an Gebrauchsgütern bereitgestellt. Die Bildung dieses Vermögensbestandes, beispielsweise durch mehrperiodiges Zwecksparen und darauffolgende Umwandlung des Bestandes an Sparguthaben in Gebrauchsgüter, ist ein Vorgang, der der Bildung von dauerhaften Produktionsmitteln in Unternehmungen durch Investition entspricht, auf den wir in Kapitel II zurückkommen werden.

2. Das intertemporale Angebotsgleichgewicht

In Abschnitt C.1 hatten wir Höhe und Zusammensetzung des Arbeitsangebotes untersucht, ohne zu berücksichtigen, daß der Haushalt sein Arbeitsangebot und damit sein Einkommen über eine Zeitspanne von mehreren Perioden hinweg variabel gestalten kann. Wichtig ist hier vor allem die Möglichkeit, in der Gegenwart vergleichsweise wenig Arbeit anzubieten und somit ein geringes Einkommen zu erzielen, um durch *Ausbildung* die Arbeitsqualität zu erhöhen und damit das Arbeitseinkommen in der Zukunft zu verbessern. Zur Vereinfachung und geometrischen Darstellbarkeit betrachten wir nur Arbeitsangebot und -einkommen in den Perioden t und t + 1. Auch (positives oder negatives) Sparen und Kapitalangebot bzw. Kapitalnachfrage bleiben zunächst unberücksichtigt.

Die Arbeitszeit eines Haushalts sei für jede der betrachteten beiden Perioden eine konstante Größe, ebenso der für die gegebene Arbeitsqualität gezahlte Lohnsatz. Der Punkt G in Abb. I.Q.1 bezeichnet die Einkommen, die der Haushalt in den beiden Perioden erzielt. Die Einkommen sind gleich dem Produkt aus Arbeitszeit und Lohnsatz; sind beide Größen in beiden Perioden gleich, so ist der Abszissen- gleich dem Ordinatenwert von G. Der Haushalt habe nun die

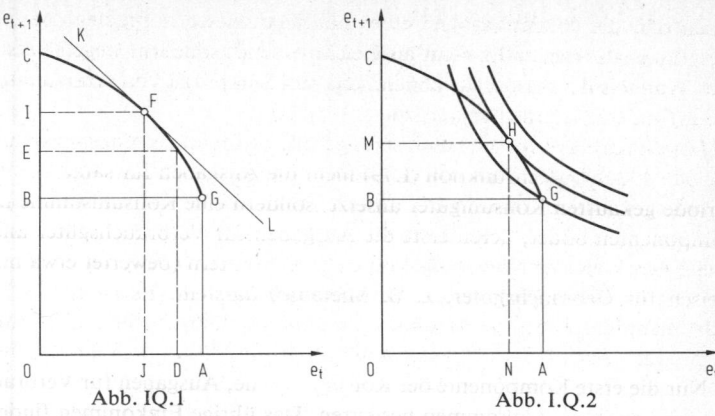

Abb. IQ.1   Abb. I.Q.2

Möglichkeit, einen Teil seiner Arbeitszeit in Periode t zur Ausbildung zu nutzen. Je größer dieser Teil, desto höher ist die von dem Haushalt in Periode t + 1 angebotene Arbeitsqualität, desto höher ist auch der Lohnsatz und damit das mit der konstanten Arbeitszeit in Periode t + 1 erzielbare Einkommen. Für die Ausbildung sollen allerdings abnehmende Ertragszuwächse gelten, so daß die zusätzliche Arbeitsqualität, der zusätzliche Lohnsatz und mithin das mit der konstanten Arbeitszeit in Periode t + 1 erreichbare zusätzliche Einkommen mit jeder in Periode t zusätzlich für Ausbildung eingesetzten Arbeitsstunde abnehmen. In Abb. I.Q.1 sind OD und OE die in den beiden Perioden realisierbaren Einkommen, wenn der Haushalt in Periode t auf das Einkommen DA verzichtet und die dadurch freiwerdende Arbeitszeit für Ausbildung verwendet. Die Kurve GC beschreibt die Gesamtheit der möglichen Einkommenskombinationen; sie wird als *Einkommenstransformationskurve* bezeichnet.

Eine bestimmte Summe an Einkommen aus beiden Perioden, $e_t + e_{t+1}$, wird in Abb. I.Q.1 durch eine Gerade mit der Steigung minus eins dargestellt. Geht es dem Haushalt nur um die maximale Einkommenssumme, so ist diese Gerade soweit nach rechts oben zu verschieben, daß sie die Einkommenstransformationskurve berührt (vgl. Gerade KL). Im Tangentialpunkt F hat CG mithin die Steigung minus eins. JA ist das Einkommen, auf das der Haushalt in Periode t zugunsten der Ausbildung verzichtet; BI ist das Einkommen, das er aufgrund höherer Arbeitsqualität in Periode t + 1 zusätzlich erzielt. In F ist der Grenzgewinn zusätzlicher Ausbildung, gemessen in zusätzlichem Einkommen, auf Null gesunken.

Der Haushalt wird sich jedoch in der Regel nicht für Punkt F entscheiden. Es liegt nahe, von einer *Nutzenfunktion*

$$U_t = f(e_t, e_{t+1}) \tag{I.89}$$

auszugehen, nach welcher der Nutzen aus gegenwärtiger Sicht vom gegenwärtigen und vom zukünftigen Einkommen abhängt, so daß sie eine Zeitpräferenz zum Ausdruck bringt. Für ihr geometrisches Bild, die Indifferenzkurven, sollen wieder die üblichen Annahmen, darunter die einer abnehmenden Grenzrate der Substitution, gelten. Diese Grenzrate der zeitlichen Substitution des Haushaltes ist gleich dem umgekehrten Verhältnis der Grenznutzen des Einkommens in den beiden Perioden. Solange nicht die Möglichkeit von Ersparnissen berücksichtigt wird, gleicht (I.89) der früher verwendeten Nutzenfunktion (I.79).

Ohne Ausbildung erreicht der Haushalt einen Nutzen, der durch den Nutzenindex der Indifferenzkurve durch G gekennzeichnet ist (vgl. Abb. I.Q.2). Ohne Kapitalangebot oder Kapitalnachfrage aufgrund positiver oder negativer Ersparnis hat der Haushalt keine Möglichkeit, den Einkommensstrom zeitlich zu gestalten. Die Grenzrate der zeitlichen Substitution oder das umgekehrte Verhältnis der Grenznutzen liegen mit der absoluten Steigung der Indifferenzkurve in G fest.

Die Ausbildung bietet dem Haushalt nun die Chance, den Einkommensstrom gemäß seinen zeitlichen Präferenzen zu formen. Mit Ausbildung bezeichnet der Tangentialpunkt H der Einkommenstransformationskurve GC und einer Indifferenzkurve das Nutzenmaximum; dessen Koordinaten stellen die optimalen Einkommen ON in Periode t und OM in Periode t + 1 dar. Mit dem Einkommensverzicht NA in Periode t ist auch die optimale Ausbildungszeit, damit auch die optimal zu erwerbende Arbeitsqualität bestimmt. Im Punkt H ist die Steigung der Einkommenstransformationskurve gleich der Steigung der Indifferenzkurve. Folglich wird die Ausbildungszeit so gewählt, daß der *Grenzertrag zusätzlicher Ausbildung,* gemessen in zusätzlichem Einkommen in Periode t + 1, *gleich der Zeitpräferenzrate des Haushalts* ist. Je stärker der Haushalt Gegenwarts- gegenüber Zukunftseinkommen bevorzugt, desto steiler verlaufen seine Indifferenzkurven im relevanten Bereich, desto größer ist seine Zeitpräferenzrate im Tangentialpunkt und desto geringer seine Bereitschaft zur Ausbildung. Bei sehr großer Präferenz für Gegenwartseinkommen fällt der Tangentialpunkt mit G zusammen, d. h. der Haushalt verzichtet auf Ausbildung.

Auch wenn im folgenden Möglichkeiten des *Sparens* berücksichtigt werden, soll weiterhin die Nutzenfunktion (I.89) unterstellt werden, d. h. Gegenwarts- und Zukunftseinkommen in der bisherigen Weise als Bestimmungsgründe des Nutzens auch dann betrachtet werden, wenn wegen (positiver oder negativer) Spartätigkeit die Konsumsumme vom Einkommen (nach unten oder oben) abweicht. Zunächst wird angenommen, daß ein Angebot positiver Ersparnis als Kapital keine Zinseinnahmen und eine Nachfrage nach Kapital bei negativer Ersparnis keine Zinskosten verursacht. Die für ein Nutzenmaximum erforderliche Gleichheit der Steigung von Indifferenzkurve und Einkommenstransformationskurve muß nun nicht mehr in *einem* Punkt wie H in Abb. I.Q.2 realisiert sein. Vielmehr genügt es, wenn diese Gleichheit in zwei verschiedenen Punkten ent-

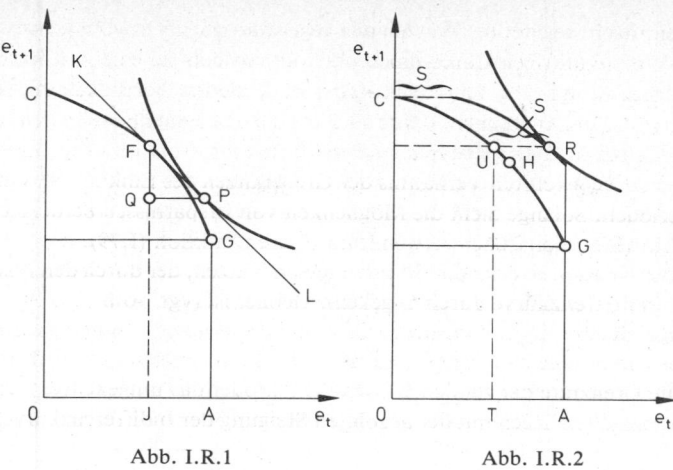

Abb. I.R.1   Abb. I.R.2

lang einer Geraden mit der Steigung minus eins erreicht wird wie in F und P in Abb. I.R.1. Gemäß F wählt der Haushalt eine Ausbildungszeit, die der oben beschriebenen Maximierung der Einkommenssumme $e_t + e_{t+1}$ entspricht; sie impliziert einen Grenzgewinn zusätzlicher Ausbildung, gemessen in zusätzlichem Einkommen, von Null. Aufgrund einer negativen Ersparnis QP in Periode t, die als Kapital (hier: zinsloses Darlehen) nachgefragt wird, und Rückzahlung in gleicher Höhe FQ in Periode t + 1, ist es dem Haushalt möglich, den Punkt P zu erreichen, der rechts von seiner Einkommenstransformationskurve liegt und höheren Nutzen als H in Abb. I.Q.2 repräsentiert.

Der Sonderfall eines zinslosen und nicht rückzahlbaren Darlehens, der einer *Subvention* gleichkommt und für weite Bereiche der Ausbildung zutrifft, ist in Abb. I.R.2 erläutert. Unterstellt ist eine Subvention in Periode t im Betrag des Einkommensverzichts für Ausbildung bis zu einem Höchstbetrag S. Um die Subvention vergrößern sich alle Abszissenwerte der Einkommenstransformationskurve GC. Dem Tangentialpunkt R der so entstehenden Kurve mit einer Indifferenzkurve ist der Punkt U auf GC zugeordnet. Dem Punkt U entspricht ein Einkommensverzicht AT in Periode t, mit dem die optimale Ausbildungszeit determiniert ist. Der Einkommensverzicht wird durch die Subvention S teilweise ausgeglichen. Da im Bereich der Höchstsubvention S die Einkommenstransformationskurve parallel nach rechts verschoben ist, muß die Steigung von CG in U gleich der Steigung der Indifferenzkurve in R sein. Wie im Fall der Abb. I.Q.2 ist die optimale Ausbildungszeit so gewählt, daß der in zusätzlichem Einkommen in t + 1 gemessene Grenzertrag zusätzlicher Ausbildung gleich der Zeitpräferenzrate des Haushalts ist. Allerdings wird nun eine gleiche Steigung von Einkommenstransformations- und Indifferenzkurve in der Regel (z. B. auch bei homogener Nutzenfunktion) bei geringerem Steigungsbetrag erreicht. Das bedeutet, daß der Punkt U in Abb. I.R.2 links oberhalb von dem aus Abb. I.Q.2 übernommenen Punkt H liegt. Mit einer Ausbildungssubvention wählt der Haushalt regelmäßig in Periode t eine höhere Ausbildungszeit und erreicht ein höheres Nutzenniveau als ohne Subvention.

Es bleibt der Fall zu erläutern, in dem der Haushalt in t positiv oder negativ sparen und zu einem positiven Zinssatz Kapital anlegen bzw. aufnehmen kann; er ist in Abb. I.S dargestellt. Da sich durch Ersparnis und Kapitalangebot ein Einkommensbetrag aus Periode t in einen (1 + i)-fachen Einkommensbetrag in Periode t + 1 umwandeln läßt, gilt es, eine Gerade mit der absoluten Steigung 1 + i an die Kurve CG als Tangente anzulegen (vgl. Punkt V) und auf dieser jenen Punkt aufzusuchen, in dem die Gerade eine Indifferenzkurve berührt (vgl. Punkt W). Der Haushalt wählt in Periode t die Ausbildungszeit also stets so, daß der Grenzertrag zusätzlicher Ausbildung gleich dem Zinssatz i ist. Der Punkt V in Abb. I.S liegt regelmäßig rechts unterhalb der entsprechenden Punkte auf CG in den bisher diskutierten Fällen. Die Zeitpräferenzrate ist in W mit i höher als in

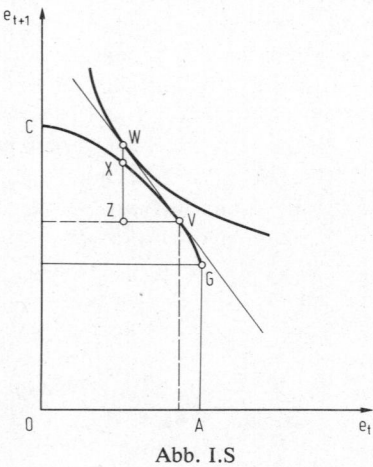

Abb. I.S

den bisherigen Fällen. Im geometrischen Beispiel der Abb. I.S nutzt der Haushalt in Periode t einen Teil seiner Arbeitszeit für Ausbildung, spart aus seinem Einkommen dennoch einen Betrag VZ, der, verzinst mit i, sein Einkommen in Periode t + 1 um ZW vergrößert. Ersparnis und Kapitalangebot zum Zinssatz i sind für den Haushalt günstiger als zusätzliche Ausbildung, denn mit letzterer ließe sich bei gleichem Konsumverzicht nur ein zusätzliches Einkommen in t + 1 von ZX erzielen.

Tangierte die an CG gelegte Gerade mit der absoluten Steigung 1 + i eine Indifferenzkurve nicht links oberhalb, sondern rechts unterhalb von V, dann lohnte es sich für den Haushalt, in t negativ zu sparen, d. h. Kapital zum Zinssatz i aufzunehmen, um Zeit für Ausbildung zu gewinnen. Durch zusätzliche Ausbildung ließe sich dann nämlich ein höheres zusätzliches Einkommen in t + 1 erzielen als durch zum Zinssatz i angelegte Ersparnisse.

Abschließend bleibt anzumerken, daß die Erörterung des Problems der Ausbildung oder der *Bildung von Humankapital* oder der *Bildungsinvestitionen* hier unter zwei einschränkenden Voraussetzungen erfolgte. Zum einen wurde nur die Wirkung auf den zukünftigen Einkommenserwerb berücksichtigt, nicht eine unmittelbare Förderung des Nutzens durch Ausbildung, etwa aufgrund besseren Verständnisses der Natur oder der Kultur. Zum anderen wurde stets vorausgesetzt, daß zunehmende Ausbildungszeit, wenn auch bei abnehmenden Ertragszuwächsen, mit höherer Entlohnung verbunden ist. In Wirklichkeit bestimmen das gesamte Angebot aller Haushalte an höher qualifizierter Arbeit und die gesamte Nachfrage nach solcher Arbeit deren Preis. Sowohl hohes Gesamtangebot als auch geringe Gesamtnachfrage können bewirken, daß CG niedriger verläuft als oben unterstellt.

Quellenhinweise zu Kapitel I

Die Haushaltstheorie wird mehr oder weniger ausführlich in allen Einführungen zur Volkswirtschaftslehre und allen mikroökonomischen Lehrbüchern dargestellt, so auch in den zu Kap. 0 genannten Quellen. Einen umfassenden *Überblick* bietet die Monographie von LUCKENBACH (1975); vgl. auch STREISSLER (1966); STREISSLER (1974); BECKER (1967) und SEEL (1975). Zur *Indifferenzkurven-Analyse* vgl. besonders HICKS (1946) Teil I; ALLEN-HICKS (1934); SLUTZKY (1915); FERGUSON-GOULD (1975) Kap. 2. Zur *kardinalen Nutzentheorie* vgl. die Originalarbeiten von GOSSEN (1853); JEVONS (1871); WALRAS (1874). Zur *ordinalen Nutzentheorie* vgl. PARETO (1906). Gute Darstellungen zur *Nutzentheorie* bei NEUMANN (1979); STIGLER (1950); FERGUSON-GOULD (1975) Kap. 1; BLAUG (1985) Kap. 8 und 9; HENDERSON-QUANDT (1983) Kap. 2; SAMUELSON (1947) Kap. V und VII; KRELLE (1968) I. Teil. Zur *Geschichte der Nutzentheorie* SCHUMANN (1984a). Zur *Anwendung der Haushaltstheorie* SCHUMANN (1980b). Zur *Dualität von Nutzen- und Ausgabenfunktion* vgl. VARIAN (1985), Kap. 3.4 – 3.9; HENDERSON-QUANDT (1983), Kap. 3.4. Zur *axiomatischen Konstruktion von Indifferenzkurven* vgl. LUCKENBACH (1975), S. 78 ff. Zur Theorie der *bekundeten Präferenzen* vgl. als Originalarbeiten SAMUELSON (1938); HOUTHAKKER (1950); als Darstellungen LITTLE (1949); HICKS (1956); BRAFF (1969) S. 43 ff.; WOLL (1990) Kap. 5.III. Zur Bedeutung von *Gütereigenschaften* vgl. LANCASTER (1971) und LUCKENBACH (1975), S. 112 ff. Zur Bedeutung der *Konsumzeit* BECKER (1965); LUCKENBACH (1975), S. 122 ff. und dort behandelte Literatur, ferner LINDER (1971). Zu *externen Konsumeffekten* vgl. die Übersicht bei BÖSSMANN (1957) Teil II, Kap. 3, und LEIBENSTEIN (1950). Zu *rationalem Verhalten bei Risiko und Unsicherheit* vgl. SAUERMANN (1965); dort auch Literatur zu Entscheidungskriterien. Zu *Entscheidungen bei Risiko* vgl. HENDERSON-QUANDT (1983), Kap. 3.8; SINN (1980), Kap. 2C. Zu verhaltenswissenschaftlicher *Verbrauchsforschung und Marketing* vgl. KATONA (1960); SCHNABL (1979); MEFFERT (1986); MEFFERT-STEFFENHAGEN-FRETER (1979). Zum *Arbeits- und Kapitalangebot* LANCASTER (1974) und LUCKENBACH (1975), Kap. 3 und 4.

Kapitel II. Theorie der Unternehmung

A. Einführung

Die privaten Unternehmungen sind jene Wirtschaftseinheiten, die Faktorleistungen und Vor- oder Zwischenprodukte nachfragen, daraus andere Güter produzieren, die sie anbieten. Unter Produktion ist nicht allein die industrielle oder die handwerkliche Produktion zu verstehen, sondern ganz allgemein die Erzeugung wirtschaftlicher Güter, zu denen auch Dienstleistungen zählen. Als Unternehmung gelten also auch das Transport-, das Lebensmitteleinzelhandels- und das Friseurgeschäft, ebenso die Rechtsanwalts- und die Arztpraxis. Die Unternehmungen haben im volkswirtschaftlichen Kreislauf, wie bereits in Kap. 0.G.1 verdeutlicht, eine doppelte Funktion in bezug auf den Zweck jedes Wirtschaftens, die Versorgung der Haushalte mit Konsumgütern zur Bedürfnisbefriedigung:

(1) In den Unternehmungen werden Güter produziert, die den Haushalten entweder direkt als Konsumgüter dienen oder in anderen Unternehmungen als Zwischenprodukte eingesetzt werden, deren Erzeugnisse wiederum als Konsumgüter oder Zwischenprodukte Verwendung finden. Jede Unternehmung ist also direkt oder indirekt an der Konsumgüterversorgung beteiligt.

(2) In den Unternehmungen werden Faktorleistungen eingesetzt, die die Unternehmungen von den Haushalten nachfragen: Arbeitsleistungen, Sachkapitalleistungen, Bodenleistungen. Dafür zahlen die Unternehmungen den Haushalten Arbeits- und Besitzeinkommen. Ferner entsteht in den Unternehmungen das Gewinneinkommen, das den Eigentümerhaushalten zufließt. Alle diese Einkommen versetzen die Haushalte in die Lage, Konsumgüter zu kaufen.

Die Funktion der Unternehmung besteht also in der Güterproduktion einerseits, in der Schaffung von Haushaltseinkommen (Wertschöpfung) andererseits. Die Entscheidung darüber, was eine Unternehmung produziert, welche Faktorleistungen und Zwischenprodukte sie in welcher Kombination zur Produktion einsetzt, hat in einer privatwirtschaftlich orientierten Wirtschaftsordnung der Unternehmer oder der den Unternehmer vertretende Manager.

Während für das Bestehen von Haushalten primär nichtwirtschaftliche Gründe anzuführen sind, läßt sich das *Entstehen von Unternehmungen* ökonomisch zumindest mit folgenden Gründen erklären:

(1) *Entstehung von Ein-Personen-Unternehmungen:* Sogar in dem Fall, daß die Produktion von Gütern jeweils von einer Person ausgeführt werden könnte, lohnt es sich nicht, daß jeder Haushalt die von ihm zum Verbrauch gewünschten Mengen selbst herstellt. Da jede Arbeitskraft regelmäßig angeborene oder durch Ausbildung erworbene komparative (vergleichsweise) Vorteile in der Produktion bestimmter Güter hat, ist es vielmehr für sie lohnend, solche Güter über den Eigenbedarf hinaus für den Austausch mit anderen Wirtschaftseinheiten, d. h. als Unternehmung für den Markt, zu produzieren. In diesem Austausch erwirbt sie jene Güter, für deren Produktion sie selbst komparative Nachteile hätte. Bei der so beschriebenen *Arbeitsteilung in bezug auf verschiedene Güter* kommt es auf *komparative Vorteile* an. Dies zeigt folgendes Beispiel: Eine Person A, die sowohl besser backen als auch besser Schuhe reparieren kann als eine Person B, hat zwar einen absoluten Vorteil in beiden Tätigkeiten, einen komparativen jedoch regelmäßig nur in einer Tätigkeit. Kann A in der Zeit, in der sie ein Paar Schuhe repariert, mehr Brote backen als B in der Zeit, in der sie ein Paar Schuhe repariert, dann lohnt es für A, sich auf das Backen zu spezialisieren und eine Unternehmung als Bäcker zu betreiben. Dies impliziert, daß Person B in der Zeit, in der sie ein Brot backen kann, mehr Schuhe repariert als A in der Zeit, in der sie ein Brot backen kann. Obgleich A etwa in einer Stunde jeweils mehr Brot backen und mehr Schuhe reparieren kann als B, obwohl A mithin einen absoluten Vorteil bei beiden Gütern hat, verfügt B über einen komparativen Vorteil in der Schuhreparatur, für sie lohnt sich daher eine Spezialisierung auf die Schuhreparatur, d. h. das Betreiben einer Unternehmung als Schuster.

(2) *Entstehung von Mehr-Personen-Unternehmungen:* Die Entstehung von Mehr-Personen-Unternehmungen kann zum einen in *technischen Vorteilen der Arbeitsteilung in bezug auf ein Gut zwischen den Mitgliedern eines Teams* begründet sein. Das Team kann dabei nur als untrennbare Einheit produzieren; das Fehlen eines Mitglieds würde die Produktion verhindern. Die Arbeitsteilung innerhalb des Teams steigert die Produktionsmöglichkeiten über die Summe dessen, was in Ein-Personen-Unternehmungen ohne diese Art von Arbeitsteilung produziert werden könnte (vgl. das in Kap. 0.H.3 erwähnte Stecknadel-Beispiel von ADAM SMITH). – Eine Mehr-Personen-Unternehmung kann zum anderen auf *ökonomischen Vorteilen der organisatorischen Zusammenfassung von grundsätzlich trennbaren Tätigkeiten* beruhen. Eine solche Unternehmung läßt sich in Teil-Unternehmungen zerlegt denken, zwischen denen Märkte bestehen, auf denen die Leistungen der einzelnen Tätigkeiten angeboten, nachgefragt und zu Preisen umgesetzt (transaktioniert) werden. Die „Benutzung" dieser Märkte würde marktliche Transaktionskosten, z. B. für Information über die angebotenen und nachgefragten Leistungen, verursachen. Die organisatorische Zusammenfassung der Teil-Unternehmungen verlegt solche Transaktionen in die Unternehmung und verursacht dann unternehmungsinterne Transaktionskosten. Die Eingliederung einer weiteren Tätigkeit lohnt sich, so lange die mit der Nut-

zung des entsprechenden Marktes verbundenen Transaktionskosten die nach der Eingliederung entstehenden internen Transaktionskosten übersteigen. Der *Transaktionskostenansatz der Unternehmung* geht auf RONALD COASE (1937) zurück; er wurde inzwischen zur Transaktionskostentheorie ausgebaut und bildet den wichtigsten Zweig der „Neuen Institutionenökonomik", auf die wir in Kap. VI.D eingehen werden. Selbstverständlich können technische und ökonomische Vorteile zusammen wirksam sein.

In dem unter (1) erläuterten Fall geht es um Ein-Personen-Unternehmungen, die durch Identität von Eigentümer und Manager gekennzeichnet sind. Alle Faktorbestände, deren Leistungen in der Produktion eingesetzt werden, sind Eigentum des Unternehmers, der auch das Management betreibt und (einzige) Arbeitskraft ist. In den unter (2) angesprochenen Fällen der Mehr-Personen-Unternehmung ist prinzipiell ebenfalls eine personelle Identität von Eigentümern, Managern und Arbeitskräften denkbar. Zwischen allen an der Unternehmung Beteiligten müßte dann allerdings ein detaillierter *multilateraler Vertrag* bestehen, der genau regelt, welche Faktorleistungen der einzelne Teilnehmer zu welcher Zeit einbringt, welche Entscheidungsbefugnis ihm zusteht, welcher Gewinn- oder Verlustanteil auf ihn als Miteigentümer entfällt, welche Vergütung er als Mitmanager und welchen Lohn er als Mitarbeiter erhält. Dem Zustandekommen eines solchen Vertrages stehen große Schwierigkeiten entgegen, die man durch die Aussage umschreiben kann, daß die Kosten für Verhandlung und Einigung aller Koalitionspartner sowie für die Ausführung des Vertrages außerordentlich (in vielen Fällen: praktisch unendlich) hoch sind. Es sind diese Kosten eines multilateralen Vertrages und seiner Ausführung, die i. d. R. verhindern, daß eine Mehr-Personen-Unternehmung entsteht, in der die Beteiligten zugleich Eigentümer, Manager und Arbeitskräfte sind. Die Vertragskosten sind drastisch geringer und das Entstehen einer solchen Unternehmung ist regelmäßig nur möglich, wenn an die Stelle des multilateralen Vertrages zwischen allen Beteiligten *bilaterale Verträge* jeweils zwischen Unternehmung und einem Beteiligten, und zwar entweder als Eigentümer oder als Manager oder als Arbeitskraft, treten. Bilaterale Verträge haben den weiteren ökonomischen Vorteil, daß viele Eigentümer, besonders geeignete Manager und Arbeitskräfte für die Unternehmung gewonnen werden können. Neben der Aufhebung der personellen Identität von Eigentümern, Management und Arbeitskräften schaffen bilaterale Verträge mithin die Möglichkeit, bei einem stark erweiterten Kreis von Beteiligten Ressourcen für die Unternehmung zu mobilisieren.

Bilaterale Verträge setzen voraus, daß die Unternehmung als kontraktfähige organisatorische Einheit entstanden ist und, auf der Grundlage einer gesetzlichen Regelungen entsprechenden *Unternehmensverfassung*, bestimmten Unternehmungsorganen die Vertragsverhandlungen und Abschlüsse mit den einzelnen Beteiligten übertragen sind. Das Erkennen der Möglichkeit einer unter bestimmten (unten zu erläuternden) Zielsetzungen vorteilhaften Produktion, mithin auch der Anstoß für das Entstehen der organisatorischen Einheit einer Unternehmung, ist dem Wirken von *Unternehmern* zuzuschreiben (vgl. SCHUMPETERS *dynamischen Unternehmer*, der neue Kombinationen von Produktionsfaktoren durchsetzt, Kap. IV.F.2). Ein Unternehmer wird regelmäßig im Management der Unternehmung tätig werden; er muß nicht gleichzeitig (Mit-)Eigentümer sein. Typisches Organ der Unternehmung für Verträge mit Managern ist die Eigentümer- (bei Aktiengesellschaften: Aktionärs-)Versammlung; Kontrollorgan für die Ausführung solcher Verträge ist (bei Aktiengesellschaften) der Aufsichtsrat. Die Eigentümerversammlung ist grundsätzlich auch für die Verträge zwischen Unternehmung und Eigentümern zuständig. Diese können eine auf einen Eigentumsanteil begrenzte Haftung und dessen Übertragbarkeit auf andere Personen (bei Aktiengesellschaften: auf Aktien beschränkte Haftung und deren Verkäuflichkeit an der Börse) vorsehen. Typisches Organ für Abschluß und Ausführung von Verträgen mit Arbeitskräften ist das Management (bei Aktiengesellschaften: der Vorstand, vertreten durch die Personalabteilung).

Als *Zielsetzung* einer Unternehmung wird in der traditionellen mikroökonomischen Theorie die *Maximierung des Periodengewinns* angesehen. Der *Gewinn* einer Periode ist als Differenz zwischen Erlös und Kosten definiert. Der *Erlös* entsteht aus dem Verkauf der produzierten und angebotenen Güter. Die *Kosten* entstehen erstens für Güter und Dienstleistungen, die in der Periode, in der sie nachgefragt werden, vollständig in die Produktion eingehen, zweitens für die Nutzung von Gütern, die möglicherweise schon in früheren Perioden beschafft wurden und der Unternehmung als Produktionsapparat oder Fixkapital dienen. Bestandteil der Kosten sind auch die nicht Gewinn darstellenden Vergütungen an das Management (weitgehend identisch mit dem „Unternehmerlohn") und die Lohnzahlungen an die Arbeitskräfte. Für diese an der Unternehmung Beteiligten ist das in den entsprechenden Verträgen festgelegte, mithin *kontraktbestimmte Einkommen* zu zahlen. Der Gewinn der Unternehmung, und mithin das aus der Unternehmung fließende Einkommen der Eigentümer der in der Unternehmung eingesetzten Bestände an Sachkapital und Boden, ist hingegen residual bestimmt; es ergibt sich als „Rest" nach Abzug der Kosten vom Erlös. Bei Gewinnmaximierung soll das Management so disponieren, daß dieses *Residualeinkommen* ein Maximum wird.

Die Hypothese der Maximierung des Periodengewinns ist umstritten. Vor allem erscheint es plausibel, daß die Unternehmung nicht den Gewinn einer Periode, sondern den Gewinn über längere Fristen hinweg maximieren will. Ferner ist fraglich, ob bei personeller Trennung von Eigentum und Management die Manager stets im Eigentümerinteresse der Gewinnmaximierung handeln; das Management könnte andere, möglicherweise eigennützige Zielsetzungen verfolgen.

Wir behandeln hier zunächst den traditionellen Ansatz der Theorie der gewinnmaximierenden Unternehmung, der in den folgenden Kapiteln die Grundlage der Markt- und Preistheorie darstellt. Erst in Kap. VI.A gehen wir auf Ansätze zur Theorie der Unternehmung ein, in denen auch die Hypothese der Gewinnmaximierung näher untersucht bzw. durch andere Hypothesen ersetzt wird. Unter folgenden weiteren *vereinfachenden Annahmen* führen wir die Untersuchung durch:

(1) Die Unternehmung sei eine homogene Entscheidungseinheit, es gebe keine Probleme bezüglich der Koordination der Entscheidungen von Managern, die für verschiedene Unternehmensbereiche (z. B. Produktion, Absatz, Finanzierung) zuständig sind.

(2) Die Unternehmung stelle nur ein Gut her (die Probleme der Mehrproduktunternehmung behandeln wir unter „Ergänzungen", Abschnitt J.2).

(3) Es sei nicht erforderlich, zwischen produzierten und abgesetzten Gütermengen einerseits sowie beschafften und in der Produktion eingesetzten Gütermengen andererseits zu unterscheiden. Damit bleiben alle Probleme der Lagerhaltung von produzierten, aber noch nicht verkauften, und gekauften, aber noch nicht verwendeten Gütern unberücksichtigt.

(4) Die Unternehmung sei durch externe Effekte weder benachteiligt noch bevorteilt (externe Effekte behandeln wir unter „Ergänzungen", Abschnitt J.1).

Wir diskutieren in *Abschnitt B* die Produktionsfunktion, aus der wir in *Abschnitt C* bei gegebenen Preisen der zur Produktion eingesetzten Faktorleistungen und Vorprodukte die Kostenfunktion ableiten. In *Abschnitt D* wird auch der Preis des Produktes als gegeben angenommen und unter dieser Annahme der optimale Produktionsplan bestimmt. Angebot und Nachfrage der Unternehmung bei alternativen Faktornutzungs- und Produktpreisen werden in *Abschnitt E* analysiert. *Abschnitt F* diskutiert den Inhalt der Abschnitte B bis E für einen wichtigen Spezialfall, die linearhomogene Produktionsfunktion. In *Abschnitt G* werden die möglichen Veränderungen des Produktionsapparates der Unternehmung berücksichtigt und daraus die langfristige Kosten- und langfristige Angebotskurve deduziert. Mit dem Aufbau des Produktionsapparates durch Investition befassen wir uns in *Abschnitt H*. In *Abschnitt I* geht es um die Aggregation von Angebots- und Nachfragekurven einzelner Unternehmungen. Am Schluß dieses Kapitels sollen in *Abschnitt J* schließlich noch Probleme externer Effekte und der Mehrproduktunternehmung aufgezeigt werden.

B. Die Produktionsfunktion

In der Unternehmung werden aus Gütern, die in der Form von Faktorleistungen und Vorprodukten in der Produktion eingesetzt werden, andere Güter produziert. Es erfolgt also eine *Transformation von Gütern in andere Güter*. Wir bezeichnen in Zukunft *alle eingesetzten Güter als Faktoren*, gleichgültig, ob es sich um die verschiedenen Varianten von Leistungen der Produktionsfaktoren Arbeit, Sachkapital und Boden handelt, deren Bestände im wirtschaftlichen Eigentum der Haushalte stehen, oder um Güter, die von anderen Unternehmungen bezogen werden, d. h. Vor- oder Zwischenprodukte sind. Die Unterscheidung von Arbeits-, Kapital- und Bodenleistungen einerseits und Zwischenprodukten andererseits ist nämlich aus der Sicht der Unternehmung ohne Bedeutung. Die Zahl der eingesetzten Faktorleistungseinheiten (wie Arbeitsstunden, Maschinenstunden) und Zwischenprodukteinheiten (wie kg Material, Stück Schrauben) bezeichnen wir als Faktoreinsatzmenge. Die Zahl der erzeugten Gütereinheiten bezeichnen wir als Ausbringungs- oder Produktionsmenge.

1. Fixe und variable Faktoren

Ein *fixer Faktor* ist dadurch definiert, daß seine Einsatzmenge nicht von der Produktionsmenge abhängt, sondern fest vorgegeben ist. Die Einsatzmenge eines *variablen Faktors* verändert sich dagegen mit der Produktionsmenge. Was ein fixer und was ein variabler Faktor ist, hängt von der Länge des Zeitraums ab, auf den sich die Stromgrößen „Produktionsmenge" und „Faktoreinsatzmengen" beziehen. Die Einsatzmenge eines fixen Faktors kann innerhalb der zugrunde gelegten Periode der Ausbringungsmenge nicht angepaßt werden; die Entscheidung über diesen Faktor erstreckt sich über mehr als eine Periode. Beispiele für Fixfaktoren sind Gebäude und langlebige Maschinen. Die Einsatzmenge eines variablen Faktors geht innerhalb der betrachteten Periode völlig in die Produktion ein und läßt sich daher der Produktionsmenge anpassen. Beispiele dafür sind Materialmengen und kurzfristig einstell- und kündbare Arbeitskräfte.

Mit zunehmender Länge der betrachteten Periode werden immer mehr von den fixen zu variablen Faktoren. Bei einjähriger Periodenlänge sind die meisten Maschinen fixe, bei zwanzigjähriger dagegen variable Faktoren. Sehr langfristig sind grundsätzlich alle Faktoren variabel. Geht etwa die Produktion mangels Absatzes laufend zurück, so fallen bei Betrachtung kurzer Perioden noch dauernd die Kosten fixer Faktoren an, weil der Maschinenbestand und die Gebäude kurzfristig nicht der sinkenden Produktion angepaßt werden können. Bei Betrachtung langer Perioden können die Kosten für Maschinen dagegen abgebaut werden, indem man es unterläßt, den Maschinenpark zu erneuern.

Die Unterscheidung von fixen und variablen Faktoren in der angedeuteten Weise liefert auch das Kriterium dafür, was eine *Investition* und was *laufender Faktoreinsatz (current input)* ist. Investition ist die Beschaffung von fixen Faktoren, d. h. von Gütern, die nicht innerhalb einer Periode in den Produktionsprozeß eingehen. Laufender Faktoreinsatz ist gleichzusetzen mit dem Einsatz variabler Faktoren. Auch diese Unterscheidung hängt somit von der zugrundegelegten Periodenlänge ab.

2. Formulierung der Produktionsfunktion

Wir gehen im folgenden davon aus, daß eine Unternehmung ein Gut, dessen Menge y sei, mit zwei variablen Faktoren, deren Mengen r_1 und r_2 sind, erzeugt. Nur an einigen Stellen werden wir die Aussagen auf den Fall beliebig vieler variabler Faktoren verallgemeinern. Zwischen Faktoreinsatz und Ausbringung besteht folgende funktionale Beziehung:

$$y = g(r_1, r_2). \tag{II.1}$$

Diese *Produktionsfunktion* ordnet nicht-negativen Faktoreinsatzmengen $(r_1, r_2 \geqslant 0)$ eine nicht-negative Produktionsmenge y zu. Sie sei einwertig und stetig und habe stetige 1. und 2. Ableitungen. Diese Eigenschaften hatten wir im Zusammenhang mit der Nutzenfunktion (I.5) erläutert.

Diese Produktionsfunktion gelte für gegebenen, innerhalb der zugrundegelegten Periode nicht variierbaren Einsatz fixer Faktoren. Es wird also ein bestimmter Produktionsapparat, bestehend aus Gebäuden, Maschinen usw. unterstellt, der innerhalb der betrachteten Periode nicht verändert werden kann. Die Größe des Produktionsapparates kommt in dem Funktionalzusammenhang g zum Ausdruck. Wäre der Produktionsapparat kleiner oder größer, so wäre auch der Zusammenhang ein anderer. Wir gehen regelmäßig davon aus, daß sich bei einem größeren Produktionsapparat, d. h. höherem Fixfaktoreinsatz, im Bereich großer Mengen y mit geringerem Faktoreinsatz r_1, r_2 produzieren läßt. Nur innerhalb eines *gegebenen Produktionsapparates* gilt also der mit der Produktionsfunktion implizierte eindeutige Zusammenhang zwischen y und r_1, r_2.

Die Produktionsfunktion beschreibt die technischen Möglichkeiten, im Rahmen eines gegebenen Produktionsapparates verschiedene Produktionsmengen mit verschiedenen Faktoreinsatzmengen zu produzieren. Die einer gegebenen Faktormengenkombination (r_1, r_2) zugeordnete Menge y bezeichnet die technisch maximal mögliche Produktionsmenge, nicht eine prinzipiell auch mögliche geringere Menge. Die Produktionsfunktion impliziert damit einmal einen gegebenen, innerhalb der betrachteten Periode unveränderlichen Stand der Technik, zum anderen technische Effizienz in dem Sinne, daß die mit der gegebenen Technik vorhandene Produktionsmöglichkeit voll ausgenützt wird.

Wollen wir die Produktionsfunktion geometrisch darstellen, so haben wir für den Fall zweier variabler Faktoren wie bei der Nutzenfunktion drei Achsen zu berücksichtigen: r_1, r_2 tragen wir auf den Achsen der Grundfläche ab, y nach oben. Die Produktionsfunktion ist geometrisch wieder ein Funktionsgebirge, das *Ertragsgebirge* genannt wird, wobei die Höhe des Gebirges die produzierte Menge bezeichnet. Diese Menge ist, anders als der ordinale Nutzen, eine kardinal meßbare Größe.

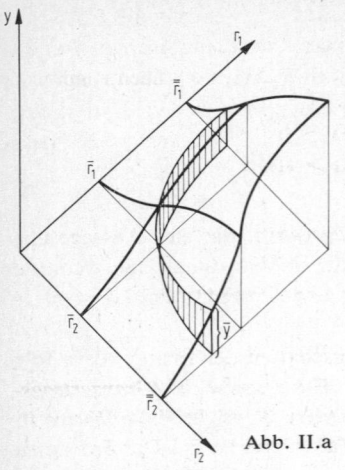

Abb. II.a

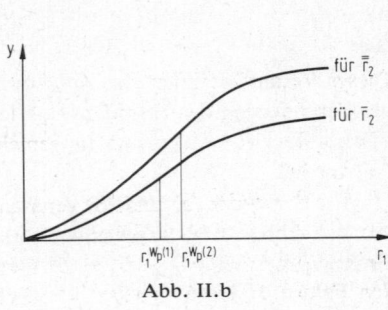

Abb. II.b

3. Ertragskurven und Isoquanten

Wir betrachten eine Produktionsfunktion, deren geometrische Darstellung der Abb. II.a entspricht. Das Ertragsgebirge können wir, ähnlich wie in Kap. I.B.2 das Nutzengebirge, in verschiedener Weise schneiden, z. B. folgendermaßen:

(1) Schnitt senkrecht zur Grundfläche, parallel zur r_1-Achse. Die Schnittkurve, die wir so erhalten, beschreibt den Zusammenhang zwischen r_1 und y für gegebenen Wert des Faktors 2, den man *Ertragskurve* für *Faktor 1* nennt.

(2) Schnitt senkrecht zur Grundfläche, parallel zur r_2-Achse. Wir erhalten so den Zusammenhang zwischen r_2 und y für gegebenen Einsatz des Faktors 1, d. h. eine *Ertragskurve* für *Faktor 2*.

(3) Schnitt parallel zur Grundfläche. Wir erhalten damit den Zusammenhang zwischen r_1 und r_2 für gegebene Produktionsmenge, den man *Isoquante* nennt.

Zu (1): Die Ertragskurve für Faktor 1 für die gegebene Einsatzmenge $\bar{r}_2$ des Faktors 2 wird durch die untere der beiden Kurven in Abb. II.b dargestellt und ist analytisch gegeben durch

$$y = g(r_1, \bar{r}_2) = g_1(r_1).$$ (II.2)

In unserem Beispiel hat die Kurve folgende Eigenschaften:

(a) Sie steigt überall positiv an, d. h. der *Ertragszuwachs* (oder, was dasselbe bezeichnet: der *Grenzertrag* oder die *Grenzproduktivität*) des Faktors 1 ist positiv. Man sagt auch: es herrscht *unbegrenzte Faktorergiebigkeit*. Analytisch heißt das, daß die 1. partielle Ableitung der Produktionsfunktion nach r_1 positiv ist:

$$\frac{\partial y}{\partial r_1} = g_1' > 0.$$ (II.3)

(b) Mit einer Vergrößerung des Faktoreinsatzes r_1 nehmen die Ertragszuwächse zunächst zu, erreichen ein Maximum bei der Wendepunktmenge $r_1^{Wp(1)}$ und nehmen danach wieder ab. Für die 2. direkte partielle Ableitung nach r_1 gilt also:

$$\frac{\partial^2 y}{\partial r_1^2} = g_1'' \begin{cases} >0 & \text{für} \quad r_1 < r_1^{Wp(1)} \\ <0 & \text{für} \quad r_1 > r_1^{Wp(1)} \end{cases} . \tag{II.4}$$

Dieser Verlauf definiert das *(allgemeine) Ertragsgesetz,* das eine Aussage über die Veränderung der Ertragszuwächse eines Faktors zum Inhalt hat, wenn der Einsatz des anderen Faktors (allgemeiner: aller anderen Faktoren) konstant gehalten wird.

Aus den unter (a) und (b) genannten Eigenschaften der Ertragskurve folgt der in Abb. II.c dargestellte Verlauf der *Ertragszuwachs-(Grenzertrags-, Grenzproduktivitäts-)* und der *Durchschnittsertrags-(Produktivitäts-)Kurve* für den Faktor 1, jeweils wieder für gegebenen Faktoreinsatz $\bar{r}_2$. Der Ertragszuwachs g_1' steigt bis zum Wendepunkt, fällt dann wieder, bleibt jedoch positiv. Der Durchschnittsertrag y/r_1 steigt an, bis er gleich dem Grenzertrag wird, und fällt von dort ab wieder, bleibt aber ebenfalls positiv.

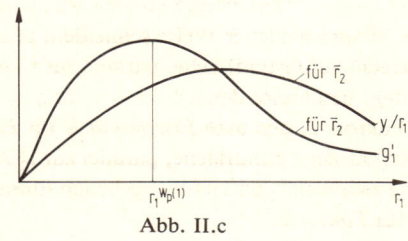

Abb. II.c

(c) Mit der von $\bar{r}_2$ auf $\bar{\bar{r}}_2$ vergrößerten Einsatzmenge des Faktors 2 verschiebt sich die Ertragskurve für Faktor 1 nach oben, ohne daß sich in unserem Beispiel der Typ der Kurve ändert. Entsprechend verschieben sich auch Ertragszuwachs- und Durchschnittsertragskurve. Die Ertragskurve für $\bar{\bar{r}}_2$ hat für jede Menge r_1 eine größere Steigung als die für $\bar{r}_2$. Mit vergrößertem Einsatz des Faktors 2 nimmt also der Ertragszuwachs des Faktors 1 zu. Analytisch bedeutet das, daß die 2. indirekte partielle Ableitung oder Kreuzableitung nach r_2 positiv ist:

$$\frac{\partial^2 y}{\partial r_1 \partial r_2} = g_{12}'' > 0 . \tag{II.5}$$

Da für die 1. und 2. Ableitungen der Produktionsfunktion Stetigkeit angenommen wird, gilt $g_{12}'' = g_{21}''$.

Zu (2): Die Ertrags- oder Produktivitätskurve für Faktor 2 bei gegebener Einsatzmenge $\bar{r}_1$ des Faktors 1 lautet analytisch:

$$y = g(\bar{r}_1, r_2) = g_2(r_2). \tag{II.6}$$

Wie aus Abb. II.a erkennbar, hat diese Kurve, ebenso wie die für gegebene Einsatzmenge $\bar{\bar{r}}_1$ des Faktors 1, in unserem Beispiel die gleichen Eigenschaften wie die unter (1) behandelte, so daß auch Ertragszuwachs- und Durchschnittsertragskurve vom gleichen Typ sind.

Zu (3): Die Isoquante für die Menge $\bar{y}$, die entsteht, indem man das Ertragsgebirge in der Höhe $\bar{y}$ parallel zur Grundfläche schneidet und die Schnittkurve in die Grundebene projiziert, wird analytisch gegeben durch

$$\bar{y} = g(r_1, r_2) \tag{II.7}$$

oder, bei Auflösen nach r_1, durch

$$r_1 = \tilde{g}(r_2, \bar{y}) = \tilde{\tilde{g}}(r_2). \tag{II.8}$$

Im Beispiel der Abb. II.a hat die Isoquante negative Steigung und verläuft konvex zum Ursprung, d. h. es gilt:

$$\frac{dr_1}{dr_2} < 0 \quad \text{und} \quad \frac{d^2 r_1}{dr_2^2} > 0. \tag{II.9}$$

Die folgenden Überlegungen zum Isoquantenverlauf sind unabhängig von unserem geometrischen Beispiel: Im totalen Differential der Produktionsfunktion

$$dy = g_1' \, dr_1 + g_2' \, dr_2 \tag{II.10}$$

sind dr_1 und dr_2 willkürlich angenommene, kleine, aber nicht infinitesimal kleine Änderungen der Faktoreinsatzmengen; dy ist die daraus resultierende Produktionsmengenänderung. Entlang einer Isoquante ist ex definitione

$$g_1' \, dr_1 + g_2' \, dr_2 = 0 \tag{II.11}$$

oder

$$\frac{g_2'}{g_1'} = - \frac{dr_1}{dr_2}. \tag{II.12}$$

Hinreichende Bedingung für *negative Steigung* der Isoquante sind positive Grenzproduktivität oder unbegrenzte Faktorergiebigkeit beider Faktoren: $g_1' > 0$, $g_2' > 0$. Dann ist nämlich die linke Seite von (II.12) positiv, und auf der rechten Seite muß entweder der Zähler oder der Nenner des Bruches negativ sein, d. h. die willkürliche Erhöhung der Menge eines Faktors wird bei Bewegung auf einer Isoquanten durch eine bestimmte Verminderung der Menge des anderen Faktors ausgeglichen. Ist r_2 die unabhängige Variable und untersuchen wir infinitesimale Größenänderungen, so gilt:

$$\left| \frac{dr_1}{dr_2} \right| = \frac{g_2'}{g_1'}, \tag{II.13}$$

d. h. die absolute Isoquantensteigung oder die *Grenzrate der Substitution des Faktors 1 durch den Faktor 2* ist gleich dem *umgekehrten Verhältnis der Grenzproduktivitäten.*

Wir fragen nun, unter welchen Voraussetzungen die Isoquanten *konvex* zum Ursprung sind, d. h. eine abnehmende Grenzrate der Substitution eines Faktors durch den anderen vorliegt. In diesem Fall muß sich in Abb. II.d beim Übergang von P nach Q auf der Isoquante für $\bar{y}$ der Wert des Bruchs in (II.13) verringern.

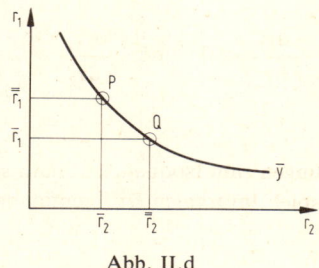

Abb. II.d

Für die folgende Diskussion unterstellen wir, daß der Ertragszuwachs (die Grenzproduktivität) eines Faktors bei Mehreinsatz des anderen Faktors nicht abnimmt, d. h. $g_{12}'' = g_{21}'' \geqslant 0$.

Die Argumentation ist analog zu der für konvexe Indifferenzkurven in Kap. I.B.2: Analytisch lautet die Bedingung für eine abnehmende Grenzrate der Substitution analog zu (I.17b):

$$2g_{21}'' \cdot g_1' \cdot g_2' > (g_1')^2 \cdot g_{22}'' + (g_2')^2 \cdot g_{11}'' . \tag{II.13a}$$

Bei positiven Grenzerträgen und nicht-negativen Kreuzableitungen sind *hinreichend* für konvexen Isoquantenverlauf abnehmende Ertragszuwächse für beide Faktoren: $g_1'' < 0$, $g_2'' < 0$. Dann sind die beiden Summanden auf der rechten Seite von (II.13a) negativ, die linke Seite ist positiv, so daß die Ungleichung erfüllt ist. Abnehmende Ertragszuwächse für alle Faktoren sind jedoch keine notwendige Bedingung für abnehmende Grenzrate der Substitution.

Anhand des Isoquantendiagramms läßt sich auch der Verlauf der Ertrags- und Ertragszuwachskurven diskutieren. In Abb. II.e sind die Isoquanten für konstante Produktionsmengendifferenzen, nämlich für die Mengen 1, 2, 3 usw., eingezeichnet. Interessiert uns der Kurvenverlauf für Faktor 1 bei gegebenem Faktoreinsatz $\bar{r}_2$, so tragen wir bei $\bar{r}_2$ eine Parallele zur r_1-Achse ein und stellen fest, in welchen Abständen die Isoquanten für konstante Mengendifferenzen diese Gerade schneiden. Nehmen die Abstände ab, dann befinden wir uns im Bereich zunehmender Steigung der Ertrags- und positiver Steigung der Ertragszuwachskurve. Nehmen die Abstände zu, dann nimmt die Steigung der Ertragskurve ab und die der Ertragszuwachskurve wird negativ. In Abb. II.e ist also das allgemeine Ertragsgesetz unterstellt.

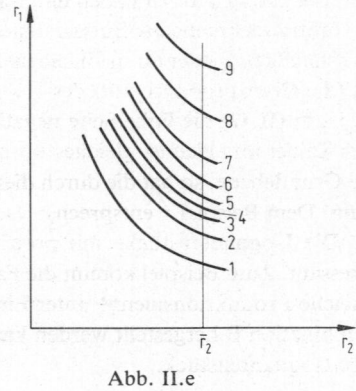

Abb. II.e

Vier weitere Beispiele von Produktionsfunktionen werden in den Abb. II.f bis II.i als Ertragsgebirge dargestellt. Für alle diese Beispiele lassen sich Ertrags-, Ertragszuwachs- und Durchschnittsertragskurven für jeweils einen Faktor bei konstanter Einsatzmenge des anderen Faktors sowie Isoquanten für jeweils gegebene Produktionsmengen bilden und diskutieren. Folgende Besonderheiten sind hervorzuheben:

(1) In den Beispielen f und h flacht sich das Ertragsgebirge an den Achsen nicht bis auf die Höhe Null ab. Das bedeutet, daß auch mit nur einem Faktor produziert werden kann. Die Ertragskurven haben dann – bei positiver Einsatzmenge des anderen Faktors – positiven Ordinatenabschnitt, die Durchschnitts-

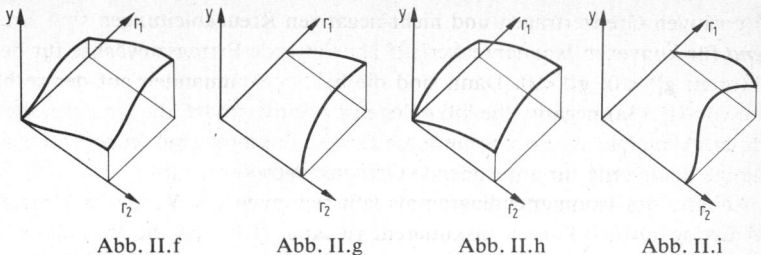

Abb. II.f   Abb. II.g   Abb. II.h   Abb. II.i

ertragskurven beginnen im Unendlichen, die Isoquanten schneiden die Achsen.

(2) In den Beispielen g und h nehmen die Ertragszuwächse nicht zunächst zu und erst später ab, sonders es gelten überall abnehmende Ertragszuwächse. Anstelle des allgemeinen Ertragsgesetzes trifft hier also das *Gesetz abnehmender Ertragszuwächse* zu.

(3) Während in den Beispielen f bis h die Ertragszuwächse immer positiv bleiben, fallen im Beispiel i die Ertragszuwächse von positiven Werten über Null auf negative Werte, d. h. die Ertragskurven haben ein Maximum, die Höhe des Ertragsgebirges nimmt mit zunehmendem Einsatz eines Faktors bei gegebenem Einsatz des anderen schließlich wieder ab. Ist in einem Punkt des Ertragsgebirges der Ertragszuwachs (die Grenzproduktivität) des einen Faktors positiv, der des anderen negativ, so ist in (II.12) die linke Seite negativ, und der Bruch auf der rechten Seite muß im Zähler und Nenner gleiches Vorzeichen haben. Projizieren wir den Punkt in die Grundebene, so hat die durch diesen verlaufende Isoquante also positive Steigung. Dem Beispiel i entsprechen Isoquanten der in Abb. II.j dargestellten Form. Die Isoquantenstücke mit positiver Steigung sind jedoch ökonomisch uninteressant. Zum Beispiel kommt die Faktorkombination A nicht in Frage, weil die gleiche Produktionsmenge unter Einsparung der Mengen Δr_1 und Δr_2 mit der Kombination B hergestellt werden kann. Daher interessiert nur das negativ steigende Isoquantenstück.

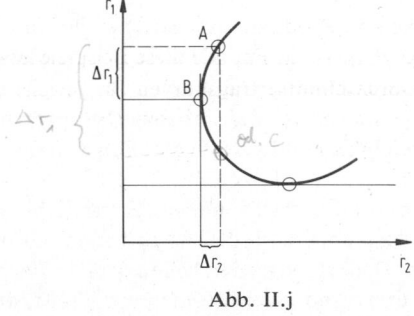

Abb. II.j

Wir gingen bisher stets von *substitutionalen Produktionsfunktionen* aus: Zur Herstellung einer gegebenen Produktionsmenge kommen verschiedene, durch Punkte auf einer Isoquanten dargestellte Faktormengenkombinationen in Frage; Mengen des einen Faktors sind mithin durch bestimmte Mengen des anderen substituierbar. Wir unterstellen nun, daß die Faktoren nicht substituierbar, sondern in einem bestimmten Mengenverhältnis einzusetzen sind. In diesem Fall spricht man von *limitationalen Produktionsfunktionen* und von limitationalen Produktionsfaktoren. Das Verhältnis der Faktoreinsatzmengen muß für zunehmende Produktionsmengen nicht unbedingt dasselbe bleiben, doch wird dies fast immer unterstellt. Auch das Verhältnis aus Produktionsmenge und einer Faktoreinsatzmenge muß mit zunehmender Produktionsmenge nicht unbedingt konstant sein, doch wird auch dies meist angenommen. Wir haben es dann mit einer *linear-limitationalen Produktionsfunktion* zu tun. Für eine solche Funktion gilt also, wenn wir wieder zwei Faktoren zugrundelegen,

$$r_1 = a_1 y$$
$$r_2 = a_2 y, \qquad a_1, a_2 > 0, \tag{II.14}$$

mithin

$$r_1 = \frac{a_1}{a_2} r_2, \tag{II.15}$$

wobei a_1 und a_2 die konstanten *Produktions-* oder *Inputkoeffizienten* sind. Da solche Funktionen auch in der von LEONTIEF entwickelten Input-Output-Analyse verwendet werden, nennt man sie auch *Leontiefsche Produktionsfunktionen.*

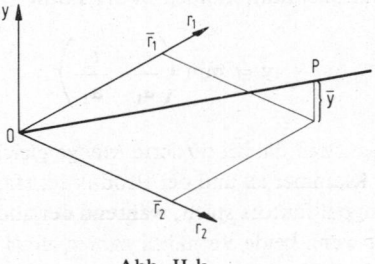

Abb. II.k

Versuchen wir, das diesen Funktionen zugeordnete Ertragsgebirge zu zeichnen, so stellen wir fest, daß von diesem nur ein einziger, und zwar linear verlaufender, gleichmäßig an Höhe gewinnender Pfad definiert ist. In Abb. II.k entspricht den Mengen $\bar{r}_1$, $\bar{r}_2$, die in dem durch (II.15) vorgeschriebenen Verhältnis stehen, die Menge $\bar{y}$ und damit der Punkt P. Legen wir einen Strahl durch den Ursprung und P, so bezeichnen die Punkte auf diesem Strahl alle Kombinationen der Variablen r_1, r_2 und y, für welche die Produktionsfunktion lediglich definiert ist.

Man erkennt sofort, daß die Ertragskurven zu einem einzigen Punkt zusammenschrumpfen. Zum Beispiel besteht für gegebenen Faktoreinsatz $\bar{r}_2$ die Ertragskurve für Faktor 1 aus dem Punkt mit den Koordinaten $\bar{r}_1$ und $\bar{y}$. Es hat daher keinen Sinn, eine Kurve der Ertragszuwächse zu zeichnen. Die Kurve des Durchschnittsertrags besteht gleichfalls aus einem Punkt. Auch eine Isoquante schrumpft zu einem Punkt zusammen, und zwar jenem, der im (r_1, r_2)-Diagramm der Beziehung (II.15) genügt. Projizieren wir den Pfad, der die Produktionsfunktion darstellt, in die Grundebene, so erhalten wir dort einen Strahl mit der Steigung a_1/a_2, auf dem alle die zu einem Punkt reduzierten Isoquanten liegen (vgl. Abb. II.l). Punkte mit gleichen Abständen repräsentieren wegen (II.14) Isoquanten für gleiche Produktionsmengendifferenzen.

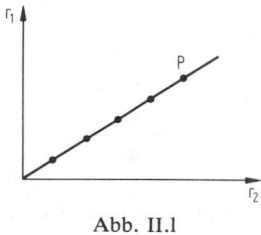

Abb. II.l

Lassen wir zu, daß nicht nur Faktorkombinationen auf dem Strahl, sondern beliebige Kombinationen eingesetzt werden, so können wir die linear-limitationale Produktionsfunktion auch in der Form

$$y = \min\left(\frac{r_1}{a_1}, \frac{r_2}{a_2}\right) \tag{II.16}$$

schreiben, die aussagt, daß die produzierte Menge gleich der kleinsten der Verhältniszahlen in der Klammer ist und der Produktionsfaktor, für den diese Zahl gilt, die Rolle des Engpaßfaktors spielt, während der andere Faktor im Überfluß eingesetzt wird. Nur wenn beide Verhältniszahlen gleich sind, entspricht (II.16) genau (II.14) und befinden wir uns im Ertragsgebirge bzw. in der Faktor-Grundebene auf dem Strahl von 0 durch P. Ist in Abb. II.m beispielsweise Q die eingesetzte Faktorkombination, dann ist Faktor 2 der Engpaß und Faktor 1 mit der Menge QR im Überfluß eingesetzt. Bei der Faktorkombination S ist Faktor 1 der Engpaß, während die Menge RS des Faktors 2 überflüssig ist. In beiden Fällen ist allein der Punkt R für die Produktionsmenge entscheidend. Im Ertragsge-

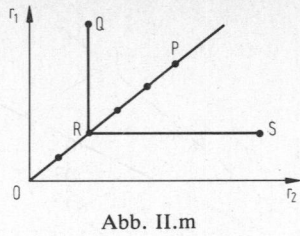

Abb. II.m

birge zu (II.16) zweigen von dem Pfad OP Seitenpfade ab, die parallel zu den Achsen immer in gleicher Höhe verlaufen. Schneiden wir dieses Gebirge parallel zur Grundfläche in der Höhe des Punktes R, so entsteht als Isoquante der Linienzug QRS. Alle Punkte zwischen R und Q sowie R und S sind jedoch ineffiziente Faktorkombinationen, da die Menge des im Überfluß eingesetzten Faktors reduziert werden kann, ohne daß sich die produzierte Menge verringert. Im Bereich QR ist der Ertragszuwachs des Faktors 1, im Bereich RS der des Faktors 2 gleich Null. Indem man die linear-limitationale Produktionsfunktion in der Form (II.16) ansetzt, erhält man ein den Isoquanten substitutionaler Produktionsfunktionen ähnliches Bild.

4. Homogene, insbesondere linear-homogene Produktionsfunktionen

Wenden wir die auf S. 63 gegebene Definition an, so ist die Produktionsfunktion (II.1) homogen vom Grade m, wenn gilt

$$k^m y = g(kr_1, kr_2) \quad \text{mit} \quad k > 0 \ . \tag{II.17}$$

Wir betrachten hier also die Veränderung der Produktionsmenge, die sich ergibt, wenn wir alle Faktoreinsatzmengen mit dem gleichen positiven Faktor k multiplizieren, d. h. in gleicher Proportion verändern.

Im Fall m = 1 ist die Produktionsfunktion *homogen vom Grade 1* oder *linear-homogen*. Funktionen mit dieser Eigenschaft spielen auch als makroökonomische Produktionsfunktionen unter anderem in der Wachstumstheorie eine wichtige Rolle. Bei Linear-Homogenität spricht man auch von *konstanten Skalenerträgen* (der Grund für diese Bezeichnungsweise wird gleich deutlich werden). Eine beliebige proportionale Veränderung aller Faktormengen bedeutet hier eine gleiche proportionale Veränderung der produzierten Menge. Gehen wir von einer beliebigen Faktorkombination aus, so ist also bei Multiplikation der Faktormengen z. B. mit 2/3, 1, 5 oder 10 auch die bisherige Produktionsmenge mit dieser Zahl zu multiplizieren. Auf dem Ertragsgebirge einer linear-homogenen Produktionsfunktion müssen Pfade vom Ursprung aus, denen ein beliebiges konstantes Faktormengenverhältnis, also ein beliebiger Ursprungsstrahl in der

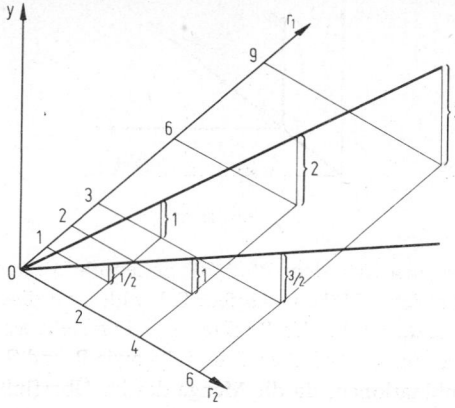

Abb. II.n

Grundebene entspricht, mit konstantem Anstieg verlaufen. Nehmen wir in Abb. II.n beispielsweise an, die Faktorkombination ($r_1 = 3$, $r_2 = 2$) liefert eine Menge $y = 1$, dann muß die Kombination ($r_1 = 6$, $r_2 = 4$) die Menge $y = 2$, die Kombination ($r_1 = 9$, $r_2 = 6$) die Menge $y = 3$ produzieren. Erhalten wir aus der Kombination ($r_1 = 1$, $r_2 = 2$) die Menge $y = 1/2$, dann liefert die Kombination ($r_1 = 2$, $r_2 = 4$) die Menge $y = 1$, die Kombination ($r_1 = 3$, $r_2 = 6$) die Menge $y = 3/2$. Die Verbindung der entsprechenden Punkte im dreidimensionalen Raum ergibt jeweils einen solchen Pfad. Fassen wir den Ursprungsstrahl in der Grundebene als Projektion des Pfades auf, dann haben auf diesem Strahl Punkte für gleiche Produktionsmengendifferenzen, etwa jeweils die Differenz 1, stets den gleichen Abstand. Auf einem Ursprungsstrahl ist mithin eine konstante Skala der Produktionsmengen gegeben. Auf jedem Strahl wird eine Produktionsmengeneinheit zwar durch eine in der Regel andere, aber jeweils konstante Strecke dargestellt (vgl. Abb. II.o). Sind uns viele solcher Strahle zeichnerisch gegeben, so können wir die Isoquanten ermitteln, indem wir Punkte, die gleiche Produktionsmengen repräsentieren, zu einer Kurve verbinden. Oder: Haben wir die Isoquante für $y = 1$ gezeichnet, dann können wir beliebig viele Strahle aus dem Ursprung einzeichnen und erhalten durch den Schnittpunkt eines Strahls mit der Isoquante sofort das Skalenmaß für eine Produktionsmengeneinheit auf diesem Strahl.

Ist $m > 1$, d.h. der *Homogenitätsgrad größer als eins*, spricht man auch von *zunehmenden Skalenerträgen*. Unabhängig von der Ausgangskombination bewirkt hier eine Vervielfachung aller Faktormengen mit $k > 0$ eine Vervielfachung der produzierten Menge mit $k^m > k$. Die Veränderung der Produktionsmenge ist also überproportional zur Veränderung der Faktormengen. Auf dem

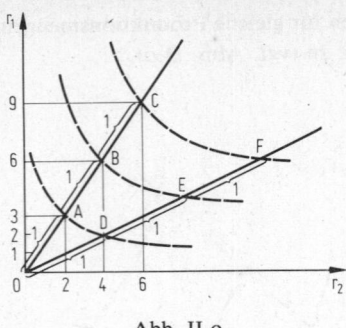

Abb. II.o

Ertragsgebirge einer solchen Produktionsfunktion müssen Pfade, denen ein Ursprungsstrahl in der Grundebene entspricht, zunehmende Steigung haben. Auf
dem Ursprungsstrahl, aufgefaßt als Projektion des Pfades, schrumpft jetzt die
Skala der Produktionsmengen mit wachsender Entfernung vom Ursprung immer weiter zusammen: Eine Produktionsmengenzunahme um eine Einheit erfordert ständig abnehmende Erhöhung des Faktoreinsatzes in der bisherigen Proportion. Entlang eines derartigen Strahls nimmt der Abstand von Isoquanten für
gleiche Produktionsmengendifferenzen, z. B. jeweils die Differenz 1, immer weiter ab (vgl. Abb. II.p).

Ist $m < 1$, d.h. der *Homogenitätsgrad kleiner als eins*, liegen *abnehmende
Skalenerträge* vor. Eine Multiplikation aller Faktormengen mit $k > 0$ bewirkt
hier eine Vervielfachung der Produktionsmenge mit $k^m < k$; die Produktionsmenge variiert also unterproportional. Ein beliebiger Pfad vom Ursprung des
Ertragsgebirges aus, dem ein Strahl in der Grundebene entspricht, hat abneh-

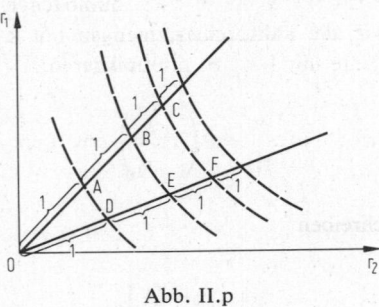

Abb. II.p

menden Anstieg. Auf einem solchen Ursprungsstrahl zieht sich die Skala der
Produktionsmengen mit wachsender Entfernung vom Ursprung immer weiter
auseinander. Eine Produktionsmengenzunahme um eine Einheit erfordert dauernd zunehmende Erhöhung des Faktoreinsatzes in der alten Proportion. Der

Abstand von Isoquanten für gleiche Produktionsmengendifferenzen nimmt entlang des Strahls ständig zu (vgl. Abb. II.q).

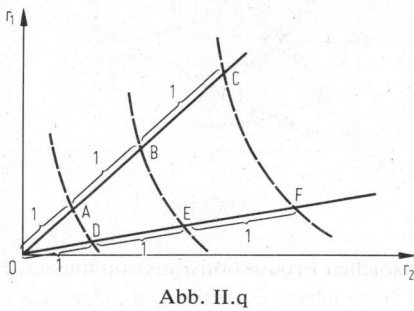

Abb. II.q

Wir wollen nun eine Behauptung beweisen, die nicht nur für die Theorie der Unternehmung, sondern auch in der makroökonomischen Produktionstheorie von großer Bedeutung ist: Die *Isoquanten* einer *beliebig homogenen Produktionsfunktion* werden von einem *beliebigen Strahl* aus dem Ursprung in *Punkten geschnitten,* in denen die *Isoquanten gleiche Steigung* haben. In jedem der drei Isoquantendiagramme für konstante, zunehmende und abnehmende Skalenerträge sind also die Steigungen der Isoquanten jeweils in den Punkten A, B, C und D, E, F gleich. Da die absolute Isoquantensteigung laut (II.13) gleich dem umgekehrten Verhältnis der Grenzproduktivitäten ist, trifft die Behauptung zu, wenn wir zeigen können, daß entlang eines Strahls das Verhältnis der Grenzproduktivitäten konstant ist. Wir gehen von der homogenen Produktionsfunktion (II.17) aus. Wenn wir alle Faktoreinsatzmengen mit $k = 1/r_1$ multiplizieren, haben wir die linke Seite mit $1/r_1^m$ zu multiplizieren:

$$\frac{y}{r_1^m} = g\left(1, \frac{r_2}{r_1}\right) . \tag{II.18}$$

Dafür können wir schreiben

$$y = r_1^m h\left(\frac{r_2}{r_1}\right) , \tag{II.19}$$

wobei wir das Funktionszeichen g durch h ersetzen, um die Konstante 1 nicht mehr berücksichtigen zu müssen. Die Grenzproduktivitäten sind nun:

$$\frac{\partial y}{\partial r_1} = g_1' = m r_1^{m-1} h\left(\frac{r_2}{r_1}\right) + r_1^m h'\left(\frac{r_2}{r_1}\right)\left(-\frac{r_2}{r_1^2}\right)$$

$$= r_1^{m-1}\left\{m h\left(\frac{r_2}{r_1}\right) - h'\left(\frac{r_2}{r_1}\right)\frac{r_2}{r_1}\right\} .$$

(II.20)

$$\frac{\partial y}{\partial r_2} = g_2' = r_1^m h'\left(\frac{r_2}{r_1}\right)\frac{1}{r_1} = r_1^{m-1} h'\left(\frac{r_2}{r_1}\right) .$$

(II.21)

Bilden wir das Verhältnis der Grenzproduktivitäten,

$$\frac{g_2'}{g_1'} = \frac{h'\left(\dfrac{r_2}{r_1}\right)}{m h\left(\dfrac{r_2}{r_1}\right) - h'\left(\dfrac{r_2}{r_1}\right)\left(\dfrac{r_2}{r_1}\right)} ,$$

(II.22)

so sehen wir, daß es nur von dem Verhältnis r_2/r_1 abhängt. Ein Strahl aus dem Ursprung ist durch ein konstantes Verhältnis r_2/r_1 definiert. Folglich ist entlang eines solchen Strahls das Verhältnis der Grenzproduktivitäten und mithin die Steigung der Isoquanten unveränderlich. Das Verhältnis r_2/r_1 nennt man auch die *Faktorintensität*. (II.22) sagt daher auch aus, daß das *Verhältnis der Grenzproduktivitäten nur von der Faktorintensität abhängt.*

Für *linear-homogene Produktionsfunktionen* können wir noch zwei Schlußfolgerungen ziehen:

(1) Die Beziehungen (II.20) und (II.21) zeigen, daß für $m = 1$ und mithin $r_1^{m-1} = 1$ nicht nur das Verhältnis der Grenzproduktivitäten, sondern sogar *jede einzelne Grenzproduktivität* entlang eines Strahls aus dem Ursprung bzw. *für gegebene Faktorintensität konstant* ist.

(2) Es gilt

$$r_1 g_1' + r_2 g_2' = y ,$$

(II.23)

denn setzt man in diesen Ausdruck (II.20) und (II.21) für $m = 1$ ein, so erhalten wir die Produktionsfunktion (II.19) für $m = 1$. Die Beziehung (II.23) ist das sogenannte EULERsche *Theorem*, angewendet auf eine linear-homogene Funktion. Es hat für die Wirtschaftstheorie große Bedeutung aus folgendem Grund: Wir werden später sehen, daß bei gegebenem Produktpreis p und gegebenen Faktorpreisen q_1 und q_2 die Unternehmung so viel von einem Faktor nachfragt, daß gilt:

$$g_1'p = q_1, \quad g_2'p = q_2. \tag{II.24}$$

Auf der linken Seite steht – grob gesprochen – die zusätzliche Produktionsmenge aufgrund der letzten eingesetzten Faktoreinheit, multipliziert mit dem Produktpreis, also der Wert des Faktorgrenzprodukts. Dieser muß gleich dem Faktorpreis sein, so daß man sagen kann, die Produktionsfaktoren werden mit dem Wert ihres Grenzprodukts entlohnt. Multiplizieren wir in der Eulerschen Gleichung beide Seiten mit p, dann folgt

$$r_1 q_1 + r_2 q_2 = yp, \tag{II.25}$$

d. h. die Summe der Kosten für die variablen Faktoren (von Kosten für fixe Faktoren sehen wir hier ab) zehrt den gesamten Erlös auf, es bleibt kein Gewinn. Aus diesem Grund heißt das EULERsche Theorem im Zusammenhang mit einer linear-homogenen Produktionsfunktion auch das „Adding-Up Theorem". Bei jenen Preisen, wie sie im Modell der vollständigen Konkurrenz herrschen, sorgen linear-homogene Produktionsfunktionen also für gewinnlose Produktion.

Es wird sich später zeigen, daß bei Geltung einer beliebigen homogenen Produktionsfunktion und vorgegebenen Faktorpreisen die Unternehmung eine Produktionsausdehnung am besten in der Weise vornimmt, daß sie den Einsatz aller Faktoren proportional erhöht, d. h. eine konstante Faktorintensität beibehält, oder geometrisch: im Isoquantendiagramm entlang eines Strahls aus dem Ursprung operiert. Werden die Faktoren immer im gleichen Verhältnis eingesetzt, kann man sie auch als einen einzigen fiktiven Faktor betrachten, dessen willkürlich gewählte Einheit ein konstant zusammengesetztes Bündel aus den beiden Faktoren ist. Die Zusammenfassung der Faktoren 1 und 2 zu einem Faktor 1|2 hat den Vorteil, daß wir dann mit einer Ein-Faktor-Theorie arbeiten können, in der sich die geometrische Darstellung der Produktionsfunktion auf eine Ertragskurve reduziert (zu der wir selbstverständlich auch Ertragszuwachs- und Durchschnittsertragskurve bilden können). Im Fall einer linear-homogenen Produktionsfunktion, d. h. konstanten Skalenerträgen, ist die Ertragskurve eine Gerade durch den Ursprung. Ist $m > 1$, gelten also zunehmende Skalenerträge, dann nimmt die Steigung der Ertragskurve zu. Wenn $m < 1$, mithin abnehmende Skalenerträge zutreffen, nimmt die Steigung der Ertragskurve ab. Ertragskurven für diese drei Fälle sind in Abb. II.r dargestellt. Es sei nochmals betont, daß diese Betrachtung nur durchführbar ist, wenn die einzelnen Faktoren stets im gleichen Verhältnis kombiniert werden. Man spricht dann auch von der Ertragskurve bei totaler Faktorvariation. Im Gegensatz dazu spricht man in den früher diskutierten Fällen, in denen der Einsatz nur eines Faktors verändert und der der übrigen konstant gehalten wird, von Ertragskurven bei partieller Faktorvariation.

Der funktionale Verlauf der Ertragskurve bei totaler Faktorvariation läßt sich direkt aus der Definition der Homogenität ersehen:

$$y = g(r_1, r_2) = k^m \cdot \bar{y} = g(k\,\bar{r}_1, k\,\bar{r}_2) = y(k) \quad \text{mit} \quad \bar{y} = g(\bar{r}_1, \bar{r}_2) \ . \quad (II.25\,a)$$

$y(k) = k^m \cdot \bar{y}$ nennt man auch *Niveauproduktionsfunktion*. Da die Faktorkombination $\bar{r}_1, \bar{r}_2$ (und damit $\bar{y}$) beliebig gewählt werden kann, ist diese Funktion nur bis auf eine positive multiplikative Transformation determiniert, die jedoch die Elastizität von $y(k)$ unberührt läßt. Analog zu (I.64) läßt sich zeigen, daß die Niveauproduktionsfunktion eine konstante Elastizität η_{yk}, die sogenannte *Skalenelastizität*, besitzt, die bei homogenen Funktionen mit dem Homogenitätsgrad m identisch ist. In Abb. II.r sind die Ertragskurven bei totaler Faktorvariation für drei unterschiedliche Homogenitätsgrade dargestellt.

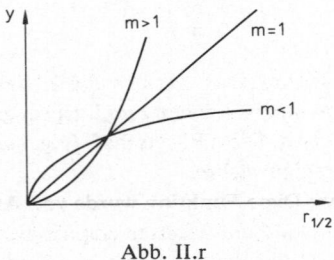

Abb. II.r

Es ist unmittelbar einzusehen, daß es sich bei den linear-limitationalen Produktionsfunktionen (II.14) bzw. (II.16) um eine linear-homogene Produktionsfunktion handelt, deren Faktorintensität (im Fall (II.16): Faktorintensität für effiziente Kombinationen) durch das Verhältnis der Inputkoeffizienten a_1/a_2 als konstante Größe vorgegeben ist. Bei solchen Funktionen ist es allerdings nicht möglich, die Steigung von Isoquanten mit Hilfe von Grenzproduktivitäten der Faktoren auszudrücken. Wir hatten erwähnt, daß die Isoquanten zu (II.14) zu einem Punkt auf dem Strahl OP (vgl. Abb. II.l) zusammenschrumpfen, während die Steigung der Isoquanten zu (II.16) in deren einzigem effizienten Punkt, dem Eckpunkt, unbestimmt ist (vgl. Abb. II.m).

Wir erwähnen abschließend zwei weitere Beispiele linear-homogener Produktionsfunktionen, die besonders in der makroökonomischen Theorie eine große Rolle spielen und auch in zahlreichen empirischen Untersuchungen zugrundegelegt wurden:

(1) Die COBB-DOUGLAS-*Funktion:* Sie ist schon bei WICKSELL (1913, S. 188) zu finden und wurde von COBB und DOUGLAS (1928) als gesamtwirtschaftliche Produktionsfunktion in umfangreichen empirischen Studien verwendet:

$$y = ar_1^b r_2^{1-b} \quad \text{mit} \quad a > 0, \quad 0 < b < 1. \tag{II.26}$$

Die Ertragskurve eines beliebigen der beiden Faktoren (die wir erhalten, indem wir den anderen Faktor als konstant betrachten) hat für endliche Faktoreinsatzmengen positive, aber abnehmende Steigung, d. h. es gelten abnehmende Ertragszuwächse. Zum Beispiel gilt für Faktor 1:

$$\frac{\partial y}{\partial r_1} = g_1' = \frac{b}{r_1} ar_1^b r_2^{1-b} = \frac{b}{r_1} y > 0; \tag{II.27}$$

$$\frac{\partial^2 y}{\partial r_1^2} = g_1'' = \underbrace{(b^2 - b)}_{< 0} \frac{y}{r_1^2} < 0. \tag{II.28}$$

Die Gleichung der Isoquante für eine Menge $\bar{y}$ lautet:

$$r_1 = \left(\frac{\bar{y}}{a}\right)^{1/b} r_2^{1-(1/b)}. \tag{II.29}$$

Die 1. Ableitung dieses Ausdrucks ist negativ, die 2. Ableitung positiv. Die Isoquante fällt also monoton und ist konvex zum Ursprung; es gilt eine abnehmende Grenzrate der Substitution. Diese Eigenschaft folgt auch bereits aus dem Vorliegen abnehmender Ertragszuwächse.

(2) Die *CES-Funktion:* Diese Funktion wurde von ARROW, CHENERY, MINHAS und SOLOW (1961) unter Zuhilfenahme empirischer Daten für einzelne Industriezweige abgeleitet (CES bedeutet konstante Substitutionselastizität oder *Constant Elasticity of Substitution* − eine hier nicht näher interessierende Eigenschaft der Funktion):

$$y = a\{br_1^{-c} + (1-b)r_2^{-c}\}^{-1/c} \quad \text{mit} \quad a > 0, \quad 0 < b < 1, \quad -1 \leqslant c \leqslant \infty. \tag{II.30}$$

Für $c \to 0$ geht die Funktion in die COBB-DOUGLAS-, für $c \to \infty$ in die LEONTIEF-sche Produktionsfunktion über. Auch hier gelten abnehmende Ertragszuwächse, mithin auch monoton fallende, zum Ursprung konvexe Isoquanten (diese Aussagen sind nicht möglich für den Sonderfall $c \to \infty$).

C. Die Kostenfunktion (bei gegebenen Faktorpreisen)

1. Kosten und Isokostengleichung

Die Unternehmung produziert durch Einsatz variabler und fixer Produktionsfaktoren. Die Kosten, die sie für variable Faktoren aufwenden muß, sind gleich der Summe aus den eingesetzten variablen Faktormengen multipliziert mit den entsprechenden Faktorpreisen. Diese *variablen Kosten* hängen also vom Faktoreinsatz, d. h. von der Faktorkombination (r_1, r_2) ab, ferner von den Preisen q_1, q_2 der Faktoren. Die *Fixkosten* F für die fixen Faktoren fallen unabhängig von der Höhe der Ausbringungsmenge an. Die Gesamtkosten sind also, wenn wir wieder zwei variable Faktoren unterstellen, definiert als

$$K = r_1 q_1 + r_2 q_2 + F. \tag{II.31}$$

Wir nehmen im folgenden an, daß ein Faktor nur zu einem einheitlichen Preis beschafft werden kann. Dieser ist für die Unternehmung eine gegebene Größe, gleichgültig, wieviel die Unternehmung von dem betreffenden Faktor nachfragt. Der Unternehmer rechnet also nicht damit, daß er beim Kauf einer größeren Menge einen Preisvorteil erzielt oder einen höheren Preis hinnehmen muß — etwa deshalb, weil der Anteil der Unternehmung an der Faktornachfrage im Verhältnis zur gesamten Faktornachfrage ganz gering ist. Die Faktorpreise sind ein Datum, ihre Bestimmungsgründe werden im Rahmen der Partialanalyse, die die Theorie der Unternehmung darstellt, nicht weiter untersucht. Die nachfragende Unternehmung richtet sich mit ihren Faktormengen an diesen Preisen aus, sie handelt als *Mengenanpasser*. (Die Annahme der Mengenanpassung bei der Faktorbeschaffung heben wir in Kap. IV.B.3, C.3 und D.4 auf, wo statt dessen ein mit der nachgefragten Faktormenge steigender Faktorpreis unterstellt wird.)

Gehen wir von einer bestimmten Kostensumme $\bar{K}$ aus, so kann die Unternehmung nach Abdeckung der gegebenen Fixkosten F bei den gegebenen Preisen damit verschiedene Faktormengenkombinationen (r_1, r_2) verwirklichen. Diese können wir im (r_1, r_2)-Diagramm darstellen. Wir lösen die Kostengleichung nach r_1 auf,

$$r_1 = -\frac{q_2}{q_1} r_2 + \frac{\bar{K} - F}{q_1}, \tag{II.32}$$

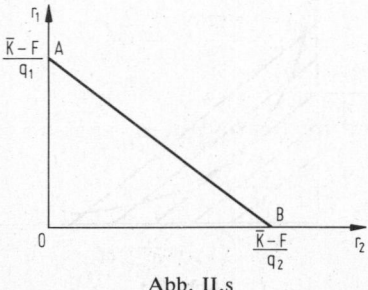

Abb. II.s

und erhalten so eine Gerade mit der Steigung $-q_2/q_1$, dem Ordinatenabschnitt $(\bar{K} - F)/q_1$ und dem Abszissenabschnitt $(\bar{K} - F)/q_2$ (vgl. Abb. II.s). (II.32) nennt man *Isokostengleichung*, ihr geometrisches Bild *Isokostengerade*. Die Punkte auf der Isokostengeraden bezeichnen alternative Faktorkombinationen (r_1, r_2), denen bei den gegebenen Preisen, unter Hinzurechnung der Fixkosten, die Gesamtkosten $\bar{K}$ entsprechen. Mit der gegebenen Kostensumme $\bar{K}$ sind selbstverständlich auch alle Kombinationen unterhalb der Geraden realisierbar; OAB ist der Bereich möglicher Faktorkombinationen. Für alternative größere Kostensummen verschiebt sich die Isokostengerade parallel nach rechts, für alternative kleinere Kostensummen parallel nach links. Die Isokostengerade entspricht der Bilanzgeraden in der Theorie des Haushalts.

2. Die Minimalkostenkombination: Geometrische Bestimmung

Beim Haushalt ging es darum, mit gegebener Konsumsumme die Mengenkombination zu wählen, die höchstmöglichen Nutzen stiftet. Analog könnte man bei der Unternehmung die Kostensumme K als gegeben voraussetzen und nach der Faktormengenkombination fragen, die die höchstmögliche Produktionsmenge gewährleistet. In der Theorie der Unternehmung ist uns die Kostensumme jedoch nicht gegeben, und es geht nicht primär darum, die einer Kostensumme zugeordnete maximale Produktionsmenge zu ermitteln. Wir interessieren uns vielmehr für die minimalen Kosten, die einer zunächst als gegeben betrachteten Produktionsmenge zugeordnet sind. Bei dieser Fragestellung zeichnen wir eine Schar von Isokostengeraden, denen unterschiedliche Kostensummen entsprechen, und die Isoquante für die gegebene Produktionsmenge (vgl. Abb. II.t). Auf der Isoquante wandern wir nun, z. B. von links oben nach rechts unten, so lange, bis wir die Isokostengerade für die geringstmögliche Kostensumme erreichen. Das trifft in dem Punkt zu, wo die Isoquante eine Isokostengerade berührt. Wenn y^1 die gegebene Produktionsmenge ist, dann sind K^1 aus $(K^1 - F)/q_1$ oder

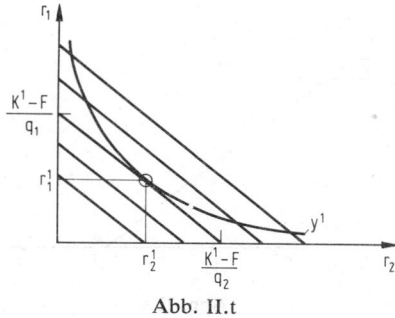

Abb. II.t

$(K^1 - F)/q_2$ die minimalen Kosten, die mit der *Minimalkostenkombination* der Faktoren (r_1^1, r_2^1) verwirklicht werden.

Im Tangentialpunkt sind Steigung der Isoquante und Steigung der Isokostengerade einander gleich, so daß gilt:

$$\frac{dr_1}{dr_2} = -\frac{q_2}{q_1} \quad \text{oder} \quad \left| \frac{dr_1}{dr_2} \right| = \frac{q_2}{q_1}. \tag{II.33}$$

Unter Berücksichtigung von (II.13) ergeben sich daraus für die Minimalkostenkombination einer gegebenen Produktionsmenge durch einfache Umformung folgende Beziehungen:

$$\text{(a)} \quad \frac{g_2'}{g_1'} = \frac{q_2}{q_1},$$

$$\text{(b)} \quad \frac{g_1'}{q_1} = \frac{g_2'}{q_2}, \tag{II.34}$$

$$\text{(c)} \quad \frac{1}{g_1'} q_1 = \frac{1}{g_2'} q_2 \quad \text{oder} \quad \frac{\partial r_1}{\partial y} q_1 = \frac{\partial r_2}{\partial y} q_2.$$

Diese *Eigenschaften der Minimalkostenkombination* lassen sich auf den Fall beliebig vieler Faktoren verallgemeinern, indem wir die Faktoren 1 und 2 als irgendwelche Faktoren i und j aus einer größeren Zahl von n Faktoren auffassen und in (II.34) den Index i an die Stelle von 1, den Index j an die Stelle von 2 setzen. Die Eigenschaften (II.34) (a) bis (c) sind wie folgt zu interpretieren:

Zu (a): Die *Grenzproduktivitäten* der Faktoren *verhalten sich* zueinander *wie die Faktorpreise.*

Zu (b): Die Quotienten aus Grenzproduktivität und Faktorpreis sind für alle Faktoren gleich. Im Kostenminimum ist, grob gesprochen, die Grenzproduktivität der zusätzliche Ertrag der letzten zusätzlichen Faktoreinheit, der Faktorpreis der zusätzliche Geldbetrag, der dafür aufzuwenden ist. Handelt es sich z. B. bei Faktor 1 um Arbeit, so gilt

$$\frac{g_1'}{q_1} = \frac{\dfrac{\text{Grenzertrag der Arbeit}}{\Delta \text{ Arbeitsstunde}}}{\dfrac{\Delta \text{ DM}}{\Delta \text{ Arbeitsstunde}}} = \frac{\text{Grenzertrag der Arbeit}}{\Delta \text{ DM}}. \tag{II.35}$$

(II.35) nennt man auch den *Grenzertrag des Geldes*, wenn dieses im Faktor Arbeit angelegt wird. Bedingung (b) sagt daher aus, daß die Minimalkostenkombination erreicht ist, wenn die letzte für einen Faktor ausgegebene Mark den gleichen Produktionsmengenzuwachs bewirkt wie die letzte für jeden anderen Faktor ausgegebene Mark. Solange diese Gleichheit der Grenzerträge des Geldes nicht realisiert ist, lohnt es sich noch, Substitutionen vorzunehmen. Diesem Satz vom *Ausgleich der Grenzerträge des Geldes* entspricht in der Haushaltstheorie der Satz vom Ausgleich der Grenznutzen des Geldes.

Zu (c): Der Kehrwert der Grenzproduktivität kann als die zusätzliche Faktormenge interpretiert werden, die für die letzte kleine zusätzliche Produktionsmenge einzusetzen ist. Multipliziert man diese zusätzliche Faktormenge mit dem Faktorpreis, so erhält man die *Faktorgrenzkosten* für die letzte kleine zusätzliche Produktionsmengeneinheit, die im Kostenminimum für alle Faktoren gleich sind. Der Satz vom Ausgleich der Grenzerträge des Geldes läßt sich also auch als Satz vom *Ausgleich der Faktorgrenzkosten* formulieren.

3. Die Minimalkostenkombination: Analytische Bestimmung

Ähnlich wie in der Haushaltstheorie handelt es sich auch hier um die Extremierung einer Funktion unter einer Nebenbedingung. Während in der Haushaltstheorie die Nutzenfunktion unter der Nebenbedingung, daß die Budgetgleichung erfüllt ist, zu maximieren war, ist hier die Kostengleichung unter der Nebenbedingung, daß die Produktionsfunktion für eine gegebene Produktionsmenge $\bar{y}$ erfüllt ist, zu minimieren:

$$K = q_1 r_1 + q_2 r_2 + F \rightarrow \text{Min}. \qquad \text{(II.36)}$$

mit

$$\bar{y} = g(r_1, r_2).$$

Wir bilden die LAGRANGE-Funktion

$$L = q_1 r_1 + q_2 r_2 + F + \lambda \{\bar{y} - g(r_1, r_2)\} \qquad \text{(II.37)}$$

und setzen deren partielle 1. Ableitungen nach den Variablen r_1, r_2 und λ gleich Null:

$$\frac{\partial L}{\partial r_1} = q_1 - \lambda g_1' = 0,$$

$$\frac{\partial L}{\partial r_2} = q_2 - \lambda g_2' = 0, \qquad \text{(II.38)}$$

$$\frac{\partial L}{\partial \lambda} = \bar{y} - g(r_1, r_2) = 0.$$

In diesen *Bedingungen 1. Ordnung* sind g_1' und g_2' jeweils Funktionen von r_1 und r_2. Es handelt sich daher um drei Gleichungen mit den drei Unbekannten r_1, r_2 und λ, nach denen wir in der Regel das Gleichungssystem lösen können. Indem wir die ersten beiden Gleichungen durcheinander dividieren, erhalten wir wieder die unter (II.34) (a) bis (c) angeführten Eigenschaften der Minimalkostenkombination. Als *Bedingungen 2. Ordnung* hätten wir wieder bestimmte Determinanten auf ihr Vorzeichen zu überprüfen, worauf wir hier verzichten. Ist die Isoquante zum Ursprung konvex, so kann es sich in ihrem Tangentialpunkt mit einer Isokostengeraden nur um ein Kostenminimum handeln.

Benutzen wir als Beispiel die COBB-DOUGLAS-Funktion (II.26), dann erhalten wir aus der LAGRANGE-Funktion

$$L = q_1 r_1 + q_2 r_2 + F + \lambda(\bar{y} - a r_1^b r_2^{1-b}) \tag{II.39}$$

die folgenden Bedingungen 1. Ordnung:

$$\frac{\partial L}{\partial r_1} = q_1 - \lambda \frac{b}{r_1} \bar{y} = 0,$$

$$\frac{\partial L}{\partial r_2} = q_2 - \lambda \frac{1-b}{r_2} \bar{y} = 0, \tag{II.40}$$

$$\frac{\partial L}{\partial \lambda} = \bar{y} - a r_1^b r_2^{1-b} = 0.$$

Hier haben wir die Grenzproduktivität g_1' aus (II.27) übernommen; analog ergibt sich die Grenzproduktivität g_2'. Aus den ersten beiden Bedingungen folgt:

$$\frac{q_2}{q_1} = \frac{1-b}{b} \frac{r_1}{r_2}, \tag{II.41}$$

oder

$$r_1 = \frac{b}{1-b} \frac{q_2}{q_1} r_2 = c r_2 \quad \text{mit} \quad c = \frac{b}{1-b} \frac{q_2}{q_1} = \text{const.} \tag{II.42}$$

Aus dieser Beziehung und der dritten Bedingung läßt sich für gegebene Menge $\bar{y}$ die kostenminimierende Faktorkombination (r_1^*, r_2^*) bestimmen:

$$r_1^* = \frac{c^{1-b}}{a} \bar{y}, \quad r_2^* = \frac{c^{-b}}{a} \bar{y}. \tag{II.43}$$

4. Der Expansionspfad (Faktoranpassungskurve)

Wir erweitern nun unser bisheriges Problem in der Weise, daß wir nicht mehr
nach der kostenminimierenden Faktorkombination für eine einzige gegebene
Produktionsmenge, sondern nach der Gesamtheit aller kostenminimierenden
Faktorkombinationen für wachsende, jeweils gegebene Produktionsmengen fragen. Gegeben sind also Isoquanten für wachsende Produktionsmengen, gesucht
sind die zugeordneten kostenminimierenden Faktoreinsatzmengen. Zu diesem
Zweck wandern wir in Abb. II.u an jeder der Isoquanten entlang und bestimmen
ihren Tangentialpunkt mit einer Isokostengeraden. Diese Gerade bezeichnet die
jeweiligen minimalen Kosten einer Produktionsmenge, der Tangentialpunkt die
kostenminimierende Faktorkombination. Verbinden wir die Tangentialpunkte
zu einer Kurve, so erhalten wir den *Expansionspfad* oder die *Faktoranpassungs-
kurve*. Jeder Punkt auf dieser Kurve bezeichnet eine Minimalkostenkombination; für jeden Punkt gelten dementsprechend die Eigenschaften (II.34) (a) bis

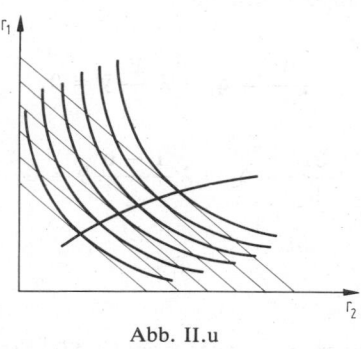

Abb. II.u

(c). Analytisch erhalten wir den Expansionspfad aus den Bedingungen 1. Ordnung für ein Kostenminimum, indem wir aus diesen die Zuordnung zwischen r_1
und r_2 für alternative Produktionsmengen y bestimmen. In unserem Beispiel mit
der COBB-DOUGLAS-Funktion haben wir sie bereits als Beziehung (II.42) abgeleitet. In diesem Fall ist der Expansionspfad also ein Strahl aus dem Ursprung.
Dies folgt übrigens bereits daraus, daß die Isokostengeraden gleiche Steigung haben und die Isoquanten der linear-homogenen COBB-DOUGLAS-Funktion in ihren Schnittpunkten mit einem Strahl aus dem Ursprung gleiche Steigung aufweisen, was wir mit der Ableitung von (II.22) bewiesen haben.

5. Ableitung der Kostenfunktion

Jeder Isoquante und der zugehörigen Isokostengeraden ist einerseits eine bestimmte Produktionsmenge, andererseits eine bestimmte minimale Kosten-

summe zugeordnet. Mithin gibt es einen eindeutigen Zusammenhang zwischen Produktionsmenge und jeweiligen minimalen Kosten, die *Kostenfunktion.*

Wir diskutieren zunächst die Kostenfunktion bei *linear-homogener Produktionsfunktion.* In diesem Fall ist der Expansionspfad ein Strahl aus dem Ursprung, auf dem eine konstante Skala der Produktionsmengen gegeben ist. Es wird also jede Menge mit der gleichen Faktorintensität produziert. In Abb. II.v.1 nehmen wir an, daß die Strecken d jeweils einer Produktionsmengeneinheit entsprechen. Da die Isokostengeraden parallel verlaufen, erhalten wir nach dem Strahlensatz auf der Ordinate ebenfalls eine konstante Skala mit den Strecken e. Eine solche Strecke entspricht der Differenz der Ordinatenabschnitte

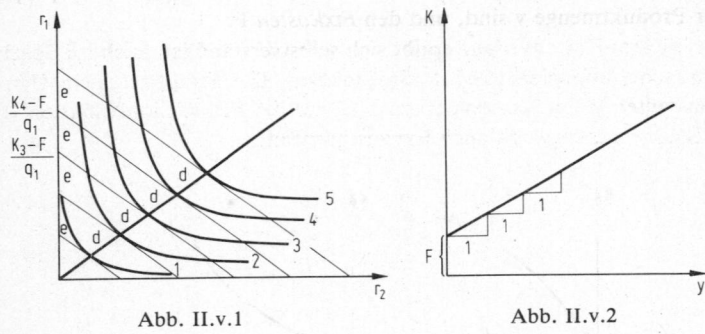

Abb. II.v.1   Abb. II.v.2

zweier Isokostengeraden, und aus dieser Differenz ergeben sich die zusätzlichen Minimalkosten für eine Produktionsmengeneinheit. Betrachten wir etwa die Isoquanten für y = 3 und y = 4, dann bestimmen die Minimalkosten K_3 und K_4 für diese Mengen die Ordinatenabschnitte der entsprechenden Isokostengeraden, und ihre Differenz

$$e = \frac{K_4 - F}{q_1} - \frac{K_3 - F}{q_1} = \frac{1}{q_1}(K_4 - K_3) \qquad (II.44)$$

ist ein konstantes Vielfaches der Differenz der Minimalkosten. Wegen der Konstanz von e und q_1 entsteht für jede zusätzliche Produktionsmengeneinheit der gleiche Minimalkostenzuwachs. Diese Überlegung wenden wir nun in Abb. II.v.2 an, wo wir das geometrische Bild der Kostenfunktion, die *Kostenkurve,* zeichnen: Für y = 0 entstehen die Fixkosten F. Für jede zusätzliche Einheit entsteht ein konstanter Minimalkostenzuwachs. Die Kostenkurve hat also einen Ordinatenabschnitt F und verläuft linear mit positiver Steigung.

Analytisch erhalten wir die Kostenfunktion wieder aus den Bedingungen 1. Ordnung für das Kostenminimum. Im Fall der linear-homogenen COBB-

DOUGLAS-Funktion setzen wir in die Definitionsgleichung (II.31) die in (II.43) abgeleiteten kostenminimierenden Faktormengen r_1^*, r_2^* ein, wobei jetzt statt gegebenem $\bar{y}$ variables y betrachtet wird:

$$K(y) = k(y) + F = \frac{c^{1-b}}{a}\,yq_1 + \frac{c^{-b}}{a}\,yq_2 + F,$$

$$= \underbrace{\frac{1}{a}\,(c^{1-b}q_1 + c^{-b}q_2)}_{\text{konstant}}y + F.$$

(II.45)

Die Kosten K(y) bestehen also aus den *variablen Kosten* k(y), die hier proportional zur Produktmenge y sind, und den *Fixkosten* F.

Ein linearer Kostenverlauf ergibt sich selbstverständlich auch im Spezialfall der linear-limitationalen Produktionsfunktion. Der Strahl aus dem Ursprung mit konstanter Produktionsmengenskala, der die Produktionsfunktion (II.14) darstellt, ist dann zugleich auch Expansionspfad.

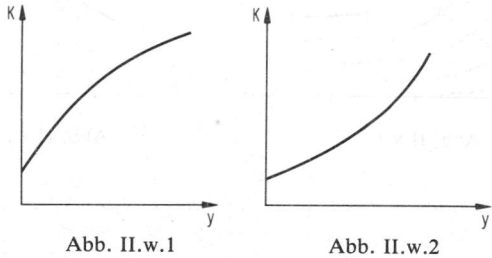

Abb. II.w.1   Abb. II.w.2

Unterstellen wir nun statt einer linear-homogenen eine lediglich homogene Produktionsfunktion, so muß der Expansionspfad weiterhin eine Gerade aus dem Ursprung sein, denn auch bei solchen Funktionen müssen die Isoquanten jene Steigung, die dem gegebenen umgekehrten Faktorpreisverhältnis entspricht, in Punkten erreichen, die auf einer Geraden durch den Ursprung liegen [vgl. (II.22)]. Auch hier wird also mit konstanter Faktorintensität produziert. Bei *zunehmenden Skalenerträgen* rücken entlang der Geraden die Isoquanten für Produktionsmengendifferenzen von 1 immer weiter zusammen (vgl. Abb. II.p), und dasselbe gilt für die entsprechenden Isokostengeraden und ihre Ordinatenabschnitte. Daraus folgt, daß die Minimalkostenzuwächse mit zunehmender Produktionsmenge abnehmen, die Kostenkurve mithin den in Abb. II.w.1 dargestellten Verlauf hat. Bei *abnehmenden Skalenerträgen* rücken die Isoquanten für Produktionsmengendifferenzen von 1 entlang dem Expansionspfad mit wachsendem Abstand vom Ursprung immer weiter auseinander, die entsprechenden Isokostengeraden und ihre Ordinatenabschnitte ebenfalls. Daraus ergeben sich zunehmende Minimalkostenzuwächse und eine Kostenkurve entsprechend der Abb. II.w.2.

Wir geben nun die Annahme einer homogenen Produktionsfunktion auf und unterstellen die in den Abb. II.x.1 und x.2 charakterisierte Situation. Die Isokostengeraden, die wir als Tangenten an die eingezeichneten Isoquanten für die Produktionsmengen 1, 2, ..., 8 zu legen haben, rücken mit zunehmender Entfernung vom Ursprung zunächst immer näher zusammen, später immer weiter auseinander. Die Kostenkurve beginnt wieder beim Ordinatenabschnitt F der

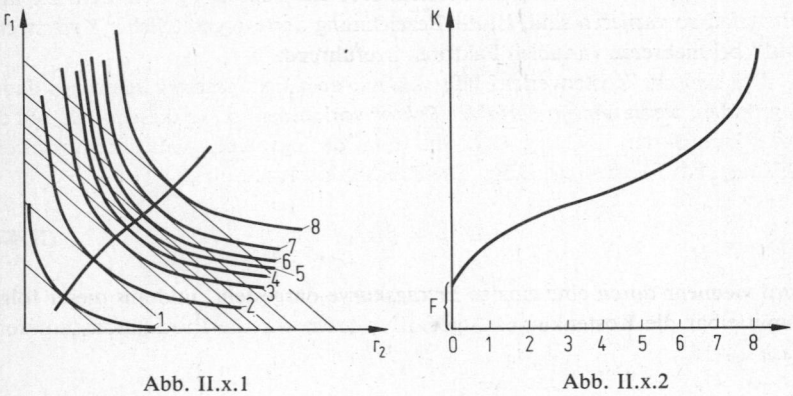

Abb. II.x.1   Abb. II.x.2

Fixkosten. Für jeweils eine zusätzliche Produktionsmengeneinheit wird der Zuwachs des Ordinatenabschnitts der entsprechenden Isokostengeraden zunächst geringer, d. h. der Minimalkostenzuwachs nimmt ab. Er wird am geringsten dort, wo die eingezeichneten Isokostengeraden am nächsten beieinander liegen. Von da ab nehmen die Zuwächse der Ordinatenabschnitte wieder zu, d. h. der Minimalkostenzuwachs jeder zusätzlichen Mengeneinheit wird größer. Die Kostenkurve verläuft also mit zunächst abnehmender, dann zunehmender Steigung. Dieser Verlauf wird *typischer Kostenverlauf* genannt. Man hat dabei die Vorstellung, daß entlang des Expansionspfades der Einsatz der variablen Faktoren zunächst in eine günstige Relation mit den fixen Faktoren hineinwächst und dabei der Kostenzuwachs abnimmt, während später die Relation zwischen variablen und fixen Faktoren zunehmend ungünstiger wird und sich dabei der Kostenzuwachs fortgesetzt vergrößert.

Analytisch erhalten wir die Kurve des typischen Kostenverlaufs wieder aus den Bedingungen 1. Ordnung für das Kostenminimum. Die Produktionsfunktion muß dabei so geartet sein, daß sich als Kostenfunktion z. B. eine kubische Gleichung ergibt, etwa

$$K(y) = k(y) + F = ay^3 + by^2 + cy + F, \qquad (II.46)$$

für deren Koeffizienten u. a. gilt: a, c > 0, b < 0.

Der typische Kostenverlauf wird manchmal auch als der ertragsgesetzliche bezeichnet. Das Ertragsgesetz beschreibt – wie in Abschnitt B.3 dieses Kapitels dargestellt – den Verlauf der Ertragskurve eines Faktors, wenn der Einsatz des anderen Faktors (oder allgemeiner: aller anderen Faktoren) konstant gehalten wird. Da bei der Ermittlung der Kostenkurve alle Faktoren gemäß dem Expansionspfad zu variieren sind, ist die Bezeichnung „ertragsgesetzlicher Kostenverlauf" bei mehreren variablen Faktoren irreführend.

Der typische Kostenverlauf läßt sich mit dem Ertragsgesetz allerdings dann begründen, wenn nur *ein variabler Faktor* vorhanden ist. In diesem Fall gibt es keine Isoquanten, und es entfällt die Wahl der optimalen Faktorkombination entlang eines Expansionspfades. Die Produktionsfunktion

$$y = g(r_1) \qquad (II.47)$$

wird vielmehr durch eine einzige Ertragskurve dargestellt, und aus dieser folgt unmittelbar die Kostenkurve: Algebraisch lösen wir die Produktionsfunktion nach r_1 auf,

$$r_1 = h(y), \qquad (II.48)$$

multiplizieren mit dem konstanten Faktorpreis q_1 und addieren die Fixkosten F:

$$K = q_1 r_1 + F = q_1 h(y) + F. \qquad (II.49)$$

Geometrisch bedeutet die Auflösung nach r_1, daß wir im Ertragskurvendiagramm Ordinate und Abszisse vertauschen. Dies kann man gedanklich so ausführen, daß man die 45°-Linie zeichnet und entlang dieser Linie als Achse das Diagramm um 180° wendet. Die Ertragskurve wird dabei an der 45°-Linie „gespiegelt" (vgl. Abb. II.y.1 und y.2). Multipliziert man die Ordinatenwerte der so erhaltenen Kurve mit q_1 und addiert in vertikaler Richtung die Fixkosten F, so erhält man die Kostenkurve. Bei Geltung des Ertragsgesetzes folgt auf diese Weise unmittelbar der typische Kostenverlauf. In Abb. II.y.2 wird angenommen, daß $q_1 > 1$, so daß $r_1 q_1 > r_1$. Die Addition der Fixkosten, die eine Parallelverschiebung nach oben bewirkt, wird hier noch nicht berücksichtigt.

In einem einzigen Spezialfall kann man auch bei mehr als einem Faktor ähnlich wie hier verfahren und mit einigem Recht von ertragsgesetzlichem Kosten-

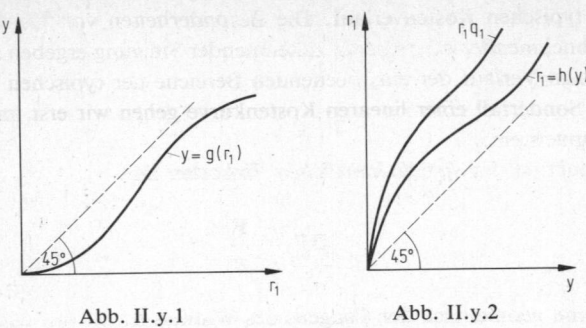

Abb. II.y.1   Abb. II.y.2

verlauf sprechen: Wenn es sich um eine Produktionsfunktion handelt, für die der Expansionspfad ein Strahl aus dem Ursprung ist, auf dem die Skala der Produktionsmengen in einem ersten Bereich zusammenschrumpft und in einem zweiten Bereich sich wieder ausdehnt. Wir können uns vorstellen, daß diese Produktionsfunktion aus zwei homogenen Funktionen mit einheitlichem Expansionspfad besteht, von denen die eine für den ersten Bereich gilt und einen Homogenitätsgrad m > 1 hat und die andere für den zweiten Bereich zutrifft und einen Homogenitätsgrad m < 1 aufweist. Der typische Kostenverlauf folgt unmittelbar aus der Eigenschaft des Expansionspfades, ein Strahl aus dem Ursprung mit zunächst schrumpfender, später wieder expandierender Produktionsmengenskala zu sein. Da die Faktorintensität konstant ist, können wir die beiden Produktionsfaktoren auch wie in Abb. II.r als einen einzigen fiktiven Faktor betrachten, dem hier eine Ertragskurve nach dem Ertragsgesetz und damit ein typischer Kostenverlauf entspricht. Auch hier ist also eine Ein-Faktor-Theorie der Grund dafür, daß man vom Ertragskurvenverlauf auf den Kostenverlauf schließen kann.

Gibt es mehr als einen Faktor, so ist ein Verlauf der Ertragskurven der einzelnen Faktoren nach dem Ertragsgesetz für den typischen Kostenverlauf weder notwendig noch hinreichend. Es gibt Produktionsfunktionen, für welche die Ertragskurven nicht nach dem Ertragsgesetz verlaufen und die trotzdem einen typischen Kostenverlauf ergeben. Es gibt andererseits Produktionsfunktionen, in denen das Ertragsgesetz für jeden einzelnen Faktor gilt und die trotzdem keinen typischen Kostenverlauf beinhalten. Man muß sich also davor hüten, die Kostenfunktion, die Variation aller variablen Faktoren impliziert, in unmittelbaren Zusammenhang mit den Ertragskurven bei Variation nur eines Faktors zu bringen.

6. Durchschnittskosten und Grenzkosten

Aus der Kostenfunktion erhalten wir verschiedene spezielle Kostenfunktionen. Als Beispiel verwenden wir im folgenden die unter (II.46) gegebene Kostenfunktion für typischen Kostenverlauf. Die Besonderheiten von Kostenkurven mit überall abnehmender oder überall zunehmender Steigung ergeben sich unmittelbar aus dem Verlauf der entsprechenden Bereiche der typischen Kostenkurve. Auf den Sonderfall einer linearen Kostenkurve gehen wir erst im Abschnitt F dieses Kapitels ein.

(1) Funktion der *durchschnittlichen Fixkosten* DF:

$$DF = \frac{F}{y}. \tag{II.50}$$

Die DF sind geometrisch der Tangens des Winkels α, der mit zunehmendem y abnimmt (vgl. Abb. II.z.1). Dementsprechend handelt es sich um den Ast einer Hyperbel, der sich mit wachsendem y der Abszisse nähert (vgl. Abb. II.z.2).

(2) Funktion der *durchschnittlichen variablen Kosten* DVK:

$$DVK = \frac{k(y)}{y} = ay^2 + by + c. \tag{II.51}$$

Geometrisch geht es hier um den Tangens des Winkels β, der mit wachsendem y zunächst abnimmt, bei $y^{(1)}$ sein Minimum erreicht, von dort an wieder zunimmt (vgl. Abb. II.z.1 und z.2).

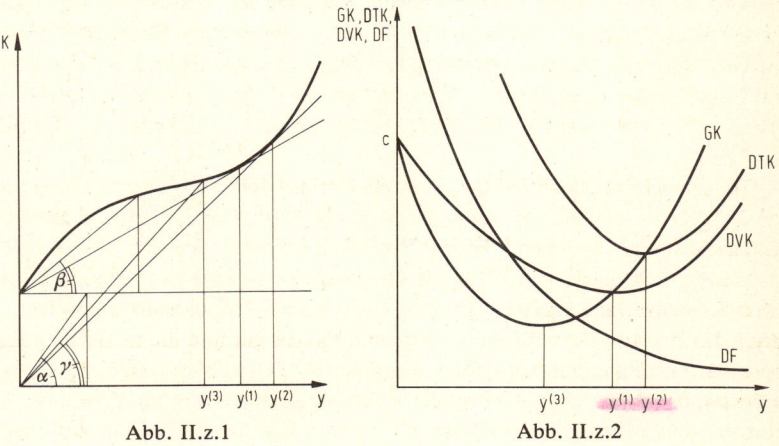

Abb. II.z.1   Abb. II.z.2

(3) Funktion der *durchschnittlichen totalen Kosten* DTK:

$$DTK = \frac{K(y)}{y} = ay^2 + by + c + \frac{F}{y}. \tag{II.52}$$

Geometrisch diskutieren wir hier den Tangens des Winkels γ, der mit wachsendem y bei $y^{(2)}$ sein Minimum erreicht (vgl. Abb. II.z.1), oder die vertikale Addition der unter (1) und (2) genannten Funktionen (vgl. Abb. II.z.2). Die DTK erreichen ihr Minimum bei einer höheren Menge als die DVK, weil die DF unmittelbar nach $y^{(1)}$ stärker abnehmen als die DVK zunehmen. Das Minimum der DTK liegt höher als das der DVK.

(4) Funktion der *Grenzkosten* GK:

$$GK = \frac{dK}{dy} = K'(y) = k'(y) = 3ay^2 + 2by + c. \qquad (II.53)$$

Geometrisch sind die GK gleich der Steigung der Kostenkurve, die bis zur Wendepunktmenge $y^{(3)}$ abnimmt, von dort ab wieder zunimmt (vgl. Abb. II.z.1). Bei $y^{(1)}$ sind GK = DVK, bei $y^{(2)}$ sind GK = DTK, weil dort der Tangens der Winkel β bzw. γ mit der Steigung der Gesamtkostenkurve übereinstimmt. Die GK-Kurve schneidet also die DVK- und die DTK-Kurve in deren Minima (vgl. Abb. II.z.2). Die DF haben auf den Verlauf der GK keinen Einfluß.

$y^{(1)}$ wird auch als *Betriebsminimum* oder Produktionsschwelle, $y^{(2)}$ als *Betriebsoptimum* oder Gewinnschwelle bezeichnet. Die Begründung dafür wird später deutlich.

7. Dualität von Produktions- und Kostenfunktion

Wir hatten in Kap. I.B.e die Dualität zwischen Nutzenmaximierung und Ausgabenminimierung eines Haushalts beschrieben und zur Diskussion der Nachfrage ausgewertet. Eine ähnliche Dualität besteht zwischen Produktion und Kosten einer Unternehmung. Aufgrund dualer Eigenschaften ist es möglich, nicht nur, wie bisher dargelegt, von der Produktions- auf die Kostenfunktion zu schließen, sondern auch aus der Kostenfunktion die Existenz einer eindeutigen Produktionsfunktion zu folgern.

Die kostenminimierenden Faktoreinsatzmengen r_1^*, r_2^* hängen gemäß dem LAGRANGE-Ansatz (II.36) der Minimalkostenkombination bei gegebener Produktionsfunktion vom Verhältnis der Faktorpreise q_2/q_1 und der zu produzierenden Mengen $\bar{y}$ ab; dies geht auch aus dem Beispiel mit der COBB-DOUGLAS-Funktion (II.39) bis (II.43) hervor. Man spricht auch von der *konditionalen Faktornachfrage* (VARIAN 1981, S. 32) oder, in Analogie zur HICKSschen Nachfrage des Haushalts, von *kompensierter Faktornachfrage* (SCHITTKO 1981, S. 400): $r_i^* = r_i(q_2/q_1, \bar{y})$, $i = 1, 2$. (Davon unterscheiden sich die später einzuführenden allgemeinen und speziellen Faktornachfragefunktionen, welche die Faktornachfrage als Ergebnis der Gewinnmaximierung einer Unternehmung in Abhängigkeit von den Faktorpreisen q_1, q_2 und dem Absatzpreis des Produktes, p, betreffen.) Die Kostenfunktion können wir für variables y folglich als

$$K = q_1 r_1 \left(\frac{q_1}{q_2}, y \right) + q_2 r_2 \left(\frac{q_2}{q_1}, y \right) + F = K(q_1, q_2, y) \qquad \text{(II.53a)}$$

anschreiben; sie ordnet jeder Konstellation von Faktorpreisen und Produktionsmenge minimale Kosten zu. Diese Kostenfunktion entspricht (II.45) und (II.46); dort wurde K allerdings nur in Abhängigkeit von y angeschrieben, hier werden auch Veränderungen der jeweils gegebenen Faktorpreise berücksichtigt. Unter den früher erläuterten Annahmen steigen die Kosten strikt monoton zum einen mit wachsender Produktionsmenge y (weiter vom Ursprung entfernt verlaufenden Isoquanten), zum anderen mit steigendem Faktorpreis q_1 oder q_2 (sich um einen Ordinatenabschnitt gegen den Ursprung drehender Isokostengerade).

Ist K*, r_1^* und r_2^* die Lösung des Minimierungsproblems für $\bar{y}$, so läßt sich ein zu diesem Problem duales Maximierungsproblem mit Nebenbedingung formulieren: Die Unternehmung soll bei den gegebenen Faktorpreisen q_1, q_2 die Faktoreinsatzmengen $\tilde{r}_1, \tilde{r}_2$ wählen, die den Kosten K die höchstmögliche Produktionsmenge y zuordnen:

$$y = g(\tilde{r}_1, \tilde{r}_2) \rightarrow \text{Max!} \quad \text{mit} \quad K = q_1 \tilde{r}_1 + q_2 \tilde{r}_2 + F . \qquad \text{(II.53b)}$$

Geometrisch sind das Kostenminimierungs- und duale Produktionsmengenmaximierungsproblem in den Abb. II.z.3 und II.z.4 gegenübergestellt. Im linken Diagramm ist die Isoquante für $\bar{y}$ gegeben, auf ihr wird aus allen erreichbaren Isokostengeraden jene gesucht, die die geringstmöglichen Kosten K* darstellt. Im rechten Diagramm ist die Isokostengerade für K gegeben; es wird aus allen Isoquanten diejenige gesucht, die der maximalen Produktionsmenge y entspricht.

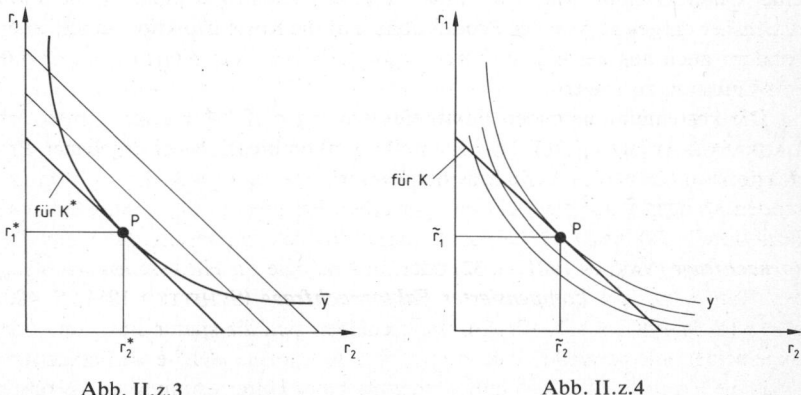

Abb. II.z.3   Abb. II.z.4

Da die Isokostengeraden in den beiden Diagrammen jeweils die gleiche Steigung $-q_2/q_1$ haben, sind für $\bar{y} = y$ bzw. $K^* = K$ die Lösungen des Minimierungs- und des Maximierungsproblems identisch, d. h. die Punkte P haben die gleichen Koordinaten $r_1^* = \bar{r}_1^*$, $r_2^* = \bar{r}_2^*$.

Ähnlich wie wir in (II.53a) die minimalen Kosten als Funktion der Faktorpreise und der Produktionsmenge darstellten, können wir nun die maximale Produktionsmenge in Abhängigkeit von jeweils gegebenen Faktorpreisen und gegebenen minimalen Kosten K anschreiben:

$$y = y(q_1, q_2, K) . \tag{II.53c}$$

Die Kostenfunktion (II.53a) läßt sich, da sie strikt monoton in y ist, nach y als Funktion von q_1, q_2 und K lösen: $y = K^{-1}(q_1, q_2, K)$. Da die Lösungen des Produktionsmengenmaximierungsproblems und des Kostenminimierungsproblems für $\bar{y} = y$ bzw. $K^* = K$ identisch sind, folgt, daß wir schreiben können

$$y = y(q_1, q_2, K) = K^{-1}(q_1, q_2, K) . \tag{II.53d}$$

In der Produktions- und Kostentheorie interessieren weniger die früher in der Haushaltstheorie mit der SLUTSKY-Gleichung diskutierten Wirkungen einer Preiserhöhung auf die Nachfrage, denn die Faktornachfrage werden wir später in Abhängigkeit auch vom Absatzpreis der Unternehmung untersuchen. Wichtig ist hier vielmehr, daß von einer empirisch beobachteten oder einfach unterstellten Kostenfunktion auf die Produktionsfunktion geschlossen werden kann. Differenziert man die Kostenfunktion (II.53a) nach dem Faktorpreis q_i, so erhält man nach SHEPHARDs *Lemma*:

$$\frac{\partial K(q_1, q_2, y)}{\partial q_i} = r_i^* \left(\frac{q_2}{q_1}, y \right) , \quad i = 1, 2 . \tag{II.53e}$$

Diese beiden Gleichungen können in vielen Fällen nach den Variablen q_2/q_1 und y aufgelöst werden. Die Auflösung nach y liefert die Produktionsfunktion.

Als *Beispiel* betrachten wir die in den Abschnitten 3 und 5 aus der COBB-DOUGLAS-Produktionsfunktion hergeleitete Kostenfunktion (II.45):

$$K = \frac{1}{a} (c^{1-b} q_1 + c^{-b} q_2) y + F$$

$$= \frac{1}{a} \left[\left(\frac{b}{1-b} \frac{q_2}{q_1} \right)^{1-b} q_1 + \left(\frac{b}{1-b} \frac{q_2}{q_1} \right)^{-b} q_2 \right] y + F , \tag{II.53f}$$

deren partielle Ableitungen nach den Faktorpreisen gemäß SHEPHARDS *Lemma* gleich den kostenminimierenden Faktormengen sind:

$$\frac{\partial K}{\partial q_1} = \frac{bk}{a} \left(\frac{q_2}{q_1} \right)^{1-b} y = r_1^* ,$$

$$\frac{\partial K}{\partial q_2} = \frac{(1-b)k}{a} \left(\frac{q_2}{q_1} \right)^{-b} y = r_2^* , \qquad \text{(II.53g)}$$

$$\text{mit} \quad k = \left(\frac{b}{1-b} \right)^{1-b} + \left(\frac{b}{1-b} \right)^b .$$

Auflösen einer dieser Gleichungen nach q_2/q_1 und Einsetzen in die andere Gleichung ergibt die COBB-DOUGLAS-Produktionsfunktion $y = a r_1^b \cdot r_2^{1-b}$, von der wir ausgegangen waren.

Die Bedeutung der Dualität in der Produktions- und Kostentheorie besteht darin, daß sich *Eigenschaften der Produktionsfunktion auf die Kostenfunktion übertragen und umgekehrt.* So lassen sich anhand einer empirisch ermittelten Kostenfunktion die Eigenschaften der Produktionsfunktion erschließen.

D. Der optimale Produktionsplan (bei gegebenen Preisen für Produkt und Faktoren)

1. Bestimmung des Gewinnmaximums

Unsere Überlegungen beruhen bislang nur auf der Annahme, daß die Produktion mit minimalen Kosten durchgeführt werden soll. Erst bei der Bestimmung der Produktionsmenge (die wir immer mit der Absatzmenge gleichsetzen) benötigen wir die darüber hinausgehende Annahme der Gewinnmaximierung. Der Gewinn G ist die Differenz zwischen dem Erlös E = yp und den Kosten K:

$$G = E - K = yp - K. \qquad \text{(II.54)}$$

Wir fassen hier p als eine gegebene, konstante Größe auf, d. h. wir unterstellen, daß der Produzent mit seinem Angebot keinen Einfluß auf den Preis p hat. Unabhängig davon, für welchen Produktionsplan er sich entscheidet, ist der Preis p immer der gleiche; er ist für die betrachtete Unternehmung ein Datum. Dies trifft zu, wenn sich am Absatzmarkt ein einheitlicher Preis bildet und der Anteil des Anbieters am Gesamtangebot des betreffenden Gutes sehr gering ist; denn dann muß sich der Anbieter als Mengenanpasser verhalten. Da auch q_1 und q_2 als gegeben und konstant betrachtet werden, diskutieren wir hier den Fall, daß die Unternehmung auf den *Beschaffungsmärkten und* auf dem *Absatzmarkt als Mengenanpasser* handelt.

Da Erlös und Kosten von der Variablen y abhängig sind, gilt dies auch für den Gewinn:

$$G(y) = E(y) - K(y). \qquad (II.55)$$

Die gewinnmaximierende Produktions- bzw. Absatzmenge ist erreicht, wenn die letzte verkaufte Mengeneinheit keinen Gewinn mehr erbringt, der *Grenzgewinn* $G'(y)$ also gleich Null ist. Die *Bedingung 1. Ordnung* für ein Gewinnmaximum lautet mithin

$$G'(y) = E'(y) - K'(y) = 0 \qquad (II.56)$$

oder

$$E'(y) = K'(y). \qquad (II.57)$$

Diese Bedingung, die aussagt, daß im Gewinnmaximum der *Grenzerlös* GE oder $E'(y)$ *gleich den Grenzkosten* GK oder $K'(y)$ ist, vereinfacht sich im hier untersuchten Fall, in dem der Grenzerlös gleich dem konstanten Preis p ist, zu

$$p = K'(y). \qquad (II.58)$$

Die Produktion ist demnach so weit auszudehnen, bis die *Grenzkosten gleich dem Produktpreis* sind.

Um sicherzustellen, daß es sich nicht um ein Gewinnminimum handelt, haben wir die *Bedingung 2. Ordnung* zu prüfen. Ein Gewinnmaximum erfordert, daß der Grenzgewinn abnimmt, daß also

$$G''(y) = E''(y) - K''(y) < 0 \qquad (II.59)$$

oder

$$E''(y) < K''(y) \qquad (II.60)$$

ist. Die Steigung der GE-Kurve muß also geringer sein als die der GK-Kurve. Bei konstantem Preis p ist die Steigung der GE-Kurve gleich Null, so daß sich (II.60) zu der Feststellung vereinfacht, daß die Steigung der GK-Kurve positiv sein muß:

$$0 < K''(y). \qquad (II.61)$$

Nur der aufsteigende Ast der GK-Kurve kommt also für ein Gewinnmaximum in Frage.

In Abb. II.A ist der gegebene Preis p als Parallele zur Abszisse eingezeichnet, deren Schnittpunkt mit dem aufsteigenden Ast der GK-Kurve die gewinnmaximierende Menge y* definiert. Die Bedingung 1. Ordnung ist auch bei $\tilde{y}$ erfüllt, nicht jedoch die Bedingung 2. Ordnung; dort handelt es sich um ein Gewinnminimum bzw. Verlustmaximum. Die Unternehmung produziert beim Preis p jenseits des Minimums der DTK, also jenseits des Betriebsoptimums. Der Preis ist der Erlös pro Stück oder der Durchschnittserlös. Daher ist die Differenz zwischen p und DTK gleich dem *Stückgewinn* oder Durchschnittsgewinn, der in Abb. II.A durch den vertikalen Abstand zwischen der Preis-Parallelen und der DTK-Kurve beschrieben wird. Der Gesamtgewinn bei der Menge y* wird durch die schraffierte Fläche A dargestellt.

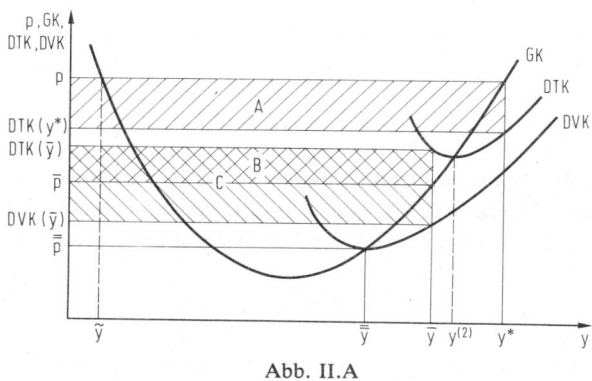

Abb. II.A

Wir fragen nun, wie optimale Produktions- bzw. Angebotsmenge und maximaler Gewinn reagieren, wenn der gegebene Preis p sinkt. Das Gewinnmaximierungsprinzip erfordert es, die Angebotsmenge einzuschränken. Dadurch verringert sich die Differenz zwischen p und DTK, d. h. der Stückgewinn, und, da die Absatzmenge zurückgeht, auch der Gesamtgewinn. Ist p schließlich auf die Höhe des DTK-Minimums gesunken, so wird die Menge des Betriebsoptimums $y^{(2)}$ angeboten. Da sich GK- und DTK-Kurve im Minimum der DTK-Kurve schneiden, ist in dieser Situation der maximale Gewinn auf Null gefallen. Dies bedeutet nicht, daß die Unternehmung nicht mehr lebensfähig ist; denn in den Kosten wird auch die Verzinsung des eingesetzten Kapitals und ein Unternehmerlohn berücksichtigt. In der Literatur spricht man in bezug auf die Summe aus Kapitalverzinsung und Unternehmerlohn auch vom *„normal profit"*, der in den Kosten mitberücksichtigt werde.

Kurzfristig wird die Unternehmung sogar bei noch weiter sinkendem Preis produzieren und anbieten. Nehmen wir an, der Preis betrage $\bar{p}$. Bietet die Unternehmung die Menge $\bar{y}$ an, dann erleidet sie einen Verlust in Höhe des Inhalts der schraffierten Fläche B. Würde sie die Produktion jedoch einstellen, dann wäre ihr Verlust noch höher, denn kurzfristig fallen unabhängig von der Produktion, also auch bei einer Produktionsmenge von Null, die Fixkosten F an. Bezogen auf die Menge $\bar{y}$ sind die DF gleich dem senkrechten Abstand von DTK- und DVK-Kurve an dieser Stelle, so daß sich die gesamten Fixkosten durch die schraffierte Fläche C beschreiben lassen. B beschreibt also den Verlust, wenn produziert wird, C den Verlust, wenn nicht produziert wird. Beträgt der Preis $\bar{p}$ und die Menge $\bar{y}$, dann ist neben den variablen Kosten ein Teil der Fixkosten noch gedeckt. – Dies trifft zu, solange der gegebene Preis p noch höher ist als die DVK. Bei $\bar{\bar{p}}$ müßte die Menge $\bar{\bar{y}}$ angeboten werden, doch sind bei dieser Menge die Fixkosten auch nicht teilweise gedeckt, so daß sich unter diesem Mindestpreis, der kurzfristigen *Preisuntergrenze,* die Produktion nicht mehr lohnt.

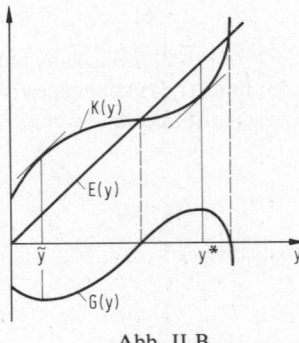

Abb. II.B

Mit dieser Betrachtung haben wir auch unmittelbar die *Angebotskurve* der Unternehmung beschrieben, um die es u. a. in der Theorie der Unternehmung geht: Die Abhängigkeit zwischen p und optimaler Menge y* wird gegeben durch den aufsteigenden Ast der GK-Kurve, jedoch beginnend erst im Minimum der DVK-Kurve. Zwischen diesem Minimum und dem Minimum der GK-Kurve ist zwar die formale Bedingung 1. Ordnung GK = p ebenfalls erfüllt, doch zeigt die ökonomische Überlegung, daß hier Verluste entstehen, welche die Fixkosten übersteigen, daß mithin nicht einmal die variablen Kosten gedeckt sind.

Während wir bisher das Gewinnmaximum mit Hilfe von Grenzkosten und Durchschnittserlös (Preis) bestimmten, wollen wir nun dasselbe mit der Kosten- und der Erlöskurve erreichen (vgl. Abb. II.B). Der Erlös E(y) = yp ist als Gerade durch den Ursprung mit der Steigung p darzustellen. Zeichnen wir auch die Kostenkurve ein, so erhalten wir den maximalen Gewinn bei der Menge y*, bei welcher die Erlöskurve oberhalb der Kostenkurve verläuft und der senkrechte Abstand beider Kurven am größten ist. Dort haben Erlös- und Kostenkurve die gleiche Steigung. Legen wir bei y* eine Tangente an die Kostenkurve, so bildet diese eine Parallele zur Erlöskurve. Darin kommt die Bedingung 1. Ordnung (II.57) bzw. (II.58) zum Ausdruck. Auch die Bedingung 2. Ordnung (II.61) ist erfüllt: Die Steigung der Kostenkurve nimmt zu, d. h. die Grenzkosten verändern sich positiv. – Die Bedingung 1. Ordnung ist auch erfüllt bei $\tilde{y}$, doch liegt hier ein Gewinnminimum bzw. Verlustmaximum vor. Die Grenzkosten verändern sich hier nicht positiv, wie es die Bedingung 2. Ordnung fordert; die Steigung der Kostenkurve nimmt vielmehr ab. – Wir können das Diagramm durch die Kurve des Gewinns G(y) ergänzen. Diese schneidet die Abszisse dort, wo sich Erlös- und Kostenkurve schneiden, erreicht ein Minimum bei $\tilde{y}$ und ein Maximum bei y*.

2. Eigenschaften des optimalen Produktionsplans

Als Eigenschaften des optimalen Produktionsplans haben wir bisher die fundamentalen Beziehungen (II.58) und (II.61) kennengelernt. Weitere Eigenschaften erhalten wir, wenn wir die Gewinnfunktion schreiben als

$$G(r_1, r_2) = pg(r_1, r_2) - q_1 r_1 - q_2 r_2 - F = py - q_1 r_1 - q_2 r_2 - F, \quad \text{(II.62)}$$

d. h. die Überlegungen durch unmittelbare Einbeziehung der Produktionsfunktion (II.1) auf die optimalen Faktoreinsatzmengen ausrichten. Die *Bedingungen 1. Ordnung* erhalten wir, indem wir die partiellen Ableitungen nach den Faktoreinsatzmengen gleich Null setzen:

$$\frac{\partial G}{\partial r_1} = pg_1' - q_1 = 0,$$

$$\frac{\partial G}{\partial r_2} = pg_2' - q_2 = 0. \quad \text{(II.63)}$$

Auf die *Bedingungen 2. Ordnung* gehen wir hier nicht ein. Durch Umformung von (II.63) erhalten wir folgende Beziehungen:

$$\text{(a)} \quad pg_1' = q_1; \quad pg_2' = q_2;$$

$$\text{(b)} \quad g_1' = \frac{q_1}{p}; \quad g_2' = \frac{q_2}{p}. \quad \text{(II.64)}$$

Diese Eigenschaften des Gewinnmaximums lassen sich wie folgt interpretieren:

Zu (a): g_i' ist die zusätzliche Menge y, die mit zusätzlichem Einsatz des Faktors i = 1, 2 erzielt wird, pg_i' ist der Wert dieser Menge, den man auch als *Wert des Grenzprodukts* oder als Geldwert des Grenzertrags des Faktors i bezeichnet. Im Gewinnmaximum muß also der *Wert des Grenzprodukts* eines jeden Faktors *gleich* dem *Faktorpreis* sein.

Zu (b): q_i/p kann man als Realentlohnung des Faktors i auffassen, wobei die nominale Entlohnung q_i auf den Preis des in dieser Unternehmung hergestellten Produkts bezogen wird. Da bei gegebenen Preisen q_i und p für die einzelne Unternehmung auch die Realentlohnung gegeben ist, können wir feststellen: Der optimale Produktionsplan ist dann erreicht, wenn die Faktoren in solcher Menge eingesetzt werden, daß sich ihre Grenzproduktivitäten der Realentlohnung angeglichen haben, wenn also die *Faktoren nach ihren Grenzproduktivitäten real entlohnt* werden. Im Gewinnmaximum einer Unternehmung, die den Produktpreis auf dem Absatzmarkt und die Faktorpreise auf dem Beschaffungsmarkt als gegeben hinnimmt, gilt also für die Entlohnung der in der Unternehmung beschäftigten Faktoren die *Grenzproduktivitätstheorie*.

Die Bedingungen (II.64) (a) oder (b) können wir durcheinander dividieren, wobei sich der Güterpreis p wegkürzt, so daß wir wieder die Bedingungen (II.34) erhalten, die für jede Minimalkostenkombination gelten, mithin auch für die der gewinnmaximierenden Menge y*. Lösen wir die Bedingungen (II.64) für das Gewinnmaximum nach p auf und setzen nach (II.58) p = GK, dann ergibt sich

$$\frac{1}{g_1'} q_1 = \frac{1}{g_2'} q_2 = p = K'(y). \qquad (II.65)$$

Wir erhalten damit die Aussage, daß sich im Gewinnmaximum die *Faktorgrenzkosten* wie in jeder Minimalkostenkombination angleichen, daß sie darüber hinaus auch *gleich* dem *Produktpreis,* mithin auch *gleich* den *GK* sind. Kleine Abweichungen vom optimalen Produktionsplan entweder durch Vergrößerung jeweils einer Faktoreinsatzmenge oder Vergrößerung beider Faktoreinsatzmengen im Verhältnis der Minimalkostenkombination lassen zusätzliche Kosten entstehen, die größer als der zusätzliche Erlös sind. Verminderung entweder einer der Faktoreinsatzmengen oder beider Faktoreinsatzmengen im Verhältnis der Minimalkostenkombination führen zu einer Kostensenkung, die geringer als die Erlösminderung ist. Jede derartige Abweichung bedeutet eine Verminderung des Gewinns.

Wir haben laut (II.62) die Produktionsfunktion unmittelbar in die Gewinngleichung eingesetzt und dann partiell nach den Faktoreinsatzmengen differenziert. Wir können selbstverständlich auch wieder das LAGRANGE-Verfahren anwenden, d. h. die Produktionsfunktion als Nebenbedingung auffassen, unter

der die Gewinnfunktion zu maximieren ist. Das Ausgangsproblem, die
LAGRANGE-Funktion und die Bedingungen 1. Ordnung lauten dann wie folgt:

$$G(r_1, r_2) = py - q_1 r_1 - q_2 r_2 - F \to \text{Max.} \qquad \text{(II.66)}$$

mit

$$y = g(r_1, r_2);$$

$$L = py - q_1 r_1 - q_2 r_2 - F + \lambda\{y - g(r_1, r_2)\}; \qquad \text{(II.67)}$$

$$\frac{\partial L}{\partial r_1} = -q_1 - \lambda g_1' = 0,$$

$$\frac{\partial L}{\partial r_2} = -q_2 - \lambda g_2' = 0,$$

$$\text{(II.68)}$$

$$\frac{\partial L}{\partial y} = p + \lambda = 0,$$

$$\frac{\partial L}{\partial \lambda} = y - g(r_1, r_2) = 0.$$

Aus den ersten drei Bedingungen 1. Ordnung ergeben sich wieder die Beziehungen (II.64). Die optimalen Faktoreinsatzmengen und die optimale Produktionsmenge lassen sich durch Lösung des Systems der Bedingungen 1. Ordnung ermitteln.

Die abgeleiteten Eigenschaften des optimalen Produktionsplans sind auf den Fall einer beliebigen Zahl n von variablen Produktionsfaktoren übertragbar. Es gilt dann:

$$pg_i' = q_i; \quad g_i' = \frac{q_i}{p}; \quad \frac{g_i'}{g_j'} = \frac{q_i}{q_j}; \qquad \text{(II.69)}$$

$$\frac{g_1'}{q_1} = \frac{g_2'}{q_2} = \dots = \frac{g_n'}{q_n}; \quad \frac{1}{g_1'} q_1 = \frac{1}{g_2'} q_2 = \dots = \frac{1}{g_n'} q_n = p = K'(y),$$

$$i, j = 1, 2, \dots, n.$$

E. Allgemeine und spezielle Angebots- und Nachfragefunktionen

1. Allgemeine Angebots- und Nachfragefunktionen

Es ist leicht einzusehen, daß der optimale Produktionsplan bei gegebener Produktionsfunktion mit zwei Produktionsfaktoren von drei exogenen Größen abhängt: dem Preis p des Produktes und den Preisen q_1 und q_2 der Produktions-faktoren. Diese Größen gingen z. B. in die Gewinnfunktion (II.66) ein. Jede Veränderung einer der Größen führt zu einem anderen optimalen Plan. Wir können also eine *allgemeine Angebotsfunktion* für das Produkt,

$$y = y(p, q_1, q_2),\qquad\qquad (II.70)$$

und je eine *allgemeine Nachfragefunktion* für die Produktionsfaktoren,

$$r_1 = r_1(p, q_1, q_2)$$
$$r_2 = r_2(p, q_1, q_2),\qquad\qquad (II.71)$$

aufstellen. Bei den angebotenen und nachgefragten Mengen handelt es sich jeweils um Optimalmengen; die Kennzeichnung solcher Mengen durch das Symbol * lassen wir in Angebots- und Nachfragefunktionen weg.

2. Spezielle Angebotsfunktionen

Aus den allgemeinen Funktionen erhalten wir spezielle Angebots- bzw. Nachfragefunktionen, indem wir jeweils zwei der drei unabhängigen Variablen als gegeben betrachten und untersuchen, wie sich die Angebots- bzw. Nachfragemenge in Abhängigkeit von der dritten unabhängigen Variablen verändert. Die Beziehung

$$y = y(p, \bar q_1, \bar q_2),\qquad\qquad (II.72)$$

kennen wir bereits; es handelt sich um den aufsteigenden Ast der GK-Kurve, beginnend im Minimum der DVK. Dabei messen wir, wie bei Angebotskurven üblich, die unabhängige Variable an der Ordinate, die abhängige an der Abszisse. Spricht man nur von der Angebotskurve, dann handelt es sich immer um diese Beziehung, also um die Abhängigkeit der Angebotsmenge vom eigenen Preis.
   Wir diskutieren nun die Beziehung

$$y = y(\bar p, q_1, \bar q_2),\qquad\qquad (II.73)$$

also die Änderung der Angebotsmenge bei Preisänderungen für Faktor 1 (analoge Überlegungen gelten bei Preisänderungen für Faktor 2) anhand der Abb. II.C. Die Unternehmung produziere beim Faktorpreis $\bar q_1$ die gewinnmaximierende Menge y^* mit den Kosten K^*. Der Ordinatenabschnitt der die Isoquante y^* im Punkt P berührenden Isokostengeraden ist also $(K^* - F)/\bar q_1$. Bei einem auf $\bar{\bar q}_1$

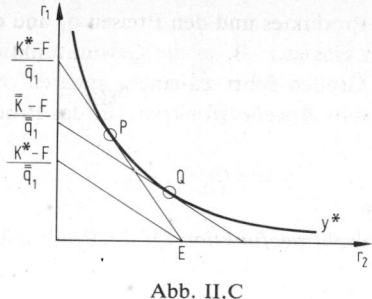

Abb. II.C

gestiegenen Faktorpreis hat sich diese Isokostengerade nach links um den Punkt E gedreht. Mit den bisherigen Kosten K* ist nur noch eine geringere Menge erzeugbar; die alte Menge y* wird jetzt mit der Kombination Q zu gestiegenen Kosten $\bar{\bar{K}}$ hergestellt. Die gleichen Überlegungen gelten für andere Mengen y. Die neue Kostenkurve verläuft überall oberhalb der alten.

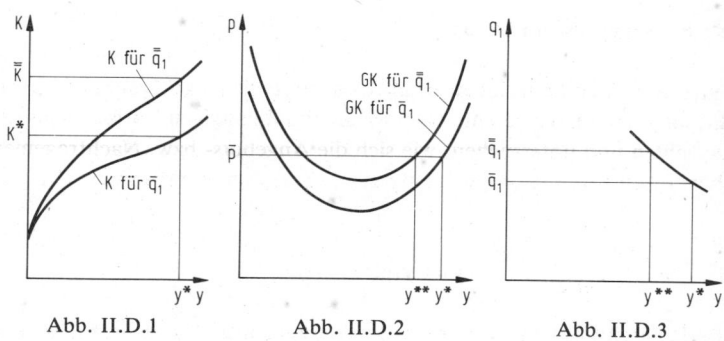

Abb. II.D.1   Abb. II.D.2   Abb. II.D.3

Die Veränderung von y bei einer Erhöhung von q_1 hängt aber von der Veränderung der Grenzkosten ab. Bei der Grenzkostenänderung haben wir zwei Fälle zu unterscheiden:

(1) Die Steigung der neuen Kostenkurve ist bei jeder Menge y größer als die der alten (vgl. Abb. II.D.1). Dann verläuft die neue GK-Kurve überall oberhalb der alten (vgl. Abb. II.D.2). Bei gegebenem Preis $\bar{p}$ geht die gewinnmaximierende Angebotsmenge von y* auf y** zurück. Bei höherem Faktorpreis $\bar{q}_1$ wird also weniger angeboten als bei niedrigerem. Mithin hat die hier untersuchte spezielle Angebotskurve negative Steigung (vgl. Abb. II.D.3).

(2) Die Steigung der neuen Kostenkurve ist im Teilbereich $y^{(1)}$ bis $y^{(2)}$ geringer als die der alten (vgl. Abb. II.E.1). (Da die neue Kostenkurve oberhalb der alten verläuft, ist es nicht möglich, daß die neue Kostenkurve überall geringere Stei-

gung als die alte hat.) Die neue GK-Kurve schneidet dann die alte zweimal. Sofern nun der Preis $\bar{p}$ niedriger liegt als der Schnittpunkt der beiden aufsteigenden
Äste und ein Angebot überhaupt lohnt, nimmt die gewinnmaximierende Angebotsmenge zu (vgl. Abb. II.E.2). Bei höherem Faktorpreis $\bar{\bar{q}}_1$ wird hier also mehr
angeboten als bisher; die untersuchte spezielle Angebotskurve hat im Preisbe-
reich $\bar{q}_1$, $\bar{\bar{q}}_1$ folglich positive Steigung (vgl. Abb. II.E.3). – Je stärker q_1 steigt,
desto unwahrscheinlicher wird dieser Fall. Die spezielle Angebotskurve hat da-
her im oberen Bereich, der im Diagramm gestrichelt eingezeichnet ist, sicherlich
negative Steigung.

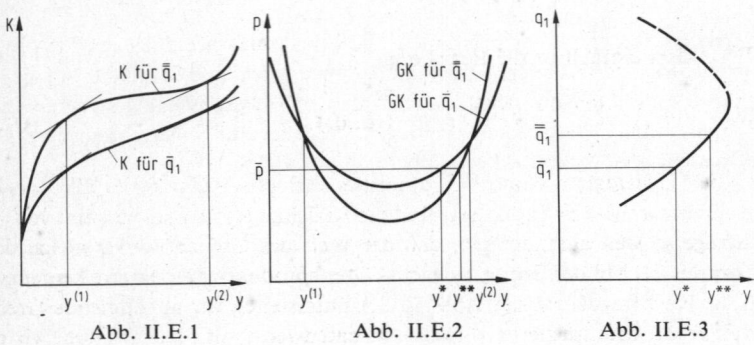

Abb. II.E.1   Abb. II.E.2   Abb. II.E.3

3. Spezielle Nachfragefunktionen

Bei der Diskussion der Beziehung

$$r_1 = r_1(\bar{p}, q_1, \bar{q}_2),\qquad\qquad (II.74)$$

die den Zusammenhang zwischen Einsatz und Preis des Faktors 1 beschreibt
(analog könnten wir den Zusammenhang zwischen Einsatz und Preis des Faktors
2 untersuchen), beschränken wir uns auf das in Abb. II.D dargestellte Beispiel,
in dem bei einer Erhöhung des Faktorpreises von $\bar{q}_1$ auf $\bar{\bar{q}}_1$ die gewinnmaximierende Angebotsmenge von y^* auf y^{**} abnimmt. In Abb. II.F.1 ist die Isokostengerade für $\bar{q}_1$, welche die Isoquante für y^* im Punkt P berührt, steiler als die Isokostengerade für $\bar{\bar{q}}_1$, die die Isoquante für y^{**} im Punkt Q tangiert. In der Regel
liegt Q rechts unterhalb von P, d. h. die Preiserhöhung für Faktor 1 bewirkt einen Rückgang der Nachfrage nach diesem Faktor. Die Nachfragekurve verläuft
dann typisch mit negativer Steigung, wie in Abb. II.F.2 dargestellt. Nur in extremen Ausnahmefällen ist ein atypischer Verlauf möglich (vgl. FERGUSON, 1969,
Kap. 6 und 9).

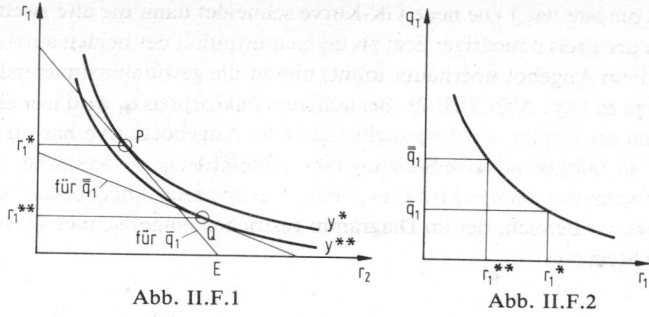

Abb. II.F.1   Abb. II.F.2

Besonders einfach ist die Beziehung

$$r_1 = r_1(\bar{p}, q_1),\qquad\qquad (II.75)$$

d. h. die Nachfragekurve im Fall nur eines variablen Faktors, zu diskutieren. Hier gibt es nur eine Ertragskurve, und die Beziehung (II.64) (a) schreibt vor, die Nachfrage so weit auszudehnen, daß der Wert des Grenzprodukts gleich dem Faktorpreis ist. Mit der Ertragszuwachs-(Grenzproduktivitäts-)kurve kennen wir auch die Nachfragekurve. In Abb. II.G.1 unterstellen wir abnehmende Grenzproduktivität. Multiplizieren wir die Ordinatenwerte mit $\bar{p}$, so erhalten wir $g_1'\bar{p}$ = q_1 in Abhängigkeit von r_1, mithin den gesuchten Zusammenhang zwischen q_1 und r_1 (vgl. Abb. II.G.2). Hat die Ertragskurve einen Bereich zunehmender Er-

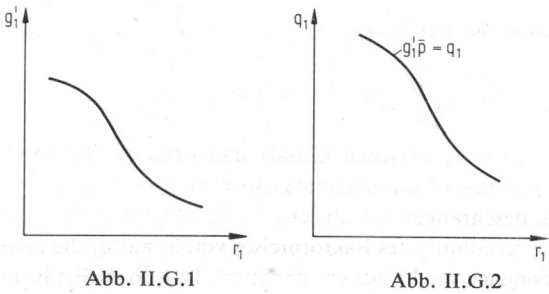

Abb. II.G.1   Abb. II.G.2

tragszuwächse, steigt also die Ertragszuwachskurve zunächst positiv an, so kann dieser Bereich niemals für die gewinnmaximierende Faktoreinsatzmenge in Frage kommen. Die Faktorgrenzkosten $(1/g_1')q_1$, die hier gleich den Grenzkosten GK sind, nehmen dann nämlich mit steigendem Faktoreinsatz ab, während der zusätzliche Erlös einer Produktionsmengeneinheit immer gleich $\bar{p}$ ist. Folglich ließe sich im Bereich steigender Grenzproduktivität durch Mehreinsatz des Faktors

ein zusätzlicher Gewinn erzielen. Daher ist nur der fallende Ast der Ertragszuwachskurve für die Nachfragekurve relevant.

Wir erläutern nun die Beziehung

$$r_1 = r_1(p, \bar{q}_1, \bar{q}_2), \qquad (II.76)$$

also die Änderung der Menge des Faktors 1 bei Änderung des Produktpreises p
(Entsprechendes gilt für Änderungen von r_2 bei Änderungen von p). Mit einer
Erhöhung dieses Preises, z. B. von $\bar{p}$ auf $\bar{\bar{p}}$, nehme die angebotene Menge y* auf

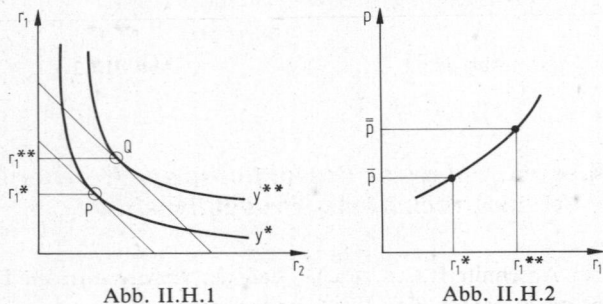

Abb. II.H.1   Abb. II.H.2

y** zu. Sofern der Expansionspfad positive Steigung hat (dies trifft z. B. bei homogener Produktionsfunktion stets zu), erfordert die vergrößerte Produktionsmenge einen vermehrten Faktoreinsatz, und die spezielle Nachfragekurve hat
positive Steigung – ein Fall, der hier keineswegs als atypisch zu bezeichnen ist
(vgl. Abb. II.H.1 und H.2). Möglich ist aber auch, daß die vergrößerte Menge
y** mit vermindertem Einsatz des Faktors 1 hergestellt wird und die hier untersuchte Nachfragekurve negative Steigung hat.

Wir haben schließlich noch die Beziehung

$$r_1 = r_1(\bar{p}, \bar{q}_1, q_2), \qquad (II.77)$$

also die Änderung des Faktoreinsatzes r_1 aufgrund einer Preisänderung für Faktor 2, zu untersuchen (Entsprechendes trifft wieder für Änderung von r_2 bei Änderung von q_1 zu) und beschränken uns hier wieder auf den der Abb. II.D analogen Fall, in dem bei einem von $\bar{q}_2$ auf $\bar{\bar{q}}_2$ steigenden Faktorpreis die gewinnmaximierende Angebotsmenge von y* auf y** sinkt. In Abb. II.I.1 verläuft die Isokostengerade für $\bar{q}_2$, die die Isoquante für y* in P tangiert, flacher als die für $\bar{\bar{q}}_2$,
welche die Isoquante für y** in Q berührt. Hat Q wie in Abb. II.I.1 einen gerin-
geren Ordinatenwert als P, dann bedeutet dies negative Steigung der untersuchten speziellen Nachfragekurve (vgl. Abb. II.I.2). Auch hier ist jedoch eine spezielle Nachfragekurve mit positiver Steigung nicht ausgeschlossen.

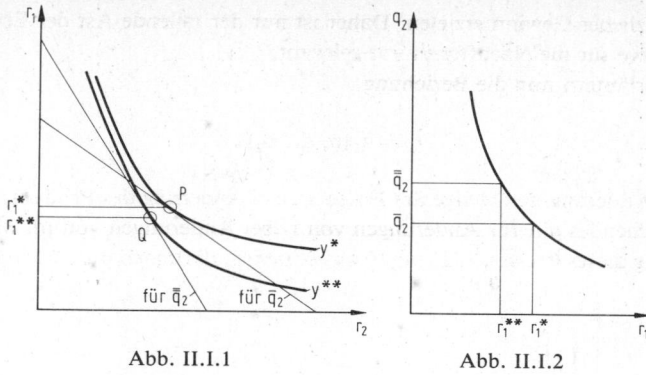

Abb. II.I.1   Abb. II.I.2

F. Kostenkurven, optimaler Produktionsplan, Angebot und Nachfrage bei linear-homogener Produktionsfunktion

Wir hatten in Abschnitt II.C.5 gezeigt, daß der Expansionspfad bei linear-homogener Produktionsfunktion eine Gerade durch den Ursprung mit konstanter Produktionsmengenskala ist und folglich auch die Kostenfunktion linear verläuft (vgl. Abb. II.J.1):

$$K = ay + F \quad mit \quad a > 0. \qquad (II.78)$$

Daraus ergibt sich folgender, in Abb. II.J.2 dargestellter Verlauf der Durchschnitts- und Grenzkosten:

(1) Die *durchschnittlichen Fixkosten* DF verlaufen wie in Abb. II.z.2:

$$DF = \frac{F}{y}. \qquad (II.79)$$

(2) Die *durchschnittlichen variablen Kosten* DVK sind konstant:

$$DVK = \frac{ay}{y} = a. \qquad (II.80)$$

(3) Die *durchschnittlichen totalen Kosten* DTK sind geometrisch wieder die vertikale Addition von DVK und DF:

$$DTK = \frac{K}{y} = \frac{ay + F}{y} = a + \frac{F}{y}. \qquad (II.81)$$

(4) Die *Grenzkosten* GK sind gleich den DVK:

$$GK = K'(y) = a.$$ (II.82)

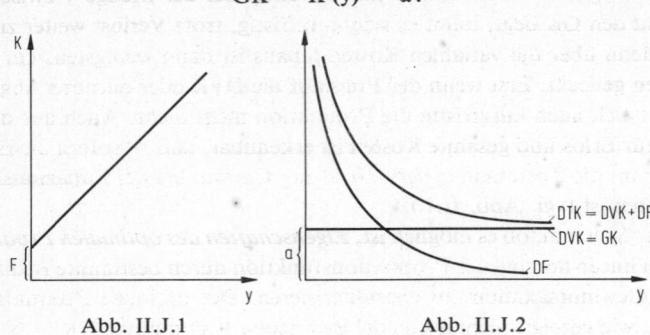

Abb. II.J.1   Abb. II.J.2

Wir versuchen, die gewinnmaximierende Produktionsmenge durch Ermittlung der *Bedingungen 1. und 2. Ordnung* zu bestimmen:

$$G(y) = E(y) - K(y) = \bar{p}y - ay - F,$$ (II.83)

$$G'(y) = \bar{p} - a = 0,$$ (II.84)

$$0 > G''(y) = 0 - 0.$$ (II.85)

Die Bedingung 1. Ordnung wäre nur bei dem Preis $\bar{p} = a$ erfüllt, dann aber bei jeder beliebigen Menge y. Die Bedingung 2. Ordnung ist überhaupt nicht erfüllbar. Die gewinnmaximierende Absatzmenge ist in diesem Fall also indeterminiert.

Man unterstellt hier, daß die Unternehmung nicht jede beliebige Menge produzieren kann, daß es vielmehr eine Höchstmenge, die Kapazitätsgrenze $\bar{y}$, gibt. Liegt der gegebene Preis $\bar{p}$ über den GK, so ist offenbar die Kapazitätsmenge die optimale: $\bar{y} = y^*$. Denn dort erreicht der Stückgewinn, die Differenz zwischen $\bar{p}$ und DTK, mithin auch der Gesamtgewinn, den höchsten Wert. In Abb. II.K

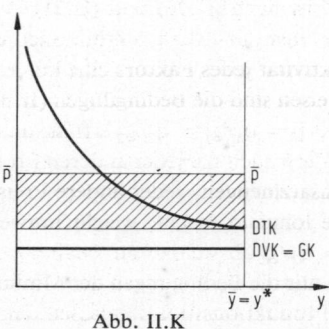

Abb. II.K

wird der Gesamtgewinn durch die schraffierte Fläche dargestellt. Ist der Preis ebenso hoch wie die DTK bei der Kapazitätsmenge ȳ, so sind Stück- und Gesamtgewinn gleich Null. Auch wenn der Preis bei der Menge ȳ zwischen den DTK und den GK liegt, lohnt es sich kurzfristig, trotz Verlust weiter zu produzieren, denn über die variablen Kosten hinaus ist dann wenigstens ein Teil der Fixkosten gedeckt. Erst wenn der Preis auf die DVK oder darunter abgesunken ist, lohnt sich auch kurzfristig die Produktion nicht mehr. Auch aus dem Diagramm für Erlös und gesamte Kosten ist erkennbar, daß − sofern die Erlöskurve steiler als die Kostenkurve verläuft − der Gewinn bei der Kapazitätsmenge ȳ am größten ist (vgl. Abb. II.L).

Wir fragen nun, ob es möglich ist, *Eigenschaften des optimalen Produktionsplans* bei linear-homogener Produktionsfunktion durch bestimmte Bedingungen für das Gewinnmaximum zu charakterisieren. Der optimale Produktionsplan läßt sich, wie gezeigt, nicht durch die Bedingung 1. Ordnung „GK = p" und die entsprechende Bedingung 2. Ordnung kennzeichnen. Ebensowenig eignen sich dazu die Bedingungen (II.64) (a) und (b), nach denen der Wert des Grenzpro-

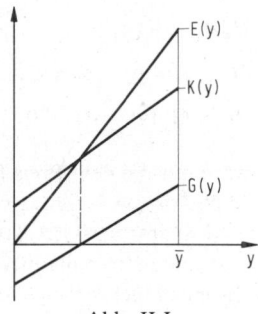

Abb. II.L

dukts eines Faktors gleich dem Faktorpreis bzw. die Grenzproduktivität gleich der Realentlohnung eines Faktors ist: Bei substitutionaler linear-homogener Produktionsfunktion ist nach (II.20) und (II.21) im Isoquantendiagramm entlang eines Strahls aus dem Ursprung, mithin auch entlang des Expansionspfades, die Grenzproduktivität jedes Faktors eine konstante Größe. Bei gegebenen, konstanten Faktorpreisen sind die Bedingungen (II.64) (a) und (b) nur bei einem ganz bestimmten Preis $\bar{p} = q_1/g_1' = q_2/g_2'$ erfüllt, und zwar nicht nur bei der Kapazitätsmenge ȳ, sondern auch bei jeder anderen Produktionsmenge und den zugeordneten Faktoreinsatzmengen. Jeder andere Preis p, der eine Produktion an der Kapazitätsgrenze lohnend macht, weicht notwendigerweise von dem konstanten Wert $q_1/g_1' = q_2/g_2'$ ab, so daß die Bedingungen (II.64) (a) und (b) nicht erfüllt sind (es gelten nur die Bedingungen der Minimalkostenkombination). Bei linear-limitationaler Produktionsfunktion lassen sich die Bedingungen nicht einmal formulieren, weil wir dann nicht mit Grenzproduktivitäten argumentieren können.

Über die *Angebots- und Nachfragekurven* bei linear-homogener Produktionsfunktion können wir folgende Aussagen machen: Die Angebotskurve (II.72) beginnt bei der kurzfristigen Preisuntergrenze p = GK = DVK und verläuft von dort an senkrecht bei der Menge ȳ. Das Angebot ist also vollkommen unelastisch. – Mit der Erhöhung eines Faktorpreises verschiebt sich die Kostenkurve nach oben, was bei linearer Kostenkurve einen steileren Verlauf bedeutet. Die Abszissen-Parallele GK = DVK in Abb. II.K verschiebt sich mithin ebenfalls nach oben, die Angebotskurve beginnt bei einem höheren Preis und verläuft von dort aus wieder senkrecht (vgl. Abb. II.M.1).

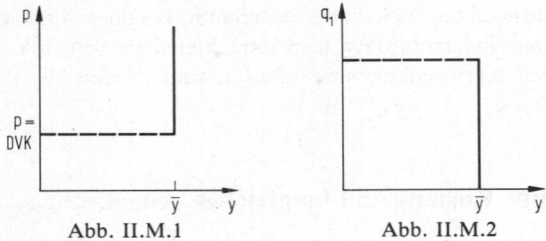

Abb. II.M.1   Abb. II.M.2

Die spezielle Angebotskurve (II.73) verläuft ebenfalls senkrecht bei der Kapazitätsmenge ȳ und endet bei einem Höchstpreis des Faktors, bei dem gerade noch die DVK gedeckt sind (vgl. Abb. II.M.2).

Die Nachfragekurve (II.74) endet bei einem Höchstpreis, bei dem die GK die Höhe des Produktpreises erreichen. Bei sinkendem Faktorpreis q_1 bewegen wir uns stets auf der Isoquante für die Kapazitätsmenge ȳ, d. h. wir substituieren fortgesetzt Mengen des Faktors 2 gegen solche des Faktors 1. Die Nachfragekurve verläuft also fallend (vgl. Abb. II.N.1).

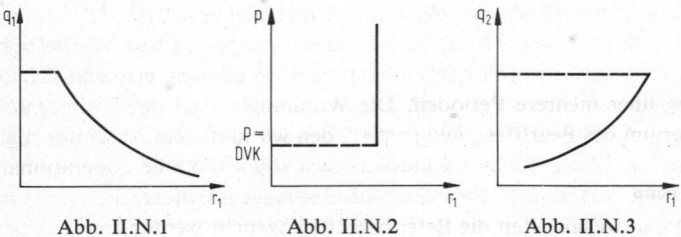

Abb. II.N.1   Abb. II.N.2   Abb. II.N.3

Die Nachfragekurve (II.76) beginnt beim Mindestpreis p = DVK und verläuft von dort an senkrecht, weil stets die Kapazitätsmenge mit der gleichen Faktorkombination hergestellt wird (vgl. Abb. II.N.2).

Die Nachfragekurve (II.77) endet ebenfalls bei einem Höchstpreis, bei dem die GK die Höhe des Produktpreises erreichen. Mit sinkendem Faktorpreis bewegen wir uns wieder auf der Isoquante für die Kapazitätsmenge $\bar{y}$; wir ersetzen fortlaufend Mengen des Faktors 1 gegen solche des Faktors 2. Diese Nachfragekurve hat mithin positive Steigung (vgl. Abb. II.N.3).

Bei *linear-limitationaler Produktionsfunktion* sind die Aussagen über die Nachfragekurven folgendermaßen zu revidieren: Sofern überhaupt die Produktion lohnt, wird die Kapazitätsmenge angeboten, und es sind unabhängig von den Faktorpreisen und dem Produktpreis immer die gleichen Faktormengen einzusetzen. Alle Nachfragekurven verlaufen senkrecht; die Nachfrage ist in bezug auf den jeweiligen Preis vollkommen unelastisch. Die Kurven für den Faktor 1 in den den Abb. II.N.1 und N.3 entsprechenden Fällen enden bei einem Höchstpreis, der gerade noch die DVK zu decken erlaubt. Bei linear-limitationaler Produktionsfunktion sind mithin alle hier betrachteten speziellen Angebots- und Nachfragekurven durch senkrechten Verlauf gekennzeichnet.

G. Langfristige Kosten- und langfristige Angebotskurve

1. Die langfristige Kostenkurve

Die Produktionsfunktion $y = g(r_1, r_2)$, mit der wir bisher argumentierten, beschreibt die Produktionsmöglichkeiten im Rahmen eines gegebenen Produktionsapparates oder — wie man auch sagt — *bei gegebener Betriebsgröße*. Produktionsapparat bzw. Betriebsgröße können innerhalb der betrachteten Periode nicht verändert werden. Unabhängig von der Nutzung des Produktionsapparates werden fixe Kosten angesetzt.

In diesem Abschnitt gehen wir davon aus, daß die Betriebsgröße noch nicht feststeht, sondern gewählt werden kann. Unser Ziel besteht in der *Bestimmung der optimalen Betriebsgröße*. Da der Produktionsapparat bzw. die Betriebsgröße nicht innerhalb einer Periode verändert werden können, erstreckt sich die Betrachtung über mehrere Perioden. Die Wahlmöglichkeit der Betriebsgröße ist das Kriterium des Begriffes *„langfristig"*, den wir in diesem Abschnitt zugrunde legen. Bei der „langen Frist" handelt es sich somit um eine „operational time unit" (VINER, 1932), nicht unbedingt um eine lange Kalenderzeit. Es kommt nur darauf an, in welcher Zeit die Betriebsgröße angepaßt werden kann.

Je umfangreicher der Produktionsapparat, desto höher sind die Fixkosten. F ist also eine steigende Funktion der Betriebsgröße. Ändert sich die Betriebsgröße, dann ändert sich auch die Produktionsfunktion, d. h. die Art des funktionalen Zusammenhangs zwischen dem Einsatz variabler Faktoren und der Produktionsmenge. Wenn die Betriebsgröße sukzessive zunimmt, haben wir eine *Abfolge verschiedener Produktionsfunktionen* vor uns. In der Regel werden kleinere Mengen y günstiger mit geringer Betriebsgröße, größere Mengen y günstiger mit großer Betriebsgröße produziert.

Wir können also feststellen: Für steigenden Fixfaktoreinsatz, d. h. zunehmende Betriebsgröße bzw. zunehmende Fixkosten gilt jeweils eine andere Produktionsfunktion, folglich auch jeweils ein anderes System von Isoquanten und Minimalkostenkombinationen, folglich auch ein anderer Expansionspfad, folg-

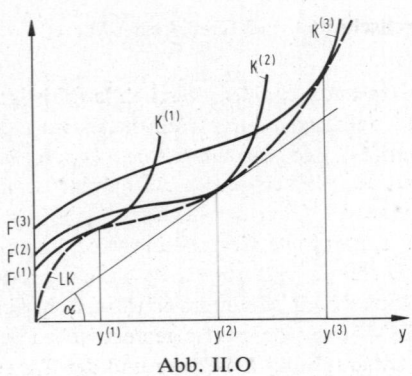

Abb. II.O

lich auch eine andere Kostenfunktion. Drei typische Kostenfunktionen $K^{(1)}$, $K^{(2)}$, $K^{(3)}$ mit den steigenden Fixkosten $F^{(1)}$, $F^{(2)}$, $F^{(3)}$, die wir im folgenden zugrunde legen, sind in Abb. II.O dargestellt. Die Funktion $K^{(1)}$ gilt bei relativ kleiner Betriebsgröße $F^{(1)}$; sie ist für kleine Mengen y günstiger, für große Mengen y ungünstiger als $K^{(2)}$ und $K^{(3)}$. Die Funktion $K^{(3)}$ gilt bei relativ großer Betriebsgröße $F^{(3)}$ und ist für große Mengen y günstiger. Ist die Betriebsgröße und damit die Kostenfunktion noch nicht festgelegt, sondern variabel, dann kann man diese so wählen, daß *für jede gegebene Menge* y *die Kosten* K *minimal* sind. In Abb. II.O würde also die Wahl für $y^{(1)}$ auf $K^{(1)}$ mit $F^{(1)}$, für $y^{(2)}$ auf $K^{(2)}$ mit $F^{(2)}$, für $y^{(3)}$ auf $K^{(3)}$ mit $F^{(3)}$ fallen.

Gehen wir nun davon aus, daß die Betriebsgröße eine kontinuierliche Variable ist, so erhält man eine kontinuierliche Abfolge von Produktions- und Kostenfunktionen. Da uns jeweils die minimalen Kosten für eine gegebene Menge y interessieren, konstruieren wir zu allen diesen Kostenfunktionen die *Umhüllende (Enveloppe),* die in Abb. II.O durch die gestrichelte Kurve angedeutet wird. Für eine Betriebsgröße von Null gibt es keine Fixkosten; die Umhüllende beginnt folglich im Ursprung. Jeder Punkt auf der Umhüllenden ist Tangentialpunkt mit einer Kostenkurve für gegebene Betriebsgröße. Für beliebige gegebene Menge y erhält man die zugeordnete Kostenkurve und die zugeordnete Betriebsgröße F, indem man im Diagramm bei dieser Menge die Senkrechte auf der Abszisse errichtet, deren Schnittpunkt mit der Umhüllenden zugleich Tangentialpunkt der gesuchten Kostenkurve ist. Entsprechend der obigen Definition des Begriffes „langfristig" bezeichnet man die Umhüllende als *langfristige Kostenkurve,* denn sie läßt die Wahl der Betriebsgröße noch zu. Ist die Betriebsgröße erst einmal gewählt, dann gilt wieder die entsprechende kurzfristige Kostenkurve mit nicht beeinflußbaren Fixkosten.

2. Langfristige Durchschnitts- und Grenzkostenkurve

Wir brauchen nicht zu unterscheiden zwischen langfristigen durchschnittlichen totalen Kosten und langfristigen durchschnittlichen variablen Kosten, weil langfristig alle Kosten variabel sind. Die *langfristigen Durchschnittskosten* LDK sind definiert als Tangens des Winkels α, den der Fahrstrahl an alle Punkte auf der langfristigen Kostenkurve LK mit der Abszisse bildet (vgl. Abb. II.O). Hat die Umhüllende wieder die typische Gestalt einer Kostenkurve, dann verläuft die LDK-Kurve wieder U-förmig (vgl. Abb. II.P). Sie hat ihr Minimum bei der Menge $y^{(2)}$, bei der der Winkel α ein Minimum erreicht, d. h. dort, wo der Fahrstrahl vom Ursprung die LK-Kurve tangiert. Im geometrischen Beispiel fallen der Tangentialpunkt von Fahrstrahl und LK-Kurve und der Tangentialpunkt von LK-Kurve und $K^{(2)}$-Kurve zusammen.

Bei der Menge $y^{(1)}$ tangiert in Abb. II.O die $K^{(1)}$-Kurve die LK-Kurve, so daß bei dieser Menge die $DTK^{(1)}$ mit den LDK übereinstimmen (vgl. Abb. II.P). Für alle anderen Mengen verläuft $K^{(1)}$ oberhalb der LK-Kurve, die $DTK^{(1)}$- mithin oberhalb der LDK-Kurve. Der Punkt C in Abb. II.P muß also Tangentialpunkt

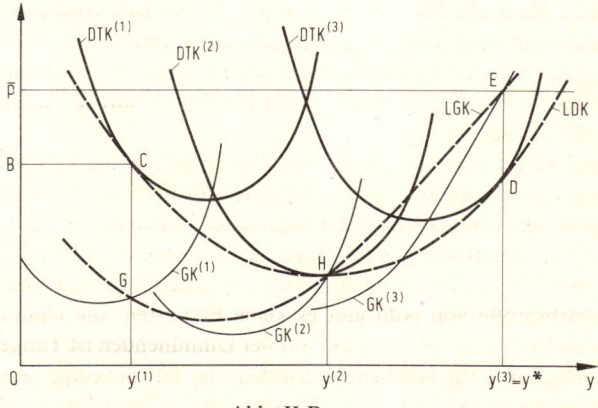

Abb. II.P

der DTK$^{(1)}$- und der LDK-Kurve sein. Es ist zu beachten, daß C nicht das Minimum der DTK$^{(1)}$-Kurve bezeichnet, daß dieses vielmehr weiter rechts liegt. – Ähnliches gilt für andere kurzfristige DTK-Kurven; sie alle berühren die LDK-Kurve in einem Punkt. Die LDK-Kurve kann daher auch als *Umhüllende zu allen DTK-Kurven* konstruiert werden. – Nur im LDK-Minimum erreicht auch eine DTK-Kurve ihr Minimum, und zwar hier die DTK$^{(2)}$-Kurve, weil bei y$^{(2)}$ der Winkel α in Abb. II.O minimal wird.

Die *langfristige Grenzkostenkurve* LGK ist gleich der Steigung der LK-Kurve. In Abb. II.O nimmt die Steigung mit wachsendem y zunächst ab, später wieder zu. Die LGK-Kurve in Abb. II.P muß daher U-förmig verlaufen und ihr Minimum beim Wendepunkt der LK-Kurve erreichen. Die LGK-Kurve geht durch das Minimum der LDK-Kurve hindurch, weil bei dieser Menge die Steigung der LK-Kurve gleich der Steigung des tangierenden Fahrstrahls vom Ursprung an die LK-Kurve ist (vgl. Abb. II.O).

Wir können die LGK-Kurve auch aus den U-förmigen kurzfristigen GK-Kurven herleiten, die mit positiver Steigung durch die Minima der kurzfristigen DTK-Kurven verlaufen (vgl. Abb. II.P). Bei den Mengen y$^{(1)}$, y$^{(2)}$ und y$^{(3)}$ stimmt in Abb. II.O jeweils die Steigung der kurzfristigen Kostenkurve mit derjenigen der langfristigen Kostenkurve überein, so daß sich in Abb. II.P bei diesen Mengen jeweils die entsprechende kurzfristige mit der langfristigen Grenzkostenkurve schneidet. Wir erhalten die LGK-Kurve also, indem wir die Schnittpunkte der bei y$^{(1)}$, y$^{(2)}$ und y$^{(3)}$ errichteten Senkrechten mit den kurzfristigen Grenzkostenkurven GK$^{(1)}$, GK$^{(2)}$ und GK$^{(3)}$ verbinden.

3. Langfristig optimaler Produktionsplan und langfristige Angebotskurve

Ist $\bar{p}$ der langfristig konstante, gegebene Preis, dann kann man das *langfristige Gewinnmaximum* ermitteln, indem man aus der Gewinnfunktion

$$G = y\bar{p} - LK(y) \qquad (II.86)$$

die Bedingung 1. Ordnung

$$\bar{p} = LK'(y) = LGK(y) \qquad (II.87)$$

und die Bedingung 2. Ordnung

$$0 < LK''(y) \qquad (II.88)$$

bildet. Analog zur kurzfristigen Betrachtung gilt für das langfristige Gewinnmaximum also, daß $\bar{p}$ gleich den langfristigen Grenzkosten LGK und die Steigung der LGK-Kurve positiv sein muß. In Abb. II.P ist die langfristige gewinnmaximierende Menge $y^{(3)} = y^*$. Diese ist mit der kurzfristigen Kostenfunktion $DTK^{(3)}$ bzw. $K^{(3)}$ zu produzieren, d. h. die Fixkosten bzw. die Betriebsgröße sind gleich $F^{(3)}$ zu wählen. Nur die Kostenfunktion $K^{(3)}$ sichert für y^* minimale Kosten. Wenn die Betriebsgröße und die kurzfristige Kostenfunktion einmal gewählt sind, können wir auch mit der kurzfristigen Grenzkostenkurve argumentieren. Bei y^* muß auch die Bedingung $GK^{(3)} = \bar{p}$ erfüllt sein.

Nach den Bedingungen 1. und 2. Ordnung für das langfristige Gewinnmaximum können wir den aufsteigenden Ast der LGK-Kurve als *langfristige Angebotskurve* der Unternehmung betrachten. Diese verläuft flacher als die kurzfristigen Angebotskurven und beginnt im LDK-Minimum, wo der Gewinn gleich Null ist. Erreicht der Preis das LDK-Minimum nicht, dann sind die Betriebsgröße und die Produktionsmenge Null zu wählen. Ein Fixkostenverlust wie bei kurzfristiger Betrachtung tritt hier nicht auf.

Ändert sich der Preis, nachdem die Betriebsgröße und damit die kurzfristige Kostenfunktion gewählt wurde, dann kann sich der Betrieb nur allmählich durch Variation der Betriebsgröße (Investitionen oder Desinvestitionen) dem neuen langfristigen Gewinnmaximum annähern.

4. Alternative Verläufe der langfristigen Kosten- und Angebotskurven

Wir unterstellten bisher, daß jede der kurzfristigen Kostenkurven und auch die Umhüllende zu diesen Kurven die typische Gestalt hat. Unter diesen Voraussetzungen haben die DTK-Kurven und die LDK-Kurve die U-Form.

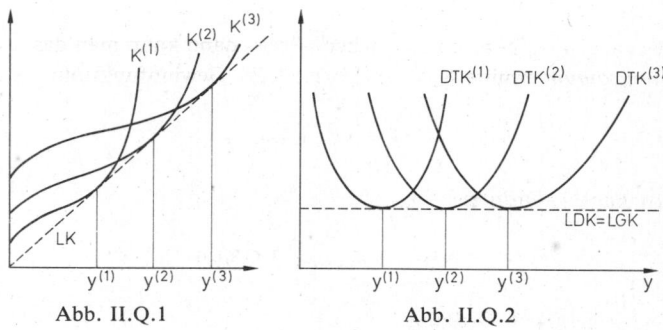

Abb. II.Q.1   Abb. II.Q.2

Folgende andere Fälle sind z. B. denkbar:

(1) Die kurzfristigen Kostenkurven haben überall zunehmende Steigung, die Umhüllende dazu, d. h. die langfristige Kostenkurve, ist jedoch eine Gerade durch den Ursprung (vgl. Abb. II.Q.1). Diesen Fall kann man auch so interpre-

tieren, daß die Produktionsfunktion *linear-homogen in allen Faktoreinsatzmengen,* einschließlich der Einsatzmengen aller kurzfristig fixen Faktoren, ist. Dann ist die Umhüllende zu den U-förmigen DTK-Kurven eine Parallele zur Abszisse, und diese ist zugleich LDK- und LGK-Kurve (vgl. Abb. II.Q.2). Liegt der Preis p̄ über den LGK, so gibt es für die langfristig optimale Angebotsmenge und damit für die optimale Betriebsgröße keine Obergrenze; es lohnt sich vielmehr, Produktion und Betriebsgröße ständig auszudehnen. Ist der Preis gleich den LDK, dann erzielt die Unternehmung bei jeder Menge und jeder Betriebsgröße einen Gewinn von Null (wobei in den Kosten jedoch wieder Unternehmerlohn und Eigenkapitalverzinsung bzw. der *„normal profit"* enthalten ist), so daß optimaler Produktionsplan und optimale Betriebsgröße *indeterminiert* sind.

(2) Die kurzfristigen Kostenkurven verlaufen typisch, die langfristige Kostenkurve hat überall abnehmende Steigung (vgl. Abb. II.R.1). Dann sind die DTK-

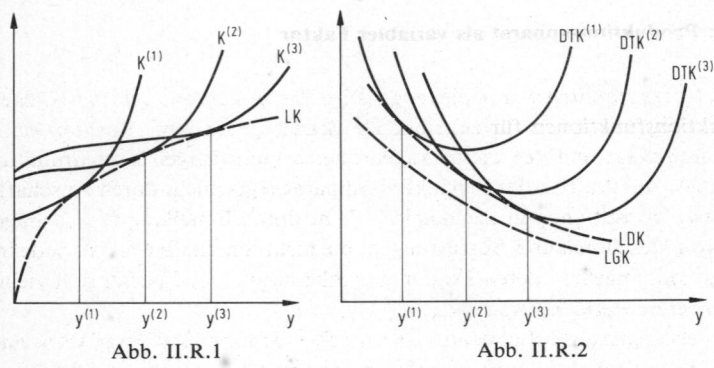

Abb. II.R.1   Abb. II.R.2

Kurven wieder U-förmig, während die LDK-Kurve und ebenso die LGK-Kurve überall negative Steigung hat (vgl. Abb. II.R.2). Auch hier würde es sich lohnen, Produktion und Betriebsgröße ständig auszudehnen. Selbst bei fortgesetztem Sinken des als gegeben betrachteten Produktpreises könnte die Unternehmung durch Produktions- und Betriebsgrößenausdehnung wieder einen Gewinn zu erzielen versuchen. Unbegrenzte Produktionsausdehnung und Hinnehmen des Preises als Datum stehen aber, wie in Kapitel III.A. deutlich werden wird, ökonomisch im Widerspruch zueinander.

(3) Die kurzfristigen Kostenkurven verlaufen linear. Die Produktionsfunktionen für die einzelnen Betriebsgrößen sind linear-homogen in den Einsatzmengen der kurzfristig variablen Faktoren. Die langfristige Kostenkurve, die sich hier ergibt, hat abnehmende Steigung (vgl. Abb. II.S.1). Die DTK-Kurven haben keinen ansteigenden Kurvenast, sondern überall negative Steigung (vgl. Abb. II.S.2). Dasselbe gilt für die LDK- und die LGK-Kurve, so daß dieser Fall dem Fall (2) entspricht.

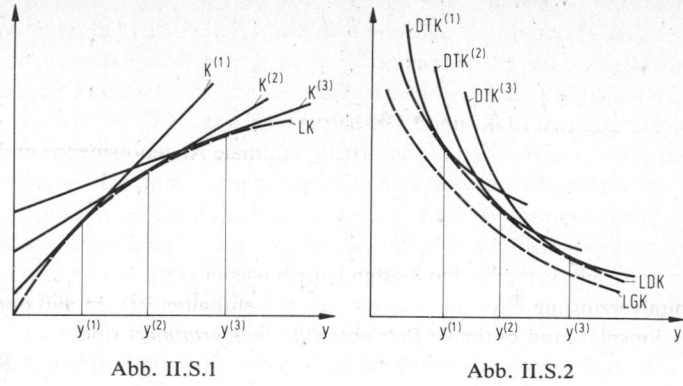

Abb. II.S.1   Abb. II.S.2

5. Der Produktionsapparat als variabler Faktor

In den Vorabschnitten wurde die langfristige Kostenkurve aus einer Abfolge von
Produktionsfunktionen für zunehmende Betriebsgröße bzw. wachsenden Produktionsapparat und den diesen zugeordneten kurzfristigen Kostenfunktionen
abgeleitet. Der Aufbau des Produktionsapparates geschieht durch Anschaffung
von bzw. Investitionen in Sachkapital, d. h. durch Erstellung von Gebäuden,
Kauf von Maschinen und Ausrüstungen, die nicht innerhalb einer Periode in die
Produktion eingehen, deren Leistungsabgabe an die Produktion sich vielmehr
über mehrere Perioden erstreckt.

In der langfristigen Betrachtung wird neben den kurzfristig variablen Faktoren auch der Produktionsapparat als variabel angesehen, und es geht um die *optimale Kombination aller Faktoren,* einschließlich des Sachkapitals. In der Regel
besteht langfristig auch zwischen Sachkapital und anderen Faktoren, beispielsweise Arbeit und Rohstoffen, eine Substitutionsbeziehung, so daß die optimale,
d. h. kostenminimierende Kombination der Faktoren von den Faktorpreisrela-
tionen abhängt. Ist der Preis für die Nutzung von Sachkapital relativ zu den
Preisen für Arbeit und Rohstoffe hoch, lohnt es sich, arbeits- bzw. rohstoff-
intensiv zu produzieren, d. h. relativ wenig Sachkapital durch Investition zu bilden (Beispiel: Entwicklungsländer). Steigt der Preis für Rohstoffe (z. B. für
Energie) und/oder der Preis für Arbeit im Vergleich zu dem für die Sachkapitalnutzung, werden diese Faktoren langfristig durch Sachkapital substituiert, es
wird sachkapitalintensiver produziert, d. h. mehr Sachkapital durch Investition
gebildet (Beispiel: Rationalisierungsinvestitionen bei Energiepreiserhöhung oder
Lohnsatzsteigerung). Der mit der Ausdehnung der Produktionsmenge erfolgen-
de Aufbau des Produktionsapparates hängt mithin auch von der Höhe des Faktorpreises für Sachkapitalnutzung relativ zu den Preisen der übrigen Faktoren

ab. Ebenso wie die kurzfristigen Kostenkurven für gegebene Faktorpreise abgeleitet wurden, sind für die langfristige Kostenkurve gegebene Faktorpreise (einschließlich des Preises für Sachkapitalnutzung) unterstellt. Die langfristige Kostenkurve läßt sich auch aus einer substitutionalen langfristigen Produktionsfunktion, in der alle Faktoren variabel sind, hergeleitet vorstellen.

H. Aufbau des Produktionsapparates durch Investition

Wie in Abschnitt G.5 erläutert, können Investitionen zum Aufbau des Produktionsapparates einer Unternehmung als Problem der langfristig optimalen Kombination von Produktionsfaktoren zur Erzeugung einer den Gewinn maximierenden Produktionsmenge gesehen werden. Ist die Frage zu beantworten, ob eine bestimmte Investition, beispielsweise der Kauf einer bestimmten Maschine, lohnend ist, so genügt es allerdings nicht, eine auf eine bestimmte Periode bezogene Rechnung durchzuführen, in der der Grenzerlös des mit der Maschine erzeugten Produktes mit den Grenzkosten aus der Nutzung der Maschine verglichen wird, und die Investition als gewinnsteigernd einzustufen, wenn der Grenzerlös die Grenzkosten übersteigt. Es ist vielmehr notwendig, neben den Anschaffungskosten die während der gesamten Lebensdauer anfallenden Erlöse und Kosten zu betrachten, so daß nicht nur die gegenwärtigen, sondern auch die zukünftigen Faktoreinsatz- und Produktmengen sowie deren Preise eine Rolle spielen. Wir erläutern im folgenden nur einige Ansätze zur einzelwirtschaftlichen Investitionsrechnung, die als Grundlage der Erörterung volkswirtschaftlicher Zusammenhänge ausreichen (auf die umfangreiche weiterführende betriebswirtschaftliche Literatur gehen wir nicht ein).

Die einer Investition über die Zeit hinweg zuzuordnenden Erlöse lassen sich durch eine *Reihe der erwarteten Einnahmen,* die ihr zuzurechnenden Kosten durch eine *Reihe der erwarteten Ausgaben* beschreiben. Die erwarteten Einnahmen ergeben sich beispielsweise aus der Multiplikation der erwarteten Absatzmengen mit den erwarteten Preisen; hinzu kommt eventuell ein erwarteter Verkaufserlös oder Schrottwert des ausrangierten Investitionsobjektes. Die erwarteten Ausgaben bestehen aus den erwarteten Anschaffungsausgaben sowie den mit der Investition zusammenhängenden Betriebsausgaben. Indem die in den einzelnen Perioden anfallenden erwarteten Einnahmen und Ausgaben mit einem *Kalkulationszinssatz* k auf den Kalkulationszeitpunkt (Zeitpunkt unmittelbar vor der Investition) abdiskontiert werden, läßt sich der *Kapitalwert* der Investition zu diesem Zeitpunkt berechnen. Sind b_t die Einnahmen in Periode t = 1, 2, ..., a_0 die Anschaffungsausgaben und a_t die der Investition zuzurechnenden Ausgaben in Periode t und bezeichnet n die Lebensdauer der Investition, dann beträgt der mit dem Kalkulationszinssatz k ermittelte Kapitalwert:

$$C_0 = -a_0 + \frac{b_1 - a_1}{1 + k} + \frac{b_2 - a_2}{(1 + k)^2} + \cdots + \frac{b_n - a_n}{(1 + k)^n}. \qquad (II.89)$$

Ohne unmittelbar auf das Kriterium der Gewinnmaximierung abzustellen, soll eine Investition als vorteilhaft bezeichnet werden, wenn der Kapitalwert C_0 nicht negativ ist. Bei $C_0 = 0$ repräsentieren die erwarteten Einnahmen insgesamt eine Wiedergewinnung der Ausgaben einschließlich einer als hinreichend angesehenen Verzinsung zum Kalkulationszinssatz; bei $C_0 > 0$ liegt die Verzinsung über dem Kalkulationszinssatz.

Der Kalkulationszinssatz k bringt die subjektiven Anforderungen des Unternehmers oder Managers an die Verzinsung der periodenweisen Einnahmenüberschüsse $b_t - a_t$ zum Ausdruck. Über die Höhe der Einnahmen und Ausgaben besteht unvollständige Information. Auf Investitionsentscheidungen wären daher prinzipiell die in Kap. I. B. 5. g erläuterten Entscheidungskriterien anwendbar. Während dort verschiedene Entscheidungsmöglichkeiten mit alternativen Ergebnissen betrachtet werden und die Entscheidung je nach Risikoneigung oder Pessimismusgrad des Entscheidenden fällt, geht es bei einem Investitionsprojekt um zwei Entscheidungsmöglichkeiten, nämlich Investieren oder Nichtinvestieren, mit jeweils einem Ergebnis, nämlich dem Kapitalwert C_0 oder Null. Eine Risikobereitschaft oder ein Pessimismusgrad können sich hier jedoch im Kalkulationszinssatz der Investitionsrechnung niederschlagen: Je höher die subjektive Einschätzung des Risikos oder der individuelle Pessimismus hinsichtlich der Realisierung der in der Rechnung angesetzten periodenweisen Einnahmenüberschüsse, desto höher der Kalkulationszinssatz.

Der Kalkulationszinssatz k sollte nicht mit dem Marktzinssatz i verwechselt werden, der für Kredite zu zahlen ist, mit denen möglicherweise die Investition finanziert wird. Der subjektive Zinssatz k dürfte regelmäßig über dem objektiven Zinssatz i liegen, insbesondere dann, wenn die Investition vollständig kreditfinanziert ist und entsprechende Zinsausgaben in der Ausgabenreihe berücksichtigt sind.

Die Vorteilhaftigkeit der Investition kann auch durch Ermittlung ihres *internen Zinssatzes* z und dessen Vergleich mit dem Kalkulationszinssatz k überprüft werden. Der interne Zinssatz z (von KEYNES „Grenzleistungsfähigkeit des Kapitals" genannt) ist jener Zinssatz, mit dem sich ein Kapitalwert von Null ergibt:

$$0 = -a_0 + \frac{b_1 - a_1}{1 + z} + \frac{b_2 - a_2}{(1 + z)^2} + \cdots + \frac{b_n - a_n}{(1 + z)^n}. \qquad (II.90)$$

In der Formulierung (II.89) ist C_0, hier hingegen z die zu berechnende Größe. Ist der interne Zinssatz z größer als der Kalkulationszinssatz k, dann erweist sich die tatsächliche Verzinsung der periodenweisen Einnahmenüberschüsse als höher als die geforderte. In diesem Fall und bei Gleichheit der Zinssätze ist die Investition vorteilhaft. Beide, Kalkulationszinssatz- und Interne-Zinssatz-Methode, sind äquivalent, denn einem Kapitalwert C_0, der positiv (oder Null) ist, entspricht ein interner Zinssatz, der größer als der (gleich dem) Kalkulationszinssatz ist.

In (II.89) werden alle erwarteten Einnahmen und Ausgaben als gegeben betrachtet und der zugeordnete Kapitalwert bestimmt. Erwartet die Unternehmung, daß ihr auf Beschaffungs- und Absatzmärkten die Preise vorgegeben sind (gegebene Faktor- und Produktpreise werden in diesem Kapitel ja generell unterstellt), so besteht über die Preise kein Spielraum, die Reihe der Einnahmen oder Ausgaben zu gestalten. Allerdings könnte über die Wahl einer geeigneten Zeitstruktur der einzusetzenden und zu erzeugenden Mengen eine Erhöhung des Kapitalwertes einer Investition möglich sein. Ist die erwartete Preisentwicklung beispielsweise so, daß in späteren Perioden der Produktpreis weniger steigt als die Faktorpreise, dann kann durch zeitliche Vorverlegung der Produktion und vorübergehende Lagerhaltung der Kapitalwert gesteigert werden. Durch *zeitliche Gestaltung der Einnahmen und Ausgaben* wird es möglich, den Kapitalwert einer Investition zu maximieren. Die *Maximierung des Kapitalwertes* kann in Analogie zur einperiodigen Gewinnmaximierung gesehen werden (vgl. dazu (II.55) und (II.58)). Ebenso wie der Gewinn als Differenz zwischen Erlös und Kosten definiert ist, kann der *Kapitalwert* als *Differenz* zwischen der *Summe der diskontierten erwarteten Einnahmen* und der *Summe der diskontierten erwarteten Ausgaben* einschließlich Anschaffungsausgaben definiert werden. Der Gewinn ist (unter Vernachlässigung der Bedingung 2. Ordnung) maximal, wenn der Grenzerlös gleich den Grenzkosten ist; der Kapitalwert ist maximal, wenn für jeden Aktionsparameter die Summe der diskontierten Grenzeinnahmen der Summe der diskontierten Grenzausgaben gleich ist. Als Aktionsparameter kommen hierbei die Produktions- und Absatzmengen einer jeden Periode in Betracht.

Bisher wurde die Vorteilhaftigkeit einer einzigen Investitionsmöglichkeit erörtert. Wenn im folgenden der Fall *mehrerer Investitionsalternativen* erläutert wird, ist für jede Alternative stets deren maximaler Kapitalwert gemeint. Stehen mehrere Alternativen, beispielsweise der Kauf verschiedener Maschinen, zur Auswahl, so liegt die Vermutung nahe, daß diejenige mit dem *höchsten Kapitalwert* die vorteilhafteste ist. Die Einordnung der Investitionsalternativen in eine Rangfolge gemäß ihren Kapitalwerten ist streng genommen jedoch nur möglich, wenn benötigte Finanzierungsmittel jederzeit zum Kalkulationszinssatz beschafft oder freie Finanzierungsmittel stets zum Kalkulationszinssatz angelegt werden können. Aufgrund dieser Annahme werden Investitionsprojekte, die sich in der Finanzierungsstruktur unterscheiden, erst vergleichbar gemacht, ohne daß sich ihre Kapitalwerte ändern. Das läßt sich wie folgt verdeutlichen: Unterscheiden sich zwei Maschinen 1 und 2 durch ihre Anschaffungsausgaben und stehen Finanzierungsmittel im Umfang der teureren Maschine 2 zur Verfügung, so kann bei Kauf der billigeren Maschine 1 der Differenzbetrag D zum Kalkulationszinssatz über die Lebensdauer der Maschine m sozusagen als finanzielle Zusatzinvestition angelegt werden. Vom Kapitalwert C_1 der Maschine 1 sind dann die Anschaffungsausgaben D abzuziehen, die in Periode m, mit dem Satz k verzinst, wieder anfallen, jedoch auf den Kalkulationszeitpunkt abgezinst werden müssen:

$$C_1 - D + \frac{D(1 + k)^m}{(1 + k)^m} = C_1. \qquad \text{(II.91)}$$

Ähnlich ändert sich der Kapitalwert der Maschine 2 nicht, wenn Finanzierungsmittel nur im Umfang der billigeren Maschine 1 verfügbar sind und D zum Kalkulationszinssatz beschafft werden muß. Auch wenn Finanzierungsmittel während der Lebensdauer einer Maschine zum Kalkulationszinssatz ausgeliehen oder aufgenommen werden, hat das auf den Kapitalwert keinen Einfluß. Dann kann als die vorteilhafteste Investitionsalternative diejenige mit dem höchsten Kapitalwert bezeichnet werden. Anders formuliert: Wenn von mehreren Investitionsalternativen die mit dem höchsten Kapitalwert gewählt wird, ist vorausgesetzt, daß die Unternehmung als Anbieter oder Nachfrager freien Zugang zum Markt für Finanzierungsmittel als Mengenanpasser an einen Zinssatz k hat. Da regelmäßig der tatsächliche Zinssatz i unter dem Kalkulationszinssatz k liegt, ist das Kriterium des höchsten Kapitalwertes nicht ohne Vorbehalte anwendbar.

I. Aggregation von Angebots- und Nachfragekurven der Unternehmungen

Die Angebotskurve der Unternehmung ist *ceteris paribus*, d. h. bei gegebener Produktionsfunktion und gegebenen Faktorpreisen, der aufsteigende Ast der Grenzkostenkurve, und zwar bei kurzfristiger Analyse beginnend im Minimum der DVK, bei langfristiger Analyse beginnend im Minimum der LDK. Die *Aggregation* solcher einzelwirtschaftlichen *Angebotskurven*, die durch horizontale Addition geschieht, ergibt eine typisch verlaufende, d. h. positiv ansteigende Gesamtangebotskurve. Die gesamtwirtschaftliche Angebotskurve verläuft flacher als jede einzelwirtschaftliche. Da die einzelwirtschaftlichen langfristigen GK-Kurven flacher verlaufen als die kurzfristigen, ist auch die gesamtwirtschaftliche langfristige Angebotskurve flacher als die kurzfristige. Die gesamtwirtschaftliche Angebotskurve kann Sprungstellen haben, die jedoch in der Regel um so weniger ausgeprägt sind, je mehr einzelwirtschaftliche Angebotskurven addiert werden. – Produzieren alle einzelnen Anbieter in kurzfristiger Betrachtung aufgrund linear-homogener Produktionsfunktionen und konstanter Grenzkosten an der Kapazitätsgrenze und gelten für sie mithin senkrecht verlaufende Angebotskurven, so muß auch die gesamtwirtschaftliche Angebotskurve senkrecht verlaufen. Das trifft allerdings nicht für den unteren Bereich der gesamtwirtschaftlichen Angebotskurve zu, sofern die Angebote der einzelnen Anbieter aufgrund verschieden hoher Grenzkosten bei verschieden hohen Mindestpreisen beginnen. In diesem Bereich ergibt sich eine Folge von vertikalen Kurvenstücken, die jeweils gegeneinander nach rechts und nach oben verschoben sind. – Nehmen bei langfristiger Betrachtung die LDK aller Anbieter mit steigender Menge immer weiter ab, so besteht für den einzelnen Anbieter der Anreiz, seine Produktion ständig auszudehnen. Es gibt dann langfristig weder einzelwirtschaftlich noch gesamtwirtschaftlich einen determinierten Zusammenhang zwischen alternativen Preisen und Angebotsmengen.

Bieten viele Unternehmungen eine mit steigendem Preis zunehmende Menge eines Produktes an, das von allen mit den gleichen Faktoren hergestellt wird, dann kann es sein, daß die *ceteris paribus-Annahme* hinsichtlich unveränderlicher Faktorpreise *nicht mehr gerechtfertigt* ist. Je höher der Preis des Produktes, desto größer ist in der Regel die Nachfrage aller Unternehmungen z. B. nach Faktor 1, desto höher ist in der Regel auch der Faktorpreis. Für eine repräsentative Unternehmung gilt z. B. beim Faktorpreis $\bar{q}_1$ eine Angebotskurve $A^{(1)}$, die beim Preis $\underline{p}$ eine dem Punkt C entsprechende Angebotsmenge impliziert. Erhöht sich nun der Produktpreis auf $\bar{p}$ und bewirkt dieser höhere Preis einen auf $\bar{\bar{q}}_1$ steigenden Faktorpreis, für den die Angebotskurve $A^{(2)}$ zutrifft, dann bietet die Unternehmung eine dem Punkt B entsprechende Menge an. Lassen sich auf diese Weise weitere Punkte wie C und B ermitteln, dann erhalten wir als Verbindungslinie dieser Punkte eine *Angebotskurve* A, die *für variablen Faktorpreis* q_1 konstruiert ist (vgl. Abb. II.T). Die gesamtwirtschaftliche Angebotskurve für variablen Faktorpreis erhält man durch Horizontaladdition der einzelwirtschaftlichen Kurven. Sowohl die einzelwirtschaftlichen Kurven als auch die gesamtwirtschaftliche Kurve verlaufen steiler als jene bei konstantem Faktorpreis.

Eine Nachfragekurve der Unternehmung für einen Produktionsfaktor gilt ebenfalls *ceteris paribus,* d. h. bei gegebener Produktionsfunktion, gegebenem

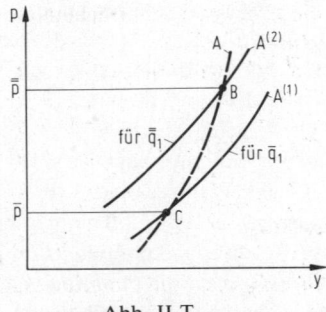

Abb. II.T

Produktpreis und gegebenen Preisen der anderen Faktoren. Die *Aggregation* von *Nachfragekurven* einzelner Unternehmungen geht auf gleiche Weise vonstatten wie die von Nachfragekurven einzelner Haushalte (vgl. dazu Kap. I.B.4.g). Fragen viele Unternehmungen eine mit sinkendem Faktorpreis steigende Menge nach, dann besteht auch hier die Möglichkeit, daß die *ceteris paribus-Annahme* ihre *Rechtfertigung verliert,* und zwar hinsichtlich des konstanten Produktpreises. Je niedriger der Faktorpreis, desto größer ist in der Regel die Angebotsmenge aller Unternehmungen, desto niedriger in der Regel auch der

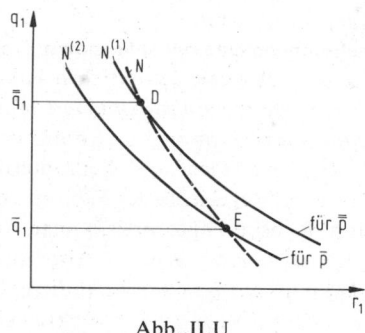

Abb. II.U

Produktpreis. Für eine repräsentative Unternehmung gilt etwa beim Produktpreis $\bar{\bar{p}}$ die Nachfragekurve $N^{(1)}$ für den Faktor 1, die beim Faktorpreis $\bar{\bar{q}}_1$ die dem Punkt D entsprechende Nachfrage bedeutet. Sinkt nun der Faktorpreis auf q_1 und hat dieser niedrigere Preis einen auf $\bar{p}$ fallenden Produktpreis zur Folge, für den die Nachfragekurve $N^{(2)}$ zutrifft, dann fragt die Unternehmung die dem Punkt E zugeordnete Menge nach. Haben wir weitere Punkte wie D und E ermittelt, dann ist die Verbindungslinie dieser Punkte eine Nachfragekurve N, die für variablen Produktpreis p konstruiert ist (vgl. Abb. II.U). Die gesamtwirtschaftliche Nachfragekurve für variablen Produktpreis folgt wieder aus der Horizontaladdition der einzelwirtschaftlichen Kurven. Ebenso wie die einzelwirtschaftlichen Kurven verläuft die gesamtwirtschaftliche Nachfragekurve steiler als jene bei konstantem Produktpreis.

J. Ergänzungen

1. Externe Produktionseffekte

Wir gingen bisher davon aus, daß jede Unternehmung eine unabhängige Wirtschaftseinheit in dem Sinne ist, daß ihre Produktion nur von den von ihr eingesetzten Faktormengen, nicht von den Produktions- oder Faktoreinsatzmengen anderer Unternehmungen abhängt. Ähnlich wie beim Haushalt externe Konsumeffekte auftreten können, kann es bei der Unternehmung externe Produktionseffekte geben. Beispielsweise könnte ein direkter Zusammenhang zwischen den Produktionsfunktionen zweier Unternehmungen bestehen, so daß die Produktionsbedingungen der einen Unternehmung durch die Produktion der anderen entweder positiv oder negativ beeinflußt werden. Externe Produktionseffekte lassen sich grundsätzlich wie folgt kennzeichnen: Entweder bestehen sie in einem durch die Existenz anderer Wirtschaftseinheiten entstandenen Vorteil, für den die Unternehmung finanziell nicht aufzukommen hat — dann spricht man von einem *positiven externen Effekt* oder von *externer Ersparnis (external economies)*; oder sie bestehen in einem durch die Existenz anderer Wirtschaftseinheiten entstandenen Nachteil, dessen Ausgleich finanzielle Aufwendungen erfordert — dann spricht man von einem *negativen externen Effekt* oder von *externen Kosten* (external diseconomies).

Da wir in Kap. III.B.6 und in Kap. VI.C. auf externe Effekte zurückkommen werden, betrachten wir im folgenden nur externe Produktionseffekte zwischen Anbietern auf dem Markt für ein Gut, wobei auf dem Absatzmarkt und den Beschaffungsmärkten wieder Mengenanpasserverhalten unterstellt wird. Ein positiver externer Effekt könnte für einen Anbieter z. B. dadurch bedingt sein, daß mit zunehmender Produktion der Mitanbieter günstigere Produktionsverfahren erschlossen werden. Ein negativer externer Effekt könnte darin bestehen, daß mit zunehmender Produktion der Mitanbieter spezialisierte Arbeitskräfte abwandern. Wir wollen zeigen, welchen Einfluß solche Effekte auf die einzel- und gesamtwirtschaftlichen Angebotskurven haben. Zur Vereinfachung unterstellen wir, daß es nur zwei Anbieter gibt. Die externen Effekte kommen darin zum Ausdruck, daß die Kosten des Anbieters 1, K_1, nicht nur von seiner eigenen Produktionsmenge y_1, sondern auch von der des anderen, y_2, abhängen; Analoges gilt für Anbieter 2:

$$K_1 = K_1(y_1, y_2),$$
$$K_2 = K_2(y_1, y_2).$$

(II.92)

Aus den Gewinnfunktionen der beiden Anbieter,

$$G_1 = y_1 p - K_1(y_1, y_2),$$
$$G_2 = y_2 p - K_2(y_1, y_2),$$

(II.93)

erhalten wir die *Bedingungen 1. Ordnung* für das Gewinnmaximum:

$$\frac{\partial G_1}{\partial y_1} = p - \frac{\partial K_1(y_1, y_2)}{\partial y_1} = p - GK_1(y_1, y_2) = 0,$$

(II.94)

$$\frac{\partial G_2}{\partial y_2} = p - \frac{\partial K_2(y_1, y_2)}{\partial y_2} = p - GK_2(y_1, y_2) = 0.$$

Die Bedingungen 2. Ordnung sehen wir als erfüllt an. Es zeigt sich, daß wir die GK-Kurve eines Anbieters nur für jeweils gegebene Produktionsmenge des anderen Anbieters zeichnen können. Für alternative Mengen des Mitanbieters ergeben sich alternative GK-Kurven, die wir mit den Angebotsmengen des Mitanbieters als Index kennzeichnen (vgl. Abb. II.V).

Externe Ersparnisse und *Kosten* eines Anbieters seien nun durch die *Verschiebung* seiner *GK-Kurve* aufgrund der Produktionsmengenänderung des Mitanbieters *definiert*. In Abb. II.V betrachten wir Anbieter 1: Ist $\bar{\bar{y}}_2 > \bar{y}_2$ und verschiebt sich mit einer Produktionssteigerung des Mitanbieters von $\bar{y}_2$ auf $\bar{\bar{y}}_2$ die GK_1-Kurve nach unten, so daß z. B. die Menge $\tilde{y}_1$ mit niedrigeren Grenzkosten hergestellt werden kann, dann handelt es sich um eine externe Ersparnis. Bei gegebenem Preis $\tilde{p}$ steigt die gewinnmaximierende Angebotsmenge des Anbieters 1 mit zunehmender Menge y_2. Ist dagegen $\bar{y}_2 > \bar{\bar{y}}_2$ und verschiebt sich mit einer Produktionssteigerung des Mitanbieters von $\bar{\bar{y}}_2$ auf $\bar{y}_2$ die GK_1-Kurve nach oben, so daß z. B. die Menge $\tilde{y}_1$ mit höheren Grenzkosten erzeugt werden muß, dann liegen externe Kosten vor. Bei gegebenem Preis $\tilde{p}$ geht die gewinnmaximierende Angebotsmenge des Anbieters 1 mit zunehmender Menge y_2 zurück.

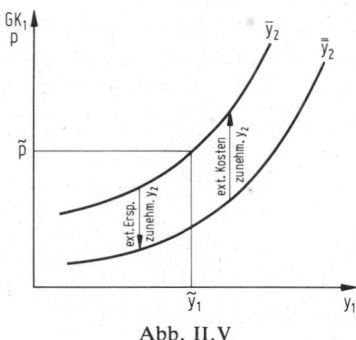

Abb. II.V

Wir betrachten nun beide Anbieter simultan und erklären unser Vorgehen an folgendem *Beispiel (1)*. Bei gegebenem Preis $\tilde{p}$ besteht das System der Bedingungen 1. Ordnung für die beiden Anbieter aus zwei Gleichungen mit den zwei Unbekannten y_1 und y_2:

$$\bar{p} = GK_1(y_1, y_2),$$

$$\bar{p} = GK_2(y_1, y_2).$$

(II.95)

Lösen wir das System (wir setzen im folgenden immer eindeutige Lösbarkeit voraus), so sind uns die beiden gewinnmaximierenden Preis-Mengenkombinationen $(\bar{p}, \bar{y}_1)$ und $(\bar{p}, \bar{y}_2)$ bekannt, die wir als Punkte A und B in die Abb. II.W.1 und W.2 eintragen. Durch A muß offenbar die GK_1-Kurve mit dem Index $\bar{y}_2$, durch B die GK_2-Kurve mit dem Index $\bar{y}_1$ hindurchgehen. Dieses Paar von GK-Kurven sei *konsistent* genannt. − Für einen anderen gegebenen Preis $\bar{\bar{p}}$ lösen wir

$$\bar{\bar{p}} = GK_1(y_1, y_2),$$

$$\bar{\bar{p}} = GK_2(y_1, y_2)$$

(II.96)

und erhalten die gewinnmaximierenden Preis-Mengenkombinationen $(\bar{\bar{p}}, \bar{\bar{y}}_1)$ und $(\bar{\bar{p}}, \bar{\bar{y}}_2)$, die wir als Punkte C und D in die Diagramme einzeichnen. Durch C verläuft die GK_1-Kurve mit dem Index $\bar{\bar{y}}_2$, durch D die GK_2-Kurve mit dem Index

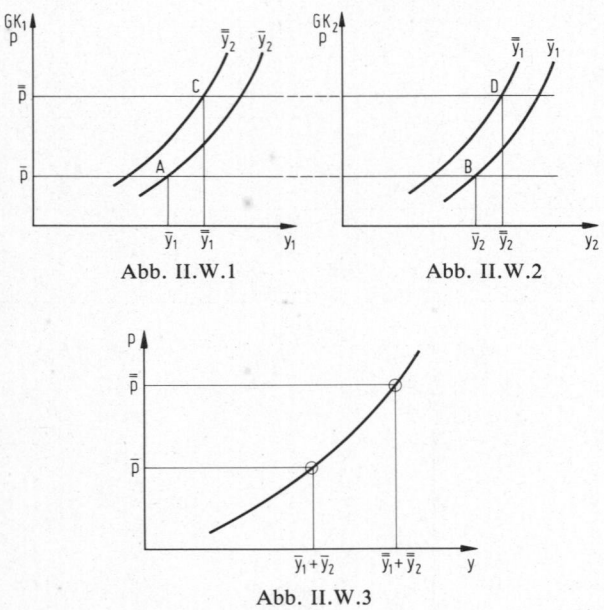

Abb. II.W.1   Abb. II.W.2

Abb. II.W.3

$\bar{\bar{y}}_1$. Diese GK-Kurven sind konsistent. Für jeden willkürlich gewählten Preis p gibt es also ein Paar konsistenter GK-Kurven, die durch die Punkte hindurchgehen, welche die gewinnmaximierenden Preis-Mengenkombinationen darstellen. In der geometrischen Darstellung gilt:

(a) Da $\bar{\bar{y}}_2 > \bar{y}_2$, nehmen mit steigendem y_2 die GK_1 zu; beim Anbieter 1 liegen also externe Kosten vor.

(b) Da $\bar{\bar{y}}_1 > \bar{y}_1$, nehmen mit steigendem y_1 die GK_2 zu; auch beim Anbieter 2 liegen externe Kosten vor.

(c) Da $\bar{\bar{p}} > \bar{p}$ und $\bar{\bar{y}}_1 + \bar{\bar{y}}_2 > \bar{y}_1 + \bar{y}_2$, nimmt mit steigendem Preis das Gesamtangebot zu; die Gesamtangebotskurve verläuft in dem betrachteten Preisbereich typisch (vgl. Abb. II.W.3).

Wir betrachten nun ein *Beispiel* (2). Die externen Effekte sind jetzt so geartet, daß die Punkte A, B, C, D und die beiden Paare konsistenter GK-Kurven die in den Abb. II.X.1 und X.2 dargestellte Lage haben. Das Ergebnis ist hier wie folgt:

(a) Da $\bar{\bar{y}}_2 > \bar{y}_2$, nehmen mit steigendem y_2 die GK_1 zu; beim Anbieter 1 entstehen externe Kosten.

(b) Da $\bar{y}_1 > \bar{\bar{y}}_1$, nehmen mit steigendem y_1 die GK_2 zu; auch beim Anbieter 2 entstehen externe Kosten.

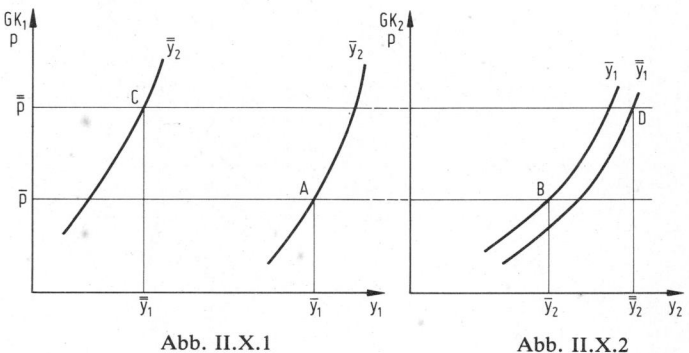

Abb. II.X.1   Abb. II.X.2

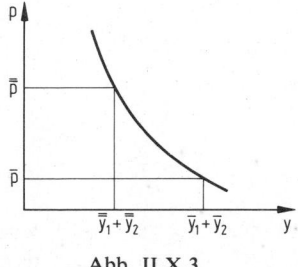

Abb. II.X.3

(c) Da $\bar{\bar{p}} > \bar{p}$ und $\bar{\bar{y}}_1 + \bar{\bar{y}}_2 < \bar{y}_1 + \bar{y}_2$, nimmt mit steigendem Preis das Gesamtangebot ab, d. h. die Gesamtangebotskurve verläuft im untersuchten Preisbereich atypisch.

Wir erläutern noch ein *Beispiel* (3), in dem die Punkte A, B, C, D und die beiden Paare konsistenter GK-Kurven wie in den Abb. II.Y.1 und Y.2 angegeben liegen. Hier lautet das Ergebnis:

(a) Da $\bar{\bar{y}}_2 > \bar{y}_2$, nehmen mit steigendem y_2 die GK_1 ab; beim Anbieter 1 ergeben sich externe Ersparnisse.

(b) Da $\bar{\bar{y}}_1 > \bar{y}_1$, nehmen mit steigendem y_1 die GK_2 ab; auch beim Anbieter 2 ergeben sich externe Ersparnisse.

(c) Da $\bar{\bar{p}} > \bar{p}$ und $\bar{\bar{y}}_1 + \bar{\bar{y}}_2 > \bar{y}_1 + \bar{y}_2$, verläuft die Gesamtangebotskurve wie im Beispiel (1) typisch.

Weitere Beispiele lassen sich leicht konstruieren, u. a. auch solche, in denen dem einen Anbieter externe Kosten, dem anderen externe Ersparnisse entstehen. Wichtig ist folgendes Ergebnis: Obgleich die Grenzkosten- bzw. die Angebotskurve jeder einzelnen Unternehmung (die für gegebenes Angebot des Mitanbie-

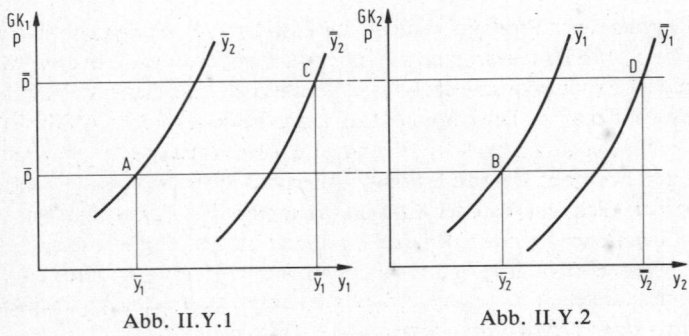

Abb. II.Y.1   Abb. II.Y.2

ters bzw. der Mitanbieter definiert ist) typisch verläuft, kann die Gesamtangebotskurve atypisch verlaufen. Es ist allerdings zu bemerken, daß Angebotskurven der hier erläuterten Art wesentlich kompliziertere Anpassungsvorgänge implizieren als die früher behandelten Angebotskurven ohne externe Effekte: Ein Anbieter muß nicht nur die Abhängigkeit seiner Kosten von seiner eigenen Produktionsmenge, sondern auch von den Produktionskosten des Mitanbieters bzw. aller Mitanbieter kennen. Er kann sich nicht einfach an einen gegebenen Preis anpassen, sondern hat zu berücksichtigen, daß Änderungen seiner Angebotsmenge auch Änderungen des Angebots des Mitanbieters bzw. der Mitanbieter bewirken. Diese Probleme sollen hier nicht weiter untersucht werden.

2. Die Mehrproduktunternehmung

In aller Regel stellt eine Unternehmung mehr als ein Gut her. Die Probleme einer Mehrproduktunternehmung behandeln wir in diesem Abschnitt wieder unter der Annahme, daß die Faktor- und die Produktpreise für die Unternehmung von ihr nicht beeinflußbare Daten sind, an die sie sich auf ihren Beschaffungs- und ihren Absatzmärkten mit den Mengen anzupassen hat.

Bei der *unverbundenen Produktion* (oder: *Parallelproduktion*) wird jedes der Produkte in einem gesonderten Produktionsprozeß hergestellt. Nur Teile der Fixkosten (z. B. für Verwaltung) können für alle Produkte gemeinsam auftreten, deren Zuordnung zu den Produkten, zumindest in gewissen Grenzen, willkürlich ist. Da die Grenzkosten von den Fixkosten unabhängig sind, läßt sich für jedes Produkt die gewinnmaximierende Menge gemäß den Bedingungen (II.58) und (II.61) bestimmen. Das Gewinnmaximum der Unternehmung ist also dadurch gekennzeichnet, daß die Produktion jedes Gutes so weit ausgedehnt wird, bis die Grenzkosten für das Produkt auf dessen Preis angestiegen sind. Probleme bestehen nur hinsichtlich der Preisuntergrenzen für die einzelnen Produkte, denn diese hängen auch von den Fixkosten und mithin von deren Zuordnung zu den Produkten ab.

Bei *verbundener Produktion* sind Alternativ- und Kuppelproduktion zu unterscheiden. *Alternativproduktion* kann erstens in der Form vorliegen, daß ein vorhandener Produktionsapparat nur strikt alternativ für das eine Produkt oder das andere nutzbar ist. Die Unternehmung entscheidet sich dann für die Produktion jenes Gutes, dessen nach (II.58) und (II.61) bestimmte gewinnmaximierende Menge den höchsten Gewinn erbringt. Alternativproduktion kann zweitens in der Form möglich sein, daß der Produktionsapparat zur Herstellung verschiedener Kombinationen mehrerer Produkte geeignet ist. Im Beispiel zweier Produkte 1 und 2 lassen sich diese Kombinationen durch Punkte in einem (y_1, y_2)-Diagramm darstellen, deren Verbindung zu einer Kurve die *Produktionsmöglichkeiten- oder Transformationskurve* der Unternehmung ist.

Gemäß dieser Kurve kann man bei dem gegebenen Produktionsapparat jeweils eine Menge des einen Gutes, auf die man verzichtet, in eine bestimmte, zusätzlich produzierbare Menge des anderen Gutes transformieren. Die Kurve muß negative Steigung haben. Ähnlich wie die Grenzrate der Substitution in der Haushaltstheorie die absolute Steigung einer Indifferenzkurve (vgl. I.B.2) und in der Unternehmungstheorie die absolute Steigung einer Isoquante (vgl. II.B.3) darstellt, kennzeichnet die *Grenzrate der Transformation* die absolute Steigung der Transformationskurve. Linearer Verlauf bedeutet konstante, konvexer Verlauf abnehmende und konkaver Verlauf zunehmende Grenzrate der Transformation. Ob die Kurve linear, konkav oder konvex zum Ursprung (vgl. Abb. II.Z.1 bis Z.3) ist (oder in Teilbereichen diese Krümmung aufweist), hängt von den Eigenschaften der Produktionsfunktionen ab, die beim gegebenen Pro-

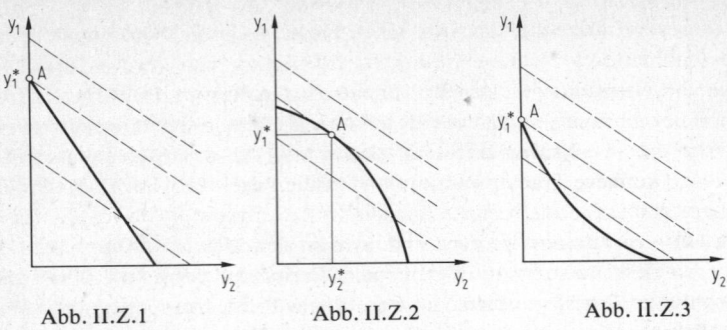

Abb. II.Z.1   Abb. II.Z.2   Abb. II.Z.3

duktionsapparat für die einzelnen Produkte gelten. Da sich das Problem alternativer Produktionsmöglichkeiten auch für die gesamte Volkswirtschaft stellt, in Kap. 0.4 bereits angesprochen wurde und in Kap. III.B.4.b genauer behandelt wird, gehen wir auf die zugrundeliegenden Produktionsfunktionen und die diesen zugeordnete Gestalt der Produktionsmöglichkeitenkurve hier nicht weiter ein.

Dem gegebenen Produktionsapparat der Mehrproduktunternehmung sind bestimmte Fixkosten zugeordnet. Die Aufteilung des Produktionsapparates auf die Produktion der Güter 1 und 2 maximiert den Gewinn der Unternehmung dann, wenn der Grenzgewinn bei Mehrproduktion des einen Gutes 1 gleich dem (negativen) Grenzgewinn bei der damit verbundenen Minderproduktion des Gutes 2 ist; denn solange der Grenzgewinn für Gut 1 noch größer als der (negative) Grenzgewinn für Gut 2 ist, führt Produktionsausdehnung bei Gut 1 und eine der Transformationskurve entsprechende Produktionseinschränkung bei Gut 2 noch zu einer Gewinnsteigerung. Gäbe es neben den Fixkosten keine variablen Kosten, so wäre der Gewinn definiert als Erlös abzüglich Fixkosten und Gewinnmaximierung gleichbedeutend mit *Erlösmaximierung*. Die Erlösfunktion der Mehrproduktunternehmung

$$E = p_1 y_1 + p_2 y_2, \tag{II.97}$$

läßt sich, für einen bestimmten Erlös $\bar{E}$, wie die Auflösung dieser Gleichung nach y_1 zeigt,

$$y_1 = -\frac{p_2}{p_1} y_2 + \frac{\bar{E}}{p_1}, \tag{II.98}$$

im (y_1, y_2)-Diagramm als Gerade darstellen, deren absolute Steigung das Preisverhältnis p_2/p_1 ist. Für alternative Erlössummen ergeben sich alternative parallele Erlösgeraden; je höher der Erlös, desto größer deren Abstand vom Ursprung (vgl. die drei Erlösgeraden in Abb. II.Z.1 bis Z.3). Das Erlösmaximum ist bei jener Kombination y_1, y_2 erreicht, bei der eine Erlösgerade die Transformationskurve von oben tangiert. Der Tangentialpunkt A liegt in den Abb. II.Z.1 und Z.3 auf der Ordinate, so daß es sich lohnt, nur Gut 1 in der Menge y_1^* herzustellen. Eine solche vollständige Spezialisierung auf eines der beiden Güter ist für lineare und konvexe Transformationskurven die Regel. In Abb. II.Z.2 impliziert die Lage des Tangentialpunktes A, daß das Erlösmaximum erreicht wird, wenn beide Güter produziert werden, und zwar in den Mengen y_1^*, y_2^*. Hier ist die Grenzrate der Transformation gleich dem Preisverhältnis p_2/p_1. Dieser Fall ist bei konkaver Transformationskurve die Regel (Spezialisierung auf nur ein Gut und Nichtübereinstimmung von Grenzrate der Transformation und Preisverhältnis sind jedoch auch hier möglich).

Bei linear-limitationalen Produktionsfunktionen für die beiden Güter (j = 1, 2) gelten gemäß (II.14) für jedes Gut jeweils konstante Produktions- oder Inputkoeffizienten. Gibt es beispielsweise drei Faktoren (i = 1, 2, 3), die jeweils mit den Kapazitätsmengen b_1, b_2, b_3 den gegebenen Produktionsapparat der Unternehmung bilden, so sind die Inputkoeffizienten a_{ij} zu unterscheiden, und es gilt, folgende Restriktionen für den Faktoreinsatz zu beachten:

$$\text{(a)} \quad a_{11}y_1 + a_{12}y_2 \leqslant b_1\,,$$

$$\text{(b)} \quad a_{21}y_1 + a_{22}y_2 \leqslant b_2\,, \qquad\qquad \text{(II.99)}$$

$$\text{(c)} \quad a_{31}y_1 + a_{32}y_2 \leqslant b_3\,.$$

Im (y_1, y_2)-Diagramm lassen sich diese Restriktionen unter Vernachlässigung des <-Zeichens durch Geraden mit negativer Steigung, in denen sich das Verhältnis

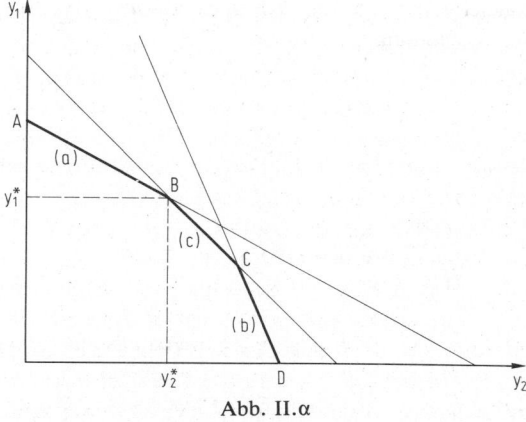

Abb. II.α

der Inputkoeffizienten ausdrückt, darstellen. Alle Restriktionen sind erfüllt für Kombinationen y_1, y_2, die durch Punkte unterhalb oder auf dem Linienzug ABCD repräsentiert werden. Da von Punkten unterhalb von ABCD aus die Produktion mindestens eines Gutes vergrößert werden kann, ohne daß die des anderen eingeschränkt wird, kommen für erlösmaximierende Produktion nur Punkte auf diesem Linienzug in Frage. ABCD kann daher als Transformationskurve gedeutet werden. Eindeutiger Berührungspunkt mit einer Erlösgeraden kann nur einer der Eckpunkte A, B, C oder D sein. (In dem Sonderfall, daß die Steigung der Erlösgeraden mit der Steigung einer der Geraden (a), (b), (c) übereinstimmt, ergibt sich kein eindeutiger Tangentialpunkt und keine eindeutige Lösung.) Erlösmaximierung erfordert bei einem Berührungspunkt A oder D vollständige Spezialisierung auf eines der beiden Güter, bei einem Tangentialpunkt B oder C die Produktion beider Güter. In Abb. II.α sind y_1^* und y_2^* die erlösmaximierenden Mengen. Im Berührungspunkt B sind die Restriktionen (a) und (c) mit dem $=$-Zeichen erfüllt, so daß die Kapazitätsmengen b_1 und b_3 der Faktoren 1 und 3 eingesetzt werden; hingegen gilt in Restriktion (b) das $<$-Zeichen, was bedeutet, daß die Kapazitätsmenge b_2 nicht voll in Anspruch genommen wird.

Im Beispiel der linear-limitationalen Produktionsfunktionen geht es um Maximierung der linearen Funktion (II.97) unter den linearen Restriktionen oder Nebenbedingungen (II.99). In den Nebenbedingungen muß das Ungleichheitszeichen zugelassen sein, denn es gibt, wie das Beispiel der Abb. II.α zeigt, in der Regel keinen Punkt, in dem sich sämtliche der Geraden (a), (b), (c) schneiden, in dem also in allen Restriktionen das $=$-Zeichen zutrifft. Es handelt sich mithin um ein Problem der *linearen Programmierung*. Das Aufsuchen der optimalen (hier: erlösmaximierenden) Lösung, das im einfachen Beispiel der Abb. II.α durch geometrische Überlegung möglich war, erfolgt analytisch mit Hilfe der hier nicht weiter zu erläuternden *Simplex-Methode* oder eines damit verwandten Verfahrens.

Zu erläutern bleibt noch der Fall der *Kuppelproduktion*. Im Gegensatz zur Alternativproduktion, bei der Mehrproduktion des einen Gutes eine Minderproduktion eines anderen bedeutet, fallen hier, technisch bedingt, mehrere Produkte gemeinsam an und bedeutet Mehrproduktion des einen Gutes Mehrproduktion auch der (des) anderen. Im Beispiel zweier Kuppelprodukte, die in festem Mengenverhältnis produzierbar sind, kann Gut 1 als Haupt-, Gut 2 als Nebenprodukt bezeichnet werden. Die Gewinnrechnung läßt sich nun auf das Hauptprodukt ausrichten, indem die für beide Güter anfallenden Kosten auf das Hauptprodukt 1 bezogen, von den Kosten jedoch die Erlöse für das Nebenprodukt 2 abgezogen werden. Fällt je Mengeneinheit des Hauptproduktes eine halbe Mengeneinheit des Nebenproduktes an und beträgt der als Datum vorgegebene Preis des Nebenproduktes p_2, wird der Erlös für das Nebenprodukt im Kostendiagramm für Gut 1 durch eine Ursprungsgerade E2 mit der Steigung $p_2/2$ dargestellt, die von der Kostenkurve K in vertikaler Richtung abzuziehen ist (vgl.

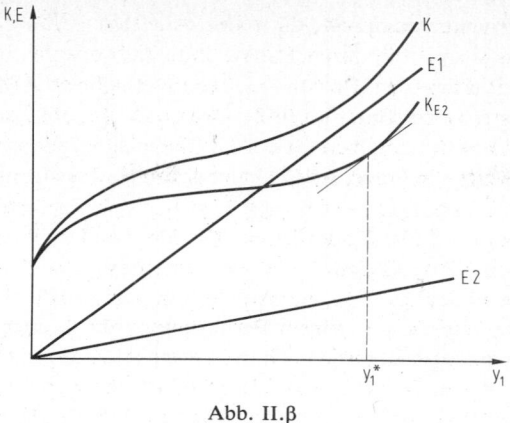

Abb. II.β

Abb. II.β). So ergibt sich die Kostenkurve K_{E2}, zu der die DTK- und die GK-Kurve herleitbar ist. Die gewinnmaximierende Menge y_1^* ist dann nach dem in Kap. II.D.1 erläuterten Verfahren bestimmbar; mit ihr ist selbstverständlich auch die Menge y_2^* gegeben, die im Beispiel gleich $y_1^*/2$ ist. Eine Erhöhung von p_2 bedeutet eine steiler verlaufende Ursprungsgerade E2, eine Kostenkurve K_{E2} mit an jeder Stelle geringerer Steigung, mithin eine tiefer verlaufende GK-Kurve, so daß sich bei unverändertem Preis p_1 gemäß der „GK = Preis"-Regel die Mengen y_1^* und y_2^* erhöhen.

Quellenhinweise zu Kapitel II

Auch die Theorie der Unternehmung wird in allen Einführungen zur Volkswirtschaftslehre und mikroökonomischen Lehrbüchern dargestellt, die zur Einleitung genannt wurden. Zur *Entstehung von Unternehmungen* vgl. ALCHIAN – ALLEN (1974) Kap. 1 b; COASE (1937); WEISE et al. (1991) Kap. 7.1. Zur *Unternehmungsverfassung* vgl. ESCHENBURG (1977). Zur *Produktions- und Kostentheorie* vgl. besonders KRELLE (1976 b); EICHHORN (1970); WITTMANN (1968); MÜLLER (1972); ADAM (1990); LÜCKE (1969); CARLSON (1939); SAMUELSON (1947); HENDERSON-QUANDT (1983) Kap. 4 f.; FERGUSON (1969) Kap. 1 – 10; FERGUSON-GOULD (1975) Teil II. Zur *Dualität von Produktions- und Kostenfunktion* SHEPHARD (1970); HENDERSON-QUANDT (1983) Kap. 5.4; VARIAN (1985) Kap. 1.11 – 1.13. Zur *Geschichte der Kostentheorie* SCHUMANN (1984 b). Zur *langfristigen Kostenkurve* vgl. VINER (1932). Zur *Investitionsrechnung* vgl. besonders KOUTSOYIANNIS (1982); SCHNEIDER, E. (1972) Band II, Kap. II.6; SCHNEIDER, E. (1951). Bei der Diskussion der *externen Produktionseffekte* zwischen zwei Anbietern eines Gutes orientieren wir uns an HENDERSON-QUANDT (1983); weitere Literaturhinweise zu externen Effekten siehe Kap. VI.E. Zur *Mehrproduktunternehmung* vgl. FEHL-OBERENDER (1990) Teil II, Abschnitt 2; SELTEN (1970); ZIMMERMANN (1972).

Kapitel III. Vollständige Konkurrenz auf einem Markt oder auf allen Märkten

A. Vollständige Konkurrenz auf dem Markt für ein Gut: Das partielle Konkurrenzgleichgewicht

1. Marktbeschreibung

Ein Markt, auf dem vollständige Konkurrenz herrscht, ist durch drei Merkmale gekennzeichnet:

(1) Es gibt *sehr viele Anbieter und Nachfrager*, deren Angebots- bzw. Nachfragemengen sämtlich nur einen verschwindend kleinen Anteil am Gesamtangebot bzw. der Gesamtnachfrage ausmachen. Man spricht daher auch von *atomistischer Angebots- bzw. Nachfragestruktur.*

Wir unterstellen in den ersten Abschnitten dieses Kapitels eine sehr große, feste Zahl von Marktteilnehmern. Erst später, im Abschnitt A. 5, berücksichtigen wir im Rahmen einer langfristigen Betrachtung die Möglichkeit, die Betriebsgrößen zu variieren, und damit den Zugang neuer und den Abgang bisheriger Anbieter.

(2) Es gibt *keine Präferenzen.* Die Anbieter bevorzugen keinen der Nachfrager in der Weise, daß sie ihm das Gut billiger zu verkaufen bereit sind. Die Nachfrager bevorzugen keinen der Anbieter; die von den verschiedenen Anbietern auf den Markt gebrachten Güter sind im Urteil der Nachfrager völlig gleich. Es handelt sich also um ein homogenes Güterangebot, und man spricht daher bei Fehlen von Präferenzen auch von *homogener* oder *vollkommener Konkurrenz.*

Die Annahme des homogenen Güterangebots ist sehr restriktiv. In der Wirklichkeit wird es fast immer Präferenzen von Nachfragern gegenüber Anbietern geben. Dies wird deutlich, wenn wir die verschiedenen Arten von Präferenzen, die gewöhnlich unterschieden werden, kurz erläutern:

(a) *Räumliche Präferenzen:* Es wird als vorteilhaft empfunden, ein Gut in der Nachbarschaft statt in größerer Entfernung zu kaufen, und zwar einmal wegen der Einsparung von Transportkosten, zum anderen aus Bequemlichkeit. Von räumlichen Präferenzen kann man nur abstrahieren, wenn man vereinfachend die Fiktion eines *„Punktmarktes"* einführt, von der räumlichen Ausdehnung der Wirtschaft also absieht.

(b) *Persönliche Präferenzen:* Es bestehen persönliche Bindungen zwischen Anbietern und Nachfragern, etwa aufgrund alter Geschäftsbeziehungen, dem guten Ruf einer Firma, der Freundlichkeit des Personals.

(c) *Sachliche Präferenzen:* Diese erstrecken sich auf das Gut selbst. Auch der Sache nach gleiche Güter können im Urteil der Nachfrager differieren, etwa aufgrund verschiedener Aufmachung und Verpackung oder eines durch Werbung suggerierten Unterschieds.

Es ist oft das Ziel der Anbieter, Präferenzen der Nachfrager für ihre Produkte systematisch durch den Einsatz des *absatzpolitischen Instrumentariums* (ERICH GUTENBERG, Band II, 1976, 2. Teil), z. B. durch besondere Produktgestaltung, Werbung oder Wahl einer günstigen Absatzmethode, aufzubauen. Mit dem in diesem Kapitel unterstellten Fehlen von Präferenzen werden alle Maßnahmen, die zum Entstehen solcher Bevorzugungen führen könnten, ausgeschlossen.

(3) Es besteht *vollständige Markttransparenz.* Schon (2) impliziert, daß die Nachfrager das Güterangebot kennen. Vollständige Markttransparenz bedeutet, daß Anbieter und Nachfrager über die zustandegekommenen Preise unterrichtet sind. Wir können auch sagen: es besteht *vollständige Preisinformation.*

Die Annahme der Markttransparenz besagt nicht, daß der einzelne Marktteilnehmer die Angebots- und Nachfragefunktionen der übrigen Marktteilnehmer oder die gesamtwirtschaftliche Angebots- und Nachfragefunktion kennen muß. Das Modell der vollständigen Konkurrenz zeichnet sich gerade dadurch aus, daß der Preis als Koordinationsinstrument der Wirtschaftspläne der Marktteilnehmer ausreicht und keine weitergehende Kenntnis der Umwelt gefordert wird.

Bei rationalem Verhalten der Marktteilnehmer bewirken die Eigenschaften (2) und (3) zusammen, daß es auf dem betrachteten Markt nur einen Preis geben kann; es herrscht das *Prinzip der Preisunterschiedslosigkeit (law of indifference,* JEVONS, 1871). Denn gäbe es verschiedene Preise für ein Gut, das im Urteil der Nachfrager völlig gleich ist, und wären die Nachfrager darüber informiert, dann würde das Gut nur zum niedrigsten Preis gekauft werden.

Aus den Eigenschaften (1) bis (3) folgt schließlich, daß der einzelne Anbieter und Nachfrager nur als *Mengenanpasser* handeln kann, daß nur die Menge sein Aktionsparameter ist: Der einheitliche Preis, der nach (2) und (3) zustande kommen muß, kann vom einzelnen Anbieter oder Nachfrager durch Variation seiner Angebots- bzw. Nachfragemenge nicht merklich beeinflußt werden, weil nach (1) sein Anteil am Gesamtangebot bzw. der Gesamtnachfrage verschwindend klein ist. Es bleibt ihm daher keine andere Wahl, als den Preis als Datum hinzunehmen. Er kann nur die angebotene bzw. nachgefragte Menge selbst bestimmen und wird dies so tun, daß er seinen Gewinn bzw. seinen Nutzen maximiert.

Es zeigt sich hiermit, daß die Mengenanpassung, die wir in den Theorien des Haushalts und der Unternehmung stets unterstellten, im Modell der vollständigen Konkurrenz die einzige denkbare Verhaltensweise ist. Wir können nachträglich das in den Kap. I und II angenommene Verhalten dahingehend interpretieren, daß die dort betrachteten Wirtschaftseinheiten an Märkten mit vollständiger Konkurrenz nachfragen bzw. anbieten. In den folgenden Abschnitten ist nun zu erklären, wie an einem Markt mit vollständiger Konkurrenz der Preis zustandekommt, der von den einzelnen Marktteilnehmern dann als Datum akzeptiert werden muß. In *Abschnitt 2* erläutern wir die gesamtwirtschaftliche Angebots- und Nachfragekurve aus der Sicht des einzelnen Marktteilnehmers, bestimmen Gleichgewichtspreis und -menge und interpretieren mögliche Spielregeln zum Ablauf eines solchen Marktes. *Abschnitt 3* befaßt sich mit Veränderungen des partiellen Konkurrenzgleichgewichts durch Verschiebung von Nachfrage- oder Angebotskurve oder staatliche Eingriffe wie Besteuerung oder Festsetzung von Höchst- oder Mindestpreis. *Abschnitt 4* behandelt die Bedeutung zeitlicher Aspekte für das Konkurrenzgleichgewicht, die sich aufgrund verzögerter Angebotsanpassungen in Schwankungen von Gleichgewichtspreis und -menge oder aufgrund der Spekulation in der Vermeidung solcher Schwankungen äußern können. In *Abschnitt 5* wird schließlich das langfristige partielle Konkurrenzgleichgewicht bei freiem Marktzugang erläutert.

2. Bestimmung von Gleichgewichtspreis und Gleichgewichtsmenge aus gesamtwirtschaftlicher Nachfrage- und Angebotskurve

a. Die gesamtwirtschaftliche Nachfrage- bzw. Angebotskurve aus der Sicht des einzelnen Marktteilnehmers als Mengenanpasser

Wir hatten früher gezeigt, wie man aus einzelwirtschaftlichen Nachfrage- bzw. Angebotsfunktionen die gesamtwirtschaftliche Nachfrage- bzw. Angebotsfunktion erhält. Geometrisch addiert man die einzelwirtschaftlichen Kurven horizontal, analytisch löst man die einzelwirtschaftlichen Nachfrage- bzw. Angebotsfunktionen nach den Mengen auf und addiert dann. Gleichgültig, ob die gesamtwirtschaftliche Kurve die typische negative bzw. positive Steigung hat oder ob ein atypischer Kurvenverlauf vorliegt — stets ist jedem alternativen Preis eine andere Nachfrage- bzw. Angebotsmenge zugeordnet (von den Ausnahmefällen des horizontalen oder vertikalen Verlaufs sehen wir hier ab). Man könnte zunächst glauben, daß diese Aussage im Widerspruch zu der Feststellung steht, daß der einzelne als Mengenanpasser handelnde Nachfrager bzw. Anbieter zum gegebenen Preis jede Menge einkaufen bzw. absetzen kann, jeder Menge also immer der gleiche Preis zugeordnet ist. Die Auflösung des Widerspruchs ergibt sich daraus, daß der Anteil des einzelnen Nachfragers bzw. Anbieters an der Gesamtnachfrage bzw. am Gesamtangebot verschwindend klein ist.

Wir argumentieren zunächst für einen Nachfrager: Ist aus irgendwelchen Gründen am Markt der Preis $\bar{p}$ zustandegekommen, so bewirkt eine Änderung der Nachfrage eines einzelnen Nachfragers nur eine infinitesimal kleine Verschiebung der Kurve der Gesamtnachfrage und damit des Schnittpunktes mit der Kurve des Gesamtangebotes, so daß weiterhin der Preis $\bar{p}$ herrscht. Jede von einem Haushalt im Rahmen seiner gegebenen Konsumsumme oder einer Unternehmung im Rahmen ihrer gegebenen Produktionskapazität vorstellbare Nachfrage kann zum Preis $\bar{p}$ gedeckt werden, weil diese Nachfrage nur einen winzigen Anteil an der Gesamtnachfrage ausmacht. Daher erscheint dem einzelnen Nachfrager die gesamtwirtschaftliche Angebotskurve als Parallele zur Abszisse im Abstand $\bar{p}$, d.h. als völlig elastisch. An diesen Preis paßt sich der Nachfrager mit der Nachfragemenge so an, daß er seinen Nutzen bzw. seinen Gewinn maximiert.

Ein analoges Argument gilt für einen Anbieter: Hat sich der Marktpreis $\bar{p}$ ergeben, dann bewirkt eine Änderung seines Angebotes nur eine infinitesimal kleine Verschiebung der Kurve des Gesamtangebotes und damit des Schnittpunktes mit der gesamtwirtschaftlichen Nachfragekurve, so daß immer noch der Preis $\bar{p}$ gilt. Jedes von einem Haushalt oder einem Produzenten im Rahmen seiner gegebenen Kapazität realisierbare Angebot kann er zum Preis $\bar{p}$ unterbringen, weil sein Angebot nur einen verschwindend kleinen Anteil am Gesamtangebot bildet. Daher erscheint ihm die gesamtwirtschaftliche Nachfragekurve, der er als einzelwirtschaftlicher Anbieter gegenübersteht, als Parallele zur Abszisse im Abstand $\bar{p}$, d.h. als völlig elastisch. An diesen Preis paßt er sich mit seiner Angebotsmenge so an, daß er seinen Nutzen bzw. Gewinn maximiert.

b. Bestimmung von Gleichgewichtspreis und Gleichgewichtsmenge

Mit Hilfe einer jeweils typisch verlaufenden gesamtwirtschaftlichen Nachfrage- und Angebotskurve für ein Gut wollen wir nun das Marktgleichgewicht bei vollständiger Konkurrenz bestimmen. Marktgleichgewicht herrscht, wenn die geplanten Handlungen der Wirtschaftseinheiten konsistent sind, wenn also die Nachfrager ebenso viele Mengeneinheiten nachfragen wie die Anbieter anbieten. Die Forderung nach Gleichheit von nachgefragter und angebotener Menge nennt man auch *Gleichgewichtsbedingung*.

Die gesamtwirtschaftliche Angebots- und die gesamtwirtschaftliche Nachfragefunktion schreiben wir als Summe der einzelwirtschaftlichen Funktionen:

$$x = \sum_{i=1}^{n} x_i(p) = x(p) , \qquad \text{(III.1)}$$

$$y = \sum_{j=1}^{m} y_j(p) = y(p) . \qquad \text{(III.2)}$$

Da wir den Markt für ein Gut untersuchen, erübrigt sich in diesen Beziehungen ein Güterindex an den Symbolen. Wir summieren über die nachgefragten Mengen x_i der Wirtschaftseinheiten $i = 1, 2, \ldots, n$ und über die angebotenen Mengen y_j der Wirtschaftseinheiten $j = 1, 2, \ldots, m$. In die Nachfragefunktionen hatten wir früher stets die Preise anderer Güter (bei Haushalten auch die Konsumsumme), als Konstanten mit einem Querstrich gekennzeichnet, aufgenommen. Wenn wir uns diese im jetzigen Zusammenhang zu umständliche Schreibweise ersparen, ist doch daran zu erinnern, daß weiterhin die durch die frühere Schreibweise angedeutete *ceteris paribus-Annahme* gilt.

Die Gleichungen (III.1) und (III.2) haben wir nun durch die Gleichgewichtsbedingung

$$x(p) = y(p) \tag{III.3}$$

zu ergänzen. Wir erhalten damit ein Modell, bestehend aus drei Gleichungen und den drei Unbekannten x, y und p. Die Lösung $x^* = y^*, p^*$ des Modells beschreibt das gesuchte Marktgleichgewicht, d.h. die Gleichgewichtsmenge und den Gleichgewichtspreis. Da wir typisch verlaufende Angebots- bzw. Nachfragekurven (mit einem Schnittpunkt bei nichtnegativer Menge und nichtnegativem Preis) unterstellen, ist das Modell ohne Komplikationen, auf die wir im folgenden Abschnitt eingehen werden, lösbar.

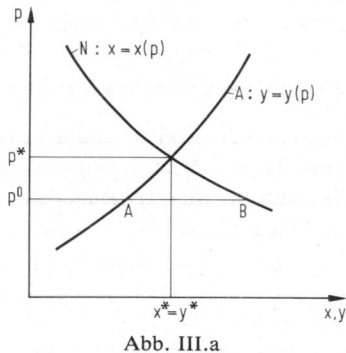

Abb. III.a

Die Lösung des Modells wird in der geometrischen Darstellung sichtbar (vgl. Abb. III.a). Die Funktionen (III.1) und (III.2) beschreiben die gesamtwirtschaftliche Nachfragekurve N und die gesamtwirtschaftliche Angebotskurve A. Die Gleichgewichtsbedingung (III.3) legt fest, daß die Lösung durch die Menge charakterisiert wird, bei der sich die Kurven schneiden. Bei $x^* = y^*$ sind die Nachfrager bereit, genau die Menge zu einem Preis p^* abzunehmen, die die Anbieter bei diesem Preis abzugeben wünschen. p^* ist mithin der Preis, den die einzelnen Anbieter und Nachfrager als gegeben betrachten, an den sie sich mit den angebotenen bzw. nachgefragten Menge so anpassen, daß ihr Nutzen oder ihr Gewinn maximiert wird. Die Summe dieser einzelwirtschaftlichen Nachfrage- bzw. Angebotsmengen ergibt dann genau die Menge $x^* = y^*$.

c. Spielregeln zum Ablauf eines Marktes mit vollständiger Konkurrenz

Wie hat man sich das Zustandekommen eines Gleichgewichts auf einem Markt mit vielen Marktteilnehmern auf beiden Seiten vorzustellen? Keine zentrale Instanz sorgt für den Ausgleich von Nachfrage und Angebot. Keiner der zahlreichen Marktteilnehmer auf beiden Marktseiten kennt die einzelwirtschaftlichen oder gesamtwirtschaftlichen Angebots- bzw. Nachfragefunktionen. Sind überhaupt Spielregeln vorstellbar, unter denen das abstrakte Modell der vollständigen Konkurrenz in der Wirklichkeit funktionieren und „von selbst" zu einem Gleichgewicht führen könnte?

LÉON WALRAS (1874), der der Theorie der vollständigen Konkurrenz ihre mathematische Begründung gab, nannte den Anpassungsvorgang *tâtonnement*, worunter er ein allmähliches Herantasten des Marktes an Gleichgewichtspreis und Gleichgewichtsmenge verstand. Er stellte sich vor, daß von einem *Auktionator* ein zufällig gewählter Preis ausgerufen wird, zu dem dann die Wirtschaftseinheiten ihre einzelwirtschaftlichen Nachfrage- und Angebotsmengen ermitteln und dem Auktionator bekanntgeben. Übertrifft das daraus resultierende Gesamtangebot die Gesamtnachfrage, so senkt der Auktionator den Preis, im umgekehrten Fall erhöht er ihn. Der Vorgang des Preisausrufens sowie der Mengenermittlung und -bekanntgabe wiederholt sich, wobei angenommen wird, daß sich Angebots- bzw. Nachfrageüberschüsse allmählich abbauen, bis schließlich der Gleichgewichtspreis gefunden ist, zu dem Gesamtangebot und Gesamtnachfrage übereinstimmen. Erst nachdem vom Auktionator eine Überschußnachfrage von Null bekanntgegeben worden ist, findet der Tausch des Gutes auf dem Markt statt, so daß während des Herantastens ein Handel zu „falschen" Preisen ausgeschlossen ist.

FRANCIS EDGEWORTH (1881) versuchte den Vorgang des Herantastens an das Marktgleichgewicht nach Spielregeln unter dem Stichwort *recontracting* zu beschreiben: Die Anbieter seien Produzenten, die auf den Markt kommen, ehe sie produzieren. Die einzelnen Anbieter und Nachfrager versuchen, jeweils für sie günstige Verträge abzuschließen, behalten sich jedoch das Recht vor, vom Vertrag zurückzutreten, falls sie noch günstiger verkaufen oder kaufen können. Zuerst biete ein Nachfrager einen Preis p^0 und schließe zu diesem Preis vorläufig einen Vertrag ab. Da vollständige Preisinformation herrscht, erfahren alle Marktteilnehmer von diesem Preis — etwa durch einen unparteiischen Auktionator. Weil es keine Präferenzen gibt, werden weitere Verträge nur zum Preis p^0

geschlossen. Wenn p^0 unter dem Gleichgewichtspreis p* liegt, wird es Nachfrager geben, die zu diesem Preis nicht zum Zuge kommen. Die Gesamtnachfrage übersteigt das Gesamtangebot um AB (vgl. Abb. III.a). Nun wird angenommen, daß die nicht zum Zuge gekommenen Nachfrager einen etwas höheren Preis als p^0 bieten, um Anbieter zum Rücktritt von den bisherigen Verträgen zu veranlassen. Sobald ein Vertrag mit höherem Preis zustandekommt, werden alle Anbieter die abgeschlossenen Verträge brechen und zum höheren, einheitlichen Preis abschließen. Zu diesem Preis ist die Nachfrage geringer und das Angebot größer als bisher. Liegt dennoch weiterhin ein Überschuß der Nachfrage über das Angebot vor, so bieten die nicht zum Zuge gekommen Nachfrager wieder einen höheren Preis, so daß die Verträge abermals revidiert werden. Erst wenn p* erreicht ist, haben weder Anbieter noch Nachfrager Anlaß, neue Verträge zu schließen. Jetzt erst produzieren die Anbieter ihre gewinnmaximierenden Mengen und erfüllen die Verträge. – Ist der Anfangspreis höher als p*, dann übersteigt das gesamtwirtschaftliche Angebot die gesamtwirtschaftliche Nachfrage, und es gibt Anbieter, die nicht zum Zuge kommen. Diese werden, so wird angenommen, zu einem etwas niedrigeren Preis als dem Anfangspreis offerieren, um die Nachfrager zum Rücktritt von den bisherigen Verträgen zu veranlassen. Die neuen Verträge kommen einheitlich zu dem niedrigeren Preis zustande. Ist das gesamtwirtschaftliche Angebot auch jetzt noch größer als die gesamtwirtschaftliche Nachfrage, so setzt sich der Vorgang fort, bis der Gleichgewichtspreis p* erreicht ist und die Verträge erfüllt werden.

Diese Interpretationen zeigen zugleich die besonderen Bedingungen, unter denen sich ein Markt mit vollständiger Konkurrenz „in Reinkultur" abspielen muß. Obgleich solche Bedingungen allenfalls an Börsen anzutreffen oder herzustellen sind, hat das Modell der vollständigen Konkurrenz große Bedeutung, nicht nur als theoretische Begründung der Marktwirtschaft. Man kann vollständige Konkurrenz erstens, wie in Kap. 0.F erläutert, als idealtypische Marktform interpretieren und darauf vertrauen, daß bei geeigneter wirtschaftspolitischer Gestaltung der Wettbewerbsordnung sie sich zwar nicht in ihrer reinen Form, aber doch in der Tendenz auf vielen Märkten durchsetzt. Abweichungen zwischen Modell und Realität kann man aus solcher Grundhaltung zum Anlaß nehmen, gewisse Modifikationen einzuführen, wie dies in der *Neuen Mikroökonomik* (vgl. Kap. VI.C) geschieht. Vollständige Konkurrenz läßt sich zweitens wegen ihrer in Kap. III.B zu erläuternden Optimalitätseigenschaften unabhängig vom Grad ihrer Realisierbarkeit als Norm oder Vergleichsgrundlage auffassen, um Marktgleichgewichte bei anderen Marktformen einer Beurteilung zu unterziehen.

d. Existenz, Eindeutigkeit und Stabilität des partiellen Konkurrenzgleichgewichts

Ein ökonomisches Modell läßt sich allgemein als ein System von Gleichungen auffassen, in dem ökonomische Größen – die Unbekannten oder Variablen des

Systems – durch mathematische Funktionen einander zugeordnet werden. Die Funktionen bringen die geplanten Handlungen der Wirtschaftseinheiten zum Ausdruck. Die Lösung des Modells ist gleichbedeutend mit der Lösung des durch die Funktionen gegebenen Gleichungssystems. In der Lösung werden die Unbekannten durch bekannte Größen (Koeffizienten, Konstanten) ausgedrückt. Die Lösung beschreibt, zumindest in der statischen Theorie, einen Zustand wirtschaftlichen Gleichgewichts: Die Lösungswerte der Variablen erfüllen die Gleichungen des Modells und beschreiben somit einen Zustand, in dem die geplanten Handlungen der Wirtschaftseinheiten konsistent sind. Nicht immer ist die Ermittlung der Lösung eines Modells allerdings so problemlos wie im Vorabschnitt im Beispiel des aus drei Gleichungen und drei Unbekannten bestehenden Marktmodells. Fraglich ist nämlich, ob überhaupt eine Lösung existiert, ob diese Lösung eindeutig ist und ob eine Lösung stabil ist.

Für viele, wenn auch nicht für alle Fälle ist eine Voraussetzung für die *Existenz* einer Lösung, daß die Zahl der (unabhängigen) Gleichungen gleich der Zahl der Unbekannten ist. Übertrifft die Zahl der Gleichungen die der Unbekannten, so ist das Modell meist überdeterminiert. Zur Beseitigung dieses Zustands hätte man eine entsprechende Zahl bisher als konstant betrachteter Größen als variabel anzusetzen. Ist die Zahl der Gleichungen kleiner als die der Unbekannten, so ist das Modell unterdeterminiert, und man hätte eine entsprechende Zahl der bisher als variabel angesetzten als konstante Größen zu behandeln. Im hier zu untersuchenden Fall besteht das Modell aus den drei Gleichungen (III.1), (III.2) und (III.3) mit den drei Unbekannten x, y und p, so daß die eben angedeuteten Probleme nicht existieren.

Die Gleichheit der Zahl der Gleichungen mit der der Unbekannten ist aber nicht hinreichend für die Existenz einer Lösung. Es könnte sein, daß es trotzdem entweder gar keine oder keine ökonomisch vernünftige Lösung gibt. Im Beispiel unseres Marktmodells könnten Angebots- und Nachfragekurve parallel zur Abszisse verlaufen, so daß sich die Kurven nicht schneiden (vgl. Abb. III.b.1), oder Angebots- und Nachfragekurve könnten den typischen Verlauf, einen Schnittpunkt aber nur bei einer negativen Menge (vgl. Abb. III.b.2) oder bei einem negativen Preis haben.

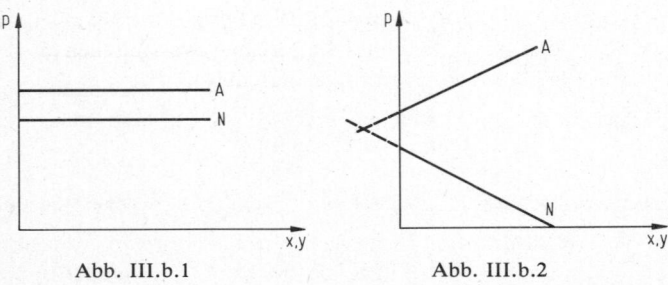

Abb. III.b.1   Abb. III.b.2

Existenz einer Lösung bedeutet noch nicht *Eindeutigkeit*. Es könnte mehrere Lösungen geben. In unserem Marktmodell wäre z. B. ein atypischer Verlauf der Angebotskurve denkbar, so daß sich mehrere Schnittpunkte mit der typisch verlaufenden Nachfragekurve ergeben (vgl. Abb. III.c).

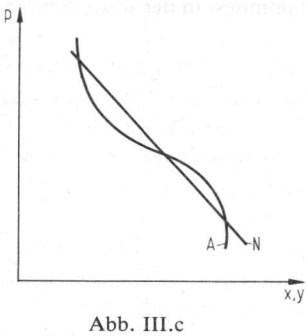

Abb. III.c

Eine Lösung kann schließlich *stabil* oder *instabil* sein. Ein durch eine Lösung beschriebenes wirtschaftliches Gleichgewicht ist dann stabil, wenn sich aus einem Zustand des Ungleichgewichts, d. h. der Nichtkonsistenz der von den Wirtschaftseinheiten geplanten Handlungen, durch die Handlungen der Wirtschaftseinheiten selbst ein Gleichgewicht einstellt. Stabilität herrscht also, wenn sich von einer beliebigen Ausgangslage aus oder nach einer Störung des bisherigen Gleichgewichts „von selbst" ein Gleichgewicht einspielt. Instabilität besteht dementsprechend, wenn ein Gleichgewicht nicht bzw. nicht wieder erreicht wird. Die Untersuchung der Stabilität setzt eine Verhaltensannahme darüber voraus, wie die Wirtschaftseinheiten handeln, solange das Gleichgewicht nicht realisiert ist. Eine solche Verhaltensannahme stellt grundsätzlich eine dynamische Relation dar, die den in einer Ungleichgewichtssituation ausgelösten Anpassungsprozeß bestimmt. Die Frage nach der Stabilität eines Gleichgewichts ist also nur innerhalb einer dynamischen Analyse zu beantworten.

Im folgenden suchen wir ohne formale Ableitung ein Kriterium dafür, daß die Lösung unseres Marktmodells stabil ist. (Ein Beispiel einer expliziten Stabilitätsanalyse diskutieren wir in Abschnitt 4.a.) Beim walrasianischen *tâtonnement* wird unterstellt, daß bei einem Nachfrageüberschuß

$$D(p) = x(p) - y(p) > 0 \qquad (III.4)$$

der Auktionator den Preis heraufsetzt und bei einem Angebotsüberschuß

$$D(p) = x(p) - y(p) < 0 \qquad (III.5)$$

den Preis senkt. Analoge Preisveränderungen ergeben sich beim *recontracting*. Dies ist die im ursprünglichen Modell nicht enthaltene Annahme über das Verhalten, solange das Gleichgewicht noch nicht erreicht ist, die es erlaubt, eine *Stabilitätsbedingung* zu formulieren. Stabilität ist gegeben, wenn

$$D'(p) = x'(p) - y'(p) < 0, \qquad (III.6)$$

d. h. wenn eine Preiserhöhung einen (positiven oder negativen) Nachfrageüberschuß vermindert. Instabilität liegt dementsprechend vor, wenn in (III.6) statt des <-Zeichens das =-Zeichen oder das >-Zeichen gilt, wenn also bei einer Preiserhöhung der Nachfrageüberschuß nicht abnimmt. Geometrisch gedeutet: Stabilität erfordert, daß bei einer Bewegung in Abb. III.a von unten nach oben die Nachfrage- und die Angebotskurve sich im Bereich unterhalb des Gleichgewichtspreises p* einander nähern (denn dann wird ein positiver Nachfrageüberschuß vermindert), im Bereich oberhalb des Gleichgewichtspreises p* voneinander entfernen (denn dann wird ein negativer Nachfrageüberschuß noch negativer). Stabilität liegt demnach immer vor, wenn Nachfrage- und Angebotskurven in der Umgebung ihres Schnittpunktes typisch verlaufen.

Instabilität ist demgegenüber möglich, wenn eine der beiden Kurven atypischen Verlauf hat. Ist die Angebotskurve die atypische, so herrscht Stabilität nur, wenn sie steiler als die Nachfragekurve ist (Abb. III.d.1). Ist die Nachfragekurve die atypische, liegt ein stabiles Gleichgewicht nur vor, wenn sie steiler als die Angebotskurve ist (Abb. III.d.2). Immer wenn die atypisch verlaufende Kurve weniger steil als die typisch verlaufende ist, handelt es sich beim Schnittpunkt der beiden um ein instabiles Gleichgewicht. Schneiden sich die Kurven mehrmals, so repräsentiert demnach ein Teil der Schnittpunkte stabile, ein Teil instabile Gleichgewichte. In Abb. III.d.3 bezeichnen D und C stabiles, B instabiles Gleichgewicht.

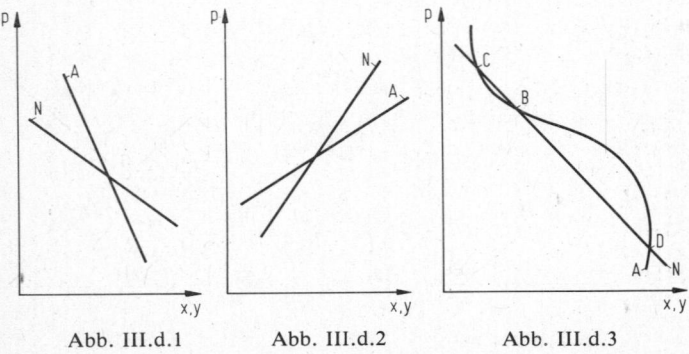

Abb. III.d.1   Abb. III.d.2   Abb. III.d.3

Wir unterstellten bisher, daß ein bei einem bestimmten Preis bestehender Nachfrageüberschuß zu einer Preiserhöhung, ein Angebotsüberschuß zu einer Preissenkung führt. Da diese Annahme über das Verhalten der Wirtschaftseinheiten bei noch nicht erreichtem Gleichgewicht auf WALRAS zurückgeht, spricht man im Zusammenhang mit (III.6) auch von WALRAS-*Stabilität*. Man kann umgekehrt davon ausgehen, daß ein bei einer bestimmten Menge bestehender Überschuß des von den Nachfragern gebotenen über den von den Anbietern geforderten Preis zu einer Erhöhung der Angebotsmenge, und ein Überschuß des geforderten über den gebotenen Preis zu einer Reduzierung der Angebotsmenge führt. Entscheidend ist dann nicht mehr die Veränderung des horizontalen Abstands der Nachfrage- und Angebotskurve mit steigendem Preis, sondern die Veränderung des vertikalen Abstands der beiden Kurven mit steigender Menge. Diese Verhaltensannahme wurde von MARSHALL (1898, 5. Buch, 3. Kap.) zugrundegelegt, und man spricht bei ihrer Verwendung von MARSHALL-*Stabilität*. Nicht jedes WALRAS-stabile Gleichgewicht muß MARSHALL-stabil sein und umgekehrt.

e. Die Begriffe der Käufer- und der Verkäuferrente

Die gesamtwirtschaftliche Nachfragekurve kann als horizontal aufaddierte Mengen-Kaufbereitschaft der Nachfrager bei alternativ hohem, jeweils einheitlichem Kaufpreis für alle Nachfrager beschrieben werden. Sie läßt sich auch als Darstellung der marginalen Zahlungsbereitschaft von Nachfragern deuten: In Abb. III.d.4 würden die Nachfrager für die erste Mengeneinheit den Preis p_1^n, für die zweite den Preis p_2^n, für die dritte den Preis p_3^n usw. zu zahlen bereit sein. Würde der Preis sukzessive von $\bar{p}^n$ auf 0 gesenkt, so ergäbe sich eine Zahlung, die durch die Fläche OFB unter der Nachfragekurve zu approximieren wä-

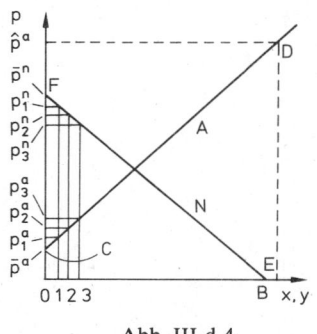

Abb. III.d.4

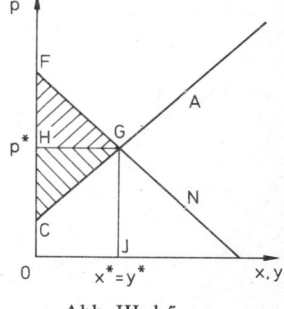

Abb. III.d.5

re. Die *Fläche* wird daher als die *gesamte Zahlungsbereitschaft*, ein *Punkt auf der Nachfragekurve als die marginale Zahlungsbereitschaft* der aggregierten Nachfrage gedeutet.

Die gesamtwirtschaftliche Angebotskurve läßt sich als horizontal aufaddierte Mengen-Verkaufsbereitschaft der Anbieter bei alternativ hohem, jeweils einheitlichem Verkaufspreis für alle Anbieter auffassen. Sie kann auch als Darstellung der Erlösforderung von Anbietern gedeutet werden: In Abb. III.d.4 würden die Anbieter für die erste Mengeneinheit nur den Preis p_1^a, für die zweite den Preis p_2^a, für die dritte den Preis p_3^a usw. zu fordern bereit sein. Würde der Preis sukzessive von $\bar{p}^a$ aus auf $\hat{p}^a$ erhöht, so ergäbe sich eine Forderung nach Erlös, die der Fläche OCDE unter der Angebotskurve entspricht. Diese *Fläche* wird daher als *gesamte Erlösforderung*, ein *Punkt auf der Angebotskurve als marginale Erlösforderung* des aggregierten Angebotes angesehen.

In dem in Abb. III.d.5 dargestellten Marktgleichgewicht ist die gesamte Zahlungsbereitschaft der Nachfrager bei der Gleichgewichtsmenge x* gleich der Fläche OFGJ; zu zahlen ist jedoch gemäß der marginalen Zahlungsbereitschaft in Höhe des einheitlichen Gleichgewichtspreises p* nur die der Fläche OHGJ entsprechende Summe. Die Differenz zwischen gesamter Zahlungsbereitschaft und tatsächlich gezahlter Summe, dargestellt durch das schraffierte Dreieck HFG, wird als *Käuferrente* bezeichnet; handelt es sich um den Markt für ein Konsumgut, spricht man auch von *Konsumentenrente*. Nur für die letzte gekaufte Mengeneinheit wird also ein Preis entrichtet, welcher der marginalen Zahlungsbereitschaft entspricht; für alle „vorherigen" Mengeneinheiten ist die Zahlungsbereitschaft jeweils höher als der zu zahlende Preis. Ginge es um ein Konsumgut und wären die Nutzen der verschiedenen Nachfrager interpersonell vergleichbar und addierbar, so ließe sich die Konsumentenrente als monetäres Maß eines Nutzenüberschusses interpretieren, den die Konsumenten dadurch erzielen, daß sie ihr Geld nicht in einer nächstbesten Verwendung, etwa dem Kauf eines anderen Konsumgutes, anlegen.

Im Marktgleichgewicht ist eine Lieferbereitschaft bereits bei einem Verkaufserlös OCGJ gegeben. Es wird jedoch ein einheitlicher Gleichgewichtspreis p* gemäß der marginalen Erlösforderung gezahlt, so daß eine durch die Fläche OHGJ dargestellte Summe als Erlös entsteht. Die Differenz zwischen der als Erlös anfallenden Summe und der der Lieferbereitschaft entsprechenden Summe, also das schraffierte Dreieck CHG, wird als *Verkäuferrente* bezeichnet; handelt es sich um ein produziertes Gut, so spricht man auch von *Produzentenrente*. Nur für die letzte verkaufte Mengeneinheit wird also ein Preis gefordert, welcher der marginalen Erlösforderung entspricht; für alle „vorherigen" Mengeneinheiten ist die Erlösforderung jeweils geringer als der anfallende Preis. Die Verkäuferrente läßt sich als Gewinnüberschuß interpretieren, den die Produzenten dadurch erzielen, daß sie Produktionsfaktoren nicht in einer nächstbesten Verwendung einsetzen.

Die Höhe der Käufer- und der Verkäuferrente hängt vom Verlauf der Nachfrage- bzw. der Angebotskurve ab. Die folgenden Aussagen sind leicht überprüfbar: Je flacher die Nachfragekurve, desto kleiner ist die die Käuferrente darstellende Fläche. Bei vollständig elastischer Nachfrage, also horizontaler Nachfragekurve, geht die Käuferrente gegen Null; bei vollständig unelastischer Nachfrage, also vertikaler Nachfragekurve, geht sie gegen unendlich. − Je flacher die Angebotskurve, desto kleiner ist die die Verkäuferrente bezeichnende Fläche. Bei vollständig elastischem Angebot, also horizontaler Angebotskurve, geht die Verkäuferrente gegen Null; bei vollständig unelastischem Angebot, also vertikaler Angebotskurve, ist sie gleich dem tatsächlichen Erlös.

In Kap. IV.B.2.d wird gezeigt, daß Preisdifferenzierung als Aneigung von Käuferrente durch einen preisdifferenzierenden Anbieter bei unvollständiger Konkurrenz angesehen werden kann. In Kap. V.C.3 wenden wir die Begriffe der Käufer- und der Verkäuferrente auf Faktormärkte an und führen den Begriff der Quasi-Rente ein; dieser Begriff spielt dann in Kap. VI.D über die neue Institutionenökonomik eine wichtige Rolle.

3. Veränderungen des partiellen Konkurrenzgleichgewichts

a. Verschiebung von Nachfrage- oder Angebotskurve

Wir können sofort angeben, wie sich das Konkurrenzgleichgewicht ändert, wenn sich entweder die typisch verlaufende Nachfrage- oder die typisch verlaufende Angebotskurve verschiebt: Verschiebt sich die Nachfragekurve nach links (rechts), etwa weil einer der mit der ceteris paribus-Annahme als gegeben angesehenen Preise anderer Güter variiert, dann sinken (steigen) Gleichgewichtspreis und -menge (vgl. Abb. III.e.1). Dies folgt aus der positiven Steigung der Angebotskurve. Eine Linksverschiebung der Nachfragekurve könnte z. B. dadurch

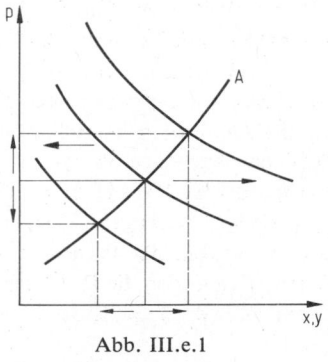

Abb. III.e.1

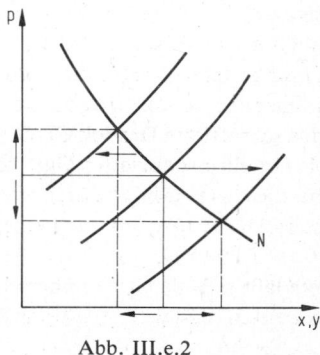

Abb. III.e.2

bedingt sein, daß der Preis eines als Substitut in Frage kommenden Gutes gesunken ist, so daß sich Nachfrage von dem betrachteten Markt ab- und dem Markt des Substituts zuwendet. Eine Rechtsverschiebung der Nachfragekurve könnte analog auf Preiserhöhung für das Substitut zurückzuführen sein. – Verschiebt sich die Angebotskurve nach links (rechts), dann steigt (sinkt) der Gleichgewichtspreis und sinkt (steigt) die Gleichgewichtsmenge (vgl. Abb. III.e.2). Dies folgt aus der negativen Steigung der Nachfragekurve. Eine Linksverschiebung der Angebotskurve ist beispielsweise durch eine Faktorpreiserhöhung begründet, eine Rechtsverschiebung analog durch eine Faktorpreissenkung.

b. Besteuerung von Nachfrage oder Angebot

Der Staat kann von den Anbietern entweder eine Kosten- oder eine Umsatzsteuer erheben, und zwar jeweils bemessen in einem konstanten Geldbetrag je Mengeneinheit oder einem in Prozent der Kosten bzw. des Umsatzes ausgedrückten Geldbetrag je Mengeneinheit. Eine *Kostensteuer* vergrößert die Ordinatenwerte der Durchschnittskostenkurve jedes Anbieters um einen konstanten Betrag bzw. Prozentsatz. Auch die Grenzkostenkurven, die Preisuntergrenzen und die Angebotskurven der Anbieter verschieben sich nach oben. Dasselbe gilt für die gesamtwirtschaftliche Angebotskurve. Bei typisch verlaufender Nachfragekurve steigt somit der Gleichgewichtspreis und sinkt die Gleichgewichtsmenge.

Bei einer *Umsatzsteuer* kann die Betrachtung unmittelbar bei der gesamtwirtschaftlichen Angebots- oder Nachfragekurve ansetzen. Wird die Steuer bei den Anbietern erhoben, so sind die Ordinatenwerte der gesamtwirtschaftlichen Angebotskurve um den Steuerbetrag oder den Prozentsatz der Steuer zu vergrößern. In Abb. III.f ist A die ursprüngliche und A' die um den konstanten Steuerbetrag je Mengeneinheit, s, parallel nach oben verschobene Angebotsgerade. Die Einführung der Steuer senkt die Gleichgewichtsmenge von x^* auf x^{**} und steigert den Gleichgewichtspreis von p^* auf p^{**}. Der Gleichgewichtspreis enthält

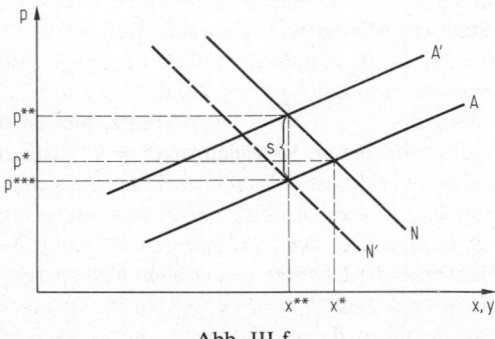

Abb. III.f

den Steuerbetrag s; der Gleichgewichtspreis p** abzüglich s ist geringer als p*. Wird die Steuer bei den Nachfragern erhoben, sind die Ordinatenwerte der gesamtwirtschaftlichen Nachfragekurve entsprechend zu vermindern; im Beispiel der Abb. III.f ist die Nachfragegerade um s parallel nach unten auf N′ zu verschieben. Mit Steuer ist die Gleichgewichtsmenge wieder x**; der am Markt sich bildende Preis ist jetzt p***, er enthält die Steuer nicht; diese ist von den Nachfragern gesondert an den Staat zu entrichten.

c. Staatlich festgesetzter Höchst- oder Mindestpreis

Wird vom Staat ein *Höchstpreis* festgesetzt, der geringer als der Gleichgewichtspreis p* ist und in Abb. III.g durch die Abszissenparallele bei p^H dargestellt wird, so sind die Anbieter nur zu einem Angebot ȳ bereit, während die Nachfrager x̄ nachfragen. Da die Nachfragemenge x̄ − ȳ unbefriedigt bleibt, bezeichnet

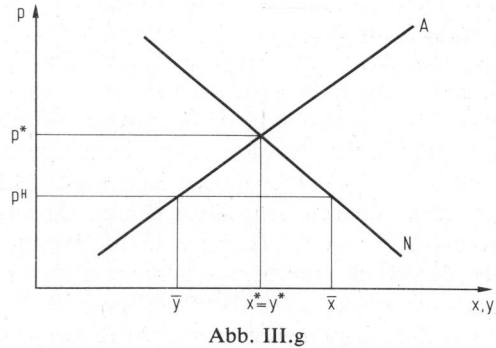

Abb. III.g

man hier die Angebotsseite als *kurze Marktseite*; es wird die im Vergleich zur Gleichgewichtsmenge x* = y* kleinere Menge ȳ umgesetzt. Die unbefriedigte Nachfrage schafft die Tendenz zur Herausbildung eines *schwarzen Marktes*, auf dem der Preis höher als p^H, vermutlich höher als p* liegt.

Wird vom Staat ein *Mindestpreis* über dem Gleichgewichtspreis p* verordnet, in Abb. III.h durch die Abszissenparallele bei p^M repräsentiert, dann sind die Anbieter zu einem Angebot ȳ̄ bereit, während die Nachfrager die Menge x̄ wünschen. Die Menge ȳ̄ − x̄ findet keinen Absatz, hier ist die Nachfrage die *kurze Marktseite*; es wird die im Vergleich zu x* = y* kleinere Menge x̄ umgesetzt. Das nicht abgesetzte Angebot könnte auch hier die Tendenz zur Herausbildung eines schwarzen Marktes, auf dem der Preis geringer als p^M ist, schaffen. Allerdings gibt es in der Praxis der Mindestpreisfestsetzung viele Fälle, in denen der *Staat als Nachfrager* die *Übernahme* der nicht abgesetzten Menge zum Preis p^M *garantiert*. Er regt auf diese Weise eine die Gleichgewichtsmenge übersteigende Produktion an, reduziert die am Markt umgesetzte Menge unter die Gleich-

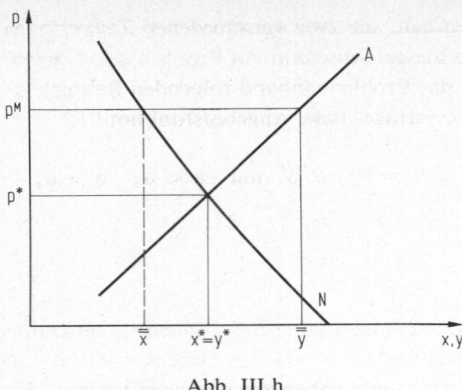

Abb. III.h

gewichtsmenge und kauft zu dem den Gleichgewichtspreis übersteigenden Mindestpreis Periode für Periode Güter auf, die er unter Aufwendung von Lagerko-
sten ansammeln muß. Typisches Beispiel ist die *Überschußproduktion* von landwirtschaftlichen Gütern (z. B. Butter, Milch, Rindfleisch) aufgrund von Mindestpreisen, die im Rahmen der *Agrarmarktordnungen* der *Europäischen Gemeinschaft* zustandekommen.

4. Zeitaspekte des Konkurrenzgleichgewichts

a. Verzögerte Angebotsanpassung: Das Spinngewebe-Modell

In diesem Abschnitt verzichten wir explizite auf die in III.A.2.c erläuterte Vorstellung, daß die Anbieter Verträge schließen, ehe sie produzieren. Wir nehmen
vielmehr an, daß die Anbieter mit einer bestimmten, festen Angebotsmenge an
den Markt kommen und darauf angewiesen sind, diese Menge, die sich aus der
Addition der einzelwirtschaftlichen Angebotsmengen ergibt, auch abzusetzen −
etwa deshalb, weil es sich um ein verderbliches Gut handelt. Der Preis bildet sich
dann so, daß die Nachfrager dieses Angebot gerade abzunehmen wünschen. Aus
dem tatsächlichen Preis ziehen die Anbieter Konsequenzen. Ist dieser Preis höher als der von ihnen erwartete, so dehnen sie in der nächsten Periode ihr Gesamtangebot aus, weil sie annehmen, daß der Preis so hoch bleiben wird. Ist der
tatsächliche Preis niedriger als der erwartete, schränken die Anbieter in der
nächsten Periode ihr Gesamtangebot ein in der Annahme, daß der Preis so niedrig bleiben wird. Die Anbieter richten ihr Gesamtangebot in einer Periode t, y_t,
also stets am Preis der Vorperiode, p_{t-1}, aus; sie *passen ihr Angebot mit einperiodiger Verzögerung an den Preis an.* Da die Angebotsfunktion jetzt ökono-

mische Größen enthält, die zwei verschiedenen Zeitperioden zugeordnet sind, diskutieren wir in diesem Abschnitt ein Problem der *dynamischen Theorie*.

Wir erläutern das Problem anhand folgenden Beispiels mit linearer gesamtwirtschaftlicher Nachfrage- bzw. Angebotsfunktion:

$$x_t = a p_t + b \quad \text{mit} \quad a < 0, \quad b > 0, \tag{III.7}$$

$$y_t = c p_{t-1} + d \quad \text{mit} \quad c > 0, \tag{III.8}$$

$$x_t = y_t. \tag{III.9}$$

Die einzige Besonderheit gegenüber den früheren Überlegungen ist die zeitliche Verzögerung (der *lag*) in (III.8). Die Nachfragekurve und die Kurve für das einperiodig verzögerte Angebot haben den typischen Verlauf. Setzen wir (III.7) und (III.8) in (III.9) ein und lösen nach p_t auf, so erhalten wir

$$p_t = \frac{c}{a} p_{t-1} + \frac{d - b}{a}. \tag{III.10}$$

Ebenso können wir nach x_t oder y_t auflösen:

$$x_t = \frac{c}{a} x_{t-1} - \frac{cb}{a} + d, \tag{III.11}$$

$$y_t = \frac{c}{a} y_{t-1} - \frac{cb}{a} + d. \tag{III.12}$$

Jedesmal erhalten wir eine *Differenzengleichung 1. Ordnung*, d. h. eine Gleichung, in der die betreffende Variable in Zuordnung zu zwei aufeinander folgenden Zeitperioden erscheint. Ehe wir die Differenzengleichung analytisch lösen, geben wir eine geometrische Interpretation des Problems. Wir zeichnen Nachfrage- und Angebotskurve in ein Diagramm ein, letztere ohne Rücksicht auf die zeitliche Verzögerung.

(1) In Abb. III.i kommen in Periode t = 0 die Anbieter mit der Menge y_0 auf den Markt. Da sie darauf angewiesen sind, diese Menge abzusetzen, ist ihr Angebot innerhalb dieser Periode völlig unelastisch, und sie akzeptieren den Preis p_0, den die Nachfrager dafür bieten. Der Preis ist höher als der, den die Anbieter aufgrund ihrer Angebotskurve bei dieser Menge erwarteten. Sie gehen davon aus, daß p_0 auch in der nächsten Periode gelten wird, und bringen in Periode t = 1 entsprechend ihrer Angebotskurve die Menge y_1 auf den Markt. Die Nachfrager nehmen diese Menge aber nur zum Preis p_1 ab. Aufgrund dieser Enttäuschung reduzieren die Anbieter in Periode t = 2 entsprechend ihrer Angebotskurve die Menge auf y_2. Diese Menge nehmen die Nachfrager zum Preis p_2 ab.

Verfolgen wir dieses Wechselspiel von positiven und negativen Überraschungen der Anbieter noch einige Perioden weiter, so führt uns die Entwicklung in die Nähe des Schnittpunktes der beiden Kurven, und das zeichnerische Gebilde, das wir erhalten, ähnelt einem *Spinngewebe (cobweb)*. Die Entwicklung endet also schließlich (genau genommen nach unendlichen vielen Perioden) bei der Preis-Mengenkombination p^*, $x^* = y^*$. Ist diese Situation erreicht, dann erleben die Anbieter keine Überraschungen mehr; der Preis der letzten Periode gilt auch in der folgenden.

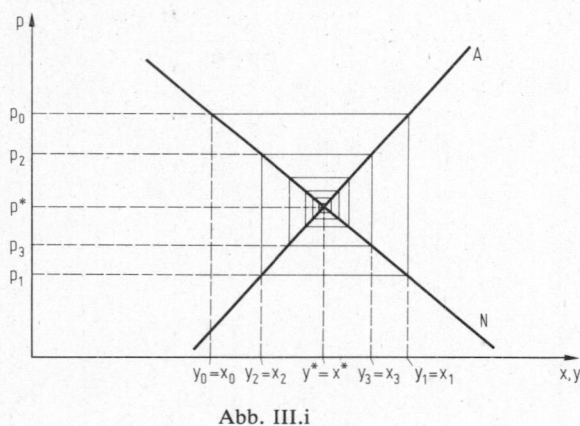

Abb. III.i

(2) Wir ändern das Diagramm nun in der Weise ab, daß wir die Nachfrage-kurve etwas steiler zeichnen, und beginnen in Abb. III.j mit einer Menge y_0 nahe dem Schnittpunkt. Die Entwicklung führt nun nicht noch weiter in die Nähe des Schnittpunktes, sondern immer weiter von diesem hinweg. Es würde nicht lange dauern, bis sich ökonomisch sinnlose Preis-Mengenkombinationen außerhalb des I. Quadranten einstellen, die die Gültigkeit des Modells aufheben.

Zeichnen wir Preise und Mengen in den einzelnen Perioden in Diagramme mit der Abszisse als Zeitachse ein und verbinden die einzelnen Punkte zu einem Linienzug, so ergeben sich in den beiden Fällen die in Abb. III.k dargestellten Abläufe. Im Fall (1) klingen die Oszillationen ab; der Verlauf konvergiert zum Gleichgewicht; im Sinne des Stabilitätsbegriffes der dynamischen Theorie ist das Modell *stabil*. Im Fall (2) werden die Oszillationen immer heftiger; der Verlauf divergiert vom Gleichgewicht; das Modell ist *instabil*.

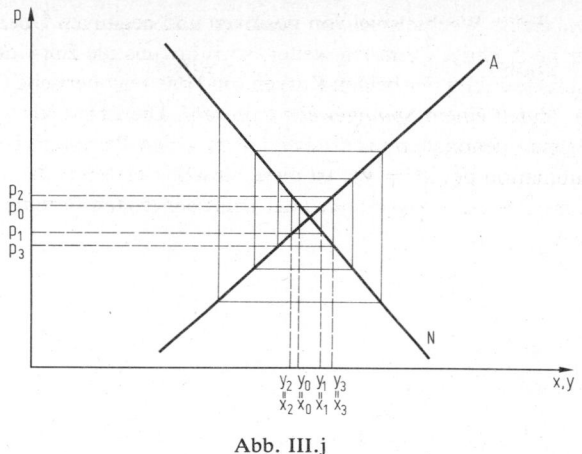

Abb. III.j

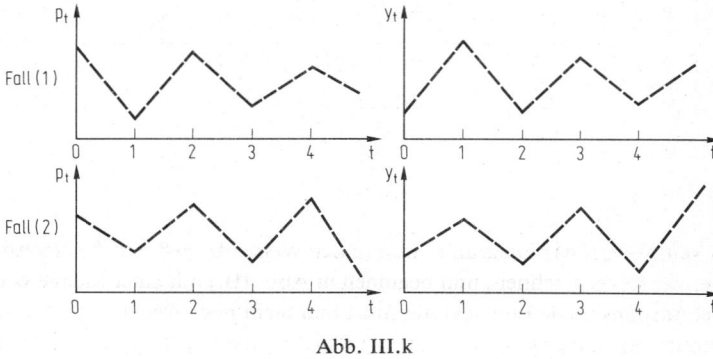

Abb. III.k

    Die Variablenwerte in den einzelnen Perioden ergeben sich auch aus der Lösung der entsprechenden Differenzengleichung. Die Lösung der Differenzengleichung (III.10) erhalten wir, indem wir für das konstante Glied vereinfachend f schreiben und nun zuerst p_0 für p_{t-1} setzen, daraus p_1 berechnen, dann p_1 für p_{t-1} setzen, daraus p_2 berechnen usw.:

$$p_1 = \frac{c}{a} p_0 + f \tag{III.13}$$

$$p_2 = \frac{c}{a} p_1 + f = \frac{c}{a} \left(\frac{c}{a} p_0 + f \right) + f = \left(\frac{c}{a} \right)^2 p_0 + \frac{c}{a} f + f$$

$$p_3 = \left(\frac{c}{a} \right)^3 p_0 + \left(\frac{c}{a} \right)^2 f + \left(\frac{c}{a} \right) f + f$$

$$\vdots$$

$$p_t = \left(\frac{c}{a} \right)^t p_0 + \left[\left(\frac{c}{a} \right)^{t-1} + \dots + \frac{c}{a} + 1 \right] f = \left(\frac{c}{a} \right)^t p_0 + \frac{1 - (c/a)^t}{1 - (c/a)} f.$$

Aus diesem Prozeß des Einsetzens können wir erkennen, woran es liegt, daß Oszillationen auftreten und die Entwicklung im Fall (1) zum Gleichgewicht konvergiert, im Fall (2) vom Gleichgewicht divergiert: Bei der unterstellten, typisch verlaufenden Nachfrage- und Angebotskurve ist $a < 0$, $c > 0$, mithin $(c/a) < 0$. Der Ausdruck $(c/a)^t$ wechselt daher von Periode zu Periode das Vorzeichen. Der Wert des ersten Summanden ist also in $t = 1$ negativ, in $t = 2$ positiv, in $t = 3$ negativ usw. Dadurch sind die Oszillationen bedingt. Der Ausdruck $(c/a)^t$ wird mit wachsendem t kleiner, die Entwicklung konvergiert also, wenn

$$\left| \frac{c}{a} \right| < 1 \quad \text{oder} \quad \left| \frac{1}{c} \right| > \left| \frac{1}{a} \right|.$$

Der Ausdruck wird mit wachsendem t größer, die Entwicklung divergiert also, wenn

$$\left| \frac{c}{a} \right| > 1 \quad \text{oder} \quad \left| \frac{1}{c} \right| < \left| \frac{1}{a} \right|.$$

In diesen Beziehungen kommt nichts anderes als die Steigung von Angebots- und Nachfragekurve zum Ausdruck. Um das zu erkennen, lösen wir (III.8) und (III.7) nach dem Preis auf:

$$p_{t-1} = \frac{1}{c} y_t - \frac{d}{c},$$

$$p_t = \frac{1}{a} x_t - \frac{b}{a}. \tag{III.14}$$

Konvergenz oder *Stabilität* liegt also vor, wenn die *Angebotskurve steiler* verläuft als die *Nachfragekurve, Divergenz oder Instabilität*, wenn die *Nachfragekurve steiler* als die *Angebotskurve* ist. Sind die absoluten Steigungen der beiden Kurven einander genau gleich, dann liegt weder Konvergenz noch Divergenz vor; es ergeben sich vielmehr Oszillationen mit konstanter Amplitude.

Der Koeffizient (c/a) findet sich auch in den Differenzengleichungen (III.11) und (III.12) für die Mengen, so daß die Aussagen über Oszillationen und Stabilität auch für diese gelten.

Gleichgewichtspreis und Gleichgewichtsmenge können wir ausrechnen, indem wir in den Differenzengleichungen $p_t = p_{t-1} = p^*$, $x_t = x_{t-1} = x^*$ bzw. $y_t = y_{t-1} = y^*$ setzen, also annehmen, daß keine Änderungen im Zeitablauf mehr eintreten, wie das beim Gleichgewicht der Fall ist. Wir erhalten dann:

$$p^* = \frac{d - b}{a - c} \; ; \quad x^* = y^* = \frac{ad - cb}{a - c} \, . \qquad \text{(III.15)}$$

Das bisherige Modell wollen wir nun wie folgt modifizieren: Nach wie vor richtet sich das Angebot nach dem Preis der Vorperiode. Die Anbieter können es jedoch noch innerhalb einer Periode in gewissem Umfang variieren, indem sie es aus Lagerbeständen vergrößern oder indem sie einen Teil auf Lager nehmen. Je stärker der tatsächliche den erwarteten Preis übertrifft, desto mehr schießen die Anbieter aus dem Lager zu. Je stärker der tatsächliche hinter dem erwarteten Preis zurückbleibt, desto mehr nehmen die Anbieter auf Lager. – Kommen in Abb. III.1 die Anbieter in Periode t = 0 mit der Menge ȳ auf den Markt, dann merken sie, daß die Nachfrager dafür einen hohen Preis bieten, und sie vergrößern das Angebot aus dem Lager. Das Angebot ist innerhalb der Periode also nicht völlig unelastisch, sondern vergrößert sich gemäß der Angebotskurve A_{k1}, so daß sich die Menge y_0 und der Preis p_0 ergeben. Nach diesem Preis richten die Anbieter in Periode t = 1 ihr Angebot aus, d.h. sie bieten gemäß ihrer Angebotskurve A_1 an. Da die Nachfrager für die große Menge nur einen niedrigen Preis zu zahlen bereit sind, nehmen die Anbieter einen Teil ihrer geplanten Menge auf Lager; sie schränken das Angebot gemäß der Angebotskurve A_{k2} ein, so daß die Menge y_1 und der Preis p_1 zustandekommen. – Der Prozeß läuft nun wieder ähnlich ab wie im früheren Beispiel. Das Spinngewebe ist nach rechts geneigt, und zwar umso mehr, je stärker man das Angebot durch Lagervariation innerhalb der betreffenden Periode verändern kann, je weniger steil also die Angebotskurven A_{kt} verlaufen. Selbstverständlich ist auch hier ein divergierender Prozeß möglich.

Das Spinngewebe-Modell setzt voraus, daß sich die Anbieter stets nach dem Preis der Vorperiode richten, obgleich sie die Erfahrung machen müssen, daß dieses Verhalten immer wieder zu (positiven oder negativen) Überraschungen

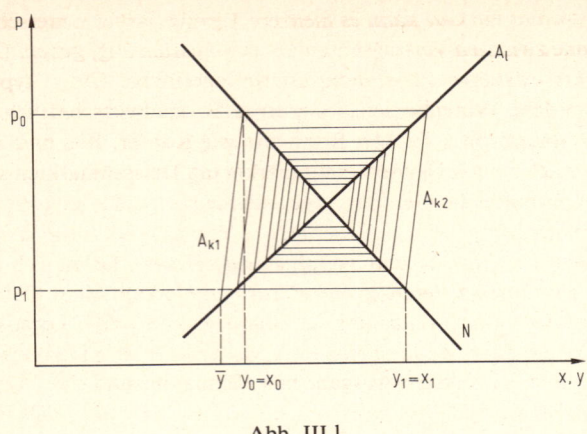

Abb. III.1

führt. Es wird also angenommen, daß die Anbieter aus der tatsächlichen Entwicklung nicht lernen.

Das Spinngewebe-Modell hat eine gewisse Bedeutung zur Erklärung empirischer Erscheinungen, da auf einzelnen Märkten eine diesem Modell entsprechende zeitliche Entwicklung von Preisen und Mengen beobachtet wurde. Bekannt ist der von HANAU für die Zeit vor 1914 dargestellte *Schweinezyklus*, der darauf zurückzuführen ist, daß das Angebot von Mastschweinen mit einer zeitlichen Verzögerung von 14 bis 15 Monaten auf Änderungen des Verhältnisses zwischen Schweinefleisch- und Mastfutterpreis reagierte.

b. Kassamärkte, Terminmärkte und Spekulation

In den Vorabschnitten wurde unterstellt, daß alle Verträge, die zum Gleichgewichtspreis über die Mengen zustandekommen, die insgesamt die Gleichgewichtsmenge ergeben, sofort (z. B. am Anfang der betrachteten Periode t_0) erfüllt werden. Es wurde also angenommen, daß alle zum Zuge gekommenen Anbieter (Verkäufer) sofort zu liefern, alle zum Zuge gekommenen Nachfrager (Käufer) sofort zu zahlen haben. Derartige Geschäfte werden *Kassageschäfte*, die entsprechenden Märkte *Kassamärkte*, die Gleichgewichtspreise *Kassapreise* genannt. In diesem Abschnitt wird zusätzlich zugelassen, daß in der Gegenwart auch Angebot an bzw. Nachfrage nach Mengen besteht, die erst später „per Termin" (z. B. am Anfang einer Periode t_1) geliefert und bezahlt werden. Derartige Geschäfte heißen *Termingeschäfte*; die entsprechenden Märkte, auf denen ein Terminangebot und eine Terminnachfrage über einen Gleichgewichtspreis, den *Terminpreis*, zum Ausgleich gebracht werden, heißen *Terminmärkte* oder *Zu-*

kunftsmärkte. Für ein Gut kann es mehrere Terminmärkte, unterschieden nach der Zeitspanne zwischen Vertragsabschluß und -ausführung, geben. Organisierte Terminmärkte existieren für standardisierte lagerfähige Güter, typischerweise solche, für welche Warenbörsen bestehen (z. B. landwirtschaftliche Produkte wie Weizen, Baumwolle, Zucker; Rohstoffe wie Kupfer, Blei und Zink). Eine große Rolle spielen auch Devisenterminmärkte (an Devisenmärkten sind ausländische Zahlungsmittel das Gut, das − gegen inländische Zahlungsmittel − angeboten bzw. nachgefragt wird). Ferner gibt es Terminmärkte für Wertpapiere.

Auch wenn für ein Gut kein Terminmarkt existiert, lassen sich durch Ausnutzen von *Kassapreisdifferenzen* beim An- und Verkauf eines Gutes Gewinne erzielen. Der An- und Verkauf kommt einer (positiven oder negativen) *Lagerinvestition* gleich, mit einer speziellen Reihe der erwarteten Einnahmen und Ausgaben (nämlich einer einzigen Ausgabe bzw. Einnahme und einer Reihe von Lagerhaltungskosten) (vgl. dazu II.H). Von Bedeutung ist hier, daß die Leistung der Unternehmung, die in dieser Weise investiert, nicht in der Produktion des Gutes, sondern in der *Übernahme des Risikos* liegt, daß die Erwartung einer gewinnbringenden Preisdifferenz zwischen Ankauf und Verkauf nicht in Erfüllung geht, vielmehr ein Verlust entsteht. Ist ein Terminmarkt vorhanden, besteht eine weitere Möglichkeit, Gewinn zu erzielen, und zwar aus einer *Differenz zwischen Terminpreis und dem Kassapreis zur Zeit der Ausführung des Termingeschäftes.* Diese Möglichkeit erfordert keine Lagerinvestition, denn die Ausführung des Termingeschäftes fällt mit dem Kassageschäft zusammen. Auch hier besteht das Risiko, statt eines Gewinnes einen Verlust zu haben. Beide Varianten werden als *Spekulation*, die Unternehmer, die diese betreiben, als Spekulanten bezeichnet. Typisches Merkmal eines Spekulationsgeschäftes ist die Übernahme von Risiko.

Die beiden Vorgänge, die man auch als Kassa- bzw. Terminspekulation kennzeichnen kann, lassen sich durch folgendes Schema beschreiben:

In Periode t_0 erwartete Preiskonstellation ↓	Periode t_0		Periode t_1
	Kassamarkt (Vertragsausführung sofort)	Terminmarkt (Vertragsausführung in t_1)	Kassamarkt
Kassaspekulation			
a) $KP_1^e > KP_0$	N		A
b) $KP_1^e < KP_0$	A		N
Terminspekulation			
a) $TP_0 < KP_1^e$		N	A
b) $TP_0 > KP_1^e$		A	N

Bezeichnungen: KP_0 = Kassapreis in t_0; TP_0 = Terminpreis in t_0; KP_1^e = erwarteter Kassapreis in t_1. A = spekulatives Angebot; N = spekulative Nachfrage.

Auf einem Markt für ein Gut mit vollständiger Konkurrenz, wie wir ihn in diesem Kapitel unterstellen, bilden sich für Kassa- und für Termingeschäfte jeweils aus Gesamtangebot und Gesamtnachfrage ein Gleichgewichts-Kassapreis KP_0 und ein Gleichgewichts-Terminpreis TP_0 heraus, deren Differenz zum erwarteten Preis KP_1^e die spekulativen Angebots- bzw. Nachfragemengen bestimmt. Es kann angenommen werden, daß das spekulative Angebot bzw. die spekulative Nachfrage jedes Spekulanten mit der von ihm erwarteten Preisdifferenz jeweils zunimmt. Voraussetzung für das Zustandekommen von Spekulationsgeschäften ist, daß ein spekulatives Angebot auch auf Nachfrage bzw. eine spekulative Nachfrage auch auf Angebot trifft. Die Voraussetzung ist erfüllt, wenn auf dem jeweiligen Markt auch nichtspekulative Nachfrage bzw. Angebot vorhanden ist und/oder es auch Spekulanten gibt, die die gegenteilige Preisdifferenz erwarten (wenn sich also die Spekulanten stets auf die Konstellationen a) und b) verteilen).

Die Vorgänge seien an folgendem Beispiel erläutert: Auf dem Markt für eine bestimmte Weizensorte wäre ohne Anreiz zum Lagerhalten nach der Ernte das Angebot im Vergleich zur Nachfrage groß, der Preis würde sinken; vor der neuen Ernte wäre das Angebot hingegen gering, der Preis würde steigen. Besteht die Erwartung, daß das nichtspekulative Angebot nach der Ernte (Periode t_0) groß, der Preis mithin niedrig, vor der neuen Ernte (Periode t_1) hingegen gering, der Preis mithin hoch ist, dann tritt die *Kassaspekulation* nach der Ernte mit Nachfrage, vor der neuen Ernte mit Angebot auf den Markt (Konstellation a)). Sie übernimmt damit einen Teil der Lagerhaltung und trägt zur zeitlich ausgeglicheneren Versorgung des Marktes mit Weizen bei; die Tendenz zur jahreszeitlichen Preisschwankung wird abgeschwächt. Auch die *Terminspekulation* tritt nach der Ernte als Nachfrager auf (Konstellation a)); es werden Kontrakte zur Ausführung in der Zeit vor der neuen Ernte geschlossen in der Erwartung, daß das daraus resultierende Angebot zu einem höheren Preis verkauft werden kann. Die Terminspekulation übernimmt keine Lagerhaltung, überläßt diese vielmehr nichtspekulativen Lagerhaltern (den *Hedgern*), denen durch Terminverkauf zum Terminpreis das Risiko eines unsicheren Preises vor der neuen Ernte abgenommen wird. Auch die Terminspekulation sorgt für zeitlich ausgeglichenere Versorgung und Abschwächung der jahreszeitlichen Preisausschläge. Sowohl Kassa- als auch Terminspekulation enthalten das Risiko, daß die Gewinnspekulation nicht aufgeht, sondern Verluste entstehen, etwa deshalb, weil eine erwartete nichtspekulative Weizennachfrage des Auslandes ausbleibt und wegen überreichlichen Angebots der tatsächliche Kassapreis vor der neuen Ernte unter dem erwarteten liegt.

Die in dem Beispiel angedeutete *stabilisierende Wirkung der Spekulation* auf die zeitliche Mengen- und Preisentwicklung ist insbesondere auf Warenmärkten in den meisten Fällen gegeben. Vor allem auf Devisen- und Wertpapiermärkten lassen sich hingegen Beispiele für *destabilisierende Wirkungen der Spekulation* finden. Diese können darauf beruhen, daß bestimmte übersteigerte Preiserwartungen durch Gerüchte erzeugt werden, die für einen Großteil der Spekulanten die Konstellation a) entstehen lassen, während andere, die Urheber der Gerüchte oder „insider", unter die Konstellation b) einzuordnen sind und dementsprechend „gegen den Markt" spekulieren. Die Nichterfüllung der Preiserwartung für den Großteil der Spekulanten bedeutet dann Erfüllung für die übrigen. Insgesamt kann in einer Marktwirtschaft die Spekulation wichtige Aufgaben erfüllen, doch ist die Gefahr des Mißbrauchs nicht von der Hand zu weisen.

5. Langfristiges partielles Konkurrenzgleichgewicht bei freiem Marktzugang

Die gesamtwirtschaftlichen Angebotskurven, mit denen wir bisher in diesem Kapitel argumentierten, waren insofern kurzfristiger Natur, als sie aus den einzelwirtschaftlichen Angebotskurven bei gegebener Betriebsgröße (gegebenem Produktionsapparat) abgeleitet waren. Demgegenüber wollen wir nun die Möglichkeit von Betriebsgrößenänderungen in Betracht ziehen, d. h. von den langfristigen individuellen Angebotskurven ausgehen, und daraus die gesamtwirtschaftliche Angebotskurve herleiten. In einer solchen langfristigen Analyse haben wir Anbieter zu berücksichtigen, die ihre Betriebsgröße von bisher Null auf positive Werte erhöhen, d. h. neu in den Markt eintreten. Wir haben ebenso zuzulassen, daß Anbieter, die bisher am Markt waren, ihre Betriebsgröße auf Null reduzieren, d. h. aus dem Markt ausscheiden. Einen Markt mit diesen Möglichkeiten bezeichnet man auch als *Markt mit freiem Zugang* (dieser impliziert selbstverständlich auch freien Abgang), als *offenen Markt* oder auch als *Markt mit freier Konkurrenz.* Auch im folgenden soll es sich um einen Markt mit sehr vielen kleinen Anbietern handeln, deren einzelne Anteile am Gesamtangebot verschwindend klein sind. Anders als bisher ist die Zahl der Anbieter jetzt aber nicht mehr unveränderlich.

Die gesamtwirtschaftliche Nachfragekurve betrachten wir — da es vorwiegend um Probleme des Angebots geht — im folgenden als gegeben und konstant. Wir untersuchen die Entwicklung zum langfristigen partiellen Konkur-

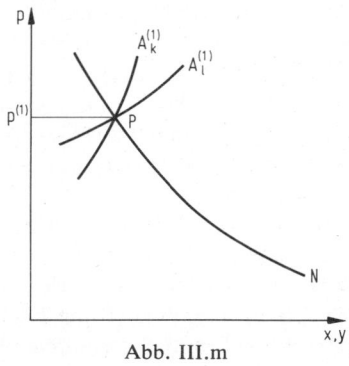

Abb. III.m

renzgleichgewicht beginnend mit einer Ausgangssituation, in der eine bestimmte Zahl von Anbietern am Markt ist. Diese haben ihre Betriebsgrößen dem Marktpreis angepaßt. Die Ausgangssituation wird in Abb. III.m durch den Punkt P beschrieben, in dem die durch Horizontaladdition der kurzfristigen bzw. langfristigen einzelwirtschaftlichen Angebotskurven der am Markt befindlichen Anbieter entstandene gesamtwirtschaftliche kurzfristige Angebotskurve $A_k^{(1)}$ bzw. langfristige Angebotskurve $A_l^{(1)}$ die gesamtwirtschaftliche Nachfragekurve N schneidet. Der Preis $p^{(1)}$, der somit gilt, ist für alle Anbieter gleich, doch könnte sich aufgrund unterschiedlicher Kosten für die einzelnen Anbieter ein verschieden hoher Gewinn ergeben. In den Abb. III.n.1 und n.2 beschreiben wir zwei mögliche Anbieter-Situationen. Der Anbieter, der in Abb. III.n.1 dargestellt ist, hat die Betriebsgröße gewählt, die der gezeichneten DTK-Kurve zugeordnet ist. Er produziert eine größere Menge als die dem langfristigen und auch die dem kurzfristigen Durchschnittskostenminimum entsprechende und erzielt den Stückgewinn AB. Grundsätzlich ist es möglich, daß alle Anbieter in dieser Situation stehen, d.h. mit Gewinn produzieren. Der in Abb. III.n.2 beschriebene Anbieter produziert unter ungünstigeren Bedingungen, d.h. bei einer höher verlaufenden LDK-Kurve. Der Preis $p^{(1)}$ gestattet ihm gerade noch die Fortführung der Produktion, und zwar bei der Menge des LDK- und somit auch eines DTK-Minimums. Bei dieser Menge erreicht der Anbieter zwar nur einen Nullgewinn, doch ist die Unternehmung lebensfähig, weil in die Kosten auch Unternehmerlohn und Eigenkapitalverzinsung (oder der *normal profit*) eingerechnet sind. Während ein Produzent in der zuerst beschriebenen gewinnbringenden Situation auch als *intramarginaler Anbieter* gekennzeichnet wird, handelt es sich bei der gewinnlos produzierenden Unternehmung um einen *marginalen Anbieter* oder *Grenzanbieter*.

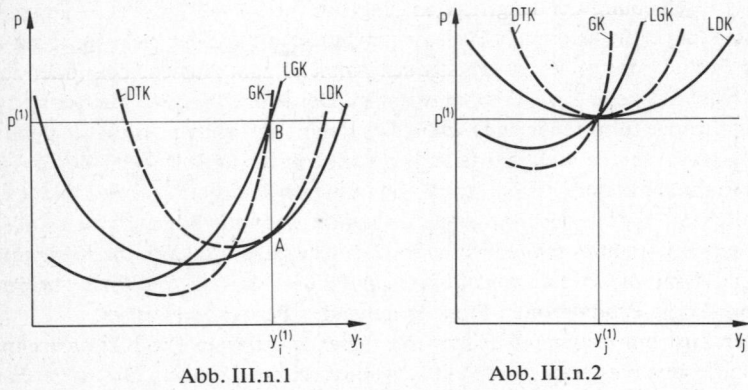

Abb. III.n.1   Abb. III.n.2

Die Unterschiede der LDK-Kurven in den Abb. III.n.1 und n.2 bringen Unterschiede in der den Anbietern bekannten Produktionstechnik zum Ausdruck.

Solche Verschiedenheiten sind in der Ausgangssituation möglich, denn die Annahme der Markttransparenz auf einem Markt mit vollständiger Konkurrenz bedeutet Information aller Anbieter nur über zustandegekommene Preise; sie impliziert nicht Transparenz hinsichtlich aller technischen Möglichkeiten, die eine Gleichheit der langfristigen Kostenkurven einschlösse.

Entstehen in der Ausgangssituation Gewinne, gibt es also intramarginale Anbieter, dann werden neue Anbieter an den Markt gelockt, deren LDK-Kurven ähnlich günstig verlaufen, die folglich ebenfalls mit einem Gewinn rechnen können. Zwar hat der einzelne neue Anbieter annahmegemäß nur einen unmerklichen Einfluß auf das Gesamtangebot und den Preis, aber alle neuen Anbieter zusammen bewirken, daß sich langfristige und kurzfristige gesamtwirtschaftliche Angebotskurven nach rechts verschieben und flacher verlaufen. Weil die Nachfragekurve negative Steigung hat, folgt daraus eine Preissenkung. Bisherige Anbieter, die schon beim Ausgangspreis $p^{(1)}$ in der Situation des Grenzanbieters waren oder im Zuge der Preissenkung die Situation des Grenzanbieters durchlaufen, sind bestrebt, die Betriebsgröße auf Null zu reduzieren und scheiden langfristig aus dem Markt aus. Der Zustrom neuer Anbieter und das Ausscheiden bisheriger Anbieter hören erst auf, wenn die Rechtsverschiebung der langfristigen Angebotskurve den Preis so weit gesenkt hat, daß weitere neue Anbieter keinen Gewinn erzielen könnten.

Obgleich die Vorgänge am Markt eine Transparenz hinsichtlich der technischen Produktionsmöglichkeiten nicht voraussetzen, kann man davon ausgehen, daß die neu an den Markt drängenden Anbieter sich um günstige Produktionstechniken bemühen, d. h. mit Kostenkurven arbeiten, die im Bereich der geplanten Produktionsmenge vergleichsweise niedrig verlaufen. Je niedriger im relevanten Bereich die LDK-Kurven von Neuzugängen, desto stärker ist die Rechtsverschiebung der langfristigen Angebotskurve und die daraus folgende Preissenkung. Mit sinkendem Preis werden immer weitere der bisherigen, mit älteren Produktionstechniken arbeitenden Anbieter zum Ausscheiden (oder zum Umsteigen auf neue Techniken) gezwungen. Der Prozeß der Marktzugänge und Marktabgänge führt tendenziell schließlich dahin, daß sich nur Anbieter mit den für die geplanten Produktionsmengen am niedrigsten verlaufenden Kostenkurven behaupten können. Nicht durch unmittelbare Transparenz hinsichtlich der technischen Produktionsbedingungen, sondern über das Regulativ des sinkenden Preises kommt es schließlich in der Tendenz dazu, daß sich die *Kostenkurven* und damit die *Produktionsfunktionen der am Markt befindlichen Anbieter* in dem für die Produktion in Frage kommenden Bereich *angleichen.*

Der Zustrom weiterer Anbieter mit dieser günstigsten Produktionstechnik hört auf, wenn diese nicht mehr mit Gewinnen rechnen können. Das ist der Fall, wenn der Preis auf das für alle Anbieter nunmehr gleiche Minimum der LDK gefallen ist. Diese Situation ist in den Abb. III.o.1 und o.2 dargestellt. Für die jetzt am Markt befindlichen Anbieter gilt die gegenüber der Ausgangssituation nach rechts verschobene gesamtwirtschaftliche kurzfristige bzw. langfristige Angebotskurve $A_k^{(2)}$ bzw. $A_l^{(2)}$; der Preis ist $p^{(2)}$ (vgl. Abb. III.o.1). Diesen Preis nimmt der Anbieter i, der jetzt für alle Anbieter repräsentativ ist, als Datum hin; er produziert die Menge y_i^*. Bei dieser Menge erreichen die LDK ihr Minimum (vgl. Abb. III.o.2). Der Anbieter wählt die Betriebsgröße nach der eingezeichneten

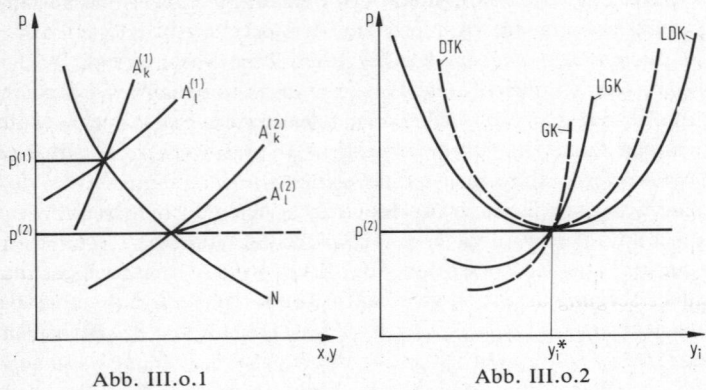

Abb. III.o.1   Abb. III.o.2

DTK-Kurve, die bei der Menge y_i^* ebenfalls ihr Minimum hat. Alle Anbieter befinden sich beim so beschriebenen langfristigen Konkurrenzgleichgewicht in der Lage eines Grenzanbieters. Es herrscht, wie man auch sagt, ein *Branchen-* oder *Gruppengleichgewicht*.

Sollte sich die Nachfragekurve nach rechts verschieben und der Preis damit über $p^{(2)}$ steigen, setzt sofort wieder ein Zustrom neuer Anbieter mit der gleichen Produktionstechnik ein, der die Angebotskurve so verschiebt, daß der Preis wieder auf das Minimum der LDK- bzw. DTK-Kurve, also auf $p^{(2)}$, sinkt. Beziehen wir das Angebot *potentieller zusätzlicher Anbieter* mit in die Überlegungen ein, dann können wir den Schluß ziehen, daß sich der Preis immer auf $p^{(2)}$ einspielt, sich also nach den bei der herrschenden Produktionstechnik minimalen Durchschnittskosten richtet. Die langfristige gesamtwirtschaftliche Angebotskurve können wir daher auch als eine Parallele zur Abszisse im Abstand $p^{(2)}$ auffassen (vgl. gestrichelte Gerade in Abb. III.o.1).

Es sei nochmals betont, daß die Marktvorgänge nur der Tendenz nach zu der beschriebenen Situation des langfristigen Gleichgewichts führen. Der Zustrom und das Ausscheiden von Anbietern, das Errichten und der Abbau von Betrieben mittels Investition oder Desinvestition erfordern Zeit. Es ist möglich, daß in der Aufbauzeit von Betrieben mit einer nach bisherigen Verhältnissen günstigsten Technik schon wieder neue, noch bessere Techniken verfügbar werden, so daß die Tendenz zu einem bisher angesteuerten Gleichgewicht von einer Tendenz zu einem Gleichgewicht bei noch niedrigerem Preis überlagert wird.

Das langfristige Konkurrenzgleichgewicht läßt sich in der geschilderten Weise nur ableiten, wenn wir U-förmigen LDK- und DTK-Verlauf unterstellen. In den in Kap. II.G.4 erwähnten Fällen, in denen die LDK-Kurven entweder parallel zur Abszisse oder überall fallend verlaufen, ist es nicht determiniert.

Es ist vor allem das in diesem Abschnitt abgeleitete Ergebnis, das die Marktform der vollständigen Konkurrenz bei freiem Marktzugang als vorteilhaft erscheinen läßt: Im langfristigen partiellen Konkurrenzgleichgewicht produzieren alle Anbieter in dem einheitlichen Minimum ihrer LDK und DTK, d. h. im *Betriebsoptimum,* und der Preis sinkt bis auf dieses Minimum. Die Produktion im Betriebsoptimum impliziert eine *optimale Verteilung der in der Herstellung des betrachteten Gutes beschäftigten Faktoren* auf die einzelnen Unternehmungen: Alle Unternehmungen realisieren den gleichen Punkt im Isoquantendiagramm; die Grenzproduktivität eines Faktors ist daher in jeder Unternehmung gleich. Es wäre nicht möglich, durch Umverteilung von Faktoren zwischen den Unternehmungen irgendwelche Faktormengen einzusparen. Der Preis ermöglicht die *günstigste Versorgung der Nachfrager* mit diesem Gut, die ökonomisch überhaupt denkbar ist. Auf die gesamtwirtschaftlichen Vorteile von Konkurrenzgleichgewichten auf allen Märkten kommen wir im Teil B dieses Kapitels zurück.

B. Vollständige Konkurrenz auf allen Märkten: Das totale Konkurrenzgleichgewicht

1. Einführung

Ebenso wie in der Theorie des Haushalts und der Theorie der Unternehmung war die Betrachtungsweise im Teil A dieses Kapitels partialanalytisch: Wir untersuchten aus dem gesamten Objektbereich der Wirtschaftstheorie, der ganzen Volkswirtschaft, nur einen Ausschnitt, nämlich den Markt für ein Gut. Wir erkannten zwar, daß zwischen diesem Markt und den Märkten für andere Güter Beziehungen bestehen, die z. B. in den allgemeinen Nachfrage- und Angebotsfunktionen der Marktteilnehmer zum Ausdruck kommen, nach denen die nachgefragte bzw. angebotene Gütermenge nicht nur vom Preis dieses Gutes, sondern auch von den Preisen anderer Güter abhängt. Durch die *ceteris paribus-Annahme* setzten wir die Größen außerhalb des untersuchten Ausschnitts, hier also die Preise der anderen Güter, jedoch als gegeben voraus. Die untersuchten Größen hingen von den nicht zum Ausschnitt des Objektbereichs gehörenden Größen ab, wirkten jedoch nicht auf diese zurück. Es gab, da wir eine Partialanalyse durchführten, eine Dependenz des untersuchten Preises von den übrigen Preisen, aber keine Interdependenz zwischen allen Preisen. In Wirklichkeit bestehen zwischen den Gütermärkten Wechselbeziehungen. Der Güterpreis, der bestimmt werden soll, hängt von den Preisen anderer Güter ab und beeinflußt seinerseits die Preise anderer Güter. Diese Interdependenz kann nur bei gleichzeitiger Betrachtung aller Gütermärkte, d. h. in einer *mikroökonomischen Totalanalyse*, berücksichtigt werden. Im folgenden geht es um die simultane Bestimmung aller Güterpreise (einschließlich Faktorpreisen) sowie aller Güter- und Faktoreinsatzmengen im totalen Konkurrenzgleichgewicht einer Volkswirtschaft. Ein solches hatten wir bereits in Kap. 0.G.1 veranschaulicht.

Das Modell, welches wir untersuchen wollen, ist sehr abstrakt, vor allem deshalb, weil es sich um ein statisches Modell handelt und weil vollständige Konkurrenz auf allen Märkten unterstellt wird. Als *statisches Modell* erlaubt es keine Verknüpfung der ökonomischen Vorgänge in mehreren aufeinanderfolgenden Perioden. Das gesamte Wirtschaften beginnt mit der betrachteten Periode und endet mit dieser. Den Haushalten ist eine Erstausstattung an Gütern exogen vorgegeben, die man sich als aus der vergangenen Periode übernommen vorstellen kann. Es werden Unternehmungen errichtet, denen die Haushalte einen Teil der Erstausstattung als Faktoren zur Verfügung stellen. Die Unternehmungen haben keine die Periode überdauernden Produktionsanlagen; mithin sind alle Faktoren variabel, und es entstehen keine Fixkosten. Die Errichtung von Unternehmungen wird so lange fortgesetzt, bis die Preise nur noch eine Produktion mit Nullgewinnen zulassen. Diese Annahme enthebt uns der Notwendigkeit, die Gewinneinkommen der Haushalte zu berücksichtigen und Aussagen über deren Verteilung zu machen. Die Haushalte verbrauchen die von der Erstausstattung zurückbehaltenen und die von den Unternehmungen produzierten Güter in der gleichen Periode. Es gibt keine Ersparnis. In der folgenden Periode müßte wieder eine Erstausstattung verfügbar sein, damit der Wirtschaftsprozeß in der gleichen Weise ablaufen könnte.

Die Annahme der *vollständigen Konkurrenz* bedeutet, daß sich auf allen Märkten sehr viele Anbieter und Nachfrager befinden, von denen jeder nur einen sehr kleinen Marktanteil hat, daß es keine Präferenzen gibt und daß alle Marktteilnehmer vollständige Transparenz i. S. vollständiger Preisinformation haben. Unter diesen Umständen kann es für jedes Gut nur einen Preis geben, an den sich Anbieter und Nachfrager mit ihren Mengen anzupassen haben.

Jeder Haushalt maximiert seinen Nutzen unter der Nebenbedingung, daß seine Bilanzgleichung erfüllt ist; jede Unternehmung maximiert ihren Gewinn unter der Nebenbedingung, daß ihre Produktionsfunktion erfüllt ist. Ein Marktteilnehmer kennt seine eigene Angebots- bzw. Nachfragefunktion, die Funktionen der anderen Marktteilnehmer und ebenso die gesamtwirtschaftliche Angebotsbzw. Nachfragefunktion sind ihm jedoch nicht bekannt. Keine zentrale Instanz sorgt für den Ausgleich von Angebot und Nachfrage. Die in völliger Dezentralisation aufgestellten Wirtschaftspläne der Marktteilnehmer sollen allein durch die Preise koordiniert werden.

Angesichts der Tatsache, daß es in einer Volkswirtschaft Millionen von Wirtschaftseinheiten und Tausende von Märkten gibt, können Zweifel auftauchen, ob eine solche Koordination der Wirtschaftspläne, die „von selbst" zu einem System von Gleichgewichtspreisen und -mengen auf allen Märkten führt, überhaupt denkbar ist. ADAM SMITH, der Begründer der klassischen Schule, sah in den Marktkräften, die diese Koordination vollbringen, das Wirken einer *invisible hand* (1776). Die exakte mathematische Formulierung erhielt die Theorie des totalen Konkurrenzgleichgewichts durch LÉON WALRAS, den Begründer der Lausanner Schule (1874). Der Beweis für die Existenz eines Systems von Gleichgewichtspreisen wurde erst von ABRAHAM WALD (1936) erbracht. Die Diskussion um Probleme der Existenz, Eindeutigkeit und Stabilität von Modellen des totalen Konkurrenzgleichgewichts wird auch gegenwärtig noch weitergeführt.

Im folgenden *Abschnitt 2* formulieren wir ein Modell des totalen Konkurrenzgleichgewichts algebraisch. In den *Abschnitten 3 und 4* geben wir geometrische Darstellungen zweier vereinfachter Versionen des Modells. Anhand der geometrischen Überlegungen gehen wir auch auf das Problem der gesamtwirtschaftlichen Optimalität der Marktform der vollständigen Konkurrenz ein. In *Abschnitt 5* fassen wir die Eigenschaften des totalen Konkurrenzgleichgewichts zusammen; in *Abschnitt 6* erläutern wir die Bedeutung externer Effekte.

2. Formulierung des Modells

Zur Bestimmung des totalen Konkurrenzgleichgewichts benötigen wir offenbar die Angebots- und Nachfragefunktionen der Haushalte und der Unternehmungen, ferner die Bedingungen für das Gleichgewicht auf den Gütermärkten.

a. Angebot und Nachfrage der Haushalte

Es gebe die Haushalte $k = 1, \ldots, m$, von denen jeder über eine exogen vorgegebene Erstausstattung mit den Gütern $i = 1, \ldots, n$ verfügt. Die Erstausstattung des Haushalts k sei $\bar{x}_i^k$, $i = 1, \ldots, n$. Ist ein Gut nicht in der Erstausstattung des Haushalts enthalten, dann ist die entsprechende Menge $\bar{x}_i^k$ gleich Null. Wir können uns vorstellen, daß die Erstausstattung in der Regel die Arbeitskraft umfaßt und daneben auch andere Gütermengen, die sich zum Einsatz in der Produktion oder auch nur zum Konsum eignen. Die Unterscheidung der Güter nach ihrem Verwendungszweck ist irrelevant, vielmehr ist prinzipiell zugelassen, daß alle Güter in der Produktion oder zum Konsum verwendet werden können.

Es wäre Zufall, wenn ein Haushalt mit seiner Erstausstattung gerade zufrieden wäre. In der Regel wird er Möglichkeiten sehen, durch Verkauf von Gütern und Kauf von anderen Gütern in den Besitz einer geänderten Güterausstattung zu kommen, deren Verbrauch ihm einen höheren Nutzen gewährt als die Erstausstattung. Wir bezeichnen mit x_i^k die Menge des Gutes i in der geänderten, für den Verbrauch bestimmten Güterausstattung des Haushalts k. Verkaufte der Haushalt seine gesamte Erstausstattung, so erzielte er damit bei Güterpreisen p_i, i = 1, ..., n, die er als gegeben betrachtet, ein Einkommen

$$e^k = \sum_{i=1}^{n} p_i \bar{x}_i^k, \qquad k = 1, ..., m. \qquad (III.16)$$

Der Haushalt könnte damit Verbrauchsmengen im Wert von

$$e^k = \sum_{i=1}^{n} p_i x_i^k, \qquad k = 1, ..., m, \qquad (III.17)$$

erwerben. In Wirklichkeit wird der Haushalt nur die Differenzmengen

$$v_i^k = x_i^k - \bar{x}_i^k, \qquad i = 1, ..., n, \quad k = 1, ..., m, \qquad (III.18)$$

verkaufen bzw. kaufen, und nur diese treten an den Märkten in Erscheinung. Eine solche Menge ist *positiv*, wenn der Haushalt von Gut i mehr verbraucht als er in der Erstausstattung erhalten hat, mithin das Gut *nachfragt*; sie ist *negativ*, wenn der Haushalt mehr als Erstausstattung erhalten hat als er verbraucht, mithin das Gut *anbietet*. Gleichgültig, ob man von (III.16) und (III.17) oder den Differenzmengen (III.18) ausgeht, gelangt man stets zu der Beziehung

$$\sum_{i=1}^{n} p_i(x_i^k - \bar{x}_i^k) = \sum_{i=1}^{n} p_i v_i^k = 0, \qquad k = 1, ..., m, \qquad (III.19)$$

die aussagt, daß der Wert der vom Haushalt k verkauften gleich dem der von diesem Haushalt gekauften Güter ist. Diese Beziehung stellt die Bilanzgleichung des Haushaltes k dar.

Das Ziel des Haushalts k ist es, seine Erstausstattung durch Verkauf und Kauf von Gütern bei gegebenen Preisen in solcher Weise zu verändern, daß sein Nutzen, der von den Verbrauchsmengen x_i^k, i = 1, ..., n, abhängt, maximiert wird. Seine ordinale Nutzenfunktion, für welche die in Kap. I eingeführten Annahmen gelten, können wir unter Berücksichtigung von (III.18) wie folgt schreiben:

$$U^k = f^k(x_1^k, ..., x_i^k, ..., x_n^k) = f^k(v_1^k + \bar{x}_1^k, ..., v_i^k + \bar{x}_i^k, ..., v_n^k + \bar{x}_n^k),$$

$$k = 1, ..., m. \qquad (III.20)$$

Die Maximierung der Funktion (III.20) unter der Nebenbedingung (III.19) führen wir wieder nach dem LAGRANGE-Verfahren durch. Aus der LAGRANGE-Funktion

$$L^k = f^k(v_1^k + \bar{x}_1^k, \ldots, v_i^k + \bar{x}_i^k, \ldots, v_n^k + \bar{x}_n^k) + \lambda^k \sum_{i=1}^{n} p_i v_i^k \quad \text{(III.21)}$$

erhalten wir folgende Bedingungen 1. Ordnung:

$$\text{(a)} \quad \frac{\partial L^k}{\partial v_i^k} = \frac{\partial f^k}{\partial v_i^k} + \lambda^k p_i = 0, \qquad i = 1, \ldots, n,$$

$$\text{(b)} \quad \frac{\partial L^k}{\partial \lambda^k} = \sum_{i=1}^{n} p_i v_i^k = 0. \quad \text{(III.22)}$$

Die Bedingungen 2. Ordnung sehen wir wieder als erfüllt an. Aufgrund von (III.18), wonach gilt $dx_i^k/dv_i^k = 1$, können wir (III.22) wie folgt umformen:

$$\text{(a)} \quad \frac{\partial f^k}{\partial v_i^k} \frac{dv_i^k}{dx_i^k} + \lambda^k p_i = \frac{\partial f^k}{\partial x_i^k} + \lambda^k p_i = 0,$$

$$\text{(b)} \quad \sum_{i=1}^{n} p_i(x_i^k - \bar{x}_i^k) = 0, \qquad i = 1, \ldots n. \quad \text{(III.23)}$$

Lösen wir die n Bedingungen (III.23(a)) nach λ^k auf und setzen sie gleich, schreiben wir ferner $\partial f^k/\partial x_i^k = f_i^{k'}$, dann ergibt sich

$$\frac{f_1^{k'}}{p_1} = \ldots = \frac{f_i^{k'}}{p_i} = \ldots = \frac{f_n^{k'}}{p_n}, \qquad k = 1, \ldots, m. \quad \text{(III.24)}$$

In diesen Beziehungen kommt das Gesetz vom Ausgleich der Grenznutzen des Geldes oder das 2. Gossensche Gesetz zum Ausdruck, das wir bereits in (I.29) bzw. (I.32) kennenlernten. Der Haushalt verändert seine Erstausstattung so, daß die letzte zum Kauf jeden Gutes verwendete Geldeinheit den gleichen Nutzen stiftet. Da für alle Haushalte die gleichen Preise gelten, kommt es im Gleichgewicht außerdem zu einer Angleichung der Grenznutzenverhältnisse zwischen den einzelnen Haushalten.

Bei (III.22) bzw. (III.23) handelt es sich um n + 1 Bedingungen 1. Ordnung für das Gleichgewicht des Haushalts k. Benutzen wir eine Gleichung, um λ^k zu eliminieren, so bleibt ein System von n Gleichungen, dessen Unbekannte die nachgefragten oder angebotenen Mengen v_i^k bzw. die Verbrauchsmengen x_i^k sind. Wir können z. B. (III.22) lösen und erhalten v_i^k als Funktion aller Preise:

$$v_i^k = v_i^k(p_1, \ldots, p_n), \qquad i = 1, \ldots, n, \quad k = 1, \ldots, m. \quad \text{(III.25)}$$

Wie die in Kap. I.B abgeleiteten Nachfragefunktionen sind die Funktionen (III.25) homogen vom Grade 0 in den Preisen: Die angebotenen bzw. nachgefragten Mengen ändern sich nicht, wenn wir alle Preise mit einem beliebigen Faktor k multiplizieren; die Haushalte handeln ohne Geldillusion. Dies geht aus (III.24) hervor: Damit die Bedingungen erfüllt bleiben, sind bei Multiplikation aller Nenner mit k die Zähler unverändert zu lassen. Bei unveränderten Grenznutzen bleiben auch die verbrauchten sowie die angebotenen bzw. nachgefragten Mengen gleich. Wählen wir $k = 1/p_n$, dann können wir (III.25) wie folgt schreiben:

$$v_i^k = v_i^k \left(\frac{p_1}{p_n}, \ldots, \frac{p_{n-1}}{p_n}, 1 \right) = \tilde{v}_i^k \left(\frac{p_1}{p_n}, \ldots, \frac{p_{n-1}}{p_n} \right),$$

(III.26)

$$i = 1, \ldots, n, \quad k = 1, \ldots, m.$$

Güter- oder Faktorangebot und -nachfrage hängen also nur von den Preisrelationen ab, und zwar im hier gewählten Beispiel vom Verhältnis der Preise p_i, $i = 1, \ldots, n - 1$, zum Preis des mit dem Index n belegten Gutes. Im Verhältnis der Preise zweier Güter kommt gleichzeitig zum Ausdruck, in welchem Verhältnis die Mengen dieser Güter getauscht werden. Gilt etwa $p_1 = 2$ und $p_n = 4$, so kann man 4 Einheiten des Gutes 1 gegen 2 Einheiten des Gutes n bzw. 2 Einheiten des Gutes 1 gegen 1 Einheit des Gutes n tauschen. Wir werden feststellen, daß unser Modell des totalen Konkurrenzgleichgewichts nicht die absoluten Gleichgewichtspreise, sondern nur die Preisrelationen und damit die Gleichgewichtsmengenrelationen bestimmt. Daher steht es uns frei, die Bezugsbasis, die hier der Preis p_n bildet, auf den Wert 1 zu normieren. In der Terminologie WALRAS' haben wir damit Gut n zum „Zählgut" oder *Standardgut (numéraire)* gemacht. Das Modell bestimmt dann die Gleichgewichtspreise, bezogen auf $p_n = 1$, und die Gleichgewichtsmengen, die sich gegen eine Einheit des Gutes n tauschen lassen.

b. Angebot und Nachfrage der Unternehmungen

Wir gehen davon aus, daß jedes der Güter $1, \ldots, n$ in s Einproduktunternehmungen hergestellt wird. (Die Annahme einer gleichen Zahl von Unternehmungen in der Produktion jedes Gutes ist nicht restriktiv. s könnte als die Höchstzahl von Unternehmungen interpretiert werden, die es in einem Produktionszweig gibt. Für Produktionszweige, die diese Höchstzahl nicht erreichen, wären Unternehmungen in entsprechender Zahl als fiktive Wirtschaftseinheiten mit Produktions- und Faktoreinsatzmengen von Null anzusetzen.) y_i^j ist die Produktionsmenge der Unternehmung j, die das Gut i produziert; r_{li}^j ist eine von dieser Unternehmung zur Produktion eingesetzte Menge des Gutes l, $l = 1, \ldots, n$. Die Produktionsfunktion der Unternehmung lautet wie folgt:

$$y_i^j = g_i^j(r_{1i}^j, \ldots, r_{li}^j, \ldots, r_{ni}^j), \qquad j = 1, \ldots, s, \quad i = 1, \ldots, n. \quad \text{(III.27)}$$

Damit wir Bedingungen für den optimalen Produktionsplan formulieren können, unterstellen wir den allgemeinsten Fall, daß die Unternehmung alle Güter 1, $\ldots$, n als Faktoren benötigt, und zwar einschließlich des Gutes $l = i$, das sie selbst produziert. Auf diese Annahme könnten wir verzichten, wenn wir für jede Unternehmung genau spezifizierten, welche Güter sie als Faktoren zur Produktion benötigt. Die Annahme wird also nur aus Vereinfachungsgründen gemacht.

Es ist jetzt überflüssig, zwischen Güter- und Faktorpreisen zu unterscheiden. Wir können daher die Gewinnfunktion der betrachteten Unternehmung wie folgt schreiben:

$$G_i^j = p_i y_i^j - \sum_{l=1}^{n} p_l r_{li}^j, \qquad j = 1, \ldots, s, \quad i = 1, \ldots, n. \quad \text{(III.28)}$$

Bei den Kosten handelt es sich nur um variable Kosten, da Fixkosten nicht entstehen.

Zur Ableitung der Bedingungen 1. Ordnung für das Gewinnmaximum einer das Gut i produzierenden Unternehmung j können wir entweder die Produktionsfunktion (III.27) in die Gewinngleichung (III.28) einsetzen und diese partiell nach den Faktoreinsatzmengen differenzieren oder das LAGRANGE-Verfahren anwenden. Wir wählen den ersteren Weg und erhalten:

$$\frac{\partial G_i^j}{\partial r_{li}^j} = p_i \frac{\partial y_i^j}{\partial r_{li}^j} - p_l = p_i g_{li}^{j'} - p_l = 0, \qquad l = 1, \ldots, n. \quad \text{(III.29)}$$

Wir setzen wieder voraus, daß die Bedingungen 2. Ordnung erfüllt sind. Die Beziehungen (III.29) können wir in folgende drei Versionen umformen:

$$\text{(a)} \quad p_i g_{li}^{j'} = p_l, \qquad\qquad\qquad l = 1, \ldots, n,$$

$$\text{(b)} \quad g_{li}^{j'} = \frac{p_l}{p_i}, \qquad\qquad\qquad l = 1, \ldots, n, \quad \text{(III.30)}$$

$$\text{(c)} \quad \frac{g_{1i}^{j'}}{p_1} = \ldots = \frac{g_{li}^{j'}}{p_l} = \ldots = \frac{g_{ni}^{j'}}{p_n}.$$

Im Gewinnmaximum ist nach (a) der Wert des Grenzprodukts eines als Faktor verwendeten Gutes l gleich dem Preis des Gutes, nach (b) die auf den Preis des Gutes i bezogene Realentlohnung des als Faktor eingesetzten Gutes l gleich dessen Grenzproduktivität, nach (c) der Grenzertrag des Geldes für alle als Faktoren eingesetzten Güter gleich. Diese Eigenschaften des optimalen Produktionsplans hatten wir auch in Kap. II.D.2 (vgl. (II.64)) abgeleitet. Da für alle Unternehmungen die gleichen Preise gelten, kommt es zusätzlich zu einer Angleichung der Werte des Grenzproduktes eines jeden Faktors zwischen allen Unternehmungen. Zwischen den Unternehmungen einer Branche kommt es sogar für jeden Faktor zur Angleichung der Grenzproduktivitäten.

Im System (III.29) der Bedingungen 1. Ordnung für das Gewinnmaximum der das Gut i produzierenden Unternehmung j sind die Grenzproduktivitäten $g_{li}^{j'}$ Funktionen der Mengen r_{li}^{j}, $l = 1, \ldots, n$. Bei gegebenen Preisen $p_1, \ldots, p_n$ läßt sich das System nach diesen Mengen lösen. Die optimalen Einsatzmengen der Güter $1, \ldots, n$ der Unternehmung sind somit bestimmt. Eine solche Menge hängt von allen Güterpreisen ab. Die allgemeine Nachfragefunktion der Unternehmung für das Gut l lautet:

$$r_{li}^{j} = r_{li}^{j}(p_1, \ldots, p_n), \qquad\qquad l = 1, \ldots, n. \quad \text{(III.31)}$$

Derartige Funktionen hatten wir auch in Kap. II abgeleitet. Analog zu unseren Überlegungen zum Haushalt folgt aus (III.30) (c), daß bei einer proportionalen Änderung aller Preise die Nachfragemengen unverändert bleiben, die Funktionen (III.31) also homogen vom Grade 0 in den Preisen sind. Multiplizieren wir alle Preise beispielsweise mit $k = 1/p_n$, so ändert sich r_{li}^{j} nicht, und wir können schreiben:

$$r_{li}^{j} = r_{li}^{j}\left(\frac{p_1}{p_n}, \ldots, \frac{p_{n-1}}{p_n}, 1\right) = \tilde{r}_{li}^{j}\left(\frac{p_1}{p_n}, \ldots, \frac{p_{n-1}}{p_n}\right), \quad l = 1, \ldots, n. \quad \text{(III.32)}$$

Setzen wir die nach (III.31) bestimmten optimalen Einsatzmengen in die Produktionsfunktion (III.27) ein, dann erhalten wir das optimale Angebot. Da die Nachfragemengen von allen Preisen abhängen, gilt dies auch für die Angebotsmenge:

$$y_i^{j} = y_i^{j}(p_1, \ldots, p_n). \qquad\qquad \text{(III.33)}$$

Bleiben bei proportionaler Änderung aller Preise die Faktoreinsatzmengen konstant, dann verändert sich auch die Produktions- bzw. Angebotsmenge nicht. Auch die allgemeine Angebotsfunktion (III.33) ist also homogen vom Grade 0 in den Preisen. Multiplikation aller Preise mit $k = 1/p_n$ ergibt

$$y_i^{j} = y_i^{j}\left(\frac{p_1}{p_n}, \ldots, \frac{p_{n-1}}{p_n}, 1\right) = \tilde{y}_i^{j}\left(\frac{p_1}{p_n}, \ldots, \frac{p_{n-1}}{p_n}\right). \quad \text{(III.34)}$$

In (III.32) und (III.34) haben wir wieder Gut n als *numéraire* gewählt.

c. Marktgleichgewichtsbedingungen

Der gesamte Sektor der Unternehmungen bietet vom Gut l die in allen Unternehmungen erzeugten Mengen an:

$$y_l = \sum_{j=1}^{s} y_l^j.$$

Der Unternehmungssektor fragt vom Gut l die Mengen nach, die von allen Unternehmungen in der Produktion sämtlicher Güter benötigt werden:

$$r_l = \sum_{j=1}^{s} \sum_{i=1}^{n} r_{li}^j.$$

Je nachdem, ob $y_l - r_l$ positiv oder negativ ist, bietet der Unternehmungssektor insgesamt das Gut l an oder fragt es nach.

Im Haushaltssektor mag es Haushalte geben, die Gut l anbieten, und solche, die es nachfragen. Insgesamt bietet dieser Sektor Gut l an, wenn $v_l = \sum_{k=1}^{m} v_l^k$ negativ ist, und fragt es nach, wenn diese Summe positiv ist.

Damit Marktgleichgewicht herrscht, müssen Gesamtangebot und Gesamtnachfrage für jedes der Güter $l = 1, \ldots, n$ gleich sein:

$$y_l - r_l = v_l, \qquad\qquad l = 1, \ldots, n. \quad \text{(III.35)}$$

Bei negativem Vorzeichen auf beiden Seiten fließt netto ein Güterstrom vom Haushalts- zum Unternehmungssektor, bei positivem Vorzeichen auf beiden Seiten ist es umgekehrt.

d. Das gesamte Modell

Das gesamte Modell des totalen Konkurrenzgleichgewichts besteht aus den Angebots- und Nachfragefunktionen der Haushalte und Unternehmungen sowie aus den Marktgleichgewichtsbedingungen, die wir wie folgt zusammenfassen:

$$v_i^k = \tilde{v}_i^k \left(\frac{p_1}{p_n}, \ldots, \frac{p_{n-1}}{p_n} \right), \qquad i = 1, \ldots, n, \quad k = 1, \ldots, m. \quad \text{(III.26)}$$

$$r_{li}^j = \tilde{r}_{li}^j \left(\frac{p_1}{p_n}, \ldots, \frac{p_{n-1}}{p_n} \right), \qquad \begin{array}{l} i = 1, \ldots, n, \quad l = 1, \ldots, n, \\ j = 1, \ldots, s. \end{array} \quad \text{(III.32)}$$

$$y_i^j = \tilde{y}_i^j \left(\frac{p_1}{p_n}, \ldots, \frac{p_{n-1}}{p_n} \right), \qquad i = 1, \ldots, n, \quad j = 1, \ldots, s. \quad \text{(III.34)}$$

$$y_1 - r_1 = v_1, \qquad\qquad 1 = 1, \ldots, n. \quad (III.35)$$

Das Modell umfaßt die $m \cdot n$ Nachfrage- bzw. Angebotsfunktionen der Haushalte, die $n^2 \cdot s$ Nachfragefunktionen der Unternehmungen, die $n \cdot s$ Angebotsfunktionen der Unternehmungen und die n Marktgleichgewichtsbedingungen. Die Unbekannten sind die $m \cdot n$ Nachfrage- bzw. Angebotsmengen der Haushalte v_i^k, die $n^2 \cdot s$ Nachfragemengen der Unternehmungen r_{li}^j, die $n \cdot s$ Angebotsmengen der Unternehmungen y_i^j und die $n - 1$ Preisrelationen $p_1/p_n, \ldots,$ p_{n-1}/p_n. Die Zahl der Gleichungen übersteigt mithin die Zahl der Unbekannten um eins. Jedoch ist eine der Gleichungen (III.35) nicht unabhängig von den übrigen. Ist nämlich für $n - 1$ Güter die Marktgleichgewichtsbedingung erfüllt, dann ist sie notwendig auch für das n-te Gut erfüllt. Die Zahl der unabhängigen Marktgleichgewichtsbedingungen ist also $n - 1$, die Zahl der unabhängigen Gleichungen des Modells mithin gleich der Zahl der Variablen. Wie in Kap. III.A.2.d erwähnt, bietet diese Gleichheit noch keine Gewähr für die Existenz einer Lösung. Es könnte sein, daß es keine Lösung gibt oder eine Lösung ökonomisch unvernünftige Variablenwerte, z. B. negative Preise oder Konsummengen, ausweist. Für ein spezielles Modell mit einer begrenzten Zahl von Funktionen, die numerisch vorgegeben sind, läßt sich die Existenz einer ökonomisch vernünftigen Lösung unmittelbar überprüfen. Ein mikroökonomisches Totalmodell umfaßt jedoch eine Vielzahl von Funktionen, die nicht alle numerisch ermittelt werden können. In solchen Fällen geht man von bestimmten, ökonomisch plausiblen Annahmen über die Funktionen des Modells aus und versucht, daraus ein allgemeines Existenztheorem abzuleiten. Typische Annahmen beim Beweis der Existenz von totalen Konkurrenzgleichgewichten sind beispielsweise die, daß Indifferenzkurven und Isoquanten konvex zum Ursprung sind und in der Produktion keine steigenden Skalenerträge auftreten. Existiert eine ökonomisch vernünftige Lösung, so beschreibt sie einen Gleichgewichtszustand der Gesamtwirtschaft, in dem die geplanten Handlungen der einzelnen Wirtschaftseinheiten konsistent sind. Über die Gleichgewichtspreise ist dann eine Koordination der Wirtschaftspläne sämtlicher Haushalte und Unternehmungen erreicht.

Existenztheoreme sagen noch nichts über die Eindeutigkeit und Stabilität totaler Konkurrenzgleichgewichte aus. Der gesamte Fragenkomplex der Lösung mikroökonomischer Totalmodelle ist mathematisch schwierig; wir gehen darauf nicht weiter ein.

3. Geometrische und wohlfahrtstheoretische Interpretation I: Der Fall des „reinen Tausches"

In der ersten Version des Modells, die wir geometrisch darstellen wollen, bestehe die Gesamtwirtschaft aus nur zwei Haushalten ($k = 1, 2$), deren gegebene Erstausstattungen nur zwei Güter ($i = 1, 2$) umfaßt. Es seien keine technischen Verfahren bekannt, mit denen durch Einsatz von Gütern andere Güter produziert werden können. Daher gibt es keine Unternehmungen. Einem Haushalt bleibt nur die Möglichkeit, zur Erhöhung seines Nutzens seine Erstausstattung in der Weise zu verändern, daß er eine Menge des einen Gutes gegen eine Menge des anderen tauscht. Obgleich wir zur Begründung der Verhaltensweise der Mengenanpassung bisher mit einer großen Zahl von Wirtschaftseinheiten argumentierten, von denen jede nur einen verschwindend kleinen Marktanteil hat, gehen wir hier davon aus, daß jeder der beiden Haushalte sich als Mengenanpasser verhält, die Preise der Güter also als ein von ihm unbeeinflußbares Datum ansieht.

a. Schachteldiagramm und Tauschkurven für die zum Verbrauch bestimmten Güter

Die einem Haushalt k gegebenen Mengen der Erstausstattung, $\bar{x}_1^k$, $\bar{x}_2^k$, lassen sich im Mengendiagramm durch einen Punkt darstellen. In den Abb. III.p.1 und p.2 bezeichnen A und B die Erstausstattungen der beiden Haushalte.

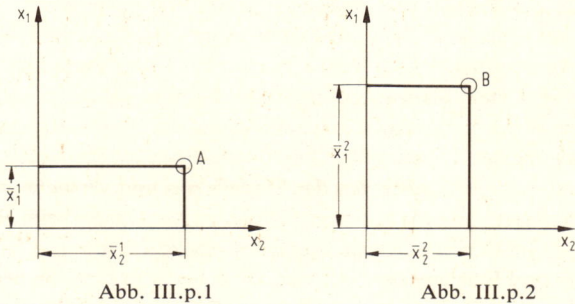

Abb. III.p.1   Abb. III.p.2

Wir drehen nun das rechte Diagramm um 180° und setzen es so auf das linke Diagramm auf, daß Punkt B auf Punkt A zu liegen kommt. Auf diese Weise entsteht das EDGEWORTHsche *Schachteldiagramm*, dessen Seitenlängen

$$\sum_{k=1}^{2} \bar{x}_1^k \quad \text{und} \quad \sum_{k=1}^{2} \bar{x}_2^k$$

die gesamten in der betrachteten Wirtschaft vorhandenen Mengen der Güter 1 und 2 bezeichnen (vgl. Abb. III.q).

Die Gütermengen des Haushalts 1 werden von 0^1 aus, die des Haushalts 2 von 0^2 aus gemessen. Der Punkt E stellt die durch die Erstausstattungen gegebene Verteilung der in der Gesamtwirtschaft vorhandenen Güter auf die beiden Haushalte dar. Jeder andere Punkt innerhalb oder auf dem Rand des Schachteldiagramms repräsentiert eine ebenfalls mögliche Verteilung, die durch Umverteilung der Erstausstattungen E oder Tausch prinzipiell realisierbar ist. Wünschten die Haushalte beispielsweise die durch P bezeichneten Mengenkombinationen $(\hat{x}_1^1, \hat{x}_2^1)$ und $(\hat{x}_1^2, \hat{x}_2^2)$ anstelle ihrer Erstausstattungen zu verbrauchen, dann wäre $\hat{v}_1^1 = \hat{v}_1^2$ die vom Haushalt 2 angebotene und von Haushalt 1 nachgefragte Menge des Gutes 1 und $\hat{v}_2^1 = \hat{v}_2^2$ die von Haushalt 2 nachgefragte und von Haushalt 1 angebotene Menge des Gutes 2. Der Übergang von E nach P wird also durch die

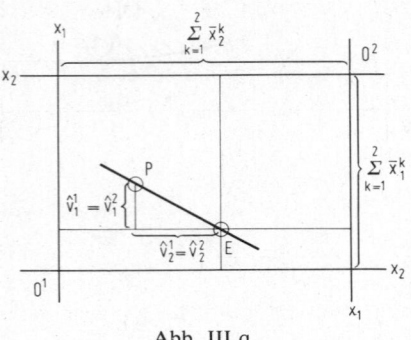

Abb. III.q

Differenzmengen v_i^k beschrieben, wobei hier v_1^2 und v_2^1 Angebotsmengen sind, die im algebraischen Modell gemäß (III.18) negatives Vorzeichen haben. Da jeder Übergang von E zu einem anderen Punkt des Schachteldiagramms die Gleichheit von Angebot und Nachfrage für ein Gut impliziert, ist in dieser geometrischen Darstellung die (III.35) entsprechende Marktgleichgewichtsbedingung erfüllt.

In dem Verhältnis der ausgetauschten Mengen kommt das umgekehrte Preisverhältnis zum Ausdruck, denn es gilt ja

$$\frac{\hat{v}_1^1}{\hat{v}_2^1} = \frac{\hat{v}_1^2}{\hat{v}_2^2} = \frac{p_2}{p_1}.$$

Die Gerade durch P und E, deren absolute Steigung gleich diesem Preisverhältnis ist und die daher auch *Preisgerade* genannt wird, können wir von 0^1 aus als Bilanzgerade des Haushalts 1 und von 0^2 aus als Bilanzgerade des Haushalts 2 auffassen. P und E erfüllen die Bilanzgleichungen (III.16) bzw. (III.17), mithin auch (III.18); die Kombination P ist mit dem Einkommen der Haushalte also realisierbar.

Nun ist zu prüfen, ob wirklich der Punkt P die gewünschten Konsummengen repräsentiert und die Steigung der eingezeichneten Preisgeraden dem Gleichgewichtspreisverhältnis entspricht. Zu diesem Zweck haben wir die Nutzenfunktionen der beiden Haushalte in die Betrachtung einzubeziehen. Diese werden geometrisch durch Indifferenzkurven dargestellt, die für Haushalt 1 konvex zum Ursprung 0^1, für den Haushalt 2 konvex zum Ursprung 0^2 verlaufen. In

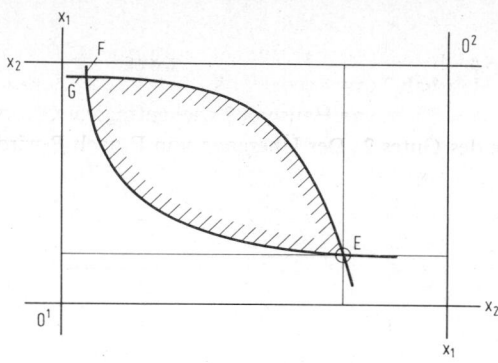

Abb. III.r

Abb. III.r zeichnen wir für jeden Haushalt nur eine Indifferenzkurve ein, und zwar jene, die durch E verläuft und mithin den Nutzen bezeichnet, den der Haushalt seiner Erstausstattung beimißt. Mengenkombinationen, die durch Punkte rechts der Kurve EF dargestellt werden, bedeuten für Haushalt 1 einen größeren Nutzen. Mengenkombinationen, die durch Punkte links der Kurve EG beschrieben werden, implizieren für Haushalt 2 einen höheren Nutzen. Daher repräsentiert ein Punkt innerhalb des schraffierten Bereichs, der durch die eingezeichneten Indifferenzkurven begrenzt wird, für beide Haushalte einen gegenüber ihrer Erstausstattung erhöhten Nutzen. In einem Punkt auf dem Rand des Bereichs erhöht sich der Nutzen nur eines Haushalts, während der des anderen unverändert bleibt. Durch den schraffierten Bereich werden die Tauschmöglichkeiten beschrieben, an denen die Haushalte interessiert sein können (ein Punkt auf dem Rand bedeutet, daß nur ein Haushalt einen Nutzenzuwachs erfährt, der andere aber nicht geschädigt wird).

Betrachten wir nun wieder die Preisgerade durch P und E, so stellen wir fest, daß P zwar innerhalb des schraffierten Bereichs liegt, aber keine Gleichgewichtsmengenkombination ist, die beide Haushalte gemäß ihrer Nutzenfunktion zu realisieren wünschen (vgl. Abb. III.s). Bei dem Preisverhältnis, welches die Gerade beschreibt, sowie den ihr entsprechenden Einkommen möchte nämlich Haushalt 1 den Punkt P^1, Haushalt 2 den Punkt P^2 verwirklicht sehen, weil dort die Bilanzgerade jeweils die Indifferenzkurve mit dem höchsten Nutzenindex erreicht. In dieser Situation ist die Nachfrage nach Gut 1, $\hat{v}_1^1$, kleiner als das Angebot $\hat{v}_1^2$, während die Nachfrage nach Gut 2, $\hat{v}_2^2$, größer als das Angebot $\hat{v}_2^1$ ist. Der Preisgeraden durch P und E entspricht also ein Angebotsüberschuß beim Gut 1 und ein Nachfrageüberschuß beim Gut 2. Dies führt, wenn wir das in Abschnitt A.2.d erwähnte Verhalten unterstellen, zu einer Senkung von p_1 und einer Erhöhung von p_2. Das bedeutet eine Vergrößerung des Preisverhältnisses p_2/p_1, d. h. eine Rechtsdrehung der Preisgeraden um den Punkt E.

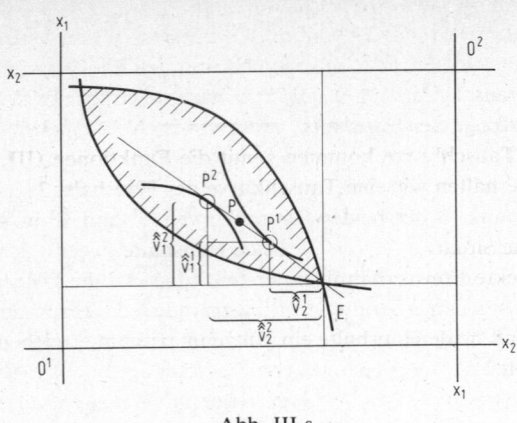

Abb. III.s

Wir wollen systematisch untersuchen, welche Mengen ein Haushalt bei alternativen gegebenen Preisverhältnissen anbietet bzw. nachfragt, und betrachten als Beispiel den Haushalt 1 (vgl. Abb. III.t). Bei den durch EH_1 bis EH_4 dargestellten Preisgeraden realisiert der als Mengenanpasser handelnde Haushalt sein jeweiliges Nutzenmaximum in den Punkten U_1 bis U_4. In jedem dieser Punkte ist die Grenzrate der Substitution $|dx_1^1/dx_2^1|$ oder das Verhältnis der Grenznutzen $f_2^{1\prime}/f_1^{1\prime}$ gleich dem Verhältnis der Preise p_2/p_1. Anders ausgedrückt: Gemäß (III.24) wird die Einkommenssumme so auf die beiden Güter aufgeteilt, daß sich die Grenznutzen des Geldes ausgleichen. Bei kontinuierlicher Variation des

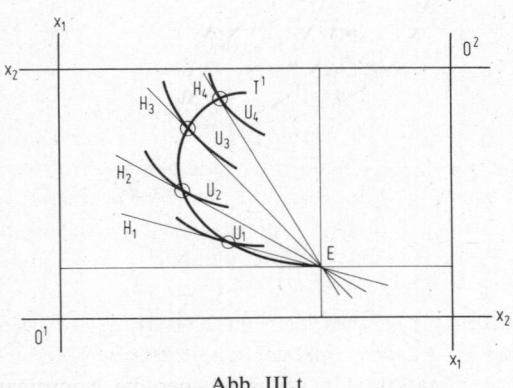

Abb. III.t

Preisverhältnisses erhalten wir als Verbindungslinie aller nutzenmaximierenden Mengenkombinationen die sogenannte *Tauschkurve* (auch *offer curve* genannt) ET^1. Ein Punkt auf dieser Kurve gibt an, wieviel Haushalt 1 bei dem durch die

Steigung der entsprechenden Preisgeraden dargestellten Preisverhältnis und dem zugeordneten, durch die Erstausstattung bestimmten Einkommen von Gut 2 gegen Gut 1 einzutauschen bereit ist. Die Tauschkurve beschreibt also zugleich Angebot und Nachfrage des Haushalts, und zwar in Abhängigkeit vom Preisverhältnis. In der Tauschkurve kommen somit die Funktionen (III.26) zum Ausdruck. Analog erhalten wir eine Tauschkurve des Haushalts 2.

Der Schnittpunkt S der beiden Tauschkurven T^1 und T^2 in Abb. III.u beschreibt nun eine Situation, in der für beide Haushalte dasselbe, durch die Gerade ES ausgedrückte Preisverhältnis unterstellt wird und die Wünsche der Haushalte konsistent sind. In S berührt die Bilanzgerade jedes Haushalts eine Indifferenzkurve, so daß beide Haushalte ein Nutzenmaximum erreichen. $v_1^{1*} = v_1^{2*}$ ist die von Haushalt 1 nachgefragte und von Haushalt 2 angebotene Menge des Gutes 1, $v_2^{1*} = v_2^{2*}$ die von Haushalt 1 angebotene und von Haushalt 2 nachgefragte Menge des Gutes 2. Der Punkt S beschreibt somit die im Konkurrenzgleichgewicht verbrauchten Mengen, die Preisgerade ES gibt das Gleichgewichtspreisverhältnis an. In S stimmen die Steigungen der Indifferenzkurven beider Haushalte mit dem Preisverhältnis überein. Demnach ist die Grenzrate der Substitution oder das Verhältnis der Grenznutzen für beide Haushalte das gleiche.

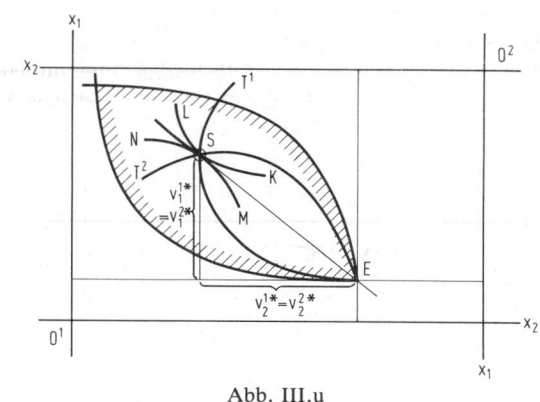

Abb. III.u

Wir haben damit für unser Beispiel die <u>Existenz eines Konkurrenzgleichgewichts</u> aufgezeigt. Es ist noch einmal daran zu erinnern, daß es keine zentrale Instanz, sondern der Marktmechanismus ist, der die Koordination der Wirtschaftspläne gewährleistet. Die Haushalte richten ihr Angebot und ihre Nachfrage allein an ihren eigenen Interessen aus. Ein Haushalt kennt nicht die Nutzenfunktion des anderen Haushalts; er besitzt Markttransparenz nur im Sinne vollständiger Preisinformation.

b. Kontraktkurve und Nutzenmöglichkeitenkurve

Das abgeleitete Konkurrenzgleichgewicht hat eine sehr wichtige Eigenschaft, nämlich die der PARETO-*Optimalität*. Eine Wirtschaft ist in einem pareto-optimalen Zustand, wenn der Nutzen keiner Wirtschaftseinheit erhöht werden kann, ohne daß sich der mindestens einer anderen vermindert. Nähern wir uns in Abb. III.u dem Punkt S auf der Indifferenzkurve des Haushaltes 1 von K aus, dann bleibt der Nutzen des Haushalts 1 konstant; der des Haushalts 2 erhöht sich dagegen dauernd, da wir fortgesetzt (nicht eingezeichnete) Indifferenzkurven dieses Haushalts mit steigendem Nutzenindex überqueren. Punkte zwischen K und S stellen mithin keine pareto-optimale Verteilung der von den beiden Gütern vorhandenen Gesamtmengen dar. Dasselbe gilt für Punkte zwischen L und S. Analog können wir bei einer Wanderung auf der Indifferenzkurve des Haushalts 2 argumentieren, die durch S verläuft: Eine Bewegung von M in Richtung S läßt den Nutzen des Haushalts 2 konstant und erhöht den des Haushalts 1 fortlaufend. Punkte zwischen M und S und ebenso solche zwischen N und S sind nicht pareto-optimal. Nur der Gleichgewichtspunkt S hat diese Eigenschaft, und zwar deshalb, weil er Tangentialpunkt der Indifferenzkurven der Haushalte 1 und 2 ist.

Nun gibt es aber unendlich viele Punkte, in denen sich je eine Indifferenzkurve der Haushalte 1 und 2 berühren und die mithin pareto-optimal sind. Das ist sofort zu erkennen, wenn wir aus der unendlichen Zahl von Indifferenzkurven der beiden Haushalte eine größere Schar von Indifferenzkurvenpaaren herausgreifen, die sich berühren, und die Tangentialpunkte zu einer Kurve verbinden. Diese Kurve wird aus Gründen, die bei der Behandlung des bilateralen Monopols klar werden, *Kontraktkurve* genannt (vgl. Abb. III.v). Eine Kontraktkurve stellt also die Gesamtheit aller pareto-optimalen Punkte des Schachteldiagramms dar. Sie endet in den beiden Ursprüngen. Ihr Verlauf hängt von den Nutzenfunktionen der Haushalte ab. Der Begriff der PARETO-Optimalität hat nichts mit einer

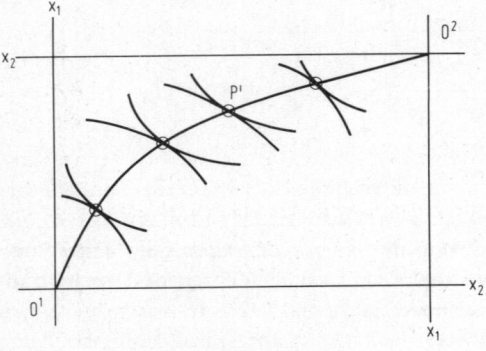

Abb. III.v

irgendwie gerechten Verteilung der Gesamtmengen auf die beiden Haushalte zu tun. Punkte auf der Kontraktkurve nahe dem Ursprung 0^1 bedeuten beispielsweise, daß Haushalt 1 relativ wenig, Haushalt 2 relativ viel von beiden Gütern erhält.

Wo immer der die Erstausstattungen bezeichnende Punkt in einem Schachteldiagramm liegt, die beiden Tauschkurven, die von diesem Punkt ausgehen, schneiden sich in einem Punkt auf der Kontraktkurve. Wir können daher feststellen, daß *jedes* denkbare *Konkurrenzgleichgewicht pareto-optimal* sein muß. Man kann umgekehrt zeigen, daß *jedes* PARETO-*Optimum* als *Konkurrenzgleichgewicht* aufgefaßt werden kann, für das die obigen Aussagen über die Grenzrate der Substitution bzw. das Verhältnis der Grenznutzen der beiden Güter gelten. Diese beiden Aussagen bezeichnet man als den *Hauptsatz der Wohlfahrtstheorie.* Zu jedem Punkt auf der Kontraktkurve gibt es nämlich Erstausstattungen, von denen aus über den oben beschriebenen Konkurrenzmechanismus dieser Punkt als Konkurrenzgleichgewicht realisiert wird. Durch geeignete Umverteilung der ursprünglich vorhandenen Erstausstattungen mittels Besteuerung bzw. Subventionierung der Haushalte ist prinzipiell eine geänderte Erstausstattung der einzelnen Haushalte erreichbar, von der aus ein von vornherein gewünschter Punkt auf der Kontraktkurve als Konkurrenzgleichgewicht angesteuert wird. Wollen wir eine Aussage über das Konkurrenzgleichgewicht machen, die unabhängig von der Verteilung der Erstausstattungen auf beide Haushalte ist, dann haben wir die Gesamtheit aller denkbaren Konkurrenzgleichgewichte, also alle Punkte auf der Kontraktkurve, in die Überlegungen einzubeziehen.

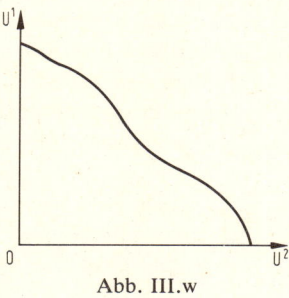

Abb. III.w

Die Gesamtheit der pareto-optimalen Punkte können wir auch in einem Diagramm darstellen, an dessen Achsen der Nutzen der beiden Haushalte, U^1 und U^2, gemessen wird (vgl. Abb. III.w). Jeder Indifferenzkurve eines Haushalts ist nach der Nutzenfunktion eine Nutzenzahl zugeordnet. Jeder Punkt auf der Kontraktkurve als Tangentialpunkt zweier Indifferenzkurven wird somit durch eine Kombination zweier Nutzenzahlen beschrieben, die wir im Nutzendiagramm abtragen können. Wandern wir auf der Kontraktkurve von 0^2 aus nach 0^1, so nimmt U^2 vom Wert 0 aus fortlaufend zu, während U^1 dauernd fällt und schließlich auf den Wert 0 absinkt. Dieser Wanderung entspricht im Nutzendiagramm eine Bewegung von einem positiven Wert auf der Ordinate zu einem positiven Wert auf der Abszisse. Die Kurve, die dabei entsteht, heißt *Nutzenmöglichkeitenkurve.* Die Kontraktkurve beschreibt die denkbaren pareto-optimalen, durch Konkurrenzgleichgewichte realisierbaren Verteilungen der gesamten Erstausstattungsmengen auf die beiden Haushalte; die Nutzenmöglichkeitenkurve bezeichnet die diesen Verteilungen zugeordneten Nutzenkombinationen. Die Nutzenmöglichkeitenkurve muß negative Steigung haben, weil der Nutzenzunahme des einen Haushalts stets eine Nutzenabnahme des anderen zugeordnet ist. Da die ordinale Nutzenfunktion eines Haushalts nur bis auf eine monotone Transformation bestimmt ist, liegt auch der im Nutzendiagramm an den Achsen verwendete Maßstab nicht fest. Verwenden wir z. B. für Haushalt 1 eine monotone Transformation der bisherigen Nutzenfunktion, dann ändert sich der Maßstab an der Ordinate und damit auch die Nutzenmöglichkeitenkurve. Die Lage dieser Kurve ist folglich nicht eindeutig bestimmt. Je nach dem für jeweils einen Haushalt zugrundegelegten Nutzenmaßstab verläuft sie steiler oder flacher. Stets bleibt jedoch die Steigung der Kurve negativ. Aussagen über die Krümmung und die Ordinatenschnittpunkte der Nutzenmöglichkeitenkurve können wir nicht machen.

c. Die gesellschaftliche Wohlfahrtsfunktion

Unsere bisherigen Überlegungen zeigen, daß sich ein totales Konkurrenzgleichgewicht durch die Eigenschaft der PARETO-Optimalität auszeichnet, daß es aber unendlich viele solcher Konkurrenzgleichgewichte gibt, von denen prinzipiell jedes durch entsprechende Verteilung bzw. Umverteilung der insgesamt verfügbaren Erstausstattungen auf die Haushalte erreichbar ist. Damit erweist sich, daß die Theorie der vollständigen Konkurrenz das *Verteilungsproblem ungelöst* läßt. Selbst wenn wir von der kardinalen Nutzenkonzeption ausgehen, können wir nicht angeben, welche von zwei beliebigen Verteilungen der Erstausstattungen günstiger ist, weil nicht feststeht, welches der Konkurrenzgleichgewichte bzw. welcher der Punkte auf der nun eindeutig bestimmten Nutzenmöglichkeitenkurve, die von diesen Erstausstattungen aus erreichbar sind, den Vorzug verdient. Um das Verteilungsproblem lösbar zu machen, benötigen wir einen ganz neuen Baustein: eine gesamtwirtschaftliche Nutzenfunktion oder gesellschaftliche *Wohlfahrtsfunktion.* Diese Funktion ordnet jeder Kombination von individuellen Nutzen der Haushalte 1, ..., m einen gesamtwirtschaftlichen Nutzen zu. Im hier unterstellten Fall zweier Haushalte lautet die Funktion

$$U = U(U^1, U^2). \tag{III.36}$$

Diese Nutzenfunktion habe ähnliche Eigenschaften wie die für den einzelnen Haushalt, wobei hier anstelle der Verbrauchsmengen x_1 und x_2 die Nutzen U^1

und U^2 stehen. Im Nutzendiagramm läßt sich die Funktion in der Form gesamtwirtschaftlicher Indifferenzkurven darstellen, die konvex zum Ursprung seien. Punkte auf einer Indifferenzkurve repräsentieren Nutzenkombinationen, die vom gesamtwirtschaftlichen Standpunkt aus als gleich gut anzusehen sind. Je weiter eine Indifferenzkurve vom Ursprung entfernt ist, desto höher der gesamtwirtschaftliche Nutzen, den sie darstellt (vgl. Abb. III.x).

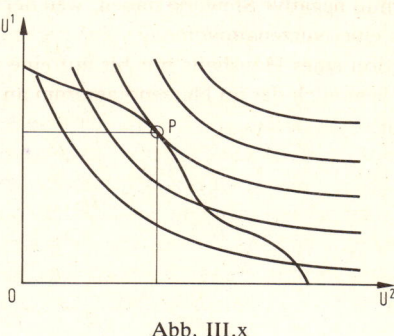

Abb. III.x

Wandern wir entlang der Nutzenmöglichkeitenkurve von links oben nach rechts unten, so überqueren wir bis P fortgesetzt gesamtwirtschaftliche Indifferenzkurven mit steigendem Nutzenindex, während von P ab der Nutzen wieder abnimmt. In P ist der maximale gesamtwirtschaftliche Nutzen verwirklicht, der sich mit den gegebenen Gesamtmengen an Erstausstattungen erreichen läßt. P bezeichnet ein *gesamtwirtschaftliches Wohlfahrtsmaximum*, dem im Schachteldiagramm Abb. III.v der Punkt P' auf der Kontraktkurve entspricht. Durch Maximierung der gesellschaftlichen Wohlfahrtsfunktion (III.36) unter der Nebenbedingung, daß ein Punkt auf der Nutzenmöglichkeitenkurve gewählt wird, sind wir in der Lage, aus der unendlichen Zahl denkbarer Konkurrenzgleichgewichte ein i. S. dieser Wohlfahrtsfunktion „bestes" Konkurrenzgleichgewicht auszusondern.

Das gesamtwirtschaftliche Wohlfahrtsmaximum ist über den Konkurrenzmechanismus prinzipiell realisierbar, wenn der die Erstausstattungen der beiden Haushalte bezeichnende Punkt eine solche Lage hat, daß die von ihm ausgehenden Tauschkurven sich in P' schneiden. Es gibt i.d.R. nicht nur einen Punkt, der diese Forderung erfüllt, sondern unendlich viele solcher Punkte. Diese liegen auf einer Geraden, deren Steigung gleich der Steigung der sich in P' berührenden Indifferenzkurven der beiden Haushalte ist. Kennzeichnet etwa Punkt E die anfangs vorgegebenen Erstausstattungen, von denen aus sich das Konkurrenzgleichgewicht S einstellen würde, dann wäre eine Umverteilung von E beispielsweise nach F oder G herbeizuführen, damit das dem gesamtwirtschaftli-

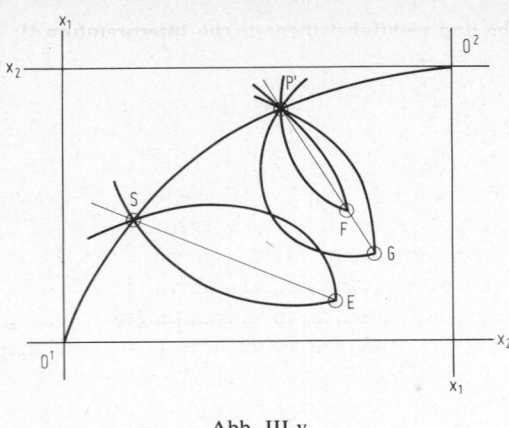

Abb. III.y

chen Maximum entsprechende Konkurrenzgleichgewicht P′ erreicht wird (vgl. Abb. III.y).

Die Annahme, daß eine gesellschaftliche Wohlfahrtsfunktion existiert, und noch dazu eine solche mit den Eigenschaften einer individuellen Nutzenfunktion, ist allerdings äußerst fragwürdig. Es ergeben sich hier ähnliche Probleme wie bei dem Versuch, Indifferenzkurven für einen Mehr-Personen-Haushalt abzuleiten (vgl. Kap. I.B.5.b). Wird ein Land von einem Diktator regiert, dann mögen dessen Vorstellungen über die Funktion (III.36) maßgebend sein. Unproblematisch wäre die Annahme außerdem, wenn die Haushalte völlig gleiche Vorstellungen über die gesamtwirtschaftliche Nutzenfunktion hätten. Davon ist jedoch keineswegs auszugehen. Es ist vielmehr anzunehmen, daß ein Haushalt in seiner Vorstellung über die Funktion (III.36) seinen eigenen Nutzen vergleichsweise stark gewichtet. Soll jeder Haushalt verschiedene Nutzenkombinationen (U^1, U^2) in eine Rangordnung bringen, dann werden die Haushalte i.d.R. zu unterschiedlichen Rangordnungen gelangen. Demokratische Mehrheitsentscheidungen über die gesamtwirtschaftliche Rangordnung können dann zum CONDORCETschen Abstimmungsparadox führen, nach dem auch bei Transitivität der individuellen Ordnungen die gesamtwirtschaftliche Präferenzordnung intransitiv ist. Es mangelt also bereits an der Transitivität, der eine durch (III.36) dargestellte gesamtwirtschaftliche Präferenzordnung genügen müßte. Im Modell der vollständigen Konkurrenz bleibt daher das Problem, nach welchen Kriterien die Verteilung der Erstausstattungen auf die Haushalte im Hinblick auf die daraus über den Konkurrenzmechanismus resultierende Nutzenverteilung erfolgen soll, letztlich doch ungelöst.

4. Geometrische und wohlfahrtstheoretische Interpretation II: Einbeziehung der Produktion

Die zweite Version des Modells, die wir geometrisch darstellen wollen, unterscheidet sich von der ersten dadurch, daß wir auch die Produktion berücksichtigen. Nach wie vor gebe es nur zwei Haushalte (k = 1, 2). Diese verfügen über Erstausstattungen mit den Gütern 1 und 2, die nur als Faktoren in der Produktion eingesetzt werden können. Uns interessieren zunächst nur die der betrachteten Volkswirtschaft verfügbaren Gesamtmengen dieser Güter; die Frage ihrer Verteilung auf die beiden Haushalte lassen wir vorerst offen. Da sie nicht anderweitig verwendbar sind, werden die Erstausstattungen unabhängig von der Höhe der Preise den Unternehmungen angeboten. Es gibt zwei Unternehmungen, die beide die Güter 1 und 2 nachfragen. Die eine Unternehmung produziert daraus das Gut 3 in der Menge y_3, die andere das Gut 4 in der Menge y_4 (auf den hochgestellten Index zur Bezeichnung der Unternehmung kann hier verzichtet werden, da es in der Produktion jedes Gutes nur eine Unternehmung gibt). Die Güter 3 und 4 fragen die Haushalte zu Konsumzwecken nach. Obgleich es an einem Markt jeweils nur einen bzw. zwei Anbieter und zwei Nachfrager gibt, sollen sich diese als Mengenanpasser verhalten. Aufgrund dieser Voraussetzungen lassen sich die Gleichungen des Modells für die vier Gütermärkte leicht aufstellen. Die einzige Besonderheit besteht darin, daß (III.26) für die Güter 1 und 2 keine Abhängigkeit des Angebots von den Preisverhältnissen vorsieht. Das Angebot ist vielmehr fix; es wird (bei substitutionalen Produktionsfunktionen) restlos in der Produktion eingesetzt, es gibt keine Nichtbeschäftigung oder Unterbeschäftigung von Faktoren.

a. Schachteldiagramm und Tauschkurven für die als Faktoren verwendeten Güter

Wir beginnen mit der Darstellung des Produktionsgleichgewichts. Die Gesamtmengen der als Faktoren verwendeten Güter 1 und 2 geben uns die Seitenlängen des Schachteldiagramms in Abb. III.z. Jeder Punkt innerhalb oder auf dem Rand des Schachteldiagramms kennzeichnet eine mögliche Verteilung der gesamtwirtschaftlichen Erstausstattungen auf die beiden Haushalte. Beispielsweise stellt E eine Verteilung dar, bei der Haushalt 1 mit den Mengen $\bar{x}_1^1$, $\bar{x}_2^1$, Haushalt 2 mit den Mengen $\bar{x}_1^2$, $\bar{x}_2^2$ ausgestattet ist.

In dem Diagramm lassen sich die mit diesen Faktormengen produzierbaren Mengen der Güter 3 und 4 darstellen. Zu diesem Zweck fassen wir 0^3 als Ursprung des Isoquantendiagramms für Gut 3 und 0^4 als Ursprung des Isoquantendiagramms für Gut 4 auf. Die Isoquanten, die konvex zum jeweiligen Ursprung verlaufen, beschreiben die Produktionsfunktionen für die beiden Güter, die ja gegeben sind. Jeder Punkt innerhalb des Schachteldiagramms oder auf seinem Rand repräsentiert nun auch eine bestimmte Verteilung der vorhandenen Fak-

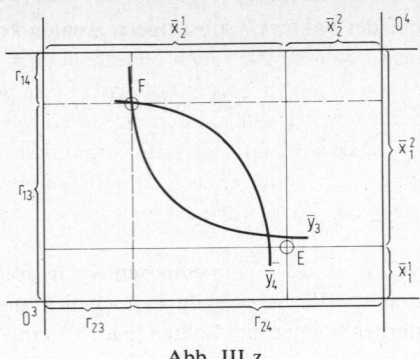

Abb. III.z

tormengen auf die Produktion der Güter 3 und 4. Mit der durch F beschriebenen Verteilung erhält man die Produktionsmengen $\bar{y}_3$, $\bar{y}_4$, die den in F sich schneidenden Isoquanten entsprechen. Soll F die Minimalkostenkombination für $\bar{y}_3$ sein, dann muß die absolute Steigung der betreffenden Isoquante in F gleich dem Verhältnis der Faktorpreise p_2/p_1 sein. Dasselbe gilt bezüglich der Minimalkostenkombination für $\bar{y}_4$. Da die Faktorpreise für beide Produktionen dieselben sein müssen, die Steigungen der Isoquanten in F aber voneinander abweichen, kann die Verteilung F nicht für die Produktion beider Güter eine Minimalkostenkombination sein. Gehen wir von F aus und unterstellen alternative, durch

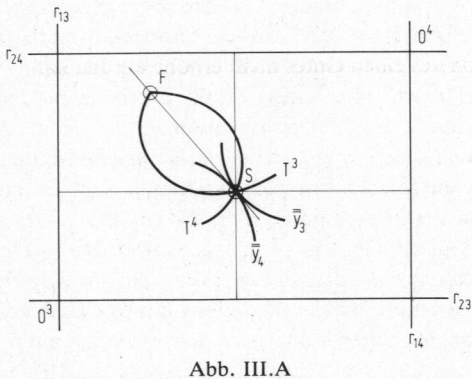

Abb. III.A

Faktorpreisgeraden ausgedrückte Faktorpreisverhältnisse, an die sich die das Gut 3 produzierende Unternehmung mit den Faktoreinsatzmengen anpaßt, dann erhalten wir durch Verbindung der Tangentialpunkte von Preisgeraden und Isoquanten eine in Abb. III.A dargestellte Tauschkurve T^3, die angibt, in welcher Weise die Unternehmung bei den alternativen Preisverhältnissen Mengen des

Faktors 1 gegen solche des Faktors 2 substituiert. Analog konstruieren wir eine Tauschkurve T^4 der das Gut 4 herstellenden Unternehmung.

Der Schnittpunkt S der beiden Tauschkurven beschreibt eine Situation, in der für beide Unternehmungen dasselbe durch die Gerade FS ausgedrückte Faktorpreisverhältnis unterstellt wird und die Substitutionswünsche der Unternehmungen konsistent sind. In S berühren sich die Isoquanten für die Mengen $\bar{\bar{y}}_3$ und $\bar{\bar{y}}_4$, und die Steigung der Preisgeraden stimmt mit der der Isoquanten überein.

Beim Übergang von F nach S argumentierten wir in völliger Analogie zum Fall des „reinen Tausches". Wir bezogen dabei noch nicht die Situation auf dem Absatzmarkt der Unternehmungen ein. Sollten jedoch $\bar{\bar{y}}_3$ und $\bar{\bar{y}}_4$ die gewinnmaximierenden Absatzmengen sein, dann sind die gewinnmaximierenden Faktoreinsatzmengen die durch S beschriebenen, und das zugehörige Faktorpreisverhältnis entspricht der Steigung der Preisgeraden durch S. Der Punkt S kann daher als ein *Konkurrenzgleichgewicht auf dem Faktormarkt* aufgefaßt werden. In diesem Konkurrenzgleichgewicht gelten für die Produktion jedes einzelnen der Güter 3 oder 4 die Eigenschaften einer Minimalkostenkombination: (a) die Grenzproduktivitäten der Faktoren verhalten sich zueinander wie die Faktorpreise; (b) der Grenzertrag des Geldes ist für jeden Faktor gleich; (c) die Faktorgrenzkosten sind für jeden Faktor gleich.

b. Kontraktkurve und Produktionsmöglichkeitenkurve

Das durch den Punkt S dargestellte Konkurrenzgleichgewicht auf dem Faktormarkt besitzt die Eigenschaft der PARETO-*Optimalität,* und zwar in dem Sinne, daß die Produktion des einen Gutes nicht erhöht werden kann, ohne daß die des anderen vermindert wird. Jeder andere Punkt als der Tangentialpunkt S auf den Isoquanten für $\bar{\bar{y}}_3$ und $\bar{\bar{y}}_4$ ist nicht pareto-optimal.

Es gibt unendlich viele Punkte, in denen sich je eine Isoquante für die Güter 3 und 4 berühren, die folglich eine pareto-optimale Produktionsmengenkombination kennzeichnen. Die Verbindungslinie dieser Tangentialpunkte wird wegen der Analogie zur Verbindungslinie der Tangentialpunkte von Indifferenzkurven wieder als Kontraktkurve bezeichnet (vgl. Abb. III.B.1). Gleichgültig, wo der F entsprechende Ausgangspunkt der Verteilung der vorhandenen Faktormengen auf die Produktion der Güter 3 und 4 im Schachteldiagramm liegt, die beiden von diesem Punkt ausgehenden Tauschkurven schneiden sich in einem Punkt auf der Kontraktkurve.

Jedes denkbare *Konkurrenzgleichgewicht* auf dem Faktormarkt muß daher *pareto-optimal* sein. Umgekehrt kann *jedes* PARETO-*Optimum* auf dem Faktormarkt als ein *Konkurrenzgleichgewicht* aufgefaßt werden. Wollen wir unabhängig vom Ausgangspunkt der Faktormengenverteilung auf die Produktion der beiden Güter argumentieren, dann haben wir sämtliche denkbaren Konkurrenzgleichgewichte, d. h. alle Punkte auf der Kontraktkurve, in die Analyse einzubeziehen.

Die Gesamtheit der pareto-optimalen Punkte läßt sich auch in einem Diagramm der Produktionsmengen y_3 und y_4 darstellen (vgl. Abb. III.B.2). Jedem Punkt auf der Kontraktkurve als Tangentialpunkt zweier Isoquanten entspricht eine Kombination zweier Produktionsmengen, die wir im Produktionsmengen-

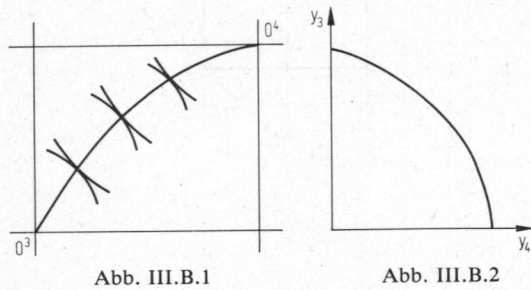

Abb. III.B.1   Abb. III.B.2

diagramm abtragen können. Wandern wir auf der Kontraktkurve von 0^4 nach 0^3, so nimmt y_4 vom Wert 0 aus dauernd zu, während y_3 abnimmt und schließlich den Wert 0 erreicht. Im Produktionsmengendiagramm entspricht dieser Wanderung eine Bewegung von einem Punkt auf der Ordinate zu einem Punkt auf der Abszisse. Die dabei entstehende Kurve ist die bereits in Kap. 0.B.4 eingeführte *Produktionsmöglichkeitenkurve* oder *Produktionstransformationskurve*. Die Kontraktkurve stellt alle denkbaren, durch Konkurrenzgleichgewicht realisierbaren Verteilungen der gegebenen gesamten Faktorausstattung auf die Produktion der Güter 3 und 4 dar; die Transformationskurve beschreibt die diesen Verteilungen zugeordneten Produktionsmengenkombinationen. Da einer Produktionszunahme des einen stets eine Produktionsabnahme des anderen Gutes zugeordnet ist, verläuft die Transformationskurve monoton fallend.

Wenn der Nutzen ordinal gemessen wird, ist bei der Nutzenmöglichkeitskurve eine weitergehende Aussage als die, daß sie negative Steigung hat, nicht möglich. Da die Produktionsmengen kardinal meßbar sind, können aufgrund der Eigenschaften der für die Güter 3 und 4 unterstellten Produktionsfunktionen in einer Reihe von Fällen Aussagen über die Krümmung der Transformationskurve gemacht werden. Zu diesem Zweck stellen wir an drei Beispielen eine Methode dar, nach der man die Transformationskurve geometrisch aus dem Schachteldiagramm ableiten kann. Im *ersten Beispiel* seien die (substitutionalen) Produktionsfunktionen für *beide Güter linear-homogen*. Die Isoquanten einer solchen Funktion werden von einem beliebigen Strahl aus dem Ursprung in Punkten geschnitten, in denen die Isoquanten gleiche Steigung haben, und die Isoquanten für konstante Produktionsmengendifferenzen haben entlang dem

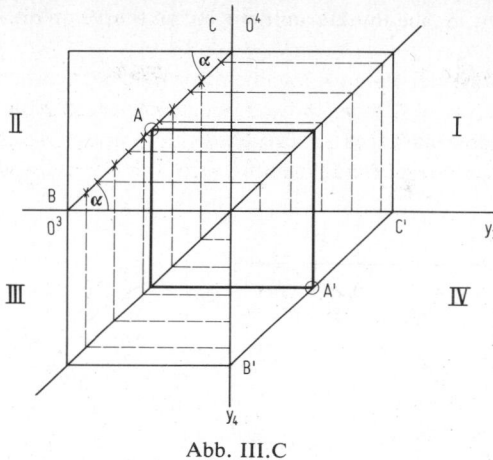

Abb. III.C

Strahl jeweils gleichen Abstand (vgl. Kap. II.B.4). Wir betrachten zunächst einen Spezialfall, der durch Abb. III.C erläutert wird. Im Schachteldiagramm des Quadranten II ist angenommen, daß die Isoquanten der beiden Produktionsfunktionen in ihren Schnittpunkten mit der Geraden $0^3 0^4$ im Schachteldiagramm die gleiche Steigung aufweisen, daß sich also jeweils zwei Isoquanten dort berühren. Daher ist die *Gerade* $0^3 0^4$ mit der *Kontraktkurve* identisch. Da die Isoquantensteigung in jedem Punkt der Kontraktkurve dieselbe ist, gilt unabhängig davon, welches Konkurrenzgleichgewicht auf dem Faktormarkt verwirklicht wird, das gleiche Faktorpreisverhältnis. Es lohnt sich, in beiden Produktionen die gleiche *Faktorintensität* zu wählen, die hier durch das Verhältnis „Einsatzmenge Faktor 1 : Einsatzmenge Faktor 2", also jeweils $\tan \alpha$, dargestellt wird.

Um nun die einzelnen Outputkombinationen, die jeweils den Faktorkombinationen auf der Kontraktkurve im II. Quadranten zugeordnet sind, in den IV. Quadranten zu übertragen, verwenden wir die in Kap. II diskutierten *Ertragskurven bei totaler Faktorvariation* bzw. die *Niveauproduktionsfunktion* (II.25a). Für Gut 4 lautet die Produktionsfunktion

$$y_4 = g_4(r_{14}, r_{24}). \tag{III.37}$$

Ist diese Funktion linear-homogen, dann können wir statt (III.37) auch schreiben

$$y_4 = r_{24} \cdot g_4 \left(\frac{r_{14}}{r_{24}}, 1 \right). \tag{III.38}$$

Da das Faktoreinsatzmengenverhältnis unabhängig von der Höhe des Outputs gleich $\tan \alpha$ und damit konstant ist, erhalten wir somit den Output y_4 als lineare

Funktion des Einsatzes von Gut 2 in dieser Produktion. Diese lineare Ertrags-funktion ist im III. Quadranten abgebildet. Für jede Faktorverbrauchsmenge r_{24}, die vom Ursprung aus auf der negativen Abszisse abgelesen wird, können wir nun mit Hilfe dieser Ertragskurve die zugeordnete Gütermenge y_4 auf der ne-gativen Ordinate ablesen.

Ist auch die Produktionsfunktion für Gut 3

$$y_3 = g_3(r_{13}, r_{23}) \tag{III.39}$$

linear-homogen, gilt also

$$y_3 = r_{13} \cdot g_3\left(1, \frac{r_{23}}{r_{13}}\right), \tag{III.40}$$

so erhalten wir wegen des konstanten Faktoreinsatzmengenverhältnisses von tan α auch für die Produktion dieses Gutes eine lineare Abhängigkeit des Outputs y_3 vom Einsatz des Gutes 1 in dieser Produktion, die im I. Quadranten abgebildet ist. Jeder Faktorverbrauchsmenge r_{13}, die vom Ursprung aus auf der positiven Ordinate abzulesen ist, kann also genau eine Gütermenge y_3 zugeordnet werden, die wir auf der positiven Abszisse abtragen. Wird dieses Verfahren gleichzeitig für beide Gütermengen y_3 und y_4 vollzogen, so erhalten wir die einem beliebigen Punkt auf der Kontraktkurve zugeordneten Produktionsmengen im Quadranten IV. Die der Faktorverteilung A zugeordnete Produktionsmengenkombination ist A'. Bei der Verteilung B (C) werden alle Faktoren in der Produktion des Gu-tes 4 (3) eingesetzt; die zugeordnete Spezialisierungsmenge ist B' (C'). Da die Kontraktkurve eine Gerade ist und die Skalen auf ihr konstant sind, muß die *Produktionstransformationskurve* ebenfalls eine *Gerade* sein (vgl. Abb. III.C).

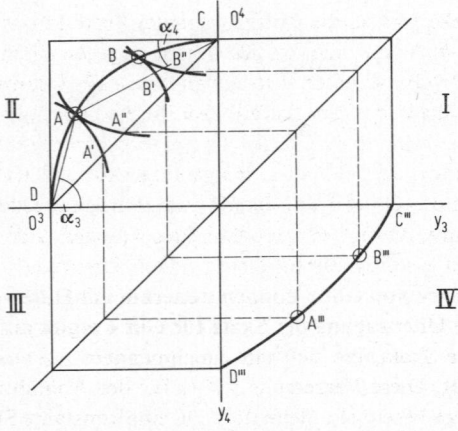

Abb. III.D

Wir untersuchen nun den Fall, daß die Berührungspunkte der den linear-homogenen Produktionsfunktionen zugeordneten Isoquanten im Schachteldiagramm nicht auf der Geraden $0^3 0^4$ liegen, die *Kontraktkurve* vielmehr *gekrümmt* verläuft (vgl. Abb. III.D). Die Isoquantensteigung, und damit das einem Konkurrenzgleichgewicht entsprechende Faktorpreisverhältnis, ändert sich entlang der Kontraktkurve. Die Faktorintensität in der Produktion des Gutes 3 wird anders gewählt als in der Produktion des Gutes 4; sie hängt auch davon ab, welcher Punkt auf der Kontraktkurve realisiert wird. Wird z. B. Punkt A gewählt, dann ist die Faktorintensität für Gut 3 gleich $\tan \alpha_3$, für Gut 4 gleich $\tan \alpha_4$. Die Skalen der Produktionsmengen auf der Kontraktkurve sind jetzt nicht mehr konstant, weiterhin aber die auf der Geraden $0^3 0^4$. Wir übertragen daher die den verschiedenen Punkten auf der Kontraktkurve entsprechenden Produktionsmengenkombinationen zunächst auf diese Gerade. Dem Punkt A auf der Kontraktkurve sind Produktionsmengen zugeordnet, die durch die in A sich berührenden Isoquanten dargestellt werden. Auf der Geraden erhalten wir somit die Punkte A' und A''. Dem Punkt B sind analog die Punkte B' und B'' zugeordnet. C und D liegen sowohl auf der Kontraktkurve als auch auf der Geraden. Die konstanten Skalen der Geraden werden nach dem oben beschriebenen Verfahren auf die Achsen des Quadranten IV übertragen. Den Kontraktkurvenpunkten A, B, C, D entsprechen in diesem Quadranten die Punkte A''', B''', C''', D'''. Die *Produktionstransformationskurve,* die sich durch Übertragung sämtlicher Punkte der Kontraktkurve ergibt, ist *konkav* zum Ursprung. Die Krümmung kommt dadurch zustande, daß statt eines Punktes jetzt jeweils zwei Punkte wie A' und A'' oder B' und B'' von der Geraden $0^3 0^4$ aus im Quadranten IV abzubilden sind. – Der konkave Transformationskurvenverlauf gilt auch dann, wenn die Kontraktkurve nicht nach oben, sondern nach unten von der Geraden $0^3 0^4$ abweicht.

Im *zweiten Beispiel* sei die (substitutionale) Produktionsfunktion für *Gut 3* weiterhin *linear-homogen,* die für *Gut 4* habe dagegen einen Homogenitätsgrad kleiner als 1. Für Gut 4 gelten also *abnehmende Skalenerträge.* Auch hier betrachten wir zunächst den Spezialfall, daß die *Kontraktkurve* mit der *Geraden* $0^3 0^4$ identisch ist, mithin stets das gleiche Faktorpreisverhältnis herrscht und immer dieselbe Faktorintensität gewählt wird (vgl. Abb. III.E). Die Skala für Produktionsmengen des Gutes 3 auf der Kontraktkurve (angedeutet durch Striche) ist wieder konstant, die für Mengen des Gutes 4 (angedeutet durch Kreuze) zieht sich dagegen mit wachsender Entfernung vom Ursprung 0^4 auseinander. Die Produktionsmengen von Gut 3 können weiterhin mit Hilfe von (III.40) übertragen werden. Die Übertragung der Skala für Gut 4 ergibt auf der negativen Abszissenachse eine Skala, die sich mit zunehmendem Abstand vom Ursprung 0 auseinander zieht. Diese Verzerrung gilt es bei der Abbildung auf die negative Ordinatenachse zu beseitigen, denn dort soll eine konstante Skala entstehen. Wir erreichen das durch Konstruktion einer *Skalentransformationskurve* im

Quadranten III, die konkav zur negativen Abszisse verläuft. Wegen der Homogenität der Produktionsfunktion für Gut 4 erhalten wir nämlich aus (III.37):

$$y_4 = r_{24}^{r_4} \cdot g_4 \left(\frac{r_{14}}{r_{24}}, 1 \right). \tag{III.41}$$

Hierbei ist r_4 der Homogenitätsgrad der Funktion g_4, der annahmegemäß kleiner als eins sein soll, so daß der im Quadranten III eingezeichnete Kurvenverlauf resultiert. Auch hier ergibt sich eine zum Ursprung *konkave Produktionstransfor-*

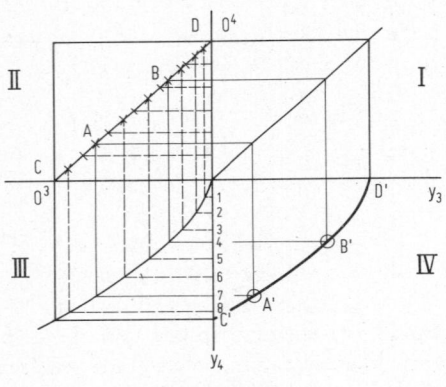

Abb. III.E

mationskurve. Ihre Krümmung ist diesmal auf die Krümmung der Skalentransformationskurve und damit auf die abnehmenden Skalenerträge in der Produktion des Gutes 4 zurückzuführen.

In dem allgemeineren Fall, daß die *Kontraktkurve gekrümmt* verläuft, mithin Faktorpreisverhältnis und Faktorintensität entlang dieser Kurve variieren, gehen wir ähnlich vor wie im ersten Beispiel (vgl. Abb. III.F): Den Punkten A und B auf der Kontraktkurve sind die Punktepaare A'A'' bzw. B'B'' auf der Geraden $0^3 0^4$ zugeordnet. Auf der Geraden gilt wieder für Gut 3 eine konstante, für Gut 4 eine verzerrte Skala. Die Skala für Gut 3 übertragen wir mittels einer Geraden, die für Gut 4 mittels einer gekrümmten Skalentransformationskurve auf die Achsen des Quadranten IV. Die *Produktionstransformationskurve* verläuft wieder *konkav* zum Ursprung, und zwar erstens wegen der abnehmenden Skalenerträge in der Produktion des Gutes 4, zweitens wegen des Abweichens der Kontraktkurve von der Geraden $0^3 0^4$.

Mit Hilfe der dargestellten Methode lassen sich leicht andere Fälle als die bisher diskutierten Beispiele untersuchen. Es ist unmittelbar einzusehen, daß die Produktionstransformationskurve erst recht konkav verläuft, wenn auch in der

Produktion des Gutes 3 abnehmende Skalenerträge vorliegen. In diesem Fall hätten wir im I. Quadranten anstelle einer Geraden ebenfalls eine von links nach rechts zunehmend steiler verlaufende Skalentransformationskurve zu benutzen. Die Produktionstransformationskurve muß bei einer Kontraktkurve in Form

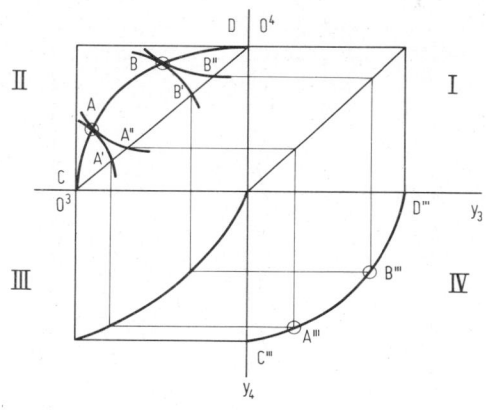

Abb. III.F

einer Geraden hingegen *konvex* zum Ursprung sein, wenn für eine der beiden Produktionsfunktionen konstante, für die andere *zunehmende Skalenerträge* gelten, denn dann hätten wir neben einer Geraden eine zum II. Quadranten konvex verlaufende Skalentransformationskurve zu verwenden. Eine zum Ursprung konvexe Produktionstransformationskurve folgt erst recht, wenn auch für das andere Gut zunehmende Skalenerträge vorliegen. Verläuft die Kontraktkurve gekrümmt, so kann die auf Konvexität der Transformationskurve gerichtete Wirkung zunehmender Skalenerträge durch die auf Konkavität der Transformationskurve gerichtete Wirkung der Kontraktkurvenkrümmung teilweise, ganz oder mehr als ganz aufgehoben werden. – Gelten für die Produktion des einen Gutes zunehmende, für die des anderen abnehmende Skalenerträge, so ergibt sich, auch unter Berücksichtigung der Wirkung einer gekrümmten Kontraktkurve, in der Regel eine Transformationskurve, die weder konkav noch konvex ist, sondern mit teils zunehmender, teils abnehmender Steigung verläuft.

Als letztes Beispiel erläutern wir schließlich noch den Fall, daß die beiden Produktionsfunktionen *linear-limitational* sind. Liegt der Spezialfall eines gleichen Faktoreinsatzmengenverhältnisses bzw. gleicher Faktorintensität in der Produktion beider Güter vor, so trifft wieder Abb. III.C zu. Bei ungleicher Faktorintensität läßt sich anhand von Abb. III.G argumentieren. Während in den bisher betrachteten Fällen die Menge der pareto-optimalen Faktormengenverteilungen auf einer Kontraktkurve lagen, sind nun alle Punkte innerhalb und auf

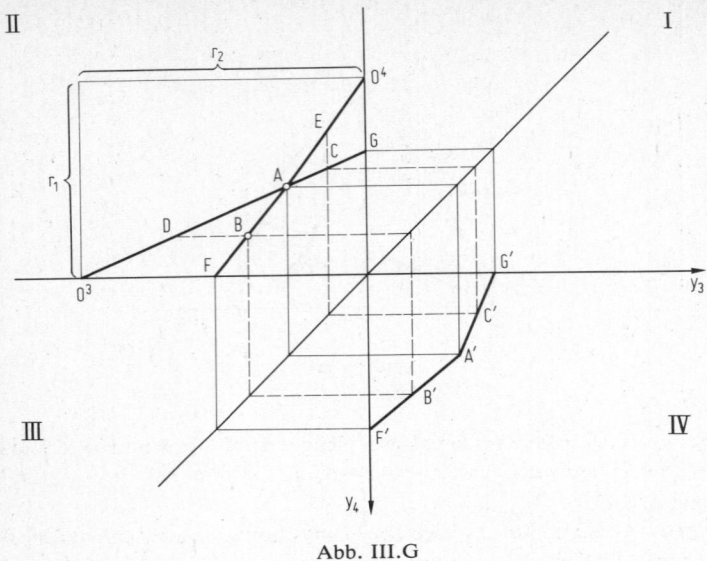

Abb. III.G

dem Rand der Dreiecke 0^3FA und 0^4GA als pareto-optimal anzusehen, so daß man in diesem Zusammenhang von „Kontraktgebieten" sprechen könnte. G bzw. G' bezeichnen die Situation, in der nichts von Gut 4 und soviel als möglich von Gut 3 hergestellt wird; von Gut 1 bleibt hier die Menge $G0^4$ ungenutzt. F bzw. F' ist die entsprechende Situation einer Spezialisierung auf Gut 4; hier bleibt die Menge $F0^3$ von Gut 2 unbeschäftigt. Nur A bzw. A' kennzeichnen eine Situation mit voller Nutzung oder Vollbeschäftigung der als Faktoren verwendeten Güter 1 und 2. Jeder Punkt zwischen G' und A' (z. B. C') impliziert Unterbeschäftigung des Faktors 1 (z. B. EC), jeder Punkt zwischen F' und A' (z. B. B') bedeutet Unterbeschäftigung des Faktors 2 (z. B. DB). Die Produktionsmöglichkeitenkurve besteht hier aus zwei linearen Teilstücken; nur deren Schnittpunkt A' repräsentiert volle Faktornutzung.

c. Produktionsmöglichkeitenkurve und Nutzenmöglichkeitenkurve

Im folgenden unterstellen wir eine zum Ursprung konkave Produktionsmöglichkeitenkurve, die aus einer gekrümmten Kontraktkurve resultiert, mithin etwa den Abb. III.D oder III.F entspricht. Jeder Punkt auf der Produktionsmöglichkeitenkurve stellt ein denkbares Produktionsgleichgewicht dar, das über den Konkurrenzmechanismus auf dem Faktormarkt prinzipiell realisierbar ist. Wir

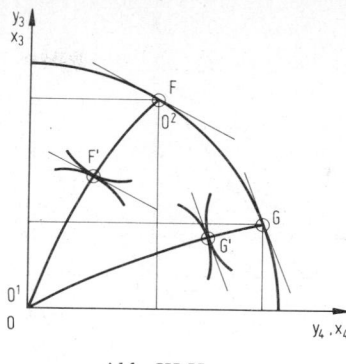

Abb. III.H

beziehen nun auch die Haushalte als Nachfrager der Güter 3 und 4 ein und greifen dabei auf Überlegungen im Zusammenhang mit dem Fall des „reinen Tausches" zurück.

Nehmen wir einmal an, es solle die Produktionsmengenkombination F der Güter 3 und 4 in Abb. III.H hergestellt werden, der ein ganz bestimmtes Konkurrenzgleichgewicht auf den Faktormärkten, d. h. den Märkten der Güter 1 und 2, zugeordnet ist. Entspricht dieser Produktionsmengenkombination, die ja für den Verbrauch vorgesehen ist, auch ein ganz bestimmtes Konkurrenzgleichgewicht auf den Verbrauchsgütermärkten, d. h. den Märkten der Güter 3 und 4? Die Koordinaten des Punktes F können wir als die Seiten eines Schachteldiagramms für die insgesamt verfügbaren Verbrauchsmengen auffassen. Wir betrachten also den Ursprung 0 zugleich als den Ursprung 0^1 des Verbrauchsmengendiagramms für Haushalt 1, F zugleich als Ursprung 0^2 des Verbrauchsmengendiagramms für Haushalt 2. In jedem Punkt der eingezeichneten Kontraktkurve berühren sich jeweils eine Indifferenzkurve des Haushalts 1 und des Haushalts 2, und jeder Punkt stellt ein denkbares Konkurrenzgleichgewicht auf den Verbrauchsgütermärkten dar, in dem die Steigung der beiden Indifferenzkurven mit der Steigung der Preisgeraden übereinstimmt. Bei einer Bewegung entlang der Kontraktkurve ändert sich in der Regel diese Steigung und damit das Gleichgewichtspreisverhältnis für die Güterpreise, p_4/p_3. Nur ein einziges Güterpreisverhältnis ist aber für F als Produktionsmengenkombination möglich, und zwar dasjenige, das der absoluten Steigung der Produktionsmöglichkeitskurve in F entspricht. In der absoluten Steigung der Produktionstransformationskurve an einem Punkt kommt zum Ausdruck, auf welche Produktionsmenge des Gutes 3 die betrachtete Volkswirtschaft verzichten muß, um mit den dadurch freigesetzten Produktionsfaktoren eine zusätzliche Einheit des Gutes 4 erzeugen zu können. Man spricht auch von *Alternativ-* oder *Opportunitätskosten* einer zusätzlichen Einheit des einen Gutes, gemessen in aufzugebenden Einheiten des anderen

Gutes. Die absolute Steigung wird auch als *Grenzrate der Transformation* des Gutes 3 in das Gut 4 bezeichnet. Diese beschreibt also ein Verhältnis von ausgetauschten Mengen der Güter 3 und 4, damit aber zugleich das Verhältnis der Güterpreise p_4/p_3. Das dem Punkt F zugeordnete Konkurrenzgleichgewicht auf den Verbrauchsgütermärkten erhalten wir folglich durch Aufsuchen des Punktes F′ auf der Kontraktkurve, in dem die Steigung der Indifferenzkurven und der Preisgeraden gleich der Steigung der Produktionstransformationskurve in F ist. Zum Punkt G auf der Produktionstransformationskurve gehört analog der Punkt G′ auf der Kontraktkurve des zu G konstruierten Schachteldiagramms.

Einen Punkt auf der Transformationskurve als Konkurrenzgleichgewicht auf den Gütermärkten zu deuten setzt voraus, daß auf der zugehörigen Kontraktkurve ein Punkt existiert, in dem die Preisgerade die gleiche Steigung hat wie die Transformationskurve in dem entsprechenden Punkt. Es könnte durchaus sein, daß es zu einem Punkt wie F entlang der gesamten Kontraktkurve keinen Punkt wie F′ gibt, so daß die Preisgerade durch F′ parallel zu der durch F ist. Es gibt dann keine Verteilung des produzierten Güterbündels auf die Haushalte, so daß für beide Haushalte die Grenzrate der Substitution im Verbrauch gleich der Grenzrate der Transformation ist. Nicht alle Punkte auf der Transformationskurve müssen also für ein allgemeines Konkurrenzgleichgewicht in Frage kommen.

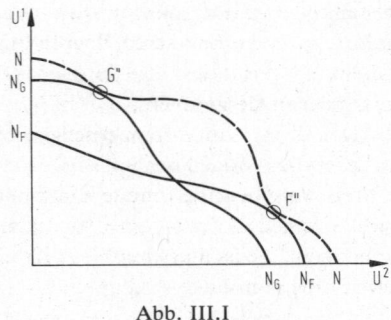

Abb. III.I

Den beiden in Abb. III.H eingezeichneten Kontraktkurven zu den Punkten F und G entsprechen im Nutzendiagramm die *Nutzenmöglichkeitenkurven* N_F und N_G (vgl. Abb. III.I). In unserem Zeichenbeispiel schneiden sich die Kurven, womit wir unterstellen, daß bei vollständiger Zuteilung der Güter an Haushalt 1 dessen Nutzen aus der Kombination G höher als der aus Kombination F ist, während bei vollständiger Zuteilung der Güter an Haushalt 2 dessen Nutzen aus Kombination F höher ist als der aus Kombination G. Zu den beiden Konkurrenzgleichgewichten F′ und G′ in Abb. III.H gehören die Nutzenkombinationen G″ und F″ in Abb. III.I. Wir erhalten unendlich viele solcher Nutzenmög-

lichkeitenkurven, wenn wir die Gesamtheit aller Punkte auf der Produktionsmöglichkeitenkurve in Betracht ziehen, die für ein Konkurrenzgleichgewicht in
Frage kommen. Die den entsprechenden Konkurrenzgleichgewichten zugeordneten Nutzenkombinationen seien durch eine gestrichelte Kurve N dargestellt,
die, wie sich zeigen läßt, die *Umhüllende zu allen Nutzenmöglichkeitenkurven*
ist. Eine einzelne Nutzenmöglichkeitenkurve bezeichnet man nach PAUL SA-
MUELSON (1950) auch als *utility possibility curve in the point sense*, weil sie einem einzelnen Punkt der Produktionsmöglichkeitenkurve zugeordnet ist; die
Umhüllende nennt man demgegenüber auch *Wohlstandsgrenze* oder *utility possibility curve in the situation sense*, weil sie die Gesamtheit der durch Konkurrenzgleichgewicht auf den Verbrauchsgütermärkten realisierbaren Produktionsmengenkombinationen auf der Produktionstransformationskurve berücksichtigt. Die Kurve N hat wieder negative Steigung; Aussagen über ihre Krümmung
sind nicht möglich.

d. Die gesellschaftliche Wohlfahrtsfunktion

Die bisherigen Überlegungen ergeben wiederum, daß sich ein totales Konkurrenzgleichgewicht durch die Eigenschaft der PARETO-Optimalität auf den
Verbrauchsgüter- und den Faktormärkten auszeichnet, daß es jedoch unendlich
viele solcher Konkurrenzgleichgewichte gibt, die durch die Gesamtheit der
Punkte auf der Wohlstandsgrenze dargestellt werden. Wenn auch unser geometrisches Instrumentarium zu einer genaueren Begründung nicht ausreicht, ist
doch einzusehen, daß durch geeignete Verteilung oder Umverteilung der als
Erstausstattungen vorhandenen Gesamtmengen der Güter 1 und 2 auf die beiden
Haushalte prinzipiell jedes dieser Konkurrenzgleichgewichte erreichbar ist: Bei
gegebener Verteilung liefert das Modell der vollständigen Konkurrenz eine Lösung, die bestimmte Preisrelationen, bestimmte Einkommen der beiden Haushalte, bestimmte Produktions- und Konsummengen, damit aber auch einen bestimmten Punkt auf der Wohlstandsgrenze impliziert. Alternativen Verteilungen
der Erstausstattungen auf die Haushalte sind alternative Punkte auf der Wohlstandsgrenze zugeordnet. Abermals zeigt sich, daß die Theorie der vollständigen
Konkurrenz keine Lösung des Verteilungsproblems bietet. Es ist nicht möglich
anzugeben, welche von zwei Verteilungen vorzuziehen ist, da nicht feststeht,
welcher der diesen zugeordneten Punkte auf der Wohlstandsgrenze als der günstigere zu beurteilen ist.

   Das *Verteilungsproblem* wird erst durch Einführung einer *gesamtwirtschaftlichen Nutzenfunktion* oder *gesellschaftlichen Wohlfahrtsfunktion* vom Typ
(III.36) lösbar, für die wir wieder die Eigenschaften einer individuellen Nutzenfunktion unterstellen. Geometrisch stellt diese Funktion ein System gesellschaft-
licher Indifferenzkurven im Nutzendiagramm dar. Das gesamtwirtschaftliche
Wohlfahrtsmaximum ist in P erreicht, wo eine Indifferenzkurve die Wohlstands-

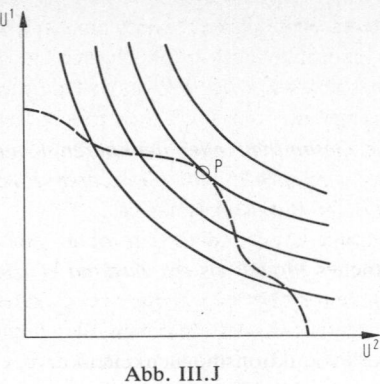

Abb. III.J

grenze tangiert (vgl. Abb. III.J). Dem Punkt P ist ein ganz bestimmter Punkt auf der Produktionsmöglichkeitenkurve und somit je ein Punkt im Schachteldiagramm für die Verbrauchsmengen und im Schachteldiagramm für die Faktormengen zugeordnet. Die Maximierung der gesellschaftlichen Wohlfahrtsfunktion (III.36) unter der Nebenbedingung, daß ein Punkt auf der Wohlstandsgrenze gewählt wird, bedeutet also, daß aus der unendlichen Zahl denkbarer Konkurrenzgleichgewichte auf den Verbrauchsgüter- und Faktormärkten das im Sinne dieser Wohlfahrtsfunktion „beste" Konkurrenzgleichgewicht herausgesucht wird. Analog zu unserer Argumentation auf S. 221 ist davon auszugehen, daß es nicht nur eine einzige Verteilung der als Erstausstattungen vorhandenen Gesamtmengen auf die beiden Haushalte gibt, von der aus dieses Konkurrenzgleichgewicht erreicht wird.

Wie beim Fall des „reinen Tausches" geschildert, ist es jedoch kaum gerechtfertigt, die Existenz einer gesellschaftlichen Wohlfahrtsfunktion zu unterstellen. Das Problem, nach welchen Kriterien die als Produktionsfaktoren verwendeten Güter auf die Haushalte verteilt sein sollten, bleibt auch hier ungelöst.

5. Zusammenfassung der Eigenschaften eines totalen Konkurrenzgleichgewichts

An verschiedenen Stellen wurde betont, daß sich unter den Voraussetzungen des Modells *von jeder beliebigen Verteilung der Erstausstattungen aus ein Konkurrenzgleichgewicht ohne zentrale Planung* einstellt. Streben die Haushalte nach Nutzenmaximierung, die Unternehmungen nach Gewinnmaximierung, und verhalten sie sich dabei als Mengenanpasser, dann erfolgt die Koordination der individuellen Wirtschaftspläne über den Marktmechanismus, d. h. über die Preise, die sich am Markt bilden. Das Konkurrenzgleichgewicht, das sich so einstellt, hat die wichtige Eigenschaft der PARETO-Optimalität, und zwar einmal in dem Sinne, daß die Produktion eines Gutes nicht erhöht werden kann, ohne daß die mindestens eines anderen eingeschränkt wird, zum anderen in der Bedeutung, daß der Nutzen eines Haushalts nicht erhöht werden kann, ohne daß der mindestens eines anderen reduziert wird. Jedes PARETO-Optimum läßt sich umgekehrt durch geeignete Umverteilung von Erstausstattungen als Konkurrenzgleichgewicht realisieren. Die *Gesamtheit aller denkbaren Konkurrenzgleichgewichte stimmt* daher mit der *Gesamtheit aller denkbaren PARETO-Optima überein.* Dies ist der *Hauptsatz der Wohlfahrtstheorie.*

Ein PARETO-Optimum kann andererseits ohne jede Bezugnahme auf ein konkurrenzwirtschaftliches Modell als ein *Zustand effizienter Produktion* und *effizienter* (wenn auch keineswegs notwendigerweise „gerechter") *Verteilung* der produzierten Güter aufgefaßt werden. In diesem Sinn liegt effiziente Produktion in jedem Punkt auf der Produktionsmöglichkeitenkurve, effiziente Verteilung in jedem Punkt auf der zugehörigen Nutzenmöglichkeitenkurve vor. Das Kriterium der PARETO-Optimalität bzw. der Effizienz ist eng verwandt mit dem ökonomischen Prinzip. Nicht-effiziente Produktion würde bedeuten, daß ein Punkt unterhalb der Produktionsmöglichkeitenkurve gewählt und deshalb mit den gegebenen Mitteln (Faktormengen) nicht der größte Erfolg (zumindest die Produktion eines Gutes kann ausgedehnt werden) erzielt wird. Nicht-effiziente Verteilung hieße, daß ein Punkt unterhalb der Nutzenmöglichkeitenkurve realisiert und deshalb mit den gegebenen Mitteln (Produktionsmengen) nicht der größte Erfolg (zumindest der Nutzen eines Haushalts kann erhöht werden) erreicht wird. Da die Gesamtheit aller Konkurrenzgleichgewichte mit der Gesamtheit aller PARETO-Optima übereinstimmt, liefert die Theorie der vollständigen Konkurrenz den Nachweis, daß das Streben der Haushalte nach Nutzenmaximierung und das Streben der Unternehmungen nach Gewinnmaximierung bei der Verhaltensweise der Mengenanpassung zu einem auch gesamtwirtschaftlich effizienten Zustand der Produktion und der Verteilung führt.

Jedes Konkurrenzgleichgewicht und jedes PARETO-Optimum lassen sich durch Eigenschaften charakterisieren, die man auch als *Marginalbedingungen für ein Wohlfahrtsoptimum* bezeichnet. In beiden geometrisch dargestellten Versionen unseres Modells ergibt sich aus der Tatsache, daß sich in einem Punkt auf der Kontraktkurve im Schachteldiagramm für die Verbrauchsmengen die Indifferenzkurven zweier Haushalte berühren, die *Marginalbedingung für den Güterverbrauch:* In einem totalen Konkurrenzgleichgewicht ist die Grenzrate der Substitution und damit das Verhältnis der Grenznutzen je zweier Güter für alle Haushalte, die diese Güter konsumieren, gleich. Die zweite Version unseres Modells, die die Produktion einbezieht, liefert aufgrund der Tatsache, daß sich in einem Punkt auf der Konkraktkurve im Schachteldiagramm für die Faktormengen die Isoquanten zweier produzierter Güter berühren, die *Marginalbedingung für den Faktoreinsatz:* In einem totalen Konkurrenzgleichgewicht ist die Grenzrate der Substitution je zweier als Faktoren verwendeter Güter und damit das Verhältnis der Grenzproduktivitäten dieser Faktoren in der Produktion jedes

Gutes, für die diese Faktoren benötigt werden, gleich. Nach der zweiten Version des Modells folgt schließlich aus dem Umstand, daß das Verhältnis der ausgetauschten Mengen zweier Güter in der Produktion und im Verbrauch dieser Güter übereinstimmen muß, die *Marginalbedingung für die Gütertransformation:* In einem totalen Konkurrenzgleichgewicht ist die Grenzrate der Transformation zweier Güter in der Produktion, d. h. die absolute Steigung der Produktionsmöglichkeitenkurve, gleich der Grenzrate der Substitution dieser Güter im Verbrauch, d. h. der absoluten Steigung der Indifferenzkurven der Haushalte für die Güter.

Die Marginalbedingungen sind für ein beliebiges Konkurrenzgleichgewicht, dargestellt durch einen beliebigen Punkt auf der Nutzenmöglichkeitenkurve im Fall des „reinen Tausches" oder auf der Wohlstandsgrenze im Fall der Einbeziehung der Produktion, erfüllt. Es lassen sich weitere Marginalbedingungen formulieren, die entweder aus den genannten folgen oder für andere Versionen des Modells relevant werden (eine weitere Bedingung werden wir in Abschnitt 6 formulieren).

Die Marginalbedingungen für ein Wohlfahrtsoptimum werden in der Wohlfahrtstheorie ergänzt durch sogenannte *Totalbedingungen.* Im Rahmen der beiden geometrisch dargestellten Versionen unseres Modells wären die Totalbedingungen für ein Wohlfahrtsoptimum bei jenem totalen Konkurrenzgleichgewicht erfüllt, welches dem Maximum der gesellschaftlichen Wohlfahrtsfunktion entspricht. Die Wohlfahrtsfunktion kann allerdings auch noch umfassender als in unserem Beispiel konzipiert werden, z. B. durch Einbeziehung der Möglichkeit, neue Güter einzuführen.

6. Die Bedeutung externer Effekte

Das Modell der vollständigen Konkurrenz formulierten wir im Abschnitt B.2 so, daß der Nutzen eines Haushalts nur von den von ihm konsumierten Gütermengen und die Produktion einer Unternehmung nur von den von ihr eingesetzten Faktormengen abhängt. Wir schlossen damit das Vorkommen externer Effekte aus, wie wir sie in Kap. I.B.5.e für den Konsum und in Kap. II.J.1 für die Produktion diskutierten. *Gibt es solche Effekte, dann ist ein Konkurrenzgleichgewicht in der Regel nicht mehr pareto-optimal.*

Für zum Verbrauch bestimmte Güter erläutern wir externe Konsumeffekte anhand eines Schachteldiagramms, dessen Seitenlängen die insgesamt verfügbaren Mengen der Güter 1 und 2 beschreiben (vgl. Abb. III.K). Während Haushalt 1 wie bisher in seiner Nutzenvorstellung unabhängig sei, hänge der Nutzen des Haushalts 2 nicht nur von den von ihm selbst, sondern auch von den vom Haushalt 1 verbrauchten Gütermengen ab. Das Indifferenzkurvensystem des Haushalts 1 können wir wie bisher zeichnen, das des Haushalts 2 verschiebt sich dage-

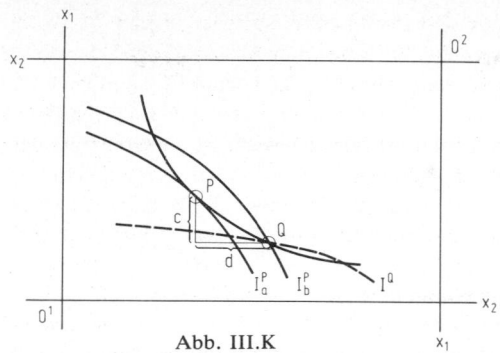

Abb. III.K

gen mit Änderungen der Verbrauchsmengen des Haushalts 1. Da jeder Punkt im Schachteldiagramm eine bestimmte Verbrauchsmengenkombination des Haushalts 1 repräsentiert, gehört zu jedem solchen Punkt ein anderes Indifferenzkurvensystem des Haushalts 2. Nehmen wir einmal an, zu dem P zugeordneten Indifferenzkurvensystem gehöre die Indifferenzkurve I_a^P des Haushalts 2, und diese berühre in P eine Indifferenzkurve des Haushalts 1. Der Punkt P beschreibt mithin ein Konkurrenzgleichgewicht. Zur Beantwortung der Frage, ob sich der Nutzen des Haushalts 2 erhöhen läßt, ohne den des Haushalts 1 zu vermindern, wandern wir auf der eingezeichneten Indifferenzkurve des Haushalts 1 nach Q. Durch diesen Punkt geht die Indifferenzkurve I_b^P des Haushalts 2, die nun aber nicht mehr zutrifft. Für die Verbrauchsmengenkombination Q gilt vielmehr ein Indifferenzkurvensystem, dem die durch Q verlaufende Indifferenzkurve I^Q zugehört. Der Nutzenindex von I^Q kann nun durchaus höher als der von I_a^P sein. Wir können uns beispielsweise vorstellen, daß ein höherer Nutzen des Haushalts 2 zum einen aus seinem eigenen Mehrverbrauch c am Gut 1, zum anderen aber aus dem Mehrverbrauch d des Haushalts 1 am Gut 2 resultiert, den er diesem „gönnt". Dann stellt P zwar ein Konkurrenzgleichgewicht auf den Verbrauchsgütermärkten, jedoch keine pareto-optimale Verteilung dar. Der P zugeordnete Punkt im Nutzendiagramm liegt unterhalb der Nutzenmöglichkeitskurve.

Für externe Effekte in der Produktion können wir ähnliche Überlegungen anstellen. Wir brauchen zu diesem Zweck nur Abb. III.K als Schachteldiagramm für die als Faktoren verwendeten Güter zu interpretieren, so daß die Seitenlängen die gegebenen Faktormengen bezeichnen. Bei den eingezeichneten Kurven handelt es sich dementsprechend jetzt um Isoquanten. Die Produktion des Gutes, dessen Isoquanten konvex zum Ursprung 0^1 verlaufen, ist unabhängig vom Faktoreinsatz in der Produktion des anderen. Die Produktion des Gutes, dessen Isoquanten konvex zum Ursprung 0^2 sind, hängt dagegen vom Faktoreinsatz in der Herstellung beider Güter ab. Punkt P beschreibt ein Konkurrenzgleichgewicht auf den Faktormärkten. Ein Übergang von P nach Q läßt die Produktionsmenge des ersteren Gutes unverändert; er erhöhe die des letzteren. Dann ist das Konkurrenzgleichgewicht P keine pareto-optimale Allokation der vorhandenen Faktoren auf die Produktion der beiden Güter, und der P entsprechende Punkt im Gütermengendiagramm liegt unterhalb der Produktionsmöglichkeitenkurve.

Ohne externe Effekte sind die der Gesamtwirtschaft entstehenden Kosten eines Gutes, die man auch *gesellschaftliche* oder *soziale Kosten* nennt, gleich denen, die in der das Gut produzierenden Unternehmung anfallen und als *private Kosten* bezeichnet werden. Dementsprechend sind auch die sozialen und privaten Grenzkosten des Gutes gleich. Bei *externen Kosten übersteigen* die *sozialen* die *privaten Grenzkosten,* bei *externen Ersparnissen bleiben* die *sozialen hinter* den *privaten Grenzkosten zurück.* Mit Hilfe dieser Begriffe läßt sich nun das regelmäßige Auseinanderfallen von Konkurrenzgleichgewicht und PARETO-Optimum bei Vorliegen externer Effekte wie folgt erklären: Bei vollständiger Konkurrenz dehnen die Unternehmungen ihre Produktion so weit aus, daß sich die privaten Grenzkosten dem Preis angleichen. Zur Erreichung eines PARETO-Optimums wäre es dagegen erforderlich, die Produktion bis zur Angleichung der sozialen Grenzkosten an den Preis auszudehnen. Liegen externe Kosten vor, dann erreichen die sozialen Grenzkosten früher die Höhe des Preises als die privaten Grenzkosten, so daß die Produktionsmenge kleiner gewählt werden muß, als der Bedingung „private Grenzkosten = Preis" entspricht. Gibt es externe Ersparnisse, dann steigen die sozialen Grenzkosten später auf die Höhe des Preises an als die privaten Grenzkosten, und die Erzeugungsmenge ist folglich größer zu wählen, als die Bedingung „private Grenzkosten = Preis" fordert.

Entscheidend beim Vorliegen externer Effekte ist es, daß die Koordination der individuellen Wirtschaftspläne über den Mechanismus der vollständigen Konkurrenz verzerrt wird. Diese Marktform verliert damit die sie auszeichnende Eigenschaft der pareto-optimalen Allokation aller Ressourcen. Da die einzelne Wirtschaftseinheit durch die Aktivität anderer Wirtschaftseinheiten Vorteile oder Nachteile hat, die finanziell nicht ausgeglichen werden, orientiert sie sich bei der Nutzen- oder Gewinnmaximierung sozusagen an den „falschen" Größen.

Wegen der großen Bedeutung externer Effekte greifen wir das Problem in Kap. VI.E wieder auf.

Quellenhinweise zu Kapitel III

Angebots- und Nachfragekurven, Gleichgewichtspreis und -menge werden in allen Einführungen zur Volkswirtschaftslehre und allen preistheoretischen Lehrbüchern dargestellt, oft sogar in einem der ersten Kapitel, d.h. schon vor ihrer Begründung durch die Haushalts- und Unternehmungstheorie. Vgl. die in den Literaturhinweisen zu Kap. 0 genannten Quellen. Zur *Existenz, Eindeutigkeit und Stabilität* des partiellen Konkurrenzgleichgewichts vgl. GARB (1968) S. 75 ff.; HENDERSON-QUANDT (1983) Kap. 6.7, 6.8; LAN-CASTER (1974) Kap. 2.6; ferner die ausführliche Stabilitätsdiskussion in SAMUELSON (1947) Kap. IX. Zum *Spinngewebe-Modell* vgl. SCHNEIDER, E. (1972) Kap. IV; HELM-STÄDTER (1991) S. 207 ff. Zu *Terminmärkten* und *Spekulation* vgl. ALLEN-ALCHIAN (1974) Kap. 10; HOCHGESAND (1977); STEINMANN (1970); KOESTER (1978). Die Konzeption des *langfristigen partiellen Konkurrenzgleichgewichts* wird ebenfalls in den meisten der zu Kap. 0 genannten Lehrbücher behandelt. Sie geht auf die langfristige Analyse MARSHALLs (1890) Buch V, Kap. 5, zurück, obgleich dieser Autor noch nicht die langfristige Durchschnittskostenkurve einer Unternehmung konzipierte, auf der die gegenwärtige Form der Analyse basiert.

Gute Darstellungen der formalen *Theorie des totalen Konkurrenzgleichgewichts* finden sich bei SAUERMANN, Band II (1964) Kap. IV, 4; HENDERSON-QUANDT (1983) Kap. 9 f.; besonders klar auch bei RICHTER (1963) Kap. V. Für Fortgeschrittene zu empfehlen die Monographien von DEBREU (1976); KUENNE (1963); WEINTRAUB (1974) sowie Originalarbeiten von WALRAS (1874) und WALD (1936). Hervorragende Interpretationen bei HICKS (1946) Kap. IV – VIII und KOOPMANS (1957), erster Essay. Spezialfragen der Existenz in ARROW-DEBREU (1954). *Geometrische Interpretation* des totalen Konkurrenzgleichgewichts und seiner wohlfahrtstheoretischen Aspekte ausführlich bei BATOR (1957); KENEN (1957); SAUERMANN, Band II (1964) Kap. IV, 5 und 6; FERGUSON-GOULD (1975) Kap. 15 und 16. Erstmalig Schachteldiagramm und Kontraktkurve bei EDGEWORTH (1881) Kap. II; Tauschkurve bei PARETO (1906); Nutzenmöglichkeitskurve bei SAMUELSON (1950); geometrische Ableitung der Produktionsmöglichkeitenkurve aus dem Schachteldiagramm bei SAVOSNICK (1958). *Wohlfahrtsökonomische Aspekte* des totalen Konkurrenzgleichgewichts ferner bei MISHAN (1960); BAUMOL (1952); LANGE (1942); LITTLE(1950), besonders Kap. VIII und IX; SAMUELSON (1947) Kap. VIII.; SOHMEN (1976). Der Begriff der PARETO-*Optimalität* nach PARETO (1906). Zur Wirkung *externer Effekte* vgl. BATOR (1958); SCHLIEPER (1969) Kap. III (vgl. dazu auch Quellenhinweise zu Kap. VI.E). Zur *Geschichte der Preistheorie* SCHUMANN (1984b); zur *Geschichte der Wohlfahrtstheorie* SCHUMANN (1984c).

Kapitel IV. Verschiedene Varianten der unvollständigen Konkurrenz auf dem Markt für ein Gut

A. Einführung

In den Kap. I und II wurde das Verhalten von Haushalten und Unternehmungen unter der Annahme erörtert, daß die einzelne Entscheidungseinheit die Preise der von ihr nachgefragten bzw. angebotenen Güter, weil sie nur einen verschwindend kleinen Anteil an der Gesamtnachfrage bzw. am Gesamtangebot hat, nicht beeinflussen kann, daß sie sich daher als Mengenanpasser an „vom Markt vorgegebene" Preise verhalten muß. In Kap. III wurde gezeigt, wie sich unter den Bedingungen der vollständigen Konkurrenz ein solcher Preis an einem einzelnen Markt bzw. die Gesamtheit der Preise an allen Märkten herausbildet. Die Voraussetzung der Mengenanpassung konnte daher nachträglich als die bei vollständiger Konkurrenz einzig mögliche interpretiert werden. In diesem Kapitel sollen Unternehmungen untersucht werden, die entweder als Anbieter oder als Nachfrager auf einem Markt mit unvollständiger Konkurrenz handeln. Wir kehren damit nach der Totalanalyse der vollständigen Konkurrenz in Kap. III.B zu Partialanalysen zurück, die wir getrennt nach einzelnen Varianten der unvollständigen Konkurrenz durchführen.

Einen Überblick über die möglichen Varianten unvollständiger Konkurrenz können wir durch Anknüpfen an die drei Merkmale gewinnen, mit denen wir in Kap. III.A.1 einen Markt mit vollständiger Konkurrenz beschrieben. Das Merkmal (1) betrifft die *Zahl der Marktteilnehmer*. Außer dem Fall sehr vieler Marktteilnehmer lassen sich die Fälle weniger Marktteilnehmer und eines Marktteilnehmers, und zwar jeweils auf der Angebots- und der Nachfrageseite, unterscheiden. Die neun Fälle, die so entstehen, sind im folgenden *Marktformenschema* dargestellt (vgl. HEINRICH VON STACKELBERG 1934). Neben den in der Übersicht genannten Fällen könnten, wiederum jeweils auf der Angebots- und Nachfrageseite, das *Teilmonopol* (ein Teilnehmer mit großem Anteil, viele weitere Teilnehmer mit kleinen Anteilen) und das *Teiloligopol* (wenige Teilnehmer mit großen, viele weitere mit kleinen Anteilen) berücksichtigt werden. Merkmal (2) bezieht sich darauf, ob Präferenzen bestehen oder nicht, ob der Markt also *homogen* oder *heterogen* ist. Selbst wenn man, wie in der Literatur üblich, nur Präferenzen der Nachfrager gegenüber bestimmten Anbietern eines Gutes (nicht

Zahl der Marktteilnehmer und Marktform

Angebots-seite \ Nachfrage-seite	viele ("atomistisch")	wenige	einer
viele ("atomistisch")	[1] bilaterales Polypol	[2] Nachfrage-oligopol	[3] Nachfragemono-pol (Monopson)
wenige	[4] Angebots-oligopol	[5] bilaterales Oligopol	[6] beschränktes Nachfrage-monopol
einer	[7] Angebots-monopol	[8] beschränktes Angebots-monopol	[9] bilaterales Monopol

Präferenzen der Anbieter gegenüber bestimmten Nachfragern; vgl. Kapitel IV.C.3) berücksichtigt, ergeben sich für die Marktformen [1] bis [6] jeweils zwei Varianten, nämlich die homogene und die heterogene (die heterogene Variante kann es nicht für die Marktformen [7] bis [9] geben, denn in diesen gibt es nur einen Anbieter, mithin keine Präferenzen von Nachfragern gegenüber bestimmten Anbietern des Gutes). Ferner könnte man nach Merkmal (3) jeweils die Fälle der *vollständigen* und der *unvollständigen Markttransparenz* unterscheiden. Als weiteres Merkmal käme die Unterscheidung zwischen *kurzfristiger Analyse* (gegebene Zahl von Anbietern) und *langfristiger Analyse* (freier Marktzugang, variable Zahl von Anbietern) hinzu.

Die in Kapitel III behandelte vollständige Konkurrenz ist unter die Marktform [1] des bilateralen Polypols einzuordnen; sie betrifft den Fall, daß in dieser Marktform gemäß Merkmal (2) keine Präferenzen bestehen und gemäß Merkmal (3) vollständige Markttransparenz herrscht. Aus der großen Zahl weiterer Marktformen und Fälle, die in der einen oder anderen Weise Varianten unvollständiger Konkurrenz sind, können wir in diesem Kapitel nur einige behandeln. Wir gehen in *Abschnitt B* auf die Marktformen [7], [3] und [9] des Angebotsmonopols, des Nachfragemonopols und des bilateralen Monopols ein. In *Abschnitt C* erörtern wir die Marktform [1] des bilateralen Polypols, im Gegensatz zu Kap. III für den Fall, daß der Markt heterogen ist; man spricht dann auch von monopolistischer Konkurrenz. *Abschnitt D* befaßt sich mit den Marktformen [4] und [2] des Angebots- und des Nachfrageoligopols, und zwar bei homogenem und heterogenem Markt. In *Abschnitt E* geht es um die Problematik der Kooperation zwischen den Anbietern an einem Markt, in *Abschnitt F* um die Marktentwicklung im Zeitablauf.

Die Theorie der Unternehmung wurde in Kap. II unter der Voraussetzung entwickelt, daß die Preise auf den Absatz- und Beschaffungsmärkten für die Unternehmung Daten sind, an die sie sich mit den Absatz- bzw. Beschaffungsmengen anpaßt; diese Verhaltensweise entspricht der Unterstellung vollständiger Konkurrenz auf den Absatz- und Beschaffungsmärkten. Man sagt auch, die Unternehmung sei dann *Preisnehmer (price taker)*. Bei unvollständiger Konkurrenz ist es der Unternehmung regelmäßig möglich, den Preis auf dem betrachteten Absatz- oder Beschaffungsmarkt selbst zu setzen; sie ist dann *Preissetzer (price maker)*. Da es im folgenden vorrangig um die Preispolitik von Unternehmungen auf Märkten mit unvollständiger Konkurrenz geht, ist dieses Kapitel auch als Fortführung der Theorie der Unternehmung aufzufassen.

B. Monopolmärkte

1. Marktbeschreibung

Die drei der Marktbeschreibung dienenden Merkmale lauten in diesem Abschnitt wie folgt:

(1) Auf dem Markt des Gutes, den wir betrachten, gibt es entweder auf der Angebots- oder auf der Nachfrageseite nur einen Marktteilnehmer. Im ersteren Fall handelt es sich mithin um ein *Angebots-,* im letzteren Fall um ein *Nachfragemonopol.* Auf der anderen Marktseite befinden sich wieder sehr viele Nachfrager bzw. Anbieter, von denen jeder nur einen verschwindend kleinen Marktanteil hat.

(2) Es gibt keine Präferenzen des Angebotsmonopolisten für die verschiedenen Nachfrager bzw. des Nachfragemonopolisten für die verschiedenen Anbieter. Präferenzen der Nachfrager im Angebotsmonopol bzw. der Anbieter im Nachfragemonopol kann es nicht geben, da das Gut nur von einem einzigen Marktteilnehmer angeboten bzw. nachgefragt wird.

(3) Anbieter und Nachfrager haben vollständige Markttransparenz im folgenden Sinne: Der Angebotsmonopolist kennt die Nachfrage für das von ihm angebotene Gut; dem Nachfragemonopolisten ist das Angebot für das von ihm nachgefragte Gut bekannt. Die in großer Zahl vorhandenen Marktteilnehmer auf der jeweils anderen Marktseite haben wieder vollständige Preisinformation, d. h. sie sind über alle Preise, die auf dem Markt zustandekommen, unterrichtet.

Bei rationalem Verhalten der Marktteilnehmer kann es aufgrund der Merkmale (2) und (3) nur einen Preis für das Gut geben, so daß wieder das Prinzip der Preisunterschiedslosigkeit gilt. Da der Monopolist keine Präferenzen hat, wird er keinen der Teilnehmer auf der anderen Marktseite bei der Preissetzung zu bevorzugen wünschen. Kämen dennoch verschiedene Preise zustande, so erführen alle davon, und die Benachteiligten könnten darauf bestehen, zum günstigsten

Preis zu kaufen bzw. zu verkaufen. (Den Fall, daß der Monopolist Möglichkeiten unterschiedlicher Preissetzung, d. h. der *Preisdifferenzierung*, gegenüber verschiedenen Gruppen von Nachfragern bzw. Anbietern hat, untersuchen wir in Abschnitt B.2.d.)

Der Monopolist ist in der Lage, den für alle Teilnehmer der anderen Marktseite einheitlichen Preis zu setzen. Da jeder dieser Teilnehmer gemäß (1) nur einen verschwindend kleinen Marktanteil besitzt, bleibt ihm keine andere Wahl, als diesen Preis als Datum zu akzeptieren. Wir unterstellen mithin für das Angebots- und das Nachfragemonopol auf der anderen Marktseite stets ein Verhalten als Mengenanpasser, wie wir es auch in der Theorie des Haushalts in Kap. I und in der Theorie der Unternehmung in Kap. II angenommen hatten. Ein Angebotsmonopolist steht folglich einer Gesamtnachfragefunktion, ein Nachfragemonopolist einer Gesamtangebotsfunktion des Typs gegenüber, wie wir sie in Kap. I bzw. II abgeleitet hatten. Es ist diese Funktion, die nach (3) dem Angebotsmonopolisten bzw. dem Nachfragemonopolisten bekannt sein soll.

Im Abschnitt B.4 ersetzen wir Merkmal (1) durch die Unterstellung, daß es sowohl auf der Angebots- als auch auf der Nachfrageseite nur einen Marktteilnehmer gibt. Dort handelt es sich mithin um ein *bilaterales Monopol*. Bei dieser Marktform ist Merkmal (2) über Präferenzen hinfällig, da es Bevorzugungen bei nur einem Marktpartner nicht geben kann, während Merkmal (3) über den Informationsstand später näher zu erläutern ist.

2. Das Angebotsmonopol

a. Das Problem der Marktabgrenzung

Der Angebotsmonopolist hat keine Konkurrenten, die das gleiche Gut auf den Markt bringen. Nun könnte es aber ähnliche Güter geben, welche die Nachfrager als Substitute für das Monopolgut verwenden könnten, auf die also ein Ausweichen möglich wäre. Es entstünde dann die Frage, ob die Marktabgrenzung nicht in der Weise vorgenommen werden sollte, daß der Markt wenigstens die engen Substitutsgüter miterfaßt. Auf diese Weise erhielten wir anstelle eines Marktes, auf dem ein einziger Anbieter das Monopolgut anbietet, einen Markt mit einer mehr oder weniger großen Zahl von Anbietern, die einander ähnliche Güter auf den Markt bringen. Diese Überlegungen zeigen, daß ein echtes Angebotsmonopol nur dann vorliegen kann, wenn es für das Monopolgut keine Substitute gibt und die Frage der Zurechnung ähnlicher Güter zu diesem Markt somit nicht entsteht.

Das Fehlen von Substituten läßt sich auch mit Hilfe der Kreuzpreiselastizität der Nachfrage ausdrücken: Die Nachfrage nach dem Monopolgut ändert sich nicht, wenn der Preis anderer Güter variiert; die Kreuzpreiselastizität ist also

Null. ROBERT TRIFFIN (1940, S. 103) spricht in diesem Fall von *pure monopoly* oder *isolated selling*. Handelt es sich bei den Nachfragern des Monopolgutes beispielsweise um Haushalte, dann gehen in die allgemeine Nachfragefunktion eines Haushalts nur der Preis dieses Gutes und die Konsumsumme als unabhängige Variablen ein, während die Preise anderer Güter keinen Einfluß auf die Nachfrage haben. Dieses Beispiel zeigt, daß die Marktform des Monopols ebenso wie die der im vorigen Kapitel behandelten vollständigen Konkurrenz ein theoretischer Grenzfall ist, der in Wirklichkeit kaum vorkommt.

b. Preis-Absatz-, Erlös- und Grenzerlösfunktion

Dem Angebotsmonopolisten ist die gesamtwirtschaftliche Nachfragefunktion bekannt, die typisch mit negativer Steigung verlaufe. Bezeichnet x die Nachfragemenge und p den Preis des Gutes, dann können wir die Nachfragefunktion entweder wie bisher in der nach x aufgelösten Form schreiben oder nach p auflösen:

$$\text{(a)} \quad x = x(p) \quad \text{mit} \quad \frac{dx}{dp} < 0,$$

oder $\hspace{10cm}$ (IV.1)

$$\text{(b)} \quad p = p(x) \quad \text{mit} \quad \frac{dp}{dx} < 0.$$

Während bei vollständiger Konkurrenz der Preis für den einzelnen Anbieter ein Datum ist, an das er sich durch Bestimmung der gewinnmaximierenden Menge anpaßt, steht es dem Angebotsmonopolisten frei, entweder Menge oder Preis zu setzen. In der Regel wird er den Preis als Aktionsparameter wählen. Aus der Nachfragefunktion kennt der Monopolist die Menge, welche die Nachfrager bei einem von ihm gesetzten Preis abzunehmen wünschen. Der Anbieter kann also immer genau die Menge y anbieten, die bei dem festgesetzten Preis nachgefragt wird. Daher ist am Monopolmarkt immer die Marktgleichgewichtsbedingung

$$x(p) = y(p) \hspace{6cm} \text{(IV.2)}$$

erfüllt, so daß wir statt (IV.1) schreiben können:

$$\text{(a)} \quad y = x(p) \quad \text{mit} \quad \frac{dy}{dp} < 0,$$

oder $\hspace{10cm}$ (IV.3)

$$\text{(b)} \quad p = p(y) \quad \text{mit} \quad \frac{dp}{dy} < 0.$$

Diese Beziehung heißt die *Preis-Absatzfunktion* des Monopolisten. Sie gibt Auskunft über die jeweiligen Absatzmengen, die der Monopolist zu alternativen von ihm gesetzten Preisen verkaufen kann.

Aus der Preis-Absatzfunktion erhalten wir die *Erlösfunktion,* indem wir mit dem Preis multiplizieren:

$$E = py = p \cdot x(p). \tag{IV.4}$$

Unter Berücksichtigung von (IV.3) können wir den *Grenzerlös* E' oder GE, d. h. den Erlös aus einer zusätzlich verkauften infinitesimal kleinen Mengeneinheit, wie folgt schreiben:

$$E' = GE = \frac{dE}{dy} = p + y\,\frac{dp}{dy}. \tag{IV.5}$$

Bei vollständiger Konkurrenz ist der Preis für den einzelnen Anbieter ein Datum, so daß $dp/dy = 0$. Der Grenzerlös ist dann gleich dem Preis. Hier ist dagegen $dp/dy < 0$ und mithin der Grenzerlös kleiner als der Preis. Der Monopolist muß bei jeder zusätzlich verkauften Mengeneinheit den für die gesamte Verkaufsmenge geltenden Preis senken, so daß der zusätzliche Erlös den Preis nicht deckt. Der Grenzerlös läßt sich mit Hilfe einer Umformung von (IV.5) auch durch den Preis und die Nachfrage- bzw. Absatzelastizität ausdrücken:

$$E' = GE = p\left(1 + \frac{y}{p}\,\frac{dp}{dy}\right) = p\left(1 + \frac{1}{\eta_{yp}}\right) \quad \text{mit} \quad \eta_{yp} = \frac{dy}{dp}\,\frac{p}{y} < 0. \tag{IV.6}$$

Diese Beziehung heißt AMOROSO-ROBINSON-*Relation*. Wählen wir als Beispiel eine lineare Preis-Absatzfunktion mit den positiven Konstanten a und b,

$$p = a - by, \tag{IV.7}$$

dann ist die Erlöskurve ein Polynom 2. Grades,

$$E = ay - by^2, \tag{IV.8}$$

und die Grenzerlöskurve ist wieder linear:

$$E' = GE = a - 2by. \tag{IV.9}$$

Eine geometrische Darstellung dieses Beispiels geben wir in Abb. IV.a. Die Preis-Absatzfunktion ist eine Gerade mit der Steigung $-b$. Ihren Abszissen-

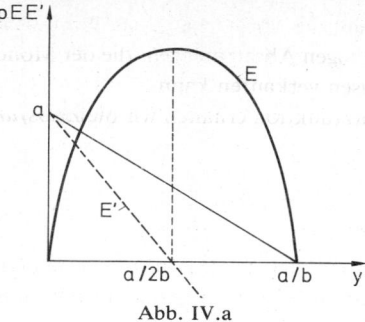

Abb. IV.a

abschnitt a/b nennt man auch *Sättigungsmenge*, weil selbst bei einem Preis von Null nicht mehr als diese Menge nachgefragt wird. Der Ordinatenabschnitt a wird auch *Prohibitivpreis* genannt, weil bei diesem Preis die Nachfrage auf Null gefallen ist. Die Erlöskurve ist eine nach unten geöffnete Parabel, die die Abszisse im Ursprung und bei der Sättigungsmenge schneidet. Die Gerade, welche die GE-Kurve darstellt, hat wieder den Ordinatenabschnitt a; ihre Steigung ist $-2b$. Sie schneidet die Abszisse bei der halben Sättigungsmenge; hier ist also der Grenzerlös gleich Null und das Maximum der Erlöskurve erreicht. Für kleinere Absatzmengen ist der Grenzerlös positiv, für größere negativ.

c. Der optimale Produktionsplan des Angebotsmonopolisten

Das Ziel des Anbieters sei es, den Preis so festzusetzen, daß sein Gewinn maximiert wird. Wie in Kap. II.D erläutert, ist der Gewinn gleich der Differenz zwischen Erlös und Kosten. Die Erlöskurve läßt sich gemäß (IV.4) und (IV.3) oder (IV.8) als Funktion von y ausdrücken. Unterstellen wir, daß der Monopolist auf seinen Beschaffungsmärkten als Mengenanpasser handelt und somit die Ausführungen in Kap. II.C zutreffen, dann können wir die Kostenfunktion von dort übernehmen und ebenfalls als Funktion von y anschreiben. Somit hängt auch der Gewinn wie in Kap. II.D von y ab:

$$G(y) = E(y) - K(y). \qquad (IV.10)$$

Die gewinnmaximierende Produktions- bzw. Absatzmenge ist bei einem Grenzgewinn von Null erreicht. Die *Bedingung 1. Ordnung* für ein Gewinnmaximum lautet:

$$G'(y) = E'(y) - K'(y) = 0 \qquad (IV.11)$$

oder

$$E'(y) = K'(y). \qquad (IV.12)$$

Die gewinnmaximierende Menge wird also dort realisiert, wo die Grenzkosten GK gleich dem Grenzerlös GE sind.

Ein Gewinnmaximum erfordert, daß die folgende *Bedingung 2. Ordnung* erfüllt ist:

$$G''(y) = E''(y) - K''(y) < 0 \qquad (IV.13)$$

oder

$$E''(y) < K''(y). \qquad (IV.14)$$

Die Steigung der GK-Kurve muß also größer sein als die der GE-Kurve, d. h. die erstere Kurve muß die letztere von unten schneiden.

Den gewinnmaximierenden Preis ermitteln wir, indem wir die gewinnmaximierende Menge in die Preis-Absatzfunktion (IV.3)(b) einsetzen.

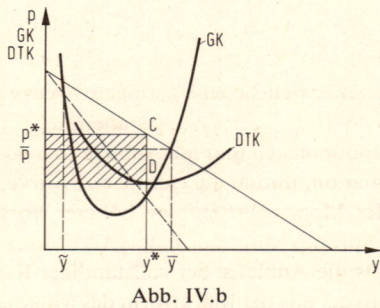

Abb. IV.b

Wir ergänzen unser geometrisches Beispiel aus dem Vorabschnitt durch eine GK- und eine DTK-Kurve, die einer typisch verlaufenden Gesamtkostenkurve entsprechen (vgl. Abb. IV.b). Die gewinnmaximierende Menge ist bei y* erreicht, denn dort sind die Bedingungen 1. und 2. Ordnung erfüllt. Die Bedingung 1. Ordnung gilt auch bei ỹ, nicht jedoch die Bedingung 2. Ordnung, so daß dort ein Gewinnminimum oder Verlustmaximum erreicht wird. Bei negativer Steigung der GE-Kurve ist die Bedingung 2. Ordnung immer erfüllt, wenn die GK-Kurve im Schnittpunkt nicht-negative Steigung hat. Doch auch bei negativer Steigung der GK-Kurve kann der Bedingung 2. Ordnung Genüge getan sein, dann nämlich, wenn die GK-Kurve weniger stark fällt als die GE-Kurve. Der gewinnmaximierende Preis ergibt sich, indem wir bei y* auf die Preis-Absatzfunktion loten. Der Punkt C, den wir dort erhalten, heißt COURNOT*scher Punkt,* weil die Bestimmung des optimalen Produktionsplans eines Monopolisten auf AUGUSTIN COURNOT (1838) zurückgeht.

Im Beispiel der linearen Preis-Absatzfunktion ist die Menge y* bei positiven GK immer kleiner als die halbe Sättigungsmenge, weil dort der GE bereits auf Null abgesunken ist. Der Punkt C liegt also im Bereich einer Nachfrageelastizität zwischen minus eins und minus unendlich (vgl. Kap. I.B.4.f). Der Stückgewinn wird durch die Differenz CD zwischen dem Preis p* und den DTK bei der Menge y* dargestellt. Der Gesamtgewinn ist folglich gleich dem Inhalt der schraffierten Fläche.

Die Produktionsmenge y* ist in unserem Zeichenbeispiel geringer als die des Betriebsoptimums, die beim Minimum der DTK erreicht wäre. Dies kann man so interpretieren, daß die Produktionsfaktoren unteroptimal genutzt werden. Es ist allerdings durchaus möglich, daß die GK-Kurve die GE-Kurve im Betriebsoptimum oder bei einer noch größeren Produktionsmenge schneidet und mithin eine optimale oder überoptimale Faktornutzung vorliegt.

Würde sich der Monopolist als Mengenanpasser verhalten und seine gewinnmaximierende Menge sowie den zugeordneten Preis nach der Bedingung „GK = Preis" bestimmen, dann ergäbe sich in Abb. IV.b die Menge ȳ und der Preis p̄. Weil die Preis-Absatzfunktion negative Steigung hat, ist diese Menge größer als die Monopolmenge, der Preis niedriger als der Monopolpreis. Die Feststellung, daß die Nachfrager im Monopol notwendigerweise schlechter gestellt sind als bei vollständiger Konkurrenz, weil sie eine geringere Menge erhalten und einen höheren Preis bezahlen müssen, gilt zwingend allerdings nur unter der Voraussetzung, daß für den Monopolisten und die Anbieter bei vollständiger Konkurrenz die gleiche Kostensituation, mithin die gleiche GK-Kurve, vorliegt. Es ist immerhin denkbar, daß der Monopolist infolge höherer Forschungsaufwendungen, Vorteilen der Massenproduktion und dergleichen unter günstigeren Kostenbedingungen arbeitet als die Anbieter bei vollständiger Konkurrenz und die GK-Kurve so verläuft, daß der aus der Marktform des Monopols resultierende Nachteil für die Nachfrager teilweise oder ganz kompensiert, vielleicht sogar überkompensiert wird.

Der Monopolist setzt den gewinnmaximierenden Preis höher als die Grenzkosten der gewinnmaximierenden Menge. Gemäß einem Vorschlag von ABBA P. LERNER (1933/34) kann man die im Gewinnmaximum geltende Differenz zwischen Preis p* und Grenzkosten $K'(y^*)$, bezogen auf den Preis p*, als Ausdruck der Marktmacht eines Monopolisten oder als *Monopolgrad* μ betrachten:

$$\mu = \frac{p^* - K'(y^*)}{p^*} .$$

Im Gewinnmaximum sind die Grenzkosten $K'(y^*)$ gemäß (IV.12) gleich dem Grenzerlös $E'(y^*)$, und dieser läßt sich gemäß (IV.6) durch den Preis p* und die Absatzelastizität $\eta_{y^*p^*}$ ausdrücken:

$$\mu = \frac{p^* - E'(y^*)}{p^*} = \frac{p^* - p^* \left(1 + \dfrac{1}{\eta_{y^*p^*}}\right)}{p^*} = -\frac{1}{\eta_{y^*p^*}}.$$

Der Monopolgrad ist also gleich dem negativen Kehrwert der Nachfrage- bzw. Absatzelastizität im Gewinnmaximum. Bei vollständiger Konkurrenz ginge μ gegen Null. Bei fallender Preis-Absatzfunktion ist μ eine positive Größe. Im Beispiel der linearen Preis-Absatzfunktion in Abb. IV.b muß die gewinnmaximierende Menge y* kleiner als die halbe Sättigungsmenge sein; denn nur dann kann der Grenzerlös positiv und gleich positiven Grenzkosten sein. Der COURNOTsche Punkt C in Abb. IV.b liegt mithin links vom Punkt H in Abb. I.w, der die Strecke RT halbiert (vgl. Kap. I.B.4.f). Gemäß dem geometrischen Elastizitätsmaß liegt die Absatzelastizität in C zwischen minus eins und minus unendlich. Der Monopolgrad μ in C hat mithin bei linearer, fallender Preis-Absatzfunktion einen Wert zwischen Eins und Null.

Während bei vollständiger Konkurrenz jedem gegebenen Produktpreis p eindeutig eine optimale Angebotsmenge zugeordnet ist, d. h. eine Angebotskurve existiert, gibt es im Monopol keine solche Zuordnung zwischen Preis und Menge. Bei

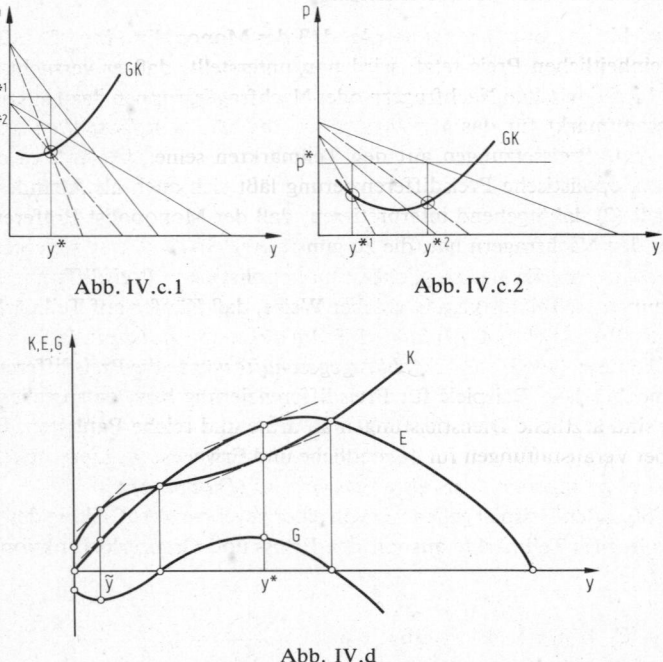

Abb. IV.c.1   Abb. IV.c.2

Abb. IV.d

vollständiger Konkurrenz ist der Preis, dargestellt durch eine Parallele zur Abszisse, gegeben, und allein die Lage der GK-Kurve bestimmt dann das Angebot. Im Monopol ist der Preis nicht gegeben, und das Angebot hängt auch von der Lage der Nachfragekurve bzw. der Preis-Absatzfunktion ab. Bei gegebener GK-Kurve können hier verschiedene Nachfragekurven erstens die gleiche Angebotsmenge y^*, aber unterschiedliche Preise p^{*1}, p^{*2}, oder zweitens unterschiedliche Angebotsmengen y^{*1}, y^{*2}, aber gleichen Preis p^* bewirken. Ein Beispiel für den ersten Fall ist in Abb. IV.c.1, ein Beispiel für den zweiten in Abb. IV.c.2 dargestellt.

Das Gewinnmaximum im Monopol können wir auch mit Hilfe der Gesamterlöskurve E und der Gesamtkostenkurve K ermitteln (vgl. Abb. IV.d). Der maximale Gewinn, dargestellt durch den senkrechten Abstand von Erlös- und Kostenkurve, ist bei der Menge y^* erreicht. Dort sind die Steigungen beider Kurven, d. h. GE und GK, einander gleich, die Bedingung 1. Ordnung ist mithin erfüllt. Auch die Bedingung 2. Ordnung ist erfüllt, denn die Steigung der Erlöskurve nimmt ab, die der Kostenkurve zu. Hingegen nimmt die Steigung der Kostenkurve bei $\bar{y}$ ab, so daß dort ein Gewinnminimum vorliegt. Die Gewinnkurve schneidet die Abszisse bei den Mengen, bei denen sich E- und K-Kurve schneiden; sie erreicht ihr Maximum bei y^* und ihr Minimum bei $\bar{y}$.

d. Monopolistische Preisdifferenzierung

Während bisher vorausgesetzt wurde, daß der Monopolist einen für alle Nachfrager einheitlichen Preis setzt, wird nun unterstellt, daß er versucht, gewisse Unterschiede zwischen Nachfragern oder Nachfragergruppen dazu auszunutzen, den Gesamtmarkt für das Monopolgut in *Teilmärkte aufzuspalten* und durch verschiedene Preissetzungen auf den Teilmärkten seinen Gewinn zu erhöhen. Diese monopolistische Preisdifferenzierung läßt sich auch als Abänderung des Merkmals (2) dahingehend interpretieren, daß der Monopolist Präferenzen gegenüber den Nachfragern hat, die zu günstigerem Preis beliefert werden.

Vorbedingung für die Möglichkeit monopolistischer Preisdifferenzierung ist die Bildung von Teilmärkten in solcher Weise, daß Käufer auf Teilmärkten mit niedrigem Preis nicht an Käufer auf Teilmärkten mit höherem Preis weiterverkaufen können. Durch solche *Arbitragegeschäfte* würde die Preisdifferenzierung zusammenbrechen. Beispiele für Preisdifferenzierung bzw. entsprechende Teilmärkte sind ärztliche Dienstleistungen an arme und reiche Patienten, Eintrittspreise bei Veranstaltungen für Jugendliche und Erwachsene, Lieferungen an das Ausland zu geringerem Preis als an das Inland (*Dumping*).

Im folgenden Beispiel gehen wir von einer gegebenen Aufteilung des Gesamtmarktes in zwei Teilmärkte aus mit den Erlös- und Grenzerlösfunktionen

$$E_1 = p_1 y_1; \quad E_1' = GE_1 = p_1 + y_1 \frac{dp_1}{dy_1} = p_1 \left(1 + \frac{1}{\eta_1} \right),$$

$$E_2 = p_2 y_2; \quad E_2' = GE_2 = p_2 + y_2 \frac{dp_2}{dy_2} = p_2 \left(1 + \frac{1}{\eta_2}\right). \quad \text{(IV.15)}$$

Die Fußindices 1 und 2 beziehen sich hier auf Erlös, Grenzerlös, Preis, Menge und Absatzelastizität auf den beiden Teilmärkten. Bedingungen 1. Ordnung für die gewinnmaximierenden Absatzmengen erhalten wir, wenn wir die Gewinnfunktion des preisdifferenzierenden Monopolisten

$$G = E_1(y_1) + E_2(y_2) - K(y) \quad \text{mit} \quad y = y_1 + y_2 \quad \text{(IV.16)}$$

partiell differenzieren und gleich Null setzen:

$$\frac{\partial G}{\partial y_1} = E_1'(y_1) - K_1'(y_1 + y_2) = 0,$$

$$\frac{\partial G}{\partial y_2} = E_2'(y_2) - K_2'(y_1 + y_2) = 0, \quad \text{(IV.17)}$$

mit

$$K_1' = \frac{\partial K}{\partial y} \frac{\partial y}{\partial y_1} = \frac{\partial K}{\partial y} = K'(y),$$

$$K_2' = \frac{\partial K}{\partial y} \frac{\partial y}{\partial y_2} = \frac{\partial K}{\partial y} = K'(y).$$

Daraus folgt

$$E_1'(y_1) = E_2'(y_2) = K'(y) \quad \text{(IV.18)}$$

als notwendige Bedingung für ein Gewinnmaximum (die Bedingungen 2. Ordnung untersuchen wir hier nicht). Nach (IV.18) müssen die Grenzerlöse auf den Teilmärkten einander gleich sein, und zwar gleich den Grenzkosten der gesamten Produktions- bzw. Absatzmenge. Solange die Grenzerlöse ungleich sind, läßt sich der Gewinn allein durch Absatzverlagerung vom Teilmarkt mit dem niedrigeren Grenzerlös zum Teilmarkt mit dem höheren Grenzerlös steigern. Damit die Grenzerlöse auf den Teilmärkten gleich sind, hat der Monopolist in der Regel auf jedem Teilmarkt einen anderen Preis zu setzen, denn aus (IV.15) und (IV.18) ergibt sich:

$$p_1^* \left(1 + \frac{1}{\eta_1}\right) = p_2^* \left(1 + \frac{1}{\eta_2}\right). \quad \text{(IV.19)}$$

Die gewinnmaximierenden Preise p_1^*, p_2^* sind nur dann einander gleich, wenn bei diesen Preisen die Absatzelastizitäten auf den Teilmärkten dieselben sind.

Für lineare Preis-Absatzfunktionen auf den beiden Teilmärkten ist die Vorteilhaftigkeit der Preisdifferenzierung in den Abb. IV.e.1 bis 3 dargestellt. Die

Abbildungen e.1 und e.2 enthalten die Preis-Absatzgeraden und die (gestrichelten) Grenzerlösgeraden. Die Horizontaladdition der Preis-Absatzgeraden ergibt in Abb. e.3 die geknickte Preis-Absatzfunktion für den Gesamtmarkt. Die zugehörige Grenzerlösfunktion weist eine Sprungstelle auf. Wir wollen im folgenden annehmen, daß die Grenzkostenkurve einen Verlauf hat, der die Belieferung beider Teilmärkte garantiert. Ohne Preisdifferenzierung wählt der Monopolist gemäß der Bedingung „Grenzerlös = Grenzkosten" den COURNOTschen Punkt C, mithin den Preis p^0 und die Menge y^0, wobei sich letztere in die Mengen y_1^0, y_2^0 auf den beiden Teilmärkten aufteilt. Bei diesen Mengen ist der Grenzerlös auf dem Teilmarkt 1 kleiner, auf dem Teilmarkt 2 größer als die Grenzkosten. Es lohnt sich also, auf dem Teilmarkt 1 die Menge zu reduzieren und den Preis zu erhöhen, auf dem Teilmarkt 2 die Menge zu erhöhen und den Preis zu senken, bis die Bedingung (IV.18) erfüllt ist. Da die Preis-Absatzfunktionen linear sind, handelt es sich bei dem Übergang vom einheitlichen Preis zu differenzierten

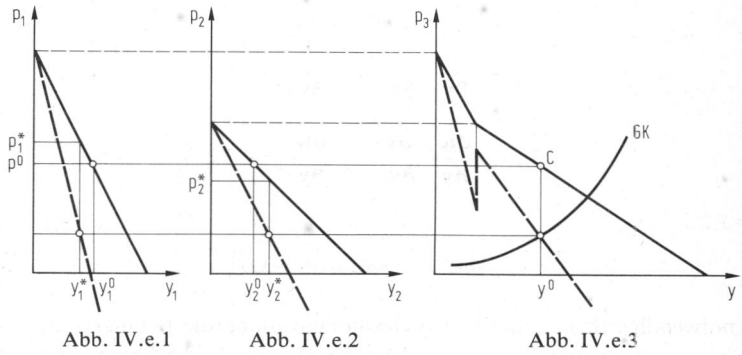

Abb. IV.e.1   Abb. IV.e.2   Abb. IV.e.3

Preisen nur um eine Mengenumverteilung von Markt 1 auf den Markt 2 (bei nicht-linearen Funktionen ändert sich mit Einführung der Preisdifferenzierung regelmäßig die gewinnmaximierende Gesamtmenge y_0).

Der Fall, daß die gewinnmaximierenden Preise p_1^*, p_2^* wegen gleicher Absatzelastizitäten auf den beiden Teilmärkten gleich sind, trifft bei linearen Preis-Absatzfunktionen der Teilmärkte dann zu, wenn diese gleiche Ordinatenabschnitte haben, bei der Horizontaladdition mithin kein Knick in der Preis-Absatzfunktion des Gesamtmarktes entsteht. Dann kann man die Preis-Absatzgeraden der Teilmärkte in ein einziges Diagramm einzeichnen, ihren gemeinsamen Ordinatenabschnitt als Punkt auffassen, von dem die Geraden als Strahlen ausgehen. Die Abszisse und die durch den COURNOTschen Punkt verlaufende Preisgerade bilden zwei Parallelen, welche die beiden Strahle schneiden (vgl. Abb. IV.f.1). Nach dem Strahlensatz verhält sich $\overline{AC_2} : \overline{C_2B}$ wie $\overline{AC_1} : \overline{C_1D}$, so daß sich gemäß

(I.58) in C_1 und C_2 die Absatzelastizitäten gleichen. Für die durch C_1 und C_2 bezeichneten Mengen y_1^0 und y_2^0 ist nun die Bedingung (IV.18) bereits erfüllt (vgl. auch Abb. IV.f.2); Preisdifferenzierung lohnt sich also nicht.

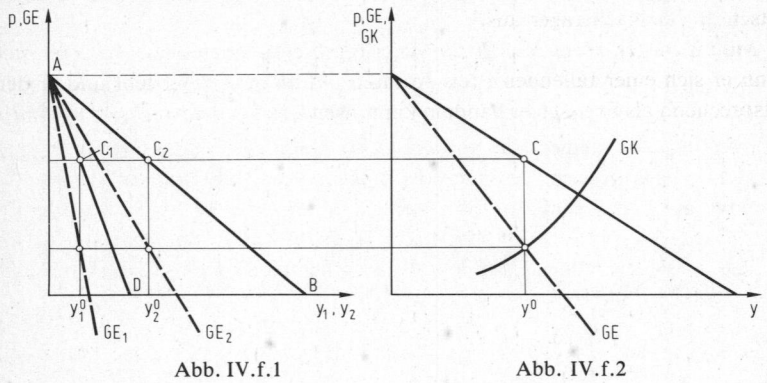

Abb. IV.f.1   Abb. IV.f.2

In den meisten Fällen ist die Aufteilung des Gesamtmarktes in Teilmärkte z. B. durch persönliche oder geographische Merkmale der Nachfrager, die vom Anbieter nicht ohne weiteres zu beeinflussen sind, vorgegeben. Ist hingegen der Anbieter in der Lage, den Gesamtmarkt alternativ in Teilmärkte aufzuspalten, dann lohnt es sich für ihn, zu sämtlichen Alternativen die gewinnmaximierende Preisdifferenzierung entsprechend (IV.18) zu ermitteln und diejenige Marktaufteilung und zugeordnete Preisdifferenzierung zu wählen, die den höchsten Gewinn verspricht. Ist es dem Anbieter im theoretischen Extremfall möglich, für jede Absatzmengeneinheit einen gesonderten Markt zu bilden und „totale Preisdifferenzierung" zu betreiben, so kann er die erste Mengeneinheit zu p_1, die zweite zu p_2, die dritte zu p_3 usw. verkaufen (vgl. Abb. IV.g.1), so daß der maximale Gesamterlös durch das Dreieck OAB approximiert wird. Unter Berücksichtigung positiver Grenzkosten wird der Monopolist allerdings nicht diesen Maximalerlös anstreben. Der Gewinn ist in diesem Fall vielmehr dann maximal, wenn der „Grenzpreis" – also der Preis für die zuletzt abgesetzte Mengeneinheit – gerade den Grenzkosten gleich ist und Punkt C realisiert wird. Bei der optimalen Angebotsmenge OD beträgt der Erlös OACD. Dieser Erlös ist um die Fläche des Dreiecks AEC größer als der Erlös, der bei einem für alle Nachfrager gleich hohen Preis von OE erzielt würde.

Der geschilderte Fall der totalen Preisdifferenzierung läuft auf eine vollständige Abschöpfung der Käuferrente durch den Anbieter hinaus. In Abb. IV.g.2 ist Abb. III.d.5 wiederholt, in der die Käufer- und die Verkäuferrente durch schraffierte Dreiecke dargestellt sind. Der durch die totale Preisdifferenzierung anfallende Mehrerlös AEC ist Mehrgewinn gegenüber dem Fall der gewinnmaximierenden einheitlichen Preissetzung p*; dieser Mehrgewinn entspricht dem die Käuferrente darstellenden Dreieck. Mit seiner Preisdifferenzierung nutzt der Anbieter für jede einzelne Mengeneinheit die jeweilige marginale Zahlungsbereitschaft der Nachfrager aus.

Möglichkeiten einer Preisdifferenzierung bieten sich einem Anbieter stets, wenn er sich einer fallenden Preis-Absatzfunktion gegenübersieht und er dementsprechend als Preissetzer handeln kann, wenn ferner der Markt in Teilmärkte

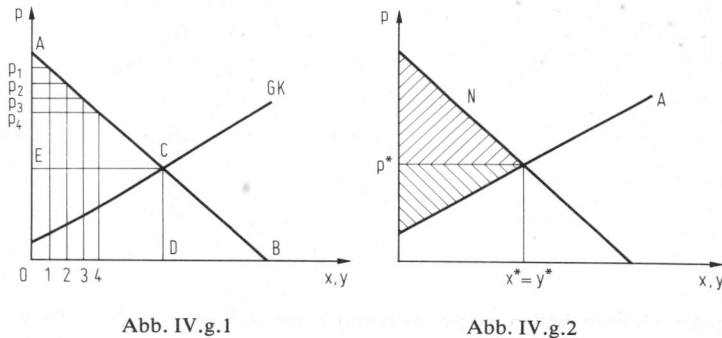

Abb. IV.g.1   Abb. IV.g.2

aufgespalten oder aufspaltbar ist. Es muß sich nicht unbedingt um ein Angebotsmonopol handeln. Wie viele der anderen Überlegungen in diesem Abschnitt über das Angebotsmonopol lassen sich auch die zur Preisdifferenzierung auf andere Abschnitte, z. B. die über monopolistische Angebotskonkurrenz oder das heterogene Angebotsoligopol, übertragen. Daneben könnten wir im Anschluß an den Abschnitt über das Nachfragemonopol analog eine nachfragemonopolistische Preisdifferenzierung untersuchen, was jedoch unterbleiben soll.

e. Langfristiges Gleichgewicht im Angebotsmonopol

Indem wir mit einer gegebenen Kosten- bzw. Grenzkostenkurve arbeiteten, unterstellten wir bisher, daß die Betriebsgröße des Angebotsmonopolisten festliegt. Wollen wir die Möglichkeit von Betriebsgrößenänderungen einbeziehen, dann haben wir, wenn wir die Preis-Absatzfunktion als unveränderlich betrachten, die Bestimmung der gewinnmaximierenden Angebotsmenge mit der langfristigen Grenzkostenkurve LGK durchzuführen. In der in Abb. IV.h.1 dargestellten Situation ermittelt der Monopolist mit Hilfe der LGK-Kurve die langfristig gewinnmaximierende Produktions- bzw. Angebotsmenge y_L^* und den zugehörigen langfristigen Preis p_L^*. Damit die bei dieser Menge minimalen Durchschnittskosten gewährleistet sind, hat er jene Betriebsgröße zu wählen, der die Kurven DTK* und GK* zugeordnet sind. y_L^* ist in unserem Zeichenbeispiel wieder geringer als die Produktionsmenge des langfristigen und kurzfristigen Betriebsoptimums, so

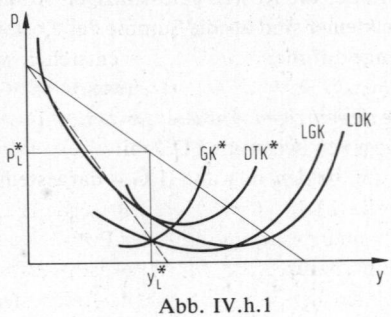

Abb. IV.h.1

daß die Faktoren weniger als optimal genutzt werden. Auch hier kann jedoch die gewinnmaximierende Produktionsmenge gleich dem Betriebsoptimum sein oder größer als dieses.

Die Marktform des Monopols ist als theoretischer Grenzfall besonders in langfristiger Betrachtung unrealistisch. Vor allem drei Gründe schränken die Marktposition des Angebotsmonopolisten ein: Es besteht erstens die Möglichkeit der *Neugründung* von Unternehmungen, die das gleiche Gut herstellen. Wenden wir die in Kap. III.A.5 über das langfristige Konkurrenzgleichgewicht angeführten Argumente auf das Monopol an, dann wird ein hoher Monopolgewinn neue Anbieter an den Markt dieses Gutes locken. Ein vollkommenes Monopol würde die Sperrung des Marktzugangs voraussetzen, etwa durch ein geschütztes Patent für die Produktion des Monopolgutes, durch gesetzliches Verbot von Neugründungen oder durch Androhung eines Preiskampfes gegen neue Anbieter. Es bestehen zwar Markteintrittshemmnisse (vgl. dazu Kap. IV.F.4), doch ist Marktsperrung auf die Dauer schwer zu erreichen. Zweitens ist die Annahme, daß es keine Substitute gibt, zumindest längerfristig nicht gerechtfertigt. Selbst wenn der Zugang zum Markt des Monopolgutes gesperrt ist, ergibt sich doch die Möglichkeit, *ähnliche Güter* herzustellen, und die Nachfrage nach dem Monopolgut wird dann von den Preisen dieser Substitute abhängen. In diesem Fall müßte die Marktabgrenzung anders vorgenommen werden, denn wir hätten es nun mit mehreren Anbietern einander ähnlicher Güter zu tun. Drittens würde ein Monopolist, der hohe Gewinne erzielt und die Nachfrager mit einer relativ kleinen Menge des Monopolgutes versorgt, von der *öffentlichen Meinung* schlecht beurteilt, was schließlich den Gesetzgeber veranlassen könnte, in dessen Preispolitik einzugreifen. Insgesamt ist festzustellen, daß aus den angeführten Gründen die Marktform des Monopols dazu tendiert, in eine andere Marktform, besonders die des Oligopols, überzugehen.

f. Das „natürliche" Monopol

Von einem *„natürlichen" Monopol* spricht man bei *Subadditivität der Kosten*, d. h. einer Situation, in der die Kosten eines einzigen Anbieters einer insgesamt abzusetzenden Menge kleiner sind als die Summe der Kosten, die bei irgendeiner Aufteilung dieser Menge auf mehrere Anbieter entstehen würden. *Hinreichend, wenn auch nicht notwendig* für eine solche Situation ist, daß die *Preis-Absatz-kurve die LDK-Kurve des einzigen Anbieters in deren fallendem Bereich schneidet.* Diese Situation liegt vor, wenn die LDK mit wachsender Produktionsmenge stets abnehmen (vgl. die beiden in Kap. II.G.4 dargestellten Beispiele); sie ist auch gegeben, wenn die LDK-Kurve U-förmig verläuft und der aufsteigende Kurvenast erst rechts vom Schnittpunkt mit der Preis-Absatzkurve beginnt (vgl. dazu Abb. IV.h.2). Ein „natürliches" Monopol ist realistisch für Güter, deren Produktion (einschließlich Bereitstellung für die Abnehmer) extrem hohe Investitionen, beispielsweise für die Errichtung eines Schienennetzes oder eines Leitungssystems, erfordert. Es wäre volkswirtschaftliche Verschwendung, aus Wettbewerbsgründen mehr als einen Anbieter zuzulassen und damit diese Investitionen mehrfach durchführen zu lassen. Die LDK eines einzigen Anbieters sind bei einer gegebenen Produktionsmenge im fallenden Bereich der LDK-Kurve jedenfalls geringer als der Durchschnitt der LDK mehrerer Anbieter, die sich diese Produktionsmenge teilen. Ein Markt mit mehreren Anbietern würde in diesem Sinne „versagen". Daher kommt es, daß Bahn, Telefon- und Elektrizitätsversorgung, aber auch kommunale Einrichtungen wie Wasserversorgung und Verkehrsbetriebe, als „natürliche" Monopole geduldet sind.

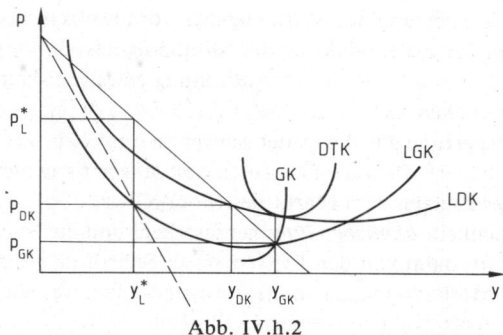

Abb. IV.h.2

Das in Abb. IV.h.2 dargestellte „natürliche" Monopol würde bei Streben nach maximalem Gewinn die Preis-Mengenkombination p_L^*, y_L^* wählen und damit, analog zu Abb. IV.h.1, eine Betriebsgröße, die im Vergleich zur Nachfrage gering ist und die mit der den hohen Monopolpreis p_L^* ermöglichenden geringen

Menge y_L^* nicht einmal optimal genutzt wird. Als „natürliches" Monopol privilegiert zu sein, erfordert daher ein Abgehen vom Grundsatz der Gewinnmaximierung. Der Staat könnte beispielsweise einen Höchstpreis verordnen. Ein Preis, der geringer als p_L^* ist und als Datum akzeptiert werden muß, induziert die Wahl einer größeren Betriebsgröße und die Produktion einer größeren Menge.

Die Verordnung eines Preises p_{GK} hätte eine Menge y_{GK} zur Folge; die Situation entspräche der „Preis = Grenzkosten"-Regel bei vollständiger Konkurrenz (wobei im Beispiel der Abb. IV.h.2 die Menge y_{GK} geringer als die betriebsoptimale für DTK ist). Dieser „Als-ob"-Konkurrenzpreis deckt im „natürlichen" Monopol jedoch nicht die Durchschnittskosten LDK bzw. DTK, weil hier die LDK-Kurve fallend und mithin die LGK-Kurve notwendigerweise unterhalb der LDK-Kurve verläuft. Eine durch staatliche Preissetzung simulierte Situation der vollständigen Konkurrenz erweist sich also als unzweckmäßig, da das „natürliche" Monopol wegen dann vorliegender Verluste nicht lebensfähig ist.

Ein staatlich verordneter Preis p_{DK} hätte eine Menge y_{DK} zur Folge; der Preis würde die (kurz- bzw. langfristigen) Durchschnittskosten decken, so daß das „natürliche" Monopol ohne Gewinn arbeiten würde. Dieser Preis oder ein etwas höherer, der einen bescheidenen Gewinnzuschlag zu den Durchschnittskosten impliziert, mag in der Realität als Orientierung für die staatliche Regulierung gelten. Jeder kostenorientiert verordnete Preis birgt allerdings die Gefahr, daß nicht die Minimalkostenkombinationen realisiert oder mitgeteilt werden und daß Anreize zu kostensenkenden Maßnahmen fehlen.

Die zweckmäßige Organisation „natürlicher" Monopole ist daher immer wieder Gegenstand von Diskussionen. So wurde vorgeschlagen, wo immer möglich ein öffentliches Leitungsnetz zu errichten und es von mehreren, miteinander konkurrierenden privaten Anbietern beschicken zu lassen. Ein anderer Vorschlag sieht vor, das „natürliche" Monopol in zeitlichen Abständen an den privaten Anbieter zu versteigern, der den niedrigsten Preis zusagt. Sofern die Nachfrager geeignet mobilisierbar sind, können Produktion und Preisgestaltung des Monopolgutes auch einem „Klub der Nutzer" (z. B. in Form einer Genossenschaft) übertragen werden; dabei sollen „Klubbeiträge" zur Fixkostendeckung und Grenzkostenpreise zur Abgeltung variabler Kosten von einem Management festgesetzt werden, das von der Versammlung der Mitglieder kontrolliert wird (vgl. BORCHERT-GROSSEKETTLER 1985, S. 53 f., 317 f.). Der Gedanke, das Entgelt für die Nutzung eines „natürlichen" Monopolgutes in einen mengenunabhängigen Grundpreis und einen mengenabhängigen Tarifpreis aufzuteilen, ist auch bei staatlicher Regulierung, z. B. in der Stromversorgung, verwirklicht.

3. Das Nachfragemonopol (Monopson)

Die Theorie des Nachfragemonopols läßt sich weitgehend analog zur Theorie des Angebotsmonopols entwickeln, so daß wir uns im folgenden kurz fassen können. Ein Nachfragemonopol liegt nur dann vor, wenn die Anbieter keinerlei Möglichkeit haben, das Gut an andere Nachfrager als den Nachfragemonopolisten abzusetzen. Das Gut darf also nicht als Substitut für irgendwelche Güter in Frage kommen, die von anderen Nachfragern nachgefragt werden, denn sonst hätten Preisänderungen für diese anderen Güter Einfluß auf die Nachfrage nach dem betrachteten Gut, und es wäre dann vielleicht zweckmäßig, die Marktabgrenzung unter Einschluß der engen Substitute vorzunehmen.

Als Beispiel betrachten wir eine Unternehmung, die einen variablen Faktor als Nachfragemonopolist auf dem Beschaffungsmarkt nachfragt. Der Nachfragemonopolist kennt die gesamtwirtschaftliche Angebotsfunktion für den Faktor, die sich aus der Aggregation einzelwirtschaftlicher Angebotsfunktionen von Mengenanpassern ergibt und positive Steigung hat. Er wählt den Faktorpreis als Aktionsparameter und nimmt stets die Menge ab, die die Anbieter zum jeweiligen Preis anbieten. Die Marktgleichgewichtsbedingung „Angebot = Nachfrage" ist daher immer erfüllt. Die gesamtwirtschaftliche Angebotsfunktion für den Faktor wird damit zur *Preis-Beschaffungsfunktion* des Nachfragemonopolisten. Ist r die nachgefragte Faktormenge und q der Faktorpreis, dann lautet die Preis-Beschaffungsfunktion in der nach dem Preis aufgelösten Form:

$$q = h(r) \quad \text{mit} \quad \frac{dq}{dr} > 0. \tag{IV.20}$$

Aus der Preis-Beschaffungsfunktion erhalten wir die Funktion der *Ausgaben* $A(r)$ für den Faktor, indem wir Faktorpreis und -menge multiplizieren:

$$A(r) = qr = h(r) \cdot r. \tag{IV.21}$$

Daraus ergeben sich die *Grenzausgaben* für den Faktor:

$$A'(r) = GA = \frac{dA}{dr} = h(r) + rh'(r) = q + r\frac{dq}{dr}. \tag{IV.22}$$

Bei vollständiger Konkurrenz ist der Preis für den einzelnen Nachfrager ein Datum. Angewendet auf unser Beispiel wäre dann $dq/dr = 0$ und die GA wären gleich dem Faktorpreis. Hier gilt dagegen $dq/dr > 0$, so daß die GA höher als der Faktorpreis sind. Bei jeder zusätzlich eingekauften Mengeneinheit muß der Nachfragemonopolist für die gesamte Menge einen höheren Preis bewilligen. Die GA lassen sich mit Hilfe der AMOROSO-ROBINSON-Beziehung wie folgt anschreiben:

$$A'(r) = GA = q\left(1 + \frac{1}{\eta_{rq}}\right) \quad \text{mit} \quad \eta_{rq} = \frac{dr}{dq}\frac{q}{r} > 0. \tag{IV.23}$$

Hier ist η_{rq} die Elastizität des Faktorangebots in bezug auf den Preis.

Im Falle einer linearen Preis-Beschaffungsfunktion mit den positiven Konstanten k und l,

$$q = k + lr, \qquad (IV.24)$$

werden die Ausgaben durch eine Kurve 2. Grades beschrieben,

$$A = kr + lr^2, \qquad (IV.25)$$

und die GA sind wieder linear:

$$A'(r) = GA = k + 2lr. \qquad (IV.26)$$

Geometrisch sind diese drei Beziehungen in Abb. IV.i dargestellt: Die Gerade der GA hat den gleichen Ordinatenabschnitt und verläuft doppelt so steil wie die Gerade, welche die Preis-Beschaffungsfunktion beschreibt.

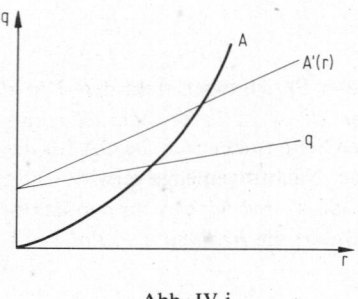

Abb. IV.i

Wir nehmen vereinfachend an, daß die Unternehmung nur diesen einen variablen Faktor benötigt, die Produktionsfunktion mithin

$$y = g(r) \qquad (IV.27)$$

lautet, und daß der Preis auf dem Absatzmarkt des Produktes ein Datum $\bar{p}$ ist. Unter diesen Annahmen wollen wir die von dem Monopolisten nachgefragte Menge und den von ihm gesetzten Preis bestimmen. In der Theorie des Angebotsmonopols wird der Gewinn in Abhängigkeit von der Absatzmenge y als Differenz zwischen Erlös E(y) und Kosten K(y) definiert. In der Theorie des Nachfragemonopols soll der Gewinn in Abhängigkeit von der Faktoreinsatz- bzw.

Nachfragemenge r ausgedrückt werden. Man schreibt daher den Erlös als Funktion von r und nennt ihn *Wert der Produktion* $W(r) = \bar{p}y$. Ebenso verfährt man mit den Kosten und bezeichnet sie als Gesamtausgaben, die in unserem Fall (bei Vernachlässigung von Fixkosten) mit den Ausgaben $A(r)$ übereinstimmen. Unter Beachtung von (IV.21) und (IV.27) lautet der Gewinn somit:

$$G(r) = W(r) - A(r) = \bar{p}g(r) - h(r) \cdot r. \tag{IV.28}$$

Das Ziel des Nachfragemonopolisten sei es, den Preis des Faktors so festzusetzen, daß der Gewinn ein Maximum erreicht. Die gewinnmaximierende Nachfragemenge ist bei einem Grenzgewinn von Null verwirklicht. Die *Bedingung 1. Ordnung* für das Gewinnmaximum heißt

$$G'(r) = W'(r) - A'(r) = \bar{p}g'(r) - [h(r) + rh'(r)] = 0 \tag{IV.29}$$

oder

$$W'(r) = A'(r) \quad \text{bzw.} \quad \bar{p}g'(r) = h(r) + rh'(r). \tag{IV.30}$$

Auf der linken Seite dieser Beziehungen steht der *Wert des Grenzprodukts des Faktors* (auch *Grenzwert der Produktion* oder *Wertgrenzprodukt des Faktors* genannt), auf der rechten Seite finden sich die GA für den Faktor. Ein Gewinnmaximum ist also bei einer Nachfragemenge verwirklicht, bei der sich die Kurven des Wertes des Grenzprodukts und der GA für den Faktor schneiden. Damit ein Maximum vorliegt, muß dort die *Bedingung 2. Ordnung*

$$G''(r) = W''(r) - A''(r) = \bar{p}g''(r) - [2h'(r) + rh''(r)] < 0 \tag{IV.31}$$

oder

$$W''(r) < A''(r) \quad \text{bzw.} \quad \bar{p}g''(r) < 2h'(r) + rh''(r) \tag{IV.32}$$

erfüllt sein, d. h. die Steigung der Kurve, welche den Wert des Faktorgrenzprodukts bezeichnet, muß kleiner sein als die der Kurve der GA. Zur Bestimmung des gewinnmaximierenden Preises setzen wir die gewinnmaximierende Nachfragemenge in die Preis-Beschaffungsfunktion (IV.20) ein.

Aus unserem geometrischen Beispiel in Abb. IV.i übernehmen wir die beiden Geraden, welche die Preis-Beschaffungsfunktion und die GA darstellen, in Abb. IV.j. Die Kurve des Wertes des Faktorgrenzprodukts erhalten wir, indem wir die

Ordinatenwerte der Grenzertrags-(Grenzproduktivitäts-)kurve mit der Konstanten $\bar{p}$ multiplizieren. Gilt für die Produktionsfunktion (IV.27) das allgemeine Ertragsgesetz, dann hat die Grenzertragskurve zunächst positive, später abnehmende Steigung (vgl. Abb.II.c).

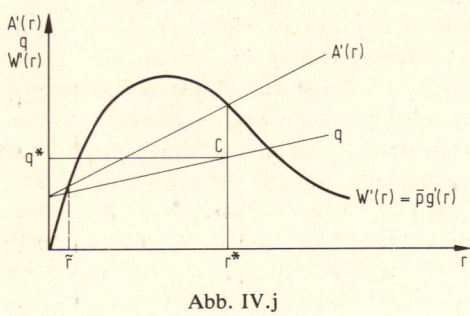

Abb. IV.j

In Abb. IV.j gibt es zwei Schnittpunkte der Kurve des Faktorgrenzprodukts und der Kurve der GA; in beiden ist die Bedingung 1. Ordnung (IV.30) erfüllt. Bei $\tilde{r}$ ist die Steigung der Kurve $W'(r)$ größer, bei r^* kleiner als die Steigung der Geraden $A'(r)$. Nur bei der Menge r^* trifft mithin die Bedingung 2. Ordnung (IV.32) zu. Der gewinnmaximierende Preis q^* ergibt sich, indem wir bei r^* auf die Preis-Beschaffungsfunktion loten. C ist der COURNOTsche Punkt im Nachfragemonopol.

4. Das bilaterale Monopol

a. Problemstellung und Verhaltensweisen

Das Angebots- und das Nachfragemonopol untersuchten wir unter der Voraussetzung, daß es auf der anderen Marktseite jeweils sehr viele Marktteilnehmer gibt, die sich als Mengenanpasser verhalten. Der Monopolist ist damit in der Lage, den Preis allein festzusetzen. In der Marktform des bilateralen Monopols stehen sich nur ein Anbieter und ein Nachfrager gegenüber, die insoweit aufeinander angewiesen sind, als sie nicht anderweitig verkaufen bzw. kaufen können. Nicht jeder von beiden kann den Preis bestimmen; denn da der Anbieter einen hohen, der Nachfrager einen niedrigen Preis setzen möchte, ist eine Übereinstimmung in einer von beiden unabhängig durchgeführten Preissetzung nicht zu erwarten. Es liegt nahe anzunehmen, daß Anbieter und Nachfrager in Verhandlungen eintreten, um zu versuchen, zu einer Einigung über Preis und Menge zu gelangen. In der Theorie des bilateralen Monopols stellt sich also das Problem, den Ausgang von Verhandlungen zwischen zwei Wirtschaftseinheiten zu erklären. Dieses Problem kann unter die allgemeine *Theorie des Verhandelns* (des „*bargaining*") eingeordnet werden. Der Ausgang von Verhandlungen hängt vor allem vom Verhandlungsgeschick, den Vorräten und finanziellen Reserven sowie vom Stand der Information über den anderen Partner ab. Das Verhandlungsgeschick eines Partners äußert sich beispielsweise in der Fähigkeit, bei dem anderen glaubhaft den Eindruck zu erwecken, daß die Verhandlungen abgebrochen werden, falls eine bestimmte Forderung nicht erfüllt wird. Die Vorräte und finanziellen Reserven spielen u.a. deshalb eine Rolle, weil sie einen Partner in die Lage versetzen, mit dem Abschluß eines Geschäftes länger zu warten oder ganz darauf zu verzichten. Informationen über die tatsächliche Lage des anderen reduzieren dessen Möglichkeiten, seine Lage günstiger darzustellen als sie ist. Alle diese Faktoren bestimmen die *relative Machtposition* eines Partners. Es ist allerdings schwierig, die einzelnen Faktoren in einem einheitlichen Maßstab auszudrücken oder zu gewichten, um so den Begriff der relativen Machtposition operational zu machen. Die Theorie des Verhandelns ist in neuerer Zeit vor allem im Rahmen der *Theorie der strategischen Spiele* entwickelt worden, die wir hier jedoch nicht behandeln können. Wir beschränken uns darauf, die Möglichkeiten der Preisbildung im bilateralen Monopol im Rahmen der herkömmlichen mikroökonomischen Theorie zu untersuchen. Dabei wollen wir zunächst davon ausgehen, daß die Marktpartner von vornherein durch bestimmte Verhaltensweisen gekennzeichnet sind und von Verhandlungen absehen.

Obgleich beide Partner Monopolisten sind, kann jedoch nicht jeder von ihnen wie ein Monopolist handeln, d. h. den Preis unabhängig vom anderen festsetzen. Mindestens einer von beiden muß eine andere als die monopolistische Verhaltensweise anwenden. Wir unterscheiden in der folgenden Untersuchung drei mögliche Kombinationen von Verhaltensweisen der Partner:

(1) *Beide* Partner verhalten sich als *Mengenanpasser.* Jeder hält seine Position für so schwach, daß er bereit ist, einen irgendwie zustandegekommenen, z. B. von einem unabhängigen Auktionator ausgerufenen Preis als Datum zu akzeptieren, an das er sich durch Festsetzung seiner zu diesem Preis optimalen Menge anpaßt.

(2) Ein Partner verhält sich als *Monopolist*, der andere als *Mengenanpasser.* Der eine Partner hält sich für so stark, daß er glaubt, den Preis bestimmen zu können, während der andere bereit ist, diesen Preis als Datum hinzunehmen.

(3) Ein Partner verhält sich als *Optionsfixierer*, der andere als *Optionsempfänger.* Die Optionsfixierung setzt eine noch stärkere Position als die des Monopolisten voraus. Während der Monopolist entweder den Preis oder die Menge bestimmen kann und die Festlegung der jeweils anderen Größe dem Marktpartner überläßt, ist der Optionsfixierer in der Lage, sowohl Preis als auch Menge zu bestimmen. Dem Marktpartner, der sich als Optionsempfänger verhält, bleibt

dann nur die Wahl, diese Preis-Mengenkombination anzunehmen oder das Geschäft ganz abzulehnen.

Nur für bestimmte Kombinationen von Verhaltensweisen sind mit den Instrumenten der herkömmlichen Theorie eindeutig Gleichgewichtspreis und Gleichgewichtsmenge im bilateralen Monopol ableitbar. Man kann nicht angeben, unter welchen Umständen und warum ein Marktpartner die unterstellte Verhaltensweise anwendet. Im Grunde ist es natürlich die relative Machtposition, die ihm eine bestimmte Verhaltensweise aufzwingt oder gestattet. Ein stringenter Zusammenhang zwischen der Verhaltensweise und den Faktoren, die die relative Machtposition bestimmen, läßt sich aber kaum herstellen. Wenn wir von gegebenen Verhaltensweisen der Marktpartner ausgehen, müssen wir einen wesentlichen Teil des Problems als bereits gelöst voraussetzen, nämlich die Frage, wovon eine Verhaltensweise abhängt.

Ein bilaterales Monopol ist beispielsweise gegeben, wenn am Arbeitsmarkt der Lohn für ein homogenes Produkt „Arbeit" zwischen einer Gewerkschaft und einem Arbeitgeberverband ausgehandelt wird. Auch zwischen einem Monopolisten auf der einen Marktseite und einem Kartell (vgl. dazu Kap. IV.E.2) auf der anderen oder zwischen Kartellen auf beiden Marktseiten liegt die Marktform des bilateralen Monopols vor.

Wir behandeln im folgenden zwei Beispiele. Im ersten, auf FRANCIS EDGEWORTH zurückgehenden Beispiel interpretieren wir den Fall des „reinen Tausches" zwischen zwei Haushalten als bilaterales Monopol, im zweiten Beispiel gehen wir davon aus, daß sich jeweils eine Unternehmung als Anbieter und Nachfrager am Markt eines bilateralen Monopols gegenüberstehen.

b. Bilaterales Monopol im Fall des „reinen Tausches"

Wie im Kap. III.B.3 betrachten wir die Haushalte 1 und 2, die über vorgegebene Erstausstattungen mit den Gütern 1 und 2 verfügen. Diese werden durch einen Punkt E in einem Schachteldiagramm dargestellt, dessen Seitenlängen die insgesamt verfügbaren Erstausstattungen bezeichnen (vgl. Abb. III.q). Wir können nun wahlweise ein Gut als das umgesetzte Gut bezeichnen und das andere als das „Preisgut", mit dem bezahlt wird. Das Preisgut spielt die Rolle des Standardgutes (*numéraire*). Wir betrachten hier Gut 1 als das umgesetzte und Gut 2 als das Preisgut. Bei einem Übergang von Punkt E zum Punkt P des Schachteldiagramms ist also Haushalt 1 der Nachfrager des bilateralen Monopols, der die Menge $\hat{v}_1^1$ erhält und mit der Menge $\hat{v}_2^1$ bezahlt. Haushalt 2 ist der Anbieter des bilateralen Monopols, der die Menge $\hat{v}_1^2$ abgibt und dafür das Entgelt $\hat{v}_2^2$ bezieht. Der Preis des Gutes 1 wird in Einheiten des Gutes 2 gemessen. In der absoluten Steigung der Geraden durch P und E kommt der Preis des umgesetzten Gutes zum Ausdruck. Die Gerade heißt daher wieder Preisgerade und ist von 0^1 aus gesehen Bilanzgerade des Haushalts 1, von 0^2 aus gesehen Bilanzgerade des Haushalts 2.

In Abb. IV.k beschreibt der Bereich, den die durch E verlaufenden Indifferenzkurven einschließen, wieder die Tauschmöglichkeiten, an denen die Haushalte interessiert sein können (ein Punkt auf dem Rand bringt nur einem Haushalt einen Nutzengewinn, schädigt aber den anderen nicht). Ein Punkt, der ein Gleichgewicht repräsentiert, muß daher innerhalb dieses Bereiches oder zumindest auf seinem Rand liegen.

Die Gesamtheit der möglichen *Verhandlungsgleichgewichte* läßt sich noch weiter eingrenzen. Ein Verhandlungsgleichgewicht (ein Kontrakt) muß nämlich durch einen Punkt auf der Kontraktkurve beschrieben werden (aufgrund dieser Tatsache wählte EDGEWORTH die Bezeichnung *Kontraktkurve*). Ein Haushalt hat bei der immer unterstellten Unabhängigkeit der Nutzen gegen eine Nutzenerhöhung für den anderen Haushalt nichts einzuwenden, wenn nur sein eigener Nutzen nicht abnimmt. Schlägt z. B. Haushalt 2 einen Punkt vor, der nicht auf der Kontraktkurve liegt, dann kann Haushalt 1 stets einen Gegenvorschlag machen, bei dem er selbst besser und der andere nicht schlechter gestellt ist. Es ist natürlich die Eigenschaft der PARETO-Optimalität, die hier wieder entscheidend ist: Nur in einem Punkt auf der Kontraktkurve kann der Nutzen eines Haushalts nicht mehr erhöht werden, ohne daß der des anderen vermindert wird.

Für ein Verhandlungsgleichgewicht kommen also nur Punkte in Frage, die in Abb. IV.k erstens innerhalb oder auf dem Rand des schraffierten Bereiches zwischen den Indifferenzkurven durch E und zweitens auf der Kontraktkurve liegen. Wir untersuchen nun, welche Punkte sich bei den erwähnten Kombinationen von Verhaltensweisen der beiden Partner ergeben.

(1) *Beiderseitige Mengenanpassung:* Diesen Fall haben wir bereits in Kap. III.B.3 behandelt. Das Gleichgewicht wird dann durch den Schnittpunkt S der beiden von E ausgehenden Tauschkurven T^1 und T^2 beschrieben. Wird also in den Verhandlungen ein Preis des umgesetzten Gutes 1 in Erwägung gezogen, welcher der Preisgeraden durch E und S entspricht, dann sind die Wünsche der

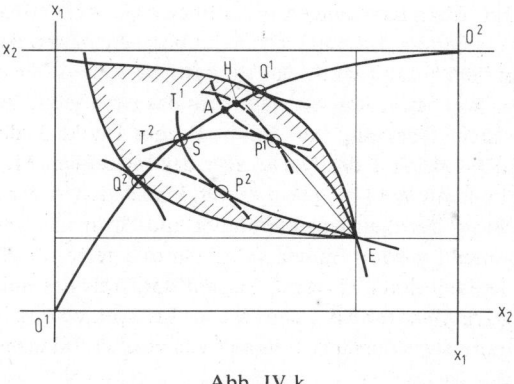

Abb. IV.k

beiden Marktpartner konsistent. Das Verhandlungsgleichgewicht S liegt innerhalb des schraffierten Bereichs und auf der Kontraktkurve.

(2) *Ein Partner Monopolist, der andere Mengenanpasser:* Fühlt sich Haushalt 1 so stark, daß er sich als Monopolist verhält, während Haushalt 2 sich für so schwach hält, daß er als Mengenanpasser handelt, dann kann sich Haushalt 1 jenen Punkt auf der Tauschkurve des Haushalts 2 aussuchen, der ihm den höchsten Nutzen verschafft. Haushalt 1 wird also den Preis zunächst so wählen, daß der Punkt P^1 realisiert wird, an dem die Tauschkurve T^2 eine Indifferenzkurve des Haushalts 1 tangiert. P^1 liegt zwar innerhalb des schraffierten Bereichs, jedoch nicht auf der Kontraktkurve. Daß diese Monopollösung demnach nicht pareto-optimal ist, zeigt eine Deutung von P^1 als Verhandlungssituation: Von P^1 aus könnte Haushalt 2 den Punkt A ins Gespräch bringen, bei dem er selbst besser, Haushalt 1 nicht schlechter gestellt ist als in P^1. Nun ist nicht einzusehen, warum der Vorteil eines Übergangs von P^1 auf die Kontraktkurve vollständig dem schwächeren Haushalt 2 zufallen sollte. Haushalt 1 wird vielmehr wieder mit einem Vorschlag antworten, der auch ihn besser stellt; der ganze Vorteil des Übergangs fiele ihm im Punkt H zu. Das endgültige Verhandlungsgleichgewicht ist im hier behandelten Fall nicht bestimmt; wir können lediglich feststellen, daß es sich um einen Punkt zwischen A und H auf der Kontraktkurve innerhalb des schraffierten Bereichs handeln muß.

Analog können wir in dem Fall argumentieren, daß sich Haushalt 2 monopolistisch verhält, während Haushalt 1 als Mengenanpasser handelt. Haushalt 2 würde den Punkt P^2 verwirklichen, in dem die Tauschkurve T^1 eine seiner Indifferenzkurven berührt. Auch für Haushalt 2 lohnt sich die monopolistische Verhaltensweise also nicht. Bei Verhandlungen wird ein Übergang auf die Kontraktkurve stattfinden.

(3) *Ein Partner Optionsfixierer, der andere Optionsempfänger:* Glaubt Haushalt 1, Preis und Menge vorschreiben zu können, und Haushalt 2, dieses Diktat annehmen zu müssen, dann wird Haushalt 1 einen Punkt bestimmen, der ihm den höchsten Nutzengewinn unter der Bedingung sichert, daß sein Kontrahent das Geschäft nicht zurückweist. Haushalt 2 wird Punkte auf seiner Indifferenzkurve durch E gerade noch akzeptieren, und Haushalt 1 wird sich auf dieser Kurve den Punkt Q^1 aussuchen, weil dort der Berührungspunkt mit einer seiner eigenen Indifferenzkurven vorliegt, die folglich den höchsten von ihm erreichbaren Nutzen repräsentiert. Q^1 nennt man auch den *Ausbeutungspunkt* des Haushalts 1, da durch den Übergang von E nach Q^1 nur dieser Haushalt einen Nutzengewinn verzeichnet. Q^1 liegt auf dem Rand des schraffierten Bereichs und auf der Kontraktkurve. Ist umgekehrt Haushalt 2 Optionsfixierer und Haushalt 1 Optionsempfänger, dann wählt Haushalt 2 seinen Ausbeutungspunkt Q^2.

Es zeigt sich, daß man im Beispiel des „reinen Tausches" nur unter der Annahme der beiderseitigen Mengenanpassung oder der Ausbeutung eines Partners zu eindeutigen Gleichgewichten für Preis und Menge gelangt, die pareto-optimal sind und somit keinen Verhandlungsspielraum eröffnen. Verhält sich ein Partner zunächst als Monopolist und der andere als Mengenanpasser, so läßt sich das endgültige Verhandlungsgleichgewicht auf der Kontraktkurve nicht genau ermitteln. Treten die Partner sofort in Verhandlungen ein, so bleibt die Frage, welcher Punkt zwischen Q^1 und Q^2 realisiert wird, völlig offen. Weil das Verhandlungsgleichgewicht nicht in allen Fällen eindeutig ableitbar ist, bezeichnet man das Gleichgewicht im bilateralen Monopol, dargestellt am Fall des „reinen Tausches", auch als indeterminiert.

c. Bilaterales Monopol zwischen zwei Unternehmungen

Im zweiten Beispiel unterstellen wir ein bilaterales Monopol auf dem Markt für ein Gut 2, welches von der Unternehmung 1 als Faktor zur Produktion eines Gutes 1 eingesetzt und von der Unternehmung 2 angeboten wird. Die Unternehmungen kennzeichnen wir durch hochgestellte, in Klammern gesetzte Indizes, die Güter durch Fußindizes. y sei wieder eine produzierte bzw. angebotene, r eine eingesetzte bzw. nachgefragte Gütermenge, p sei ein Preis. Die Unternehmung 1 sei auf ihrem Absatzmarkt Angebotsmonopolist, und es gelte dort die lineare Preis-Absatzfunktion

$$p_1 = a - b y_1 \quad \text{mit} \quad a, b > 0. \qquad (IV.33)$$

Ihre Produktionsfunktion laute

$$y_1 = g(r_2) = c r_2 \quad \text{mit} \quad c > 0, \qquad (IV.34)$$

d. h. sie produziere mit nur einem Faktor, und die Ausbringung sei proportional zu dem Faktoreinsatz. Es entstehen keine Fixkosten. Der Gewinn der Unternehmung 1 in Abhängigkeit von der Faktoreinsatzmenge ist

$$G^{(1)} = p_1 g(r_2) - p_2 r_2 = a c r_2 - b c^2 r_2^2 - p_2 r_2. \qquad (IV.35)$$

Für die Unternehmung 2 gelte die Kostenfunktion

$$K^{(2)}(y_2) = d y_2^2 \quad \text{mit} \quad d > 0. \qquad (IV.36)$$

Ihr Gewinn lautet

$$G^{(2)} = p_2 y_2 - K^{(2)}(y_2) = p_2 y_2 - d y_2^2. \qquad (IV.37)$$

Um die Analogien zum ersten Beispiel aufzeigen zu können, leiten wir zunächst für jede Unternehmung sogenannte *Isogewinnkurven* in einem Diagramm ab, an dessen Achsen Preis und Menge am Markt des Gutes 2 gemessen werden (vgl. Abb. IV.l). Die Isogewinnkurven oder Kurven gleichen Gewinnes zeigen die ver-

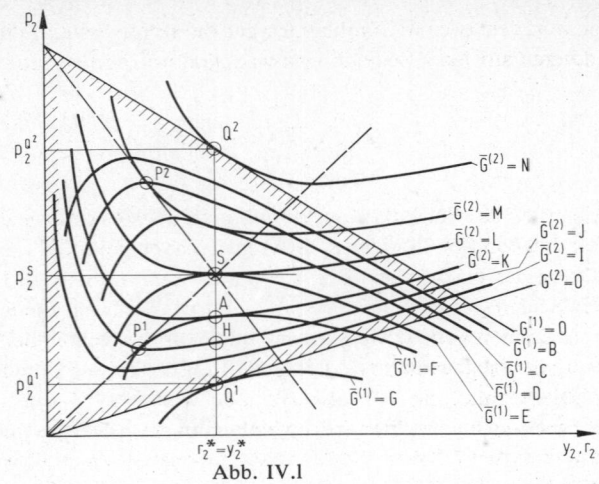

Abb. IV.1

schiedenen Preis-Mengenkombinationen, die der Unternehmung denselben Gewinn bringen. Wir lösen die Gewinngleichungen (IV.35) und (IV.37) nach p_2 und betrachten sie für einen festen Gewinn $\bar{G}^{(1)}$ bzw. $\bar{G}^{(2)}$:

$$p_2 = ac - bc^2 r_2 - \frac{\bar{G}^{(1)}}{r_2}, \tag{IV.38}$$

$$p_2 = dy_2 + \frac{\bar{G}^{(2)}}{y_2}. \tag{IV.39}$$

Für einen gegebenen Gewinn des Nachfragers von Null stellt (IV.38) im (r_2, p_2)-Diagramm eine Gerade mit negativer Steigung dar. Für positiven gegebenen Gewinn ist von dieser Geraden eine Hyperbel in vertikaler Richtung abzuziehen, so daß eine nach oben gewölbte Isogewinnkurve entsteht. Je höher der gegebene Gewinn, desto niedriger verläuft die Isogewinnkurve. – Für einen gegebenen Gewinn des Anbieters von Null beschreibt (IV.39) eine Gerade durch den Ursprung mit positiver Steigung, die gleich den Durchschnittskosten DTK$^{(2)}$ ist. Ist der gegebene Gewinn positiv, dann haben wir zu dieser Geraden in vertikaler Richtung eine Hyperbel zu addieren, so daß sich eine nach unten gewölbte Isogewinnkurve ergibt. Je höher der gegebene Gewinn, desto höher verläuft die Isogewinnkurve.

Die nach oben gewölbten Isogewinnkurven des Nachfragers erreichen ihre Maxima entlang der Kurve des Grenzwertes der Produktion. Zum Beweis dieser Behauptung setzen wir die 1. Ableitung von (IV.38) nach r_2 gleich Null,

$$\frac{dp_2}{dr_2} = -bc^2 + \frac{\bar{G}^{(1)}}{r_2^2} = 0, \tag{IV.40}$$

bringen nun den zweiten Summanden auf die rechte Seite, multiplizieren mit r_2 und addieren auf jeder Seite $ac - bc^2r_2$, wodurch wir erhalten:

$$ac - 2bc^2r_2 = ac - bc^2r_2 - \frac{\bar{G}^{(1)}}{r_2}. \qquad (IV.41)$$

Der Ausdruck auf der linken Seite ergibt sich auch, wenn wir die ersten beiden Summanden von (IV.35) nach r_2 differenzieren; er stellt also den Grenzwert der Produktion des Nachfragers dar. Es handelt sich in unserem Beispiel um eine Gerade, die den gleichen Ordinatenabschnitt wie die Isogewinngerade für $\bar{G}^{(1)} = 0$ hat und doppelt so steil wie diese verläuft. Auf der rechten Seite findet sich die Gleichung der Isogewinnkurve. Die Bedingung 2. Ordnung für ein Maximum ist erfüllt. Die Behauptung trifft also zu.

Die nach unten gewölbten Isogewinnkurven des Anbieters nehmen ihre Minima entlang dessen GK-Kurve an. Um diese Behauptung zu beweisen, setzen wir die 1. Ableitung von (IV.39) nach y_2 gleich Null,

$$\frac{dp_2}{dy_2} = d - \frac{\bar{G}^{(2)}}{y_2^2} = 0, \qquad (IV.42)$$

bringen den zweiten Summanden auf die rechte Seite, multiplizieren mit y_2 und addieren auf jeder Seite dy_2, wodurch wir erhalten:

$$2dy_2 = dy_2 + \frac{\bar{G}^{(2)}}{y_2}. \qquad (IV.43)$$

Auf der linken Seite stehen die GK des Anbieters, die man auch erhält, wenn man (IV.36) nach y_2 differenziert. Es handelt sich hier um eine Gerade aus dem Ursprung, die doppelt so steil verläuft wie die Isogewinngerade für $\bar{G}^{(2)} = 0$. Auf der rechten Seite steht die Gleichung der Isogewinnkurve. Die Bedingung 2. Ordnung für ein Minimum ist erfüllt. Die Behauptung ist also richtig.

Die Berührungspunkte von Isogewinnkurven des Nachfragers und des Anbieters liegen sämtlich bei jener Menge $r_2^* = y_2^*$, bei der sich die Kurve (hier: Gerade) des Grenzwerts der Produktion des Nachfragers und die GK-Kurve (hier: GK-Gerade) des Anbieters schneiden. Zum Beweis dieser Behauptung setzen wir in die 1. Ableitungen (IV.40) bzw. (IV.42) für $\bar{G}^{(1)}$ bzw. $\bar{G}^{(2)}$ die Gewinndefinitionen (IV.35) bzw. (IV.37) ein und erhalten:

$$\frac{dp_2}{dr_2} = \frac{ac - 2bc^2r_2 - p_2}{r_2}, \qquad (IV.44)$$

$$\frac{dp_2}{dy_2} = \frac{2dy_2 - p_2}{y_2}. \qquad (IV.45)$$

Eine solche Funktion gibt die Steigung einer Isogewinnkurve für eine gegebene Preis-Mengenkombination an. Suchen wir die den beiden Kurven gemeinsamen Preis-Mengenkombinationen, für welche die Steigung aufgrund eines Berührungspunktes gleich ist, so haben wir $r_2 = y_2$ zu wählen und (IV.44) mit (IV.45) gleichzusetzen. Daraus folgt

$$ac - 2bc^2r_2 = 2dr_2. \tag{IV.46}$$

Auf der linken Seite steht wieder der Grenzwert der Produktion des Nachfragers, auf der rechten Seite stehen die GK des Anbieters. Gleiche Steigung der Isogewinnkurven ist also bei der dem Schnittpunkt entsprechenden Menge $r_2^* = y_2^* = ac/[2(bc^2 + d)]$ erreicht, womit die Behauptung bewiesen ist.

Ehe wir die Gleichgewichte bei bestimmten Kombinationen von Verhaltensweisen der beiden Marktpartner untersuchen, können wir von vornherein den Bereich abgrenzen, in dem sich Verhandlungsgleichgewichte ergeben können. Damit beide Unternehmungen an einem Geschäft interessiert sind, muß das Verhandlungsgleichgewicht durch einen Punkt innerhalb oder auf dem Rand des Bereiches beschrieben werden, der durch die Isogewinngeraden für einen Nullgewinn eingegrenzt wird (die auf S. 140 erwähnte Möglichkeit kurzfristiger Verluste kommt in unserem Beispiel nicht in Betracht, da es nur variable Kosten gibt). Punkte innerhalb des Bereichs bedeuten für beide einen positiven Gewinn. Ein Punkt auf dem Rand bringt nur einer Unternehmung einen Gewinn, schädigt aber die andere nicht. In Abb. IV.1 ist der Bereich durch schraffierte Umrandung kenntlich gemacht.

Die Gesamtheit der möglichen Verhandlungsgleichgewichte läßt sich noch weiter einschränken, wenn wir das Kriterium der PARETO-Optimalität auf den Gewinn anwenden: Ein Gleichgewicht ist nur erreicht, wenn der Gewinn einer Unternehmung nicht mehr erhöht werden kann, ohne daß der der anderen vermindert wird. Dies setzt selbstverständlich voraus, daß eine Unternehmung gegen eine Gewinnerhöhung der anderen nichts einzuwenden hat, solange sich ihr eigener Gewinn nicht reduziert. Pareto-optimale Verhandlungsgleichgewichte sind nur solche, in denen sich je eine Isogewinnkurve des Nachfragers und des Anbieters berühren. Die Gesamtheit dieser Gleichgewichte wird in Abb. IV.1 durch die Senkrechte bei der Menge $r_2^* = y_2^*$ dargestellt, die mithin Kontraktkurve ist. Für ein Verhandlungsgleichgewicht kommen also nur Punkte in Frage, die erstens innerhalb oder auf dem Rand des schraffierten Bereichs, zweitens auf der Kontraktkurve liegen.

(1) *Beiderseitige Mengenanpassung:* Betrachtet ein Marktpartner den Preis p_2 als gegeben, dann wählt er jene Menge, die ihm bei diesem Preis den höchsten Gewinn erbringt. Zu ihrer Ermittlung haben wir in Abb. IV.1 in Höhe des Preises eine Parallele zur Abszisse zu ziehen und den Punkt festzustellen, an dem die Parallele eine Isogewinnkurve – die mit dem höchsterreichbaren Gewinnindex – berührt. Die Nachfrage- und die Angebotsmengen bei alternativen gegebenen

Preisen sind also diejenigen, bei denen die Isogewinnkurven die Steigung Null haben. Somit ergibt sich − wie zu erwarten − als Nachfragekurve die Kurve des Grenzwerts der Produktion der Unternehmung 1, als Angebotskurve die GK-Kurve der Unternehmung 2. Das Gleichgewicht wird durch den Schnittpunkt S beider Kurven bezeichnet, in dem die Unternehmungen die Gewinne $\bar{G}^{(1)}$ = E, $\bar{G}^{(2)}$ = L realisieren.

(2) *Ein Partner Monopolist, der andere Mengenanpasser:* Fühlt sich der Nachfrager so stark, daß er sich als Monopolist verhalten kann, während der Anbieter sich für so schwach hält, daß er als Mengenanpasser handelt, dann kann sich der Nachfrager jenen Punkt auf der Angebotskurve aussuchen, der ihm den höchsten Gewinn gewährt. Der Nachfrager wird also die Preis-Mengen-kombination P^1 wählen, bei der seine Isogewinnkurve für $\bar{G}^{(1)}$ = F die Angebotskurve berührt. Da P^1 nicht auf der Kontraktkurve liegt, sind für die beiden Marktpartner jedoch von dort aus Verhandlungen sinnvoll. Denn der Nachfrager könnte in dieser Situation in Verhandlungen mit dem Anbieter den Punkt H ins Gespräch bringen, der ihn selbst besser und den Anbieter nicht schlechter stellt. Der Anbieter wird mit einem Vorschlag antworten, der auch ihm einen Vorteil aus dem Übergang auf die Kontraktkurve verschafft − der ganze Vorteil fiele ihm im Punkt A zu. Das endgültige Verhandlungsgleichgewicht ist nicht bestimmt; es muß sich um einen Punkt zwischen A und H handeln.

Analog ist der Fall zu behandeln, daß sich der Anbieter monopolistisch verhalten kann. Der Anbieter wird den Punkt P^2 wählen, an dem seine Isogewinnkurve für $\bar{G}^{(2)}$ = M die Nachfragekurve berührt. Von dort aus wäre jedoch ein Übergang auf die Kontraktkurve sinnvoll.

(3) *Ein Partner Optionsfixierer, der andere Optionsempfänger:* Glaubt der Nachfrager, Preis und Menge vorschreiben zu können, und der Anbieter, dieses Diktat annehmen zu müssen, dann wählt der Nachfrager den Ausbeutungspunkt Q^1, der für ihn selbst den Gewinn $\bar{G}^{(1)}$ = G und für den Anbieter keinen Gewinn bedeutet. Ist umgekehrt der Anbieter Optionsfixierer und der Nachfrager Optionsempfänger, so wählt der Anbieter den Ausbeutungspunkt Q^2.

Auch im zweiten Beispiel ist das Verhandlungsgleichgewicht im bilateralen Monopol indeterminiert, da das Verhandlungsergebnis nicht in allen Fällen eindeutig ist.

Bemerkenswert ist die Tatsache, daß wir, unter den Annahmen des zweiten Beispiels, stets die Menge $r_2^* = y_2^*$ erhalten. Diese Menge ergibt sich auch, wenn beide Unternehmungen zusammenarbeiten und *gemeinsame Gewinnmaximierung (joint profit maximisation)* betreiben. Dann gilt nämlich unter Beachtung von $r_2 = y_2$ die Gewinngleichung

$$G = G^{(1)} + G^{(2)} = [p_1 g(r_2) - p_2 r_2] + [p_2 r_2 - K^{(2)}(r_2)]$$
$$= p_1 g(r_2) - K^{(2)}(r_2), \tag{IV.47}$$

aus der als Bedingung 1. Ordnung für das Gewinnmaximum die Gleichheit des Grenzwertes der Produktion $p_1 g'(r_2)$ und der $GK^{(2)}$ folgt. Bei der Menge $r_2^* = y_2^*$ entsteht also der maximale gemeinsame Gewinn. Diesen Gewinn streicht im Ausbeutungspunkt Q^1 ganz der Nachfrager, im Ausbeutungspunkt Q^2 ganz der Anbieter ein. Zwischen den Preisen $p_2^{Q^1}$ und $p_2^{Q^2}$ findet mithin eine völlige Umverteilung des Gewinns von dem Nachfrager auf den Anbieter statt. Der maximale gemeinsame Gewinn wird daher durch die Fläche $p_2^{Q^1} p_2^{Q^2} Q^2 Q^1$ dargestellt. Das Verhandeln in unserem zweiten Beispiel des bilateralen Monopols geht letztlich nicht um die Menge, sondern um den Preis und damit um die Aufteilung des maximalen gemeinsamen Gewinns auf die beiden Marktpartner. Die Menge stimmt mit der Menge bei vollständiger Konkurrenz überein.

C. Märkte mit monopolistischer Konkurrenz

1. Marktbeschreibung

Die drei der Marktbeschreibung dienenden Merkmale lauten in diesem Abschnitt wie folgt:

(1) Wie bei vollständiger Konkurrenz gibt es sehr viele Anbieter und Nachfrager, deren angebotene bzw. nachgefragte Mengen nur einen verschwindend kleinen Anteil am Gesamtangebot bzw. der Gesamtnachfrage ausmachen. Es handelt sich also wieder um *atomistische* oder *polypolistische* Angebotsbzw. Nachfragestruktur.

(2) Es gibt Präferenzen der in Kap. III.A.1 genannten Art entweder auf seiten der Nachfrager gegenüber den Anbietern oder auf seiten der Anbieter gegenüber den Nachfragern. Es herrscht also nicht homogene oder vollkommene, sondern heterogene oder unvollkommene Konkurrenz. In Verbindung mit (1) sprechen wir im ersten Fall von *monopolistischer Angebotskonkurrenz,* im zweiten von *monopolistischer Nachfragekonkurrenz.*

(3) Es besteht Markttransparenz in folgendem Sinne: Bei monopolistischer Angebotskonkurrenz kennt ein Anbieter die Nachfrage für das von ihm angebotene Gut; bei monopolistischer Nachfragekonkurrenz kennt ein Nachfrager das Angebot an dem von ihm nachgefragten Gut. – Die in großer Zahl vorhandenen Marktteilnehmer auf der anderen Marktseite können entweder vollständige Preisinformation über alle auf dem Markt zustandegekommenen Preise haben, oder sie sind nur über die Preissetzung eines Teils der Anbieter bzw. Nachfrager informiert.

Aufgrund der Tatsache, daß nach (2) auf einer Marktseite Präferenzen bestehen und nach (3) auf der anderen Marktseite möglicherweise unvollkommene Information herrscht, können bei monopolistischer Angebotskonkurrenz die von

den verschiedenen Anbietern gesetzten Preise, bei monopolistischer Nachfragekonkurrenz die von den verschiedenen Nachfragern bewilligten Preise voneinander abweichen. Diese Preise werden von den Teilnehmern der anderen Marktseite als Daten betrachtet, an die sie sich mit ihrer Menge anpassen. Weil der einzelne nach (1) nur einen winzig kleinen Marktanteil hat, wirkt sich die Preissetzung
oder Preisänderung eines Anbieters bei monopolistischer Angebotskonkurrenz
bzw. eines Nachfragers bei monopolistischer Nachfragekonkurrenz nicht merklich auf die Angebots- bzw. Nachfragesituation der anderen aus. Die Mitanbieter im ersten Fall bzw. die Mitnachfrager im zweiten Fall haben daher keine Veranlassung, die preispolitischen Handlungen eines Konkurrenten bei ihrer eigenen
Preispolitik zu berücksichtigen; sie können dessen Aktionsparameter vielmehr
wie Konstanten behandeln.

Bei monopolistischer Angebotskonkurrenz haben die Anbieter, bei monopolistischer Nachfragekonkurrenz die Nachfrager die Möglichkeit, die Präferenzen
der Teilnehmer auf der anderen Marktseite so zu beeinflussen, daß sich die Situation auf ihrem Absatzmarkt bzw. ihrem Beschaffungsmarkt verbessert. Zur
planmäßigen Einflußnahme steht einem Anbieter bei monopolistischer Angebotskonkurrenz auf dem Absatzmarkt das sogenannte *absatzpolitische Instrumentarium* zur Verfügung. Analog könnte man hinsichtlich der Einflußnahme
eines Nachfragers auf seinen Beschaffungsmarkt bei monopolistischer Nachfragekonkurrenz vom *beschaffungspolitischen Instrumentarium* sprechen. In beiden Fällen geht es um die Tatsache, daß bei monopolistischer Konkurrenz nicht
allein der Preis als Aktionsparameter in Frage kommt, daß der Wettbewerb darüber hinaus auch mit anderen Aktionsparametern in der Form der *non price
competition* ausgetragen werden kann.

Die in diesem Abschnitt angedeuteten Charakteristika werden noch klarer,
wenn wir sie unter 2. bzw. 3. getrennt für den Fall der monopolistischen
Angebots- und der monopolistischen Nachfragekonkurrenz erläutern.

2. Monopolistische Angebotskonkurrenz

a. Allgemeine Beschreibung

Bei monopolistischer Angebotskonkurrenz bieten die Anbieter zwar einander
ähnliche, aber im Urteil der Nachfrager doch nicht gleiche Produkte an, so daß
ein Nachfrager für einen bestimmten Anbieter besondere Präferenzen hat. Man
könnte auch sagen: Jeder Anbieter hat ein Angebotsmonopol für sein spezielles
Gut, jedoch sind die Güter aller Anbieter einander so ähnlich, daß sie in *enger
Substitutskonkurrenz* zueinander stehen. Daher ist es zweckmäßig, die Märkte
für die ähnlichen Güter als einheitliches Ganzes zu betrachten, und zwar als einen Markt mit *Produktdifferenzierung* auf der Angebotsseite, auf dem für die
einzelnen Varianten des Produktes unterschiedliche Preise zustandekommen
können.

Andererseits handelt es sich um so viele Anbieter, die alle einen verschwindend kleinen Marktanteil haben, daß die preispolitischen Handlungen eines einzelnen für die übrigen nicht spürbar werden. Wenn ein einzelner Anbieter den Preis für sein Gut senkt, gewinnt er möglicherweise Nachfrager hinzu, die von anderen Anbietern zu ihm übergehen. Da sich der Nachfrageabgang bei den übrigen aber auf so viele verteilt, bekommt der einzelne Mitanbieter den Rückgang seiner Nachfrage nicht zu spüren. Umgekehrt: Wenn ein einzelner Anbieter den Preis für sein Gut erhöht, verliert er möglicherweise Nachfrager an andere Anbieter, jedoch verteilt sich der Nachfragezugang auf so viele, daß ihn der einzelne Mitanbieter nicht merkt. Ein Anbieter hat daher bei monopolistischer Angebotskonkurrenz keine Veranlassung, auf eine Preiserhöhung oder -senkung eines Mitanbieters zu reagieren; er kann die Preise der Mitanbieter wie konstante Größen behandeln. Durch diese Eigenschaft unterscheidet sich die Marktform der monopolistischen Angebotskonkurrenz von der des heterogenen Angebotsoligopols.

Neben dem Preis stehen einem Anbieter weitere absatzpolitische Instrumente zur Verfügung, mit denen er versuchen kann, räumliche, persönliche und sachliche Präferenzen der Nachfrager für sein Produkt zu schaffen. Nach ERICH GUTENBERG (Band II, 1976, zweiter Teil) kann man, abgesehen von der Preispolitik, zwischen den absatzpolitischen Instrumenten der Produktgestaltung (gute Qualität, Aufmachung und Verpackung), der Werbung und der Absatzmethode unterscheiden. Der Einsatz dieser Instrumente soll einerseits die Nachfrage nach dem Produkt des Anbieters günstig beeinflussen, hat aber andererseits Auswirkungen auf die Kosten. Hierdurch entsteht ein Zusammenhang zwischen der Preis-Absatzfunktion, der der Anbieter gegenübersteht, und seiner Kostenkurve. Die genaue Art dieses Zusammenhangs ist sehr schwer festzustellen. Seine Kenntnis ist aber Vorbedingung für die Bestimmung der optimalen Kombination der absatzpolitischen Instrumente. Die damit angedeuteten Probleme können wir hier nicht weiter verfolgen, obgleich oftmals gerade die *non price competition* auf Märkten mit monopolistischer Konkurrenz eine dominierende Rolle spielt und in der Betrachtungsweise des *Marketing* schlechthin entscheidend für den Erfolg einer Unternehmung ist. Da alle Anbieter einen verschwindend kleinen Marktanteil haben, gehen wir hier wie bei der Preispolitik davon aus, daß die absatzpolitischen Maßnahmen eines einzelnen, z. B. eine neue Gestaltung seines Produktes oder ein Werbefeldzug, keine spürbaren Auswirkungen auf jeden der übrigen Anbieter haben; sie verschieben deren Preis-Absatzkurven nur unmerklich nach links. Ein Anbieter wird daher bei monopolistischer Angebotskonkurrenz auf die Aktionen eines Mitanbieters nicht reagieren. Das ist wiederum anders im Fall des heterogenen Angebotsoligopols.

Die Marktform der monopolistischen Angebotskonkurrenz wurde erstmals von EDWARD H. CHAMBERLIN (1933), der die Bezeichnung *monopolistic competition* prägte, sowie von JOAN ROBINSON (1933), die von *imperfect competition* sprach, untersucht. Sie ist neben der Marktform des heterogenen Oligopols die in der Realität am meisten verbreitete. Wir behandeln im folgenden zunächst die Fassung, die GUTENBERG (Band II, 1976, Kap. 7, III.B) der Theorie der monopolistischen Angebotskonkurrenz in den fünfziger Jahren gegeben hat und gehen dann auf den Beitrag CHAMBERLINs ein. Anhand der chamberlinschen Konzeption diskutieren wir auch das langfristige Gleichgewicht bei monopolistischer Angebotskonkurrenz.

b. Der Ansatz Gutenbergs

Da es sich um einen Markt mit Präferenzen oder − was dasselbe bedeutet − mit einer im Urteil der Nachfrager bestehenden *Produktdifferenzierung* handelt, wird ein Anbieter nicht seinen gesamten Absatz verlieren, wenn er den Preis, den er bisher für die von ihm angebotene Variante des Gutes forderte, etwas anhebt. Einige Nachfrager werden zwar aufgrund der Preiserhöhung ihre Präferenzen gegenüber diesem Anbieter überwinden und zu anderen Anbietern abwandern oder auf den Kauf des Gutes verzichten. Der Rest der Nachfrager wird infolge der Präferenzbindung jedoch bereit sein, das Gut auch zu dem erhöhten Preis zu kaufen. Je stärker allerdings die Preiserhöhung, desto geringer die Restnachfrage, die dem Anbieter bleibt. Es gibt schließlich einen *oberen Grenzpreis*, zu dem der Anbieter seinen gesamten Absatz verliert.

Umgekehrt wird ein Anbieter nicht unbegrenzt Nachfrager hinzugewinnen, wenn er den bisher geforderten Preis etwas reduziert. Aufgrund des niedrigeren Preises werden zwar Nachfrager ihre Präferenzen gegenüber anderen Anbietern überwinden und zu dem hier betrachteten Anbieter übergehen, und es kommt außerdem neue Nachfrage an den Markt. Die übrigen Nachfrager werden infolge ihrer Präferenzbindungen aber weiterhin bei den Mitanbietern kaufen. Je stärker die Preissenkung, desto größer allerdings die zusätzliche Nachfrage. Es gibt einen *unteren Grenzpreis*, zu dem der Anbieter jede im Bereich seiner Produktionsmöglichkeiten liegende Menge absetzen kann.

Aus diesen Überlegungen ergibt sich der in Abb. IV.m dargestellte Verlauf der Preis-Absatzfunktion eines Anbieters. $\bar{p}$ ist der bisherige Preis des Anbieters, von dem aus die Betrachtung einsetzt. Beim oberen Grenzpreis $\bar{p}$ und beim unteren Grenzpreis $\bar{\bar{p}}$ verläuft die Preis-Absatzkurve wie bei vollständiger Konkurrenz parallel zur Abszisse. Dazwischen hat die Kurve wie im Fall des Angebotsmonopols negative Steigung; GUTENBERG spricht deshalb vom *monopolistischen Bereich*. Verlauf und Steigung der Kurve in diesem Bereich sind von zwei Einflußgrößen bestimmt: Durchläuft der Preis die Werte $\bar{p}$ bis $\bar{\bar{p}}$, dann tritt erstens wie beim Angebotsmonopol Nachfrage auf, die bisher nicht am Markt war (Mobilisierung latenter Nachfrage), und es strömen zweitens Nachfrager von anderen Anbietern zu.

Die Preis-Absatzkurve nach GUTENBERG ist selbstverständlich nur dem Typ nach bestimmt. Die Übergänge vom monopolistischen Bereich zu den Grenz-

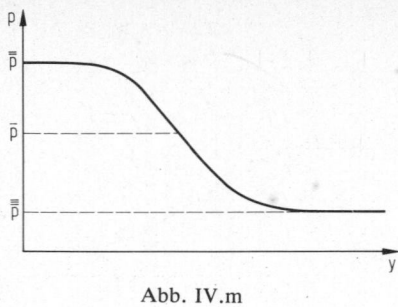

Abb. IV.m

preisen könnten mehr oder weniger abrupt sein. Es mag sein, daß die Kurve in zwei Ästen ausläuft, die nicht parallel zur Abszisse, sondern lediglich flacher als der monopolistische Bereich sind. Die vertikale Ausdehnung des monopolistischen Bereichs, d. h. die Differenz zwischen oberem und unterem Grenzpreis, und die Steigung der Kurve in diesem Bereich hängen maßgeblich von der Stärke der Präferenzbindungen der Nachfrager an andere Anbieter sowie von der Information der Nachfrager über Preisdifferenzen ab. Die Kurve verläuft dort tendenziell um so flacher, je weniger sich die Produkte der Anbieter im Urteil der Nachfrager unterscheiden und je besser die Nachfrager über die Preise informiert sind.

Der Anbieter muß seine Preis-Absatzfunktion nicht als gegeben hinnehmen. Sein Bestreben wird es vielmehr sein, durch *non price competition* Präferenzen für sein Produkt zu schaffen, d. h. sein absatzpolitisches Instrumentarium so einzusetzen, daß der monopolistische Bereich sich nach oben verlagert und die Preis-Absatzkurve weiter rechts verläuft. Über die Kosten des absatzpolitischen Instrumentariums entsteht so ein Zusammenhang zwischen Preis-Absatz- und Kostenkurve, den wir hier jedoch – wie schon erwähnt – nicht weiter verfolgen; wir gehen vielmehr von gegebener Preis-Absatz- und Kostenfunktion aus.

Bei der Diskussion der *Erlös-* und *Grenzerlösfunktion* können wir an IV.B.2.b anknüpfen. Die Erlösfunktion entsteht, indem man die nach der Menge aufgelöste Preis-Absatzfunktion mit dem Preis multipliziert, die Grenzerlösfunktion, indem man die Erlösfunktion nach der Menge differenziert. Im folgenden wollen wir die geometrische Form der Erlöskurve E und der Grenzerlöskurve GE diskutieren. Wir unterteilen die in Abb. IV.n als Beispiel verwendete Preis-Absatzkurve in die Bereiche I bis V, wobei die Kurve in den Grenzbereichen I und V parallel zur Abszisse und im Bereich III linear mit negativer Steigung verläuft. II und IV sind die Übergangsbereiche zwischen den linearen Teilstücken. Im Bereich III gilt als E-Kurve eine nach unten geöffnete Parabel. In unserem Beispiel erreicht die Parabel in III ihr Maximum, und zwar bei der Menge $\bar{y}$. Als GE-Kurve trifft hier eine Gerade zu, die bei $\bar{y}$ die Abszisse schneidet. Bei dieser Menge hat im Punkt P die Preis-Absatzkurve die Elastizität -1,

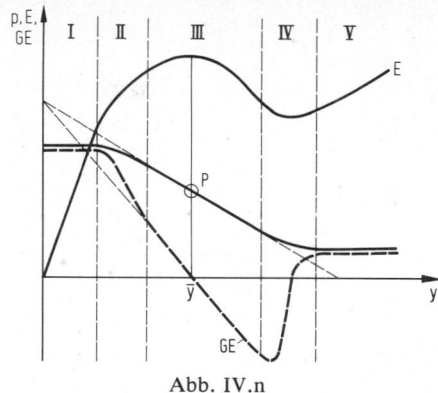

Abb. IV.n

weil P jene Strecke halbiert, die man erhält, wenn man den linearen Bereich III bis zu den Achsen verlängert. In den Grenzbereichen I und V erhalten wir als E-Kurven Geraden durch den Ursprung. Die GE-Kurven fallen mit der Preis-Absatzkurve zusammen. Weil der obere Grenzpreis (der GE im Bereich I) höher als der untere Grenzpreis (der GE im Bereich V) ist, verläuft die linke E-Gerade steiler als die rechte. In den Übergangsbereichen II und IV können wir die E- und GE-Kurven so zeichnen, daß sie die bisher eingezeichneten jeweiligen Kurvenstücke verbinden.

Man kann sich leicht überlegen, wie sich mit einer Abänderung der als Beispiel gewählten Preis-Absatzkurve die E- und GE-Kurven ändern. Ist die Elastizität in jedem Punkt des monopolistischen Bereichs kleiner als -1, dann hat die E-Kurve kein Maximum im Bereich III, und die GE-Kurve schneidet die Abszisse nicht. Ist die Elastizität in jedem Punkt des monopolistischen Bereichs größer als -1, dann erreicht die E-Kurve ein Maximum im Übergangsbereich II, und die GE-Kurve zum monopolistischen Bereich verläuft überall unterhalb der Abszisse. Hat die Preis-Absatzkurve anstelle der beiden Übergangsbereiche Eckpunkte, in denen die zur Abszisse parallelen Kurvenstücke in den monopolistischen Bereich münden, dann hat bei den entsprechenden Mengen auch die E-Kurve Eckpunkte und die GE-Kurve Sprungstellen.

Zur Bestimmung der *gewinnmaximierenden Absatzmenge* haben wir neben der Erlös- nun auch die Kostenfunktion zu berücksichtigen. Wie in IV.B.2.c gezeigt, lautet die *Bedingung 1. Ordnung* für ein Gewinnmaximum „Grenzerlös = Grenzkosten", und die *Bedingung 2. Ordnung* fordert, daß die Steigung der GK-Kurve größer als die der GE-Kurve ist. Die Besonderheit bei monopolistischer Konkurrenz im Sinne GUTENBERGs besteht darin, daß diese Bedingungen nicht nur bei einer, sondern auch bei zwei verschiedenen Absatzmengen erfüllt sein können. In Abb. IV.o sind zwei Beispiele für den Verlauf der GK eingezeichnet. Gilt $GK_{(1)}$, liegt nur ein Gewinnmaximum vor, und zwar bei der Menge $y_{(1)}$, zu

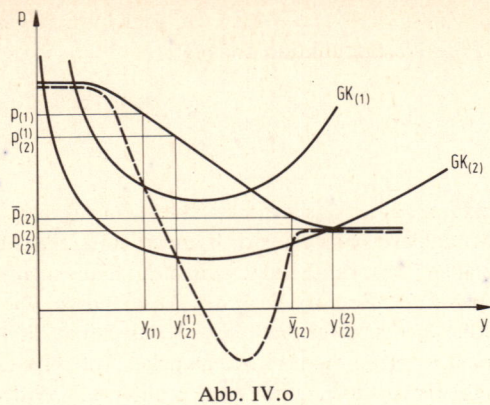

Abb. IV.o

der der Preis $p_{(1)}$ gehört. Trifft dagegen $GK_{(2)}$ zu, dann erreicht der Gewinn jeweils bei den Mengen $y_{(2)}^{(1)}$ und $y_{(2)}^{(2)}$ ein Maximum, zu denen die Preise $p_{(2)}^{(1)}$ bzw. $p_{(2)}^{(2)}$ gehören. Aus den beiden relativen Maxima ist durch Vergleich das absolute Maximum auszuwählen, das im zeichnerischen Beispiel bei $y_{(2)}^{(1)}$ erreicht ist. Nach GUTENBERG ist es allerdings wahrscheinlicher, daß der Anbieter die Menge $y_{(2)}^{(1)}$ und den Preis $p_{(2)}^{(1)}$ im monopolistischen Bereich wählt, selbst wenn das absolute Maximum bei $y_{(2)}^{(2)}$ und dem Preis $p_{(2)}^{(2)}$ realisiert würde. Denn er müßte sonst den Mut aufbringen, den Preis von $p_{(2)}^{(1)}$ aus noch unter den Preis $\bar{p}_{(2)}$, bei dem ein (relatives) Gewinnminimum liegt, auf den unteren Grenzpreis $p_{(2)}^{(2)}$ zu senken. Das Gewinnminimum beim Preis $\bar{p}_{(2)}$ und der Menge $\bar{y}_{(2)}$ wirkt wie eine Barriere und liefert eine Erklärung für die „Erstarrung des preispolitischen Verhaltens der Unternehmen" (GUTENBERG, Band II, 1976, S. 264).

c. Der Ansatz Chamberlins

Gegenüber dem Ansatz GUTENBERGS hat der ältere Ansatz CHAMBERLINS (1933, Kap. 5) zur Bestimmung des Gleichgewichts auf einem Markt mit monopolistischer Angebotskonkurrenz gewisse Vorzüge, aber auch Nachteile. Ein Vorzug besteht darin, daß die Theorie CHAMBERLINS mathematisch besser ausgearbeitet ist, insbesondere hinsichtlich der Konkurrenzbeziehungen zwischen den Anbietern, die bei GUTENBERGS isolierter geometrischer Betrachtung eines Anbieters nicht unmittelbar sichtbar werden. Ein Nachteil ist eine vereinfachende Annahme über die Gleichheit der Absatz- und Kostensituation der Anbieter (auch *Symmetrieannahme* genannt), ferner die fehlende Begrenzung des monopolistischen Bereichs durch Grenzpreise.

Anbieter i sei ein beliebiger aus einer großen Zahl von n Anbietern, dessen Absatz y_i negativ von seinem eigenen Preis p_i und positiv von den Preisen aller

Mitanbieter p_j, $j = 1, \ldots, i - 1, i + 1, \ldots, n$, gemäß der folgenden, hier linear angenommenen Preis-Absatzfunktion abhängt:

$$y_i = -a_i p_i + \sum_{\substack{j=1 \\ j \neq i}}^{n} b_{ij} p_j + c_i, \qquad \begin{array}{l} a_i, b_{ij}, c_i > 0, \\[4pt] i = 1, \ldots, n. \end{array} \qquad \text{(IV.48)}$$

Der einzelne Koeffizient b_{ij} ist verschwindend klein, so daß sich y_i bei einer Preis-änderung eines Mitanbieters nicht merklich ändert. Demgegenüber ist die Summe der Einflüsse aller Preise der Konkurrenten durchaus nicht zu vernachlässigen und entscheidend für die Lage der Preis-Absatzkurve. Die Gleichheit aller Anbieter hinsichtlich der Absatzsituation wird nun durch die Annahme eingeführt, daß für jeden Anbieter dieselbe Abhängigkeit vom eigenen Preis und den Preisen der Mitanbieter sowie dieselbe Größe c_i unterstellt wird. Wird ferner davon ausgegangen, daß die Preise aller Mitanbieter denselben Einfluß auf den eigenen Absatz haben, so können die Fußindices an den Koeffizienten vernachlässigt werden: $a_i = a$, $b_{ij} = b$, $c_i = c$. Aus (IV.48) wird damit

$$y_i = -a p_i + b \sum_{\substack{j=1 \\ j \neq i}}^{n} p_j + c, \qquad i = 1, \ldots, n. \qquad \text{(IV.49)}$$

CHAMBERLIN unterscheidet nun zwei Typen von Preis-Absatzfunktionen:

(1) Die Preis-Absatzfunktion eines Anbieters i für den Fall, daß *alle anderen Anbieter* stets die *gleichen Preise* setzen. Dann gilt $p_i = p_j$, $j = 1, \ldots, i - 1$, $i + 1, \ldots, n$, und aus (IV.49) wird

$$y_i = \{-a + b(n-1)\} p_i + c \qquad \text{(IV.50)}$$

oder

$$p_i = -\frac{1}{a - b(n-1)} y_i + \frac{c}{a - b(n-1)}. \qquad \text{(IV.51)}$$

(2) Die Preis-Absatzfunktion bei *isolierter Preisvariation* des Anbieters i, der die anderen Preise als Konstanten behandelt: $p_j = \bar{p}_j$, $j = 1, \ldots, i - 1, i + 1$, $\ldots, n$. Dann wird aus (IV.49)

$$y_i = -a p_i + k \quad \text{mit} \quad k = b \sum_{\substack{j=1 \\ j \neq i}}^{n} \bar{p}_j + c \qquad \text{(IV.52)}$$

oder

$$p_i = -\frac{1}{a} y_i + \frac{k}{a}. \qquad \text{(IV.53)}$$

Von den Preis-Absatzkurven, die im dargestellten linearen Fall Geraden sind, verläuft die vom Typ (2) flacher als die vom Typ (1), weil $-1/a > -1/\{a - b(n$

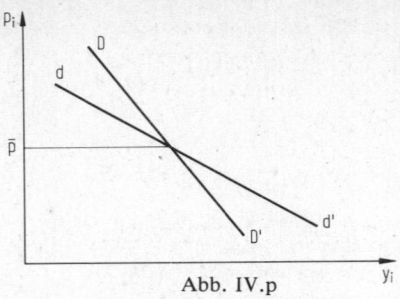

Abb. IV.p

– 1)}. Gehen wir von einer Situation aus, in der alle Anbieter den Preis $\bar{p}$ setzen, und unterstellen nun eine isolierte Preissenkung des Anbieters i, dann ist die Absatzzunahme größer als in dem Fall, daß alle ihren Preis im gleichen Ausmaß senken. In Abb. IV.p wird die Kurve des Typs (1) durch die Gerade DD′ dargestellt, die beim Preis $\bar{p}$ von der Kurve des Typs (2), dargestellt durch die flacher verlaufende Gerade dd′, geschnitten wird. Der Anbieter legt seiner Gewinnmaximierungsüberlegung die Gerade dd′ zugrunde, denn er kann bei eigenen preispolitischen Aktionen mit konstanten Preisen der Mitanbieter rechnen, weil sich seine Aktionen nur unmerklich auf jeden einzelnen Konkurrenten auswirken.

Da nicht nur die Absatz-, sondern auch die Kostensituation aller Anbieter als gleich unterstellt wird, mithin für jeden Anbieter dieselbe DTK- und GK-Kurve gilt, sind auch die Bedingungen 1. und 2. Ordnung für das Gewinnmaximum für alle identisch: Jeder Anbieter setzt den gleichen Preis und die gleiche Menge. Ein beliebiger Anbieter ist nun für alle repräsentativ. Die Lösung des Modells ist in Abb. IV.q dargestellt.

Die Symmetrieannahme ist sehr restriktiv, insbesondere weil sie gleiche Preise für alle Anbieter impliziert, was bei dieser Marktform nur zufällig der Fall ist.

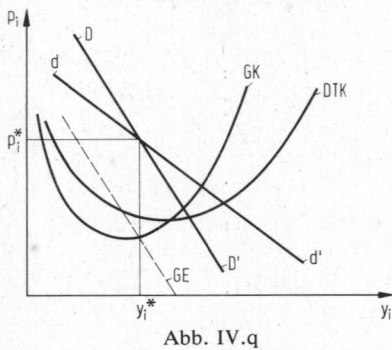

Abb. IV.q

Läßt man andererseits ungleiche Absatz- oder Kostensituationen zu, dann ist eine einfache Lösung wie die hier vorgeführte nicht mehr möglich.

d. Langfristiges Gleichgewicht bei monopolistischer Angebotskonkurrenz

Wir gingen bisher von gegebenen Betriebsgrößen der Anbieter bei monopolistischer Konkurrenz und einer sehr großen, festen Zahl von Anbietern aus. Im folgenden lassen wir Betriebsgrößenänderungen zu, und zwar auch solche von Null auf positive Werte, so daß sich die Zahl der Anbieter vergrößert. Wir betrachten also einen *Markt* mit *freiem Zugang* oder einen offenen Markt. Weiterhin soll der einzelne Anbieter einen ganz geringen Anteil am Gesamtangebot haben. Neue Anbieter werden auf dem Markt tätig, wenn sie dort einen Gewinn erzielen können. Während der einzelne neue Anbieter die Preis-Absatzkurven der bereits am Markt befindlichen Anbieter nur unmerklich beeinflußt, hat der Zustrom einer größeren Zahl von Anbietern eine durchaus spürbare Linksverschiebung der Preis-Absatzkurven zur Folge. Im folgenden gehen wir wieder von einem Anbieter aus, der wegen der Symmetrieannahme repräsentativ für alle ist, wobei es sich jetzt um einen „alten" oder einen „neuen" Anbieter handeln kann, und betrachten Linksverschiebungen der dd′-Geraden. Wir fragen, bei welcher Gleichgewichtskombination von Preis und Menge des repräsentativen Anbieters der Zustrom neuer Anbieter aufhören wird und mit welcher Betriebsgröße der repräsentative Anbieter diese Menge produziert. Wie immer bei der Bestimmung der optimalen Betriebsgröße haben wir mit der langfristigen Kosten-, Grenzkosten (LGK)- bzw. Durchschnittskosten (LDK)-Kurve zu argumentieren.

In der Situation der Abb. IV.r.1 erzielt der repräsentative Anbieter einen durch die schraffierte Fläche bezeichneten Gewinn. Dieser lockt neue Anbieter an den Markt, wodurch sich die Preis-Absatzkurve nach links verschiebt. Nehmen wir zunächst an, im Zuge dieser Linksverschiebung sei die Situation der Abb. IV.r.2 entstanden, in der die Preis-Absatzkurve durch den Schnittpunkt der LGK- und der LDK-Kurve, bei dem das Minimum der LDK erreicht ist, verläuft. Mengen im Bereich zwischen $\bar{y}_i$ und $\bar{\bar{y}}_i$ ergeben noch einen Gewinn; die Wahl fällt auf die Menge $\tilde{\tilde{y}}_i$, die einen durch die schraffierte Fläche beschriebenen Gewinn liefert. Der Zustrom neuer Anbieter wird somit anhalten. In der

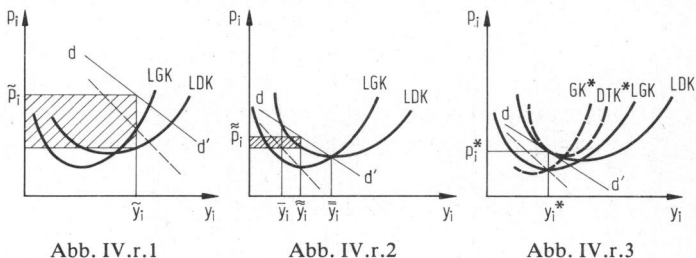

Abb. IV.r.1   Abb. IV.r.2   Abb. IV.r.3

durch Abb. IV.r.3 dargestellten Situation hat sich die Preis-Absatzkurve durch die Neuzugänge so weit nach links verschoben, daß sie die LDK-Kurve nur noch berührt. Durch Produktion der Menge y_i^* und Verkauf dieser Menge zu dem die

LDK genau deckenden Preis p_i^* kann sich der repräsentative Anbieter gerade noch am Markt halten. Er erzielt zwar keinen Gewinn, aber eine Eigenkapitalverzinsung und einen in die Kosten eingerechneten Unternehmerlohn (bzw. den *normal profit*). Da eine weitere Linksverschiebung der Preis-Absatzkurve des repräsentativen Anbieters zu Verlusten führen müßte, wird in dieser Situation der Zustrom zu dem betrachteten Markt aufhören, und y_i^*, p_i^* ist die Kombination, die das langfristige Gleichgewicht kennzeichnet. Die Menge y_i^* wird am kostengünstigsten mit der Betriebsgröße erzeugt, der die eingezeichneten Kurven DTK* und GK* zugehören. Bei dieser Menge berühren sich mithin die Preis-Absatzkurve, die LDK- und die DTK*-Kurve. Wegen dieser Eigenschaft wird die Lösung auch *Tangentenlösung* genannt (vgl. CHAMBERLIN 1965, S. 93). Bei der Menge y_i^* schneidet sich auch die GE-Kurve mit der LGK- und der GK*-Kurve.

Wie bei vollständiger Konkurrenz gibt es bei monopolistischer Konkurrenz also ein *langfristiges Gleichgewicht* mit *gewinnloser Produktion*. Der wesentliche Unterschied besteht jedoch in folgendem: Bei vollständiger Konkurrenz produziert der einzelne Anbieter im LDK-Minimum oder Betriebsoptimum. Bei monopolistischer Konkurrenz erzeugt der Anbieter dagegen eine geringere Menge als die des LDK-Minimums, weil die Preis-Absatzkurve negative Steigung hat und der Tangentialpunkt von Preis-Absatz- und LDK-Kurve mithin links vom LDK-Minimum liegen muß. Die Kapazitäten, die es sich bei monopolistischer Konkurrenz aufzubauen lohnt, werden also suboptimal genutzt; die Marktform führt − wie man auch sagt − zu *Überkapazitäten*. Bei gleicher Kostenfunktion erhalten die Nachfrager bei monopolistischer Konkurrenz eine im Vergleich zur vollständigen Konkurrenz geringere Menge zu einem höheren Preis. Diesen Nachteil interpretiert man auch als Ausgleich für einen Vorteil der monopolistischen Konkurrenz: Während bei vollständiger Konkurrenz der Markt jedem Nachfrager ein völlig einheitliches Produkt anbietet, herrscht bei monopolistischer Konkurrenz Produktdifferenzierung; der Nachfrager kann seine individuellen Bedürfnisse besser befriedigen, indem er die Möglichkeit erhält, sich für eine bestimmte Variante aus der Vielfalt der an dem Markt angebotenen Produkte zu entscheiden.

Ohne die Symmetrieannahme ist die einfache Tangentenlösung des langfristigen Gleichgewichts mit ihren Eigenschaften der gewinnlosen Produktion und der Überkapazität nicht herleitbar. Bei ungleicher Absatz- und Kostensituation der Anbieter werden Markteintrittshemmnisse relevant (vgl. dazu Kap. IV.F.4).

3. Monopolistische Nachfragekonkurrenz

Die Marktform der monopolistischen Angebotskonkurrenz, in der die Nachfrager Präferenzen gegenüber den verschiedenen Anbietern ,haben, sah man (neben der des Oligopols) als wichtiges und realitätsnahes Bindeglied zwischen den beiden extremen Marktformen der vollständigen Konkurrenz und des Angebotsmonopols an. Keine Beachtung fand dagegen die Marktform der monopolistischen Nachfragekonkurrenz, in der es Präferenzen der Anbieter gegenüber den verschiedenen Nachfragern gibt. Wir glauben, daß die im folgenden vorzunehmende Übertragung der Theorie der monopolistischen Angebotskonkurrenz auf diesen Fall eine notwendige und zur Erklärung der Realität wichtige Ergänzung der Theorie der von den Nachfragern gesetzten Preise darstellt. Insbesondere auf den Arbeitsmärkten dürfte monopolistische Nachfragekonkurrenz sehr verbreitet sein.

Wie in 1. bereits ausgeführt, ist ein Markt mit monopolistischer Nachfragekonkurrenz genauer dadurch gekennzeichnet, daß (1) sehr viele Anbieter und Nachfrager mit jeweils ganz geringem Marktanteil vorhanden sind, (2) Präferenzen auf seiten der Anbieter gegenüber den Nachfragern bestehen, (3) ein Nachfrager das Angebot an dem von ihm nachgefragten Gut kennt und die Anbieter entweder vollständige oder unvollständige Information über die Preissetzung der Nachfrager haben. Von diesen Annahmen ist nun (2) näher zu überprüfen. Was hat man sich unter Präferenzen der Anbieter gegenüber den Nachfragern vorzustellen? Wie früher in Kap. III.A.1 wollen wir auch hier räumliche, persönliche und sachliche Präferenzen unterscheiden:

(a) *Räumliche Präferenzen:* Die Anbieter ziehen näher gelegene oder gut erreichbare Nachfrager aus Bequemlichkeit oder wegen niedrigerer Transportkosten (die meist vom Anbieter zu tragen sind) den weiter entfernten oder schlechter erreichbaren Nachfragern vor. Beispielsweise bevorzugen die Anbieter am Markt für eine bestimmte Arbeitsqualität nahe gelegene Arbeitsstätten.

(b) *Persönliche Präferenzen:* Es bestehen persönliche Bindungen zwischen Anbietern und Nachfragern. Der Arbeitsmarkt bietet hierzu das Beispiel des langjährigen Mitarbeiters oder des „guten Betriebsklimas".

(c) *Sachliche Präferenzen:* Die Anbieter bevorzugen Nachfrager aus Gründen, die in der Art der Verwendung des Gutes liegen. Ein Anbieter von Arbeit bevorzugt z. B. eine Arbeitsstätte, in der seine Arbeitskraft mit modernen Maschinen kombiniert oder in sauberer Umgebung eingesetzt wird.

Zweifellos lassen sich weitere Beispiele von Bindungen der Anbieter an bestimmte Nachfrager anführen, die sich nicht genau unter die genannten Arten von Präferenzen einordnen lassen. Für den Arbeitsmarkt ist es die Gesamtheit der betrieblichen Sozialleistungen, die als zusätzliche Begründung für Präferenzen anzuführen wäre. Entscheidend ist, daß es sicherlich in großer Zahl Unvollkommenheiten an Beschaffungsmärkten geben kann, die sich als Präferenzen der Anbieter gegenüber den Nachfragern interpretieren lassen. Solche Präferenzen binden einen Anbieter an einen Nachfrager, selbst wenn die sonstigen Bedingungen etwas ungünstiger sind als bei anderen Nachfragern. Gibt es Präferenzen und vielleicht zusätzlich noch unvollständige Information der Anbieter über die Preissetzung der Nachfrager, dann können auf einem Beschaffungsmarkt unterschiedliche Preise zustande kommen.

Die Bestrebungen der Nachfrager sind oft darauf gerichtet, die Anbieter auf ihren Beschaffungsmärkten durch Erzeugung von Präferenzen an sich zu binden. Wie auf den Absatzmärkten, so spielt sich auch auf den Beschaffungsmärkten der Wettbewerb oftmals nicht so sehr über den Preis als über den Einsatz eines *beschaffungspolitischen Instrumentariums* in der Form der *non price competition* ab, unter anderem auch dann, wenn der Preis durch Kartellvereinbarung für alle Marktteilnehmer verbindlich festgelegt ist. Als Instrumente der Beschaffungspolitik auf dem Arbeitsmarkt wären beispielsweise die Bereitstellung von Transportmitteln, Maßnahmen zur Verbesserung des Betriebsklimas oder zur Ausgestaltung der Arbeitsplätze, kurz: die gesamte betriebliche Sozialpolitik, zu nennen. Gerade diese Form des Wettbewerbs spielt auch eine wichtige Rolle, wenn eine Lohnpolitik des einzelnen Nachfragers aufgrund der Kartellvereinbarung zwischen Arbeitgeberverband und Gewerkschaft weitgehend ausgeschaltet ist.

Nach älterer betriebswirtschaftlicher Anschauung glaubte man, die freiwilligen betrieblichen Sozialleistungen zuweilen nur außerökonomisch mit einem besonderen sozialen Verantwortungsgefühl der Unternehmer begründen zu können, und man erhob diese anstelle oder neben der Gewinnmaximierung zum Ziel der Unternehmungspolitik. Nach der hier vertretenen Konzeption sind die Sozialleistungen ein durchaus ökonomisches Instrument der Beschaffungspolitik, das auf unvollkommenen Märkten dem Ziel der Gewinnmaximierung dienen kann.

Durch Einsatz des beschaffungspolitischen Instrumentariums ist der Nachfrager in der Lage, das Angebot an dem von ihm nachgefragten Gut in seinem Sinne günstig zu beeinflussen, d. h. seine Preis-Beschaffungskurve nach rechts zu verschieben. Das verursacht allerdings Kosten, so daß ein zusätzlicher Zusammenhang zwischen der Preis-Beschaffungsfunktion und der Kostenfunktion des Nachfragers besteht. Die genaue Art dieses Zusammenhangs ist schwer festzustellen und wird hier nicht weiter untersucht.

Da alle Nachfrager einen ganz geringen Marktanteil haben, gilt bezüglich der Preispolitik und des Einsatzes der beschaffungspolitischen Instrumente, daß die Aktionen eines einzelnen Nachfragers sich auf die Preis-Beschaffungsfunktionen der übrigen Nachfrager nicht spürbar auswirken. Ein Nachfrager wird daher bei monopolistischer Nachfragekonkurrenz auf die Aktionen eines Mitnachfragers nicht reagieren; er wird die Aktionsparameter der Mitnachfrager vielmehr wie konstante Größen behandeln. Durch diese Eigenschaft unterscheidet sich die Marktform der monopolistischen Nachfragekonkurrenz von der des heterogenen Nachfrageoligopols.

Im folgenden diskutieren wir die *Preis-Beschaffungsfunktion* eines Nachfragers, indem wir sinngemäß die Argumente übertragen, mit denen wir im vorigen Abschnitt den Verlauf der Preis-Absatzfunktion GUTENBERGS begründeten. Da die Anbieter Präferenzen gegenüber dem betrachteten Nachfrager haben, wird dieser nicht sein gesamtes Angebot verlieren, wenn er den Preis, den er bisher bewilligte, etwas senkt. Einige Anbieter werden zwar zu anderen Nachfragern abwandern oder sich aus dem Markt zurückziehen, der Rest wird aufgrund der Präferenzbindung jedoch bereit sein, das Gut zu dem niedrigeren Preis zu verkaufen. Je stärker die Preissenkung, desto geringer das Restangebot, das dem Nachfrager bleibt. Es existiert ein *unterer Grenzpreis*, zu dem dem Nachfrager nichts mehr angeboten wird.

Ein Nachfrager wird umgekehrt nicht unbegrenzt zusätzliches Angebot auf sich ziehen, wenn er den bisher gezahlten Preis heraufsetzt. Zwar überwindet aufgrund des höheren Preises ein Teil der Anbieter die Präferenzen gegenüber anderen Nachfragern und geht zu dem hier untersuchten Nachfrager über; ferner kommen neue Anbieter an den Markt. Die restlichen Anbieter verkaufen infolge ihrer Präferenzbindungen jedoch weiterhin an die anderen Nachfrager. Je stärker die Preiserhöhung, desto größer allerdings das zusätzliche Angebot. Es gibt einen *oberen Grenzpreis*, zu dem der Nachfrager jede im Bereich seines Bedarfs in Frage kommende Menge kaufen kann.

Diesen Überlegungen entspricht der in Abb. IV.s dargestellte Verlauf der Preis-Beschaffungsfunktion. $\bar{q}$ ist der Preis, von dem aus die Betrachtung einsetzt. Beim unteren Grenzpreis $\bar{\bar{q}}$ und beim oberen Grenzpreis $\bar{\bar{q}}$ verläuft die Preis-Beschaffungskurve wie bei vollständiger Konkurrenz parallel zur Abszisse. Dazwischen hat die Kurve wie im Fall des Nachfragemonopols positive Steigung,

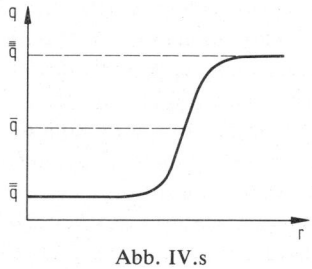

Abb. IV.s

und wir können deshalb vom *monopolistischen Bereich* sprechen. Steigt der Preis fortlaufend von $\bar{q}$ bis $\bar{\bar{q}}$, dann kommt erstens wie beim Nachfragemonopol zusätzliches Angebot auf den Markt (Mobilisierung latenten Angebots), und es treten zweitens Anbieter hinzu, die bisher bei anderen Nachfragern verkauften.

Die Angebotskurve bei monopolistischer Nachfragekonkurrenz ist nur dem Typ nach bestimmt. Die Übergänge zu den Grenzpreisen können mehr oder weniger abrupt sein; die parallel zur Abszisse gezeichneten Äste können auch schwach ansteigen. Die Ausdehnung des monopolistischen Bereichs und die Steigung der Kurve in diesem Bereich hängen maßgeblich davon ab, wie stark die Präferenzbindungen der Anbieter an andere Nachfrager sind und wie viele Anbieter von der Preiserhöhung Kenntnis erhalten. Die Kurve verläuft tendenziell um so flacher, je schwächer die Präferenzen sind und je mehr Anbieter über die Preise informiert sind.

Der Nachfrager wird versuchen, durch den Einsatz beschaffungspolitischer Instrumente Präferenzen der Anbieter ihm gegenüber zu schaffen. Der monopolistische Bereich wird sich dadurch tendenziell nach unten verlagern, und die Preis-Beschaffungskurve verschiebt sich nach rechts, so daß der Nachfrager eine bestimmte Menge des Gutes zu einem niedrigeren Preis erwerben kann. Über die Kosten des beschaffungspolitischen Instrumentariums ergibt sich auf diese Weise ein zusätzlicher Zusammenhang zwischen Preis-Beschaffungsfunktion und Kostenkurve, den wir nicht weiter untersuchen; wir gehen statt dessen von einer gegebenen Preis-Beschaffungsfunktion, mithin einer gegebenen Kostenkurve, aus.

Zur Ermittlung der *gewinnmaximierenden Nachfragemenge* knüpfen wir an IV.B.3 an. Im Gewinnmaximum schneidet die Kurve der Grenzausgaben die Kurve des Wertes des Grenzprodukts (*Bedingung 1. Ordnung*), wobei im Schnittpunkt die Steigung der erstgenannten Kurve größer ist als die der letztgenannten (*Bedingung 2. Ordnung*). Wie unmittelbar einzusehen, fällt die Kurve der Grenzausgaben im Bereich der parallel zur Abszisse verlaufenden Äste der Preis-Beschaffungskurve mit diesen zusammen. Im linearen monopolistischen Bereich ist die Kurve der Grenzausgaben eine Gerade mit der doppelten Steigung der Preis-Beschaffungsfunktion, die die Ordinate im selben Punkt schneidet wie die lineare Verlängerung des linearen monopolistischen Bereichs der Preis-Beschaffungskurve. In den Übergangsbereichen können wir die bisher erläuterten Kurvenstücke miteinander verbinden. In dem in Abb. IV.t dargestellten Beispiel ist bei der Menge r* und dem zugeordneten Preis q* das Gewinnmaximum erreicht. Es könnte statt zwei auch vier Schnittpunkte der Kurven W′(r) und A′(r) geben, von denen zwei Schnittpunkte relative Gewinnmaxima beschreiben, aus denen das absolute Maximum durch Vergleich herauszusuchen wäre.

Ebenso wie die Konzeption GUTENBERGS läßt sich auch diejenige CHAMBERLINs auf den Beschaffungsmarkt übertragen. Ferner können wir ein langfristiges

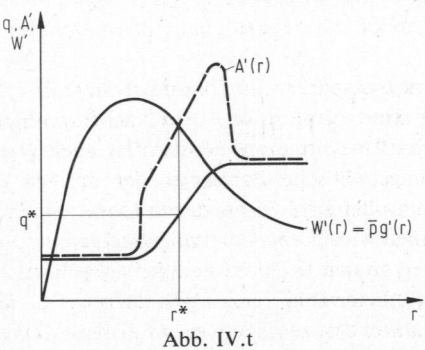

Abb. IV.t

Gleichgewicht untersuchen, indem wir zulassen, daß neue Nachfrager an den Markt strömen, solange der repräsentative Nachfrager Gewinne erzielt. Das vorhandene Angebot teilt sich dann unter eine immer größere Zahl von Nachfragern auf, was sich in einer Linksverschiebung der Preis-Beschaffungskurve äußert. Der Zustrom neuer Nachfrager hört erst auf, wenn die Linksverschiebung so weit fortschreitet, daß die Preis-Beschaffungskurve die (nicht eingezeichnete) Kurve des Durchschnittswertes der Produktion $\bar{p}g(r)/r$ gerade noch berührt. Die Koordinaten des Tangentialpunktes bezeichnen dann Menge und Preis des langfristigen Gleichgewichts.

D. Oligopolmärkte

1. Marktbeschreibung

Auch die in diesem Abschnitt zu behandelnde Marktform wollen wir durch die Zahl der Anbieter und Nachfrager, das Vorhandensein von Präferenzen und die Markttransparenz charakterisieren. Für Oligopolmärkte lauten die Merkmale wie folgt:

(1) Entweder auf der Angebots- oder auf der Nachfrageseite gibt es eine geringe Anzahl von Marktteilnehmern, von denen jeder einen nicht unbedeutenden Anteil am Gesamtangebot bzw. der Gesamtnachfrage hat. Es handelt sich dann um eine *oligopolistische Angebots-* bzw. *Nachfragestruktur* oder einfacher: um ein *Angebots-* bzw. *Nachfrageoligopol* (letzteres nennt man auch *Oligopson*). Die Marktteilnehmer auf der oligopolistisch strukturierten Marktseite heißen Oligopolisten. – Auf der jeweils anderen Marktseite unterstellen wir wie in früheren Kapiteln eine große Zahl von Marktteilnehmern mit jeweils verschwindend kleinem Marktanteil.

(2) Im Oligopol kann es Präferenzen der in großer Zahl vorhandenen Marktteilnehmer gegenüber den Oligopolisten geben oder nicht. Ohne Präferenzen handelt es sich um ein *homogenes*, mit Präferenzen um ein *heterogenes Oligopol*.

(3) Es besteht Markttransparenz im folgenden Sinn: Ein Angebotsoligopolist kennt nicht nur seine eigene Absatz-, ein Nachfrageoligopolist nicht nur seine eigene Beschaffungssituation, sondern ist auch über Zahl und absatz- bzw. beschaffungspolitische Parameter der übrigen Oligopolisten informiert. – Die in großer Zahl vorhandenen Marktteilnehmer auf der anderen Marktseite können wieder entweder vollständige oder unvollständige Information über die von den Oligopolisten gesetzten Preise haben.

Sofern es nach (2) keine Präferenzen gibt und nach (3) alle Marktteilnehmer vollständige Information besitzen, kann es auf diesem Markt mit *homogener oli-*

gopolistischer Konkurrenz nur einen einheitlichen Preis geben. Bestehen dagegen Präferenzen und herrscht möglicherweise noch unvollständige Preisinformation, dann können auf diesem Markt mit *heterogener oligopolistischer Konkurrenz* die Preise verschieden hoch sein.

Der einheitliche Preis eines Marktes mit homogener oligopolistischer Konkurrenz muß nicht durch Absprache der Oligopolisten zustande kommen. Möglich ist vielmehr, daß jeder einzelne Oligopolist statt des Preises die Menge festsetzt. Der einheitliche Preis in diesem Fall der *Mengenfixierung* ergibt sich dann im Angebotsoligopol, indem man die insgesamt angebotene Menge in die Gesamtnachfragefunktion, und im Nachfrageoligopol, indem man die insgesamt nachgefragte Menge in die Gesamtangebotsfunktion einsetzt. – Auf einem Markt mit heterogener oligopolistischer Konkurrenz wird dagegen die *Preisfixierung* die Regel sein. Im Angebotsoligopol setzt der einzelne Anbieter, im Nachfrageoligopol der einzelne Nachfrager den Preis, an den sich die Teilnehmer auf der anderen Marktseite mit der Menge anpassen. Neben der Preispolitik haben die Oligopolisten hier die Möglichkeit, die Präferenzen der Teilnehmer auf der anderen Marktseite durch Einsatz ihres absatz- bzw. beschaffungspolitischen Instrumentariums in einem für sie günstigen Sinne zu beeinflussen. Wie bei monopolistischer Konkurrenz gibt es also im heterogenen Oligopol die Möglichkeit, den Wettbewerb mit anderen Aktionsparametern als dem Preis in der Form der *non price competition* auszutragen.

Anders als bei vollständiger oder monopolistischer Konkurrenz hat der einzelne Oligopolist nach (1) einen nicht unbedeutenden Anteil am Gesamtangebot bzw. an der Gesamtnachfrage. Ändert er bei Mengenfixierung die Menge, bei Preisfixierung den Preis oder einen sonstigen Aktionsparameter, so wird sich diese Maßnahme in einer spürbaren Veränderung der Absatz- bzw. Beschaffungssituation für die anderen Oligopolisten auswirken. Die mitanbietenden bzw. mitnachfragenden Oligopolisten werden auf diese Aktion reagieren, d. h. die Menge bzw. den Preis oder die sonstigen Aktionsparameter der veränderten Situation anpassen, und dies wird auf die Situation des betrachteten Oligopolisten zurückwirken. Ein Oligopolist hat folglich Veranlassung, bei geplanten Aktionen die *erwarteten Reaktionen* der übrigen Oligopolisten mit in seine Überlegungen einzubeziehen. Daher kommt es, daß die Handlungen z. B. des ersten Oligopolisten von denen des zweiten, dritten usw., die des zweiten Oligopolisten von denen des ersten, dritten usw. abhängen. Diesen Sachverhalt der wechselseitigen Abhängigkeit bezeichnet man als *oligopolistische Interdependenz*. Sie bedeutet, daß der Gewinn jedes Anbieters von den Handlungen jedes einzelnen Mitanbieters spürbar abhängig ist. In die Gewinnfunktion eines Oligopolisten gehen auch die Mengen bzw. die Preise und sonstigen Aktionsparameter der übrigen Oligopolisten ein, also Variablen, die er nicht selbst kontrolliert.

Nimmt ein Oligopolist an, daß die anderen Oligopolisten nicht auf seine eigenen Aktionen reagieren werden, vernachlässigt er also bei seinen Handlungen die oligopolistische Interdependenz, dann spricht man von *autonomem Verhalten*. In diesem Fall betrachtet der Oligopolist die von ihm nicht kontrollierten Variablen seiner Gewinnfunktion als konstante Größen. Versucht der Oligopolist dagegen, die erwarteten Reaktionen der anderen bei seinen Aktionen zu berücksichtigen, dann handelt es sich um *heteronomes Verhalten* (nach RAGNAR FRISCH (1933) auch: *konjekturales Verhalten*). Hier beachtet er also die Interdependenz der von ihm kontrollierten und nicht kontrollierten Variablen.

Die einführenden Bemerkungen zeigen, daß zahlreiche Varianten von Oligopolmärkten existieren. Dementsprechend gibt es auch eine Anzahl verschiedener Modelle zur Bestimmung von Gleichgewichtspreisen und -mengen. Die meisten Modelle beschränken sich auf zwei Oligopolisten, d. h. auf den Fall des *Dyopols*. In Abschnitt 2 erläutern wir Modelle des Angebotsoligopols mit Mengenfixierung bei homogener Konkurrenz, in Abschnitt 3 solche mit Preisfixierung bei heterogener Konkurrenz. Unter den ersteren behandeln wir das homogene Mengendyopol von AUGUSTIN COURNOT und das asymmetrische Dyopol von HEINRICH V. STACKELBERG, unter letzteren die geknickte Preis-Absatzkurve, das heterogene Preisdyopol nach COURNOT sowie die Theorie von WILHELM KRELLE. Dabei gehen wir auch auf das Problem der *gemeinsamen Gewinnmaximierung* sowie auf die *Preisführerschaft* eines Oligopolisten ein. Im Abschnitt 4 erläutern wir am Beispiel der Preisfixierung bei heterogener Konkurrenz, wie man die Modelle des Angebotsoligopols in Modelle des Nachfrageoligopols umformulieren kann.

Zur Oligopoltheorie sind in den letzten Jahrzehnten auch im Rahmen der *Theorie der strategischen Spiele* Beiträge geleistet worden (vgl. dazu z. B. MARTIN SHUBIK 1959). Diese behandeln wir hier nicht; wir beschränken uns vielmehr auf eine Anwendung der Instrumente der herkömmlichen mikroökonomischen Preistheorie auf Oligopolprobleme.

2. Das Angebotsoligopol: Mengenfixierung bei homogener Konkurrenz

a. Das homogene Mengendyopol von Cournot

Im ältesten Beitrag zur Oligopoltheorie unterstellt AUGUSTIN COURNOT (1838, Kap. 7), daß es auf einem Markt zwei Anbieter gibt, deren Produkt im Urteil der Nachfrager völlig gleich ist. Auf diesem Markt mit homogener Konkurrenz herrscht vollständige Preisinformation der Nachfrager, so daß nur ein Preis zustande kommen kann. Jeder Anbieter wendet die *autonome Verhaltensweise* an und maximiert seinen Gewinn durch Mengenfixierung: Er behandelt den Aktionsparameter seines Mitanbieters, dessen Angebotsmenge, wie eine konstante Größe und ermittelt unter dieser Voraussetzung seine gewinnmaximierende Menge.

Die gesamtwirtschaftliche, im folgenden linear angenommene Nachfragefunktion können wir als gemeinschaftliche Preis-Absatzfunktion der Anbieter 1
und 2 auffassen, wobei die gemeinschaftliche Absatzmenge gleich der Summe
der beiden individuellen Mengen y_1 und y_2 ist:

$$p = f(y_1 + y_2) = -a(y_1 + y_2) + b$$
$$= -ay_1 - ay_2 + b \quad \text{mit} \quad a, b > 0. \tag{IV.54}$$

Wir bestimmen nun die gewinnmaximierenden Angebotsmengen des Anbieters 1
für jede überhaupt in Frage kommende, als konstant betrachtete Angebotsmenge y_2. In Abb. IV.u erhalten wir gemäß (IV.54) für $y_2 = 0$ eine Preis-
Absatzgerade für Anbieter 1 mit der Steigung $-a$, dem Ordinatenabschnitt b
und dem Abszissenabschnitt b/a. Für steigende Mengen $y_2 = 1, 2, 3$ usw. verschiebt sich diese Preis-Absatzgerade parallel in Richtung des Ursprungs. Für
$y_2 = b/a$ verläuft die Gerade durch den Ursprung; Anbieter 1 ist dann vom
Markt verdrängt. In Abb. IV.u sind als Beispiele die Preis-Absatzgeraden für die
Mengen $y_2 = 0$, $y_2 = 10$ und $y_2 = 20$ gezeichnet.

Zu jeder der Preis-Absatzgeraden könnten wir die GE-Gerade zeichnen und
aus dem Schnittpunkt von GE-Gerade und GK-Kurve die gewinnmaximierende
Menge y_1 ermitteln, die der als gegeben betrachteten Angebotsmenge y_2 zugeordnet ist. In dieser Weise ging COURNOT vor. Die Darstellung des unten folgenden
v. STACKELBERG-Modells vereinfacht sich jedoch, wenn wir zur Bestimmung
der gewinnmaximierenden Angebotsmengen des Anbieters 1 wie in Kap.
IV.B.4.c beim bilateralen Monopol mit Isogewinnkurven arbeiten. Wir unterstellen wieder eine Kostenfunktion des Typs (IV.36), zu der eine linear durch den
Ursprung verlaufende GK_1- und DTK_1-Kurve gehört, wobei die Steigung der ersteren doppelt so groß ist wie die der letzteren. Wir können damit auch die nach
unten gewölbten Isogewinnkurven des Anbieters aus Abb. IV.l benutzen, die
entlang der GK_1-Geraden ihre Minima erreichen. In Abb. IV.v zeichnen wir jene

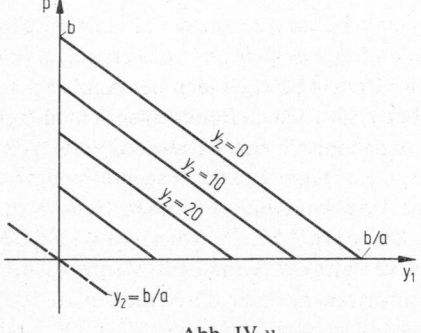

Abb. IV.u

Isogewinnkurven ein, welche die aus Abb. IV.u übertragenen Preis-Absatz-geraden berühren. Ein Tangentialpunkt entspricht dem aus Kap. IV.B.2.c bekannten COURNOTschen Punkt, der hier die optimale Preis-Mengenkombination des Anbieters 1 für gegebene Menge des Anbieters 2 bezeichnet. Die Verbindungslinie aller Tangentialpunkte ist in unserem Beispiel mit linearen Preis-Absatz-, DTK_1- und GK_1-Kurven eine Gerade aus dem Ursprung. Sie wird *Reaktionskurve R 1* genannt, weil sie die Mengenanpassung des Anbieters 1 auf Änderungen der Menge des Anbieters 2 darstellt.

Bei vertauschten Fußindices an den Variablen könnte sich Abb. IV.v auch auf Anbieter 2 beziehen, vorausgesetzt, daß auch für diesen die DTK_2- und die GK_2-Kurve Geraden durch den Ursprung sind. Haben diese allerdings andere

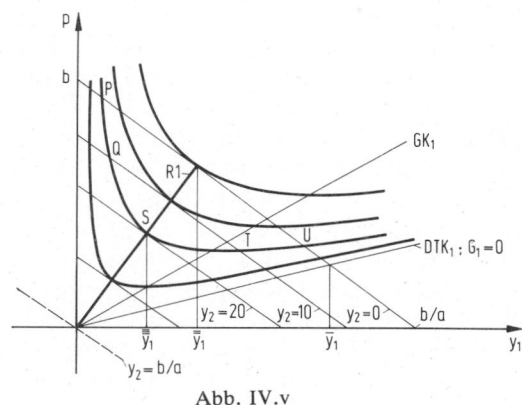

Abb. IV.v

Steigung als die DTK_1- bzw. die GK_1-Gerade, dann ist auch die Lage der Isogewinnkurven und die Steigung der *Reaktionskurve R 2* für Anbieter 2 anders als für Anbieter 1; dem Typ nach sind die Diagramme für jeden Anbieter jedoch gleich.

In Abb. IV.v ist jedem beliebigen Punkt auf einer Isogewinnkurve des Anbieters 1 eine bestimmte Menge y_1 als Abszissenwert zugeordnet. Ferner liegt ein solcher Punkt auf einer Preis-Absatzgeraden des Anbieters 1, die wiederum für ein bestimmtes Angebot y_2 gilt. Jedem Punkt entspricht also eine Mengenkombination (y_1, y_2). Wir können mithin eine Isogewinnkurve des Anbieters 1 in Abb. IV.v Punkt für Punkt in ein Diagramm der Angebotsmengen übertragen. Als erste übertragen wir die Isogewinnkurve für einen Gewinn des Anbieters 1 von Null, d. h. die DTK_1-Kurve. In Abb. IV.w beginnt sie bei der Menge $y_2 = b/a$ auf der Ordinate und verläuft als Gerade zur Menge $\bar{y}_1$ auf der Abszisse. Die zweite Kurve, die wir übertragen, ist die durch die Punkte P, Q, S, T, U bezeichnete. Von P über Q nach S steigt y_2 von 0 über 10 auf 20, und y_1 steigt ebenfalls jeweils um eine positive Menge. Dem entspricht in Abb. IV.w die Bewegung von P' über Q' nach S'. Von S über T nach U nimmt y_2 von 20 über 10 auf 0 ab, während y_1 jeweils weiter zunimmt. In Abb. IV.w entspricht dem die Bewegung von S' über T' nach U'. Bei S' hat die Isogewinnkurve offenbar ein Maximum.

Ähnlich können wir die anderen Isogewinnkurven der Abb. IV.v in die Abb. IV.w übertragen. Als Reaktionsgerade R 1' erhalten wir dort die Verbindungslinie aller Maxima. Sie beginnt auf der Ordinate bei der Menge $y_2 = b/a$ und endet auf der Abszisse bei der Menge $\bar{\bar{y}}_1$. Die Interpretation der Reaktionskurve wird hier noch einmal deutlich: Zu einer gegebenen Menge y_2, dargestellt durch eine Parallele zur Abszisse, lohnt es sich für Anbieter 1, die Menge anzubieten, bei der die Parallele eine seiner Isogewinnkurven tangiert. Der Berührungspunkt

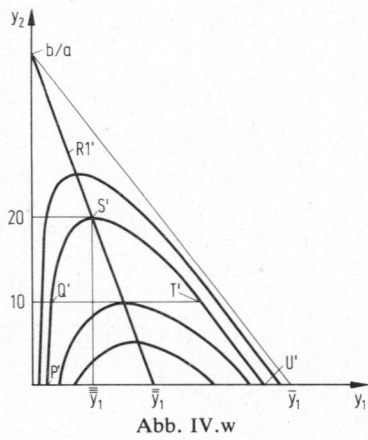

Abb. IV.w

muß im Maximum der Isogewinnkurve und mithin auf der Geraden R 1' liegen. Beispielsweise wählt Anbieter 1 für $y_2 = 20$ die Menge $\bar{\bar{y}}_1$.

Bei vertauschten Fußindices könnte es sich in Abb. IV.w um die Isogewinnkurven und die Reaktionsgerade R 2' des Anbieters 2 handeln. Der Ordinatenabschnitt der Isogewinngerade für einen Nullgewinn sowie der der Reaktionsgeraden wären wieder b/a. Die Abszissenabschnitte dieser beiden Geraden würden sich allerdings von den entsprechenden für Anbieter 1 unterscheiden, wenn die Steigungen der DTK_2-, GK_2- und der R 2-Geraden andere sind als die der DTK_1-, der GK_1- und der R 1-Geraden.

Wir stellen nun die Isogewinnkurven und Reaktionsgeraden beider Anbieter in einem Diagramm der Angebotsmengen dar. In Abb. IV.x ist Abb. IV.w für Anbieter 1 übernommen. Für Anbieter 2 beginnt nun die Isogewinngerade für einen Nullgewinn auf der Abszisse bei der Menge b/a und endet auf der Ordinate bei einer Menge $\bar{y}_2$. Die übrigen Isogewinnkurven dieses Anbieters wölben sich aus der Ordinate heraus und erreichen senkrechte Steigung entlang der Reaktionsgeraden R 2', die selbst bei der Menge b/a auf der Abszisse beginnt und bei einer Menge $\bar{\bar{y}}_2$ auf der Ordinate endet. Die Gleichgewichtsmengen sind gleich den Koordinaten des Schnittpunktes V der beiden Reaktionskurven, denn bei diesen Mengen sind die Angebotspläne der Dyopolisten konsistent: Anbieter 1 nimmt y_2^* als gegeben und maximiert seinen Gewinn durch das Angebot y_1^*; Anbieter 2 betrachtet y_1^* als Datum und maximiert seinen Gewinn durch das Angebot y_2^*. Der einheitliche Gleichgewichtspreis p* ergibt sich aus der gesamtwirtschaftlichen Nachfragefunktion (IV.54), indem wir in diese die gesamte Angebotsmenge $y_1^* + y_2^*$ einsetzen.

Der Schnittpunkt V beschreibt ein stabiles Gleichgewicht, denn das autonome Verhalten führt von einer beliebigen Ungleichgewichtssituation über die

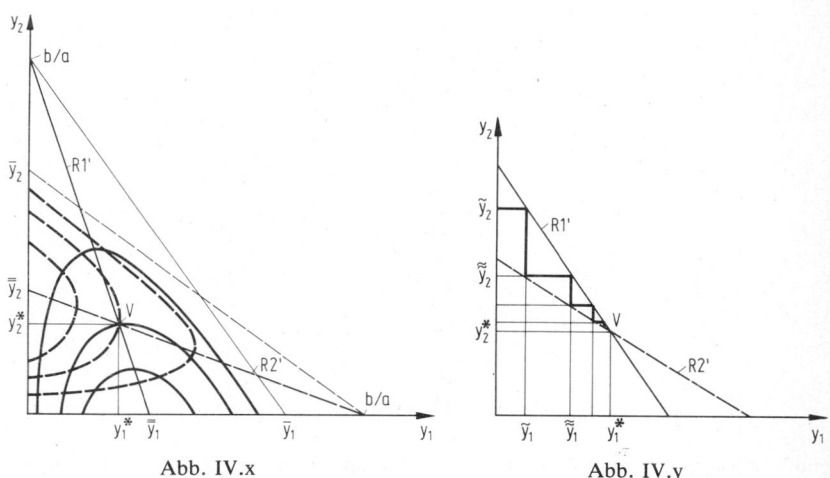

Abb. IV.x   Abb. IV.y

gegenseitige Anpassung stets zu diesem Punkt. Dies zeigt Abb. IV.y: Bietet Anbieter 2 bei Eröffnung des Marktes etwa die Menge $\bar{y}_2$ an, dann wählt Anbieter 1 gemäß seiner Reaktionsgeraden R 1' die Menge $\bar{y}_1$. Bei dieser Menge reduziert aber Anbieter 2 sein Angebot auf $\bar{\bar{y}}_2$, woraufhin Anbieter 1 seine Menge auf $\bar{\bar{y}}_1$ erhöht. Die Entwicklung führt über derartige Anpassungsstufen stets zum Punkt V, auch wenn wir von irgendeiner anderen Ausgangssituation ausgehen.

In dem Fall, daß die Kosten beider Anbieter identisch sind, ergibt sich in Abb. IV.x eine für beide völlig symmetrische Reaktionskurve, so daß der Schnittpunkt beider Kurven für jeden die gleiche Menge vorschreibt. Der Markt wird unter diesen Bedingungen also gleichmäßig aufgeteilt. Bei gekrümmten Preis-Absatzkurven oder gekrümmten GK-Kurven sind die Reaktionskurven in der Regel nicht linear. Nicht ausgeschlossen ist auch die Möglichkeit, daß sich die Reaktionskurven nicht oder nicht im positiven Quadranten schneiden, mithin keine Lösung des Modells existiert.

Verhaltensweise und Vorgehen der Anbieter im COURNOT-Modell wird noch einmal deutlich, wenn wir den Ansatz unabhängig von dem diskutierten geometrischen Beispiel allgemein algebraisch formulieren: Setzt man die gemeinschaftliche Preis-Absatzfunktion der Anbieter,

$$p = f(y_1 + y_2),$$
(IV.54)

in die Erlösfunktion ein, dann erhalten wir den Erlös jedes einzelnen Anbieters als Funktion beider Angebotsmengen:

$$E_1 = py_1 = f(y_1 + y_2)y_1 = E_1(y_1, y_2),$$

$$E_2 = py_2 = f(y_1 + y_2)y_2 = E_2(y_1, y_2).$$
(IV.55)

Der Gewinn der Anbieter ist definiert als

$$G_1 = E_1(y_1, y_2) - K_1(y_1) = G_1(y_1, y_2),$$

$$G_2 = E_2(y_1, y_2) - K_2(y_2) = G_2(y_1, y_2).$$
(IV.56)

Der Gewinn eines Dyopolisten hängt also auch von der von ihm nicht kontrollierten Angebotsmenge des anderen ab. Autonomes Verhalten bedeutet analytisch, daß ein Anbieter seine Gewinnfunktion nach seiner eigenen Absatzmenge partiell differenziert, d. h. die Menge des anderen als Konstante betrachtet. Durch Nullsetzen der partiellen Ableitungen beider Anbieter erhält man die folgenden *Bedingungen 1. Ordnung:*

$$\frac{\partial G_1}{\partial y_1} = \frac{\partial E_1}{\partial y_1} - \frac{\partial K_1}{\partial y_1} = 0,$$

$$\frac{\partial G_2}{\partial y_2} = \frac{\partial E_2}{\partial y_2} - \frac{\partial K_2}{\partial y_2} = 0.$$
(IV.57)

Die Bedingungen 1. Ordnung stellen nichts anderes als die Reaktionskurven dar, denn beide enthalten gemäß (IV.56) die Variablen y_1 und y_2, so daß wir wie folgt auflösen können:

$$y_1 = g_1(y_2),$$

$$y_2 = g_2(y_1).$$
(IV.58)

Die Gleichgewichtsmengen erhalten wir, indem wir diese zwei Gleichungen mit zwei Unbekannten lösen. Auf die Frage der Existenz einer Lösung sowie auf die Bedingungen 2. Ordnung gehen wir hier nicht ein.

Abgesehen davon, daß das Fehlen von Präferenzen und die Mengenfixierung im COURNOTschen Modell nicht wirklichkeitsnah sind, ist an diesem Modell die Behandlung der oligopolistischen Interdependenz der Anbieter kritisiert worden: Obgleich die Dyopolisten die wechselseitige Abhängigkeit etwa bei dem in Abb. IV.y beschriebenen Anpassungsprozeß zum Gleichgewicht dauernd zu spüren bekommen und jede Aktion des ersten von einer Reaktion des zweiten begleitet ist und umgekehrt, gehen sie immer wieder von einer gegebenen Menge des Mitanbieters aus; es gibt *keine Lerneffekte*.

b. Das asymmetrische Dyopol von v. Stackelberg

HEINRICH V. STACKELBERG (1951, Kap. IV.3) entwickelt seinen Ansatz aus der eben erwähnten Kritik an COURNOT. Er behält die Konzeption COURNOTs bei, führt jedoch für *einen* der beiden *Anbieter heteronomes Verhalten* ein, während für den anderen weiterhin autonome Verhaltensweise unterstellt wird. Das Modell von V. STACKELBERG ist also asymmetrisch hinsichtlich der Verhaltensweise der Anbieter.

Ist Anbieter 1 derjenige, der sich heteronom verhält, dann sieht er die Angebotsmenge des Anbieters 2 nicht mehr als gegeben an; er beschränkt sich also nicht mehr auf Reaktionen gemäß seiner Reaktionskurve R 1′, sondern ist bereit, von dieser Kurve abzuweichen. Nach V. STACKELBERG nimmt er die *Unabhängigkeitsposition* ein. Anbieter 2 soll sich weiterhin autonom gemäß seiner Reaktionskurve R 2′ verhalten; er befindet sich in der *Abhängigkeitsposition*. Wenn Anbieter 1 erwartete Reaktionen des anderen auf seine Angebotsmengen y_1 in seine Überlegungen einbezieht, muß er damit rechnen, daß immer Mengenkombinationen auf dessen Reaktionskurve R 2′ zustande kommen. Unter diesen Umständen ist es für ihn am günstigsten, sich jenen Punkt auf der Reaktionskurve R 2′ herauszusuchen, der seinen Gewinn G_1 maximiert. Das trifft bei der Absatzmenge y_1 zu, bei der die Reaktionskurve R 2′ eine Isogewinnkurve des Anbieters 1 berührt. Abb. IV.z zeigt, daß der Tangentialpunkt nicht mit dem COURNOTschen Gleichgewicht V zusammenfällt, weil dort die Isogewinnkurve des Anbieters 1 waagerecht verläuft, während die Gerade R 2′ negative Steigung hat. Der Tangentialpunkt muß vielmehr rechts unterhalb von V, d. h. bei einer größeren Menge des Anbieters 1 und bei einer kleineren Menge des Anbieters 2 liegen. Das V. STACKELBERGsche Gleichgewicht bei heteronomem Verhalten des Anbieters 1 wird in Abb. IV.z durch W_1 dargestellt.

Analog können wir nun für Anbieter 2 heteronomes Verhalten (Einnehmen der Unabhängigkeitsposition) unterstellen, während Anbieter 1 sich autonom verhalten (die Abhängigkeitsposition wählen) soll. Dann wird sich Anbieter 2 auf der Reaktionskurve R 1′ jenen Punkt heraussuchen, der seinen Gewinn G_2 maximiert, in dem also R 1′ eine seiner Isogewinnkurven berührt. In Abb. IV.z zeigt sich, daß der Berührungspunkt nicht V ist, denn dort verläuft die Isogewinnkurve des Anbieters 2 senkrecht, während R1' negative Steigung hat. Der Tangentialpunkt liegt vielmehr links oberhalb von V; er ist in Abb. IV.z mit W_2 bezeichnet.

Algebraisch läßt sich das Modell v. STACKELBERGS wie folgt darstellen: Der Dyopolist in der Abhängigkeitsposition handelt gemäß (IV.54) bis (IV.58) nach seiner Reaktionsfunktion. Der Dyopolist in der Unabhängigkeitsposition kann mit der Reaktionsfunktion (IV.58) des anderen sozusagen frei operieren. Er setzt

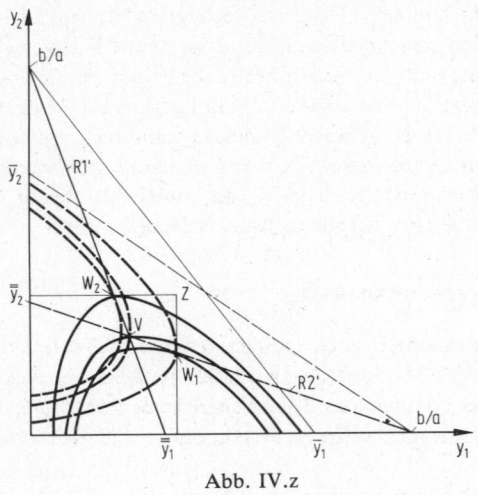

Abb. IV.z

sie in seine Gewinnfunktion (IV.56) ein, so daß in dieser nur noch seine eigene Angebotsmenge als Unbekannte bleibt, und bestimmt das Maximum der Funktion durch Differenzieren.

Ein Vergleich der Gewinne der Anbieter in den Situationen V, W_1 und W_2 der Abb. IV.z ergibt folgende Gewinnrelationen:

$$G_1^{W_1} > G_1^{V} > G_1^{W_2},$$
$$G_2^{W_1} < G_2^{V} < G_2^{W_2}.$$

Da ein Anbieter seinen Gewinn durch heteronomes Verhalten vergrößern kann, besteht für ihn ein Anreiz, in die Unabhängigkeitsposition zu gehen. Daher ist ein Zustandekommen des COURNOTschen Gleichgewichts V unwahrscheinlich. Den höheren Gewinn, den ihm die Unabhängigkeitsposition verspricht, kann ein Anbieter jedoch nur erzielen, wenn sein Mitanbieter die Abhängigkeitsposition beibehält und einen gegenüber dem COURNOTschen Gleichgewicht verminderten Gewinn hinnimmt. Die Asymmetrie-Lösung v. STACKELBERGS wird sich höchstens dann einstellen, wenn die Anbieter wirtschaftlich verschieden stark sind und der schwächere die Abhängigkeitsposition einem Machtkampf, der ihn ganz vom Markt verdrängen würde, vorzieht.

In der Regel ist dagegen aufgrund des Gewinnanreizes bzw. der drohenden Gewinnverminderung jeder Anbieter gewillt, die Unabhängigkeitsposition einzunehmen. Das heißt aber, daß keiner der Anbieter nach seiner Reaktionsfunktion handelt. Geht in dieser Situation zunächst jeder von der falschen Voraussetzung aus, daß sich der andere in die Abhängigkeitsposition begibt, dann kommen die dem Punkt Z in Abb. IV.z entsprechenden Mengen auf den Markt. Keiner erzielt dann den erwarteten Gewinn; Z ist kein Gleichgewicht. Es ist keine Aussage darüber möglich, in welcher Weise die beiden Anbieter die Mengen verändern. Man spricht hier vom STACKELBERGschen *Ungleichgewicht*. v. STACKELBERG (1951, S. 217) selbst hält die Asymmetrie-Lösung für viel unwahrscheinlicher als das Ungleichgewicht. Er ist andererseits deshalb kritisiert worden, weil er für den wahrscheinlicheren Fall, in dem sich beide Anbieter heteronom verhalten, keine Gleichgewichtslösung ableiten kann.

c. Gemeinsame Gewinnmaximierung

Das v. STACKELBERGsche Ungleichgewicht könnte dadurch verschwinden, daß nach einer Phase von Machtkämpfen schließlich doch ein Anbieter die Unabhängigkeitsposition erreicht und den zweiten in die Abhängigkeitsposition gedrängt hat. Eine andere Möglichkeit besteht darin, daß die Anbieter zusammenarbeiten.

Für beide als Einheit betrachtet ist es am günstigsten, diejenigen Mengen abzusetzen, die ihren gemeinsamen Gewinn maximieren. Das *gemeinsame Gewinnmaximum* muß offenbar auf der *Kurve aller hinsichtlich der Gewinne paretooptimalen Mengenkombinationen,* d. h. auf der Verbindungskurve der Tangentialpunkte von Isogewinnkurven der Anbieter 1 und 2 liegen. Bewegen wir uns in Abb. IV.A auf dieser Kurve von A in Richtung B, dann nimmt der Gewinn des Anbieters 1 zu und der des Anbieters 2 ab. Normalerweise gibt es nun einen Punkt auf der Kurve, z. B. G, an dem die Summe der beiden Gewinne ein Maximum erreicht. In der Regel ist die Summe der Angebote $y_1 + y_2$, die diesem Punkt entspricht, niedriger, damit aber der Preis höher als im COURNOTschen oder v. STACKELBERGschen Gleichgewicht. Im Beispiel der Abb. IV.A liegt G links unterhalb von V, W_1 und W_2; mithin bietet hier jeder der Anbieter weniger an als in den erwähnten Gleichgewichten.

Ein Übergang von V, W_1 oder W_2 nach G muß nicht für jeden der Anbieter lohnend sein, wenn man die beiden einzelnen, aus dem Marktgeschehen resultierenden Gewinne betrachtet. Er lohnt sich dagegen bei der Betrachtung des gemeinsamen Gewinns, denn dieser ist bei gemeinsamer Gewinnmaximierung natürlich höher als im COURNOTschen oder v. STACKELBERGschen Gleichgewicht.

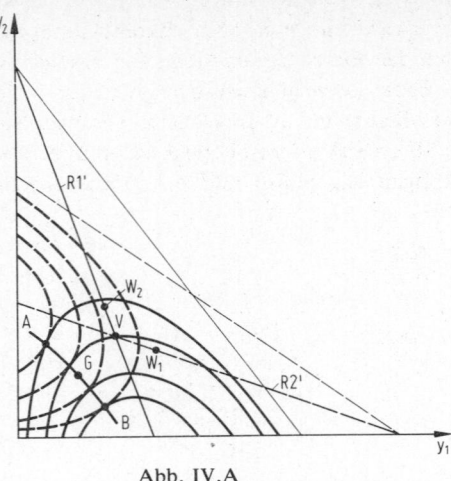

Abb. IV.A

Sind die Anbieter zu einer Gewinnumverteilung bereit, dann kann prinzipiell jeder von ihnen durch Übergang zu der Mengenkombination G besser gestellt werden als in einer Ausgangskombination V, W_1 oder W_2. Die Frage, wie der gemeinsame Gewinn auf die Anbieter aufzuteilen ist, läßt sich allerdings nicht ohne zusätzliche Annahmen beantworten. Wie im bilateralen Monopol geht es hier um ein Problem, das in den Rahmen der Theorie des Verhandelns gehört und mit den Instrumenten der herkömmlichen Preistheorie nicht zufriedenstellend lösbar ist. Gemeinsame Gewinnmaximierung im Oligopol erlaubt also in der Regel die Bestimmung eines Marktgleichgewichts, verlagert die Problematik aber auf die Ebene der Gewinnverteilung.

3. Das Angebotsoligopol: Preisfixierung bei heterogener Konkurrenz

a. Die geknickte Preis-Absatzkurve

Für den Fall, daß die Nachfrager Präferenzen für die von den einzelnen Oligopolisten angebotenen Güter haben und diese den Preis als Aktionsparameter benutzen, behandeln wir zunächst die Konzeption der geknickten Preis-Absatzkurve, die von R. L. HALL und C. J. HITCH (1939) stammt und von PAUL SWEEZY (1939) ausgearbeitet wurde. Dieser Ansatz berücksichtigt *heteronomes Verhalten* der Anbieter, stellt allerdings kein vollständiges Modell dar, das ein Gleichgewicht erklärt. Der Ansatz beschränkt sich vielmehr darauf zu zeigen, daß die bereits als Gleichgewicht realisierten Preis-Mengenkombinationen der Anbieter invariant gegenüber bestimmten Datenänderungen sind, und daß sich damit entsprechende Starrheiten an oligopolistischen Märkten begründen lassen.

Die bereits verwirklichte Preis-Mengenkombination eines Anbieters i sei in Abb. IV.B durch den Punkt C dargestellt. Der Anbieter habe die Vorstellung, daß seine Preis-Absatzkurve in einem Bereich AB etwa die Form einer Geraden hätte, sofern die Mitanbieter auf seine Preisänderungen nicht mit Preisänderungen reagierten. AB gelte also für isolierte Änderung des Preises p_i bei konstanten Preisen p_j der übrigen Oligopolisten. Da es sich um nur wenige Anbieter handelt,

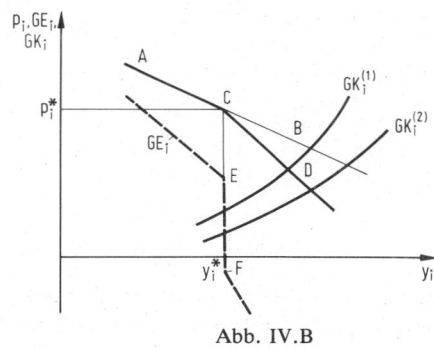

Abb. IV.B

rechnet Anbieter i aber mit Preisreaktionen seiner Konkurrenten, und zwar in folgender Weise: Er glaubt, daß die Mitanbieter nicht reagieren, wenn er den von ihm verlangten Preis heraufsetzt, daß sie jedoch auf eine Preissenkung ebenfalls mit einer Preissenkung antworten. Vom bisherigen Punkt C aus gilt bei einer Preiserhöhung also die Preis-Absatzgerade AC. Bei Preissenkungen glaubt der Anbieter an ein Mitziehen der Konkurrenten, so daß ein Teil der ohne diese Reaktion zusätzlich bei i auftretenden Nachfrage von den Mitbietern befriedigt würde. Aufgrund seiner heteronomen, die Reaktionen der Mitanbieter berücksichtigenden Verhaltensweise gilt für den Anbieter i anstelle von CB ein steiler verlaufendes Teilstück der Preis-Absatzkurve, z. B. die Gerade CD. Auf diese Weise entsteht die Preis-Absatzkurve ACD, die in C einen Knick hat. Dieser ist um so ausgeprägter, je stärker die erwarteten Preisreaktionen der Mitanbieter und je stärker die Präferenzen der Nachfrager gegenüber den anderen Anbietern sind.

Bei der C entsprechenden Menge ist die Steigung der Preis-Absatzkurve ACD unbestimmt, ebenso die der E-Kurve zu ACD. Folglich hat die GE-Kurve bei dieser Menge eine Sprungstelle, der Grenzerlös ist nicht definiert. Gilt etwa die Grenzkostenkurve $GK_i^{(1)}$, die durch den Unbestimmtheitsbereich EF hindurchgeht, so läßt sich die Bedingung 1. Ordnung „GK = GE" für das Gewinnmaximum des Anbieters i nicht mehr formulieren. Wie man leicht einsehen kann, nimmt jedoch der Gewinn mit einer auf y_i^* wachsenden bzw. einer auf y_i^* sinkenden Menge jeweils zu, so daß y_i^* die gewinnmaximierende Menge darstellt, zu der der Preis p_i^* gehört. Verschiebt sich nun, etwa aufgrund technischen Fortschritts, die GK-Kurve in die durch $GK_i^{(2)}$ bezeichnete Lage, dann ändert sich die optimale Preis-Mengenkombination (p_i^*, y_i^*) nicht. Mit diesem Sachverhalt versuchte man die auf oligopolistischen Märkten oft zu beobachtende *Preisstarrheit* zu begründen.

Da die Betrachtung auf einen Anbieter beschränkt ist, handelt es sich nur um das Fragment einer Theorie. Genauere Aussagen über die Stärke des Knicks in C und mithin die Breite des Unbestimmtheitsbereichs der GE-Kurve sind nicht möglich, ohne daß die Preis-Absatzfunktionen, die Kostenfunktionen und die Reaktionsweisen der anderen Anbieter explizite in ein Modell des gesamten Marktes aufgenommen werden. Nur ein vollständiges Modell würde auch erklären, warum gerade C Gleichgewichtspunkt und damit Knickstelle der Preis-Absatzkurve des Anbieters i ist.

b. Das heterogene Preisdyopol: Übertragung der Lösungen Cournots und v. Stackelbergs und gemeinsame Gewinnmaximierung

Wir bestimmen im folgenden das Gleichgewicht auf einem Markt mit heterogener oligopolistischer Angebotskonkurrenz zwischen zwei Anbietern, wobei zunächst für beide Anbieter *autonomes Verhalten* unterstellt wird. Aufgrund der letzteren Eigenschaft hat das Modell methodisch große Ähnlichkeit mit dem homogenen Mengendyopol COURNOTS. Weil zwei hier nicht näher zu erläuternde Modellansätze von WILHELM LAUNHARDT (1885, S. 149ff.) und HAROLD HOTELLING (1929) die gleiche Lösung ergeben, findet man auch die Bezeichnung LAUNHARDT-HOTELLING-*Lösung*.

Infolge enger Substitutskonkurrenz hängt der Absatz jedes Dyopolisten nicht nur von dem von ihm gesetzten Preis, sondern auch vom Preis des anderen ab. Gehen wir wieder von linearen Beziehungen aus, dann können wir die Preis-Absatzfunktionen der Anbieter wie folgt schreiben:

$$\text{(a)} \quad y_1 = y_1(p_1, p_2) = -a_1 p_1 + b_1 p_2 + c_1,$$

$$\text{(b)} \quad y_2 = y_2(p_1, p_2) = a_2 p_1 - b_2 p_2 + c_2,$$

$$\text{mit} \quad a_i, b_i, c_i > 0, \qquad i = 1, 2,$$

$$a_1 > a_2, b_2 > b_1. \tag{IV.59}$$

Die Preis-Absatzfunktionen sagen aus, daß die Absatzmenge bei konstantem Konkurrentenpreis mit Erhöhungen des eigenen Preises zurückgeht, d. h. typisch reagiert. Die Absatzmenge nimmt bei konstantem eigenen Preis mit steigendem Konkurrentenpreis zu, weil ein Teil der Nachfrager die Präferenzbindungen gegenüber dem Konkurrenten überwindet und zum betrachteten Anbieter übergeht. Je schwächer die Präferenzen der Nachfrager z. B. für Anbieter 2 und je stärker die für Anbieter 1, desto größer der Koeffizient b_1 in der Preis-Absatzfunktion des Anbieters 1. Die beiden letzten Ungleichungen in (IV.59) beinhalten, daß auch die Gesamtnachfrage

$$y = y_1 + y_2 = -(a_1 - a_2)p_1 - (b_2 - b_1)p_2 + (c_1 + c_2)$$

bei Erhöhung jedes der beiden Preise typisch reagiert.

Wir bestimmen zunächst die gewinnmaximierenden Angebotsmengen des Anbieters 1 für jeden überhaupt in Frage kommenden, als konstant betrachteten Preis des Anbieters 2. Zunächst lösen wir die Preis-Absatzfunktion (IV.59)(a) des Anbieters 1 nach p_1 auf:

$$p_1 = -\frac{1}{a_1}\, y_1 + \frac{b_1}{a_1}\, p_2 + \frac{c_1}{a_1}. \qquad (IV.60)$$

Aus dieser Schreibweise wird erkennbar, daß wir für alternative Preise p_2 eine Schar von Preis-Absatzgeraden des Anbieters 1 erhalten, die in Abb. IV.C dargestellt sind. Ist $p_2 = 0$, dann hat die Gerade die Steigung $-1/a_1$, den Ordinatenabschnitt c_1/a_1 und den Abszissenabschnitt c_1; sie verläuft nahe dem Ursprung, weil nur Präferenzbindungen an Anbieter 1 oder fehlende Information über $p_2 = 0$ die Nachfrager daran hindern, sich das Gut von Anbieter 2 schenken zu lassen.

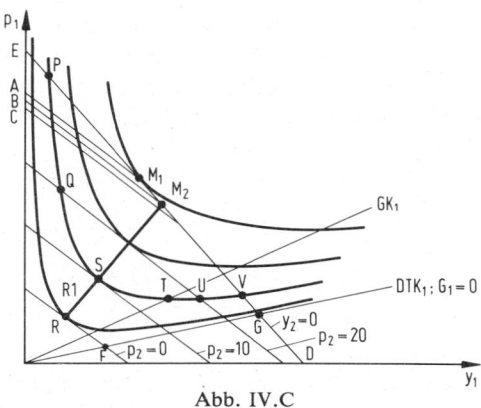

Abb. IV.C

Für steigenden Preis $p_2 = 1, 2, 3$ usw. verschiebt sich die Preis-Absatzgerade parallel nach rechts oben. In Abb. IV.C sind als Beispiele die Preis-Absatzgeraden für $p_2 = 10$ und $p_2 = 20$ eingezeichnet. Für jede gegebene Preis-

Absatzfunktion des Anbieters 2 existiert jedoch ein Höchstpreis, bei dem Anbieter 2 nichts mehr absetzen kann, Anbieter 1 mithin Monopolist ist. Den jeweiligen Höchstpreis $\tilde{p}_2$ ermitteln wir, indem wir in (IV.59)(b) $y_2 = 0$ setzen und nach p_2 auflösen:

$$\tilde{p}_2 = \frac{a_2}{b_2} p_1 + \frac{c_2}{b_2}. \tag{IV.61}$$

Der Höchstpreis, bei dem Anbieter 2 vom Markt verdrängt ist, hängt also von p_1 ab: Je höher p_1, desto höher auch der Höchstpreis $\tilde{p}_2$. Setzen wir (IV.61) in die Preis-Absatzfunktion (IV.60) des Anbieters 1 ein, dann folgt:

$$p_1 = - \frac{1}{a_1 - b_1 a_2/b_2} y_1 + \frac{b_1 c_2/b_2 + c_1}{a_1 - b_1 a_2/b_2}, \tag{IV.62}$$

wobei gemäß den in (IV.59) unterstellten Größenverhältnissen der Koeffizienten der Nenner stets größer als 0 ist:

$$\text{Aus} \quad \frac{b_1}{b_2} < 1 \quad \text{folgt:} \quad a_1 > a_2 > \frac{b_1}{b_2} a_2; \quad \text{also:} \quad a_1 - b_1 \frac{a_2}{b_2} > 0.$$

Die Gerade (IV.62) zeigt die Preis-Mengenkombinationen, bei denen Anbieter 1 eine Monopolstellung am Markt erreicht. Ein Vergleich mit (IV.60) zeigt, daß die absolute Steigung dieser Geraden größer ist als die der bisher eingezeichneten parallel verlaufenden Geraden. In die steilere Gerade ED, welche die Monopolsituation kennzeichnet, münden Preis-Absatzgeraden wie A, B und C für jeweils gegebenen Preis p_2 ein, die zu den bisher gezeichneten Preis-Absatzgeraden wieder parallel sind.

Zur Bestimmung der gewinnmaximierenden Preis-Mengenkombinationen des Anbieters 1 bei jeweils gegebenen Preisen p_2 benutzen wir wieder die Isogewinnkurven, denen die in Kap. IV.B.4.c eingeführten Kostenfunktionen zugrunde liegen. In Abb. IV.C sind jene Isogewinnkurven eingetragen, welche die Preis-Absatzgeraden für die Preise $p_2 = 0, 10, 20$ sowie die Gerade für die Monopolsituation des Anbieters 1, d. h. für $y_2 = 0$, berühren. Die Verbindungslinie aller Tangentialpunkte ist die *Reaktionskurve R 1* des Anbieters 1, weil sie die Preisanpassung dieses Anbieters auf Preisänderungen des Anbieters 2 darstellt. In unserem Beispiel mit linearer Preis-Absatz-, DTK_1- und GK_1-Kurve ist die Reaktionskurve in ihrem unteren Teil eine Gerade, die auf der Preis-Absatzgeraden für $p_2 = 0$ beginnt und bei entsprechender Verlängerung durch den Ursprung ginge. Sie verbindet Punkte auf Isogewinnkurven, in denen diese die Steigung der parallel verlaufenden Preis-Absatzgeraden haben. Der Punkt M_2, wo diese

Reaktionsgerade die Gerade für die Monopolsituation trifft, beschreibt eine Situation, in der aufgrund der zugrundeliegenden Preise $\bar{p}_1$ und $\bar{p}_2$ der Absatz y_2 des Anbieters 2 Null ist. Trotzdem sind in diesem Modell höhere Preise (auch für p_2) zugelassen, da aufgrund der gegenseitigen Abhängigkeit bei einem Preis p_1 > $\bar{p}_1$ selbst bei Preisen p_2 > $\bar{p}_2$ positiver Absatz y_2 erzielt werden kann. Preis-Absatzfunktionen des Anbieters 1, die zu Preisen p_2 > $\bar{p}_2$ gehören, werden in Abb. IV.C etwa durch A und B gegeben. Wählt man nun auf diesen zu größeren p_2 gehörigen Preis-Absatzfunktionen des Anbieters 1 jeweils den Punkt aus, der auf der höchsten Isogewinnkurve liegt, so erhält man als Fortsetzung der Reaktionskurve den Abschnitt $M_2 M_1$ auf der Monopolgeraden. Die gesamte Reaktionskurve R 1 wird also durch den Streckenzug RM_2M_1 beschrieben.

Vertauschen wir die Fußindices 1 und 2, dann können wir Abb. IV.C auch auf Anbieter 2 beziehen, vorausgesetzt, daß auch für diesen die DTK_2- und die GK_2-Kurve Geraden durch den Ursprung sind. Unterscheiden sich diese Geraden von denen des Anbieters 1 durch ihre Steigung, dann ist auch die Lage der Isogewinnkurven und die Steigung der Reaktionskurve R 2 anders als die für Anbieter 1. Die Diagramme sind jedoch vom gleichen Typ.

Jedem beliebigen Punkt in Abb. IV.C ist ein bestimmter Preis p_1 als Ordinatenwert zugeordnet. Befindet sich ein solcher Punkt zwischen den Geraden für $p_2 = 0$ und $y_2 = 0$, dann liegt er auch auf einer Preis-Absatzgeraden des Anbieters 1, die für einen Preis p_2 zwischen Null und dem Höchstpreis gilt. Jedem solchen Punkt entspricht also eine Preiskombination (p_1, p_2), die wir in ein Diagramm der Preise einzeichnen können. Wir übertragen erstens die Punkte der Geraden für die Monopolsituation des Anbieters 1. In Abb. IV.C nimmt bei Bewegung von D nach E der Preis p_1 vom Wert 0 aus zu, und auch p_2 steigt von einem positiven Wert aus dauernd an, weil die einmündenden Preis-Absatzgeraden des Anbieters 1 für einen jeweils höheren gegebenen Preis p_2 gelten. In Abb. IV.D erhalten wir somit die Gerade D′ E′. Zweitens übertragen wir die Isogewinnkurve für einen Gewinn des Anbieters 1 von Null, d. h. die DTK_1-Kurve, und zwar von dem Punkt F ab, in dem sie die Preis-Absatzgerade für $p_2 = 0$ schneidet. Diesem Punkt entspricht in Abb. IV.D der Punkt F′ auf der Ordinate. Wandern wir auf der DTK_1-Geraden bis zum Punkt G, dann nehmen beide Preise fortlaufend zu. In Abb. IV.D erhalten wir eine Gerade mit positiver Steigung, die im Punkt G′ endet. Drittens übertragen wir die Isogewinnkurve mit den Punkten P, Q, S, T, U, V. Von P über Q nach S fällt p_2, und p_1 nimmt ebenfalls ab. Dem entspricht in Abb. IV.D die Bewegung von P′ über Q′ nach S′. Von S nach T steigt p_2, während p_1 noch abnimmt. Daraus ergibt sich in Abb. IV.D die Bewegung von S′ nach T′. Von T über U nach V steigen beide Preise an; dem entspricht in Abb. IV.D der Weg von T′ über U′ nach V′. Die Isogewinnkurve im Diagramm beider Preise verläuft bei S′ senkrecht und bei T′ waagerecht. Ähnlich können wir die übrigen Isogewinnkurven der Abb. IV.C in Abb. IV.D übertragen. Als *Reaktionskurve R 1′* erhalten wir dort die Verbin-

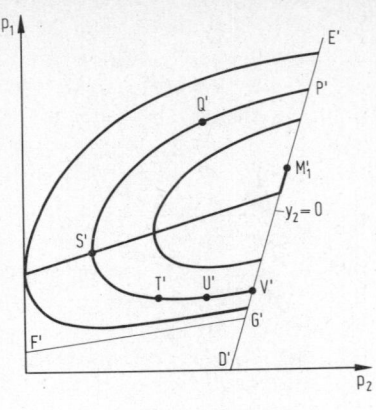

Abb. IV.D

dungslinie von Punkten, in denen die Isogewinnkurven senkrecht verlaufen. Die Übertragung des Punktes M_1 ergibt in Abb. IV.D den Punkt M_1'.

Bei Vertauschen der Fußindices 1 und 2 könnte es sich in Abb. IV.D um Isogewinnkurven und Reaktionsgerade $R\,2'$ des Anbieters 2 handeln. Gelten für die Anbieter unterschiedliche DTK- und GK-Geraden, dann ist zwar die Lage der Geraden und der Isogewinnkurven verschieden, doch sind die Diagramme dem Typ nach gleich.

In Abb. IV.E stellen wir die Geraden für die Monopolsituation, ausgewählte Isogewinnkurven und die Reaktionskurven für beide Anbieter dar. Abb. IV.D für Anbieter 1 wird direkt übernommen. Für Anbieter 2 beginnt nun die Gerade für die Monopolsituation auf der Ordinate; aus der Geraden wölben sich die Isogewinnkurven nach unten heraus. Die Reaktionskurve $R\,2'$ beginnt auf der Abszisse und verbindet Punkte, in denen die Isogewinnkurven waagerecht verlaufen. Für Anbieter 2 stellen wir jene Isogewinnkurven dar, welche die eingezeichneten Isogewinnkurven des Anbieters 1 berühren. Es gibt eine Verbindungslinie von Tangentialpunkten von M_1' nach M_2'. Sie beschreibt alle hinsichtlich der Gewinne pareto-optimalen Preiskombinationen.

Die Gleichgewichtspreise im heterogenen Angebotsdyopol bei COURNOT-schem autonomen Verhalten beider Anbieter sind nun gleich den Koordinaten des Schnittpunktes H der beiden Reaktionskurven: Anbieter 1 nimmt p_2^* als gegeben hin und maximiert seinen Gewinn durch die Preissetzung p_1^*; Anbieter 2 betrachtet p_1^* als Datum und maximiert seinen Gewinn durch die Preissetzung p_2^*. Die zugeordneten Absatzmengen erhalten wir durch Einsetzen dieser Preise in die Preis-Absatzfunktionen (IV.59). Analog zum COURNOTschen Mengen-dyopol läßt sich zeigen, daß im dargestellten Beispiel die Lösung stabil ist. Für den Fall völliger Gleichheit der Preis-Absatzfunktionen und der Kosten der Anbieter ergeben sich auch für beide die gleichen gewinnmaximierenden Preise.

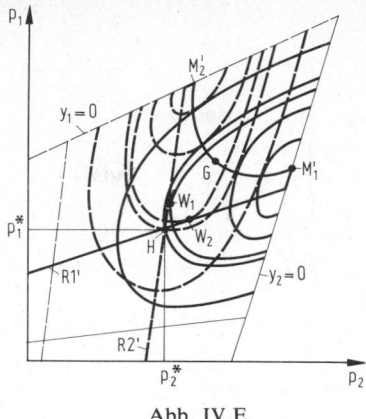

Abb. IV.E

Nicht in jedem Fall muß es eine Lösung geben. Algebraisch erhält man die Reaktionsfunktionen als Bedingungen 1. Ordnung für das Gewinnmaximum.

Auch die *Asymmetrie-Lösungen* im Sinne v. STACKELBERGs lassen sich für Abb. IV.E sofort angeben: Nimmt Anbieter 1 die Unabhängigkeitsposition ein, so sucht er sich auf der Reaktionskurve R2′ des in der Abhängigkeitsposition stehenden Anbieters 2 den Punkt W_1 aus, der seinen Gewinn maximiert. Bezieht Anbieter 2 die Unabhängigkeitsposition und Anbieter 1 die Abhängigkeitsposition, dann ist W_2 die Lösung. Die Lösung bei *gemeinsamer Gewinnmaximierung* wird durch jenen Punkt G auf der Kurve $M_1' M_2'$ gegeben, an dem die Summe der Gewinne ein Maximum erreicht.

Bemerkenswert ist es, daß die im vorigen Abschnitt für das homogene Mengendyopol aufgestellten *Gewinnrelationen* hier *keine Geltung* haben. Man kann zwar feststellen, daß der Gewinn eines Anbieters in der v. STACKELBERGschen Unabhängigkeitsposition höher ist als in der COURNOT-Lösung. Die Abhängigkeitsposition ist aber günstiger als die COURNOT-Lösung und kann sogar günstiger als die Unabhängigkeitsposition sein (vgl. das Beispiel in Abb. IV.E).

Trotzdem lassen sich gegen alle diese Lösungen die im Zusammenhang mit dem homogenen Mengendyopol genannten Einwände machen: Gegen die Lösung im Sinne COURNOTs, LAUNHARDTs und HOTELLINGs ist einzuwenden, daß sie nur bei autonomem Verhalten beider Anbieter zustande kommt, was unrealistisch ist. Eine v. STACKELBERGsche Asymmetrie-Lösung ist zwar für beide Anbieter besser als die COURNOT-Lösung; in Abb. IV.E bleibt jedoch in W_1 für Anbieter 1, in W_2 für Anbieter 2 der Anreiz, jeweils zur anderen Asymmetrie-Lösung überzugehen. Die Lösung G bei gemeinsamer Gewinnmaximierung ist zwar für die beiden Anbieter als Gesamtheit die beste, verlagert die Problematik aber auf die Ebene der Gewinnverteilung.

c. Die Theorie von Krelle

Das Modell WILHELM KRELLES (1961, Kap. 8.A) unterstellt wie die im Vorab-
schnitt behandelten Ansätze heterogene Konkurrenz und Preisfixierung der
Dyopolisten, läßt im Unterschied zu diesen aber *heteronomes Verhalten beider
Anbieter* zu: Ein Anbieter überlegt sich, ob eine Preisänderung seinen Gewinn
erhöht unter Berücksichtigung der Möglichkeit, daß sein Mitanbieter mit einer
Preisänderung reagiert. Die Besonderheit besteht darin, daß KRELLE folgende
Hypothesen über die Preisreaktionen einführt, die ein *normales Verhalten* be-
zeichnen sollen:

(1) Ändert ein Anbieter seinen Preis und nimmt dadurch der Gewinn des anderen Anbieters ab, so reagiert der andere mit einer Preisänderung, mit der er
den *bisherigen Gewinn* wieder erreicht.

(2) Ändert ein Anbieter seinen Preis und nimmt dadurch der Gewinn des anderen Anbieters zu, so reagiert der andere nicht, er beläßt seinen Preis wie bisher.

Anstelle einer einzigen Gleichgewichtskombination (p_1^*, p_2^*) ergibt sich bei
KRELLE ein Gebiet von Preiskombinationen, die keinen der Anbieter unter Berücksichtigung der Reaktionen des Mitanbieters zu einer Preisänderung veranlassen und die daher alle als Gleichgewicht anzusehen sind. Wir gehen zunächst
davon aus, daß die Preisänderung eines Anbieters niemals solches Ausmaß hat,
daß der Konkurrent seinen bisherigen Gewinn nicht wieder erreichen kann.
KRELLE spricht bei dieser Verhaltensannahme vom Fall *ohne Herausforderung*
bzw. vom Vorliegen der *Normalaktion*.

Zunächst betrachten wir *Preisreaktionen des Anbieters 2 auf Preissenkungen
des Anbieters 1*. Die in Abb. IV.F dargestellte typische Isogewinnkurve des Anbieters 2 ist in drei Bereiche unterteilt. Beim *Bereich I* handelt es
sich um den linken Ast der Kurve, der positive Steigung hat, d. h. nach rechts zu-

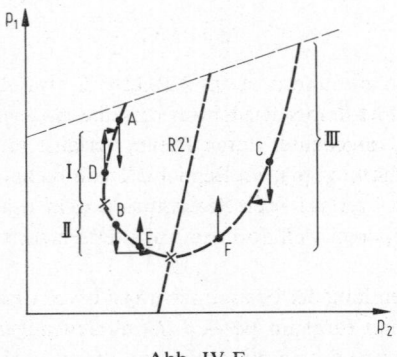

Abb. IV.F

rückklappt. Auf eine Senkung des Preises p_1 z. B. von einem Punkt A aus (dargestellt durch den senkrechten Pfeil nach unten) reagiert Anbieter 2 nicht, weil sich dadurch sein Gewinn G_2 erhöht. Der *Bereich II* umfaßt den linken Kurvenast, wo dieser negative Steigung hat. Eine Herabsetzung von p_1 z. B. von B aus (senkrechter Pfeil nach unten) vermindert G_2, so daß Anbieter 2 mit einer Erhöhung von p_2 (Pfeil nach rechts) reagiert, durch die der bisherige Gewinn erhalten bleibt. Im *Bereich III*, der den rechten Kurvenast umfaßt, führt eine Preissenkung p_1 z. B. von C aus (senkrechter Pfeil nach unten) zu einer Gewinnverminderung G_2, die Anbieter 2 durch eine Preissenkung p_2 (Pfeil nach links) wieder beseitigt.

Die beschriebenen Reaktionen des Anbieters 2 wird Anbieter 1 bei seinen Überlegungen, den Preis p_1 zu senken, berücksichtigen. Er hätte keinen Anlaß, die Preissenkung vorzunehmen, wenn sich unter Beachtung der Reaktion des anderen sein Gewinn G_1 vermindert. In Abb. IV.G sind die Isogewinnkurven des Anbieters 1 und die sogenannten *Preisanpassungskurven des Anbieters 2 für Preissenkungen* p_1 eingezeichnet. Die Kurven sind in den Bereichen II und III

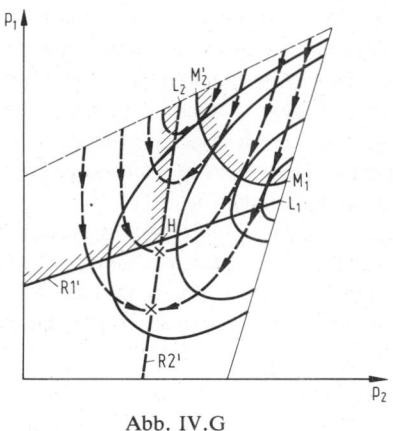

Abb. IV.G

identisch mit den Isogewinnkurven des Anbieters 2, weil dessen Reaktionen auf Preissenkungen p_1 dort immer wieder auf dieselbe Isogewinnkurve führen. Die Bewegungsrichtung, angedeutet durch Pfeile, verläuft im Bereich II von links nach rechts (Preiserhöhung p_2), im Bereich III von rechts nach links (Preissenkung p_2). Im Bereich I verlaufen die Preisanpassungskurven senkrecht mit Bewegungsrichtung nach unten, weil dort der Anbieter 2 nicht auf Preissenkungen p_1 reagiert.

Eine Bewegung entlang der Preisanpassungskurven des Anbieters 2 im angegebenen Richtungssinn führt im *Bereich III* im Gewinngebirge des Anbieters 1 „bergauf" bis zur Kurve der pareto-optimalen Preiskombinationen $M_1'M_2'$. Von einer Ausgangskombination oberhalb dieser Kurve lohnt sich also für Anbieter 1 eine Preissenkung p_1. Von einer Ausgangskombination unterhalb $M_1' M_2'$ wird Anbieter 1 eine Preissenkung unterlassen, weil sie seinen Gewinn vermindern würde. In den *Bereichen I und II* führt die Preisanpassung des Anbieters 2 an Preissenkungen p_1 auf jeden Fall links oberhalb der Reaktionskurven R 1' und R 2' zu einer Gewinnerhöhung des Anbieters 1. Damit zeigt sich, daß es oberhalb der schraffiert gezeichneten Linien zu Senkungen des Preises p_1 kommen wird, daß dort also kein Gleichgewicht vorliegen kann. Dagegen lohnt es sich für Anbieter 1 nicht, von einem Punkt innerhalb des Gebietes $HL_1M_1'M_2'L_2$ aus den Preis p_1 zu senken.

Wir untersuchen nun *Preisreaktionen des Anbieters 2 auf Preiserhöhungen des Anbieters 1,* und zwar wieder anhand von Abb. IV.F. Im *Bereich I* antwortet Anbieter 2 auf eine Erhöhung von p_1 beispielsweise vom Punkt D aus (dargestellt durch den senkrechten Pfeil nach oben) mit einer Erhöhung des Preises p_2 (Pfeil nach rechts), um den bisherigen Gewinn wieder zu erreichen. In den *Bereichen II und III* reagiert Anbieter 2 auf eine Heraufsetzung von p_1, die etwa von den Punkten E bzw. F ausgeht (Pfeile senkrecht nach oben), nicht, weil sich sein Gewinn G_2 erhöht.

In Abb. IV.H sind die Isogewinnkurven des Anbieters 1 und die *Preisanpassungskurven des Anbieters 2 für Preiserhöhungen* p_1 dargestellt. Im Bereich I sind die Preisanpassungskurven identisch mit den Isogewinnkurven des Anbieters 2, wobei die Bewegungsrichtung nach rechts oben geht. In den Bereichen II und III verlaufen die Preisanpassungskurven senkrecht mit Bewegungsrichtung nach oben. Eine Bewegung entlang der Preisanpassungskurven im eingezeichneten Richtungssinn führt auf jeden Fall bis zur Reaktionsgeraden R 1' im Gewinngebirge des Anbieters 1 „bergauf", so daß sich eine Erhöhung des Preises p_1

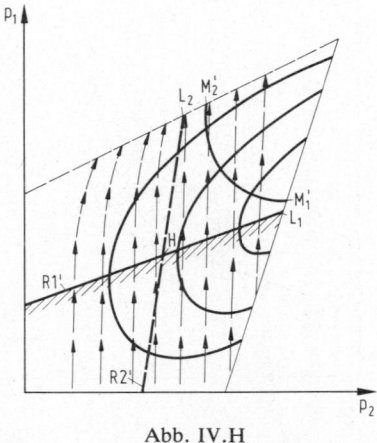

Abb. IV.H

von einem Ausgangspunkt unterhalb R1′ aus für Anbieter 1 lohnt. Damit erweist sich, daß unterhalb der schraffiert gezeichneten Geraden R1′ Erhöhungen des Preises p_1 vorgenommen werden, daß dort also kein Gleichgewicht herrschen kann. Dagegen lohnt es sich für Anbieter 1 in keinem Fall, von einem Punkt innerhalb des Gebietes $HL_1 M_1' M_2' L_2$ aus den Preis p_1 zu erhöhen. Übertragen wir nun die schraffierten Linien aus den Abb. IV.G und IV.H in Abb. IV.I, dann ergibt sich, daß nur von einem Ausgangspunkt in dem Gebiet $HL_1 M_1' M_2' L_2$ aus der Anbieter 1 keine Veranlassung hat, seinen Preis p_1 zu ändern, denn eine solche Preisänderung hätte unter Berücksichtigung der Reaktion des Anbieters 2 eine Minderung des Gewinns G_1 zur Folge. Vom Standpunkt des Anbieters 1 aus ist dieses Gebiet daher *Gleichgewichtsgebiet.*

Es ist offensichtlich, daß wir völlig analoge Überlegungen für Anbieter 2 anstellen können. Für ihn lohnen sich Senkungen des Preises p_2 von Ausgangspunkten oberhalb von $M_1' M_2'$ und rechts unterhalb von R1′ und R2′ aus. Erhöhungen des Preises p_2 wünscht er vorzunehmen von Ausgangspunkten links von R2′ aus. Auf keinen Fall lohnt sich eine Änderung des Preises p_2 im Gebiet $HL_1 M_1' M_2' L_2$, so daß dieses auch vom Standpunkt des Anbieters 2 aus Gleichgewichtsgebiet ist.

Während in den im Vorabschnitt behandelten Ansätzen jeweils nur eine einzige Kombination der beiden Preise für keinen der Anbieter Anlaß gibt, den von ihm gesetzten Preis zu ändern, ist es im Modell KRELLES bei *Normalaktionen* jede beliebige Preiskombination innerhalb des Gebietes $HL_1 M_1' M_2' L_2$, die diese Gleichgewichtsforderung erfüllt. Preisänderungen innerhalb dieses Gebietes hätten für den, der damit beginnt, unter Beachtung der Reaktion des anderen stets einen Nachteil. Welche Preiskombination innerhalb des Gleichgewichtsgebietes

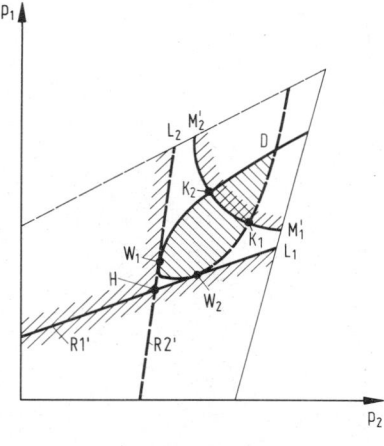

Abb. IV.I

realisiert wird, hängt nach KRELLE (1961, S. 264) von der historischen Entwicklung, von Irrtümern, Erwartungen, psychologischen Besonderheiten und Zufälligkeiten ab — von Größen also, die nicht alle ökonomisch erklärbar sind.

Eine Preisänderung innerhalb des Gleichgewichtsbereichs kann allerdings dann eintreten, wenn die Voraussetzungen des Modells verletzt sind. So ist es möglich, daß ein Anbieter den von ihm gesetzten Preis aufgrund fehlender oder falscher Information über die Absatz- oder Kostensituation seines Konkurrenten ändert. Obgleich in Wirklichkeit bereits ein Punkt im Gleichgewichtsgebiet realisiert ist, könnte er dann z. B. die falsche Vorstellung haben, daß eine Änderung des von ihm gesetzten Preises den Gewinn des Konkurrenten nicht schmälert, daß jener mithin nicht reagiert und sein eigener Gewinn steigt. Ferner kann eine Preisänderung im Gleichgewichtsbereich dadurch motiviert sein, daß ein Anbieter seinen Konkurrenten vom Markt verdrängen will und deshalb bereit ist, vorübergehend einen verminderten Gewinn hinzunehmen.

Wir sind bisher von Normalaktionen der Anbieter ausgegangen und haben somit unterstellt, daß jeder Anbieter nur solche Preisveränderungen vornimmt, die den anderen nach dessen Reaktion nicht schlechter stellen. Lassen wir nun auch *Herausforderungen* zu, so ist es möglich, daß der reagierende Anbieter durch die Aktion des anderen nicht mehr in der Lage ist, seine ursprüngliche Isogewinnlinie zu erreichen. In diesem Fall nimmt KRELLE die bestmögliche Reaktion an. Auf eine Herausforderung wird der Mitanbieter also mit einem Preis gemäß seiner Reaktionsgeraden reagieren. Betrachten wir z. B. eine Preiskombination, die im Gebiet $W_1 L_2 M'_2 K_2$ liegt, und fragen, ob dieser Punkt noch einen Gleichgewichtspunkt darstellt. Wie wir wissen, hat in dieser Situation Anbieter 2 keinen Anlaß, seinen Preis zu verändern. Allerdings könnte Anbieter 1 seinen Preis so weit senken und dadurch seinen Gewinn erhöhen, daß durch die Reaktion des zweiten Anbieters der Punkt W_1 realisiert wird. Punkte in diesem Gebiet stellen also keine Gleichgewichte dar. Das ursprüngliche Gleichgewichtsgebiet verkleinert sich durch die Berücksichtigung von Herausforderungen insgesamt auf die Fläche $W_1 K_2 K_1 W_2$. Die Interpretation des Gleichgewichtsgebietes wird durch diese Modifikation allerdings nicht tangiert.

Eine alternative Version der KRELLEschen Theorie hat ALFRED OTT (1963) untersucht, der die Annahme des Normalverhaltens dahingehend revidiert, daß der reagierende Mitanbieter auf den maximal möglichen Gewinn anstatt auf den bisherigen Gewinn abstellt. Er gelangt damit zu einem Gleichgewichtsgebiet, welches durch die für die V. STACKELBERGschen Gleichgewichte W_1 und W_2 relevanten Isogewinnkurven der Anbieter umgrenzt wird und in Abb. IV.I schraffiert eingezeichnet ist. Dieses Gebiet ist also um die Fläche $K_2 DK_1$ größer als das KRELLEsche Gleichgewichtsgebiet unter Berücksichtigung von Herausforderungen.

Die Tatsache, daß es statt eines einzelnen Gleichgewichtspunktes ein ganzes Gleichgewichtsgebiet gibt, kann als Erklärung dafür angesehen werden, daß sich nicht jede Veränderung der Absatz- oder Kostensituation der Anbieter in einer Veränderung der von den Dyopolisten gesetzten Preise auswirkt. Die Änderungen der Preis-Absatz- oder Kostenfunktion eines Anbieters verändern zwar seine Isogewinnkurven und seine Reaktionsfunktion im (p_1, p_2)-Diagramm und damit auch das Gleichgewichtsgebiet. Eine Preisänderung wird jedoch unterbleiben, wenn die bisherige Preiskombination durch einen Punkt dargestellt wird, der im „alten" und im „neuen" Gleichgewichtsgebiet liegt. Dies ist eine recht überzeugende Begründung für die in der Wirklichkeit oft zu beobachtende Preisstarrheit im Oligopol.

Wie in den anderen behandelten Modellen des heterogenen Preisdyopols wird allerdings auch in der Theorie KRELLEs explizite nur der Preis als Aktionsparameter betrachtet. Die Möglichkeiten, die Preis-Absatzfunktion, d. h. die Abhängigkeit der Absatzmenge vom eigenen Preis und von dem des Konkurrenten, mit Hilfe absatzpolitischer Instrumente, wie Produktgestaltung und Werbung, zu beeinflussen, werden nicht untersucht, obgleich sie gerade im Oligopol eine große Rolle spielen. Um die Theorie in diesem Sinne weiterzuentwickeln, müßte allerdings der Zusammenhang zwischen den Kosten des Einsatzes der absatzpolitischen Instrumente und der durch sie bewirkten Verschiebungen der Preis-Absatzkurven bekannt sein. Es ist zu vermuten, daß in einem derart erweiterten Modell nicht eine einzige Kombination von Preisen und anderen absatzpolitischen Aktionsparametern Gleichgewicht darstellt, daß vielmehr auch dann Gleichgewichtsbereiche existieren.

4. Das Nachfrageoligopol: Preisfixierung bei heterogener Konkurrenz

Ebenso wie die monopolistische Nachfragekonkurrenz wird auch das Nachfrageoligopol in der Literatur kaum behandelt. Wie in den vorhergehenden Kapiteln können wir auch im Fall des Oligopols Modelle, die das Verhalten von Anbietern beschreiben, in Modelle für das Verhalten von Nachfragern umformulieren. Wir wählen für eine solche Umformulierung die Modelle des heterogenen Preisdyopols, d. h. wir behandeln die Lösungen im Sinne COURNOTs, v. STACKELBERGs und KRELLEs.

Der betrachtete Markt ist dadurch gekennzeichnet, daß (1) auf der Nachfrageseite zwei Marktteilnehmer mit jeweils nicht unbedeutendem Marktanteil, auf der Angebotsseite sehr viele Anbieter mit jeweils ganz geringem Marktanteil vorhanden sind, (2) Präferenzen auf seiten der Anbieter gegenüber den Nachfragern bestehen, (3) ein Nachfragedyopolist nicht nur über seine eigene Beschaffungssituation, sondern auch über die seines Mitnachfragers informiert ist und die Anbieter entweder vollständige oder unvollständige Information über die von den Nachfragedyopolisten bewilligten Preise haben. Unter Präferenzen der Anbieter gegenüber den Nachfragern hat man sich die in Kap. IV.C.3 erläuterten Marktunvollkommenheiten vorzustellen.

Für jeden Nachfrager gilt eine *Preis-Beschaffungsfunktion*, nach welcher der zu zahlende Preis nicht nur von der eigenen Nachfragemenge, sondern auch vom gebotenen Preis des Mitnachfragers abhängt. Sind r_1 und r_2 die Nachfragemengen der Anbieter 1 und 2, q_1 und q_2 die entsprechenden Preise, dann sollen die Funktionen wie folgt lauten:

$$\text{(a)} \quad r_1 = a_1 q_1 - b_1 q_2 - c_1 ,$$
$$\text{(b)} \quad r_2 = -a_2 q_1 + b_2 q_2 - c_1 , \qquad \text{(IV.63)}$$
$$\text{mit} \quad a_i, b_i, c_i > 0, \quad i = 1, 2 ,$$
$$a_1 > a_2, \quad b_2 > b_1 .$$

Je höher also der eigene Preis und je niedriger der Preis des Mitnachfragers, desto höher die eigene beschaffbare Menge. Die beiden letzten Ungleichungen in (IV.63) beinhalten, daß auch das Gesamtangebot bei Erhöhung jedes der beiden Preise typisch reagiert. (IV.63)(a) stellt für Nachfrager 1 bei einem als konstant betrachteten Preis q_2 eine Preis-Beschaffungsgerade mit positiver Steigung und positivem Ordinatenabschnitt dar. Für steigenden, jeweils gegebenen Preis q_2 verschiebt sich diese Gerade parallel nach links oben. In Abb. IV.J sind als Beispiele die Preis-Beschaffungsgeraden für $q_2 = 0$, 10, 20, 30 und 40 eingezeichnet. Auch hier könnten wir die Bedingungen diskutieren, unter denen der Mitnachfrager vom Markt verdrängt, der betrachtete Nachfrager mithin Monopolist ist. Da sie für den abzuleitenden Gleichgewichtsbereich ohne Bedeutung sind, verzichten wir darauf.

Um die gewinnmaximierenden Preis-Mengenkombinationen bei gegebenem Preis des Mitnachfragers zu ermitteln, konstruieren wir *Isogewinnkurven*. Zur Vereinfachung nehmen wir an, daß jeder Anbieter mit nur einem Faktor produziert, der proportional zur Produktionsmenge einzusetzen ist. Sind y_1 und y_2 die Produktionsmengen der Nachfrager, gilt mithin $y_1 = d_1 r_1$ und $y_2 = d_2 r_2$, wobei $d_i > 0$ und konstant, $i = 1, 2$, dann können wir die Gewinne der Nachfrager wie folgt ausdrücken:

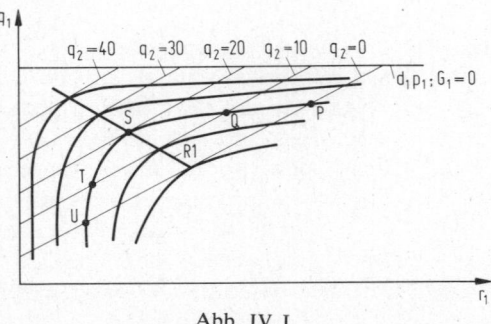

Abb. IV.J

(a) $G_1 = d_1 r_1 p_1 - r_1 q_1\,,$

(b) $G_2 = d_2 r_2 p_2 - r_2 q_2\,.$ (IV.64)

Wir lösen diese Beziehungen nach q_1 bzw. q_2 auf und interpretieren sie für gegebenen Gewinn $\bar{G}_1$ bzw. $\bar{G}_2$:

(a) $q_1 = -\dfrac{\bar{G}_1}{r_1} + d_1 p_1\,,$

(b) $q_2 = -\dfrac{\bar{G}_2}{r_2} + d_2 p_2\,.$ (IV.65)

Dies sind die Gleichungen für eine Isogewinnkurve des Nachfragers 1 bzw. 2. Wir nehmen an, daß die Nachfrager auf ihren Absatzmärkten als Mengenanpasser handeln und mithin p_1 und p_2 konstante Größen sind. Geometrisch erhalten wir eine Isogewinnkurve im Diagramm für Faktorpreis und -menge z. B. für Nachfrager 1, indem wir von der Parallelen zur Abszisse $d_1 p_1$ die Hyperbel $\bar{G}_1/r_1$ in vertikaler Richtung subtrahieren. Für $\bar{G}_1 = 0$ ist die Isogewinnkurve mit der Parallelen identisch. Je höher der Gewinn $\bar{G}_1$, desto niedriger verläuft die Isogewinnkurve.

In Abb. IV.J sind diejenigen Isogewinnkurven für Nachfrager 1 dargestellt, welche die eingezeichneten Preis-Beschaffungsgeraden berühren. Die Verbindungslinie der Berührungspunkte ist die *Reaktionskurve R 1* des Nachfragers 1, die in unserem Beispiel linear ist. Ein Monopolpunkt M_1 kann hier außer Betracht bleiben, da wir die Monopolsituation nicht diskutieren. Jedem Punkt in Abb. IV.J ist eine Preiskombination (q_1, q_2) zugeordnet, die wir in Abb. IV.K darstellen können. Wir übertragen zunächst die Isogewinnkurve mit den Punk-

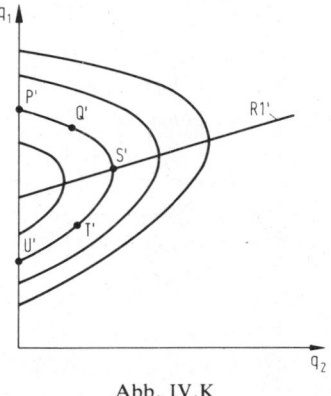

Abb. IV.K

ten P, Q, S, T, U von dem erstgenannten in das letztgenannte Diagramm. Bei Bewegung von P über Q nach S fällt q_1 und steigt q_2. Dem entspricht in Abb. IV.K der Kurvenast $P'Q'S'$, der negative Steigung hat. Von S nach T über U fallen sowohl q_1 als auch q_2. Dementsprechend hat in Abb. IV.K der Kurvenast $S'T'U'$ positive Steigung. Die Isogewinnkurve verläuft in S' senkrecht. Ähnlich können wir andere Isogewinnkurven für positive Gewinne übertragen; alle wölben sich in Abb. IV.K aus der Ordinate heraus. Als *Reaktionskurve R 1'* ergibt sich in Abb. IV.K die Verbindungslinie von Punkten, in denen die Isogewinnkurven senkrecht verlaufen.

Analoge Überlegungen lassen sich für Nachfrager 2 durchführen. Die Abb. IV.J und IV.K gelten, wenn man die Fußindices 1 und 2 vertauscht, zumindest dem Typ nach auch für diesen.

In Abb. IV.L stellen wir Isogewinnkurven und Reaktionsgeraden für beide Nachfrager dar. Für Nachfrager 2 wölben sich die Isogewinnkurven nun aus der Abszisse heraus. Seine Reaktionskurve $R2'$ verbindet Punkte, in denen die Isogewinnkurven waagerecht verlaufen; sie beginnt auf der Abszisse. Das Gleichgewicht im Sinne COURNOTs wird durch H, die v. STACKELBERGschen Asymmetrie-Lösungen werden durch W_1 und W_2 bezeichnet. Bei gemeinsamer

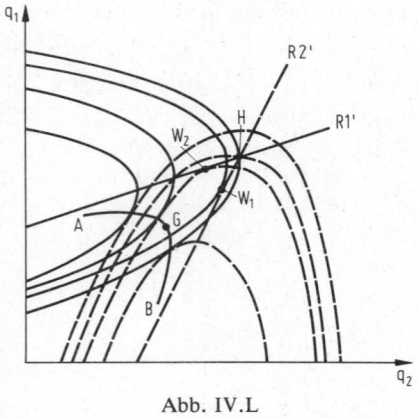

Abb. IV.L

Gewinnmaximierung wird die Lösung durch einen Punkt, z. B. G, auf der Kurve AB der hinsichtlich der Gewinne pareto-optimalen Preiskombinationen gegeben. Gegen diese Lösungen sind wieder die früher erwähnten Einwände zu machen.

Wenden wir schließlich noch die Theorie KRELLES an, dann haben wir folgendes *Normalverhalten* der Nachfrager zu unterstellen, wenn wir zur Vereinfachung von Herausforderungen absehen: Vermindert sich aufgrund der Preisänderung eines Nachfragers der Gewinn des anderen, so reagiert dieser mit einer

Preisänderung, durch die sein bisheriger Gewinn wieder erreicht wird; steigt der Gewinn des anderen, dann reagiert dieser nicht. In Abb. IV.M sind die Preisreaktionen des Nachfragers 2 auf Preissenkungen und -erhöhungen des Nachfragers 1 mit Hilfe einer typischen Isogewinnkurve des Nachfragers 2 dargestellt. Diese ist in zwei Bereiche unterteilt, und zwar in den *Bereich I*, der den linken, positiv ansteigenden Kurvenast umfaßt, und den *Bereich II*, der durch den rech-

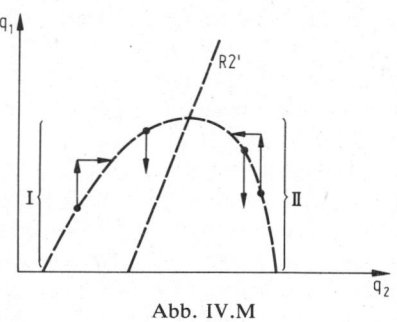

Abb. IV.M

ten Kurvenast mit negativer Steigung gebildet wird. *Preissenkungen des Nachfragers 1* führen in beiden Bereichen zu keinen Reaktionen des Nachfragers 2, weil sich dessen Gewinn dadurch erhöht. Die in Abb. IV.N gezeichneten *Preis-*

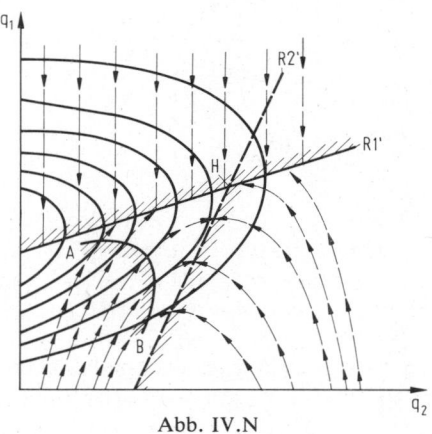

Abb. IV.N

anpassungskurven des Nachfragers 2 für Preissenkungen des Nachfragers 1 verlaufen daher alle senkrecht mit Richtungssinn nach unten. Eine Preissenkung lohnt sich für Nachfrager 1 von einem Punkt oberhalb seiner Reaktionskurve R 1′ aus, weil diese in seinem Gewinngebirge „bergauf" führt, nicht dagegen von einem Punkt auf oder unterhalb von R 1' aus. – Auf *Preiserhöhungen* des Nachfragers 1 reagiert Nachfrager 2 im Bereich I mit einer Preiserhöhung, im Bereich II mit einer Preissenkung. Die entsprechenden Preisanpassungskurven des Nachfragers 2 fallen hier mit den Isogewinnkurven zusammen, wobei der Richtungssinn links von R 2' nach rechts oben, rechts von R 2' nach links oben geht. Unter Beachtung der so beschriebenen Reaktionen des Nachfragers 2 wird Nachfrager 1 eine Preiserhöhung von einem Ausgangspunkt links unterhalb der Kurve AB der pareto-optimalen Gewinnkombinationen und rechts unterhalb der Reaktionskurven R 1' und R 2' vornehmen. – Es zeigt sich, daß sich Änderungen des Preises q_1 nicht von einem Punkt des Gebietes ABH aus lohnen, daß mithin dieses Gebiet vom Standpunkt des Nachfragers 1 aus *Gleichgewichtsgebiet* ist.

Führen wir analoge Überlegungen für Senkungen bzw. Erhöhungen des Preises q_2 durch, so ergibt sich, daß das Gebiet ABH auch vom Standpunkt des Nachfragers 2 aus Gleichgewichtsgebiet ist. Keiner der Nachfrager hat also Veranlassung, von einer einmal realisierten Preiskombination in diesem Gebiet abzugehen, weil dies unter Beachtung der Reaktion des Mitnachfragers stets eine Gewinnminderung für ihn bedeuten würde. Auch im Nachfrageoligopol wird sich nicht jede Änderung der Beschaffungs- bzw. Kostensituation in einer Änderung der Beschaffungspreise niederschlagen, sofern die bisherige Preiskombination durch einen Punkt dargestellt wird, der im „alten" und im „neuen" Gleichgewichtsgebiet liegt.

E. Kooperation zwischen Anbietern

1. Einführung

Schon in den Abschnitten D.2.c und D.3.b zeigte sich, daß sich für die Anbieter eine Zusammenarbeit lohnen kann. Wie Abb. IV.E verdeutlicht, läßt sich sowohl vom COURNOTschen Preisgleichgewicht H als auch von den STACKELBERGschen asymmetrischen Gleichgewichten W_1 bzw. W_2 aus der Gewinn beider Anbieter noch erhöhen, wenn die Anbieter sich zur Zusammenarbeit bereit finden. Am günstigsten ist es für sie, die Preiskombination G zu vereinbaren, denn dort wird der gemeinsame Gewinn maximiert. Es entsteht dann allerdings das Problem, nach welchem Kriterium der Gewinn verteilt werden soll. Es könnte sein, daß einer der Anbieter der Preiskombination G nur zustimmt, wenn ihm der andere Teile des Gewinns abtritt, der diesem durch den Markt zugeteilt wird.

Prinzipiell lohnt sich in jeder Marktform eine Zusammenarbeit der Anbieter; sie ist in der Wirklichkeit auch sehr verbreitet. Die Zusammenarbeit kann mehr oder weniger straff sein. Folgende Fälle lassen sich unterscheiden:

(1) *Zusammenschlüsse (Fusionen):* Die Anbieter geben ihre Selbständigkeit auf, es entsteht eine einzige Unternehmung.

(2) *Formelle Kartellabsprachen:* Die Anbieter behalten, je nach Umfang der Absprachen, ihre Selbständigkeit mehr oder weniger bei. Die Absprachen können sich etwa auf Preise, Produktionsquoten oder gar auf die Errichtung eines gemeinsamen Verkaufskontors erstrecken. Die Form der Absprachen reicht vom „Frühstückskartell" über das „Gentlemen's Agreement" bis zum detaillierten Kartellvertrag.

(3) *Informelle oder stillschweigende Vereinbarungen*, z. B. Preisführerschaft.

Kooperationen in einer dieser Formen gibt es nicht nur zwischen Anbietern des gleichen Gutes oder ähnlicher Güter (*horizontale Kooperation*), sondern auch zwischen im Produktionsprozeß hintereinander geschalteten Unternehmungen (*vertikale Kooperation*). Sie kann sich auch zwischen Unternehmungen verschiedener Wirtschaftszweige lohnen (*konglomerate Kooperation*). Im folgenden behandeln wir nur einige grundsätzliche Aspekte der horizontalen Kooperation zwischen Anbietern. Wir kommen im Zusammenhang mit Transaktionskosten im Kap. VI.D auf Probleme und Formen der Kooperation zwischen Wirtschaftseinheiten zurück.

2. Kartelle

In einer Ausgangssituation sei eine relativ große Zahl von n Anbietern am Markt, die sämtlich gleiche Kosten- und GK-Kurven haben und sich als Mengenanpasser verhalten. Der Preis sei $p^{(0)}$. Das Angebot eines typischen Anbieters i richtet sich nach den Grenzkosten GK_i; es wird mit $y_i^{(0)}$ bezeichnet. Das Gesamtangebot ist demnach $n \cdot y_i^{(0)}$. Bei diesem Gesamtangebot schneiden sich die gesamtwirtschaftliche Angebotskurve A und die gesamtwirtschaftliche Nachfragekurve N in Höhe des Preises $p^{(0)}$ (vgl. Abb. IV.O.2 und GEORGE STIGLER, 1966, S. 232). Nun werde ein *Kartell* gebildet und jedem Anbieter eine Quote von $1/n$ des Gesamtangebots zugeteilt. Jeder Anbieter hat damit eine Preis-Absatzfunktion, deren Abszissenwert für einen gegebenen Preis gleich einem Anteil $1/n$ der Gesamtnachfrage bei diesem Preis ist. Diese Preis-Absatzkurve und die zugeordnete Grenzerlöskurve ist in Abb. IV.O.1 dargestellt.

Der typische Anbieter wird nun gemäß der Bedingung GE = GK einen Kartellpreis $p^{(1)}$ wünschen und zu diesem Preis die Menge $y_i^{(1)}$ anbieten. Das Gesamtangebot beträgt dann $n \cdot y_i^{(1)}$. Wir erhalten es im rechten Diagramm auch, indem wir die Grenzerlöskurve GE zur Gesamtnachfragekurve N zeichnen und deren Schnittpunkt mit der Gesamtangebotskurve — der Horizontaladdition der einzelnen GK-Kurven — feststellen. Da alle Kartellmitglieder hinsichtlich ihrer Quote bzw. Preis-Absatzfunktion und ihrer Kosten als identisch unterstellt sind, plädieren alle für $p^{(1)}$, so daß dieser Preis auch zustande kommt. Hier zeigt sich, daß das Kartell *wie ein Angebotsmonopol* handelt.

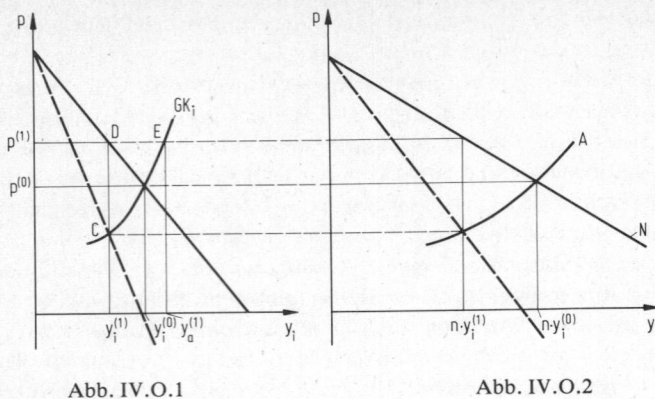

Abb. IV.O.1   Abb. IV.O.2

Der gleiche Effekt tritt bei einem *Zusammenschluß* ein. Es entsteht dann eine Unternehmung mit n Betriebsstätten. Die Verteilung der Produktion auf die Betriebsstätten erfolgt kostenminimierend, d. h. so, daß die Grenzkosten der letzten produzierten Einheit jeder Betriebsstätte gleich sind. Das bedeutet bei gleichen GK der Betriebsstätten eine Gleichverteilung der Produktion.

Es gibt zumindest fünf Faktoren (vgl. STIGLER, 1966, S. 233 ff.), die das Zustandekommen bzw. den Bestand der eben beschriebenen Lösung in Frage stellen, nämlich (1) die vorteilhafte Außenseiterposition, (2) unterschiedliche Kosten der Anbieter, (3) Neuzugänge von Anbietern, (4) unterschiedliche Investitionspolitik der Anbieter, (5) Produktdifferenzierung.

(1) *Die vorteilhafte Außenseiterposition:* Angenommen, n − 1 Anbieter treten dem Kartell bei, während der letzte Anbieter Außenseiter bleibt. Sein Einfluß sei gering, so daß er den vom Kartell gesetzten Preis als Mengenanpasser akzeptieren muß. Von der Gesamtnachfrage haben wir jetzt bei jedem Preis die Menge abzuziehen, die der Außenseiter gemäß seiner GK-Kurve bei diesem Preis anzubieten bereit ist. Wir erhalten so die Gesamtnachfrage, der das Kartell gegenübersteht, die wieder gleichmäßig unter die Kartellmitglieder aufgeteilt werde. Der Anteil $1/(n-1)$ des einzelnen Kartellmitglieds wird sich, da der Außenseiter unbedeutend ist, nicht wesentlich von dem in Abb. IV.O.1 dargestellten Anteil $1/n$ unterscheiden. Der Preis wird also wieder etwa bei $p^{(1)}$, die Menge eines Kartellmitglieds wieder bei $y_i^{(1)}$ liegen. Dem entspricht wieder die Situation in Abb. IV.O.2. Gilt für den Außenseiter die in Abb. IV.O.1 dargestellte GK-Kurve, so wird dieser als Mengenanpasser an den Preis $p^{(1)}$ aber die Menge $y_a^{(1)}$ anbieten. Der Außenseiter kommt damit in den Genuß des Kartellpreises, der etwa so hoch wie der Monopolpreis ist, ohne sich der Kartellquote zu unterwerfen. Sein Gewinn ist höher als der der Kartellmitglieder, und zwar um den Inhalt der Fläche CDE (für die erste infinitesimale zusätzliche Einheit entsteht ein Zusatzgewinn CD usw., für die letzte ein Zusatzgewinn von Null).

Die vorteilhafte Außenseiterposition, die sich prinzipiell jedem der n Anbieter eröffnet, ist das erste Hemmnis bei der Entstehung eines Kartells auf einem Markt mit vielen Anbietern. Jeder Anbieter wird mit dem Beitritt zögern in der Hoffnung, als Außenseiter Nutznießer eines Kartells der anderen zu sein. Ist ein Kartell zustandegekommen, wird sein Bestand dadurch gefährdet, daß für jeden einzelnen Anbieter der Anreiz besteht, aus dem Kartell auszubrechen und in die Außenseiterposition zu gehen. Daher ist es bei einer großen Anbieterzahl unwahrscheinlich, daß es überhaupt zu einer dauerhaften Kartellbildung kommt. (Man kann den Kartellpreis als ein öffentliches Gut betrachten und das Zustandekommen des Kartells mit der Problematik der privaten Produktion öffentlicher Güter in Zusammenhang bringen; vgl. dazu Kap. VI.C.4.)

Kartelle entstehen vielmehr in der Regel nur, wenn es sich um eine kleine Zahl von Anbietern, also um ein Oligopol, handelt. Der Einfluß jedes einzelnen Anbieters muß dabei so groß sein, daß seine Weigerung, an dem Kartell teilzunehmen, die Kartellbildung ganz verhindern würde. Nur in diesem Fall kann jeder Anbieter uneingeschränktes Interesse an der Kartellbildung haben.

(2) *Unterschiedliche Kosten der Anbieter:* Wir betrachten zur Vereinfachung ein Beispiel mit nur zwei Anbietern. Werden beiden Anbietern mit verschiedenen GK-Kurven die gleichen Kartellquoten zugeteilt, so wünschen sie verschieden hohe Kartellpreise. Stellen wir in Abb. IV.P (vgl. STIGLER, 1966, S. 234) die einheitliche Quote eines Anbieters in Höhe der Hälfte der Gesamtnachfrage N

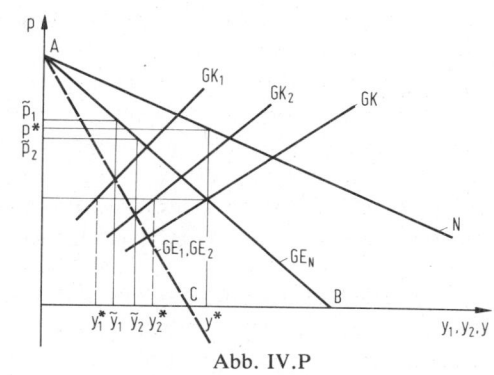

Abb. IV.P

durch die eingezeichnete Gerade AB dar, der die GE-Gerade GE_1 bzw. GE_2 entspricht, so ist nach der Bedingung GE = GK für Anbieter 1 mit den Grenzkosten GK_1 der Preis $\tilde{p}_1$ und die Menge $\tilde{y}_1$ am günstigsten, hingegen ist für Anbieter 2 mit den Grenzkosten GK_2 der Preis $\tilde{p}_2$ und die Menge $\tilde{y}_2$ am besten. Bei einheitlicher Quotenzuteilung haben also Unterschiede in den Kostenverläufen unterschiedliche Interessen der Kartellmitglieder hinsichtlich der Kartellpreissetzung zur Folge.

Gemeinsame Gewinnmaximierung und Handeln des Kartells wie ein Monopol erfordern hier ein Abgehen von einheitlichen Quoten. Das läßt sich wie folgt zeigen: Soll eine gegebene Gesamtmenge beider Anbieter kostenminimierend hergestellt werden, so ist die Quotenverteilung so vorzunehmen, daß die Grenzkosten beider Anbieter für die letzte von ihnen produzierte Einheit gleich sind. Wir können daher die Horizontaladdition der GK_1- und der GK_2-Kurve als gemeinsame Grenzkostenkurve GK betrachten, die eine Verteilung in der erwähnten Weise berücksichtigt. Die gemeinsame GE-Kurve GE_N ist wieder AB. Der Preis p*, der dem Schnittpunkt von GK- und GE_N-Kurve entspricht, liegt zwischen den Preisen $\tilde{p}_1$ und $\tilde{p}_2$, die die Anbieter bei gleichen Quoten als Kartellpreis wünschten. Die Gesamtmenge y* unterteilt sich nun in die ungleichen Kartellquoten entsprechenden Mengen y_1^* und y_2^*. Da Anbieter 2 die günstigere GK-Kurve hat, ist es plausibel, daß auf ihn die größere Quote entfällt. Fraglich ist, ob Anbieter 1 einer Reduktion seiner Quote von $\tilde{y}_1$ auf y_1^* zustimmt, zumal auch der Preis von seiner Preisvorstellung $\tilde{p}_1$ auf p* gesenkt werden soll. Die Ausgangsposition bei Kartellverhandlungen wird tendenziell durch eine Gleichbehandlung hinsichtlich der Quoten gekennzeichnet sein. Man behilft sich hier oft in der Weise, daß man gleiche Quoten vorsieht, aber zuläßt, daß Teile der Quote an andere Kartellmitglieder verkauft werden. Im hier untersuchten Beispiel könnte Anbieter 1 für seine Bereitschaft, dem Preis p* zuzustimmen, sich durch Verkauf des Quotenanteils $\tilde{y}_1 - y_1^*$ schadlos halten.

Generell gilt, daß bei Kostenunterschieden – und ebenso bei gewissen Produktunterschieden – Vereinbarungen über Preis und Quoten nur unter Schwierigkeiten erreicht werden. Eine Umverteilung von Gewinnen mag notwendig sein, um überhaupt eine Übereinkunft herbeizuführen.

(3) *Neuzugänge von Anbietern:* Der durch Kartellierung erhöhte Preis verspricht für Neuzugänge einen hohen Gewinn. Neu in den Markt eintretende Anbieter wären in der vorteilhaften Außenseiterposition. Die Kartellmitglieder müßten bestrebt sein, die Neuzugänge zur Mitgliedschaft zu veranlassen; sie hätten ihnen daher vorteilhafte Konditionen (z. B. große Quoten) einzuräumen. Daraus ergibt sich, daß das Kartell versuchen muß, den Marktzugang zu sperren. Wäre der Zugang völlig frei, so müßte sich auch bei Kooperation der Anbieter schließlich eine Tendenz zur Situation des langfristigen Gleichgewichts bei vollständiger Konkurrenz ergeben. Um den Markt für Neuzugänge weniger attraktiv zu machen, wird der Kartellpreis oft unter dem Preis festgesetzt, der den kurzfristigen gemeinsamen Gewinn maximiert, d. h. unter dem Monopolpreis. Von JOE BAIN (1949) wurden Modelle des *Limit Pricing* entwickelt, die zeigen, wie niedrig der Preis sein muß, um einen potentiellen Eindringling von dem Markt fernzuhalten. Ein Kartell überlebt in der Regel um so länger, je gemäßigter seine Preispolitik ist.

(4) *Unterschiedliche Investitionspolitik der Anbieter:* Oftmals werden die Quoten aufgrund irgendeines Kapazitätsmaßes festgesetzt. Ein Kartellmitglied

wird dann möglicherweise bestrebt sein, seine Quote dadurch zu erhöhen, daß es durch Investitionen die Kapazität vergrößert. Da dieser Anreiz möglicherweise für alle besteht, ist das Kartell in der Gefahr, insgesamt zu hohe Kapazitäten zur Deckung der Nachfrage aufzubauen.

(5) *Produktdifferenzierung:* Erstreckt sich die Kartellabsprache nur auf den Preis, so werden die Anbieter durch Einsatz der anderen absatzpolitischen Instrumente Präferenzen für ihr Produkt aufzubauen bestrebt sein, um damit ihren Marktanteil zu vergrößern. Je stärker die so eingeführte Produktdifferenzierung, desto größer die Möglichkeit zu autonomer Preispolitik, so daß die Kartellabsprache schließlich in Gefahr gerät.

3. Preisführerschaft

In den bisher diskutierten Fällen gingen wir von formellen Kartellabsprachen über die Kooperation aus. Eine weniger weitgehende Spielart ist die stillschweigende Kooperation. Ohne daß es explizite schriftliche oder mündliche Vereinbarungen zwischen den Anbietern gibt, ist man sich durch konkludentes Handeln darüber einig, bestimmte absatzpolitische Maßnahmen, die die übrigen Anbieter schädigen könnten, zu unterlassen.

Ein prägnantes Beispiel einer stillschweigenden Übereinkunft ist die Preisführerschaft. Die Anbieter orientieren sich hier in ihrer Preispolitik an der Preissetzung des Preisführers; sie verzichten also auf eine eigene, gegen andere Anbieter gerichtete Preispolitik. Das bedeutet nicht unbedingt, daß sie sich mit dem status quo der bisherigen Marktaufteilung zufriedengeben; auf unvollkommenen Märkten können sie vielmehr durch Werbung und Produktgestaltung die Marktaufteilung zu ihren Gunsten zu beeinflussen versuchen. Nach STIGLER (1947, S. 342 f.) kann man zwischen *dominierender* und *barometrischer Preisführerschaft* unterscheiden. Um dominierende Preisführerschaft handelt es sich, wenn ein Anbieter einen sehr großen Marktanteil hat, so daß die anderen Anbieter nicht anders können, als dessen Preissetzung als Datum hinzunehmen. Man spricht hier auch vom *Teilmonopol* des großen Anbieters. Gibt es keinen Anbieter mit einem dominierenden Marktanteil, sondern z. B. mehrere etwa gleich große Anbieter, so kann man die Preisführerschaft eines Anbieters mit einem Barometer vergleichen, nach dem sich die anderen Anbieter richten. Preisführer muß nicht einmal der größte Anbieter sein; es könnte sich auch um einen kleineren Anbieter handeln, der bei den anderen beispielsweise als besonders sachkundig gilt. Das Überlassen der Preisführerschaft an einen barometrischen Preisführer ist plausibel, wenn man berücksichtigt, daß in der Wirklichkeit weitgehende Unsicherheit über die Reaktionen der Nachfrager und der Mitanbieter auf eigene preispolitische Aktionen besteht.

F. Entstehung, zeitliche Entwicklung von Märkten und Markteintrittshemmnisse

1. Einführung

Sowohl in Kap. III über vollständige Konkurrenz als auch in Kap. IV über verschiedene Varianten der unvollständigen Konkurrenz gingen wir wiederholt auf zeitliche Aspekte ein. Wir untersuchten beispielsweise die Wirkungen verzögerter Angebotsanpassung und die Bedeutung von Terminmärkten (Kap. III.A.4) bei vollständiger Konkurrenz. Wir stellten mit Hilfe der langfristigen Kosten- und Angebotskurve das sich bei freiem Marktzugang tendenziell einstellende langfristige Gleichgewicht bei vollständiger Konkurrenz (Kap. III.A.5), im Angebotsmonopol (Kap. IV.B.2.e) und bei monopolistischer Angebotskonkurrenz (Kap. IV.C.2.d) dar. Dabei argumentierten wir stets für einen bestimmten, bereits vorhandenen Gütermarkt und eine bestimmte Marktform. Drei wichtige Fragen wurden noch nicht gestellt: Wann und in welcher Weise entsteht ein Markt für ein neues Gut? Gibt es ein Ablaufschema für die zeitliche Entwicklung eines Marktes mit Phasen, für welche beispielsweise bestimmte Marktformen charakteristisch sind? Durch welche Hemmnisse wird der Zugang zu einem Markt erschwert? Mit einer Antwort auf diese Fragen wird versucht, zum einen etwas über die fortgesetzten Bewegungsanstöße auszusagen, die eine dezentral organisierte Volkswirtschaft durch das Entstehen neuer Märkte erhält, zum anderen die bisher getrennt behandelten theoretischen Ansätze zu den einzelnen Marktformen in den Zusammenhang eines typischen „Lebenszyklus" des Marktes einzuordnen und dabei auch die Rolle der Markteintrittshemmnisse anzudeuten.

2. Unternehmer und Innovationen

Die Fragestellungen dieses Abschnitts machen es notwendig, nicht die Institution der Unternehmung, sondern die Person des Unternehmers zu betrachten. Wir erläuterten bereits in Kapitel II.A, daß das Entstehen von Unternehmungen Unternehmern zuzuschreiben ist, die regelmäßig im Unternehmensmanagement tätig, aber nicht unbedingt (Mit-)Eigentümer sind. Nach JOSEPH SCHUMPETER (1912) lassen sich echte, *dynamische Unternehmer* (auch: Pionierunternehmer) und *statische Unternehmer* (auch: imitierende Unternehmer oder „Wirte") unterscheiden. Das definierende Merkmal dynamischer Unternehmer besteht darin, daß sie durch „neue Kombinationen von Produktionsfaktoren" *Innovationen* einführen und durchsetzen. Innovationen sind Vorgänge, die unter Inkaufnahme von Unsicherheit und Risiko neue Gewinnmöglichkeiten eröffnen. Innovationen können *bereits vorhandene Güter* betreffen; sie bestehen nach SCHUMPETER dann in der Erschließung eines neuen Absatzmarktes, der Erschließung einer neuen Rohstoffquelle, der Einführung eines neuen Produktionsverfahrens, der Einführung einer neuen Organisationsform der Unternehmung. Als Innovation ist ferner die *Einführung eines neuen Gutes*, damit das Schaffen eines neuen Marktes, aufzufassen. Der Innovation voraus geht die Erfindung des neuen Gutes; nicht jede Erfindung eines neuen Gutes wird als Innovation genutzt. Realisiert sich die durch Innovation eröffnete Gewinnmöglichkeit, setzt sich also zum Beispiel das neue Gut an einem Markt durch, so genießt die Unternehmung, in der der dynamische Unternehmer tätig wurde, zunächst eine angebotsmonopolartige Stellung; ein echtes Angebotsmonopol liegt vor, sofern und solange es für das Gut kein Substitut gibt. Die der Unternehmung zufließenden Monopolgewinne regen statische Unternehmer dazu an, den Pionierunternehmer zu imitieren, d. h. zusätzliche Produktionskapazitäten für das neue Gut oder ähnliche Güter zu schaffen und in den neuen Markt einzudringen. Da Sperrung des Marktzugangs für das gleiche Gut oder Substitute höchstens kurzfristig zu erreichen ist, geht die Monopolstellung der innovierenden Unternehmung verloren; ihre *Monopolgewinne* erweisen sich als *zeitlich begrenzte Vorsprungsgewinne*. Es entsteht die Marktform des (im Zweifel: heterogenen) Oligopols. Expandiert der Markt aufgrund der sich über ihn ausbreitenden, teils durch Werbung geschaffenen Informationen, so locken die auf ihm entstehenden Gewinne weitere imitierende Anbieter an, so daß schließlich die Marktform der monopolistischen Angebotskonkurrenz oder − im Extrem − die der vollständigen Konkurrenz mit der Tendenz zu Nullgewinnen im entsprechenden langfristigen Konkurrenzgleichgewicht entsteht. Für viele Märkte dürfte allerdings statt eines Übergangs zur polypolistischen Angebotsstruktur, wie sie für monopolistische Angebotskonkurrenz und vollständige Konkurrenz zutrifft, eher eine Tendenz zur formellen oder stillschweigenden horizontalen Kooperation in Form des Versuchs von Kartellabsprachen oder der Anerkennung von Preisführerschaft akut werden, ehe die Zahl der Anbieter sehr groß wird.

3. Die Theorie der Marktphasen (Produkt-Lebenszyklus)

Die im Vorabschnitt skizzierte Theorie der Entstehung und Entwicklung von Märkten stützt sich auf SCHUMPETERs Konzeptionen der innovatorischen dynamischen und der imitierenden statischen Unternehmer sowie auf die in den Kap. III und IV dargestellten einzelnen Marktformen. Ebenfalls SCHUMPETERs Überlegungen fortführend, entwickelte ERNST HEUSS (1965) eine Theorie der Marktphasen. HEUSS unterscheidet

− *initiative Unternehmer;* das sind zum einen die Pionierunternehmer, zum anderen spontan imitierende, ebenfalls durch Beweglichkeit und Risikofreude gekennzeichnete Unternehmer,
− *konservative Unternehmer;* das sind erstens unter dem Druck von Datenänderungen sich anpassende, d. h. reagierende Unternehmer, zweitens immo-

bile Unternehmer, die nur in unveränderlichen, stationären Märkten bestehen können.

Der *Lebenszyklus* eines Produktes läßt sich regelmäßig durch folgende Marktphasen charakterisieren:

Die Entwicklung eines Marktes beginnt mit der *Experimentierungsphase*. In dieser entwickelt ein Pionierunternehmer ein neues Gut von der Erfindung über die Laboranfertigung zur fabrikmäßigen Herstellbarkeit, damit zur Marktreife. Er betreibt ferner die Markteinführung des Gutes durch Werbung und wendet dafür hohe Nachfrageschaffungskosten auf mit dem Ziel, eine „Selbstentzündung der Nachfrage" herbeizuführen. Der sich bildende Markt hat in dieser Phase die Marktform des Monopols, allerdings mit der Besonderheit, daß äußerste Unsicherheit über die Preis-Absatzfunktion herrscht, mithin Kapazitätsaufbau und Nachfrageschaffung Investitionen mit sehr unsicheren Erwartungen über die daraus resultierenden zukünftigen Einnahmen und Ausgaben darstellen.

Erweisen sich diese Investitionen des dynamischen Unternehmers als erfolgreich, so schließt sich die *Expansionsphase* des Marktes an. Es kommt zu einer ständigen Mobilisierung von Nachfrage nach dem neuen Gut, die eine dauernde Verlagerung der Preis-Absatzfunktion bedeutet. Es ergeben sich einerseits neue Verwendungsmöglichkeiten für das Gut, andererseits Qualitätsverbesserungen, große Produktivitätsfortschritte und Kostensenkungen. Spontan imitierende Unternehmer drängen mit ähnlichen Produkten in den Markt ein und schaffen somit die Marktform des heterogenen Oligopols. Wegen der allgemeinen Expansion der Nachfrage herrscht unter den Anbietern Unsicherheit über die oligopolistische Interdependenz. Durchschnittskostensenkungen und beginnendes Konkurrenzbewußtsein geben Anlaß zu bedeutenden Preissenkungen.

In der *Ausreifungsphase* des Marktes ist Mobilisierung zusätzlicher Nachfrage nur noch mit steigenden zusätzlichen Werbekosten möglich. Es kommt zu keinen weiteren Qualitätsverbesserungen, eher zu künstlichen Produktdifferenzierungen. Auch konservative Unternehmer haben auf die von dem neuen Markt gesetzten Daten reagiert, d. h. sind in den Markt eingedrungen. Es entsteht größere Kenntnis über oligopolistische Interdependenz und die preispolitischen Möglichkeiten. Es bildet sich zwischen Gruppen von Anbietern eine Bereitschaft zum Zusammenschluß (zur Fusion) von Unternehmungen, zur Kartellierung oder zur Preisführerschaft heraus; der Gesamtmarkt ist durch Oligopolisierung mit deutlich spürbarer Interdependenz und preispolitisch erstarrtem Verhalten gekennzeichnet.

In der *Stagnations-* und *Rückbildungsphase* bleibt die Entwicklung des Marktes, auch der Produktivitätsfortschritt, hinter dem Durchschnitt aller Märkte der Volkswirtschaft zurück. Wenn die Faktorpreise sich am Produktivitätsfortschritt anderer Märkte orientieren, erhöhen sich die Durchschnittskosten, was zu Preiserhöhungen Anlaß gibt. In der Rückbildungsphase wird der

Markt als ganzer zusätzlich der Konkurrenz neuer, in der Expansionsphase befindlicher Märkte ausgesetzt. Die konservativen, speziell die immobilen Unternehmer dominieren. Es herrscht gute Kenntnis der oligopolistischen Interdependenz und starke Tendenz zu weiteren Zusammenschlüssen und Kartellen, so daß sich die Zahl der oligopolistischen Anbieter verringert. Initiative Unternehmer ziehen sich aus dem schrumpfenden Markt zurück, die konservativen neigen dazu, Subventionen vom Staat zu verlangen.

Eine Vorstellung vom Marktumfang, gemessen an einem Absatzmengenindex der verschiedenen Varianten des Gutes, sowie von den möglichen Marktformenkonstellationen während der verschiedenen Marktphasen sollen Abb. IV.Q.1 und 2 vermitteln. Gemäß Abb. IV.Q.1 ist zu erwarten, daß die mengenmäßige Wachstumsrate des Marktes in der Experimentier- und der Expansionsphase I und II zunimmt, in der Ausreifungsphase III abnimmt und in der Stagnations- und Rückbildungsphase IV auf Null und schließlich auf negative Werte fällt. Von den in Abb. IV.Q.2 dargestellten Zusammenhängen sind A und C als Extremfälle denkbar, aber allein B ist nach HEUSS realistisch.

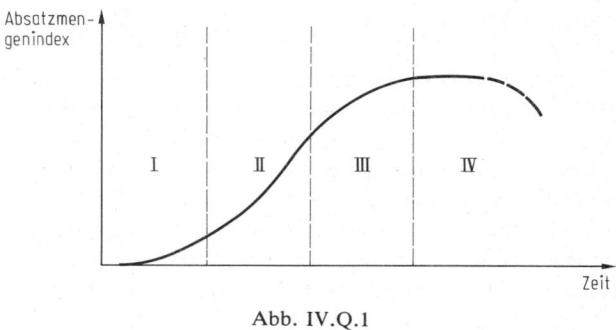

Abb. IV.Q.1

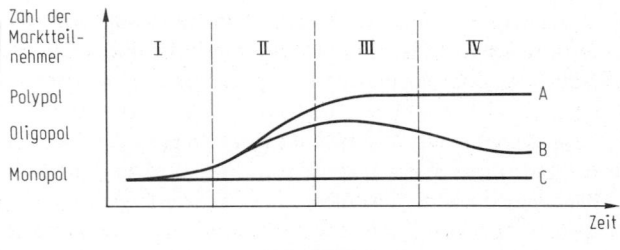

Abb. IV.Q.2

4. „Angreifbare Märkte" und Markteintrittshemmnisse

Das in Kap. III.A.5 erläuterte langfristige Konkurrrenzgleichgewicht mit gewinnloser Produktion setzt freien Marktzugang voraus, es gibt keine Markteintrittshemmnisse; an den Markt drängende Anbieter arbeiten mit der neuesten, kostengünstigsten Produktionstechnik, ihre LDK-Kurven verlaufen im relevanten Bereich niedriger als die der bereits vorhandenen Anbieter, die damit über das Regulativ des sinkenden Preises der Verdrängung aus dem Markt ausgesetzt sind. Im Branchen- oder Gruppengleichgewicht ist der Preis auf das Minimum der LDK bzw. der DTK gesunken, und dieses Minimum ist für alle sich am Markt behauptenden Anbieter gleich. Unter Einschluß des Angebotes potentieller zusätzlicher Anbieter verläuft die Angebotskurve für den Markt parallel zur Abszisse in Höhe des Minimums der LDK bzw. DTK.

In der von BAUMOL, PANZAR und WILLIG (1982) vorgetragenen Konzeption der *angreifbaren Märkte* (*contestable markets*) wird die auf den freien Marktzugang zurückzuführende Konsequenz eines Preises in Höhe des Minimums der LDK bzw. der DTK auf andere Formen homogener Märkte übertragen: Gäbe es keine Markteintrittshemmnisse, so könnte auch im homogenen Oligopol und selbst im Monopol kein höherer Preis als der dem LDK- bzw. DTK-Minimum entsprechende herrschen, denn jeder höhere Preis hätte den Zugang neuer Anbieter zur Folge; unter Einschluß des Angebotes potentieller Anbieter gäbe es auch in diesen Marktformen eine in Höhe des Minimums parallel zur Abszisse verlaufende Angebotskurve. Dieser Preis würde, wie bei vollständiger Konkurrenz, die Wahl der optimalen Betriebsgröße und Produktion im Betriebsoptimum induzieren und damit die optimale Allokation der in der Herstellung des Gutes beschäftigten Faktoren. Gäbe es außerdem auch keine Marktaustrittshemmnisse, so müßte ein „hit and run"-Wettbewerb vorherrschen, d. h. die bereits vorhandenen Anbieter könnten jederzeit durch den Wettbewerb noch außenstehender Anbieter „getroffen" und „zum Weglaufen" gezwungen werden. Die Vertreter der Konzeption angreifbarer Märkte behaupten nicht das Fehlen von Markteintritts- und Marktaustrittshemmnissen; diese sind insbesondere durch Investitionen begründet, die vorhandene Anbieter getätigt haben (bzw. die neue Anbieter tätigen müßten) und deren Kosten „versunken" sind (bzw. „versinken" würden), d. h. nicht durch alternative Verwendung der Investitionsobjekte wieder „hereingeholt" werden können (vgl. dazu auch Kap. V.C.4). Das wettbewerbspolitische Argument ist lediglich, daß es bei gegebener Angreifbarkeit eines Marktes durch zusätzliche Anbieter nicht auf die Zahl der aktuellen Anbieter ankommt, so daß ein Oligopol oder sogar ein Monopol nicht ungünstiger als die Marktstruktur des atomistischen Angebotes zu beurteilen ist.

In der Wirklichkeit der unvollständigen Konkurrenz sind folgende, systematisch zuerst von JOE BAIN (1956) untersuchten Markteintrittshemmnisse (barriers to entry) von großer Bedeutung:

(1) *Produktdifferenzierung* im Oligopol oder bei monopolistischer Angebots-konkurrenz: Sie macht es für potentielle Anbieter erforderlich, die Präferenz-bindungen der Nachfrager an bereits vorhandene Anbieter durch niedrigere Preise und/oder kostenaufwendigen Einsatz absatzpolitischer Instrumente zu überwinden.

(2) *Absolute Kostenvorteile* bereits etablierter gegenüber neuen Anbietern: Sie beruhen beispielsweise auf eingearbeitetem Personal, besseren Voraussetzun-gen zur Nutzung neuen technischen Wissens, günstigerem Zugang zu Rohstoffen oder Finanzierungsmitteln. Diese Vorteile bedeuten, daß die LDK-Kurven neuer Anbieter bei jeder Produktionsmenge oberhalb derjenigen von „alten" Anbie-tern verlaufen. Dadurch haben letztere die Möglichkeit des *Limit Pricing*, d. h., sie setzen die Preise so, daß sie selbst Gewinn erzielen, neue Anbieter jedoch we-gen drohender Verluste dem Markt fernbleiben.

(3) *Massenproduktionsvorteile* bereits etablierter gegenüber neuen Anbie-tern: Sie resultieren zum Beispiel aus großen, für die Massenproduktion geeigne-ten Maschinen oder aus einer auf Großbetriebe zugeschnittenen Organisations-struktur. Sie bedeuten, daß die LDK-Kurven am Markt befindlicher Anbieter zwar nicht bei jeder Produktionsmenge, wohl aber bei den von ihnen bereits rea-lisierten großen Mengen unterhalb der LDK-Kurven von neuen Anbietern ver-laufen. Die den Markteintritt hemmende Wirkung von Massenproduktionsvor-teilen hängt wesentlich von den Erwartungen der Eintrittswilligen über die Reak-tion der bereits etablierten Anbieter auf den Markteintritt ab. BAIN hält aus sechs unterschiedlichen Fällen den Fall am wahrscheinlichsten, daß ein Eintritts-williger außer einer Preissenkung auch eine verminderte Produktion der bisheri-gen Anbieter erwartet. Die schon im Markt befindlichen Anbieter würden einen Neuling sozusagen zulassen, jedoch nur, wenn dieser, ohne selbst bereits Mas-senproduktionsvorteile zu realisieren, in der Lage ist, einen Preis zu akzeptieren, der unter dem vor dem Markteintritt herrschenden liegt.

(4) *Finanzierungsschranke* für neue Anbieter: Ein Markteintritt erweist sich als unmöglich, wenn niemand bereit ist, den Produktionsapparat des potentiel-len Anbieters zu finanzieren.

Die Markteintrittshemmnisse sind auch im Zusammenhang mit den in Ab-schnitt 3 erläuterten Marktphasen zu sehen. In der *Experimentierungsphase* ist allein der Pionierunternehmer mit der Entwicklung des Markts befaßt; Marktzu-trittsschranken für andere spielen noch keine Rolle. In der *Expansionsphase* des Marktes sind die Zutrittshemmnisse für spontan imitierende Unternehmer rela-tiv gering, da sich die Nachfrage ausdehnt und bereits etablierte Anbieter noch wenig Anlaß und kaum den Überblick haben, durch Limit Pricing neue Anbieter abzuwehren. In der *Ausreifungsphase* des Marktes entsteht mit der Kenntnis über die oligopolistische Interdependenz und die preispolitischen Möglichkeiten auch die Bereitschaft der vorhandenen Anbieter, den Marktzutritt neuer Anbie-ter zu verhindern. Insbesondere für diese Phase ist die Theorie der „barriers to entry" relevant. In der *Stagnations- und Rückbildungsphase* ist die Bereitschaft, in den Markt einzudringen, ohnehin gering, so daß die Bedeutung von Zutrittshemmnissen abnimmt.

Quellenhinweise zu Kapitel IV

Die beiden bekanntesten *modernen Monographien* zu den Problemen der unvollständigen Konkurrenz, die über die in Kap. IV dargestellten Fragestellungen, Ansätze und Lösungen weit hinausgehen, sind SCHERER (1980) und TIROLE (1988). Die *Monopolpreisbildung* ist in sämtlichen preistheoretischen Lehrbüchern dargestellt, auf die früher hingewiesen wurde. Siehe auch MACHLUP (1952). Die Originalarbeit ist COURNOT (1838). Zum *„natürlichen"* Monopol vgl. z.B. BORCHERT-GROSSEKETTLER (1985) S. 52 ff., 315 ff.; KAUFER (1981) S. 146 – 158. KRUSE (1985) S. 19 ff. – Zum *bilateralen Monopol* im Fall des *reinen Tauschs* vgl. als Originalarbeit EDGEWORTH (1881); zur Optionsfixierung vgl. LEONTIEF (1946); unsere Darstellung mit Isogewinnkurven orientiert sich an E. SCHNEIDER, Bd. II (1972) Abschn. IV.2, §8, und KRELLE (1976).

Ausführliche Darstellung der Theorie der *monopolistischen Angebotskonkurrenz* in den Originalarbeiten von SRAFFA (1926); CHAMBERLIN (1933); ROBINSON (1933) und GUTENBERG, Bd. II (1979) Kap. 6, 3.B; außerdem auch in folgenden Büchern: BAIN (1952) Kap. 7; MACHLUP (1966), besonders Kap. 5 und 6; RYAN (1977) Kap. 10; LEFTWICH (1979) Kap. 12; OTT (1979) Kap. 3.2; GARB (1968) Kap. 10; FERGUSON-GOULD (1975) Kap. 10. Als Spezialstudien zur monopolistischen Angebotskonkurrenz vgl. auch HARROD (1934); CASSELS (1937); SMITHIES (1941); TRIFFIN (1940). Einen Rückblick auf die Theorie geben STIGLER (1949) und BISHOP (1964). Zur Diskussion der *Preis-Absatzkurve* GUTENBERGS vgl. auch KILGER (1962) und GUTENBERG (1965).

Zum *homogenen Mengendyopol* vgl. die Originalarbeiten von COURNOT (1838) Kap. 7; v. STACKELBERG (1938) und (1951) Kap. IV.3. Die Darstellung mit Isogewinnkurven erstmals bei v. STACKELBERG (1934) S. 44 ff. Die Hypothese der *gemeinsamen Gewinnmaximierung* erstmals ausführlich diskutiert bei CHAMBERLIN (1933) Kap. 3; vgl. dazu RICHTER (1954) Kap. 2. Zur *geknickten Preis-Absatzkurve* vgl. die Originalarbeiten von HALL-HITCH (1939) und SWEEZY (1939); ferner STIGLER (1947); EFROYMSON (1955). Zum *heterogenen Preisdyopol* vgl. die Originalarbeiten von LAUNHARDT (1885); HOTELLING (1929). Zur Theorie KRELLES vgl. KRELLE (1976a) II. Teil, 8. Kap., Teil A, 1. Abschn.; sein Ansatz wird diskutiert in SEITZ (1962); FLEISCHMANN (1963); HELMSTÄDTER (1963); OTT (1963); KRELLE (1963); OTT (1979).

Als *Monographien zu Oligopolproblemen* sind zu empfehlen SHUBIK (1959); RICHTER (1954); FELLNER (1949); dort auch Behandlung weiterer Ansätze. Vgl. ferner die Darstellungen in folgenden Büchern: RICHTER (1963) Kap. 7; SAUERMANN, Band II (1964) Kap. 6; OTT (1979) Kap. III, 4 und 5; FERGUSON-GOULD (1975) Kap. 11.

Zu Anwendungen der hier nicht behandelten *Spieltheorie* auf Oligopolprobleme vgl. NEISSER (1957); SHUBIK (1959); HENDERSON-QUANDT (1983) Kap. 8.4; SELTEN (1980).

Die Darstellung der *Kooperation zwischen Anbietern* orientiert sich an STIGLER (1966) Kap. 13. Vgl. auch GUTENBERG, Band II (1976) Kap. 6, 4.E. Da Kooperation hauptsächlich im Oligopol vorkommt, wird sie in Lehrbüchern oftmals im Kapitel über Oligopoltheorie mitbehandelt; vgl. z. B. BAIN (1952) S. 281 ff.; LEFTWICH (1977) S. 214 ff.; GARB (1968) S. 152 ff.; BRAFF (1969) S. 201 ff.; FERGUSON-GOULD (1975) S. 322 ff. Als Originalarbeiten vgl. auch PATINKIN (1947); LAMPERT (1960); BOETTCHER (1974)..

Zur *Entstehung und Entwicklung von Märkten* vgl. SCHUMPETER (1912); HEUSS (1965). Zum *Produktlebenszyklus* MEFFERT (1974). Zu *Markteintrittshemmnissen* BAIN

(1956); VON WEIZSÄCKER (1980); KOUTSOYIANNIS (1979) Kap. 13. Zur Konzeption der *angreifbaren Märkte* BAUMOL-PANZAR-WILLIG (1982).

Zur *methodologischen Einordnung* der Theorie der Unternehmung bei unvollständiger Konkurrenz vgl. KOCH (1975).

Kapitel V. Theorie der Faktormärkte und der Märkte für erschöpfbare Ressourcen

A. Einführung

Faktoren lernten wir in Kap. II aus der Sicht der Unternehmung kennen. Wir unterschieden dort Fixfaktoren und variable Faktoren: Fixfaktoren sind solche, die durch Investition der Unternehmung in der Form des Produktionsapparates entstehen, dessen Leistungsabgaben in den Produktionsprozeß sich über mehrere Perioden verteilen. Der Produktionsapparat ist eine Bestandsgröße, seine Leistungsabgaben sind Stromgrößen. Variable Faktoren sind solche, die in der Periode ihrer Beschaffung in die Produktion eingehen, deren Beschaffungsmenge, eine Stromgröße, daher der Produktionsmenge einer Periode angepaßt werden kann.

In *Abschnitt B* dieses Kapitels behalten wir die Sichtweise der Unternehmung bei. Wir kommen dort auf den optimalen Einsatz variabler Faktoren bei verschiedenen Marktformen auf Absatz- und Beschaffungsmärkten zurück und betrachten vergleichend die Zusammenhänge zwischen Faktorpreis und Grenzproduktivität. In *Abschnitt C* befassen wir uns mit Grundsatzproblemen der volkswirtschaftlichen Produktionsfaktoren Arbeit, Sachkapital und Boden. Auch hier ist die Unterscheidung von Faktorbeständen und deren Leistungsabgaben oder Nutzungen wichtig; auch hier kann die Bildung der Bestände als Investitionsvorgang aufgefaßt werden, der jedoch nicht auf Unternehmungen beschränkt ist, sondern ebenso von Haushalten durchgeführt werden kann. Gegenstand der Betrachtung sind also Faktorbestände an Arbeit, Sachkapital und Boden, entweder bei den Unternehmungen oder bei den Haushalten, und deren durch Stromgrößen gemessene Leistungsabgabe oder Nutzung. Für jeden Faktor bzw. jede Faktorvariante gibt es einen Bestandspreis und einen Nutzungspreis, deren Beziehungen zum Zinssatz und zur Faktorrente, auch unter Berücksichtigung der Faktormobilität, aufzuzeigen sind. Ferner ist auf Sonderprobleme des Arbeitsmarktes einzugehen. *Abschnitt D* behandelt schließlich jene Produktionsfaktoren, deren Faktorbestände nicht durch Reinvestition regeneriert werden können, die man daher als erschöpfbare Ressourcen bezeichnet. Bezüglich solcher Faktoren stellt sich das Problem, ihre Leistungsabgabe in näher zu definierender, optimaler Weise über die Zeit zu verteilen.

B. Faktorpreis und Grenzproduktivität

1. Allgemeine Formulierung der Bedingungen für den optimalen Einsatz variabler Faktoren

In Kap. II.D.2 diskutierten wir den optimalen Einsatz variabler Faktoren unter der Voraussetzung eines gegebenen Güterpreises und gegebener Faktorpreise. Unter Berücksichtigung der Überlegungen in Teil B des vorigen Kapitels wollen wir nun die Bedingungen für den Fall verallgemeinern, daß sich eine Unternehmung auf dem Absatz- und/oder dem Beschaffungsmarkt einer nicht notwendigerweise völlig elastischen Nachfrage- bzw. Angebotsfunktion gegenübersieht. Wir unterstellen wieder zwei variable Faktoren und definieren den Gewinn als Differenz zwischen dem Wert der Produktion W und den Ausgaben A_1 und A_2 für variable Faktoren und F für Fixfaktoren:

$$G = W - A_1 - A_2 - F. \qquad (V.1)$$

Der Wert der Produktion ist eine Funktion der Produktionsmenge y, und y ist gemäß der Produktionsfunktion abhängig von r_1 und r_2:

$$W = W(y) = W\{g(r_1, r_2)\}. \qquad (V.2)$$

Wir unterstellen mit $y = g(r_1, r_2)$ eine substitutionale Produktionsfunktion; einige Besonderheiten bei limitationaler Produktionsfunktion berücksichtigen wir nicht.

Die Ausgaben für einen variablen Faktor sind jeweils eine Funktion der Einsatzmenge dieses Faktors:

$$A_1 = A_1(r_1) \quad \text{und} \quad A_2 = A_2(r_2). \qquad (V.3)$$

Wir differenzieren nun (V.1) unter Beachtung von (V.2) und (V.3) partiell und setzen die Ableitungen gleich Null:

$$\frac{\partial G}{\partial r_1} = \frac{dW}{dy} g_1' - \frac{dA_1}{dr_1} = 0,$$

$$\frac{\partial G}{\partial r_2} = \frac{dW}{dy} g_2' - \frac{dA_2}{dr_2} = 0. \qquad (V.4)$$

Dies sind die *Bedingungen 1. Ordnung* für die gewinnmaximierenden Faktoreinsatzmengen. Auf die Diskussion der Bedingungen 2. Ordnung verzichten wir hier wieder.

Der Wert der Produktion ist definiert als W = py. Bei Mengenanpassung auf dem Absatzmarkt ist der Produktpreis p eine als konstant betrachtete Größe; in anderen Fällen variiert er gemäß einer Preis-Absatzfunktion mit y. Wir können den ersteren Fall als Grenzfall eines variablen Preises p auffassen und dementsprechend den Grenzwert der Produktion durch die AMOROSO-ROBINSON-Formel ausdrücken [vgl. dazu auch (IV.4) bis (IV.6)]:

$$\frac{dW}{dy} = p + \frac{dp}{dy}\,y = p\left(1 + \frac{dp}{dy}\,\frac{y}{p}\right) = p\left(1 + \frac{1}{\eta_{yp}}\right). \qquad (V.5)$$

Hier ist η_{yp} die Elastizität der Nachfrage bzw. des Absatzes in bezug auf den Preis.

Die Ausgaben für Faktor 1 sind definiert als $A_1 = q_1 r_1$. Bei Mengenanpassung auf dem Beschaffungsmarkt wird der Faktorpreis q_1 als konstante Größe betrachtet; in anderen Fällen verändert er sich gemäß einer Preis-Beschaffungsfunktion mit r_1. Indem wir den ersteren Fall wieder als Grenzfall eines variablen Preises q_1 interpretieren, können wir die Grenzausgaben für Faktor 1 ebenfalls durch die AMOROSO-ROBINSON-Formel mit Hilfe der Elastizität des Faktorangebots bzw. der -beschaffung in bezug auf den Preis ausdrücken [vgl. dazu auch (IV.22) und (IV.23)]:

$$\frac{dA_1}{dr_1} = q_1 + \frac{dq_1}{dr_1}\,r_1 = q_1\left(1 + \frac{dq_1}{dr_1}\,\frac{r_1}{q_1}\right) = q_1\left(1 + \frac{1}{\eta_{r_1 q_1}}\right). \qquad (V.6)$$

Analog gilt für Faktor 2:

$$\frac{dA_2}{dr_2} = q_2\left(1 + \frac{1}{\eta_{r_2 q_2}}\right). \qquad (V.7)$$

Aus den Bedingungen 1. Ordnung (V.4) erhalten wir unter Berücksichtigung von (V.5), (V.6) und (V.7):

$$p\left(1 + \frac{1}{\eta_{yp}}\right) g_1' = q_1\left(1 + \frac{1}{\eta_{r_1 q_1}}\right),$$

$$p\left(1 + \frac{1}{\eta_{yp}}\right) g_2' = q_2\left(1 + \frac{1}{\eta_{r_2 q_2}}\right). \qquad (V.8)$$

2. Vergleich früher behandelter Fälle

Die folgenden speziellen Fälle dieser Bedingungen behandelten wir in früheren Kapiteln:

1. Fall: Die Unternehmung verhält sich auf dem *Absatzmarkt* und auf den *Beschaffungsmärkten* als *Mengenanpasser.* Unter dieser Annahme argumentierten wir in Kap. II über die Theorie der Unternehmung. Die Unternehmung betrachtet die Preise auf dem Absatzmarkt und den Beschaffungsmärkten als Daten; die Nachfragefunktion für das von ihr abzusetzende Produkt und die Angebotsfunktionen für die von ihr zu beschaffenden Faktoren erscheinen ihr als Parallelen zur Abszisse; die Elastizitäten dieser Funktionen gehen mithin gegen unendlich. Aus (V.8) werden dann die Bedingungen

$$\text{(a)} \quad p g_i' = q_i,$$

$$\text{(b)} \quad g_i' = \frac{q_i}{p}, \quad i = 1, 2, \tag{V.9}$$

die wir auch unter (II.64) ableiteten: Nach (a) muß im Gewinnmaximum der Wert des Grenzprodukts eines jeden Faktors gleich dem Faktorpreis sein; nach (b) werden im Gewinnmaximum die Faktoren nach ihren Grenzproduktivitäten real entlohnt. (Wir sprechen im folgenden statt vom realen Faktorpreis vom Reallohnsatz.)

2. Fall: Die Unternehmung verhält sich auf dem *Absatzmarkt* als *Mengenanpasser*, auf den *Beschaffungsmärkten* steht sie steigenden *Preis-Beschaffungsfunktionen* gegenüber. Unter diesen Annahmen argumentierten wir in Kap. IV.B.3 beim Nachfragemonopol. Hier erscheint der Unternehmung die Nachfragefunktion für das abzusetzende Produkt wieder parallel zur Abszisse verlaufend, so daß die Elastizität des Absatzes in bezug auf den Preis gegen unendlich geht. Aus (V.8) ergibt sich dann

$$\text{(a)} \quad p g_i' = q_i \left(1 + \frac{1}{\eta_{r_i q_i}} \right),$$

$$\text{(b)} \quad \frac{g_i'}{1 + \dfrac{1}{\eta_{r_i q_i}}} = \frac{q_i}{p}, \quad i = 1, 2. \tag{V.10}$$

Wegen der positiven Steigung der Preis-Beschaffungsfunktion gilt $0 < \eta_{r_i q_i} < \infty$, $i = 1, 2$. Deshalb ist in (V.10)(b) der Wert des Bruchs auf der linken Seite kleiner als g_i'. Er liegt um so stärker unter dem Wert von g_i', je weniger $\eta_{r_i q_i}$ den Wert Null übersteigt. (V.10)(b) sagt also aus, daß der Reallohnsatz q_i/p des Faktors i um so stärker hinter der Grenzproduktivität des Faktors i zurückbleibt, je unelastischer die Preis-Beschaffungsfunktion für diesen Faktor in dem bei der gewinnmaximierenden Faktoreinsatzmenge realisierten Punkt ist.

3. Fall: Die Unternehmung steht auf dem *Absatzmarkt* einer fallenden *Preis-Absatzfunktion* gegenüber, auf den *Beschaffungsmärkten* verhält sie sich als *Mengenanpasser.* Ein Verhalten als Mengenanpasser auf den Beschaffungsmärkten war stets unterstellt, wenn wir mit einer gegebenen Kostenfunktion argumentierten, denn die Kostenfunktion leiteten wir in Kap. II für gegebene Faktorpreise ab. Eine fallende Preis-Absatzfunktion auf dem Absatzmarkt galt in Kap. IV.B.2 beim Angebotsmonopol. Im hier untersuchten Fall erscheinen die Preis-Beschaffungsfunktionen für die Faktoren als Parallelen zur Abszisse, d. h. die Elastizitäten der zu beschaffenden Faktormengen in bezug auf die Faktorpreise gehen gegen unendlich. Aus (V.8) folgt dann:

$$\text{(a)} \quad p\left(1 + \frac{1}{\eta_{yp}}\right) g_i' = q_i,$$

$$\text{(V.11)}$$

$$\text{(b)} \quad \left(1 + \frac{1}{\eta_{yp}}\right) g_i' = \frac{q_i}{p}, \quad i = 1, 2.$$

Wegen negativer Steigung der Preis-Absatzfunktion gilt $0 > \eta_{yp} > -\infty$. Daher ist der Ausdruck in Klammern kleiner als eins, so daß nach (V.11)(b) der reale Faktorpreis auch hier kleiner als die Grenzproduktivität des Faktors ist. Die Realentlohnung q_i/p des Faktors i bleibt um so stärker hinter der Grenzproduktivität zurück, je unelastischer die Preis-Absatzfunktion in dem bei der gewinnmaximierenden Absatzmenge realisierten Punkt ist. Dieser Punkt liegt auf der Preis-Absatzkurve immer im Elastizitätsbereich $-1 > \eta_{yp} > -\infty$, d. h. links von dem Punkt mit der Elastizität -1, denn nur dort ist der Grenzerlös positiv, und nur dort kann somit die Bedingung „Grenzerlös = GK" für die gewinnmaximierende Absatzmenge erfüllt sein. Daraus folgt nach (V.11)(b), daß der Klammerausdruck und damit der Reallohnsatz niemals negativ sein kann.

4. Fall: Die Unternehmung steht auf dem *Absatzmarkt* einer fallenden *Preis-Absatzfunktion*, auf den *Beschaffungsmärkten* steigenden *Preis-Beschaffungsfunktionen* gegenüber. Ein Beispiel dafür wurde in Kap. IV.B.4.c unter (2) behandelt: Die nachfragende Unternehmung des bilateralen Monopols ist auf ihrem Absatzmarkt Monopolist; für sie gilt dort eine fallende Preis-Absatzfunktion. Verhält sie sich auf ihrem Beschaffungsmarkt ebenfalls als Monopolist, während ihr Marktpartner als Mengenanpasser handelt, dann gilt für sie dort eine steigende Preis-Beschaffungsfunktion, die in Abb. IV.1 gleich der durch P^1 und S verlaufenden Geraden ist. In diesem Fall geht keine der Elastizitäten gegen unendlich, und es bleibt die allgemeine Formel (V.8):

$$(a) \quad p \left(1 + \frac{1}{\eta_{yp}} \right) g_i' = q_i \left(1 + \frac{1}{\eta_{r_i q_i}} \right),$$

$$(b) \quad \frac{1 + \dfrac{1}{\eta_{yp}}}{1 + \dfrac{1}{\eta_{r_i q_i}}} \, g_i' = \frac{q_i}{p}; \quad i = 1, 2. \qquad (V.12)$$

Der Zähler des Bruchs auf der linken Seite von (V.12)(b) ist, wie beim 3. Fall dargelegt, kleiner als eins, aber niemals negativ. Der Nenner ist größer als eins, der ganze Bruch mithin kleiner als eins. Der Reallohnsatz q_i/p des Faktors i bleibt um so stärker hinter der Grenzproduktivität des Faktors zurück, je unelastischer die Preis-Absatzfunktion und die Preis-Beschaffungsfunktion bei den gewinnmaximierenden Mengen sind.

Es zeigt sich, daß der Reallohnsatz eines Faktors nur im 1. Fall – Mengenanpassung bzw. vollständige Konkurrenz auf dem Absatz- und dem Beschaffungsmarkt – die Grenzproduktivität des Faktors erreicht, während in den übrigen Fällen der Reallohnsatz hinter der Grenzproduktivität zurückbleibt. Man spricht im 2. Fall von *nachfragemonopolistischer* oder *monopsonistischer Ausbeutung*, im 3. Fall von *angebotsmonopolistischer* oder einfach *monopolistischer Ausbeutung* und im 4. Fall von einer *doppelten* (monopsonistischen und monopolistischen) *Ausbeutung* des Faktors. (Dieser *grenzproduktivitätstheoretische Ausbeutungsbegriff* unterscheidet sich selbstverständlich von dem *marxistischen arbeitswerttheoretischen*.)

Man könnte zunächst vermuten, daß das Zurückbleiben des Reallohnsatzes hinter der Grenzproduktivität in den Fällen 2 bis 4 für einen Faktor dann unerheblich sein könnte, wenn der Faktor im Gewinnmaximum wegen geringerer Einsatzmenge eine höhere Grenzproduktivität als im Fall 1 hat. Könnte dann nicht sein zwar unterhalb der Grenzproduktivität liegender Reallohnsatz immer noch höher sein als der bei vollständiger Konkurrenz? Die Vermutung ist jedoch unzutreffend. Um die Reallohnsätze in den verschiedenen Fällen zu vergleichen, haben wir die in den Formeln (V.9) bis (V.12) jeweils unter b) angegebene Formulierung heranzuziehen; wir kennzeichnen die Fälle durch hochgestellten Index an den Symbolen.

Beim Vergleich der *Fälle 1 und 3* ist gleicher Mengenanpasser-Faktorpreis $q_i^{\text{①}} = q_i^{\text{③}}$, jedoch ein höherer monopolistischer Absatzpreis p im Vergleich zum Mengenanpasser-Absatzpreis $p_{\text{③}}$ zu unterstellen. Dann gilt

$$\frac{q_i^{\text{①}}}{p^{\text{①}}} > \frac{q_i^{\text{③}}}{p^{\text{③}}}, \quad \text{mithin} \quad g_i'^{\text{①}} > \left(1 + \frac{1}{\eta_{yp}} \right) g_i'^{\text{③}}. \qquad (V.13a)$$

Sollte im Gewinnmaximum des monopolistischen Anbieters $g_i'^{③}$ größer sein als $g_i'^{①}$, so wird dies durch den Klammerausdruck, der wegen $0 > \eta_{yp} > -\infty$ kleiner als eins ist, mehr als ausgeglichen.

Beim Vergleich der *Fälle 1 und 2* sollte gleicher Mengenanpasser-Absatzpreis $p^{①} = p^{②}$, jedoch ein geringerer monopsonistischer Faktorpreis $q_i^{②}$ im Vergleich zum Mengenanpasser-Faktorpreis $q_i^{①}$ unterstellt werden. Dann gilt

$$\frac{q_i^{①}}{p^{①}} > \frac{q_i^{②}}{p^{②}} \;, \quad \text{mithin} \quad g_i'^{①} > \left[\frac{1}{1 + \dfrac{1}{\eta_{r_i q_i}}} \right] g_i'^{②} \;. \qquad (V.13\,b)$$

Sollte im Gewinnmaximum des monopsonistischen Nachfragers $g_i'^{②}$ größer sein als $g_i'^{①}$, so wird dies durch den Klammerausdruck, der wegen $0 < \eta_{r_i q_i} < \infty$ kleiner als eins ist, mehr als ausgeglichen.

Beim Vergleich der *Fälle 1 und 4* ist schließlich von $p^{④} > p^{①}$ und $q_i^{④} < q_i^{①}$ auszugehen, so daß gilt

$$\frac{q_i^{①}}{p^{①}} > \frac{q_i^{④}}{p^{④}} \;, \quad \text{mithin} \quad g_i'^{①} > \left[\frac{1 + \dfrac{1}{\eta_{yp}}}{1 + \dfrac{1}{\eta_{r_i q_i}}} \right] g_i'^{④} \;. \qquad (V.13\,c)$$

Sollte im Gewinnmaximum $g_i'^{④}$ größer sein als $g_i'^{①}$, so wird dies durch den Klammerausdruck – dessen Zähler kleiner als eins, dessen Nenner größer als eins, der damit also aus doppeltem Grund kleiner als eins ist – mehr als ausgeglichen.

Auch unter Berücksichtigung eventuell unterschiedlicher Grenzproduktivitäten eines Faktors in verschiedenen Marktformen bleibt es somit bei den Aussagen über die grenzproduktivitätstheoretische Ausbeutung. Diese wird allein durch die vergleichsweise Höhe der Absatzpreise bzw. der Faktorpreise in den verschiedenen Marktformen entschieden. – Wir werden in Kap. C.6 auf Lohntheorien hinweisen, die eine reale Entlohnung der Arbeit, die höher ist als ihre Grenzproduktivität, zum Inhalt haben.

3. Die Bedeutung gewerkschaftlicher Mindestlohnsatzpolitik

In den vier im Vorabschnitt untersuchten Fällen wird für die Beschaffungsmärkte auf seiten der Faktoranbieter stets ein Verhalten als Mengenanpasser vorausgesetzt. Wir erläutern nun die Faktorpreisbildung unter der Annahme, daß sich die Anbieter zu einem Kartell mit einheitlichem Preis zusammengeschlossen haben. Weil das Beispiel nahe liegt, argumentieren wir im folgenden mit einem *Arbeitsmarkt*, auf dem die Anbieter von Arbeit einer bestimmten Art und Qualität in einer Gewerkschaft organisiert sind; die Argumente sind jedoch für einen beliebigen Faktormarkt anwendbar.

Wir gehen davon aus, daß die unter der Voraussetzung der Mengenanpassung abgeleitete Arbeitsangebotskurve des betrachteten Marktes positive Steigung hat. Bei gewerkschaftlichem Zusammenschluß steht es in der Macht der Gewerkschaft, einen Mindestlohnsatz festzulegen und damit eine Arbeitsangebotskurve in Kraft zu setzen, die in Höhe dieses Lohnsatzes parallel zur Abszisse bis zu dem Punkt verläuft, an dem die Parallele die Arbeitsangebotskurve für die Verhaltensweise der Mengenanpassung schneidet. Von diesem Punkt ab gilt die letztere Arbeitsangebotskurve. Je höher der Lohnsatz, desto größer das Arbeitsangebot, das die Gewerkschaft zu diesem Lohnsatz zusagen kann, desto länger also das parallel zur Abszisse verlaufende Stück der Arbeitsangebotskurve.

Zunächst unterstellen wir, daß sich die Nachfrager auf dem Faktormarkt als Mengenanpasser verhalten. In Abb. V.a.1 ist N_l die gesamtwirtschaftliche Nachfrage-, A_l die gesamtwirtschaftliche Angebotskurve bei Mengenanpassung. Die Gleichgewichts-Preis-Mengenkombination bei vollständiger Konkurrenz wäre (q_l^*, r_l^*). Zum Gleichgewichtspreis fragt ein Nachfrager j gemäß seiner in

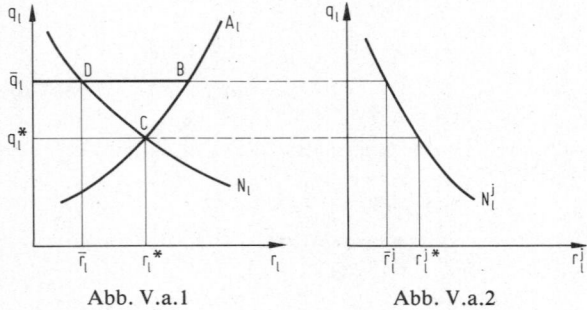

Abb. V.a.1   Abb. V.a.2

Abb. V.a.2 dargestellten Nachfragekurve N_l^j die Menge r_l^{j*} nach. Setzt die Gewerkschaft den Lohnsatz $\bar{q}_l$, dann verläuft die Arbeitsangebotskurve bis B parallel zur Abszisse. Ein größeres Arbeitsangebot als das B entsprechende kann die Gewerkschaft zu diesem Lohnsatz nicht gewährleisten; für größeres Arbeitsangebot verlangen die Anbieter gemäß A_l vielmehr einen höheren Lohnsatz. Beim Lohnsatz $\bar{q}_l$ wird die gegenüber r_l^* kleinere Arbeitsmenge $\bar{r}_l$ nachgefragt. Der Nachfrager j ist daran mit der gegenüber r_l^{j*} kleineren Menge $\bar{r}_l^j$ beteiligt. Bei typischem Verlauf der Nachfragekurve führt eine Festsetzung des Lohnsatzes über dem Lohnsatz bei vollständiger Konkurrenz stets zu einem Rückgang der Arbeitsmenge. Gelten für die Elastizität der Arbeitsnachfrage in bezug auf den Lohnsatz, $\eta_{r_l q_l}$, im Bereich CD Werte zwischen 0 und -1, dann bleibt die relative Mengenabnahme hinter der relativen Lohnsatzzunahme zurück, und die Lohnsumme $\bar{r}_l \bar{q}_l$ ist größer als $r_l^* q_l^*$. Hier erweist sich ein Übergang von C nach D als günstig, denn die ohne Gewerkschaft beschäftigte Arbeit r_l^* kann dadurch im Durchschnitt besser entlohnt werden. Der Vorteil könnte den bisher beschäftigten Arbeitskräften möglicherweise durch verminderte Wochenarbeitszeit bei höherem Wochenlohn zugute kommen. Liegt hingegen die Elastizität im Bereich CD zwischen -1 und $-\infty$, dann ist die Lohnsumme $\bar{r}_l \bar{q}_l$ kleiner als $r_l^* q_l^*$, so daß die bisher beschäftigte Arbeit r_l^* im Durchschnitt schlechter gestellt wird. Eine Gewerkschaftspolitik, die von der Situation C hinwegführt, bewirkt hier eine verminderte Beschäftigung, die mit finanziellen Einbußen verbunden ist, was kaum das Ziel eines gewerkschaftlichen Zusammenschlusses sein kann.

Wir gehen nun davon aus, daß für den oder jeden der Nachfrager eine Preis-Beschaffungsfunktion gilt, mithin ein Nachfragemonopol vorliegt. Wir beschränken uns hier wie in Kap. IV.B.3 auf den Fall eines variablen Faktors. Bei konstantem Produktpreis entspricht die in Abb. V.b dargestellte Kurve des Wertes des Faktorgrenzproduktes $(dW/dy)g_l'$ der in Abb. IV.j verwendeten. Für eine fallende Preis-Absatzfunktion ändert sich die Interpretation dieser Kurve wie folgt: Je größer die Faktoreinsatzmenge, desto größer ist die Produktions-

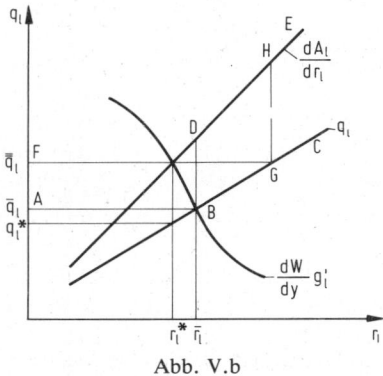

Abb. V.b

bzw. Absatzmenge, desto geringer ist mithin der Absatzpreis. Um die Kurve des Wertes des Faktorgrenzproduktes aus der Grenzertragskurve zu erhalten, sind also deren Ordinatenwerte nicht mit einem konstanten Produktpreis, sondern einem mit zunehmender Faktoreinsatzmenge abnehmenden Produktpreis zu multiplizieren. Für die Kurve $(dW/dy)g_l'$ in Abb. V.b lassen wir einstweilen offen, ob sie für konstanten Produktpreis oder eine fallende Preis-Absatzfunktion gilt.

q_l bezeichnet eine Preis-Beschaffungsgerade und dA_l/dr_l die dazu gehörende Gerade der Grenzausgaben für den Faktor. Ist das Faktorangebot nicht gewerkschaftlich organisiert, dann wählt gemäß (V.4) der Nachfrager die Menge r_l^* zum Preis q_l^*. Eine Gewerkschaft könnte das Ziel verfolgen, (a) möglichst hohe Beschäftigung bei einem nicht unter q_l^* liegenden Preis, (b) einen möglichst hohen Lohnsatz bei einer nicht unter r_l^* fallenden Beschäftigung zu erreichen. Im Fall (a) setzt die Gewerkschaft den Lohnsatz $\bar{q}_l$ so, daß die Arbeitsangebotskurve ABC gilt, zu der die Kurve der Grenzausgaben ABDE gehört. Nach (V.4) wählt der Nachfrager zu diesem Lohnsatz die Menge $\bar{r}_l$. Bei jedem höheren und jedem niedrigeren Lohnsatz als $\bar{q}_l$ wäre die Beschäftigung geringer als $\bar{r}_l$. Im Fall (b) legt die Gewerkschaft den Lohnsatz $\bar{\bar{q}}_l$ fest, so daß FGC die Arbeitsangebotskurve und FGHE die zugeordnete Kurve der Grenzausgaben ist. Nach (V.4) beträgt die Nachfrage zu diesem Lohnsatz wieder r_l^*. Bei jedem höheren Lohnsatz wäre die Beschäftigung geringer als r_l^*. Außer den Fällen (a) und (b) gibt es Zwischenlösungen, die bei einem Lohnsatz zwischen $\bar{q}_l$ und $\bar{\bar{q}}_l$ eine Beschäftigung zwischen r_l^* und $\bar{r}_l$ gewährleisten. Der gewerkschaftliche Zusammenschluß wäre für die Anbieter nur dann nicht eindeutig vorteilhaft, wenn der Lohnsatz höher als $\bar{\bar{q}}_l$ festgelegt würde und die Elastizität der Kurve $(dW/dy)g_l'$ bei diesem Lohnsatz zwischen -1 und $-\infty$ läge, so daß die Beschäftigung unter die ohne Gewerkschaft beschäftigte Arbeitsmenge r_l^* fiele und dieser Rückgang mit einer verringerten Lohnsumme verbunden wäre.

Die Bedeutung des gewerkschaftlichen Zusammenschlusses der Anbieter besteht hier darin, daß aus der positiv ansteigenden Preis-Beschaffungskurve, auf welcher der Nachfrager die für ihn optimale Preis-Mengenkombination bestimmt, eine im relevanten Bereich horizontal verlaufende Angebotskurve wird. Von dem niedrigsten für die Gewerkschaft in Frage kommenden Lohnsatz $\bar{q}_l$ ab ist es stets das zur Abszisse parallele Stück der Arbeitsangebotskurve, das die Kurve des Wertes des Faktorgrenzprodukts schneidet. In diesem Bereich ist die Faktorgrenzausgabe gleich dem Faktorpreis, so daß bei der gemäß (V.4) nachgefragten Menge der Faktorpreis gleich dem Wert des Faktorgrenzprodukts ist. Anders ausgedrückt: Der Faktorpreis wird durch den gewerkschaftlichen Zusammenschluß für den Nachfrager zum Datum, an das er sich mit der Nachfragemenge anzupassen hat. Je nachdem, ob für den Nachfrager auf seinem Absatzmarkt ein konstanter Produktpreis oder eine fallende Preis-Absatzfunktion gilt, handelt es sich dann wieder um den im Vorabschnitt diskutierten 1. oder 3. Fall. Die nachfragemonopolistische Ausbeutung des Faktors ist auf diese Weise beseitigt. Nur gegen die angebotsmonopolistische Ausbeutung des Faktors im 3. Fall kann die Gewerkschaft nichts ausrichten.

C. Die Produktionsfaktoren Arbeit, Sachkapital und Boden

1. Faktorbestände, Faktornutzungen, Faktorvarianten

Der Produktionsfaktor *Arbeit* als *Bestandsgröße* umschreibt volkswirtschaftlich den Bestand an Arbeitskräften. Mengenmäßig ist das die Zahl der (beschäftigten oder zeitweise nicht beschäftigten) Erwerbspersonen oder das Arbeitskräftepotential. In einer Sklavenwirtschaft gibt es für Arbeitskräfte einen Markt und dementsprechend einen Preis. Die Abschaffung der Sklaverei bedeutet ein Verbot solcher Märkte (gewisse Restformen haben sich allerdings erhalten im Handel mit Berufsfußballspielern zwischen Fußballvereinen bzw. deren Mäzenen). Mit dem Produktionsfaktor *Arbeit* als *Stromgröße* sind die vom Arbeitskräftepotential pro Periode in den Produktionsprozeß abgebbaren Arbeitsleistungen oder Nutzungen gemeint. Für Arbeitsleistungen verschiedener Art und Qualität gibt es Arbeitsmärkte, an denen die Mengen in Arbeitsstunden gemessen und die Faktornutzungspreise in *Lohnsätzen* ausgedrückt werden.

Unter dem Produktionsfaktor *Sachkapital* ist als *Bestandsgröße* jener Teil des Produktivvermögens einer Volkswirtschaft zu verstehen, der aus Gebäuden, Maschinen, Geräten, Beschaffungs- und Absatzlagervorräten und ähnlichen Sachgegenständen besteht, die man auch *produzierte Produktionsmittel* nennt. Der Produktionsfaktor *Boden* umfaßt als *Bestandsgröße* das Produktivvermögen in der Form von industriell oder landwirtschaftlich genutzten Bodenflächen, daneben auch die nicht produktiv genutzten Böden einer Volkswirtschaft. Für die einzelnen Arten und Qualitäten von Sachkapital und Boden als Bestandsgrößen kann es grundsätzlich Märkte geben, an denen Mengen, ausgedrückt in den jeweiligen Einheiten wie Stück oder Quadratmeter, zu den entsprechenden Faktorbestandspreisen getauscht werden. Soweit Bestände an Sachkapital und Boden Bestandteil des Produktivvermögens von Unternehmungen sind, kann es auch Märkte für bestimmte Anteile an diesem Produktivvermögen geben. Hier ist insbesondere an Unternehmungen wie Aktiengesellschaften zu denken, bei denen Management und Eigentum getrennt sind und deren Eigentumsanteile in der Form von Aktien auf Wertpapiermärkten gehandelt werden. Aktiengesellschaften sind als juristische Personen zwar im rechtlichen Sinn Eigentümer ihres Produktivvermögens; wirtschaftliche Eigentümer sind jedoch die Aktionäre. Im Kurswert einer Aktie kommen unter anderem die Faktorbestandspreise der im Produktivvermögen der Unternehmung enthaltenen Faktorbestände zum Ausdruck.

Mit den Produktionsfaktoren *Sachkapital* und *Boden* als *Stromgrößen* sind deren pro Periode in den Produktionsprozeß abgebbaren Leistungen oder Nutzungen gemeint. Soweit die entsprechenden Faktorbestände zum Produktionsapparat einer Unternehmung gehören, vollzieht sich die Leistungsabgabe oder Nutzung innerhalb der Unternehmung, also nicht über einen Markt, auf dem

Mengen zu Preisen umgesetzt werden; vielmehr ist es notwendig, die Leistungs-abgabe oder Nutzung der Bestände ersatzweise buchhalterisch durch Abschrei-bungen anzusetzen. Allerdings gibt es auch Märkte für die periodenweise Nut-zung von Sachkapital oder Boden beispielsweise in der Form des „Leasing"; die Faktornutzungspreise heißen dann „Miete" oder „Pacht". In der theoretischen Literatur wird der Preis für die Nutzung von Sachkapital als dessen *Verzinsung*, der für die Nutzung von Boden als dessen *Bodenrente* bezeichnet.

Die Unterscheidung der Produktionsfaktoren Arbeit, Sachkapital und Bo-den (als Bestands- oder Stromgrößen) ist, was die ökonomische *Funktion* an-geht, eher gradueller als grundsätzlicher Natur. In einer entwickelten Volkswirt-schaft ist Arbeit nicht „Arbeit in einem ursprünglichen Sinne"; vielmehr ist stets mehr oder weniger ausgebildete oder qualifizierte Arbeit gemeint. Bestände an Sachkapital entstehen durch Investitionen in Sachkapital, Bestände an ausgebil-deter Arbeit durch Investitionen in „Humankapital" oder Bildungs- bzw. Aus-bildungsinvestitionen. Analog ist Boden nicht „jungfräulicher Boden"; vielmehr sind die Böden stets gerodet, bewässert, kanalisiert oder auf andere Weise bear-beitet. Auch der jeweilige volkswirtschaftliche Bestand an Böden ist mithin das Ergebnis von Investitionen. In einem weiteren Sinne umfaßt das reale Kapital ei-ner Volkswirtschaft alle Bestände an den genannten Faktoren; Sachkapital wird allein, Arbeit und Boden werden teils durch Investitionen gebildet.

Die volkswirtschaftlichen Produktionsfaktoren Arbeit, Sachkapital und Bo-den werden in der Produktion praktisch aller Güter benötigt. Für jeden der Fak-toren sind verschiedene Arten und Qualitäten zu unterscheiden. Selbst wenn es für einen Faktor keine natürlichen Unterschiede gäbe, wenn wir also von homo-gener „Arbeit in einem ursprünglichen Sinne" oder, bezüglich Land mit phy-sisch gleicher Bodenfläche, von homogenem Boden ausgehen könnten, müßten wir für jede entwickelte Volkswirtschaft eine *bereits erfolgte Differenzierung der Produktionsfaktoren* in ein breites Spektrum von *Arten und Qualitäten* un-terstellen. Diese Differenzierung ist nicht nur Ausdruck regelmäßig vorhandener natürlicher Unterschiede; sie ist vor allem das Ergebnis bewußt durchgeführter Investitionen, mit denen Faktorbestände bestimmter Art und Qualität geschaf-fen werden. Durch (Aus-) Bildungsinvestitionen differenziert sich der Faktor Arbeit über natürliche Unterschiede hinaus in Arbeitsarten und -qualitäten. Der Faktor Sachkapital wird von vornherein in der Form verschiedenartigster Ma-schinen, Ausrüstungsgegenstände usw. gebildet. Durch Investitionen für Ro-dung, Bewässerung usw. werden natürliche Bodenunterschiede weiter differen-ziert. Für jeden der Produktionsfaktoren haben wir dementsprechend eine gro-ße Zahl von *Faktorvarianten* zu unterscheiden, und zwar jeweils für Faktorbe-stand und Faktornutzung, mit einer durch Investitionen im allgemeinen *erhöh-ten Effizienz*, aber oftmals *verminderten Verwendungsbreite*.

Prinzipiell kann für jede Faktorvariante ein Faktorbestands- und ein Faktor-nutzungsmarkt existieren. Erfüllt ein solcher Markt die Bedingungen der vollständigen Konkurrenz, dann gibt es auf ihm nur einen Faktorpreis. Herrscht dagegen beispielsweise monopolistische Nachfragekonkurrenz, gekennzeichnet durch Präferenzbindungen der Anbieter an die Nachfrager, dann sind auf einem solchen Markt verschiedene Faktorpreise möglich. *Faktorpreisunterschiede* sind also zum einen auf die hinsichtlich Art und Qualität grundsätzlich *verschiedenen Varianten* eines volkswirtschaftlichen Produktionsfaktors, zum anderen auf *unvollständige Konkurrenz* an den einzelnen Märkten für diese Varianten zurückzuführen.

2. Ein Zusammenhang zwischen Faktorbestandspreis, Faktornutzungspreis und Zinssatz: Das Renditeausgleichstheorem

Bildungsinvestitionen der Haushalte und Investitionen der Unternehmungen (diese betreffen vor allem Sachkapital und Böden) untersuchten wir in Kap. I.D.2 und Kap. II.H getrennt; sie können jedoch unter einheitlichem Gesichtspunkt betrachtet werden. Bei der Frage einer Bildungsinvestition ging es in unseren vereinfachenden Beispielen darum, ob der Haushalt seinen Nutzen steigert, wenn er in Periode t Teile seiner Arbeitszeit und damit seines möglichen Einkommens in (Aus-)Bildung investiert, wodurch sich sein Einkommen in Periode t + 1 erhöht. Bei Investitionen der Unternehmungen ging es um den Aufbau des Produktionsapparates durch Investitionen mit positivem Kapitalwert. In beiden Fällen wird mit Investitionen die Maximierung einer Zielgröße verfolgt; beim Haushalt soll ein von gegenwärtigem und zukünftigem Konsum oder Einkommen abhängender Gegenwartsnutzen maximiert werden, bei der Unternehmung ist die Maximierung des von gegenwärtigen und zukünftigen Nettoeinnahmen $a_t - b_t$ abhängenden Kapital- oder Gegenwartswertes aller von der Unternehmung durchgeführten Investitionen das Ziel. Diese Zielsetzungen entsprechen in der Mehrperiodenanalyse den Zielsetzungen der Nutzenmaximierung des Haushalts bzw. der Gewinnmaximierung der Unternehmung in der Einperiodenanalyse.

Lassen wir in diesem Abschnitt die Unterschiede der Mehrperioden-Zielgrößen von Haushalt und Unternehmung unberücksichtigt, betrachten wir vielmehr auch den Haushalt als Kapitalwertmaximierer, so können wir unter vereinfachenden Voraussetzungen Zusammenhänge zwischen Faktorbestandspreisen, Faktornutzungspreisen und dem Zinssatz aufzeigen. Wir gehen von der Definitionsgleichung für den Kapitalwert einer Investition (II.89) aus; es sollen folgende Voraussetzungen gelten:

(1) Es gebe keine Unsicherheit und kein Risiko hinsichtlich zukünftiger Einnahmen und Ausgaben; der Kalkulationszinssatz k unterscheidet sich nicht vom Marktzinssatz i.

(2) Für jeden Faktorbestand F sei der Strom der periodenweisen Überschüsse der Einnahmen a_{Ft} über die Ausgaben b_{Ft} im Zeitablauf konstant und erstrecke

sich über einen unendlich langen Zeitraum; er erbringe die ewige Rente $a_{Ft} - b_{Ft} = c_F$; $t = 1, \ldots, \infty$. Für den Kapitalwert C_{Fo} gilt dann:

$$C_{Fo} = -a_{Fo} + \frac{c_F}{1 + i} + \frac{c_F}{(1 + i)^2} + \cdots + \frac{c_F}{(1 + i)^\infty};$$

$$C_{FO} = -a_{Fo} + c_F \left(1 + \frac{1}{1 + i} + \frac{1}{(1 + i)^2} + \cdots + \frac{1}{(1 + i)^\infty} \right) - c_F;$$

$$C_{Fo} = -a_{Fo} + \frac{c_F}{1 - \dfrac{1}{1 + i}} - c_F = -a_{Fo} + \frac{c_F}{i}. \qquad (V.14)$$

(3) Die Ausgaben für die Investition sind gleich dem Produkt aus Faktorbestandsmenge F und Faktorbestandspreis p_F, also $a_{Fo} = F \cdot p_F$. Der periodenweise Überschuß c_F hänge von der Investitionsmenge ab,

$$c_F = c_F(F) \quad , \quad \text{wobei} \quad \frac{dc_F}{dF} > 0 \quad , \quad \frac{d^2 c_F}{dF^2} < 0 \quad .$$

Der Kapitalwert läßt sich dann durch

$$C_{Fo} = -p_F \cdot F + \frac{c_F(F)}{i}$$

ausdrücken, und der Kapitalwert einer zusätzlichen Faktorbestandseinheit (Kapitalgrenzwert) ist

$$\frac{dC_{Fo}}{dF} = -p_F + \frac{dc_F}{dF} \Big/ i.$$

(4) Es werde so viel investiert, daß ein Kapitalwertmaximum erreicht wird, der Kapitalgrenzwert mithin auf Null sinkt, so daß gilt

$$p_F = \frac{dc_F}{dF} \Big/ i.$$

Der der letzten Faktorbestandseinheit zuzurechnende Überschuß dc_F/dF läßt sich als Konkurrenzpreis q_F für die periodenweise Nutzung dieser Faktorbestandseinheit deuten, der bei vollständiger Konkurrenz für alle Einheiten des Faktorbestands F gelten muß:

$$p_F = \frac{q_F}{i} \quad \text{oder} \quad q_F = i \cdot p_F \quad \text{oder} \quad i = \frac{q_F}{p_F}. \qquad (V.15)$$

Das Verhältnis q_F/p_F stellt in dem durch (V.15) beschriebenen Investitionsoptimum nichts anderes als die Rendite bzw. interne Verzinsung einer zusätzlichen Faktorbestandseinheit dar.

Diese Überlegungen gelten nicht nur für einen bestimmten Faktor (eine bestimmte Faktorvariante) F, sondern für alle Faktoren (Faktorvarianten). Die Rendite muß bei der durch die Kapitalwertmaximierung beschriebenen optimalen Faktorallokation also überall gleich, nämlich gleich i, sein; man spricht vom *Renditeausgleichstheorem*. In der volkswirtschaftlichen Literatur werden im Vertrauen darauf, daß wenigstens Tendenzen einer Angleichung beider Seiten von (V.15) bestehen, folgende wichtige Zusammenhänge hergestellt: Betrachtet man i und eine zweite Größe als gegeben, so ist auch die dritte Größe bestimmt. Man kann also vom Nutzungspreis oder Einkommen eines Faktors über den Zinssatz i auf den Faktorbestandspreis schließen. Umgekehrt läßt der Bestandspreis über den Zinssatz Schlüsse auf den Nutzungspreis oder das Faktoreinkommen zu; das *Faktoreinkommen* q_F läßt sich als *Verzinsung* $i \cdot p_F$ *einer Einheit des Faktorbestandes* auffassen.

Um keinen Zweifel daran zu lassen, daß das Renditeausgleichstheorem unter extrem vereinfachenden Voraussetzungen abgeleitet wurde, seien abschließend die wichtigsten Einwände gegen eine unkritische Anwendung der in (V.15) abgeleiteten Beziehungen genannt:

(1) Den Investitionen sind unsichere oder risikobehaftete zukünftige Einnahmen und Ausgaben zugeordnet.

(2) Statt einer ewigen Rente sind zeitlich sinkende Einnahmenüberschüsse realistisch.

(3) Da der Kapitalmarkt unvollkommen ist, muß der Kalkulationszinssatz k höher angesetzt werden als der Marktzinssatz i.

(4) Manager können andere Zielsetzungen als Kapitalwertmaximierung verfolgen (vgl. Kap. VI.A).

(5) Faktormobilitätshemmnisse, Markteintritts- und Marktaustrittshemmnisse verhindern den Renditeausgleich (vgl. dazu Kap. IV.F.4 und V.C.5).

(6) Das Aufspüren neuer Investitionsmöglichkeiten durch dynamische, Innovationen durchsetzende Unternehmer schafft Vorsprungsgewinne und erzeugt damit auf den entsprechenden Märkten, insbesondere in der Experimentierungs- und Expansionsphase, ein Renditegefälle, das sich durch die Investitionen imitierender Unternehmer wieder abflacht, welches für Wachstum und Entwicklung jedoch erforderlich ist (vgl. Kap. IV.F.2 und 3). Tendenziell gilt in „Wachstumsindustrien" $q_F > i p_F$, in „schrumpfenden Industrien" $q_F < i p_F$.

Im Zusammenhang dieses Abschnitts empfiehlt es sich, den Zinssatz i und seine Bedeutung zu interpretieren. Der *Zinssatz* kann als *Preis* aufgefaßt werden, der sich aus Angebot und Nachfrage nach *Kapital in der Form von Geld* am *Geldmarkt* ergibt. Auf Kapitalangebot der Haushalte aus positiven Ersparnissen bzw. Kapitalnachfrage aus negativen Ersparnissen hatten wir in Kap. I.D, auf

Kapitalnachfrage der Unternehmungen zur Investitionsfinanzierung in Kap. II.H hingewiesen. Auf Einzelheiten des Geldmarktes und der Finanzierungsseite von güterwirtschaftlichen Transaktionen von Haushalten und Unternehmungen, auch auf die Tatsache, daß es verschiedene Zinssätze und damit eine Zinsstruktur gibt, gehen wir nicht ein. Der *Zinssatz* hat die Aufgabe, *Vermittler zwischen Gegenwart und Zukunft* zu sein. Das zeigte sich in Kap. I.D, wo mit Hilfe des Zinssatzes i zukünftiger Konsum oder zukünftiges Einkommen mit gegenwärtigem Konsum bzw. Einkommen vergleichbar gemacht und ein zeitliches 2. GOSSENsches Gesetz formuliert werden konnte. Das zeigte sich wieder in Kap. II.H, wo mit dem Kalkulationszinssatz k (der den Zinssatz i enthält, genauer: je nach Risikobereitschaft oder Pessimismusgrad über diesem liegt) zukünftige Einnahmen mit gegenwärtigen vergleichbar gemacht und der Kapitalwert einer Investition ermittelt wurde. Die Mittlerrolle geht wiederum aus (V.14) und (V.15) hervor, wo der (gegenwärtige) Faktorbestandspreis über den Zinssatz i mit dem Preis von (zukünftigen) Faktornutzungen verknüpft ist.

Zu erwähnen bleibt, daß mit i der *reale*, von etwa erwarteten Preisänderungen bereinigte *Zinssatz* gemeint ist, denn nur dieser eignet sich, um Gegenwart und Zukunft vergleichbar zu machen. Wird eine allgemeine Preissteigerung pro Periode mit der Rate g erwartet, so beträgt der Zinsfaktor, mit dem nominelle Größen zweier aufeinander folgender Perioden verknüpft sind, nicht $(1 + i)$, sondern

$$(1 + i') = (1 + i)(1 + g),$$

und der entsprechende *nominale Zinssatz* oder *Geldzinssatz* i' lautet:

$$i' = i + g + ig \approx i + g.$$

Wäre der Überschuß der periodenweisen Einnahmen über die Ausgaben nicht konstant, wüchse c_F vielmehr mit der Rate g, so wären in einer (V.14) entsprechenden Gleichung die in der Klammer stehenden Brüche jeweils in Zähler *und* Nenner mit $(1 + g)$, $(1 + g)^2$, ... bzw. $(1 + g)^\infty$ multipliziert anzusetzen. Diese Inflationsfaktoren würden sich in der Beziehung zwischen realen Größen herauskürzen, und es ergäbe sich wieder (V.14).

3. Renten und Quasi-Renten bei vollständiger Konkurrenz auf Faktornutzungsmärkten

In Kap. III.A.2.e hatten wir die Begriffe der Käufer- und der Verkäuferrente eingeführt. Diese Begriffe lassen sich selbstverständlich auf Märkte für Faktornutzungen übertragen, auf denen vollständige Konkurrenz herrscht, so daß wir mit Angebots- und Nachfragekurven argumentieren können, deren Schnittpunkt den Gleichgewichts-Faktornutzungspreis bestimmt, an den sich Anbieter und Nachfrager mit den Faktornutzungsmengen anpassen. Im folgenden geht es um die Verkäuferrenten der Anbieter von Faktornutzungen, die Bestandteile des Faktoreinkommens sind.

Wie bereits in Kap. III.A.2.e angedeutet, hängt die Verkäuferrente vom Verlauf der Angebotskurve ab. In Abb. V.c.1 verläuft die Angebotskurve senkrecht, d.h. die Elastizität des Angebotes an Faktornutzungen r_F in bezug auf den Faktornutzungspreis q_F ist gleich Null, das Angebot A ist vollkommen preisunelastisch. Bei gegebener Nachfrage N ergibt sich ein Gleichgewichtspreis q_F^*. Die Anbieter würden in diesem Extremfall gemäß ihrer Angebotskurve auch einen Nullpreis akzeptieren. Daher besteht der Preis q_F^* vollständig aus Verkäuferrente. Das gesamte, dem schraffierten Rechteck entsprechende Faktoreinkommen besteht aus Rente. Der senkrechte Verlauf der Angebotskurve kann so interpretiert werden, daß es für die betrachtete Faktornutzung keine alternative Verwendung gibt. Für die Faktoreigentümer entstehen also keine Alternativ- oder Opportunitätskosten; sie verzichten nicht auf einen Ertrag aus einer nächstbesten Verwendung, wenn sie die Faktorleistungen auf dem hier betrachteten Markt anbieten.

Bei dem in Abb. V.c.2 unterstellten typischen Verlauf der Angebotskurve ist bereits für die erste umgesetzte Mengeneinheit die Verkäuferrente geringer als der Preis q_F^*; sie nimmt für jede weitere Einheit ab und tendiert für die letzte umgesetzte Einheit gegen Null. Dementsprechend ist die durch das schraffierte Dreieck dargestellte Rente kleiner als das durch das Rechteck beschriebene Faktoreinkommen.

Die in Abb. V.c.3 gezeichnete horizontale Angebotskurve bedeutet, daß das Angebot an Faktornutzungen vollkommen preiselastisch ist, die Preiselastizität also gegen unendlich geht. Hier entsteht weder für die erste Mengeneinheit noch für die weiteren umgesetzten Mengeneinheiten eine Rente. Das durch das Rechteck dargestellte Faktoreinkommen enthält also keinen Rentenbestandteil.

Der Begriff der Rente als Faktoreinkommen geht auf die englischen Klassiker zurück und wurde von ALFRED MARSHALL (1890) verfeinert. MARSHALL

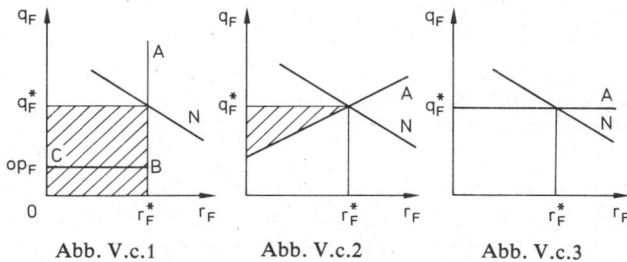

Abb. V.c.1   Abb. V.c.2   Abb. V.c.3

(S. 129) bezieht den Begriff der *Rente* auf das *Einkommen natürlicher, nicht vermehrbarer Faktoren* wie Boden, deren Faktorbestands- bzw. Faktornutzungsangebot wegen der Nichtvermehrbarkeit als konstant angesehen wird. Die Rente nicht vermehrbarer Faktoren könnte also durch das schraffierte Rechteck in Abb. V.c.1 skizziert werden. Gibt es für den Faktor eine alternative Verwendung, beim Boden etwa zu Freizeitzwecken, so existieren beim Einsatz des Bodens in der Produktion Opportunitätskosten, d.h. Kosten des Verzichts auf Ertrag aus einer Freizeitnutzung. Betragen diese Kosten pro Faktornutzungseinheit beispielsweise op_F, so verläuft die Angebotskurve von 0 über C nach B und wird erst ab Punkt B senkrecht. Der sich aus Angebot und Nachfrage ergebende Faktornutzungspreis q_F^* setzt sich nun aus den Opportunitätskosten op_F, d.h. dem Ertrag der Bodennutzung in der nächstbesten Verwendung, und der Rente pro Faktornutzungseinheit $q_F^* - op_F$ zusammen. Das mit dem schraffierten Rechteck beschriebene gesamte Faktoreinkommen teilt sich nun in ein unteres Rechteck, die Opportunitätskosten, und in ein oberes Rechteck, die Faktorrente, auf.

Bei *vermehrbaren Faktoren* wie Sachkapital und auch Arbeit spricht MARSHALL von einer *Quasi-Rente*, weil sich Renteneinkommen zwar kurzfristig ergeben kann, sich bei vollständiger Konkurrenz jedoch mittel- bis langfristig durch zusätzliches, aus einer Vermehrung der Faktoren resultierendes Angebot wegkonkurrieren muß. In Abb. V.c.4 habe sich die Nachfragekurve in der betrachteten Produktion von N auf N' verschoben. Kurzfristig gilt die bei B beginnende senkrechte Angebotskurve A_k, so daß sich der Faktornutzungspreis q_{Fk}^* bildet, der einen Quasi-Rentenbestandteil $q_{Fk}^* - op_F$ enthält; das schraffierte Rechteck beschreibt das kurzfristige Quasi-Renteneinkommen des Faktors. – Der hohe Faktornutzungspreis q_{Fk}^* liegt über dem natürlichen oder normalen Faktornutzungspreis der klassischen Theorie, der gerade die Wiederbereitstellung oder die Reproduktion der Faktorleistungen sichern würde, welcher dem Faktornutzungspreis in der nächstbesten Verwendung, also den Opportunitäts-kosten op_F, entspreche. Es lohnt sich nun, in der betrachteten Produktion den

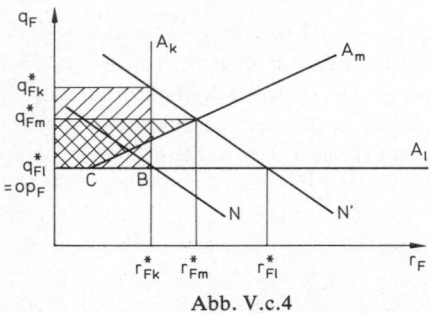

Abb. V.c.4

Bestand an Sachkapital bzw. an Arbeitskraft zu vergrößern, was bedeutet, daß die Angebotskurve an Faktornutzungen flacher wird. In einer Zwischensituation gelte beispielsweise die Angebotskurve A_m, die bei C beginnt, und deren Schnittpunkt mit N' den Faktornutzungspreis q_{Fm}^* ergibt. Für die ersten Faktornutzungseinheiten beträgt die Quasi-Rente $q_{Fm}^* - op_F$; ab dem Punkt C schrumpft die Quasi-Rente, bis schließlich bei der Menge r_{Fm}^* die Quasi-Rente der letzten Mengeneinheit auf Null gefallen ist. Die gesamte Quasi-Rente wird durch das schraffierte Trapez dargestellt. − Auch q_{Fm}^* übersteigt noch den natürlichen oder normalen Faktornutzungspreis, so daß die Angebotskurve aufgrund weiterer Faktorvermehrung noch flacher wird, bis sie schließlich in Höhe des den Opportunitätskosten op_F entsprechenden natürlichen Faktornutzungspreises als A_l horizontal verläuft. Der Faktornutzungspreis ist damit auf seine ursprüngliche Höhe q_{Fl}^* gesunken und hat nur noch die Höhe des Preises in der nächstbesten Verwendung, also der Opportunitätskosten op_F. Die Quasi-Rente ist in dem langfristigen Gleichgewicht wieder verschwunden.

Auf die Nachfrageverschiebung von N auf N' reagierte der Faktormarkt also mit Preissteigerung, die den Faktoreigentümern ein Quasi-Renteneinkommen brachte, worauf die Volkswirtschaft mit Faktorvermehrung und zusätzlichem Angebot an Faktornutzungen antwortete. Ähnlich wie im langfristigen Konkurrenzgleichgewicht an einem Gütermarkt bei freiem Marktzugang der Güterpreis auf das Minimum der Durchschnittskosten fällt und Gewinne zum Verschwinden bringt (vgl. Kap. III.A.5), sinkt im langfristigen Konkurrenzgleichgewicht auf einem Faktornutzungsmarkt der Faktornutzungspreis auf den natürlichen Preis der Wiederbereitstellung oder Reproduktion des Faktors, welcher dem langfristigen Faktornutzungspreis in der nächstbesten Verwendung oder den Opportunitätskosten entspricht, wodurch die Quasi-Rentenbestandteile des Faktoreinkommens zum Verschwinden kommen.

4. Quasi-Renten bei spezialisierten Faktoren

Auf den im Vorabschnitt dargestellten Faktornutzungsmärkten mit vollständiger Konkurrenz besteht Freiheit des Zugangs von zusätzlichem Angebot, aber auch Freiheit des Abgangs. Denn drohte der Faktornutzungspreis unter die Opportunitätskosten zu sinken, so könnten die Faktoreigentümer mit dem Angebot ihrer Faktornutzungen auch kurzfristig in die nächstbeste Verwendung ausweichen und dort den Faktornutzungspreis erlösen, der Wiederbereitstellung der Faktornutzungen sichern würde. MARSHALL befaßte sich auch mit realistischen Besonderheiten auf Faktormärkten, die einer solchen alternativen Verwendung entgegenstehen und damit die vollständige Konkurrenz mit ihrer Faktornutzungspreis- und Quasi-Rentenbildung erheblich modifizieren.

Beim Kapital unterscheidet MARSHALL (1890, S. 341) *liquides* oder „freies" (Geld-) *Kapital*, mit dessen Anlage man ein sicheres, durch die Höhe des Zinssatzes bestimmtes Einkommen erzielen kann, von *Sachkapital*, bei dessen Bildung, z. B. dem Kauf einer Maschine, das eingesetzte Geldkapital „versinkt". Das versunkene Kapital ist häufig an eine spezielle Verwendung gebunden – dann z. B., wenn die Maschine nur zur Produktion eines bestimmten Gutes geeignet ist. Das Einkommen der Faktoreigentümer, und damit auch die Quasi-Rente, hängt davon ab, ob die Produktion und der Absatz des mit der Maschine hergestellten Gutes erfolgreich sind. Entstehen Verluste und soll die Produktion aufgegeben werden, so ist eine Verwendung der Maschine in einer anderen Produktion oder eine „Liquidierung" des Sachkapitals nicht oder nur begrenzt möglich. Spezielles Sachkapital hat somit keine oder nur eine ertragsschwache alternative Verwendung.

Beim Faktor Arbeit sieht MARSHALL (1890, S. 519 ff.) Analogien zum Sachkapital. Die besonderen Tätigkeiten in einer Unternehmung vermitteln Arbeitskräften spezielle, nur in dieser Unternehmung nutzbare Fertigkeiten. Es tritt daher eine besondere Bindung von Arbeitskraft an diese Unternehmung ein. Bei einem Wechsel in eine andere Unternehmung wären die speziellen Fertigkeiten nicht nutzbar; in dieser nächstbesten Verwendung der Arbeitsleistungen würde daher nur ein niedrigeres Einkommen gezahlt. Auch hier ist die alternative Verwendung also ertragsschwächer. Genau darin zeigt sich, daß ein Teil des höheren Einkommens für die spezialisierte Tätigkeit eine Quasi-Rente ist.

In beiden Fällen, dem Fall des spezialisierten Sachkapitals und dem der spezialisierten Arbeitskraft, sind die Faktoreigentümer auf Verwendung ihrer Faktornutzungen in einer bestimmten Unternehmung angewiesen, denn eine nächstbeste Verwendung hätte nur einen geringen Ertrag, so daß die Opportunitätskosten niedrig sind. Dieser Sachverhalt hebt die Regeln der Faktornutzungspreisbildung bei vollständiger Konkurrenz auf und macht den Faktornutzungspreis zu einer Verhandlungssache zwischen Unternehmer und Faktoreigentümer. Für diese Preisbildung spielen die Investitionskosten der Sachkapitalbildung, also der Kauf der Maschine, bzw. die Investitionskosten einer früheren Ausbildung der Arbeitskraft keine Rolle. Diese Investitions- bzw. Ausbildungskosten sind *versunkene Kosten*, d. h. Kosten, die im auszuhandelnden Faktornutzungspreis normalerweise nicht wieder „hereinholbar" sind, weil es an einer Ausweichmöglichkeit in eine nächstbeste Verwendung mit einem Nutzungspreis, der Wiedergewinnung der Investitions- bzw. Ausbildungskosten sichern würde, fehlt.

Wie MARSHALL (1890, S. 520) darlegt, kommt es beim Aushandeln der Faktornutzungspreise zu einer Aufteilung der Quasi-Rente auf Arbeiter und Unternehmung. Aus der Quasi-Rente, die bei vollständiger Konkurrenz dem Faktoreigentümer als Einkommen zufließt, wird bei Spezialisierung somit eine *zusammengesetzte Quasi-Rente* (composite quasi-rent), deren einer Teil der Unternehmung bleibt.

Die von MARSHALL vorgetragenen Überlegungen spielen in der modernen Transaktionskostentheorie von WILLIAMSON eine wichtige Rolle; wir kommen darauf in Kap. VI.D.3 zurück.

5. Mobilität von Produktionsfaktoren

Im einleitenden Abschnitt 1 wiesen wir darauf hin, daß die Varianten von Arbeit, Sachkapital und Boden Produktionsfaktoren sind, deren Bereitstellung mit Investitionen verbunden ist. In Abschnitt 2 beschrieben wir, daß es sich unter der Zielsetzung der Kapitalwertmaximierung bei Fehlen von Unsicherheit und Risiko lohnt, Faktorbestände durch Netto-Investitionen in solcher Weise zu bilden und auf die verschiedenen Produktionen zu verteilen, daß die Rendite als Verhältnis von Faktornutzungs- zu Faktorbestandspreis in jeder Verwendung gleich ist. In Abschnitt 3 wurde dargelegt, daß die Faktornutzungspreise vermehrbarer Faktoren in der Zeit der Anpassung an ein langfristiges Gleichgewicht Quasi-Renten enthalten. In den Abschnitten 2 und 3 wurde damit suggeriert, daß die Produktionsfaktoren durch Mobilität gekennzeichnet sind und sich in solche Räume, in solche Branchen und in solche Unternehmungen begeben, in denen die Rendite hoch ist, bzw. von dort abwandern, wo die Rendite gering ist. Das Bild einer durch Faktormobilität zustande kommenden Tendenz zum Renditeausgleich würde sich allerdings schon durch Zulassen von Faktorverwendungen mit unterschiedlichem Risiko ändern; die Rendite riskanter Investitionen müßte gegenüber der von risikolosen Investitionen einen Risikozuschlag enthalten.

Aber auch die in Abschnitt 4 dargestellten Überlegungen MARSHALLs machen deutlich, daß Varianten von Faktorbeständen und Faktornutzungen sich in ihren Verwendungen spezialisieren können und dadurch in diesen Verwendungen „eingeschlossen" (locked in) sind. Dies hat Konsequenzen für die Faktornutzungspreise, die sich dann nicht mehr nach Grundsätzen der vollständigen Konkurrenz bilden können, sondern ausgehandelt werden müssen und auch dadurch eine Tendenz zum Renditeausgleich verwischen können.

Es gibt eine Vielzahl weiterer Mobilitätshemmnisse. Einerseits ist für Faktoranbieter ein Wechsel in andere Räume, in andere Branchen oder auch nur in eine andere Unternehmung regelmäßig mit erheblichen Mobilitätskosten verbunden. Andererseits lassen sich die in Kap. IV.F.4 erläuterten Markteintrittshemmnisse als Mobilitätsschranken gegen das Eindringen von Produktionsfaktoren in Märkte mit hoher Rendite deuten. Die Faktormärkte einer Volkswirtschaft sind also teils aus Gründen der Faktorspezialisierung, teils wegen hoher Mobilitätskosten und nicht zuletzt wegen monopolistischer Versuche, Märkte durch Eintrittshemmnisse abzuschließen, weit von einem System interdependenter neoklassischer Faktormärkte mit vollständiger Konkurrenz bei vollständiger Faktormobilität entfernt.

6. Sonderprobleme des Arbeitsmarktes

Wir behandelten den Produktionsfaktor Arbeit bisher analog zu den Faktoren Sachkapital und Boden und hoben damit die Gemeinsamkeiten aller Faktoren hervor. Die Beziehungen zwischen Lohnsatz und Grenzproduktivität, die Bedeutung gewerkschaftlicher Zusammenschlüsse der Arbeitsanbieter, die Unterscheidung zwischen Arbeitskräftepotential als Bestandsgröße und Arbeitsleistungen als Stromgröße und den entsprechenden Preisen, die Rentenbestandteile dieser Preise, die Unterteilung des Arbeitsmarktes in Märkte für verschiedene Arbeitsvarianten, die Mobilität dieser Varianten − alle diese Aspekte lassen sich für Arbeit nach denselben Gesichtspunkten wie für Sachkapital und Boden untersuchen. Das heißt jedoch keineswegs, die besondere Bedeutung dieses Faktors zu verkennen. In einer Volkswirtschaft, in der es keine Märkte für Arbeit als Bestandsgröße (also keine Sklavenmärkte) gibt, können wir uns diesbezüglich auf die Märkte für Arbeitsleistungen konzentrieren. Ihre Besonderheit besteht in drei Sachverhalten. Erstens bildet der Verkauf von Arbeitsleistungen gegen Lohn für die Mehrzahl der Haushalte die *wichtigste oder einzige Quelle von Einkommen*. Diese Haushalte hängen existentiell vom Arbeitsmarkt ab; gelingt es ihnen nicht, Arbeitskraft zu verkaufen, so sind sie auf Einkommen aus sozialpolitischen Maßnahmen wie Arbeitslosen- oder Wohlfahrtsunterstützung angewiesen. Zweitens bedeutet der Verkauf von Arbeitsleistungen für einen Arbeitsanbieter, sich für eine Tätigkeit zu entscheiden, über deren Modalitäten er oftmals *ungenaue Vorstellungen* hat. Drittens ist mit der Bereitstellung von Arbeitsleistungen die Einordnung des Arbeitsanbieters in die *hierarchische Struktur* der nachfragenden Unternehmung verbunden. Mit der Tätigkeit selbst und ihrer Stellung in der Unternehmenshierarchie verknüpft der Arbeitsanbieter gewisse Vor- und Nachteile, die sich teils auf seine individuelle, teils auf eine öffentliche Einschätzung gründen. Vorteile sind etwa mit der Tätigkeit verbundene Arbeitsfreude oder berufliches Prestige, Nachteile sind beispielsweise ein Arbeitsplatz in lästig empfundener Umgebung oder mit hohem Entlassungsrisiko.

Will man für den volkswirtschaftlichen Faktor Arbeit die Struktur der Faktornutzungspreise oder die *Lohnstruktur* erklären, so sind folgende Gesichtspunkte zu berücksichtigen:

(1) Die Besonderheit beim Faktor Arbeit besteht darin, daß beim Angebot von Arbeitsleistungen in einer bestimmten Art und Qualität nicht nur die zwar meist existentiell notwendige Entlohnung, sondern auch mit der Tätigkeit selbst zusammenhängende Vor- und Nachteile eine Rolle spielen. Sowohl Entlohnung als auch die Vor- und Nachteile müssen bei Investitionsrechnungen für (Aus-)Bildungsinvestitionen in Ansatz gebracht werden. Anstelle von Lohnsätzen sind in solchen Rechnungen genaugenommen Indizes zu verwenden, in die sowohl monetäre Entlohnungs- als auch nichtmonetäre Vorteils- bzw. Nachteilskomponenten eingehen; Vorteile und Nachteile können dabei zu einem positiven

oder negativen *Nettovorteil* saldiert werden. Über natürliche Unterschiede hinaus differenziert sich der Faktor Arbeit durch solche Investitionen in ein Spektrum von Varianten. Für jede Variante gibt es einen Markt; aufgrund gemeinsamer Verwendungsmöglichkeiten verschiedener Varianten kann ein enger Zusammenhang zwischen solchen Märkten gegeben sein. Die Lohnsätze, die sich an den verschiedenen Märkten bilden, sind tendenziell um so niedriger (höher), je größer (kleiner) der Nettovorteil einer Tätigkeit ist (vgl. ADAM SMITH, 1776, Buch I, Kap. 10). Die hiermit angesprochene Differenzierung des Faktors Arbeit liefert sozusagen die Grobstruktur der Lohnsätze.

(2) Die in Abschnitt 2 erläuterte Beziehung zwischen Faktorpreisen und Grenzproduktivität ist für Arbeitsleistungen durch folgende neuere neoklassische Lohntheorien ergänzt worden (vgl. dazu SESSELMEIER und BLAUERMEL 1990, Kap. V und VI):

– die *Humankapitaltheorie*, nach der sich Arbeit durch Humankapitalinvestitionen, die auch durch die Unternehmungen angeregt und finanziert sein können, höher qualifiziert;
– die *Kontrakttheorie*, die Arbeitsverhältnisse auch als Risikoteilung zwischen Unternehmung und Arbeitern in der Weise sieht, daß Arbeitsplatzsicherheit ein Entlohnungselement ist;
– die *Effizienzlohntheorien*, nach denen ein höherer als der Grenzproduktivitätslohn gezahlt wird, weil eine solche Entlohnung bessere Arbeitsmoral oder weniger Kündigungen seitens der Arbeitskräfte verspricht.

Die Lohntheorien, angewendet auf die einzelnen Faktorvarianten der Arbeitskraft, begründen eine weitere Strukturierung der Lohnsätze.

(3) Die Lohnsätze für einzelne Faktorvarianten können durch Rentenbestandteile mitbestimmt sein. Im unrealistischen Extremfall einer naturbedingten, nicht durch Investition vermehrbaren oder anderweitig verwendbaren Faktorvariante ist das Angebot vollständig preisunelastisch und die Entlohnung ganz als Rente zu deuten. Realistisch sind demgegenüber Quasi-Renten, die auch in der Neuen Institutionenökonomik (vgl. Kap. VI.D.3) eine wichtige Rolle spielen. Durch Rentenbestandteile ist eine weitere Strukturierung der Lohnsätze gegeben.

(4) Auf dem Markt für eine einzelne Faktorvariante wird der Lohnsatz häufig im Rahmen von Verhandlungen der Sozialpartner determiniert. Daneben oder im Zusammenhang mit der *Lohndrift* (der empirisch unterschiedlichen Entwicklung der tatsächlichen und der tariflich vereinbarten Lohnsätze) kann es zu einer durch *heterogene Konkurrenz* bedingten Differenzierung der Lohnsätze kommen. Zu ihrer Erklärung lassen sich beispielsweise die Theorie der monopolistischen Nachfragekonkurrenz (vgl. Kap. IV.C.3) oder die Theorie des Nachfrageoligopols (vgl. Kap. IV.D.4) heranziehen. Mit Elementen der heterogenen Konkurrenz ist die Feinstrukturierung der Lohnsätze erklärbar.

In Untersuchungen zur Differenzierung der Arbeitsmärkte wird häufig vom *segmentierten* oder *dualen Arbeitsmarkt* gesprochen (vgl. SENGENBERGER 1978). In diesem Zusammenhang werden *primäre Märkte* für Faktorvarianten mit hohem Ausbildungsstand, hohen Lohnsätzen und geringem Entlassungsrisiko von *sekundären Märkten* für Varianten mit geringem Ausbildungsstand, geringen Lohnsätzen und hohem Entlassungsrisiko unterschieden. Auf primären Märkten dominieren Arbeitsanbieter, die ihren hohen Ausbildungsstand teils ihrer sozialen Herkunft, teils auch weiteren Ausbildungsinvestitionen durch die nachfragenden Unternehmungen verdanken. Primäre Arbeitsmärkte haben sich teils in die Unternehmungen verlagert; frei werdende Arbeitsplätze werden mit Arbeitskräften besetzt, in deren Ausbildung die Unternehmung bereits investiert hat. Sekundäre Märkte sind hingegen vorwiegend besetzt von Anbietern mit geringen eigenen Möglichkeiten oder Motivationen zu Ausbildungsinvestitionen; zu ihnen gehören beispielsweise Gastarbeiter. Trotz der Bemühungen um Chancengleichheit und gewisser Nivellierungstendenzen in Tarifverhandlungen kann die Differenzierung der Arbeitsmärkte mithin in sozial unerwünschte Segmentierung umschlagen.

D. Zur Theorie erschöpfbarer Ressourcen

1. Definition erschöpfbarer Ressourcen

Die Bestände der meisten Varianten der volkswirtschaftlichen Produktionsfaktoren nützen sich durch ihre Leistungsabgabe (oder auch durch technische Veraltung) ab, können jedoch durch Ersatz- oder Reinvestitionen regeneriert und durch Nettoinvestitionen vergrößert werden. Das trifft vor allem für Sachkapital zu, dessen Bestände sich durch Beschaffung von Maschinen, Ausrüstungen, Vorräten usw. wieder auffüllen bzw. vergrößern lassen. Auch Böden erfordern, insoweit sie durch Investitionen nutzbar geworden sind, regenerierende Reinvestitionen oder die Leistungsabgabe steigernde Nettoinvestitionen. Bezüglich der Bestände des Produktionsfaktors Arbeit kann jener Teil der Bildungsinvestitionen als Reinvestition aufgefaßt werden, der dazu dient, den Ausbildungsstand des Arbeitskräftepotentials zu erhalten (Ausbildung der nachwachsenden Generation); nur darüber hinausgehende Bildungsinvestitionen sind Nettoinvestitionen in den Faktor Arbeit.

Von den durch Reinvestition regenerierbaren und durch Nettoinvestition vermehrbaren Faktorbeständen sind die nicht regenerierbaren oder erschöpfbaren zu unterscheiden. Darunter sind *natürliche*, d. h. nicht produzierte *Ressourcen* zu verstehen, deren Vorräte begrenzt sind; dabei handelt es sich vor allem um fossile Brennstoffe und Metalle. Die Leistungsabgabe solcher Bestände besteht im *Abbau der Vorräte*, den man auch *Ressourcenextraktion* nennt.

Zu den erschöpfbaren Faktorbeständen werden oft auch solche natürlichen Ressourcen gezählt, die sich zwar prinzipiell regenerieren oder vermehren können, die jedoch bei zu starker Nutzung schrumpfen und sich möglicherweise aufbrauchen. Dazu gehören Fisch- und Waldbestände. Auf diese Art erschöpfbarer Ressourcen gehen wir im folgenden nicht weiter ein.

Bei der Definition erschöpfbarer Ressourcen sind mit dem Kriterium der Nichtregenerierbarkeit von Faktorbeständen stets die gesamtwirtschaftlichen (volks- oder weltwirtschaftlichen) Vorräte angesprochen. Eine einzelne Wirtschaftseinheit kann solche Ressourcen, sofern der gesamtwirtschaftliche Vorrat noch nicht aufgebraucht ist, prinzipiell stets beschaffen. Für Unternehmungen gehören erschöpfbare Ressourcen regelmäßig zu den variablen Faktoren, deren optimaler Einsatz sich nach den in Abschnitt B behandelten Bedingungen richtet. Plant eine Unternehmung die Ansammlung eines Lagerbestandes einer erschöpfbaren Ressource, so ist dafür die in Kap. II.H dargestellte Investitionsrechnung relevant.

Kontrovers ist die Frage, wie die gesamtwirtschaftlichen Bestände erschöpfbarer Ressourcen gemessen und ihre Knappheitsgrade angesetzt werden sollen. Zwar lassen sich die Bestände regelmäßig z. B. in Flüssigkeits- oder Feststoffmengeneinheiten messen; neben identifizierten gibt es jedoch regelmäßig noch unentdeckte Mengen einer erschöpfbaren Ressource. Für die Knappheit spielen ferner Substitutionsmöglichkeiten, Sättigungstendenzen und technischer Fortschritt beim Abbau eine wichtige Rolle. Alle diese Einflüsse schlagen sich in den Faktorbestands- und Faktornutzungspreisen der erschöpfbaren Ressourcen nieder.

2. Zeitliche Verteilung des Abbaus erschöpfbarer Ressourcen als Grundsatzproblem

Das Grundsatzproblem bei erschöpfbaren Ressourcen besteht darin, den Abbau eines Vorrates über die Zeit hinweg, seine *zeitliche Allokation*, nach einem näher zu definierenden Kriterium optimal zu gestalten. Aus gesamtwirtschaftlicher Sicht geht es vor allem darum, ob starker Abbau in der Gegenwart eine Bevorzugung gegenwärtiger gegenüber zukünftigen Generationen bedeutet, ob nicht statt dessen ein extrem geringer Abbau das langfristige Wirtschaftswachstum am besten fördert. Die Beantwortung dieser schwierigen Frage hängt wesentlich davon ab, wie zukünftige Bedürfnisse im Vergleich zu gegenwärtigen beurteilt und gewichtet werden und wie die zukünftige Produktionstechnik relativ zur gegenwärtigen beschaffen sein wird. Es ist durchaus realistisch, daß die Befriedigung der Bedürfnisse zukünftiger Generationen weniger von der Nutzung eines erschöpfbaren Ressourcenbestandes abhängt als die der gegenwärtigen Generation. Dafür könnte die Entwicklung einer Produktionstechnik verantwortlich sein, durch die die Ressource weitgehend durch andere, nicht erschöpfbare Faktoren substituiert wird. Das Heranreifen dieser Technik könnte selbst wieder durch zunehmende Knappheit und steigenden Preis der erschöpfbaren Ressource initiiert sein. Nicht auszuschließen ist auch, daß die neue Technik nur durch vergleichsweise starke Inanspruchnahme der erschöpfbaren Ressource in der Gegenwart entwickelt werden kann. Eine Technik, mit der eine erschöpfbare Ressource durch eine praktisch nicht erschöpfbare (regenerierbare oder unbegrenzt vorhandene) ersetzt wird, heißt nach NORDHAUS (1973) *backstop technology*. Beispiele solcher Techniken, die Erdöl als erschöpfbare Ressource in der Energiegewinnung ersetzen könnten, wären die kontrollierte Kernfusion oder die unbegrenzte Nutzbarkeit von Solarenergie.

Im folgenden werden, ausgehend von den Entscheidungen der einzelnen Wirtschaftseinheiten, einige Ansätze aus der Theorie erschöpfbarer Ressourcen dargestellt. Zunächst leiten wir aus der Zielsetzung der Ressourceneigner, den Kapitalwert der erschöpfbaren Faktorbestände zu maximieren, die HOTELLING-Regel ab, die Aussagen über die Renten- und Preisentwicklung bei einem unter dieser Zielsetzung optimalen zeitlichen Abbau der Ressource macht. Danach wenden wir uns einem Markt zu, auf dem die Ressourceneigner die Leistungsabgaben der erschöpfbaren Faktorbestände unter den Bedingungen der vollständigen Konkurrenz anbieten. Schließlich gehen wir kurz auf den Fall ein, daß der Ressourceneigner Angebotsmonopolist ist.

3. Die Hotelling-Regel

Ebenso wie bei Investitionen geht es bei der zeitlichen Allokation eines erschöpfbaren Ressourcenbestandes um eine Zielsetzung, die ökonomische Größen aus mehreren Perioden betrifft. Die der Einperioden-Gewinnmaximierung entsprechende Zielgröße ist bei Investitionen die Kapitalwertmaximierung, die erreicht ist, wenn der Kapitalwert zusätzlicher Investitionen auf Null und der interne Zinssatz auf den Marktzinssatz i gesunken ist (vgl. Gleichung (II.90) und Kap. V.C.2). Auch der zeitliche Abbau eines gegebenen Ressourcenbestandes kann als Problem der Kapitalwertmaximierung aufgefaßt werden. Die Einnahmen aus dem Verkauf der abgebauten Mengen abzüglich der Ausgaben für den Abbau ergeben in jeder Periode einen Überschuß, der mit dem Marktzinssatz i auf die Gegenwart abzuzinsen ist. Die Einnahmen hängen ab von der Preisentwicklung $\{q(t)\}$, wobei $q(t)$ der Preis ist, der zum Zeitpunkt t durch Verkauf einer Einheit der Ressource zu erzielen ist. In diesem Abschnitt gehen wir davon aus, daß — wie es der Situation vollständiger Konkurrenz entspricht — der einzelne Ressourceneigner keinen Einfluß auf den Preis $q(t)$ hat, ihn vielmehr als ein Datum hinnehmen muß. Von den Kosten wollen wir zunächst unterstellen, daß sie aus konstanten Stückkosten k für den Abbau einer Einheit der Ressource bestehen, die dann gleich den Grenzkosten c sind. Wenn v(t) die Abbaumenge im Zeitpunkt t bezeichnet, ist der Kapitalwert V eines Ressourcenbestandes $\bar{z}$ im Zeitpunkt t = 0 gegeben durch

$$V = \int_0^\infty e^{-it}[q(t) - k]\,v(t)\,dt. \qquad (V.16)$$

Der Integrand von (V.16) stellt den Einnahmenüberschuß $[q(t) - k]\,v(t)$ im Zeitpunkt t dar, abdiskontiert mit dem Marktzinssatz i auf den Zeitpunkt t = 0. In dieser Darstellung wird (der einfacheren mathematischen Handhabbarkeit wegen) die Zeit als stetige Variable t erfaßt und nicht als diskrete Variable, die jeweils eine Zeitperiode charakterisieren würde. Genaugenommen wäre v(t) daher als „Abbaumengenrate" zu bezeichnen (Dimension = Mengeneinheit pro Zeiteinheit). Der Anschaulichkeit halber werden wir im folgenden trotzdem v(t) als Abbaumenge bezeichnen; weiterhin werden wir gelegentlich von einer „Periode t" sprechen, womit dann eine infinitesimal kleine Zeitspanne gemeint ist. Der Einnahmenüberschuß pro abgebauter Einheit

$$\mu(t) = q(t) - c \qquad (V.17)$$

läßt sich interpretieren als Obergrenze einer Vergütung, die ein Pächter (Konzessionär, Faktornutzer) dem Eigner des Faktorbestandes für das Recht zum Abbau einer Mengeneinheit in Periode t zahlen würde. $\mu(t)$ kann daher auch als *Faktorrente* einer Einheit der erschöpfbaren Ressource bezeichnet werden. Während bei der Erläuterung des Rentenbegriffes in Abschnitt C.3 auf die Angebotsbereitschaft der Anbieter bei alternativen Preisen bzw. Grenzkosten abgestellt und die Rente einer Faktornutzungseinheit als vertikaler Abstand von Preisgerade und Angebotskurve interpretiert wurde, wird hier mit den Grenzkosten c keine Angebotsbereitschaft signalisiert. Aus der Sicht des Ressourceneigners stellt die Rente $\mu(t)$ vielmehr die *Opportunitätskosten des Nichtabbaus* oder den *Wert der Konservierung* einer Mengeneinheit in Periode t dar, denn $\mu(t)$ ist die Geldsumme, die er bei vollständiger Konkurrenz auf dem Faktornutzungsmarkt erzielen könnte, auf die er aber zugunsten des Nichtabbaus verzichtet.

Je nach der zeitlichen Gestaltung des Abbaus, also des Zeitpfades $\{v(t)\}$, erhält man einen anderen Kapitalwert des Ressourcenbestandes. Optimal ist jener Zeitpfad, der (V.16) maximiert unter den Bedingungen

$$v(t) \geqslant 0 \quad \text{und} \quad \int_0^\infty v(t)\,dt \leqslant \bar{z}. \qquad \text{(V.18)}$$

Die Abbaumengen müssen also nicht-negativ sein und dürfen in ihrer Gesamtheit den gegebenen Ressourcenbestand $\bar{z}$ nicht übersteigen.

Zunächst soll nun nicht die Ableitung eines optimalen Abbauplans selbst im Mittelpunkt der Betrachtung stehen (vgl. dazu den nächsten Abschnitt 4), sondern der *Zusammenhang zwischen der Preisentwicklung* $\{q(t)\}$ *und optimalem Ressourcenabbau*. Betrachten wir dazu zunächst das Problem, den Kapitalwert (V.16) zu maximieren, für einen konstanten Preis q, also $q(t) = q$ für alle $t \geqslant 0$. Offenbar ist es zur Erreichung eines hohen Kapitalwertes in dieser Situation günstig, möglichst früh möglichst große Mengen der Ressource abzubauen, da für jede abgebaute Einheit der Einnahmenüberschuß $\mu = q - k$ ab dem Zeitpunkt des Abbaus verzinslich (mit dem Kapitalmarktzins i) angelegt werden kann, während jede nicht abgebaute Einheit eine unverzinste Kapitalanlage in Höhe von $\mu = q - k$ darstellt. Optimal wäre in dieser Situation also Abbau des gesamten Ressourcenvorrates $\bar{z}$ in Periode 0. Dasselbe Resultat erhält man, wenn nicht von einem konstanten Preis ausgegangen wird, sondern von einem Preis, der hinreichend langsam wächst, nämlich so langsam, daß Ressourcenabbau und Anlage der Einnahmenüberschüsse zum Zinssatz i höheren Ertrag bringt, als es dem Wertzuwachs der noch nicht abgebauten Ressourcen durch den gestiegenen Preis entspricht. Gehen wir umgekehrt von sehr stark steigendem Preis q(t) aus, so ist es zur Erreichung eines hohen Kapitalwertes günstig, den Ressourcenabbau möglichst weit in die Zukunft zu verschieben. Steigt der Preis q(t) also „zu langsam", so wird bei Maximierung des Kapitalwertes der gesamte Abbau der Ressource in der Gegenwart vorgenommen; steigt umgekehrt q(t) „zu schnell", so wird entsprechend der Abbau gänzlich in die Zukunft verschoben. Wir fragen jetzt danach, welche Preisentwicklung einen kontinuierlichen Ressourcenabbau ermöglichen, d. h. Angebotsbereitschaft zu jedem Zeitpunkt erzeugen würde.

Dafür ist es offenbar erforderlich, daß in jeder Periode t der Abbau einer Einheit der Ressource − und Anlage des Einnahmenüberschusses zum Zinssatz i − gleich rentabel ist wie Konservierung dieser Einheit zum Zwecke eines späteren Abbaus. Anders ausgedrückt, muß der Beitrag $e^{-it}\mu(t)$, den eine in Periode t abgebaute Einheit zur Erhöhung des Kapitalwertes V leistet, für alle t gleich, seine Veränderung in der Zeit also gleich Null sein:

$$\frac{d}{dt}\,[e^{-it}\mu(t)] = e^{-it}[-i\mu(t) + \dot{\mu}(t)] = 0 \quad \text{mit} \quad \dot{\mu}(t) = \frac{d\mu}{dt}. \quad \text{(V.19)}$$

Aus (V.19) folgt die HOTELLING-Regel

$$\frac{\dot{\mu}(t)}{\mu(t)} = i, \qquad \text{(V.20)}$$

die besagt, daß bei Mengenanpasserverhalten und Kapitalwertmaximierung der Ressourcenanbieter *die Faktorrente mit dem Zinssatz i wachsen* muß, damit in jeder Periode t Angebotsbereitschaft besteht (vgl. HAROLD HOTELLING 1931). Die Preisentwicklung, die der HOTELLING-Regel entspricht, ist nach (V.17) und (V.20):

$$q(t) = c + \mu(t) = c + \mu(o)e^{it}. \tag{V.21}$$

Während bei einem mit konstanten Grenzkosten $\tilde{c}$ *produzierbaren* Gut für einen Preis $\tilde{q} \geq \tilde{c}$ Angebotsbereitschaft besteht, kann für eine erschöpfbare Ressource mit gegebenem Bestand vom Preis $q(t)$ *einer* Periode noch nicht auf die Angebotsbereitschaft geschlossen werden, dazu ist vielmehr stets die *Betrachtung der gesamten zukünftigen Preisentwicklung* $\{q(t)\}$ erforderlich. Der Preispfad (V.21) entspricht dabei gerade einer Situation $\tilde{q} = \tilde{c}$, insoweit als auf ihm Angebotsbereitschaft besteht, die abgebaute und angebotene Menge der Ressource aber ohne Berücksichtigung der Nachfrage noch nicht abgeleitet werden kann. Man beachte auch, daß (V.20) und (V.21) lediglich eine Aussage über das Wachstum von Faktorrente bzw. Preis machen; die absolute Höhe von Faktorrente und Preis ist erst im Zusammenhang mit der Nachfrageseite zu erklären (vgl. dazu den folgenden Abschnitt 4).

Wir revidieren das Beispiel nun dahingehend, daß die Kosten des Abbaus nicht mehr konstant sind, sondern daß die Grenzkosten gemäß

$$c = c(v(t), t) \tag{V.22}$$

von der Abbaumenge $v(t)$ und der Zeit abhängen; und zwar sollen die Grenzkosten mit steigender Abbaumenge $v(t)$ zunehmen und im Zeitablauf wegen technisch verbesserter Abbauverfahren abnehmen. Die Vorzeichen der partiellen Ableitungen von (V.22) sind also: $dc/dv > 0$ und $dc/dt < 0$. Mit (V.22) hängen auch die Stückkosten $k(t)$ von v und t ab: $k = k(v(t), t)$. Der Kapitalwert wird in dieser Situation beschrieben durch

$$V = \int_0^\infty e^{-it} [q(t) - k(v(t), t)] v(t) dt. \tag{V.23}$$

Seine Maximierung unter der Nebenbedingung (V.18) erfordert wieder die Einhaltung der Optimalitätsbedingung (V.19), mithin der HOTELLING-Regel (V.20), wobei die Rente $\mu(t)$ jetzt als zusätzlicher Einnahmenüberschuß bei Abbau einer *zusätzlichen* Einheit in Periode t, also als

$$\mu(t) = q(t) - c(v(t), t) \tag{V.24}$$

zu definieren ist. (V.24) zusammen mit (V.20) ergibt folgende Bedingung für die Zunahme des Preises $dq/dt = \dot{q}(t)$:

$$\dot{q}(t) = \frac{d}{dt}\,[\mu(t) + c(v(t),\, t)] = i\mu(t) + \frac{dc}{dv}\,\dot{v}(t) + \frac{dc}{dt}(t)\,. \quad (V.25)$$

Nach (V.25) braucht der Preis bei sinkenden Grenzkosten ($dc/dt < 0$) nur weniger stark zu steigen als bei konstanten Grenzkosten. Darüber hinaus bringt (V.25) einen Zusammenhang zwischen der Preissteigerung $\dot{q}$ und der Veränderung der Abbaumenge $dv/dt = \dot{v}(t)$ zum Ausdruck. Zunehmende Abbaugeschwindigkeit ($\dot{v} > 0$) bedingt zusätzliche Preissteigerung und umgekehrt. Für den hier betrachteten Fall einer Abhängigkeit der Grenzkosten von der Abbaumenge läßt sich damit diejenige Preisentwicklung, die Angebotsbereitschaft in jeder Periode herbeiführt, nicht mehr unabhängig von den jeweiligen Abbaumengen angeben.

Eine optimale Abbaupolitik im Sinne einer Kapitalwertmaximierung des Bestandes erschöpfbarer Ressourcen wird mit der HOTELLING-Regel durch Renten- und Preissteigerungsraten beschrieben, die durch den Zinssatz bestimmt sind. Die Renten- und Preissteigerungen verhindern einen zu schnellen Abbau; sie strecken den Ressourcenbestand in einer aus der Sicht der Ressourceneigner optimalen Weise über die Zeit. Die HOTELLING-Regel sagt nichts darüber aus, ob und unter welchen Bedingungen solche Renten- und Preissteigerungen zustande kommen. Diesbezügliche Aussagen sind nur im Rahmen von Modellen möglich, die Annahmen über die Nachfrage und die Marktform enthalten, so daß für jede Periode die Abbaumengen ermittelt werden können, die eine Realisierung der nach der HOTELLING-Regel notwendigen Renten und Preise erlauben. Dieser Frage wenden wir uns im folgenden Abschnitt zu.

4. Zeitliche Verteilung des Abbaus erschöpfbarer Ressourcen bei vollständiger Konkurrenz und Angebotsmonopol

Gemäß der in Kapitel III.A.1 gegebenen Marktbeschreibung gibt es auf einem *Markt mit vollständiger Konkurrenz* sehr viele Anbieter und Nachfrager, deren Angebots- bzw. Nachfragemengen jeweils einen verschwindend kleinen Anteil am Gesamtangebot v bzw. an der Gesamtnachfrage r ausmachen, es existieren keine Präferenzen und es herrscht vollständige Markttransparenz im Sinne vollständiger Preisinformation. Nach dem Gesetz der Preisunterschiedslosigkeit kommt in jeder Periode auf dem Markt ein einheitlicher Preis zustande; an diesen müssen sich die einzelnen Anbieter und Nachfrager mit ihren Mengen anpassen. In dem in Kap. III.A.2.b erläuterten Modell der vollständigen Konkurrenz auf dem Markt für ein produzierbares Gut ging es darum, aus gesamtwirtschaftlicher Nachfrage- und Angebotskurve diejenige Preis-Mengen-Kombination zu bestimmen, bei der Nachfrage- und Angebotsmenge gleich sind.

Auch hier gehen wir von einer gesamtwirtschaftlichen Nachfragefunktion q = q(r) aus, für die wir unterstellen wollen, sie sei im Zeitablauf unveränderlich. Anstelle der Grenzkostenkurve, die bei einperiodiger Gewinnmaximierung das Angebotsverhalten beschreibt, haben wir hier die Überlegungen des vorangegangenen Abschnitts zu berücksichtigen, in denen wir die Angebotsbereitschaft der Ressourceneigner aus der Zielsetzung der Kapitalwertmaximierung hergeleitet haben. Wir greifen dabei auf den einfachsten Fall konstanter Grenzkosten zurück, d. h. wir unterstellen, daß alle Ressourceneigner dieselben Grenzkosten c haben, die nicht von der Abbaumenge und nicht von der Zeit abhängen. Die Fragestellung richtet sich hier auf diejenige zeitliche Entwicklung des Preises q(t) und der Abbaumenge v(t), die in jeder Periode zu einer Gleichheit von Nachfrage- und Angebotsmenge führt. Gemäß der HOTELLING-Regel muß eine solche Preisentwicklung von der Form (V.21) sein, wie sie in Abb. V.d.1 skizziert ist. Abb. V.d.2 stellt die − hier als linear angenommene − gesamtwirtschaftliche Nachfragefunktion q = q(r) dar. Aus ihr lassen sich die den Preisen der Perioden t = 0, 1, 2... entsprechenden Nachfragemengen r(t) ablesen. Die fett eingezeichneten vertikalen Strecken entsprechen dabei den (exponentiell wachsenden) Faktorrenten $\mu(t)$. Da für eine Preisentwicklung gemäß der HOTELLING-Regel die Anbieter bereit sind, die entsprechende Nachfrage zu befriedigen, kann mit Hilfe von Abb. V.d.3 die zeitliche Entwicklung der Abbaumengen in Abb. V.d.4 übertragen werden.

Für ein willkürlich gewähltes Niveau der Preisentwicklung (also willkürlich vorgegebene Rente $\mu(0)$) wird im allgemeinen der gegebene gesamtwirtschaftliche Bestand z̄ der Ressource nicht gerade in demjenigen Zeitpunkt T aufgebraucht sein, in dem der Preis den Prohibitivpreis q̌ erreicht, q(T) = q̌, in dem also auch die Nachfrage Null wird. Ist vielmehr $\mu(0)$ zu hoch, so wird in T der Ressourcenbestand noch positiv sein, so daß ab T das Angebot größer ist als die Nachfrage (von Null); ist $\mu(0)$ umgekehrt zu niedrig, so wird schon in einem früheren Zeitpunkt t̄ als T die Ressource aufgebraucht sein, so daß die Nachfrage in der Zeit zwischen t̄ und T unbefriedigt bleibt. Offenbar gibt es genau eine Rente $\mu(0)$ derart, daß die zugehörige Preisentwicklung (V.21) in jeder Periode eine Gleichheit von Nachfrage- und Angebotsmenge impliziert. Sie ist, zusammen mit der Abbauzeit T, aus dem Gleichungssystem

$$\check{q} = q(T) = e^{iT}\mu(0) + c, \qquad \int_0^T v(t)dt = \bar{z} \qquad (V.26)$$

zu bestimmen, wobei {v(t)} der gemäß Abb. V.d.4 von der Preisentwicklung abhängige Abbaumengenpfad ist.

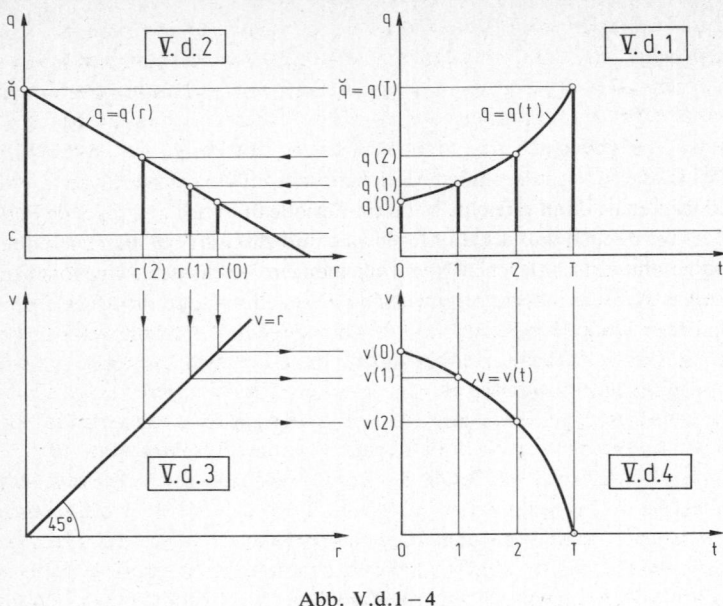

Abb. V.d.1−4

Nachdem wir nun die Gleichgewichtspreis- und -mengenentwicklung für den Markt einer erschöpfbaren Ressource unter den Bedingungen der vollständigen Konkurrenz abgeleitet haben, stellt sich die Frage, wie und unter welchen Voraussetzungen der Marktmechanismus für das Zustandekommen dieser Entwicklung sorgen könnte. Dazu bedarf es der Annahme, daß ein *System von Termin- oder Zukunftsmärkten* (vgl. dazu Kap. III.A.4.b) für die erschöpfbare Ressource existiert, das vollständig in dem Sinne ist, daß in Periode 0 auch Konkurrenzgleichgewichte für alle folgenden Perioden zustande kommen. Wir nehmen also an, in der Periode 0 würden nicht nur für die in Periode 0 zu liefernden und zu beziehenden Mengen zum Preis q(o) Verträge abgeschlossen, sondern gleichzeitig damit würden sich auch Gleichgewichtspreise und -mengen für alle folgenden Perioden bilden. Eine Transaktion auf einem Zukunftsmarkt besteht dann darin, daß ein bestimmter Anbieter mit einem bestimmten Nachfrager in Periode 0 die Lieferung einer bestimmten Menge der Ressource in Periode t vereinbart zum schon in Periode 0 gebildeten Preis q(t), der bei Lieferung in Periode t zu entrichten ist.

Eine eventuell zunächst bestehende Angebotsüberschuß-(Nachfrageüberschuß-)Situation der für eine Periode $\hat{t}$ geplanten Transaktionen wird entsprechend der walrasianischen Konzeption das *tâtonnement* den Preis $q(\hat{t})$ sinken (steigen) lassen und damit (via HOTELLING-Regel) auch alle übrigen Preise $q(t)$ beeinflussen. Ist also etwa $\mu(o)$ ursprünglich zu groß, so daß in Periode T die Ressourcenbestände noch nicht aufgebraucht wären, so wird der für den Zukunftsmarkt T sich ergebende Preis $q(T)$ sinken und damit auch die Preise für die Märkte aller übrigen Perioden. Gleichgewicht für ein solches System von Zukunftsmärkten ist dann erreicht, wenn (in Periode 0) Preise $q(t)$ für jede Periode t gebildet werden, so daß die für Gegenwart und Zukunft bei diesen Preisen geplanten gesamtwirtschaftlichen Nachfragemengen jeweils den Angebotsmengen entsprechen. Unsere in Kap. III getroffene Feststellung, daß die Marktform der vollständigen Konkurrenz einen theoretischen Grenzfall darstellt, wird durch die für erschöpfbare Ressourcen zusätzliche Annahme eines Systems von perfekt funktionierenden Zukunftsmärkten noch unterstrichen.

Wir wollen jetzt die Preis- und Abbauentwicklung für *unterschiedliche Zinssätze* $\bar{i} < \bar{\bar{i}}$ bei einer gegebenen Nachfragefunktion betrachten (vgl. Abb. V.e). Die HOTELLING-Regel besagt, daß für den höheren Zinssatz $\bar{\bar{i}}$ die Preise stärker steigen als für $\bar{i}$. Aus der Bedingung, daß bei Erreichen des Prohibitivpreises (in Periode $\bar{\bar{T}}$ bzw. $\bar{T}$) der Ressourcenbestand gerade abgebaut ist, folgt dann, daß die Preisentwicklung $\bar{\bar{q}}(t)$ für den höheren Zinssatz weder ganz oberhalb noch ganz unterhalb der entsprechenden Entwicklung $\bar{q}(t)$ beim Zinssatz $\bar{i}$ verlaufen kann. Die Entwicklung der Gleichgewichtspreise und -abbaumengen verläuft vielmehr wie in Abb. V.e skizziert. Insbesondere ist festzuhalten, daß *ceteris paribus* die Ressource bei höherem Zinssatz schneller abgebaut wird ($\bar{\bar{T}} < \bar{T}$).

Nach der Betrachtung eines Marktes mit vollständiger Konkurrenz wollen wir nun den Markt einer erschöpfbaren Ressource untersuchen, auf dem ein *einzelner Anbieter als Monopolist* über den *gesamten Bestand* verfügt. Dabei gehen wir wieder von konstanten Grenzkosten c (die dann wieder gleich konstanten Stückkosten k sind) und einer im Zeitablauf unveränderlichen Nachfrage-

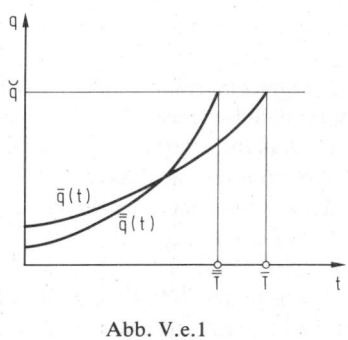

Abb. V.e.1

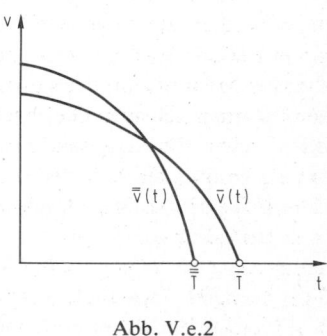

Abb. V.e.2

funktion $q = q(r)$ — die aus der Sicht des Anbieters seine Preis-Absatzfunktion $q = q(v)$ darstellt — aus. Der Kapitalwert lautet dann

$$V = \int_0^\infty e^{-it}[q(v(t)) - k]v(t)\,dt. \qquad (V.27)$$

Seine Maximierung unter den Nebenbedingungen (V.18) verlangt wieder die Einhaltung der Optimalitätsbedingung (V.19) und damit der HOTELLING-Regel (V.20), wobei jetzt $\mu(t)$ als der *zusätzliche Gewinn* oder die *zusätzliche Rente* einer in Periode t *zusätzlich* abgebauten Einheit der Ressource, also als

$$\mu(t) = E'(v(t)) - c = \left(1 + \frac{1}{\eta_{rq}}\right) q(v(t)) - c \qquad (V.28)$$

zu definieren ist. E' bezeichnet dabei den Grenzerlös, der sich mit Hilfe der AMOROSO-ROBINSON-Relation (vgl. IV.6) durch den Preis q und die Preiselastizität der Nachfrage η_{rq} ausdrücken läßt.

Abb. V.f skizziert die Entwicklung des Preises und der Abbaumenge im Ressourcen-Monopol. Ausgangspunkt ist dabei der exponentiell mit der Rate i wachsende Grenzgewinn $\mu(t)$ bzw. die Kurve $\mu(t) + c$ in Abb. V.f.1. Daraus lassen sich gemäß (V.28) oder $\mu(t) + c = E'$ die Abbaumengen v(t) ableiten. Zusätzlich ist hier aus dem Zusammenhang zwischen Grenzerlös und Preis-Absatzkurve die Preisentwicklung q(t) zu konstruieren.

Ein Vergleich von Abb. V.f mit Abb. V.d zeigt, daß im Monopolfall die Preisentwicklung — ausgehend von einem höheren Niveau — flacher verläuft als bei vollständiger Konkurrenz und die Abbaumengen — beginnend bei einem niedrigeren Niveau — langsamer auf Null absinken. Das bedeutet, daß die Marktform des Monopols erschöpfbare Ressourcen eher konserviert und über einen längeren Zeitraum verteilt als die der vollständigen Konkurrenz. Diese Aussage ist allerdings nicht allgemein gültig; sie hängt vielmehr von der in unserem Beispiel unterstellten gesamtwirtschaftlichen Nachfragefunktion und den Kosten ab. Betrachten wir dazu kurz ein alternatives Beispiel, in dem die Grenzkosten konstant gleich Null sind und die Nachfrage durch eine konstante Preiselastizität $\eta_{rq} = -0,5$ charakterisiert ist. Gemäß (V.21) wächst dann bei vollständiger Konkurrenz der Preis (der dann mit der Faktorrente übereinstimmt) mit der Rate i; aber auch der im Monopolfall mit der Rate i wachsende Grenzgewinn impliziert nach (V.28) in diesem Beispiel ein Wachsen des Preises mit der Rate i. Für beide Marktformen muß dann auch das Ausgangsniveau der Preise übereinstimmen und damit ebenfalls die Abbaumengenentwicklung. Dieses Beispiel liefert Hinweise dafür, daß monopolistische Elemente für die zeitliche Allokation erschöpfbarer Ressourcen von geringerer Bedeutung sein könnten als zunächst zu vermuten (vgl. dazu JOSEPH STIGLITZ, 1976).

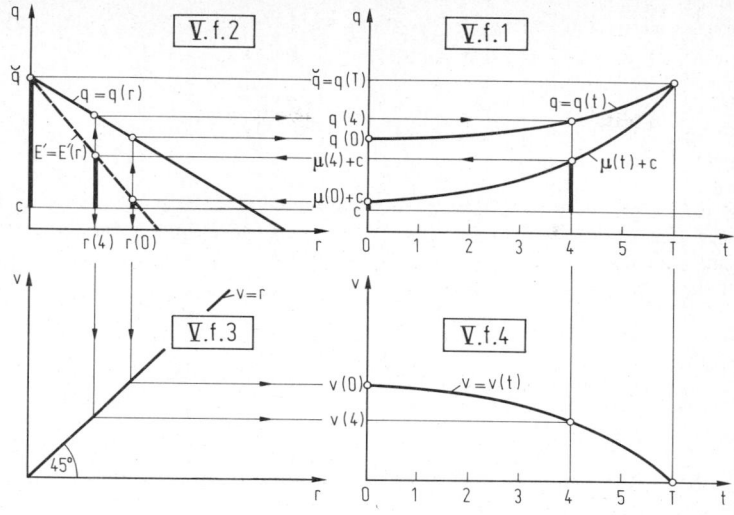

Abb. V.f.1 – 4

Über die hier behandelten Ansätze hinaus befaßt sich die Theorie erschöpf-barer Ressourcen mit zahlreichen weiteren Fragestellungen. So wird die Frage untersucht, in welcher Reihenfolge durch ihre Abbaukosten sich unterscheiden-de Lagerstätten einer erschöpfbaren Ressource abgebaut werden sollten. Ferner werden Bedingungen und Zeitpunkt des Übergangs vom Abbau einer erschöpf-baren Ressource zur Verwendung einer sie substituierenden nicht erschöpfbaren Ressource, einer *backstop technology,* untersucht. Die Probleme der Unsicher-heit über den Umfang des Bestandes einer erschöpfbaren Ressource, über die zu-künftige Nachfrage, die zukünftigen Abbautechniken sind weitere Beispiele.

Schließlich geht es in der Theorie erschöpfbarer Ressourcen auch um die Fra-ge, ob in einer dezentral organisierten Wirtschaft der Marktmechanismus für ei-ne Realisierung des Zeitpfades optimaler Abbaumengen und entsprechender Zeitpfade der Renten und Preise erschöpfbarer Ressourcen sorgt oder ob wirt-schaftspolitische Eingriffe erforderlich sind.

Quellenhinweise zu Kapitel V

Die Beziehungen zwischen *Faktorpreis und Grenzproduktivität* werden gut dargestellt in OTT (1979) Kap. IV.4; BRAFF (1969) Kap. 11; FERGUSON (1969) Kap. 6 und 8; FERGUSON-GOULD (1975) Kap. 13 und 14; speziell für Löhne vgl. auch CARTTER (1959) S. 11 – 133; HICKS (1932); DOUGLAS (1934); ROTHSCHILD (1963) Kap. 2, 3 und 4. Zum Begriff der monopolistischen Ausbeutung vgl. ROBINSON (1933) Book IX. Unsere Ausführungen zur gewerkschaftlichen Mindestlohnsatzpolitik orientieren sich an FERGUSON-GOULD (1975). Zum Zusammenhang zwischen *Faktorbestands-, Faktornutzungspreis und Zinssatz* vgl. HIRSHLEIFER (1980) Kap. 16 B; zum *Renditeausgleichstheorem* kritisch GROSSEKETTLER (1978). Zu *Renten und Quasi-Renten* vgl. BRAFF (1969) S. 232 ff.; STIGLER (1965) Kap. 15; HIRSHLEIFER (1980) Kap. 15 F; CLOWER-DUE (1972) Kap. 15; als Originalarbeiten vgl. RICARDO (1817) Kap. II; MARSHALL (1890) Book V, Kap. 8 und 9. Zu Problemen des *Arbeitsmarktes* STIGLER (1965) Kap. 16; LANCASTER (1974) Kap. 8.2; CLOWER-DUE (1972) Kap. 12; WEISE et al. (1991) Kap. 8.3; SESSELMEIER-BLAUERMEL (1990); zur *Kontrakttheorie des Arbeitsmarktes* DIEKMANN (1982); speziell zum *segmentierten Arbeitsmarkt* SENGENBERGER (1978); speziell zum *Arbeitsmarkt für Akademiker* STREIT (1978).

Zur Theorie *erschöpfbarer Ressourcen* vgl. als frühe Originalarbeit HOTELLING (1931); als Überblicke SOLOW (1974); PETHIG (1979); HOLZHEU (1976); PEARCE-ROSE (1975); SIEBERT (1978) Kap. 8. Aus der Vielzahl der Spezialstudien seien genannt: DASGUPTA-HEAL (1974); HOEL (1978); STIGLITZ (1976); SIEBERT (1980); NORDHAUS (1973).

Kapitel VI. Neuere Entwicklungen in der mikroökonomischen Theorie

A. Alternative Ansätze zur Theorie der Unternehmung

1. Einführung

In Kap. II wurde die Theorie der Unternehmung unter der Voraussetzung gegebener Preise für Produkt und Faktoren und der Zielsetzung der Gewinnmaximierung dargestellt. Kap. III behandelte Märkte mit vollständiger Konkurrenz, d. h. Märkte, auf denen sich die Preise in Abhängigkeit von Gesamtangebot und Gesamtnachfrage herausbilden, auf denen jedoch der einzelne Anbieter oder Nachfrager keinen Einfluß auf den Preis hat, diesen vielmehr als gegeben hinnehmen muß. Es ging in Kap. III also darum zu beschreiben, wie sich die Voraussetzung gegebener Preise an den Absatz- bzw. Beschaffungsmärkten einer Unternehmung herstellen könnte. In Kap. IV betrachteten wir eine Gewinnmaximierung verfolgende Unternehmung, die sich entweder auf ihrem Absatz- oder auf ihrem Beschaffungsmarkt nicht als Mengenanpasser an einen vom Markt gegebenen Preis verhält, d. h. „Preisnehmer" ist, die vielmehr in der Marktform des Monopols, der monopolistischen Konkurrenz oder des Oligopols als Anbieter oder Nachfrager regelmäßig „Preissetzer" ist. Nachdem wir in Kap. V Besonderheiten von Faktorbeschaffungsmärkten der Unternehmung erläutert hatten, greifen wir nun die Theorie der Unternehmung wieder explizite auf. In *Abschnitt 2* gehen wir auf Ansätze zum Preissetzungsverhalten ein, die alternativ zu dem in Kap. IV erläuterten sind und entweder als Folge von Ungewißheit oder als Ausdruck einer anderen Zielsetzung als Gewinnmaximierung aufzufassen sind. *Abschnitt 3* befaßt sich mit Beiträgen, die den Sachverhalt berücksichtigen, daß im Zeitalter des Managerkapitalismus Unternehmungseigentümer und Unternehmensleitung (Manager) oftmals nicht identisch sind und die Manager möglicherweise andere Zielsetzungen als Gewinnmaximierung verfolgen. Alternative Maximierungszielsetzungen wie Umsatz- oder Nutzenmaximierung, die für Manager plausibel sind, behandelt *Abschnitt 4*. In *Abschnitt 5* werden Probleme erörtert, die mit der Ungewißheit über Vorgänge innerhalb einer Unternehmung zusammenhängen und unternehmensinterne Ineffizienzen hervorrufen können.

Abschnitt 6 befaßt sich schließlich mit Ansätzen, die maximierendes, insbesondere gewinnmaximierendes Verhalten der Unternehmung in Frage stellen, die statt dessen ein satisfizierendes Verhalten, ein Verhalten mit „zufriedenstellenden" Ergebnissen, unterstellen.

2. Preissetzung auf der Grundlage von Kostenzuschlägen

Nach der in Kap. IV behandelten traditionellen Theorie der Unternehmung ist der gewinnmaximierende Absatzpreis durch die Anwendung der „Grenzerlös = Grenzkosten"-Regel zu bestimmen, die sich aus der Bedingung 1. Ordnung für das Gewinnmaximum eines Angebotsmonopolisten (vgl. Kap. IV.B.2.c) oder eines Anbieters bei monopolistischer Konkurrenz (vgl. Kap. IV.C.2.b) ergibt. Die Regel läßt sich auch in der traditionellen Theorie des Angebotsoligopols mit Preisfixierung bei heterogener Konkurrenz aufspüren: Bei geknickter Preisabsatzkurve (vgl. Kap. IV.D.3.a) kann sie, wenn die Grenzkostenkurve durch den Unbestimmtheitsbereich der Grenzerlöskurve verläuft, nicht formuliert werden; dann ist aber der gewinnmaximierende Preis durch den Knickpunkt gegeben, und für jede andere Menge wäre „Grenzerlös ≠ Grenzkosten". Bei den Lösungen im Sinne COURNOTS und V. STACKELBERGS (vgl. Kap. IV.D.3.b) ist die Bedingung 1. Ordnung und damit die „Grenzerlös = Grenzkosten"-Regel für jeden Punkt der Reaktionskurve erfüllt; sie trifft somit für Oligopolisten zu, für die eine Oligopollösung einen Punkt auf ihrer Reaktionskurve beinhaltet (bei der COURNOT-Lösung gilt das für beide Oligopolisten, bei der V. STACKELBERG-Lösung für den Anbieter in der Abhängigkeitsposition).

In einer größeren Zahl von neueren Beiträgen wird untersucht, ob es nicht angemessener wäre, die Preisbildung für Unternehmungen, die „Preissetzer" sind, durch eine Preissetzung auf der Grundlage von *Zuschlägen zu den Kosten (cost plus pricing)* zu beschreiben. Die Diskussion kam mit einem Beitrag von GARDINER MEANS (1935) unter dem Stichwort *administrierte Preise* in Gang. Während bei Preissetzung nach der „Grenzerlös = Grenzkosten"-Regel der Preis regelmäßig auf jede Änderung der Preis-Absatz- und der Grenzkostenfunktion reagieren muß, ist ein administrierter Preis ein solcher, der eine gewisse Zeit konstant gehalten werden soll und typischerweise aufgrund von Kostenzuschlägen kalkuliert wird. Drei Varianten von Kostenzuschlagskalkulationen lassen sich unterscheiden (vgl. CURVEN 1976, S. 91 ff.):

(1) Nach dem *Variable-Kosten-Prinzip (mark up pricing)* wird zur Ermittlung des Absatzpreises ein Zuschlag zu den (meist als konstant angesetzten) variablen Durchschnittskosten gerechnet; es wird kein Versuch gemacht, Kosten zuzurechnen, die als Fixkosten nicht mit der Produktionsmenge des Gutes variieren; das sind insbesondere auch solche Kosten, die in einer Mehrproduktunternehmung für mehrere Produkte gemeinsam anfallen (Gemeinkosten).

(2) Nach dem *Vollkostenprinzip (full cost pricing)* werden die Durchschnittskosten eines Produktes möglichst vollständig ermittelt; insbesondere werden auch anteilige Gemeinkosten sowie die Kosten des absatzpolitischen Instrumentariums dem Produkt zugerechnet. Auf der Basis dieser Vollkosten, und zwar bei normaler oder Standard-Kapazitätsauslastung (man spricht auch von *Standardkosten*), wird der Preissetzungszuschlag festgelegt.

(3) Das *Prinzip einer angestrebten Kapitalverzinsung (target rate of return)* kann als Unterfall des Vollkostenprinzips aufgefaßt werden, bei dem der Zuschlag zu den Vollkosten so gesetzt wird, daß sich das in der Unternehmung investierte Geldkapital zu einem Kalkulationszinssatz verzinst.

Der Zuschlagssatz, dessen Addition zu den durchschnittlichen variablen Kosten bzw. Vollkosten den Preis ergibt, kann fest oder flexibel angesetzt werden. Bei *festem Zuschlagssatz* variiert der Preis mit den Durchschnittskosten. Soll der Preis beispielsweise mit Rücksicht auf die Preissetzung von Mitanbietern nicht ohne weiteres auf Kostenänderungen reagieren, so sind *flexible Zuschlagssätze* notwendig. Ein Mißverständnis wäre es zu unterstellen, die Preissetzung der Anbieter aufgrund von Kostenzuschlägen würde völlig unabhängig von der Nachfragesituation erfolgen. In der Höhe des den variablen Kosten nach (1), des den Vollkosten nach (2) zugeschlagenen Satzes bzw. in der Höhe des nach (3) angesetzten Kalkulationszinssatzes kann sich durchaus die Nachfragesituation widerspiegeln. Änderungen der Nachfrage können durch flexible Zuschlagssätze berücksichtigt werden.

Eine Preissetzung auf der Grundlage von Kostenzuschlagssätzen muß, insbesondere wenn diese flexibel sind, der Zielsetzung der Gewinnmaximierung und

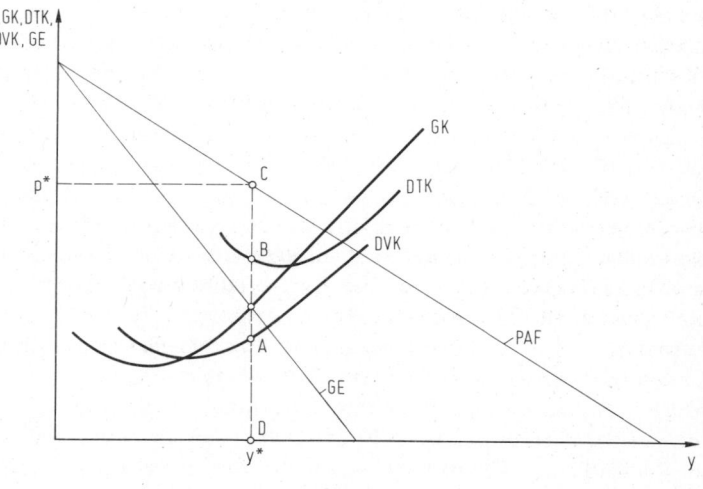

Abb. VI.a

einer Anwendung der „Grenzerlös = Grenzkosten"-Regel nicht widersprechen. Prinzipiell läßt sich die Differenz zwischen dem aus dem Schnittpunkt der Grenzerlös- und der Grenzkostenkurve ermittelten gewinnmaximierenden Preis p* und den DVK bzw. den DTK bei der Menge y* als Prozentsatz der DVK bzw. DTK ausdrücken ($\overline{CA}/\overline{AD}$ bzw. $\overline{CB}/\overline{BD}$ in Abb. VI.a). Ist y* die Menge, auf deren Basis die Kalkulation erfolgt, so führt ein Hinzurechnen dieses Prozentsatzes selbstverständlich auf den gewinnmaximierenden Preis. Die Preissetzung aufgrund von Zuschlägen soll allerdings ein Verhalten beschreiben, das keine (genaue) Kenntnis der Preis-Absatzfunktion, damit der Erlös- und der Grenzerlösfunktion, voraussetzt. Dann wäre weder y* bekannt, noch ließe sich ein Zuschlagssatz als Differenz zwischen p* und DVK bzw. DTK bestimmen. Das *cost plus pricing* kann daher auch dahingehend interpretiert werden, daß über die genaue Nachfragesituation und deren Veränderungen unvollständige Information herrscht. Diese ließe sich durch Marktforschung zwar reduzieren; es kann jedoch sein, daß die damit verbundenen Informationskosten der Unternehmung nicht lohnend erscheinen. Die Unternehmung strebt in diesem Fall also nach Gewinnmaximierung, wünscht im Beispiel der Abb. VI.a die Kombination y*, p* zu realisieren, ohne daß sie die Preis-Absatzfunktion PAF und die Grenzerlösfunktion GE kennt. Sie ist darauf angewiesen, einen Zuschlagssatz so zu *schätzen*, daß der COURNOTsche Punkt C verwirklicht wird. Je stärker und je schneller die Nachfragesituation sich verändert, die Preis-Absatzfunktion sich verschiebt, desto größer ist die Gefahr, diesen Punkt zu verfehlen. Daß es im Interesse der Gewinnmaximierung sinnvoll sein kann, Uninformiertheit nicht durch Eingehen von Informationskosten vollständig abzubauen, wird im Rahmen der *Neuen Mikroökonomik* (vgl. Kap. VI.B) betont.

Andererseits ist es auch möglich, die Preissetzung auf der Grundlage von Kostenzuschlägen als Ausdruck einer anderen Zielsetzung als Gewinnmaximierung, z. B. als Ausdruck satisfizierenden Verhaltens, zu sehen (vgl. Abschnitt 6).

3. Trennung von Eigentum und Management

In der älteren Theorie der Unternehmung wird personelle Identität von Eigentümer und Entscheidungsberechtigtem (Manager) vorausgesetzt, so daß es keine vom Gewinnmaximierungsziel des Eigentümers abweichende Zielsetzung des Managements geben kann. Für zahlreiche kleine und mittlere Unternehmungen trifft diese Identität auch heute noch zu. Für das Entstehen großer Unternehmungen sind hingegen zweierlei Sachverhalte charakteristisch: Erstens müssen die finanziellen Mittel durch Ausgabe von Eigentumsanteilen in der Form von Aktien aufgebracht werden. Zweitens erfordert das Management einer großen Unternehmung die Einstellung von speziell dafür geeigneten Personen. Auf diese Weise erfolgt eine Trennung von Eigentum und Unternehmungsleitung, die wichtigstes Kennzeichen des *Managerkapitalismus* (ROBIN MARRIS 1964) ist. Damit könnte die Möglichkeit entstehen, daß das Management eine vom Eigentümerinteresse der Gewinnmaximierung abweichende Politik verfolgt. Diese Möglichkeit wurde immer wieder diskutiert, seitdem BERLE und MEANS (1932) festgestellt hatten, daß knapp die Hälfte der 200 größten US-Aktiengesellschaften im Jahr 1929 managerkontrolliert waren. Wenn es dem Management auch auf Dauer möglich wäre, eine Unternehmung nach eigenen, von der Gewinnmaximierung abweichenden Zielen erfolgreich zu führen, dann bedürfte es zum Funktionieren einer Marktwirtschaft offenbar nicht der Anreizwirkungen eines hohen Gewinns, damit Eigentümer den Unternehmungen Produktionsfaktoren bzw. Finanzierungsmittel zur Verfügung stellen. Im Managerkapitalismus wäre damit eine Entfunktionalisierung des Privateigentums sichtbar geworden.

Die Ansichten darüber, ob und wie weit sich das Management der Kontrolle durch die Eigentümer entziehen kann und eine gegen die Eigentümerinteressen gerichtete Politik wirklich betreibt, sind kontrovers. Vor allem die folgenden Argumente spielen in der Diskussion eine Rolle (vgl. CURWEN 1976, S. 104 ff.):

(1) Ist das Eigentum breit gestreut, dann nehmen viele der *Kleinaktionäre* die Gelegenheit, auf der Hauptversammlung die Geschäftspolitik mitzubestimmen, nicht wahr, wenigstens dann nicht, wenn ihre Zielsetzung, ein Dividendengewinneinkommen zu erhalten, vom Management nicht allzu offensichtlich mißachtet wird. Die Kleinaktionäre haben Grund, so zu handeln, denn ihre individuelle Einflußnahme ist gering, und die Kosten des Zustandebringens einer Koalition von Kleinaktionären sind für jeden einzelnen so hoch, daß keiner Anlaß hat, die Bildung der Koalition zu betreiben. Dieser Sachverhalt schafft für das Management die Möglichkeit, ohne Schwierigkeiten wiedergewählt zu werden und anstelle der Eigentümer die Kontrolle über die Geschäftspolitik auszuüben.

(2) Wird das Management nicht direkt von den Eigentümern kontrolliert, so sind es oft die Vertreter *institutioneller Anleger* wie Investmentfonds, die im Auftrag der Kleinaktionäre wirksame Kontrolle auszuüben vermögen. Ein besonderes Problem bildet das *Depotstimmrecht* der Banken, d. h. die Übertragung des Stimmrechts des Aktionärs auf die Bank, bei der er seine Aktien deponiert hat. Eine Bank, die viele Aktionäre vertritt, vermag Kontrolle über das Management einer Unternehmung auszuüben, allerdings nicht notwendigerweise im Sinne einer eigentümerfreundlichen Politik, sondern auch im Sinne ihrer eigenen Zielsetzung beispielsweise als Gläubiger der Unternehmung oder Teilhaber an Konkurrenzunternehmungen.

(3) Als Schranke für eine gegen die Eigentümerinteressen verstoßende Politik des Managements werden in der Literatur *Übernahmeangebote (take over bids)* diskutiert (vgl. dazu auch NIKLAUS BLATTNER 1977, S. 102 f.). Dabei handelt es sich um die öffentliche Ankündigung einer Unternehmung, sie werde Aktien einer anderen Unternehmung – die schlecht geführt und deren im Aktienkurs sich

ausdrückender Marktwert daher vergleichsweise gering ist — zu einem über dem derzeitigen Kurs liegenden Preis kaufen. Die hinter solchen Offerten stehende Absicht besteht darin, die Aktienmehrheit zu erwerben, das Management abzulösen und die Unternehmung so zu reorganisieren, daß über verbesserte Dividendenerwartungen ihr Aktienkurs steigt. Die Aufkäufer sind häufig Konglomeratkonzerne, d. h. Unternehmungen mit Produktion in den verschiedensten Branchen unter einheitlicher Leitung, deren Tätigkeit sich auch auf das gewinnbringende Aufkaufen und Verkaufen von Unternehmungsanteilen erstreckt. Wären alle gegen die Eigentümerinteressen verstoßenden Managementpolitiken einer Bedrohung durch Übernahmeangebote ausgesetzt, könnten solche Politiken nicht von Dauer sein. Es gibt allerdings keine Anzeichen, daß ein derartiger selektiver Marktmechanismus funktioniert; vom Ankauf durch andere Unternehmungen scheinen vielmehr gleichermaßen Unternehmungen mit mehr oder minder eigentümerfreundlichem Management betroffen zu sein.

(4) Eine weitere Schranke für eine gegen das Eigentümerinteresse gerichtete Politik könnte die Notwendigkeit sein, das *Aktienkapital* im Verlauf des Wachstums der Unternehmung *aufzustocken,* mithin die Bereitschaft potentieller Eigentümer zum Erwerb neu auszugebender Aktien zu wecken. Diese Schranke greift allerdings nur insoweit, als der Kapitalbedarf der Unternehmung die Möglichkeiten der Selbstfinanzierung übersteigt.

(5) Eine Möglichkeit, das Management auf eine das Eigentümerinteresse fördernde Politik auszurichten, besteht in einer bewußten Förderung von Aktienbesitz des Managements durch Ausgabe von *Aktienberechtigungsscheinen (stock options)* als Bestandteil der Managerentlohnung (vgl. auch BLATTNER 1977, S. 105). Dabei handelt es sich um das Recht des Managers, eine bestimmte Zahl von Aktien der Unternehmung zu einem festen Optionskurs zu einem von ihm gewählten Zeitpunkt kaufen zu können. Es liegt dann im Interesse des Managers, eine eigentümerfreundliche Politik zu betreiben, die den Kurs der Aktien über den Optionskurs ansteigen läßt.

Zusammenfassend ist festzustellen, daß die Trennung von Eigentum und Management in großen Unternehmungen, die in der Form von Aktiengesellschaften betrieben werden, dem Management die Möglichkeit gibt, eine andere Zielsetzung als Gewinnmaximierung zu verfolgen, daß diese Möglichkeit jedoch nicht unbegrenzt ist und daß es sich nicht immer lohnt, sie zu nutzen.

Mit der Trennung von Eigentum und Leitung hat sich im Managerkapitalismus lediglich eine für Großunternehmungen sinnvolle und notwendige Spezialisierung durchgesetzt. Eigenkapitalgeber sind Personen mit Spezialisierung in der Bereitstellung von Finanzierungsmitteln über einen Markt für Eigenkapital. Manager sind Personen mit spezialisiertem Wissen und Können in der Unternehmungsführung; sie sind aus einem Markt für Managementleistungen zu rekrutieren. Funktioniert auf beiden Märkten eine konkurrenzwirtschaftliche Auslese, dann wird die *direkte Kontrolle des Managements durch die Eigen-*

tümer ersetzt durch die Kontrolle des Kapitalmarktes und des Marktes für Managementleistungen. Muß nämlich die Firma auf dem Eigenkapitalmarkt mit anderen Firmen als Nachfragern um das Angebot an Finanzierungsmitteln konkurrieren, so kann sie das nur mit einer eigentümerfreundlichen Politik des Managements, die Ziele wie Maximierung des Umsatzes oder dessen Wachstum (vgl. dazu den nächsten Abschnitt) nicht als eigenwillige Managerziele, sondern allenfalls als Zwischenziele langfristiger Gewinnmaximierung verfolgt. Dauerhafte Abweichungen des Managements von den Interessen der Eigentümer würden den Kurs der Aktien senken, die Konkurrenzfähigkeit bei der Beschaffung neuen Eigenkapitals mindern und den Zugang zum Kapitalmarkt sperren. Ein sinkender Aktienkurs würde außerdem das Management der Gefahr aussetzen, daß die Aktien aufgekauft werden mit der Absicht, das eigentümerunfreundliche Management abzulösen, so daß dessen Position am Markt für Managementleistungen geschwächt würde. Die Trennung von Eigentum und Management muß daher nicht als Aushöhlung des Privateigentums, sondern als spezialisierungsbedingte Übertragung von Kontrollfunktionen auf die Kapital- und Managermärkte gesehen werden.

4. Alternative Maximierungszielsetzungen

Während die traditionelle Theorie der Unternehmung stets von der Zielsetzung der Gewinnmaximierung ausgeht, werden in den neueren Ansätzen alternative Zielsetzungen untersucht, von denen in diesem Abschnitt jene behandelt werden sollen, die ebenfalls Maximierung einer Zielgröße unterstellen.

(1) Von WILLIAM BAUMOL (1959) wird die Zielsetzung der *Erlös-(Umsatz-)Maximierung* besonders für die von Managern kontrollierten Großunternehmungen mit der Begründung unterstellt, daß Entlohnung, Macht und Ansehen von Managern innerhalb und außerhalb der Unternehmung eher vom Umsatz als vom Gewinn abhängen. Als Nebenbedingung wird allerdings die Erreichung eines Mindestgewinns angenommen, der die Eigentümer zufriedenstellt und die Möglichkeit der Kapitalaufnahme gewährleistet.

In der der Abb. IV.d ähnlichen Abb. VI.b wäre die gewinnmaximierende Absatzmenge dort erreicht, wo die Differenz zwischen Erlös- und Kostenkurve am größten ist, also bei der Menge y^*, der gemäß der (nicht eingezeichneten) Preis-Absatzfunktion ein gewinnmaximierender Preis zugeordnet ist. Die umsatzmaximierende Menge ist hingegen größer, nämlich y^u, der gemäß der Preis-Absatzfunktion ein geringerer Preis entspricht. Der Mindestgewinn MG wird allerdings nur bei kleineren Mengen zwischen $\underline{y}$ und $\bar{\bar{y}}$ gewährleistet, so daß die unter der Nebenbedingung umsatzmaximierende Menge $\bar{\bar{y}}$ beträgt. Der Menge $\bar{\bar{y}}$ entspricht ein Preis, der höher als der für die Menge y^u, aber geringer als der für die Menge y^* ist.

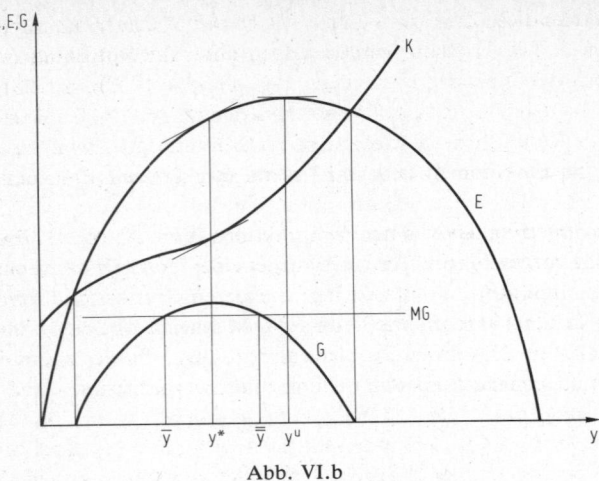

Abb. VI.b

(2) Verschiedene Autoren versuchten, den statischen Charakter der Theorie der Unternehmung dadurch zu überwinden, daß sie die Zielsetzung der Unternehmung auf ihre Entwicklung im Zeitablauf beziehen (vgl. BLATTNER 1977, S. 56 ff.), wobei aus Gründen der Lösbarkeit eine gleichgewichtige Entwicklung *(steady state)* in dem Sinne vorausgesetzt werden muß, daß das Verhältnis von relativem Produktions- und Sachkapitalzuwachs konstant ist. Der Gewinnmaximierung im statischen Ansatz entspricht die *Wahl eines Wachstumspfades*, der den *Kapitalwert* (die Differenz zwischen abdiskontiertem Ertragswert und dem Wert des diesem Pfad zugeordneten Sachkapitalstocks im Ausgangszeitpunkt) *maximiert*.

Im Zusammenhang mit der Trennung von Eigentum und Management wurde insbesondere von ROBIN MARRIS (1963, 1971) die Theorie entwickelt, daß die Manager das Ziel verfolgen, die *Wachstumsrate des Umsatzes* unter der Nebenbedingung einer aus Sicherheitsgründen nicht zu unterschreitenden Bewertungsrate (Quotient aus Börsenbewertung und Wert des Sachkapitalstocks) zu *maximieren*. Ein Indiz dafür, daß den Managern die Wachstumsrate wichtiger als das Niveau des Umsatzes erscheint, besteht darin, daß sie nicht generell bestrebt sind, von kleineren in größere Unternehmungen zu wechseln.

So wichtig die Ausarbeitung dynamischer Ansätze auch ist, es sollte nicht übersehen werden, daß ihnen wegen Voraussetzungen wie der des Gleichgewichtswachstums nur eingeschränkte Aussagefähigkeit zukommt, die z.B. nicht das Alter der Unternehmung und eine begrenzte Expansionsfähigkeit ihrer Absatzmärkte berücksichtigen.

(3) Wird als Zielsetzung *Nutzenmaximierung der Manager* unterstellt, so ließe sich darunter auch die Umsatz- oder die Wachstumsmaximierung einord-

nen, wenn man diese Ziele als die den Nutzen der Manager bestimmenden Größen ansähe. In der Literatur werden jedoch unter die Nutzenmaximierungsansätze speziell die folgenden eingeordnet (vgl. CURWEN 1976, S. 128 ff.):

(a) *Abwägung* zwischen *Einkommen und Freizeit:* In einigen Beiträgen findet sich die Überlegung, daß Manager eine Nutzenfunktion haben, in der der Gewinn (der ihr Einkommen bestimmt) sowie ihre Freizeit Bestimmungsgrößen sind.

(b) *Maximierung einer Präferenzfunktion:* Von ANDREAS PAPANDREOU (1952) wurde vorgeschlagen, für die Manager einer Unternehmung eine allgemeine Präferenzfunktion zu unterstellen, die deren Wertsystem zum Ausdruck bringt und in der Faktoren wie beispielsweise Macht, Prestige, ruhiges Leben eine Rolle spielen. Das große Problem besteht darin, daß es kaum möglich ist, eine solche allgemeine Funktion im Einzelfall zu spezifizieren und zu quantifizieren.

(c) *Maximierung des Lebenszeiteinkommens:* Von R. JOSEPH MONSEN und ANTHONY DOWNS (1965) wird die Auffassung vertreten, daß sich die Eigentümer einer Unternehmung — wegen der Unsicherheit einer Gewinnerhöhung durch Verkauf ihrer Anteile und Erwerb anderer Aktiva — mit einem „zufriedenstellenden Gewinn" abspeisen lassen und die Manager danach streben können, den Gegenwartswert ihres monetären und nicht-monetären (z. B. in Prestige und Macht bestehenden) Lebenszeiteinkommens zu maximieren.

(d) *Ausgabenpräferenz:* Ein vieldiskutierter Ansatz ist der von OLIVER WILLIAMSON (1963, 1964), nach dem in der Nutzenfunktion der Manager Größen eine Rolle spielen, die mit bestimmten Arten von Ausgaben verbunden sind. So verschaffen Vergrößerungen des Personalbestandes und die damit verbundenen Ausgaben den Managern nicht nur höhere monetäre, sondern auch nicht-monetäre Entlohnung in Form von Sicherheit, Macht, Ansehen und beruflichem Erfolg. Der starken Gewichtung des Personals entsprechend wird der Ansatz auch als *staff model* bezeichnet. Neben dem *staff* werden auch Investitionen und die damit verbundenen Ausgaben in der Nutzenfunktion der Manager stark gewichtet.

5. Unternehmensinterne Ineffizienzen

Die traditionelle Theorie der Unternehmung unterstellt stets die *Minimierung der Kosten* für die jeweilige Produktionsmenge. Im langfristigen Konkurrenzgleichgewicht bei freiem Marktzugang (vgl. Kap. III.A.5) hat der Preis die Tendenz, auf das Minimum der langfristigen Durchschnittskosten zu fallen, wobei die Durchschnittskosten selbst aus dem Kostenminimierungsansatz hergeleitet sind. Ohne Kostenminimierung könnte eine Unternehmung in dieser Marktform nicht überleben. Auch in anderen Marktformen ist mit der Zielsetzung der Gewinnmaximierung stets Kostenminimierung postuliert. Als in der Literatur schließlich zur Gewinnmaximierung alternative Zielsetzungen der Unternehmung berücksichtigt wurden, blieb die Kostenminimierung zunächst unbestrittene Annahme der Unternehmungstheorie. Erst HARVEY LEIBENSTEIN (1966) lenkte mit seinem Begriff der *X-inefficiency* die Aufmerksamkeit auf die Fragwürdigkeit dieser Annahme. *X-inefficiency* ist die *Differenz* zwischen den *geringstmöglichen* und den *tatsächlichen Kosten* einer Produktionsmenge. Begründet wird die Ineffizienz vor allem mit Unkenntnis bezüglich der kostenminimierenden Produktions- und Kostensituation, ferner mit einer Neigung der Arbeitskräfte aller Art und Qualität (einschließlich des Managements), nicht unter Ausnutzung ihrer vollen Kapazität zu arbeiten. Je geringer der Wettbewerbsdruck, desto stärker die Tendenz zur Ineffizienz.

Von LEIBENSTEIN und anderen Autoren (vgl. z. B. CURWEN 1976, S. 133 und S. 164) wird die Ineffizienz speziell mit der Trennung von Eigentum und Management und mit zur Gewinnmaximierung alternativen Zielsetzungen in Verbindung gebracht. Sind die Eigentümer nicht in der Lage, strikte Kontrolle auszuüben, so werden mit Sicherheit Ineffizienzen entstehen. Diese können prinzipiell durch finanzielle Anreize für Management und Arbeitskräfte sowie durch Kontrolleinrichtungen in Grenzen gehalten werden. Eine Reduzierung der Ineffizienzen lohnt sich jedoch nur bis zu einem gewissen Grad, nämlich so lange, als die dadurch bewirkten Kosteneinsparungen größer als die Kosten zusätzlicher Anreize und Kontrollen sind.

6. Zielsetzung „Satisfizierung" und Verhaltenstheorie der Unternehmung

In den Ansätzen, die von Trennung von Eigentum und Management ausgehen und andere Maximierungszielsetzungen als Gewinnmaximierung unterstellen, wird regelmäßig als Nebenbedingung die Notwendigkeit hervorgehoben, den Eigentümern einen „befriedigenden" (Mindest-)Gewinn zu sichern. Insbesondere auf HERBERT SIMON (1955, 1959) gehen Ansätze zurück, in denen anstelle von Maximierung generell eine *befriedigende (satisficing) Realisierung von Zielgrößen* wie Gewinn, Marktanteil oder Umsatz tritt. Dieser Autor sieht auch in der Preissetzung auf der Grundlage von Kostenzuschlägen den Ausdruck der Zielsetzung eines befriedigenden Gewinns. Der Verzicht auf Maximierung zugunsten von Satisfizierung wird auch mit der Unsicherheit begründet, unter der die Unternehmung entscheidet (vgl. S. 76f.).

Die Konzeption des *satisficing* spielt in der *Verhaltenstheorie der Unternehmung* eine entscheidende Rolle, die sich von der traditionellen Theorie der Unternehmung und auch von einem Teil der neueren Ansätze dadurch unterscheidet, daß sie sich nicht als normative oder präskriptive, sondern als positive oder deskriptive Theorie versteht. Der bekannteste Ansatz der Verhaltenstheorie ist der von RICHARD CYERT und JAMES MARCH (1963), der im folgenden kurz dargestellt werden soll. Die Unternehmung wird als eine Koalition aus Managern, Eigentümern, Beschäftigten, Kunden und Gläubigern gesehen. Die meisten der Koalitionspartner wünschen keinen besonderen Einfluß auf die Zielbildung der Unternehmung auszuüben, vorausgesetzt, sie erhalten von der Unternehmung Leistungen (*side-payments*) in der Form von Dividendengewinn, Lohn, Güterlieferungen bzw. Zinsen in zufriedenstellendem Umfang. Die Manager können durch solche Leistungen einen Teil der möglichen Konflikte zwischen den Koalitionspartnern aus dem Zielbildungsprozeß der Unternehmung heraushalten. Sie verfolgen ihrerseits keine persönliche Maximierungszielsetzung, sondern Satisfizierung; dabei spielt das Wohlergehen der Unternehmung, speziell aber das der Unternehmensabteilung, für die sie zuständig sind, eine bedeutende Rolle. Es bleiben Konfliktmöglichkeiten zwischen einzelnen Managern bzw. zwischen deren Abteilungen. Ein Teil davon ist wieder durch *side-payments* an Manager lösbar, die dafür auf Mitwirkung an der Zielbildung verzichten. Das Ergebnis des Zielbildungsprozesses sind gewisse qualitative Ziele, z. B. „Dienst am Kunden", „Wohl der Beschäftigten", die fast für jede Art von Entscheidung als nichtssagende Begründung angeführt werden können, daneben aber auch quantitative Ziele, deren wichtigste die folgenden sind: Produktionsziel, Lagerhaltungsziel, Absatzziel, Marktanteilsziel, Gewinnziel. Jedem dieser Ziele ist ein *Anspruchsniveau* des zuständigen Managers zugeordnet. Die Anspruchsniveaus ändern sich generell nur langsam; sie orientieren sich an jenen Zielquantitäten, die in einer vergangenen Periode unter den Managern ausgehandelt wurden und in diesem Sinne eine konsistente Lösung des Zielkonflikts darstellten. Änderungen der Anspruchsniveaus sind dann akut, wenn Ziele über längere Zeit hinweg deutlich über- oder untererfüllt werden; dann setzt ein *Suchverhalten* ein.

Werden die Ziele in Zeiten, die für die Unternehmung günstiger als erwartet sind, generell übererfüllt, so entwickeln sich nach CYERT und MARCH *organisational slacks*, die die Differenz zwischen Anspruchsniveau und realisiertem Niveau der Zielgrößen absorbieren. Beispielsweise werden höhere Löhne und Gewinne an die Koalitionspartner gezahlt, als sie nötig wären, um diese gemäß ihrem Anspruchsniveau zum Erbringen ihrer Leistungen zu veranlassen. Werden in ungünstigen Zeiten die Ziele untererfüllt, so ist die Unternehmung imstande, durch Auflösung von *organisational slacks* Konflikte unter den Koalitionspartnern abzufangen. Die *organisational slacks* ändern sich also gegenläufig zur allgemeinen Lage und haben eine Pufferfunktion.

Organisational slacks ähneln den im Vorabschnitt erwähnten unternehmensinternen Ineffizienzen. Beide kennzeichnen eine im Vergleich zur Kostenminimierung der traditionellen Theorie ineffiziente Allokation von Faktoren innerhalb der Unternehmung; ihre Begründung ist jedoch verschieden. *X-inefficiency* wird begründet mit Unkenntnis der Produktions- und Kostensituation sowie mit

Nichtausnutzung der vollen Arbeitskapazität; es ist rational, sie nur in dem Grad zu beseitigen, als die mit der Beseitigung verbundenen Kosten des Anreizes und der Kontrolle nicht die Kosteneinsparungen übertreffen. *Organisational slacks* im Sinne von CYERT und MARCH resultieren hingegen aus einer kurz- bis mittelfristigen Nichtanpassung von Anspruchsniveaus, wobei die Anpassung auch im Hinblick auf schlechtere Zeiten unterlassen wird.

B. Märkte mit asymmetrischer Informationsverteilung: Negative Auslese und „moralische Wagnisse"

1. Asymmetrische Informationsverteilung und negative Auslese

Der in Kap. III.A.1 eingeführte Begriff des homogenen Güterangebotes bedeutet, daß die auf einem Markt angebotenen Güter im Urteil der Nachfrager völlig gleich sind, während heterogenes Güterangebot räumliche, persönliche oder sachliche Präferenzen der Nachfrager für bestimmte der angebotenen Güter impliziert. Präferenzen beziehen sich in der Regel auf erkennbare Eigenschaften des Güterangebotes, etwa die räumliche Nähe, die Freundlichkeit des Verkaufspersonals, die Qualität der Güter. Mit der hier zu diskutierenden *asymmetrischen Informationsverteilung* ist gemeint, daß die *einzelnen Anbieter* an einem Markt *jeweils über die von ihnen angebotene Qualität Bescheid wissen, während die Nachfrager Qualitätsunterschiede nicht erkennen können*. Die Nachfrager sind also nicht in der Lage, sachliche Präferenzen zu bilden. Von räumlichen und persönlichen Präferenzen abgesehen, erscheint ihnen das Angebot homogen, obgleich sie unterschiedliche Qualitäten vermuten können. Die Kosten einer Verbesserung ihres Informationsstandes seien prohibitiv hoch.

Musterbeispiel für einen Markt mit asymmetrischer Informationsverteilung ist der *Markt für gebrauchte Kraftfahrzeuge*, der im folgenden nach AKERLOF (1970) und MILDE (1988) dargestellt wird. Folgende Annahmen sollen gelten:
- Es gibt verschiedene Qualitäten von Gebrauchtwagen.
- Die Anbieter kennen die Qualität ihrer Wagen.
- Den Anbietern geringerer Qualität wird ein opportunistisches Verhalten unterstellt; sie sind nicht bereit, Mängel mitzuteilen.
- Die Nachfrager können nicht die Qualität des einzelnen Wagens, sondern nur die Durchschnittsqualität der angebotenen Wagen beobachten.

Ein Nachfrager weiß, daß nicht alle angebotenen Wagen von der besten Qualität sind; er kann jedoch das einzelne Angebot nicht einordnen. Da die Anbieter so tun, als böten sie sämtlich nur eine einheitliche (beste) Qualität an, und den Nachfragern die Angebote unterschiedslos erscheinen, muß sich auf dem Markt ein einheitlicher Preis für die Durchschnittsqualität der angebotenen Wagen bilden. Die Kenntnis der Nachfrager, daß auch mindere Qualitäten („lemons") unter den angebotenen Wagen sind, daß also die Durchschnittsqualität geringer als die beste Qualität ist, dämpft ihre Zahlungsbereitschaft. Der sich bildende einheitliche Preis ist daher geringer als jener, der sich an einem Markt für die beste Qualität ohne Informationsasymmetrie ergeben hätte.

Dieser geringere Preis teilt die Anbieter in zwei Gruppen: Die Anbieter besserer als diesem Preis entsprechende Qualitäten ziehen sich vom Gebrauchtwagenmarkt zurück (einige könnten allerdings bereit sein, den „Schleuderpreis" zu akzeptieren, um auf einen Neuwagen umsteigen zu können). Es findet am Gebrauchtwagenmarkt also eine *Selbstauslese guter Qualitäten* statt. Am Markt bleiben Anbieter, deren Wagenqualität der relativ geringe Preis entspricht, und auch solche mit noch schlechterer Qualität (auch die Anbieter mit guter Qualität, die den „Schleuderpreis" hinnehmen, sind dabei).

Gibt es nur zwei Qualitäten (und keinen Anbieter, der für die gute Qualität den „Schleuderpreis" akzeptiert), so bleiben nur Wagen der schlechten Qualität am Markt. Es findet also eine *negative Auslese (adverse selection)* statt. Wegen der asymmetrischen Informationsverteilung unterbleiben Markttransaktionen für Wagen der guten Qualität, aus denen Käufer- und Verkäuferrenten entstanden wären.

Gibt es viele Qualitätsstufen, so ist vorstellbar, daß sich die Selbstauslese in einer Mehrzahl von Schritten vollzieht. In einem ersten Schritt führt ein Preis p_1, der geringer ist als der Preis der besten Qualität, zum Rückzug dieser Qualität vom Markt. Die Kenntnis der Nachfrager, daß mindere Qualitäten unter den noch angebotenen Wagen sein müssen als diejenige, die dem Preis p_1 entspricht, dämpft abermals deren Zahlungsbereitschaft und führt zu einem noch geringeren Preis p_2 für die verbliebene Durchschnittsqualität der Wagen. Dieser Preis führt im zweiten Schritt zum Rückzug des dem Preis p_1 entsprechenden Angebotes vom Markt. Der Prozeß der Selbstauslese endet offensichtlich in einem Zustand, in dem nur noch die schlechteste Wagenqualität am Markt umgesetzt wird; es ist also im Zuge fortgesetzter negativer Auslese zu einem *weitgehenden Marktzusammenbruch* gekommen. Ohne Informationsasymmetrie hätten sich für jede Wagenqualität Märkte bilden können, an denen Käufer- und Verkäuferrenten entstanden wären. Mit Asymmetrie der Informationsverteilung läßt sich daher ein *Marktversagen* begründen.

Selbstverständlich gibt es Sachverhalte, die der Informationsasymmetrie entgegen wirken. Ein Nachfrager kann einen ihm angebotenen Wagen untersuchen lassen. Ein Anbieter kann gegen einen höheren Preis für einen Wagen guter Qualität eine Garantie anbieten. Die Informationsbeschaffung durch Nachfrager oder die signalisierende Informationsverbreitung durch Anbieter kann aber mit erheblichen Kosten und Risiken verbunden sein, so daß die Informationsasymmetrie regelmäßig nur reduziert, aber nicht beseitigt wird.

Statt an den Markt für Gebrauchtwagen kann man auch an Märkte für alte Häuser oder für Antiquitäten denken.

Eine analoge Informationsasymmetrie gibt es an *Versicherungsmärkten* bezüglich des Eintrittsrisikos von Versicherungsfällen. Hier sind es die Nachfrager von Versicherungsleistungen, die weitgehend über das Risiko informiert sind, während die Anbieter von Versicherungsleistungen nicht erkennen können, ob der einzelne Nachfrager ein hohes oder ein geringes Risiko darstellt. Es liegt nahe, daß insbesondere Personen mit hohem Risiko den Versicherungsschutz nachfragen. Der Anteil der Versicherten mit hohem Risiko an der Gesamtzahl der Versicherten ist daher deutlich höher als der Anteil solcher Personen an der gesamten Bevölkerung. Da die Anbieter von Versicherungsleistungen nicht das Risiko des einzelnen Nachfragers, wohl aber den hohen Anteil riskanter Fälle abschätzen können, ist der Preis, die *Versicherungsprämie,* relativ hoch. Dies wiederum hält, bei gegebener Risikoneigung (vgl. dazu Kap. I.B.5.h), Personen, für die das Risiko des Versicherungsfalles gering ist, davon ab, Versicherungsschutz nachzufragen. Auch hier kommt es zu einer *negativen Auslese.* Es kann sich dabei um zahlreiche Arten *freiwilliger* Versicherung handeln, etwa um Kranken-, Unfall- oder Lebensversicherung, aber auch um Haftpflicht, Kfz-Kasko- oder Rechtsschutzversicherung.

2. Asymmetrische Informationsverteilung und „moralische Wagnisse"

Ebenfalls auf ungleicher Informationsverteilung beruht das Problem der *moralischen Wagnisse („moral hazard") auf Versicherungsmärkten.* Damit ist gemeint, daß *Versicherte den Versicherungsfall vorsätzlich herbeiführen oder geringe Sorgfalt in der Vermeidung des Versicherungsrisikos walten lassen.* Für die Versicherungsanbieter stellt die Möglichkeit solchen Verhaltens der Nachfrager ein besonderes Wagnis dar. Sie kennen zwar nicht die Neigung des einzelnen Nachfragers, sich so zu verhalten (hier ist wieder ein ungleicher Informationsstand von Anbieter und Nachfrager gegeben); die Versicherungsprämie kann daher nicht nach geringen und hohen moralischen Wagnissen differenziert werden. Weil derartiges Verhalten insgesamt existiert, muß die Versicherungsprämie relativ hoch sein.

Moralisches Wagnis spielt bei allen Arten von Versicherungen eine Rolle, in denen der Eintritt des Versicherungsfalles nicht unabhängig vom Verhalten des Versicherten ist. Das trifft für die im Vorabschnitt genannten Beispiele freiwilliger Versicherungen zu. Von besonderer Bedeutung ist „moral hazard" bei *Pflichtversicherungen* wie der gesetzlichen Krankenversicherung. Hier können Personen mit geringem Krankheitsrisiko nicht einen geringeren Versicherungsschutz wählen; als Zwangsmitglieder sind sie, über die allgemeine Motivation hinaus, der Versuchung ausgesetzt, die hohe Versicherungsprämie wieder „hereinzuholen". Die „Kostenexplosion im Gesundheitswesen" und damit die Beitragssteigerungen in der gesetzlichen Krankenversicherung sind teils mit morali-

schen Wagnissen zu erklären. Durch Selbstbeteiligung der Versicherten, verminderte Prämien oder Prämienrückzahlung bei Schadensfreiheit läßt sich das Verhalten der Versicherten verändern und damit das moralische Wagnis eindäm-
men.

Wir kommen in Kap. VI.D.4 auf Informationsasymmetrien als Gegenstand
der Agency-Theorie zurück.

C. „Neue Mikroökonomik" und Ungleichgewichtstheorie

1. Einführung

In der traditionellen mikroökonomischen Markttheorie, wie sie in Kap. III für
Märkte mit vollständiger Konkurrenz und in Kap. IV für Märkte mit unvollständiger Konkurrenz dargestellt wurde, spielt sich der Preis auf einem Markt stets
so ein bzw. wird so gesetzt, daß die insgesamt angebotene gleich der insgesamt
nachgefragten Menge ist. Die Märkte werden durch die Preise stets geräumt. Die
Gleichheit von angebotener und nachgefragter Menge ist als Gleichgewichtsforderung in den Marktmodellen enthalten; erst durch sie sind Gleichgewichtsmenge und Gleichgewichtspreis bestimmbar (vgl. dazu Kap. III.A.2.b und B.2.c;
Kap. IV.B.2.c). Auf Märkten mit vollständiger Konkurrenz kann man sich die
Angleichung von angebotener und nachgefragter Menge entweder als ein durch
einen walrasianischen Auktionator erreichtes *tâtonnement* oder als einen Vorgang des *recontracting* vorstellen. Dabei kommt ein Nachfrageüberschuß durch
Preiserhöhung, ein Angebotsüberschuß durch Preissenkung zum Verschwinden.
Auf Märkten mit unvollständiger Konkurrenz ist regelmäßig eine Marktseite
Preissetzer; sie setzt den Preis so, daß unter Berücksichtigung der Preis-Absatz-
bzw. Preis-Beschaffungsfunktion die angebotene gleich der nachgefragten Menge ist.

Die Möglichkeit einer Angleichung von Angebot und Nachfrage ist nur bei
einem hohen Informationsstand der Marktteilnehmer denkbar. Zur Beschreibung eines Marktes mit vollständiger Konkurrenz in Kap. III.A.1 gehörte, daß
alle Marktteilnehmer vollständige Markttransparenz im Sinne vollständiger
Preisinformation haben. Die Beschreibung von Märkten mit unvollständiger
Konkurrenz in Kap. IV.B.1, C.1 und D.1 schloß stets vollständige Markttransparenz des Preissetzers im Sinne einer Kenntnis der Nachfrage oder des Angebotes bzw. der Preis-Absatz- oder Preis-Beschaffungsfunktion der anderen Marktseite ein.

Die *Neue Mikroökonomik* konstatiert, daß in der realen Welt die Nichtübereinstimmung von Angebots- und Nachfragemenge zu einem herrschenden Preis
eine normale Erscheinung ist, und zwar nicht nur aufgrund staatlicher Markt-

interventionen (vgl. Kap. III.A.3.c), sondern auch bei freier Preisbildung. Die *Neue Mikroökonomik* erklärt den Fortbestand solcher *nicht-markträumenden Preise,* indem sie, anstelle des in der traditionellen Theorie unterstellten hohen Informationsstandes, von unvollständiger Information ausgeht, die es sich durch Aufwendung von Informationskosten nur zu reduzieren, aber nicht zu beseitigen lohnt. In *Abschnitt 2* gehen wir auf die Grundüberlegungen der *Neuen Mikroökonomik* sowie auf ihre Schlußfolgerungen für Marktgleichgewicht und Marktmechanismus ein. In *Abschnitt 3* erläutern wir Anwendungen auf den Arbeitsmarkt. *Abschnitt 4* erörtert schließlich den vieldiskutierten Ansatz der *Ungleichgewichtstheorie* und sein Verhältnis zur *Neuen Mikroökonomik.*

2. Unvollständige Information und Informationskosten als Grund für nicht-markträumende Preise

Zustände unvollständiger Information, die durch Aufwendung von Informationskosten verbessert werden können, wurden zwar in der einzelwirtschaftlichen Entscheidungstheorie längst berücksichtigt (vgl. dazu EVA BÖSSMANN 1977), in die Markttheorie gingen sie jedoch erst durch GEORGE STIGLER (1961) und nun durch die *Neue Mikroökonomik* ein (vgl. besonders ARMEN ALCHIAN 1970). In dieser Theorie, die vorwiegend an Beispielen für einzelne Märkte entwickelt wurde, und für die es vorerst keine allgemeine, der Marktformenlehre vergleichbare Systematik gibt, setzt die Betrachtungsweise beim einzelnen Marktteilnehmer an. Wir erläutern die Grundüberlegungen an einem von ALCHIAN (1970, S. 32f.) gegebenen, hier etwas weiter ausgeführten Beispiel eines *Zeitungsverkäufers,* der nicht nur über die Menge, sondern auch über den Preis der zu verkaufenden Zeitungen entscheiden kann. Aus den Erfahrungen der Vergangenheit weiß er, daß er durchschnittlich 100 Zeitungen zu einem bestimmten Preis p̄ absetzen kann. Er hat keine Information über die Absatzmenge eines bestimmten Tages; diese ist vielmehr aus seiner Sicht *zufallsbestimmt* und nicht vorhersehbar. Vor allem drei Möglickeiten stehen dem Zeitungsverkäufer offen:

(1) Er wählt den Preis p̄ als Datum und nimmt sich vor, jeden Tag nur die Menge einzukaufen, die er an diesem Tag absetzen kann; unverkaufte Zeitungen (Lagerhaltung) soll es nicht geben. Dies würde voraussetzen, daß er durch Marktforschung die Absatzmenge eines Tages oder die Abweichung des Tages vom Durchschnitt 100 ermittelt. Die für Marktforschung aufzuwendenden Informationskosten sind um so höher, je genauer die Absatzmenge ermittelt werden soll. Der Zeitungsverkäufer hat abzuwägen zwischen dem zusätzlichen Erlös aus weiterer Information, dargestellt durch die Reduzierung des Verlustes aus nicht verkauften Zeitungen, und den zusätzlichen Kosten der Information. In bezug auf die unvollständige Information kann also die „Grenzerlös = Grenz-

kosten"-Regel angewendet werden; es lohnt sich, sie nur so lange zu reduzieren, als der Grenzerlös zusätzlicher Information deren Grenzkosten übersteigt. Der Zeitungsverkäufer wird sein Vorhaben, die Einkaufsmenge genau der Absatzmenge anzupassen, nicht voll verwirklichen. An manchen Tagen kauft er mehr, an anderen weniger ein, als er absetzen kann, so daß beim Preis $\bar{p}$ jeweils ein Angebots- oder ein Nachfrageüberschuß besteht. Es lohnt sich nicht, vollständige Information herzustellen, um den Markt beim Preis $\bar{p}$ stets räumen zu können.

(2) Er beschafft täglich die Durchschnittsmenge von 100 Zeitungen und nimmt sich vor, den Preis in einem für Markträumung erforderlichen Ausmaß zu senken bzw. anzuheben, wenn der Absatz zum Preis $\bar{p}$ unter bzw. über dem Durchschnitt läge. Auch dies würde Marktforschung voraussetzen, die nun zu ermitteln hätte, um wieviel der Preis zur Verwirklichung einer Absatzmenge von 100 an einem Tag gesenkt bzw. gesteigert werden müßte. Je genauer die erforderliche Preisänderung bestimmt werden soll, desto höher die Informationskosten. Auch hier lohnt sich der Abbau unvollständiger Information nur so lange, als der Grenzerlös weiterer Information über den Grenzkosten liegt. Die Preisanpassung ist unvollständig, sie reicht nicht aus, den Markt zu räumen.

Die Nachfrager haben hier nicht nur hinzunehmen, daß an Tagen eines Nachfrageüberschusses einige leer ausgehen werden; sie sehen sich auch einem von Tag zu Tag schwankenden Preis gegenüber. Dadurch vergrößert sich bei ihnen der Grad unvollständiger Information. Es lohnt sich für sie, Informationskosten für die Suche nach anderen Zeitungsverkäufern mit geringeren Preisforderungen einzugehen; die Informationskosten können auch in Suchzeiten bestehen. Um solche bei schwankendem Preis entstehenden Informationskosten zu vermeiden, präferieren die Nachfrager einen stabilen Preis, auch wenn dieser höher als der Durchschnitt schwankender, tendenziell markträumender Preise ist.

(3) Der Zeitungsverkäufer wählt den Preis $\bar{p}$ als Datum und nimmt sich vor, eine solche Menge einzukaufen, daß er die an einem Tag auftretende Nachfrage stets decken kann; nicht verkaufte Exemplare (Lagerhaltung) sind jetzt zugelassen. Informationskosten für Marktforschung entstehen hier allenfalls zur Ermittlung der höchstmöglichen Abweichung der Nachfrage vom Durchschnitt 100 nach oben. Hingegen gibt es Kosten für nicht verkaufte Zeitungen. Die Nichträumung des Marktes als Folge der unvollständigen Information ist hier nur in der Form von Angebotsüberschüssen möglich.

Welche der drei Möglichkeiten der Zeitungsverkäufer unter der Zielsetzung der Gewinnmaximierung wählt, hängt vom genauen Verlauf der Erlöse und der Kosten einer Reduzierung der unvollständigen Information ab. Entscheidend ist, daß in *keinem der Fälle* eine *ständige Markträumung lohnend* ist, daß vielmehr sowohl bei Mengenanpassung in den Fällen (1) und (3) als auch bei Preisanpassung im Fall (2) ein *Angebots-* oder ein *Nachfrageüberschuß erhalten* bleibt.

Weitere Beispiele aus der alltäglichen Erfahrung lassen sich ähnlich erklären: Ohne Preisanpassungen nach oben gibt es *Nachfrageüberschüsse* für bestimmte Typen neuer Autos, an Taxi- und Bushaltestellen während Regenzeiten, in Restaurants während Stoßzeiten. Die Anbieter unterlassen eine Preiserhöhung und muten den Nachfragern eine Rationierung des Angebots oder Einreihung in eine Warteschlange zu, weil sich der Nachfrageüberschuß durch Beschaffung von Informationen über Art und Dauer der Nachfragesituation und Setzen von markträumenden Preisen oder durch Ausdehnen der Angebotsmenge nicht zu beseitigen lohnt. Ohne Preisanpassungen nach unten gibt es *Angebotsüberschüsse* am Wohnungsmarkt in Form leerstehender Wohnungen, in Einzelhandelsgeschäften in Form ausgestellter Waren. Diese mit Angebotsüberschüssen implizierte zusätzliche Lagerhaltung, die im Zeitungsverkäufer-Beispiel wegen Veraltung der Zeitungen keine weitere Funktion hatte, kann hier als Teil der Informationsaktivität von Anbietern aufgefaßt werden, und zwar als signalisierende Informationsverbreitung. Die *Bereitschaft zur Lagerhaltung* kann also zwei Gründe haben: Entweder lohnt es sich für die Anbieter nicht, durch Informationsbeschaffung über Art und Dauer der Nachfragesituation und Setzen von markträumenden Preisen den Angebotsüberschuß zu vermeiden; oder es lohnt sich für sie, durch Informationsverbreitung den Nachfragern Informationskosten zu ersparen, die sie selbst durch den höheren Preis ersetzt bekommen.

Je häufiger nicht vorhersehbare Zufallsschwankungen der Nachfrage auftreten, je höher die Informationskosten und die Kosten schneller Produktionsanpassung sind, je geringer die Abneigung gegen Warteschlangen und Kosten der Lagerhaltung zu veranschlagen sind, desto größer wird die Bereitschaft sein, *Preisschwankungen durch Nachfrage- und Angebotsüberschüsse abzufangen.* Diese von der *Neuen Mikroökonomik* herausgearbeiteten Tendenzen gelten nicht, wenn sich die Nachfrage nicht zufallsbedingt, sondern systematisch in einer Richtung ändert. Dann sind die Informationskosten tendenziell geringer, und es lohnt sich, Angebotsmengen und/oder Preise in Richtung einer markträumenden Konstellation anzupassen.

3. Anwendung auf den Arbeitsmarkt: Sucharbeitslosigkeit

Die im Vorabschnitt dargestellten Grundüberlegungen wurden insbesondere auch auf den Arbeitsmarkt angewendet: Unvollständige Information über die Arbeitsnachfrage (Arbeitsplätze) machen es für Arbeitsanbieter lohnend, Informationskosten in der Form von Suchzeit einzugehen. Die durch diese Informationsaktivität bedingte Arbeitslosigkeit läßt sich als ein beim herrschenden Lohnsatz bestehender Angebotsüberschuß deuten.

Im folgenden wollen wir den Ansatz der Sucharbeitslosigkeit anhand eines Modells von DALE MORTENSON (1970; vgl. auch die Darstellung von KURT

ROTHSCHILD 1979) präzisieren. Betrachtet wird ein Arbeitsmarkt, auf dem sowohl die angebotenen als auch die nachgefragten Arbeitsleistungen heterogen sind; sie sollen durch einen Qualifikationsgrad z kontinuierlich meßbar sein. Ein Anbieter mit der Qualifikation $\bar{z}$ kann jede Nachfrage nach Arbeit mit einer Qualifikation $z \leq \bar{z}$ befriedigen. Der Faktornutzungspreis oder Lohnsatz q_l, den alle Nachfrager für Arbeit der Qualifikation z zu zahlen haben, sei um so höher, je höher die Qualifikation:

$$q_l = f(z) \quad \text{mit} \quad \frac{dq_l}{dz} > 0. \tag{VI.1}$$

Die Nachfrage ist in Form einer in Abb. VI.c dargestellten Verteilung gegeben. Auf der Abszisse ist der Lohnsatz q_l abgetragen; jedem Lohnsatz entspricht gemäß (VI.1) eine bestimmte Qualifikation. Auf der Ordinate ist die Arbeitsnachfrage r_l zu finden, die einem Qualifikationsgrad und damit einem Lohnsatz zugeordnet ist. Nach der in Abb. VI.c eingezeichneten Verteilungsfunktion

$$r_l = g(q_l) \tag{VI.2}$$

entsprechen die Punkte a und b der niedrigsten bzw. der höchsten nachgefragten Qualifikation und damit dem niedrigsten bzw. höchsten Lohnsatz. Die Darstellung der Arbeitsnachfrage in Abb. VI.c ist selbstverständlich zu unterscheiden von einer Arbeitsnachfragekurve etwa der in Kap. V.B.3 benutzten Art, deren Schnittpunkt mit einer Arbeitsangebotskurve den Gleichgewichts-Lohnsatz für eine homogene Arbeitsqualität ergibt. Abb. VI.c zeigt vielmehr die Lohnsätze eines ganzen Spektrums verschiedener Arbeitsqualitäten, wie sie sich am heterogenen Arbeitsmarkt in einer nicht näher untersuchten Weise bereits herausgebildet haben, und die diesen Lohnsätzen jeweils zugeordnete Nachfrage zur Besetzung von Arbeitsplätzen.

Jeder Anbieter kennt seine Qualifikation $\bar{z}$ und den dieser zugeordneten Lohnsatz $\bar{q}_l$, ferner ist ihm die Verteilung in Abb. VI.c bekannt. Er ist jedoch nicht informiert über die Qualifikation, die die einzelne Unternehmung nach-

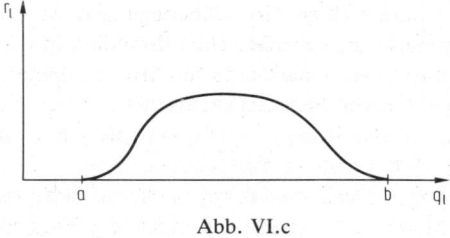

Abb. VI.c

fragt, und den dafür offerierten Lohnsatz. Ein *Arbeitsanbieter* muß *Zeit zum Aufsuchen der einzelnen Nachfrager* aufwenden. Ist seine Qualifikation höher als die nachgefragte oder gleich hoch, so hat er zu entscheiden, ob er den Arbeitsplatz annimmt oder weiter sucht. Entscheidet er sich für die Annahme eines Arbeitsplatzes mit geringerem Lohnsatz q_l als dem Lohnsatz $\bar{q}_l$, der seiner Qualifikation $\bar{z}$ entspricht, so verzichtet er auf eine mögliche Einkommenssteigerung und erspart sich weitere Suchkosten. Es lohnt sich, so lange weiterzusuchen, bis der erwartete Grenzerlös zusätzlicher Informationsaktivität auf deren erwartete Grenzkosten gefallen ist.

Die *Bestimmung der optimalen Suchzeit* läßt sich auf die Wahl eines *Mindestlohnsatzes* q_l^{min} (*acceptance wage*) zurückführen, bei dessen Erreichen der Anbieter seinen Suchprozeß einstellen und den gefundenen Arbeitsplatz annehmen würde. Ist in Abb. VI.d der Lohnsatz $\bar{q}_l$ der der Qualifikation des Anbieters entsprechende und daher maximal realisierbare, ist q_l^{min} der Mindestlohnsatz, so ist die Wahrscheinlichkeit, bei einem Versuch der zufallsbestimmten Suche einen Arbeitsplatz mit einem Lohnsatz zwischen q_l^{min} und $\bar{q}_l$ zu finden, gleich dem Anteil α der schraffierten an der gesamten Fläche unter der Kurve in Abb. VI.d. Die erwartete Suchzeit, ausgedrückt in der Zahl von Versuchen, ist dann $1/\alpha$. Von der Wahl des Mindestlohnsatzes q_l^{min} hängt auch der zu erwartende tatsächliche Lohnsatz ab. Der Anbieter würde alle Lohnsätze zwischen q_l^{min} und $\bar{q}_l$ akzeptieren; der zu erwartende Lohnsatz ist der Erwartungswert der in Abb. VI.d schraffierten Häufigkeitsverteilung, q_l^e.

Entscheidend ist mithin die Wahl des Mindestlohnsatzes. Da sich die Lohnzahlung in die Zukunft erstreckt, müssen bei der Gegenüberstellung von Erlösen und Kosten zusätzlicher Information auf die Gegenwart abdiskontierte Größen verwendet werden. In der (von ROTHSCHILD übernommenen) Abb. VI.e sei E^e die Kurve der abdiskontierten summierten, als Arbeitseinkommen zu erwartenden Erlöse, die sich aus allen im relevanten Bereich a bis $\bar{q}_l$ liegenden Mindestlohnsätzen q_l^{min} bzw. den diesen zugeordneten erwarteten tatsächlichen Lohnsätzen q_l^e ermitteln läßt. Die Steigung der Kurve ist zunächst positiv und fällt bei $\bar{q}_l$ auf Null, weil von dort aus der Anbieter keinen höheren Lohnsatz erreichen kann. Dies kommt in der Kurve der diskontierten erwarteten Grenzerlöse GE^e

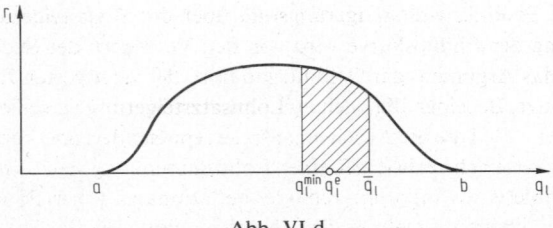

Abb. VI.d

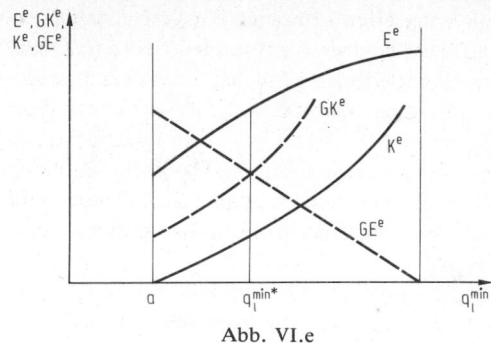

Abb. VI.e

zum Ausdruck, die in Abb. VI.e die Form einer Geraden hat. K^e sei die Kurve der abdiskontierten summierten Suchkosten, die aus dem entgangenen erwarteten Arbeitseinkommen herzuleiten sind. Ihre Steigung nimmt zu, da mit wachsendem Lohnsatz das entgangene Arbeitseinkommen überproportional steigt. Dies kommt in der Kurve der diskontierten Grenzkosten GK^e zum Ausdruck. Der größte senkrechte Abstand der Kurven E^e und K^e ist dort erreicht, wo ihre Steigungen gleich sind, wo sich also GE^e und GK^e schneiden. Bei diesem Schnittpunkt ist der Grenzerlös auf die Grenzkosten zusätzlicher Information gefallen und damit der optimale Mindestlohnsatz $q_l^{min}*$ bestimmt. Ihm sind eine optimale Suchzeit $1/\alpha*$ und ein optimaler erwarteter Lohnsatz q_f^e* zugeordnet.

Mit der Theorie der Sucharbeitslosigkeit wurde der Versuch unternommen, den von A. W. PHILLIPS (1958) empirisch festgestellten Zusammenhang zwischen Lohnsatzsteigerungsrate dq_l/dt und Arbeitslosenquote (Anteil der nicht Beschäftigten am Arbeitspotential in %) u, wie er dem Typ nach in Abb. VI.f dargestellt ist, theoretisch zu erklären. Die *Philippskurve* sagt aus, daß zur Erreichung einer geringen Arbeitslosenquote eine hohe Lohnsatzsteigerungsrate hinzunehmen ist und daß Lohnsatzstabilität ($dq_l/dt = 0$) mit einer Arbeitslosenquote ū zu erkaufen ist. Die *modifizierte Phillipskurve* behauptet einen analogen Zusammenhang zwischen allgemeiner Preissteigerungsrate und Arbeitslosenquote; man geht dabei davon aus, daß die Lohnsatzsteigerungsrate regelmäßig etwa um die Produktivitätssteigerungsrate über der Preissteigerungsrate liegt. Zur Erklärung der Phillipskurve wird von den Vertretern der Sucharbeitslosigkeitstheorie das Argument der Geldillusion bzw. der verzögerten Erwartungsanpassung benutzt. Bei einer allgemeinen Lohnsatzsteigerung verschiebt sich in den Abb. VI.c bzw. VI.d die die Arbeitsnachfrage repräsentierende Verteilungskurve auf der Abszisse nach rechts, bei einer Lohnsatzsenkung nach links. Sind sich die Arbeitsanbieter der inflationären oder deflationären Entwicklung (zunächst) nicht bewußt, bleibt vielmehr wegen Bestehens von Geldillusion der optimale

Mindestlohnsatz q_l^{min}* unverändert, so muß sich bei Lohnsatzsteigerung die optimale Suchzeit verkürzen und damit die Arbeitslosenquote verringern, bei Lohnsatzsenkung entsprechend verlängern bzw. erhöhen. Das impliziert den Typ des in Abb. VI.f wiedergegebenen Zusammenhangs.

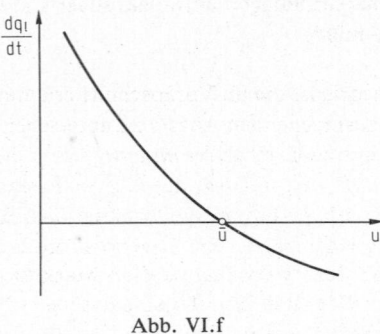

Abb. VI.f

Die Theorie der Sucharbeitslosigkeit, die im Rahmen der *Neuen Mikroökonomik* entwickelt wurde, vermag zu belegen, daß ein gewisser Anteil der Angebotsüberschüsse am Arbeitsmarkt durch das Bestehen unvollständiger Information und dadurch ausgelöste Suchaktivität bedingt sein kann. Der Anteil entspricht etwa dem, den man auch als *friktionelle Arbeitslosigkeit* bezeichnet. Der erläuterte Ansatz ist keineswegs geeignet, darüber hinausgehende Arbeitslosigkeit zu erklären. Wir kommen darauf in Abschnitt 5 zurück.

4. „Neue Mikroökonomik" – eine Ungleichgewichtstheorie?

Die *Neue Mikroökonomik* wird, da sie Angebots- oder Nachfrageüberschüsse nicht als vorübergehende Erscheinungen begreift, von ihren Vertretern (z. B. EDMUND PHELPS 1970) als eine Ungleichgewichtstheorie bezeichnet. Die durch Unsicherheit und Informationskosten bedingte Bildung von Lagern oder Warteschlangen ist jedoch nichts, was die Wirtschaftseinheiten gemäß dem ihnen in diesem Ansatz unterstellten Streben nach maximalem Gewinn nicht geplant hätten, das daher eine Kennzeichnung als Ungleichgewicht rechtfertigen würde. Diese Erscheinungen fügen sich vielmehr in ein Bild des Gleichgewichts ein. Es ist auch nicht gerechtfertigt, bezüglich der auf Lager genommenen Güter von ungenutzten oder unfreiwillig unterbeschäftigten Ressourcen zu sprechen. Diese können, wie erwähnt, die Funktion der Informationsverbreitung haben, so daß insoweit eine informationsfördernde Verwendung von Ressourcen oder *Investition in Information* vorliegt. Es ist das Verdienst der *Neuen Mikroökonomik*, deutlich gemacht zu haben, daß im Rahmen eines totalen mikroökonomischen Gleichgewichts ein Teil der Ressourcenallokation auf die Information entfallen muß.

5. Mikroökonomische Grundlagen keynesianischer Ungleichgewichtstheorie („Neue Makroökonomik")

Als Gleichgewichtstheorie ist die im Vorabschnitt erläuterte *Neue Mikroökonomik* von dem nun anzusprechenden Ansatz zu unterscheiden, der in den vergangenen Jahren Ausgangspunkt einer *Neuinterpretation* der *keynesschen* makroökonomischen *Beschäftigungstheorie* als einer *Ungleichgewichtstheorie* war. Dieser Ansatz geht von Märkten mit vollständiger Konkurrenz aus, für die es gesamtwirtschaftliche Nachfrage- und Angebotsfunktionen gibt, wobei Angebot und Nachfrage bei der Partialanalyse eines Marktes vom Preis des betrachteten Gutes (vgl. Kap. III.A), bei der Totalanalyse aller Märkte jeweils von den Preisen aller Güter abhängen (vgl. Kap. III.B). Es wird jedoch *kein* walrasianisches *tâtonnement* mit Hilfe eines Auktionators und *kein* Marktablauf mit *recontracting* unterstellt; die in Kap. III.A.2.c erläuterten Spielregeln, nach denen ein Konkurrenzgleichgewicht zustande kommt und Transaktionen zwischen Anbietern und Nachfragern dann zu den Gleichgewichtspreisen abgewickelt werden, gelten also nicht. Vielmehr wird unterstellt, daß schon vor Erreichen eines Marktgleichgewichts Transaktionen getätigt werden. Sie finden bei Vorliegen eines Angebots- oder eines Nachfrageüberschusses und damit zu einem Nicht-Gleichgewichtspreis statt; man spricht auch von *trading at a false price* (vgl. JOHN HICKS 1946, Kap. IX).

Man könnte sich vorstellen, daß bei einem Rückgang der Nachfrage, in Abb. VI.g dargestellt durch Linksverschiebung der Nachfragekurve, zum bisherigen Gleichgewichtspreis $\bar{p}$, bei dem in der neuen Situation ein Angebotsüberschuß a

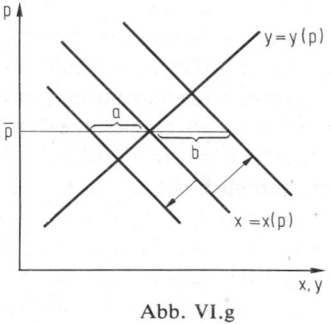

Abb. VI.g

herrscht, weiterhin Transaktionen stattfinden. Der Preis paßt sich der neuen Gleichgewichtssituation nicht oder nicht sofort an; es bleibt ein nicht-markträumender Preis bestehen. Im Unterschied zu den im Vorabschnitt beschriebenen Situationen ist der Angebotsüberschuß hier ungeplant. Nicht alle Anbieter, die verkaufen möchten, kommen zum Zuge. Das Angebot muß auf die *kurze Marktseite*, die Nachfrageseite, *mengenbeschränkt* oder *rationiert* werden. Analog bedeutet bei Rechtsverschiebung der Nachfragekurve und Fortbestehen des Preises $\bar{p}$ ein Nachfrageüberschuß b, daß nicht alle Nachfrager zum Zuge kommen, daß die Nachfrage nun auf die Angebotsseite rationiert werden muß. Bei Transaktionen zu Gleichgewichtspreisen werden die Angebots- und die Nachfragewünsche der Marktteilnehmer allein über den Preis auf konsistente Mengen beschränkt. Bei Transaktionen zu Ungleichgewichtspreisen müssen für die Teilnehmer der *langen Marktseite* weitere *Rationierungsmechanismen* hinzukommen. Beispielsweise könnte der Grundsatz gelten, daß die zuerst Kommenden voll bedient werden und die später Kommenden leer ausgehen. Ein anderer Grundsatz wäre, daß alle um einen gleichen Prozentsatz rationiert werden. Eine Vielzahl anderer, auch sehr ungerechter Rationierungsmechanismen wie Rasse, Geschlecht, Blauäugigkeit sind denkbar. Rationierungsmechanismen werden im folgenden nicht weiter untersucht, sie müssen jedoch bei Ungleichgewichtstransaktionen stets eine Rolle spielen.

Ziehen wir, ohne nach den Gründen ihres Entstehens zu fragen, alle denkbaren Angebots- und Nachfrageüberschüsse an einem Markt und die jeweilige Beschränkung des Umfangs der Transaktionen auf die *kurze Marktseite* in Betracht, so erhalten wir im Beispiel der Abb. VI.h den durchgezogenen Kurvenzug als Beschreibung der *realisierbaren Angebots-* und *Nachfragemengen*. Während die gemäß der Angebots- bzw. der Nachfragefunktion *geplanten Mengen* durch

$$x = x(p) \quad \text{und} \quad y = y(p) \tag{VI.3}$$

gegeben sind, müssen die realisierbaren Mengen durch

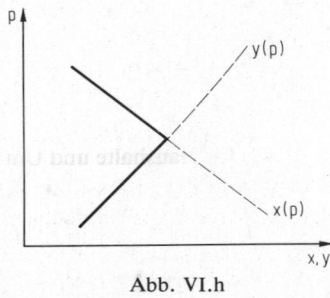

Abb. VI.h

$$x_r = y_r = \min \{x(p), y(p)\} \tag{VI.4}$$

beschrieben werden.

Wichtige Schlußfolgerungen ergeben sich, wenn statt eines Marktes die *Gesamtheit aller Märkte* einer Volkswirtschaft betrachtet, wenn also statt einer Partial- eine *Totalanalyse* durchgeführt wird. Den Unterschied zwischen walrasianischer Gleichgewichts-Totalanalyse und dem entsprechenden Ansatz der neuen Ungleichgewichtstheorie wollen wir anhand einer Volkswirtschaft untersuchen, die aus nur zwei Märkten besteht, dem *Markt für (homogene) Arbeitsleistungen* und dem *Markt für ein Konsumgut* (vgl. FREYER 1979). Auf dem Arbeitsmarkt bieten die Haushalte y_1 an und fragen die Unternehmungen x_1 nach. Auf dem Gütermarkt bieten die Unternehmungen y_2 an und fragen die Haushalte x_2 nach. Wenn p_1 und p_2 die Preise sind, lassen sich die aus Nutzenmaximierung der Haushalte bzw. Gewinnmaximierung der Unternehmungen hergeleiteten Angebots- und Nachfragefunktionen wie folgt anschreiben:

$$\left.\begin{aligned} y_1 &= y_1(p_1, p_2) \\ x_2 &= x_2(p_1, p_2) \end{aligned}\right\} \text{für Haushalte} \tag{VI.5}$$

$$\left.\begin{aligned} y_2 &= y_2(p_1, p_2) \\ x_1 &= x_1(p_1, p_2) \end{aligned}\right\} \text{für Unternehmungen} \tag{VI.6}$$

Diese Funktionen entsprechen einer auf den Fall zweier Märkte vereinfachten Version der Funktionen (III.25), (III.31) und (III.33).

Für die Haushalte gilt die Bilanzgleichung

$$y_1 p_1 = x_2 p_2, \tag{VI.7}$$

die (III.19) entspricht. Für die Unternehmungen gilt bei gewinnloser Produktion die „Erlös = Kosten"-Gleichung

$$y_2 p_2 = x_1 p_1. \tag{VI.8}$$

Nach (VI.7) und (VI.8) ist jeweils für Haushalte und Unternehmungen der Wert ihrer Verkäufe stets gleich dem Wert ihrer Käufe. Im walrasianischen Gleichgewicht gelten ferner die Marktgleichgewichtsbedingungen

$$y_1 = x_1 \quad \text{und} \quad y_2 = x_2. \tag{VI.9}$$

Der Zustand dieses Gleichgewichts ist in Abb. VI.i.1 und i.2 dargestellt. Eine solche Darstellung einer Angebots- oder einer Nachfragekurve ist nur *ceteris paribus* möglich, d. h. bei gegebenem Preis des jeweils anderen Gutes; eine Veränderung dieses Preises würde die Kurve verschieben. Als gegebener Preis des anderen Gutes wurde jeweils der Gleichgewichtspreis p_1^* bzw. p_2^* genommen. Aus der Gleichheit des Wertes der Verkäufe und Käufe jeweils der Haushalte und der

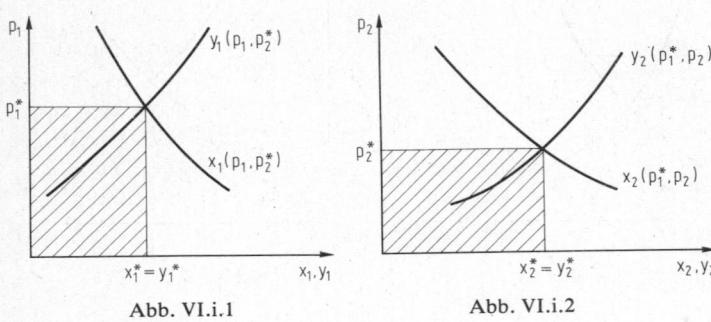

Abb. VI.i.1   Abb. VI.i.2

Unternehmungen gemäß (VI.7) und (VI.8) und aus den Marktgleichgewichtsbedingungen (VI.9) folgt die Gleichheit der Umsätze auf dem Arbeits- und dem Konsumgütermarkt: $y_1^* \cdot p_1^* = y_2^* \cdot p_2^*$. Bei gleichen Abszissenmaßstäben für die Einheiten der Arbeitsleistungen und des Konsumgutes sind die schraffierten Flächen in Abb. VI.i.1 und i.2 flächengleich.

Betrachtet man *im walrasianischen Ansatz* Situationen, in denen zwar mit (VI.7) und (VI.8) die Wertgleichheit der Verkäufe und Käufe jeweils der Haushalte und Unternehmungen, jedoch *nicht die Gleichgewichtsbedingungen* (VI.9) erfüllt, sondern Angebots- und Nachfrageüberschüsse zugelassen sind, dann ist die *Summe dieser in Preisen bewerteten Überschußmengen gleich Null*. Aus (VI.7) und (VI.8) folgt nämlich

$$y_1 p_1 - x_1 p_1 = x_2 p_2 - y_2 p_2$$

oder

$$(y_1 - x_1)p_1 + (y_2 - x_2)p_2 = 0. \qquad (VI.10)$$

Dies ist das sogenannte WALRAS-*Gesetz*, das auch im Falle beliebig vieler Märkte gilt. In allen, etwa von einem Auktionator während des *tâtonnement*-Prozesses registrierten, Ungleichgewichtssituationen mit im Sinne der wertmäßigen Gleichheit von Verkäufen und Käufen konsistenten Plänen der Wirtschaftseinheiten ergänzen sich wertmäßig Angebots- und Nachfrageüberschüsse insgesamt zu

Null. Einem mit $\bar{p}_1$ bewerteten Angebotsüberschuß auf dem Arbeitsmarkt würde in unserem Beispiel genau ein mit $\bar{p}_2$ bewerteter Nachfrageüberschuß auf dem Konsumgütermarkt entsprechen. In den Abbildungen VI.j.1 und j.2 kommt dies durch Flächengleichheit der schraffierten Rechtecke zum Ausdruck.

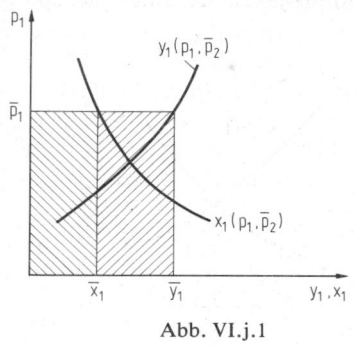 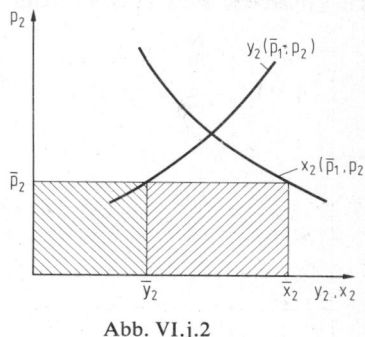

Abb. VI.j.1   Abb. VI.j.2

In dem Spezialfall, daß am Arbeitsmarkt (allgemein: an n − 1 von n Märkten) kein Angebots- oder Nachfrageüberschuß besteht, muß nach dem WALRAS-Gesetz auch am Konsumgütermarkt (am n-ten Markt) ein Überschuß von Null bestehen. Das WALRAS-Gesetz sagt hier also aus, daß *Gleichgewicht am Arbeitsmarkt* (an n − 1 Märkten) das *Gleichgewicht am Konsumgütermarkt* (am n-ten Markt) *bereits impliziert*, daß es also ausreicht, eine Marktgleichgewichtsbedingung (n − 1 Marktgleichgewichtsbedingungen) zu betrachten. (Auf diesen Sachverhalt hatten wir in Kapitel III.B.2.d bereits hingewiesen.)

Die Geltung des WALRAS-Gesetzes könnte Anlaß zu der Vermutung geben, daß sich Ungleichgewichte an den verschiedenen Märkten gegenseitig aufheben und eine Anpassung an ein walrasianisches totales Konkurrenzgleichgewicht nicht behindern. Finden jedoch, wie für einen einzelnen Markt erörtert, Transaktionen schon vor Erreichen des Gleichgewichts und damit zu Nicht-Gleichgewichtspreisen bei Angebots- oder Nachfrageüberschüssen statt, kommt es dementsprechend zur Rationierung jeweils der langen auf die kurze Marktseite, so kann das schwerwiegende Konsequenzen für das Funktionieren des Marktmechanismus haben. Von der Rationierung eines Marktes gehen regelmäßig Wirkungen auf andere Märkte aus, die man als *spill over-Effekte* bezeichnet. Das WALRAS-Gesetz gilt dann nicht mehr; Angebotsüberschüssen stehen nicht mehr wertmäßig gleich große Nachfrageüberschüsse gegenüber. An unserem in den Abbildungen VI.j.1 und j.2 dargestellten Beispiel läßt sich dies wie folgt verdeutlichen: Die Haushalte werden als Anbieter auf dem Arbeitsmarkt rationiert, denn die realisierte Arbeitsmenge ist bei den Preisen $\bar{p}_1$ und $\bar{p}_2$:

$$x_{1r} = y_{1r} = \min \{x_1(\bar{p}_1, \bar{p}_2), y_1(\bar{p}_1, \bar{p}_2)\} = \bar{x}_1. \qquad (VI.11)$$

Statt des geplanten Einkommens in Höhe des Wertes der geplanten Verkäufe von Arbeitsleistungen, $\bar{y}_1 \cdot \bar{p}_1$, beziehen die Haushalte ein geringeres realisiertes Einkommen $\bar{x}_1 \cdot \bar{p}_1$. Das hat zur Folge, daß sie auf dem Konsumgütermarkt nicht gemäß ihrer dem Preis $\bar{p}_1$ entsprechenden, in Abb. VI.j.2 eingezeichneten Kurve der geplanten Nachfrage handeln können. Wegen der Rationierung auf dem Arbeitsmarkt müssen sie statt des geplanten vielmehr das realisierte Einkommen als Entscheidungsgrundlage für Konsumgüterkäufe wählen. ROBERT CLOWER (1963) spricht hier von *dualer Entscheidungshypothese:* Die Konsumgüternachfrage ist jetzt generell nicht mehr durch $x_2 = x_2(p_1, p_2)$ bestimmt, sondern hängt vom realisierten Einkommen ab. Man spricht in diesem Zusammenhang deshalb von *effektiver Nachfrage*. Das realisierte Einkommen reicht in Abb. VI.j.2 gerade aus, zum Preis $\bar{p}_2$ die Menge $\bar{y}_2$ des Konsumgutes zu kaufen, die auch genau die zu diesem Preis angebotene Menge ist. Die Differenz zwischen geplantem und realisiertem Einkommen ist also gleich dem im Zusammenhang mit dem WALRAS-Gesetz konstatierten, zum Preis $\bar{p}_1$ bewerteten Angebotsüberschuß am Arbeitsmarkt. Ihr entspricht ein *spill-over-Effekt* auf dem Konsumgütermarkt in Form eines Nachfrageausfalls, der gleich dem im Zusammenhang mit dem WALRAS-Gesetz erwähnten, zum Preis $\bar{p}_2$ bewerteten Nachfrageüberschuß ist (die „rechtsschräg" schraffierten Flächen sind größengleich).

Der wesentliche Unterschied zur walrasianischen *tâtonnement*-Situation liegt darin, daß nun einem *Angebotsüberschuß auf dem Arbeitsmarkt* ein *Gleichgewicht auf dem Konsumgütermarkt* zugeordnet ist. Transaktionen zum Ungleichgewichtspreis am Arbeitsmarkt, die damit verbundene Rationierung und die Anwendung der dualen Entscheidungshypothese für die Konsumgüterkäufe haben also zur Folge, daß sich Angebots- und Nachfrageüberschüsse nicht ausgleichen, das WALRAS-*Gesetz also nicht gilt*. Im Beispiel besteht unfreiwillige Arbeitslosigkeit, denn nicht alle Arbeitsanbieter, die zum herrschenden Lohnsatz $\bar{p}_1$ Arbeitsleistungen anbieten, finden Beschäftigung; andererseits herrscht Gleichgewicht am Konsumgütermarkt, denn wegen $\bar{y}_2 \cdot \bar{p}_2 = \bar{x}_1 \cdot \bar{p}_1$ wird genau die angebotene Menge $\bar{y}_2$ auch effektiv nachgefragt (die „linksschräg" schraffierten Flächen sind größengleich). In keynesscher Terminologie liegt ein *Gleichgewicht bei Unterbeschäftigung* vor (vgl. JOHN MAYNARD KEYNES 1936). Die anhand des Beispiels erläuterten Grundüberlegungen bilden den Ausgangspunkt einer Neuinterpretation der makroökonomischen keynesschen Beschäftigungstheorie.

Während die *Neue Mikroökonomik* als neoklassische Fortführung der traditionellen Gleichgewichtstheorie eines funktionierenden Marktmechanismus zu deuten ist, muß die Ungleichgewichtstheorie als Versuch gesehen werden, Gründe für ein Nichtfunktionieren dieses Mechanismus zu erkennen und wirtschaftspolitische Maßnahmen für eine verbesserte Funktionsweise vorzuschlagen.

D. „Neue Institutionenökonomik":
Unternehmungen, Märkte und Kooperationen
als ökonomische Koordinationsinstitutionen

1. Einführung

In der neoklassischen Theorie sind zwei Arten von Institutionen erkennbar. Erstens beruht diese Theorie auf der *Institution des Privateigentums*, die staatlichen Schutz für jede Art des Eigentums vorsieht und Eigentümern von Faktorbeständen das Recht gibt, Faktornutzungen zu verkaufen und so ein Einkommen zu beziehen. Die Institution des Privateigentums ist damit wesentlicher Bestandteil der vom Staat gesetzten Ordnung einer Marktwirtschaft. Zweitens brachte die neoklassische Theorie als gedankliches Konstrukt die *Institution der Märkte* hervor. Es war allerdings notwendig, im Falle eines Marktes mit vollständiger Konkurrenz zur Konkretisierung dieser Institution den Börsenmakler oder den walrasianischen Auktionator sowie Spielregeln zum Ablauf des Marktes einzuführen, um das Zustandekommen eines Marktgleichgewichtes aus der Nachfrage- und Angebotsbereitschaft der großen Zahl von „kleinen" Marktteilnehmern mit Preisnehmer-(Mengenanpasser-)Verhalten erklären zu können. Wegen der Homogenität des Angebotes ist es bei vollständiger Konkurrenz dem einzelnen Nachfrager gleichgültig, von welchem Anbieter er beliefert wird. Transaktionen müssen nicht mittels Verträgen zwischen einzelnen Nachfragern und Anbietern abgewickelt werden; jeder Nachfrager und Anbieter kontrahiert vielmehr „mit dem Markt". In Marktformen der unvollständigen Konkurrenz mit Preissetzerverhalten beispielsweise eines Angebotsmonopolisten, eines Anbieters bei monopolistischer Konkurrenz oder eines Angebotsoligopolisten stellt sich die Institution des Marktes weniger speziell als in der neoklassischen Variante der vollständigen Konkurrenz dar. Hier können Verträge zwischen dem preissetzenden Anbieter und jeweils einem Nachfrager zustande kommen, die sich insbesondere auf Preis, Qualität und Menge eines Gutes beziehen, die aber auch weitere Modalitäten wie Lieferzeit, Rabatte oder Skonti regeln können.

Die *Neue Institutionenökonomik* anerkennt, daß die neoklassische Theorie und die sie ergänzende Marktformenlehre die volkswirtschaftliche Koordinationsinstitution der Märkte abgearbeitet hat; sie kritisiert jedoch, daß in der traditionellen Mikroökonomik die Koordination einzelwirtschaftlichen Handelns innerhalb von Unternehmungen nicht problematisiert wird, daß die Unternehmung als Organisation überhaupt nicht existiert. Das „Innenleben" einer Unternehmung wird lediglich durch eine Produktionsfunktion dargestellt, in der sich die Produktionstechnik ausdrückt. Bei gegebenen Faktornutzungspreisen bestimmt ein fiktives, anonymes Management aus der Produktionsfunktion die Minimalkostenkombination variabler Faktoren und die Kostenkurve. Die Unternehmung wird also als eine konfliktfreie, nicht weiter zu erklärende homogene Wirtschaftseinheit betrachtet, in der die Entscheidungen über den Faktoreinsatz durch die Produktionstechnik vorgeprägt sind. Nicht die Unternehmungen selbst, sondern deren Nachfrage nach Faktorleistungen in Abhängigkeit von den Faktorpreisen interessieren im Rahmen der traditionellen volkswirtschaftlichen Mikroökonomik, wie wir sie in Kap. II.E.3 und Kap. III.B.2.b behandelten. Die Faktorallokation über den Preismechanismus der Faktormärkte steht im Vordergrund.

Allerdings war durch LEIBENSTEINs Konzeption der X-Ineffizienz und durch CYERTs und MARCHs Konzeption der „organisational slacks" die Aufmerksamkeit bereits auf Koordinationsprobleme innerhalb von Unternehmungen gelenkt worden (vgl. dazu Kap. VI.A.5 und 6); es blieb jedoch der Neuen Institutionenökonomik vorbehalten, die *Unternehmungen* selbst und *Kooperationen von Unternehmungen* systematisch als eigenständige *weitere Institutionen volkswirtschaftlicher Koordination* zu untersuchen. Mit der Auffächerung der Unternehmung als Untersuchungsgegenstand wird die traditionelle volkswirtschaftliche Mikroökonomik sozusagen noch einmal mikroökonomisch untermauert.

Am Beginn der Herausbildung einer Theorie der Märkte und der Unternehmungen als volkswirtschaftliche Koordinationsinstitutionen stand RONALD COASES Beitrag „The Nature of the Firm" (1937), der bis in die siebziger Jahre hinein wenig Beachtung fand und dann als *Transaktionskostenansatz* gefeiert wurde. Wir stellen ihn in Abschnitt 2 dar. Der Transaktionskostenansatz wurde von OLIVER WILLIAMSON zur heute dominierenden *Governance-Richtung* der Neuen Institutionenökonomik ausgebaut. Diese befaßt sich eingehend mit Transaktionen, menschlichem Verhalten, der Gestaltung von Vertragsbeziehungen und Koordinationsstrukturen innerhalb von und zwischen Unternehmungen, insbesondere in Abhängigkeit von einer *Faktorspezifität*. Die Governance-Richtung bildet den Schwerpunkt unserer Darstellung in Abschnitt 3. Als weiterer Zweig der Neuen Institutionenökonomik etabliert sich gegenwärtig eine Richtung, die als *Agency-Theorie* bezeichnet wird. In ihr sind vertragliche Regelungen eine Antwort auf asymmetrische Informationsverteilung zwischen weisungsberechtigten *Prinzipalen* und weisungsgebundenen, aber im Eigeninteresse mit Informationsvorsprung handelnden *Agenten*. Auf diesen neuen Zweig weisen wir in Abschnitt 4 hin.

2. Die Koordinationsinstitutionen „Markt" und „Unternehmung" in der Theorie von Coase

COASE hatte in seinem berühmten Aufsatz konstatiert, daß nicht nur die von der neoklassischen Theorie beschriebene Faktorallokation über den Preismechanismus der Märkte eine Institution der Koordination wirtschaftlicher Aktivitäten ist; vielmehr erfolge auch innerhalb der Unternehmungen eine Faktorallokation, und zwar durch Anweisungen, mithin seien auch Unternehmungen eine Institution der Koordination wirtschaftlicher Aktivitäten, deren Existenz und Dauerhaftigkeit es zu erklären gelte.

Die Unternehmung als dauerhafte, zweite Koordinationsinstitution gibt es nach COASE deshalb, weil die *Nutzung der Institution der Märkte und des Preismechanismus* entgegen den Vorstellungen der neoklassischen Theorie *nicht kostenfrei* ist. „Costs of using the price mechanism" entstehen *erstens* für Informationen über die Preise der zu produzierenden Güter und der einzusetzenden Faktorleistungen, *zweitens* für das Aushandeln und den Abschluß von Verträgen mit Abnehmern von produzierten Gütern und Lieferanten von Faktorleistungen. Es ist oft günstig, längerfristige Verträge abzuschließen, die jedoch nachträglich angepaßt werden müssen, z. B. an veränderte Kombinationen von Faktorleistungen bei veränderten Preisrelationen oder an technischen Fortschritt. Diese Anpassungen von Verträgen begründen einen *dritten* Typ von Kosten beim Gebrauch des Preismechanismus.

Werden die über Märkte abgewickelten Aktivitäten in einem noch näher zu bestimmenden Umfang in eine Unternehmung hineinverlegt, so lassen sich die Kosten der Benutzung des Preismechanismus senken. Argumentiert man gemäß ARROW (1969) mit der Zuordnung von *„Transaktionen"* und *„Transaktionskosten"*, so sind es nach COASE also *Transaktionskostenersparnisse*, die zur Zusammenfassung von Transaktionen in der Form dauerhafter Unternehmungen führen.

Zu fragen ist dann aber, warum nicht die gesamte Produktion in einer einzigen großen Unternehmung abgewickelt wird (COASE 1937, S. 340). Auch die Koordination der Aktivitäten innerhalb einer Unternehmung verursacht Kosten. Hier stellt sich das in der neoklassischen Theorie ignorierte Problem der Organisation einer Unternehmung und der *Transaktionskosten innerhalb dieser Organisation*. COASE geht davon aus, daß die Kosten der unternehmensinternen Koordination von Aktivitäten überproportional zur Zahl der abgewickelten Transaktionen steigen, weil die Koordinationsfähigkeit der Unternehmensleitung abnehmende Grenzerträge hat und die Wahrscheinlichkeit unternehmerischer Fehlentscheidungen und ineffizienten Faktoreinsatzes zunimmt (vgl. auch BÖSSMANN 1983, S. 107).

Mit COASES Beitrag wurde klar, daß nicht nur die in der neoklassischen Theorie vor allem betrachteten Produktionskosten, sondern auch die Transaktionskosten der Koordination von Aktivitäten über Märkte einerseits, innerhalb von Unternehmungen andererseits in Rechnung zu stellen sind. Um bei gegebenen Produktionskosten die Transaktionskosten zu senken, lohnt es sich, Transaktionen aus den Beschaffungs- oder Absatzmärkten herauszunehmen und in die Unternehmung einzugliedern, wenn sie dort geringere Transaktionskosten verursachen. Eine *optimale Substitution von Transaktionen* über Märkte durch Transaktionen innerhalb von Unternehmungen ist offenbar dann erreicht, wenn die Grenzkosten unternehmensinterner Transaktionen auf die Grenzkosten von Transaktionen über Märkte angestiegen sind. Durch diese Anwendung des Marginalprinzips erweist sich der COASEsche Ansatz als eine Fortführung neoklassischer Theorie. Er beschreibt die *transaktionskostenminimierende institutionelle Struktur* einer Volkswirtschaft, bestehend aus Märkten und „Inseln der Planung" in der Form dauerhafter Unternehmungen.

Die Erklärung der Existenz und der Größe von Unternehmungen mit Transaktionskosten ist einleuchtend, allerdings inhaltsleer, solange nicht dargelegt wird, was unter Transaktionen und Transaktionskosten zu verstehen ist, von welchen Größen und Sachverhalten die marktlichen und die unternehmungsinternen Transaktionskosten abhängen. Es kommt darauf an, den Begriff der Transaktionen und ihrer Kosten aufzufächern, um zu den spezielleren Bestimmungsgründen der institutionellen Struktur einer Volkswirtschaft vorzudringen.

3. Transaktionskostentheorie:
Die Governance-Richtung von Williamson

Die am detailliertesten ausgebaute Transaktionskostentheorie stammt von WILLIAMSON; seine zahlreichen Veröffentlichungen (zum Teil mit Koautoren) finden ihre systematische Zusammenfassung in dem Buch „The Economic Institutions of Capitalism. Firms, Markets, Relational Contracting" (1985), auf das wir uns im folgenden hauptsächlich beziehen.

a. Verhalten der an Transaktionen beteiligten Personen

WILLIAMSON (1985, S. 44ff.) unterstellt den an Transaktionen beteiligten Personen
– eingeschränkte Rationalität (bounded rationality),
– opportunistisches Verhalten (opportunistic behavior).
Mit der *eingeschränkten Rationalität* ist gemeint, daß eine Person zwar in ihrem Eigeninteresse nutzenmaximierend handelt, daß sie dies wegen ihrer begrenzten Kapazität zur Aufnahme und zur Verarbeitung von Informationen jedoch nicht unter Beachtung aller objektiv relevanten Einflußgrößen, sondern nur unter der Restriktion subjektiv begrenzter Informationen kann (WILLIAMSON beruft sich hier auf HERBERT SIMON, doch ist zu beachten, daß dieser statt maximierenden Verhaltens das „satisfizierende" Verhalten unterstellt; vgl. dazu Kap. I.B.5.i.). Unter *opportunistischem Verhalten* versteht WILLIAMSON eine verschärfte Form eigennützigen Verhaltens, auch unter Anwendung von Hinterlist („self-interest seeking with guile"), vor allem durch das Zurückhalten oder Verzerren von Informationen. Die Möglichkeit opportunistischen Verhaltens eröffnet sich

erst dadurch, daß ein Vertragspartner nicht im neoklassischen Zustand vollständiger Information, sondern unter begrenzter Information handelt. Opportunistisches Verhalten ist daher nicht als zusätzliche Verhaltensannahme zu deuten, sondern ist bereits in einem nutzenmaximierenden Verhalten bei begrenzter Informationskapazität der Vertragspartner angelegt.

b. Transaktionen und Transaktionskosten

Wirtschaftliche *Transaktionen* sind nicht leicht allgemein zu definieren, denn der Begriff soll ja nicht nur marktliche, sondern auch unternehmungsinterne Vorgänge erfassen. WILLIAMSON geht bei seinem Definitionsversuch offenbar davon aus, daß ein Gut auf seinem Weg zur Konsumreife verschiedene, technisch bestimmte Fertigungsstufen durchläuft, wobei jeweils einzelne oder mehrere dieser Stufen in einer der „hintereinandergeschalteten" Unternehmungen angesiedelt sind, welche an der Bereitstellung des Konsumgutes teilhaben. So ist es zu verstehen, daß WILLIAMSON eine Transaktion konstatiert, „when a good or service is transferred across a technologically separable interface. One stage of activity terminates and an other begins" (1985, S. 1). An den Schnittstellen ist nicht nur das noch unfertige Gut jeweils auf die nächste Fertigungsstufe überzuleiten; die Transaktionen betreffen vielmehr auch das Einbringen von Faktorleistungen in die Fertigungsstufen. Entscheidend ist, daß an den zahlreichen Schnittstellen des Produktionsprozesses, seien sie nun durch einen Markt zwischen den Unternehmungen zweier Fertigungsstufen markiert oder innerhalb einer Unternehmung angesiedelt, jeweils Personen agieren, die sich verständigen müssen.

Bei der Definition von *Transaktionskosten* bezieht sich WILLIAMSON auf ARROW (1969, S. 48), der von „costs of running the economic system" spricht. Die Transaktionskosten entstehen aufgrund der an den Schnittstellen notwendigen Verständigung zwischen den beteiligten Personen. Die Verständigung kann erschwert sein durch Mißverständnisse oder Konflikte zwischen den nur eingeschränkt rational und möglicherweise opportunistisch handelnden Beteiligten. Transaktionskosten lassen sich demnach als *Kosten vertraglicher Beziehungen* umschreiben, welche die *Verständigung der an den Transaktionen beteiligten Personen* regeln. Es kann sich dabei um *explizite* (ausdrückliche) oder um *implizite* (stillschweigend durch entsprechendes Handeln anerkannte) *Verträge* zwischen den Personen handeln (WILLIAMSON 1985, S. 20). Transaktionskosten entstehen grundsätzlich für die Vorbereitung, den Abschluß, die Ausführung und die Kontrolle der Verträge.

Transaktionskosten sind mithin alle Kosten, die nicht unmittelbar die Produktion in Form von Kosten für Vor- oder Zwischenprodukte und für Faktorleistungen selbst betreffen. Ohne Anspruch auf Vollständigkeit beziehen sie sich erstens auf Verträge des Managements mit Lieferanten der vorgelagerten oder Abnehmern der nachgelagerten Stufe, und zwar angefangen von Kosten der Suche nach Vertragspartnern mittels beschaffungs- bzw. absatzpolitischer Instrumente wie Werbung, bis hin zu Kosten nachträglicher Vertragsanpassungen, Reklamationen oder gerichtlicher Auseinandersetzungen. Transaktionskosten beziehen sich zweitens auch auf die Kosten der vertraglichen Beziehungen zwischen Management und Faktoreigentümern, also beispielsweise Kosten der Arbeitsvermittlung bei Neueinstellungen, Kosten von Sozialplänen bei Entlassungen oder Kosten im Zusammenhang mit der Finanzierung von Sachkapital durch Aktienausgabe am Kapitalmarkt. Angesichts der mit den Beispielen angedeuteten Breite des Transaktionskostenbegriffes mag es nicht überraschen, daß überschlägige Schätzungen die Transaktionskosten entwickelter Volkswirtschaften in etwa gleicher Größenordnung wie die Produktionskosten ansetzen (vgl. WALLIS und NORTH 1986).

Von besonderer Bedeutung ist, daß WILLIAMSON neben den *Ex-ante-Transaktionskosten*, die vor Abschluß eines Vertrages für Anbahnung, Entwurf, Verhandlung und Absicherung der vorgesehenen Vertragsausführung entstehen, auch *Ex-post-Transaktionskosten* für nachträgliche Konkretisierung, Ergänzung oder Anpassung eines *unvollständigen Vertrages* einbezieht. Ein Vertrag könnte nur im Extremfall Regelungen für alle während seiner Ausführung denkbar eintretenden Ereignisse enthalten; er wäre damit vollständig, und es gäbe dann nur Ex-ante-Transaktionskosten. Aus Gründen, die in der Vielfalt denkbarer Ereignisse und in der eingeschränkten Rationalität der Beteiligten liegen, sind Verträge fast immer unvollständig. Gerade wenn es um nachträgliche Revision eines unvollständigen Vertrages geht, muß mit opportunistischem Verhalten der Beteiligten gerechnet werden. Bei der Gestaltung vertraglicher Beziehungen sind daher auch Regelungen eventuell notwendig werdender Vertragskonkretisierung, -ergänzung oder -anpassung vorzusehen, um die Ex-post-Transaktionskosten gering zu halten.

Oftmals wird argumentiert, die wohldefinierten Handlungsrechte von Personen in einer privatwirtschaftlichen Eigentumsordnung machten es überflüssig, vertragliche Konfliktregelungen auszuhandeln; man könne die Konfliktbereinigung vielmehr weitgehend der Rechtsprechung, dem öffentlichen „court ordering" überlassen. Aus der Sicht des Transaktionskostenansatzes sind hingegen vertragliche Vorkehrungen privater Konfliktbereinigung, also „private ordering", i.d.R. interessengerechter und transaktionskostengünstiger, so daß „court ordering is better regarded as a background factor rather than a central forum for disput resolution" (WILLIAMSON 1989, S. 141).

c. Absicherung vertraglicher Regelungen

Bei den Gestaltungsmöglichkeiten der Vertragsausführung spielen, insbesondere zur Abwehr opportunistischen Verhaltens, Absicherungen durch *glaubhafte Bindungen* (credible commitments) eine wichtige Rolle; sie sollen einen Anreiz für gute Vertragsausführung geben. WILLIAMSON (1983) bezeichnet Absicherungen als *Geiseln* (hostages), worunter man sich selbstverständlich nicht Menschen, sondern beliebige Sicherheitsleistungen von Vertragspartnern vorzustellen hat. Eine solche Sicherheitsleistung besteht in Geld oder einem anderen Vermögensgegenstand und fällt bei Nichterfüllung des Vertrages entweder dem anderen Vertragspartner zu oder geht dem Sicherheitsleistenden auf andere Weise verloren.

Eine Absicherung vertraglicher Regelungen kann ein Vertragspartner auch durch seine *Reputation* leisten. Man kann Reputation am Beispiel eines *Erfahrungsgutes* (experience good) erläutern, d. h. eines Gutes, für das ein Käufer zahlt, ehe er Gelegenheit hat, die vertraglich vereinbarte Qualität nach der Lieferung durch den Verkäufer kennenzulernen (vgl. KLEIN und LEFFLER 1981). Der Preis eines solchen Gutes muß eine Qualitätsprämie enthalten, ohne die der Verkäufer Anreiz hätte, eine geringere als die vereinbarte Qualität zu liefern. Wird die Prämie entrichtet, so hat der Verkäufer Anlaß, die vertraglich zugesicherte Qualität einzuhalten; denn bei Nichterfüllung dieser Zusicherung ginge bei zukünftigen Verträgen die auf die Reputation zurückzuführende Qualitätsprämie verloren.

d. Dimensionen von Transaktionen: Unsicherheit, Häufigkeit, Faktorspezifität

Um Aussagen über volkswirtschaftliche Koordinationsinstitutionen für Transaktionen und über typische Formen vertraglicher Ausgestaltung bei der Abwicklung von Transaktionen machen zu können, ist es notwendig, den allgemeinen Begriff der Transaktionen nach produktions- und transaktionskostenrelevanten Merkmalen oder Dimensionen aufzugliedern. WILLIAMSON unterscheidet die Unsicherheit und die Häufigkeit von Transaktionen und − das bei weitem wichtigste Merkmal − die Faktorspezifität bei Transaktionen.

Bei der *Unsicherheit* von Transaktionen (vgl. WILLIAMSON 1985, S. 60f.) geht es nicht nur um zukünftige Ereignisse, die aufgrund ihrer Häufigkeit mehr oder weniger gut mit subjektiven oder objektiven Wahrscheinlichkeiten beschrieben werden können, so daß die Grundsätze des Verhaltens bei Risiko (vgl. Kap. I.B.5.g und h) Anwendung finden können. Vielmehr ist auch Unsicherheit i.d.S. gemeint, daß bestimmte zukünftige vertragsrelevante Ereignisse gegenwärtig nicht einmal benannt werden können (S. 79). Unsicherheit in diesem Sinne könnte z. B. über opportunistisches Verhalten eines Vertragspartners bestehen. Es ist die Unsicherheit darüber, welche aus der Vielzahl der denkbaren und der nicht benennbaren vertragsrelevanten Ereignisse tatsächlich eintreten, die *Verträge* über Transaktionen *regelmäßig unvollständig* macht.

Die *Häufigkeit* von Transaktionen ist insofern von Bedeutung, als regelmäßig wiederkehrende Transaktionen eine andere vertragliche Ausgestaltung der Koordination sinnvoll machen als nur gelegentlich wiederkehrende oder einmalige Transaktionen.

Die *Faktorspezifität* bei Transaktionen und ihre Implikationen für die volkswirtschaftliche Koordination ist eine Besonderheit der Theorie von WILLIAMSON und verleiht ihr eine überragende Bedeutung innerhalb der Neuen Institutionenökonomik. Der Begriff der Faktorspezifität läßt sich auf MARSHALLs in Kap. V.C.4 dargestellte Argumente zurückführen: In der Produktion einer Unternehmung spezialisiertes Sachkapital oder spezialisierte Arbeitskräfte erwirtschaften dort eine Quasi-Rente, die deshalb verhältnismäßig hoch ist, weil alternative Verwendungen der Faktorleistungen ertragsschwach wären, so daß die Opportunitätskosten gering sind. Die Kosten der Investition oder Ausbildung sind dann „versunken"; sie lassen sich nicht durch Androhen eines Ausweichens in eine nächstbeste Verwendung wieder hereinholen; der zwischen Unternehmung und Faktoreigentümer auszuhandelnde Faktornutzungspreis ist losgelöst von den Investitions- oder Ausbildungskosten und impliziert die Möglichkeit einer Abschöpfung von Quasi-Rente durch den Vertragspartner.

WILLIAMSON entwickelte MARSHALLs Beispiele spezialisierter Faktorleistungen zur Konzeption der *transaktionsspezifischen Aktiva* weiter, das sind Aktiva oder Faktorbestände, die einen besonderen Wert durch ihre Leistungsabgabe in dauerhaften Vertragsbeziehungen über Transaktionen zwischen Vertragspartnern erhalten. WILLIAMSON (1989, S. 143) nennt, ohne Anspruch auf Vollständigkeit, folgende (sich teils überschneidende) Arten von Spezifität, zu denen wir jeweils eine kurze beispielhafte Erläuterung anfügen:

Räumliche Spezifität (site specificity): Sachkapital-Investitionen an einem für beide Vertragspartner günstigen Standort führen dazu, daß während der Lebensdauer der Anlagen auf beiden Seiten Lagerhaltungs- oder Transportkosten eingespart werden können.

Physische Spezifität (physical asset specificity): Sachkapital-Investitionen in spezialisierte Maschinen erlauben einem Vertragspartner die Herstellung eines Produktes, welches sich als Vorprodukt besser als andere Vorprodukte bei einem Vertragspartner der nachgelagerten Produktionsstufe eignet.

Humankapital-Spezifität (human asset specificity): Hier könnte es sich um Humankapital-Investitionen für eine spezialisierte Ausbildung handeln. Gemeint ist aber insbesondere auch Spezifität aufgrund von „learning by doing" in der Abwicklung von Produktionstätigkeiten sowie aufgrund des Kennenlernens von Besonderheiten des Vertragspartners; beides läßt sich als Erwerb idiosynkratischen Wissens von in der Vertragsbeziehung tätigen Arbeitskräften umschreiben.

Widmungs-Spezifität (dedicated assets): Ein Vertragspartner leistet Sachkapital-Investitionen zu Gunsten eines bestimmten Kunden.

Markenartikel-Spezifität (brand name capital): Die Investitionen eines Vertragspartners in einen Werbefeldzug für ein Produkt erhalten ihren besonderen Wert in den Vertragsbeziehungen mit den Käufern des Produktes.

Diese Aufzählung deutet an, daß die Bildung transaktionsspezifischer Aktiva oder Faktorbestände allgemein als *Festlegung ihrer Leistungsabgabe auf begrenzte Verwendungsbereiche* gesehen werden kann. Eine solche Festlegung mag einerseits die Leistungsabgabe in die vertraglich vorgesehenen Transaktionen besonders ertragreich machen, sie schränkt andererseits alternative Verwendungen der Leistungen ein bzw. macht diese ertragsschwach. Je höher der Grad der Spezifität,

- desto geringer die Möglichkeiten alternativer Verwendung,
- desto geringer die Opportunitätskosten,
- desto höher der Anteil der Quasi-Rente am Einkommen aus der Leistungsabgabe,
- desto stärker die Abhängigkeit des Eigentümers der spezifischen Aktiva oder Faktorbestände vom Vertragspartner,
- desto größer die Gefahr, daß der Vertragspartner in den Verhandlungen vor oder nach Vertragsabschluß einen Teil der Quasi-Rente abschöpfen kann.

e. Fixfaktoren und Faktormobilität im Verhältnis zur Faktorspezifität

Die Leistungsabgabe eines *Fixfaktors* in die Produktion einer Periode wird, unabhängig von der Produktionsmenge, mit konstanten Fixkosten angesetzt. Dies läßt sich so deuten, daß ein Fixfaktorbestand über mehrere Perioden hinweg einen unveränderlichen Strom von Leistungen abgibt, die in einer Abschreibung des Anschaffungspreises zum Ausdruck kommen. – Bei der *Faktorspezifität* kommt es nicht auf die Dauerhaftigkeit und Unveränderlichkeit der Leistungsabgabe, sondern auf die Möglichkeiten zu deren Verwendung an. – Ein Fixfaktorbestand in Form eines vielseitig verwendbaren und daher jederzeit verkäuflichen Lastwagens ist unspezifisch. Für das in ihn investierte Kapital sind die Opportunitätskosten vor der Investition genauso hoch wie die nach der Investition;

es gibt keine „versunkenen Kosten"; auch in einer anderen Verwendung des Lastwagens als der ursprünglich vorgesehenen können die Abschreibungen „hereingeholt" werden. Ein Fixfaktorbestand in Form eines Spezialtransporters ist spezifisch; mit der Investition „versinken" die Kosten, denn die Opportunitätskosten sind nun nahezu Null. Die Abschreibungen können nur in der spezifischen Verwendung „verdient" werden.

Die *Faktormobilität* bezieht sich grundsätzlich auf die Beweglichkeit von Faktorbeständen bzw. deren Leistungsabgabe zwischen Regionen, Branchen oder Unternehmungen. Die Faktormobilität wird durch Mobilitätshemmnisse eingeschränkt; diese bestehen in Mobilitätskosten, die im Fall des Bodens unendlich groß sind und im Fall der Arbeit sich auch in sozio-kulturellen Bindungen äußern. – Da die *Faktorspezifität* auf Möglichkeiten alternativer Verwendung von Faktorleistungen abstellt, die sich auch auf andere Regionen, Branchen oder Unternehmungen beziehen könnten, scheint eine Verwandtschaft zum Begriff der Mobilität gegeben zu sein. Vollkommen spezifische Faktoren haben keine alternative Verwendung; also könnte man versucht sein, sie als vollständig immobil zu deklarieren. Allerdings ist die Begründung für Spezifität ein besonderer Ertrag in der einen Verwendung, während Immobilität mit der Existenz von Mobilitätskosten zu tun hat. Wegen der unterschiedlichen ökonomischen Begründung empfiehlt es sich somit, Faktormobilität und Faktorspezifität auseinanderzuhalten.

f. Die „fundamentale Transformation"

Nach WILLIAMSON kommt es mit der Investition in transaktionsspezifische Aktiva oder Faktorbestände zu einer *fundamentalen Transformation* der Bedingungen bezüglich der Zahl der Wettbewerber: „. . . a large-numbers condition at the outset (ex ante competition) is transformed into a small-numbers condition during contract execution and at contract renewal intervals (ex post competition) . . ." (1985, S. 12). Zur Erläuterung wählen wir als Beispiel Transaktionen in Form von speziellen Transportleistungen, die eine Spedition für eine Chemiefirma erbringen soll. Vor dem Vertragsabschluß steht die Spedition im Wettbewerb mit anderen Speditionen als Anbietern von Transportleistungen, und die Chemiefirma steht im Wettbewerb mit anderen Unternehmungen als Nachfrager solcher Leistungen. Bis zum Vertragsabschluß ist ein Auswechseln des Vertragspartners grundsätzlich möglich. Nach dem Vertragsabschluß wird aus der Situation eines Marktes mit mehreren Anbietern und Nachfragern eine Situation mit einem Anbieter und einem Nachfrager, also ein *bilaterales Monopol*, welches im Beispiel durch folgende transaktionsspezifische Aktiva gekennzeichnet sei:

(1) Der Anbieter tätigt eine Investition mit physischer Spezifität, indem er Spezialfahrzeuge beschafft, die zum Transport der Produkte des Nachfragers besonders geeignet sind.

(2) Es entsteht Humankapital-Spezifität von Arbeitskräften beider Vertragspartner, die sich zum einen durch „learning by doing" in einem besonders effizienten Umgang mit den Spezialfahrzeugen äußert, und die zum anderen im Kennenlernen von Besonderheiten des Vertragspartners besteht, wodurch Kosten der Abstimmung eingespart werden können.

Während die unter (1) erwähnte transaktionsspezifische Sachkapitalinvestition unmittelbar nach Vertragsschluß getätigt werden muß und dann für den Anbieter „versunkene Kosten" darstellt, entsteht die unter (2) genannte Humankapital-Spezifität während der Vertragsausführung ohne Investitionskosten. Die Vorteile, die beide Vertragspartner aus der Vertragsbeziehung haben, würden sich, sollte sich ein Partner nach einem anderen Vertragspartner umsehen, nicht oder nicht voll auf ein Vertragsverhältnis mit dem neuen Partner übertragen; es besteht insoweit eine gegenseitige Abhängigkeit. Die Vorteile, die ein Vertragspartner bei Wahl eines anderen Partners als zweitbeste Alternative konservieren könnte, stellen für ihn die Opportunitätskosten des betrachteten Vertragsverhältnisses dar. Die nicht übertragbaren Vorteile erweisen sich als seine Quasi-Rente aus diesem Vertragsverhältnis.

Beim Aushandeln des Vertrages geht es darum, Vertragsbedingungen für Abschluß, Ausführung und Kontrolle des Vertrages zu finden,

– welche die Spedition veranlassen, die spezifische Sachkapital-Investition in Spezialfahrzeuge tatsächlich vorzunehmen,

– welche die Summe der Quasi-Renten, die den Partnern aus dem Vertragsverhältnis erwachsen, aufteilt.

Je nach Sachverhalt und Stärke der Partner kommt es zu einer Aufteilung der Summe beider Quasi-Renten mehr zu Gunsten des einen oder des anderen Vertragspartners. Im Extremfall kann sich der stärkere der Partner neben seinen Opportunitätskosten seine eigene Quasi-Rente und die ganze Quasi-Rente des schwächeren Partners aneignen, indem er den Ertrag des schwächeren Partners auf dessen Opportunitätskosten herunterdrückt. Der schwächere Partner ist also *verletzlich*, weil seine Quasi-Rente der *Beraubung* (holdup) durch den stärkeren Partner ausgesetzt ist. Nach ALCHIAN und WOODWARD (1987, S. 115 f.) gibt es allerdings *plastische spezifische Faktoren*, das sind solche, deren Eigentümer eine vertraglich nicht fixierbare Leistungsabgabe einstellen oder variieren und damit eine Beraubung abwehren (vielleicht sogar selbst eine Aneignung von Quasi-Rente des Vertragspartners durchsetzen) können. Dabei ist insbesondere an Arbeitskräfte zu denken. Nur nicht-plastische spezifische Faktoren sind verletzlich.

Die Vertragsbedingungen können auch *Absicherungen* gegen opportunistisches Verhalten während der Vertragsausführung enthalten. Die Chemiefirma kann sich gegen den Verdacht, sie würde der Spedition mit der Behauptung, ihre Absatzlage habe sich verschlechtert, während der Vertragsausführung mit vorzeitiger Vertragsauflösung drohen, glaubhaft binden. Als „Geisel" könnte die Chemiefirma beispielsweise selbst eine transaktionsspezifische Sachkapital-Investition in Form einer Verladeeinrichtung offerieren, die auf die Spezialfahrzeuge der Spedition zugeschnitten ist. – Gegen den Verdacht schlechter Vertragsausführung könnte die Chemiefirma auch ihre in früheren Vertragsbeziehungen aufgebaute *Reputation* anführen, die ihr in der jetzigen Vertragsbeziehung zwar Verhandlungsstärke verleiht und die Aufteilung der Summe der Quasi-Renten zu ihren Gunsten beeinflussen könnte, die aber bei schlechter Vertragsausführung für sie zukünftig nicht mehr bestünde.

Die „fundamentale Transformation" verwandelt eine Wettbewerbssituation vor Vertragsabschluß in die Situation des bilateralen Monopols nach Vertragsabschluß, deren Modalitäten bezüglich Vertragsausführung bereits in dem Vertrag geregelt werden. Dennoch wird der Vertrag aus Gründen der Unsicherheit unvollständig sein, daher späterer Konkretisierungen und Änderungen bedürfen. Eine vertragliche Vorkehrung zu späterer Konfliktbereinigung ohne öffentliche Gerichtsbarkeit (court ordering) könnte die Einbeziehung einer dritten Partei in die Vertragsabwicklung sein, beispielsweise einer Schiedsstelle.

Es stellt sich die Frage, ob die Umwandlung der Wettbewerbssituation in die Situation eines bilateralen Monopols nach Ende der Vertragslaufzeit im Rahmen eines neuen Vertrages der alten Partner ihre Fortsetzung findet. Verschaffen bei zukünftigen vorvertraglichen Verhandlungen bereits vorhandene transaktionsspezifische Aktiva den bisherigen Partnern einen Vorsprung vor potentiellen Wettbewerbern?

Man könnte vermuten, daß die Spedition, die ihre spezifische Sachkapital-Investition in Spezialfahrzeuge als „versunkene Kosten" betrachten muß, bei Neuverhandlungen die Transportleistungen zu einem Preis anbieten kann, der nicht die vollen Kosten deckt, weil er keine Abschreibungen berücksichtigt. Das würde jedoch bedeuten, daß sich in einem neuen Vertragsverhältnis die spezifische Investition nicht weiter amortisiert und mithin die durch sie begründete Quasi-Rente auf den Vertragspartner übergeht. Berücksichtigt die Spedition hingegen die „versunkenen Kosten" bei der Neuverhandlung, so kalkuliert sie Abschreibungen mit ein, hat dann aber keinen Vorteil gegenüber Mitbewerbern, wenn diese ebenfalls zu der spezifischen Investition bereit sind.

Die während der Vertragsausführung entstandenen Arten der Humankapital-Spezifität, die idiosynkratisches Wissen der Arbeitskräfte beider Vertragspartner darstellen, unterliegen nicht der Abnutzung, stellen gewissermaßen eine Investition mit unendlicher Lebensdauer dar, die nicht der Abschreibung bedarf. Auch in einem zukünftigen Vertragsverhältnis bilden sie einen zweifelsfreien Vorteil der bisherigen Partner gegenüber potentiellen Mitbewerbern, also anderen Transportunternehmungen als Vertragspartner der Chemiefirma bzw. an-

deren Unternehmungen mit Transportbedarf als Vertragspartner der Spedition.
Es ist daher plausibel, daß WILLIAMSON für die zeitliche Fortdauer von Vertragsbeziehungen transaktionsspezifisches Humankapital stärker gewichtet als
transaktionsspezifisches Sachkapital.

g. Faktorspezifität und vertikale Integration

Wir erwähnten bereits in Abschnitt d die Möglichkeit, Grade der Spezifität von
Aktiva oder Faktoren zu unterscheiden, die Spezifität also als Variable zu betrachten, von deren jeweiliger Größe die Opportunitätskosten, die Höhe der
Quasi-Rente, die gegenseitige Abhängigkeit der Vertragspartner und ihre Ver-
letzlichkeit hinsichtlich einer „Beraubung" bestimmt sind. Nach WILLIAMSON
(1985, S. 90 ff.) hängt es maßgeblich vom Grad der Faktorspezifität bei der Herstellung eines Vorproduktes ab, ob das Vorprodukt von einem Lieferanten produziert und über einen Beschaffungsmarkt bezogen oder ob die Herstellung des
Vorproduktes nach vertikaler Integration in der Unternehmung selbst erfolgen
soll. Zur Analyse dieser „buy or make"-Entscheidung werden, jeweils abhängig
von der Faktorspezifität, die Produktionskosten und die Transaktionskosten
der Produktion des Vorproduktes erstens bei marktlicher Koordination von Anbieter und Nachfrager über den Beschaffungsmarkt und zweitens bei unternehmungsinterner Koordination nach Integration der Herstellung des Vorproduktes gegenübergestellt.

Zur Illustration soll das im Vorabschnitt eingeführte Beispiel aufgegriffen
und erweitert werden: Es geht um Transportleistungen als Vorprodukt, die bei
geringer Faktorspezifität mit vielseitig verwendbaren Lastwagen und bei sehr
hoher Faktorspezifität mit nur für einen Abnehmer verwendbaren Spezialfahrzeugen (z. B. Transport einer ätzenden Flüssigkeit) erbracht werden können.

Während die Faktorspezifität der Transaktionen als variabel betrachtet
wird, sollen die Dimensionen der Unsicherheit und der Häufigkeit der Transaktionen als gegeben und konstant unterstellt werden; was die Häufigkeit angeht,
seien für die Transportleistungen nicht einmalige, sondern regelmäßig wiederkehrende Transaktionen angenommen.

In Abb. VI.k.1 betrachten wir die vermutlichen *durchschnittlichen Produktionskosten* einer Einheit Transportleistung in Abhängigkeit von der Faktorspezifität k, mit der sie produziert wird, und zwar einmal bei einer Spedition als
Lieferant und zum anderen in einer Unternehmung, die selbst die Fahrzeuge und
die Transportleistungen bereitstellt. Die durchschnittlichen Produktionskosten
bei der Spedition, $C_M(k)$, dürften bei geringer Faktorspezifität k niedrig sein,
da die Spedition die Transportleistungen mit den vielseitig verwendbaren Lastwagen für viele Abnehmer mit Massenproduktionsvorteilen herstellen kann. Je
höher k, desto spezieller die Fahrzeuge, desto kleiner die Zahl der Abnehmer,

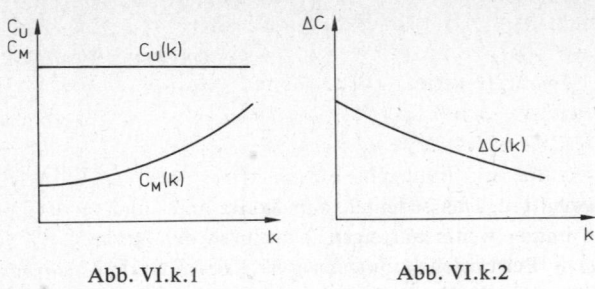

Abb. VI.k.1   Abb. VI.k.2

desto höher die durchschnittlichen Produktionskosten der Transportleistung. Dies macht den deutlich steigenden Verlauf der Kurve $C_M(k)$ plausibel. − Bei Bereitstellung der Transportleistungen für den Eigenbedarf in der Unternehmung sind bei geringem k die Durchschnittskosten $C_U(k)$ jedenfalls höher als $C_M(k)$, da es keine Massenproduktionsvorteile gibt. Mit steigendem k könnte $C_U(k)$ konstant bleiben (wie in Abb. VI.k.1) oder steigen. Wichtig für die Argumentation ist nur, daß der in Abb. VI.k.2 dargestellte vertikale Abstand $\Delta C(k)$ der Kurven $C_M(k)$ und $C_U(k)$ mit zunehmendem k geringer wird. Mit steigender Faktorspezifität wird also der Produktionskostenvorteil $\Delta C(k)$ des Beziehens der Transportleistungen über den Beschaffungsmarkt bei marktlicher Koordination im Vergleich zur Selbstherstellung der Transportleistung bei unternehmungsinterner Koordination immer geringer; dies ist in Abb. VI.k.2 veranschaulicht.

In Abb. VI.l.1 sind die vermutlichen *durchschnittlichen Transaktionskosten* pro Einheit Transportleistung in Abhängigkeit von k zum einen bei marktlicher, zum anderen bei unternehmungsinterner Koordination dargestellt. Bei k = 0, also unspezifischen Faktoren in der Form vielseitig verwendbarer Lastwagen, ist bei marktlicher Koordination die Spedition nicht auf eine dauerhafte Vertragsbeziehung mit der Unternehmung angewiesen. Sie kann die Lastwagen ebenso gut bei Transportleistungen für andere Unternehmungen einsetzen; die Investitionen in die Lastwagen stellen keine „versunkenen Kosten" dar; eine Quasi-Rente, auf die ein Vertragspartner Raubgelüste haben könnte, bezieht die Spedition nicht. Die betrachtete Unternehmung kann die Transportleistung genauso gut von anderen Speditionen beziehen. Die marktliche Koordination vollzieht sich mithin über einen Markt, der einem in der neoklassischen Theorie unterstellten Konkurrenzmarkt ähnlich ist (es könnte viele Nachfrager und Anbieter geben; allerdings muß nicht homogene Konkurrenz herrschen, auch das Bestehen von Präferenzen wäre denkbar). Die Transaktionskosten sind unter diesen Umständen sehr gering. Die Kurve $T_M(k)$ der durchschnittlichen Transaktionskosten bei marktlicher Koordination beginnt daher nahe dem Ursprung. Mit zunehmender Faktorspezifität k investiert die Spedition in immer speziellere

Transportfahrzeuge, und die mit diesen zu erbringenden immer spezielleren Transportleistungen bedürfen einer zunehmend transaktionskostenaufwendigen Vertragsgestaltung der dauerhaften Marktbeziehung zwischen Spedition und Unternehmung. Denn in zunehmendem Maße sind die Transportfahrzeuge verwendungsbeschränkt, stellen die Investitionen „versunkene Kosten" dar, entstehen Quasi-Renten und Raubgelüste darauf, die Bedarf an vertraglichen Absicherungen schaffen. Das bedeutet, daß die Ex-ante- und die Ex-post-Transaktionskosten immer weiter ansteigen, wie durch den Verlauf der Kurve $T_M(k)$ angedeutet. – Bei unternehmungsinterner Koordination entstehen der Unternehmung, die selbst die Transportleistungen bereitstellt, Transaktionskosten für die Beschaffung, für den Betrieb und die Kontrolle der Transportfahrzeuge. Die durchschnittlichen Transaktionskosten je Einheit Transportleistung, $T_U(k)$, dürften für $k = 0$ höher als $T_M(k)$ sein. Da bei interner Koordination nicht die mit der Faktorspezifität zunehmend komplexeren vertraglichen Regelungen marktlicher Koordination anfallen, dürfte die Kurve $T_U(k)$ weniger stark ansteigen als die Kurve $T_M(k)$. Das impliziert, daß es eine Faktorspezifität $\bar{k}$ gibt, bei der sich die Kurven schneiden, der Transaktionskostenvorteil $\Delta T(k)$ marktlicher Koordination also auf Null gefallen ist; für $k > \bar{k}$ ist der Vorteil negativ. Dies ist in Abb. VI.1.2 dargestellt.

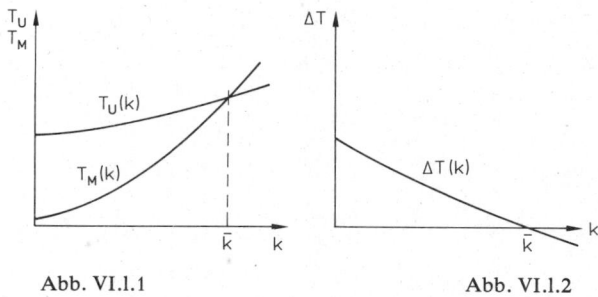

Abb. VI.l.1   Abb. VI.l.2

In Abb. VI.m sind die Kurven des Produktionskostenvorteils marktlicher Koordination und des Transaktionskostenvorteils marktlicher Koordination aus den Abb. VI.k.2 und VI.l.2 übernommen und vertikal zur Kurve $\Delta C(k) + \Delta T(k)$ addiert, welche die Summe aus Produktions- und Transaktionskostenvorteil marktlicher Koordination angibt (die Abb. ist auch bei WILLIAMSON 1989, S. 153 zu finden; die Transaktionskosten werden dort „governance costs" genannt). Dieser Vorteil ist bei $\hat{k}$ auf Null gesunken. Bis zu diesem Grad der Faktorspezifität lohnt sich unter der Zielsetzung der Kostenminimierung marktliche Koordination, also das Eingehen vertraglicher Beziehungen mit einem Lieferanten des Vorproduktes. Ab der Faktorspezifität $\hat{k}$ empfiehlt sich hingegen die Integration der Bereitstellung des Vorproduktes in die Unternehmung, wird also unternehmungsinterne Koordination lohnend. – Bei Werten von k zwischen k̄ und k̂ sind zwar die Transaktionskosten marktlicher Koordination bereits höher als die unternehmungsinterner Koordination; dieser Transaktionskostennachteil marktlicher Koordination wird jedoch noch durch einen Produktionskostenvorteil dieser Koordinationsart überkompensiert.

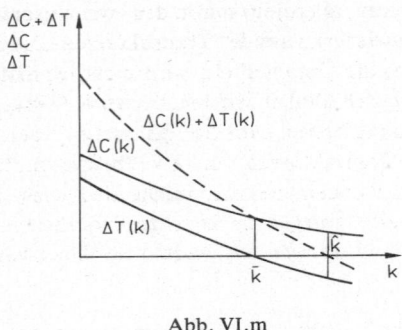

Abb. VI.m

Die Analyse nach WILLIAMSON hat gezeigt, daß bei Zutreffen des Verlaufs der Kurven ab einem Faktorspezifitätsgrad k̂ eine Integration der Herstellung von Transportleistungen in die dieses Vorprodukt nachfragende Unternehmung lohnt. Es stellt sich allerdings die Frage, wovon die Wahl des Grades der Faktorspezifität abhängt. In der früheren Version unseres Beispiels, mit dem wir die „fundamentale Transformation" erläuterten, war die nachfragende Unternehmung eine Chemiefirma, deren Transportbedarf am besten mit Spezialfahrzeugen zu decken war. Hier könnte die Wahl einer Faktorspezifität k > k̂ aus Gründen einer sicheren Transporttechnik und einer Haftung für Umweltschäden am ertragsgünstigsten sein und die Integration veranlassen. In anderen Fällen könnten technische Bedingungen, aber auch Überlegungen gerade zur Abwehr einer Integration zur Wahl einer Faktorspezifität k < k̂ führen. GROSSMAN und HART (1986) haben gezeigt, daß spezifische Sachkapital-Investitionen eines Lieferanten, die Integration lohnend machen würden, deswegen unterbleiben können, weil das Management des Lieferanten durch die Integration Möglichkeiten zum Aneignen von Quasi-Rente durch opportunistisches Verhalten verlieren würde, die ein unvollständiger Vertrag zwischen den nicht-integrierten Firmen bietet. Diese Argumentation begründet, warum die Faktorspezifität nicht immer höher gewählt wird und warum daher der vertikalen (und ähnlich der horizontalen) Integration bzw. Konzentration Grenzen gesetzt sind.

h. Faktorspezifität, Transaktionshäufigkeit und Koordinationsstruktur (governance structure)

Im folgenden wird die Dimension der Faktorspezifität von Transaktionen nicht mehr als kontinuierlich variable Größe, sondern nur noch in den drei Ausprägungen „unspezifisch", „mittelspezifisch" und „vollkommen spezifisch" betrachtet. Wir ziehen nun noch eine zweite der drei Dimensionen, die Häufigkeit von Transaktionen, heran, allerdings nur in den zwei Ausprägungen „gelegentliche" und „regelmäßig wiederkehrende" Transaktionen. Die dritte der früher genannten Dimensionen, die Unsicherheit, wird nicht explizite betrachtet.

In *Übersicht 1*, die sich ähnlich bei WILLIAMSON (1985, S. 73) findet, ergeben die Ausprägungen der beiden Dimensionen sechs Felder. In jedem Feld sind beispielhaft typische Transaktionen von Zwischenprodukten zwischen einem Lieferanten und einem Kunden genannt, welche die Allgemeinheit des Transaktionskostenansatzes besser belegen als die in den Vorabschnitten benutzten Beispiele. In der *Übersicht 2* werden den Feldern der Übersicht 1 gemäß den Er-

Übersicht 1		Faktorspezifität (beim Lieferanten)		
		unspezifisch	mittelspezifisch	vollkommen spezifisch
Häufigkeit der Transaktion (aus Sicht des Kunden)	gelegentlich	Kauf von Standardausrüstung	Kauf kundenangepaßter Ausrüstung	Bau eines Zweigwerkes des Kunden
	regelmäßig wiederkehrend	Kauf von Standardmaterial	Kauf kundenangepaßten Materials	Bereitstellung von Spezialtransportfahrzeugen für Kunden

Übersicht 2		Faktorspezifität (beim Lieferanten)		
		unspezifisch	mittelspezifisch	vollkommen spezifisch
Häufigkeit der Transaktion (aus Sicht des Kunden)	gelegentlich	Marktliche Koordination	Trilaterale Koordination	
	regelmäßig wiederkehrend		Bilaterale Koordination	Vertikale Integration: Unternehmungsinterne Koordination

kenntnissen der Transaktionskostentheorie dann die typischen Koordinationsstrukturen (governance structures) sowie auch typische Vertragsformen zugeordnet.

Wir betrachten die Felder der Übersichten spaltenweise. Zunächst erläutern wir Transaktionen, die es sich für den Lieferanten mit *unspezifischen Faktoren* auszuführen lohnt. Dabei kann es sich nur um Zwischenprodukte handeln, die als *Standardgüter* vom Lieferanten an viele Kunden verkauft werden können, so daß die Faktorleistungen nicht nur in einem Vertragsverhältnis mit dem hier betrachteten Kunden, sondern mit gleichem Ertrag für Lieferungen an andere Kunden eingesetzt werden können. Ebenso wie der Lieferant auf andere Kunden ausweichen kann, könnte auch der Kunde auf einen anderen Lieferanten der Standardgüter überwechseln. Unter diesen Umständen wird kein dauerhaftes Vertragsverhältnis zwischen Lieferant und Kunde zustandekommen. Die Opportunitätskosten sind gleich dem Ertrag aus dem kurzfristigen Vertragsverhältnis; eine Quasi-Rente kann nicht entstehen. Die Probleme eines unvollständigen Vertrages, der nachträglich zu konkretisieren wäre, wobei opportunistisches Verhalten und Versuche zur Abschöpfung der Quasi-Rente eine Rolle spielen könnten, sind hier nicht aktuell. Dies alles gilt sowohl für Transaktionen mit Standard-Ausrüstungsgütern, die vom Kunden als Investitionsgüter nur gelegentlich beschafft werden (z. B. Standard-Büromöbel), als auch für Transaktionen mit Standardmaterial, welches in jeder Periode gekauft werden muß (z. B. genormte Nägel). Weil der Lieferant für viele Nachfrager produziert und damit Massenproduktionsvorteile realisieren kann, sind die durchschnittlichen Produktionskosten der Standardgüter relativ niedrig. Die Ex-ante-Transaktionskosten für die kurzfristigen Vertragsbeziehungen sind gering; Ex-post-Transaktionskosten entstehen nicht. Es findet, wie in Übersicht 2 angemerkt, *marktliche Koordination* statt, und zwar auf Märkten, die denen der neoklassischen Theorie entsprechen; es sind Märkte mit vielen Anbietern und Nachfragern, auf denen es allerdings Präferenzen geben könnte. MACNEIL (1978) spricht von *klassischen Verträgen*, die für Transaktionen auf solchen Märkten geschlossen werden. Wie in Kap. VI.D.1 betont, muß es auf einem Markt mit vollständiger Konkurrenz, also bei Fehlen von Präferenzen, nicht zu Verträgen zwischen einzelnen Nachfragern und Anbietern kommen; jeder könnte vielmehr, wie an einer Börse, „mit dem Markt" kontrahieren.

Bei Transaktionen, die der Lieferant mit *mittelspezifischen Faktoren* ausführt, kann es sich nur um Zwischenprodukte handeln, die besonderen Erfordernissen des Kunden entsprechen, die daher im Fall gelegentlicher Lieferung als *kundenangepaßte Ausrüstung* (z. B. Einbaumöbel für Arztpraxis), im Fall regelmäßig wiederkehrender Lieferung als *kundenangepaßtes Material* (z. B. Spezialbeschläge) bezeichnet werden können. Hier kann der Lieferant mit der Leistungsabgabe der Faktoren, in die er transaktionsspezifisch investiert hat, nur begrenzt in andere Verwendungen ausweichen; ein Teil seiner Investitionskosten ist „versunken". Ebenso hat der Kunde nur eingeschränkte Möglichkeiten, das

Zwischenprodukt von einem anderen Lieferanten zu beziehen. Das Vertragsverhältnis zwischen beiden ist dauerhaft; der Ertrag daraus ist für den Lieferanten höher als die Opportunitätskosten; ein Teil des Ertrages ist für ihn Quasi-Rente. Diese könnte wegen der Unvollständigkeit des Vertrages und opportunistischen Verhaltens des Kunden der Beraubung ausgesetzt sein. Der Vergleich der Produktions- und der Transaktionskosten bei marktlicher und interner Koordination geht zugunsten der marktlichen Koordination aus, so daß Integration nicht in Frage kommt. Der Vertrag, welcher die durch die „fundamentale Transformation" entstandene Situation des bilateralen Monopols regelt, bedarf sorgfältiger Ausarbeitung. Außer einer *bilateralen Koordination*, d. h. eines zweiseitigen Vertrages, der auch Absicherung und nachträgliche Vertragsauslegung, Vertragsanpassung und Konfliktbereinigung den beiden Vertragspartnern überläßt, kommt insbesondere bei gelegentlichen Transaktionen auch eine *trilaterale Koordination* in Betracht, d. h. ein Vertrag, in den eine dritte Partei als private Vermittlungs- und Schiedsinstanz, insbesondere für die Zeit nach dem Vertragsabschluß, einbezogen wird. MACNEIL (1978) spricht bei trilateraler Koordination von *neoklassischen Kontrakten*.

Bei Transaktionen, die der Lieferant mit *vollkommen spezifischen Faktoren* ausführt, muß es sich um Zwischenprodukte handeln, die ausschließlich an den einen hier betrachteten Kunden geliefert werden können, so daß die spezifischen Faktorleistungen keine alternativen Verwendungen haben. Als Zwischenprodukt, welches als Investitionsgut vom Kunden nur gelegentlich bezogen wird, haben wir beispielhaft den Bau eines Zweigwerkes angegeben. Bei regelmäßig wiederkehrender Lieferung kommen wir auf das in den Vorabschnitten benutzte Beispiel von Spezial-Transportleistungen für eine Chemiefirma (z. B. Transport einer ätzenden Flüssigkeit) zurück, für welche Spezialfahrzeuge benötigt werden. Es stellt sich die Frage, ob in den hier diskutierten Fällen nicht der im Vorabschnitt erläuterte Spezifitätsgrad $\hat{k}$ erreicht oder überschritten wird, ab dem Integration der Bereitstellung des Zwischenproduktes in die Unternehmung des Kunden akut wird.

Bei *nur gelegentlicher Transaktion* wie dem Bau eines Zweigwerkes ist es plausibel anzunehmen, daß eine Integration sich nicht lohnen muß. Was die Produktionskosten angeht, dürfte eine Baufirma als Lieferant regelmäßig Vorteile gegenüber einer Bauabteilung innerhalb der Kundenfirma haben; diese Vorteile könnten Transaktionskostennachteile der marktlichen gegenüber einer unternehmungsinternen Koordination überkompensieren. Für den dauerhaften Vertrag stellen sich die oben für mittelspezifische Faktoren angesprochenen Probleme in besonderer Schärfe. Es gibt für den Lieferanten fast keine Opportunitätskosten; sein Ertrag aus dem Vertrag besteht fast nur aus Quasi-Rente; diese könnte den Kunden in besonderem Maße dazu verleiten, eine Beraubung zu versuchen. Es bedarf daher besonders sorgfältiger vertraglicher Regelungen, für die sich hier vorzugsweise eine *trilaterale Koordination* anbietet.

Insbesondere bei *regelmäßig wiederkehrenden Transaktionen* erscheint eher die Integration plausibel. Die Chemiefirma, welche die Spezial-Transportfahrzeuge von der Spedition übernimmt oder selbst neu kauft, dürfte auf Dauer keinen Produktionskostennachteil für die Transportleistungen haben, wenigstens keinen solchen, der durch den Transaktionskostenvorteil unternehmungsinterner Koordination nicht überkompensiert würde.

Die in den Übersichten dargestellten und im Text beschriebenen Fälle sollen verdeutlichen, daß der Anwendungsbereich des Transaktionskostenzweiges der Neuen Institutionenökonomik viel breiter ist als in den Beispielen der Vorabschnitte zum Ausdruck kam. Dennoch geben auch die Übersichten nur einen unvollständigen Eindruck. Wir beschränkten uns dort auf Fälle, in denen faktorspezifische Investitionen nur des Lieferanten explizite betrachtet werden. Aus den speziellen Beispielen der Vorabschnitte wissen wir aber bereits, daß Spezifität bei den Leistungen beider Vertragspartner eine Rolle spielt, und zwar nicht nur beim Sachkapital, für welches dann „versunkene Kosten" entstehen, sondern auch beim Faktor Arbeit, und zwar nicht unbedingt durch Humankapitalinvestitionen, sondern gerade auch in Form idiosynkratischen Wissens, welches während der Vertragsausführung entsteht.

Es soll hier nur darauf hingewiesen werden, daß die vorgeführten Begriffe und Argumentationsweisen der Transaktionskostentheorie auch auf die Erklärung von *langfristigen Rohstoffkontrakten*, auf die Vertragsbeziehungen zwischen Teilnehmern von *Franchising-Vertriebssystemen* sowie auf die Vertragsbeziehungen zwischen einer *Genossenschaft und ihren Mitgliedern*, kurz: auf eine Vielzahl von in der Wirklichkeit anzutreffenden *langfristigen Kooperationen*, angewendet wurden.

i. Abschließende Bemerkung

Die Transaktionskostenökonomik, insbesondere die Governance-Richtung von WILLIAMSON, hat viele Einsichten zu der Frage gebracht, warum es Unternehmungen und Märkte als ökonomische Institutionen gibt und worauf die Koordinationsstrukturen (governance structures) dieser Institutionen zurückzuführen sind. Die Beiträge von COASE, WILLIAMSON und anderen führen weit über die neoklassische Theorie der vollständigen Konkurrenz und die Lehren von den Marktformen des Monopols, der monopolistischen Konkurrenz und des Oligopols hinaus. Sie helfen auch, die vielfältigen Erscheinungsformen der Kooperation zwischen den beiden Extremen „Markt" und „Unternehmung" zu erklären. Schließlich gestatten sie auch Aussagen über vertikale Konzentration. Zahlreiche praktische Fälle aus der amerikanischen Wettbewerbspolitik ließen sich mit ihnen diskutieren und beurteilen.

Allerdings ist nicht zu übersehen, daß die Transaktionskostenökonomik noch nicht am Ende ihrer Entwicklung angekommen ist. Die Konzeptionen sind meist einleuchtend, an Beispielen gut belegbar, aber noch nicht allgemein quantifizierbar. Bestimmte Problembereiche, wie etwa die oligopolistische Interdependenz zwischen selbständigen Unternehmungen, werden bisher weitgehend ausgespart. Die Theorie sagt bisher auch wenig über Innovationen und dadurch bedingte Veränderungen von Koordinationsstrukturen aus.

Eine gewisse Gefahr besteht schließlich darin, daß sich die Transaktionskostenökonomik mit ihrer Erklärung der volkswirtschaftlichen Koordinationsstruktur nach dem Grundsatz der Produktions- plus Transaktionskostenminimierung als *Effizienzrichtung* versteht und sich deutlich von einer *Monopolrichtung* absetzen möchte, welche die Koordinationsstruktur durch monopolistische Positionen und durch Eingliedern von Transaktionen ineffizient verzerrt sieht (vgl. WILLIAMSON 1985, S. 25). Zwar lassen sich manche der früher als monopolistisch interpretierten Konzentrationsvorgänge oder Konzentrationsformen unter Einbeziehung von Transaktionskosten als effizient deuten. Es wäre aber verfehlt, jede derartige Erscheinung im Zweifel als effizienzfördernd einzustufen und damit die Neigung einer Volkswirtschaft zur Monopolisierung zu verharmlosen.

4. Die Agency-Theorie

„Whenever one individual depends on the action of another, an *agency relationship* arises. The individual taking the action is called the *agent*. The effected party is the *principal*" (PRATT und ZECKHAUSER 1985, S. 2). In Übersicht 3 sind einige Beispiele aufgeführt, die verdeutlichen, daß Agency-Beziehungen weit verbreitet sind – auch zwischen Partnern auf den beiden Seiten eines Marktes, ebenso innerhalb von Unternehmungen und Kooperationen, also Koordinationsinstitutionen, wie wir sie im Vorabschnitt behandelten. In dem *Vertragsverhältnis*, welches zwischen Prinzipal und Agent besteht, hat der *Agent Handlungen auszuwählen und auszuführen*, deren *Auswirkungen beide betreffen*. Der *Prinzipal erhält* das durch die Handlung des Agenten entstehende Ergebnis in Form *eines Nutzens, eines Einkommens oder eines Gewinns*; dem *Agenten steht* nach im vorhinein festgelegten Kriterien eine *Vergütung für die Handlung* zu, die sich am Ergebnis orientiert, und zwar so, *wie es vom Prinzipal beobachtet* wird.

Nach ARROW (1985) ist für ein Agency-Verhältnis typisch, daß
a) entweder der Prinzipal die Handlung des Agenten nicht direkt beobachten kann (*versteckte Aktion*)
b) oder der Agent handlungsrelevante Sachverhalte kennt, die der Prinzipal nicht wahrnehmen kann (*versteckte Information*),

und ferner, daß das Ergebnis nicht ausschließlich vom Handeln des Agenten bestimmt ist, sondern auch von anderen Einflüssen, z. B. vom Zufall, abhängt (daher kann der Prinzipal nicht vom Ergebnis unmittelbar auf die Handlung des Agenten zurückschließen).

Übersicht 3	
Prinzipal(e)	Agent(en)
a) Versteckte Aktion (hidden action)	
Patient	Arzt
Firmen-Eigentümer	Firmen-Manager
Firmen-Manager	Firmen-Arbeitskräfte
Auftraggeber:	Auftragnehmer:
Bauherr	Handwerker
Steuerpflichtiger	Steuerberater
Autobesitzer	Werkstatt
Versicherer	Versicherter
b) Versteckte Information (hidden information)	
Zentralverwaltung	Verkaufsabteilung
Gebrauchtwagenkäufer	Gebrauchtwagenverkäufer

Die Beispiele in *Übersicht 3* sind nach den Merkmalen a) und b) unterteilt. Je ein Beispiel aus beiden Gruppen sei erläutert:

a) Dem Patienten als Prinzipal bleibt wegen medizinischen Unverstandes verschlossen, ob der Arzt die für ihn am meisten Heilung versprechende Behandlung auswählt. Das Ergebnis der Handlungen des Arztes als Agent ist auch abhängig von der Konstitution des Patienten oder von zufälligen, heilungsrelevanten Wetterbedingungen.

b) Die Zentralverwaltung als Prinzipal hat geringeren Einblick in die Nachfragesituation als die Verkaufsabteilung als Agent. Das Ergebnis der Handlungen der Verkaufsabteilung hängt auch von Zufallsschwankungen der Nachfrage ab.

Unter den Beispielen finden wir auch die in Kap. VI.B.1 und 2 behandelten Fälle asymmetrischer Informationsverteilung:

Der Versicherer als Prinzipal erhält durch das Handeln des Versicherten aus dessen Prämienzahlungen einen Gewinn. Dem Versicherten als Agent steht als Vergütung für sein Handeln die Gewährung von Versicherungsschutz durch den Prinzipal zu. Der Prinzipal vergütet den Agenten also durch Risikoübernahme und orientiert sich dabei am beobachteten Ergebnis, er zahlt also bei Eintritt des Schadensfalles den Schaden. Es geht hier um den Fall der versteckten Aktion, da die Versicherung den handlungsrelevanten Sachverhalt einer vorsätzlichen oder fahrlässigen Herbeiführung des Schadensfalles nicht erkennen kann. Das „moralische Wagnis", welches der Versicherer eingeht, ist also in der Möglichkeit der versteckten Aktion begründet.

Der Gebrauchtwagenkäufer als Prinzipal hat durch das Handeln des Verkäufers als Agent, also Lieferung eines Wagens, einen Nutzen. Der Verkäufer erhält als Vergütung für die Lieferung des Wagens den Kaufpreis, der sich an dem vom Käufer beobachtbaren Ergebnis, dem für ihn erkennbaren Erscheinungsbild des Wagens, richtet. Die Negativauslese, zu der es am Gebrauchtwagenmarkt kommt, ist in der vor dem Käufer versteckten Information des Agenten über eine schlechte Qualität des Wagens begründet.

Als Agency-Problem läßt sich auch die von ALCHIAN und DEMSETZ (1972) hervorgehobene Problematik der *Team-Produktion* deuten: Das Produktionsergebnis eines Teams ist größer als jenes, welches die Mitglieder des Teams als Summe von Einzelproduktionen herstellen könnten. Die nur unscharfe Meßbarkeit der Beiträge der einzelnen Mitglieder zum Ergebnis des Teams schafft die Möglichkeit der *Drückebergerei (shirking)*; man kann, ohne entdeckt zu werden, seine Anstrengungen zur Bewältigung des Teamwork reduzieren; jedenfalls wäre eine Überwachung zur vollständigen Verhinderung von Drückebergerei zu teuer. Mangels Meßbarkeit der Beiträge der einzelnen zum Produktionsergebnis muß sich die Entlohnung der Team-Mitglieder an deren beobachtbaren Input-Leistungen orientieren. Eine bestmögliche Organisation der Team-Produktion ist gewährleistet durch Einsetzen eines *Monitors*, der als „residual claimant" Anspruch auf das Restergebnis der Team-Produktion nach Abzug der Entlohnung der Team-Mitglieder hat. – Übersetzt in die Sprechweise der Agency-Theorie geht es in der Konzeption von ALCHIAN und DEMSETZ darum, daß der Monitor als Prinzipal die versteckten shirking-Aktionen der Team-Mitglieder als Agenten nicht erkennen kann und bei der Festsetzung der Entlohnung vom Ergebnis der Team-Produktion nicht unmittelbar auf deren Input-Leistungen zurückschließen kann.

Man kann sagen, daß alle mit den Beispielen in der Übersicht 3 angesprochenen Agency-Beziehungen auf asymmetrischer Information von Prinzipal und Agent beruhen.

Allgemein läßt sich feststellen: Hätte der Prinzipal in die Handlungen und in den Informationsstand des Agenten kostenfrei Einblick und wären die Ergebnisse der Handlungen des Agenten nicht mit Unsicherheit behaftet, sondern dem Prinzipal kostenfrei bekannt, so bestünde ein Zustand vollständiger Information, der dem Agenten keinen Handlungsspielraum lassen würde. Statt einer Agency-Beziehung läge dann eine Situation vor, wie sie die neoklassische Theorie der Unternehmung unterstellte: Der Agent hätte als Arbeitskraft zu einem

Faktornutzungspreis seine Arbeitsleistung unter unmittelbarer Beobachtung und Anweisung des Managements als Prinzipal zu erbringen, und diese Arbeitsleistung hätte ein sicheres Ergebnis. Der Agency-Theorie geht es nun darum, die vertragliche Ausgestaltung der Agency-Beziehung so zu wählen, daß der Verlust, den der Prinzipal gegenüber dem Zustand kostenfreier, vollständiger Information aufgrund des Bestehens der asymmetrischen Information und der Unsicherheit der Handlungsergebnisse erleidet, möglichst gering ist. Die Differenz zwischen dem Nutzen, Einkommen oder Gewinn des Prinzipals in einer erstbesten Lösung bei vollständiger Information und dem in einer zweitbesten Lösung der Agency-Beziehung soll minimiert werden. Man nennt die Differenz auch den Agency-Verlust oder die Agency-Kosten; *durch die Vertragsgestaltung sollen die Agency-Kosten minimiert werden* (PRATT und ZECKHAUSER 1985, S. 3).

Diese Problemstellung läßt sich nach ARROW (1985, S. 43 ff.) anhand eines einfachen Falles mit versteckter Aktion wie folgt präzisieren: Der Agent habe nur eine Handlungsvariable, seine Anstrengung a, deren Wahl für den Prinzipal einen monetären, übertragbaren Brutto-Ertrag x bedeutet; dieser Ertrag ist eine Zufallsgröße, deren Verteilung von a abhängt. Dem Prinzipal steht es frei, eine Entlohnungsfunktion $s(x)$ für den Agenten festzulegen, so daß ihm ein Netto-Ertrag $x - s(x)$ bleibt. Sowohl der Prinzipal als auch der Agent seien risikoscheu, so daß für jeden eine Risiko-Nutzenfunktion mit abnehmendem Grenznutzen des monetären Ertrages der in Abb. I.I.4 dargestellten Art gilt. U sei die Nutzenfunktion des Prinzipals, V die des Agenten. $W(a)$ sei der entgangene Nutzen, den der Agent aus seiner Anstrengung a hat; der Grenznutzen seiner Entlohnung $s(x)$ sei unabhängig von a. Die Anstrengung a erbringt der Agent unbeobachtet; durch sie realisiert sich die Zufallsgröße x des Brutto-Ertrages für den Prinzipal. Sowohl Prinzipal als auch Agent möchten den Erwartungswert ihres Nutzens maximieren. Hat der Prinzipal die Entlohnungsfunktion $s(x)$ festgelegt, wird der Agent durch Wahl von a den Erwartungswert von $V[s(x)] - W(a)$ maximieren. Der Prinzipal kann daher für jede Entlohnungsfunktion die Festlegung von a durch den Agenten erschließen. Der Prinzipal hat mithin die Möglichkeit, durch Wahl der Entlohnungsfunktion den Erwartungswert seines eigenen Nutzens zu maximieren. Allerdings muß er darauf achten, daß der Agent wenigstens den Nutzen realisiert, den er in alternativen Beschäftigungen erreichen könnte; er muß sich der Mitwirkung des Agenten also durch Beachtung einer „participation constraint" versichern. In der beschriebenen Situation gibt es für die Dienste des Agenten weder einen von einem Markt mit vollständiger Konkurrenz zu „nehmenden" noch einen vom Prinzipal zu setzenden Preis. Es handelt sich auch nicht um eine Entlohnung, die sich allein durch die Realisierung einer exogenen Zufallsvariablen entscheidet. Vielmehr lautet die *Problemstellung, eine Entlohnungsfunktion* $s(x)$ *zu suchen, mit welcher der Prinzipal den Erwartungswert seinen Nutzens maximiert.* Gemäß dieser Funktion ist die Entlohnung des Agenten durch das sichtbare Ergebnis x bestimmt. Dieses Ergebnis hängt zum einen von der unbeobachteten Anstrengung a des Agenten, aber auch vom Zufall ab; der Prinzipal ist nicht in der Lage, die beiden Einflußgrößen auseinanderzuhalten.

Das Auffinden der Entlohnungsfunktion erweist sich somit als die Lösung des Agency-Problems. Diese Entlohnungsfunktion bedeutet für den Agenten den Anreiz, mit der Anstrengung a den Erwartungswert seines eigenen Nutzens zu maximieren. Und auch der Prinzipal maximiert mit der ausgewählten Entlohnungsfunktion den Erwartungswert seines Nutzens. Die Lösung des Agency-Problems impliziert gemäß der unterstellten Risiko-Nutzenfunktionen eine Aufteilung des Risikos aus dem zufallsabhängigen Brutto-Ertrag auf beide Vertragspartner. In der Lösung des Agency-Problems verbindet sich somit ein Anreiz- und ein Risikoteilungsaspekt. Man kann daher das Agency-Problem auch als *incentive design and risk allocation* umschreiben.

Das beschriebene Agency-Problem wurde u. a. mit folgenden Modifikationen in der Literatur behandelt:

1) Statt versteckter Aktion wird versteckte Information unterstellt.

2) Der Prinzipal entscheidet nicht allein über die Entlohnungsfunktion; diese ist vielmehr das Ergebnis der Verhandlungen beider.

3) Der Prinzipal hat im Fall der versteckten Aktion doch gewisse Informationen über die Anstrengung a des Agenten.

4) Es gibt mehr als einen Prinzipal und/oder mehr als einen Agenten.

5) Es handelt sich nicht um eine einmalige, sondern um eine länger bestehende Agency-Beziehung.

6) Nicht beide Partner sind risikoscheu; beispielsweise ist der Prinzipal risikoneutral.

Die in der Literatur für die einzelnen, genau spezifizierten Modelle zu findenden Lösungen des Agency-Problems bestehen in Entlohnungsfunktionen, die, gemessen an den in der Praxis meist zu findenden Entlohnungsformen, relativ kompliziert sind. Anders ausgedrückt: Die Praxis mit ihren einfachen Lösungen steht im Widerspruch zu dem, was sich, selbst unter vereinfachenden Annahmen, theoretisch als bessere Lösung anbietet. Manche Entlohnungsformen für Agenten, beispielsweise die für Ärzte oder Steuerberater, richten sich nicht einmal nach dem beobachteten Ergebnis, sondern nach einer vom Prinzipal nicht beobachtbaren, vom Agenten behaupteten Anstrengung (vgl. ARROW 1985, S. 49).

Für die anscheinend ineffizienten Agency-Regelungen der Praxis kann nicht unbedingt mangelnder Sachverstand der Beteiligten verantwortlich gemacht werden. Einerseits sind ökonomische Aspekte von Agency-Beziehungen oftmals überlagert von gesellschaftlich-hierarchischen. Andererseits sind die Transaktionskosten des Herausfindens und des Aushandelns komplizierter vertraglicher Regelungen erheblich. Der letztere Aspekt leitet über zu einem Vergleich der Agency-Theorie mit der Transaktionskostentheorie, dem wir uns abschließend zuwenden wollen.

5. Transaktionskostentheorie und Agency-Theorie: Ein Vergleich

1) Der Anspruch der *Governance-Transaktionskostentheorie* ist es zu zeigen, daß Märkte, Unternehmungen und Kooperationen als produktions- und transaktionskostenminimierende Typen von ökonomischen Koordinationsinstitutionen zu deuten sind, die sich insbesondere aus unterschiedlich hoher Aktiva- oder Faktorspezifität herleiten und die Funktion haben, Quasi-Renten abzusichern und dadurch die spezifischen Investitionen zu induzieren. – Demgegenüber versteht sich die *Agency-Theorie* als ein Ansatz zur Erklärung von Institutionen, welche den Zweck haben, die Folgen von Informationsasymmetrien der beteiligten Prinzipale und Agenten unter Berücksichtigung ihrer Risikoneigungen insbesondere mittels Entlohnungsanreizen für den (oder die) Agenten bestmöglich zu überwinden.

2) Die *Transaktionskostentheorie* vollzieht bis heute ihre Typisierungen auf der Grundlage plausibler Produktions- und Transaktionskostenverläufe fast ohne mathematische Formalisierung; die Typisierungen sind durch zahlreiche Beispiele aus der Realität gut belegbar. – Die Beiträge zur *Agency-Theorie* bestehen überwiegend aus formalen und damit logisch-schlüssigen Modellen. Sowohl was einzelne Annahmen als auch was abgeleitete Anreizstrukturen angeht, gibt es in der Realität weniger gute Entsprechungen. Das mag daran liegen, daß die Praxis mit dem Erkennen und dem Umsetzen relativ komplexer Anreizstrukturen überfordert ist, d. h. daß hohe Transaktionskosten, welche die Agency-Theorie ignoriert, einer Umsetzung entgegenstehen.

3) Die in der *Transaktionskostentheorie* zentralen Begriffe der Aktiva- oder Faktorspezifität sowie der Quasi-Renten spielen in der *Agency-Theorie* keine explizite, allerdings eine implizite Rolle: Wenn bei der Entlohnung des Agenten als „participation constraint" ein Lohnsatz des Agenten als Untergrenze zu beachten ist, den er in alternativen Beschäftigungen erreichen könnte, so ist mit der Höhe dieses Opportunitätskosten-Lohnsatzes im Vergleich zu dem in der Agency-Beziehung in Betracht gezogenen Lohnsatz der Grad der Faktorspezifität angesprochen; je relativ niedriger die Opportunitätskosten, desto höher die Faktorspezifität. Bei der Wahl der Entlohnungsfunktion durch den Prinzipal geht es letztlich um eine Aufteilung der Quasi-Renten aus der Agency-Beziehung, die allerdings in vielen Agency-Modellen dadurch determiniert wird, daß sich der Agent als Mengenanpasser verhält.

4) WILLIAMSON (1990, S. 67 f.) hebt hervor, Gegenstand der *Agency-Theorie* seien vollständige Verträge, die das Ziel haben, Ex-ante-Anreizstrukturen zu schaffen und die Risikoverteilung zu regeln; die *Transaktionskostentheorie* habe demgegenüber unvollständige Verträge zum Gegenstand, die während der Vertragsausführung ergänzt und modifiziert werden müssen; neben Anreizstrukturen spiele in ihr daher auch eine zweiseitige Anpassungsfähigkeit eine wichtige Rolle. Allerdings hat sich die Agency-Theorie seit einigen Jahren auch der Analyse unvollständiger Verträge zugewandt (vgl. z. B. HART und MOORE 1988).

E. Property Rights und externe Effekte

1. Privateigentum und Property Rights

Wie bereits in Kap. 0.B.3 dargelegt, sind in einer privatwirtschaftlich organisierten Marktwirtschaft die Faktorbestände grundsätzlich Eigentum privater Haushalte. Für Arbeit ist dies seit Abschaffung der Sklavenwirtschaft selbstverständlich. Sachkapital und Boden können juristisch Eigentum von Firmen sein; wirtschaftliche Eigentümer sind die Eigentümer der Firmen, also private Haushalte.

Das *Privateigentum* an den Faktorbeständen hat *ökonomisch die Funktion, den Eigentümern ein Recht auf Erträge aus Leistungsabgaben dieser Faktorbestände zu geben*, ihnen allerdings grundsätzlich auch die *Pflicht zur Verantwortung der Mißerfolge von Leistungsabgaben zuzuweisen*. Das Recht auf die Erträge gibt den Eigentümern den Anreiz, Arbeitskraft, Sachkapital- und/oder Bodenleistungen für die Produktion bereitzustellen, um daraus ein Einkommen zu beziehen. Arbeitseinkommen und Zinsen für Fremdkapital basieren auf vertraglichen Vereinbarungen der Eigentümer mit dem Management von Firmen, sind daher *kontraktbestimmtes* Einkommen, für welches das Risiko von Mißerfolgen weitgehend auf die Firma bzw. deren wirtschaftliche Eigentümer übertragen wird. Die Eigenkapitalgeber als wirtschaftliche Eigentümer haben den Anspruch auf den (durch Abzug der Kosten vom Erlös als Residuum ermittelten) Gewinn als Einkommen; sie sind *residual claimants*. Sie tragen allerdings auch das Risiko von Mißerfolgen des Faktoreinsatzes in Form von Verlusten. Das Eigeninteresse der Faktoreigentümer an möglichst hohem Einkommen bewirkt, daß die Faktorbestände und -leistungen in ertragreiche Verwendungen gelenkt werden, d. h. in solche Unternehmungen, die direkt oder indirekt (in der Form von Zwischenprodukten) zur Bereitstellung der von den Haushalten am dringlichsten gewünschten Konsumgüter beitragen.

Es sind die wirtschaftlichen Anreizwirkungen des Privateigentums, die seit der von ADAM SMITH begründeten klassisch-liberalen Schule betont werden, nach der Privateigentum und Eigeninteresse allerdings nur in einer strengen Wettbewerbsordnung, die Monopolisierungsbestrebungen verhindert, ihre wohlfahrtsfördernde Wirkung entfalten. – Kritik erfuhr die Institution des Privateigentums am Sachkapital und am Boden durch die Sozialisten. Nach KARL MARX besteht die Anreizwirkung für die Eigentümer solcher Produktionsmittel, die „Kapitalisten", in einem Profitstreben. Beziehe die Arbeitskraft wegen der Konkurrenz am Arbeitsmarkt nur ein Lohneinkommen, welches sie gerade erhält, so werde der Mehrwert, den die Arbeitskraft in der Kombination mit den Produktionsmitteln hervorbringt, als Profit auf die Kapitalisten übertragen. Diese Ausbeutung der Arbeitskraft sei nicht zuletzt durch das Privateigentum an den Produktionsmitteln begründet; diese fehlkonstruierte Eigentumsordnung solle daher durch Gemeineigentum an den Produktionsmitteln abgelöst werden (vgl. dazu Kap. 0.C.2, S. 13).

Als es zur Abschaffung des Privateigentums an den Produktionsmitteln in den sozialistischen Staaten kam, zeigten die dramatischen Effizienzverluste, wie stark es auf die Anreizwirkungen des Privateigentums für die Lenkung der Produktionsfaktoren ankommt. Schon in den fünfziger und sechziger Jahren wurde in den sozialistischen Staaten über die Einführung marktwirtschaftlicher Elemente debattiert; eine Forderung nach Wiedereinführung des Privateigentums an den Produktionsmitteln kam allerdings erst mit der politischen Wende zum Durchbruch. Ihre Verwirklichung ist das weitaus schwierigste Problem im Prozeß der Transformation dieser Volkswirtschaften in Marktwirtschaften.

In den letzten zwei Jahrzehnten wurde die Frage nach den wirtschaftlichen Anreizwirkungen der Eigentumsordnung allgemeiner gestellt. Für wirtschaftliche Anreize sind nicht nur die Rechte juristischer oder wirtschaftlicher Eigentümer, sondern grundsätzlich alle *Handlungsrechte* von Personen über wirtschaftliche Güter relevant. Handlungsrechte müssen nicht kodifiziertes Recht sein; sie können auch auf Moral, Sitte und Tradition beruhen. Die englische Bezeichnung der neuen Richtung mit *property rights* meint viel mehr als Eigentumsrechte von juristischen oder wirtschaftlichen Eigentümern; nach ALCHIAN und DEMSETZ (1973, S. 17) geht es um „socially recognized rights of action", nach FURUBOTN und PEJOVICH (1974, S. 3) um „sanctioned behavioral relations among men that arise from the existence of goods and pertain to their use". Die Theorie der Property Rights untersucht beispielsweise die Entstehung und die Veränderung von Handlungsrechten; sie versucht damit, den rechtlichen Ordnungsrahmen wirtschaftlichen Handelns, der in der neoklassischen Theorie der Marktwirtschaft stets zum nicht hinterfragten „Datenkranz" gehörte, mit zum Gegenstand der theoretischen Erklärungen zu machen. Da es um die institutionelle Gestaltung der Eigentumsordnung — oder allgemeiner: der Handlungsordnung — geht, bei der Anreizstrukturen und Transaktionskosten eine wichtige Rolle spielen, wird die Property-Rights-Theorie zuweilen auch der Neuen Institutionenökonomik zugeordnet.

Im folgenden soll die Theorie der Property Rights nicht in der ganzen Breite ihrer Fragestellungen, sondern unter dem speziellen Aspekt von Eigentums- bzw. von Handlungsrechten im Verhältnis zu externen Effekten erläutert werden.

2. Externe Effekte

Externe Effekte beschrieben wir in Kap. 0.I.2.c als *Leistungsbeziehungen zwischen Wirtschaftseinheiten, die nicht über Märkte vonstatten gehen und daher nicht durch Preise abgegolten werden.* Der Absender eines von dem Empfänger (den Empfängern) positiv bewerteten externen Effektes erhält von diesem (diesen) keine Vergütung; der Absender eines von dem Empfänger (den Empfängern) negativ bewerteten externen Effektes haftet nicht für den von ihm damit angerichteten Schaden. Schon im einleitenden Überblickskapitel deuteten wir an, daß externe Effekte eine Fehlallokation von Produktionsfaktoren bewirken und damit ein Marktversagen beinhalten können.

Auch in späteren Kapiteln gingen wir bereits auf externe Effekte ein: In Kap. I.B.5.e behandelten wir *externe Konsumeffekte*; der Nutzen eines Haushalts hängt beim Mitläufereffekt positiv, beim Snob-Effekt negativ von den Verbrauchsmengen anderer Haushalte ab, ohne daß der Haushalt für die Nutzensteigerung etwas zahlt bzw. für die Nutzenminderung entschädigt wird. In Kap. II.J.1 diskutierten wir *externe Produktionseffekte*; Produktion und Kosten einer Unternehmung hängen entweder positiv oder negativ von der Produktion anderer Unternehmungen ab, ohne daß die Unternehmung dafür Zahlungen leistet oder Entschädigungen erhält. In Kap. III.B.6 erläuterten wir schließlich die Bedeutung externer Konsum- und/oder Produktionseffekte für das totale Konkurrenzgleichgewicht und wiesen darauf hin, daß externe Effekte den Marktmechanismus der vollständigen Konkurrenz verzerren und die Eigenschaft der pareto-optimalen Allokation der Ressourcen aufheben.

Der Begriff externer Effekte sei durch die folgenden Beispiele nicht-marktmäßiger Beziehungen zwischen Wirtschaftseinheiten weiter erläutert:

- Ein privater Haushalt macht Lärm oder verbrennt Gartenmüll auf seinem Grundstück. Für die Nachbarhaushalte ist dies ein nutzenmindernder, also negativer externer Effekt.
- Ein Viehzüchter zäunt seine Herden nicht ein, so daß diese in den Feldern eines Getreidebauern umherlaufen und die Ernte schädigen. Für letzteren ist dies ein gewinnmindernder, also negativer externer Effekt.
- Die Einführung einer Innovation (z. B. eines neuen Gutes oder eines neuen Produktionsverfahrens) durch einen Anbieter, von der andere Anbieter kostenfrei Kenntnis erhalten und die sie nachahmen, ist für letztere ein gewinnsteigernder, also positiver externer Effekt.
- Die Bereitstellung von Kollektivgütern (und, soweit kostenfrei, auch von meritorischen Gütern) durch den Staat (vgl. dazu Kap. 0.I.2.d) steigert den Nutzen von Haushalten bzw. den Gewinn von Unternehmungen und ist deshalb für diese Wirtschaftseinheiten ein positiver externer Effekt – wenigstens soweit sie ihren Finanzierungsbeitrag zum Staatshaushalt nicht als Preis in Anrechnung bringen.

Aus der Kennzeichnung von externen Effekten als nicht-marktmäßige Beziehungen zwischen Wirtschaftseinheiten ergibt sich, daß damit nicht Einwirkungen auf Nutzen oder Gewinn einer Wirtschaftseinheit gemeint sind, die diese über erhöhte oder verminderte Preise, also über die Märkte, erreichen. Erhöht sich beispielsweise wegen Mehrproduktion anderer Unternehmungen die Nachfrage nach einem Rohstoff und dessen Preis, so ist dies für eine Unternehmung, die den Rohstoff ebenfalls benötigt, kein externer Effekt, sondern ein marktinterner Vorgang. Früher sprach man in bezug auf die nicht-marktmäßigen Einwirkungen von „technologischen", in bezug auf die über Märkte laufenden Einwirkungen von „pekuniären externen Effekten" (SCITOVSKY 1954). Beide Bezeichnungen sind irreführend, denn externe Effekte sind nicht nur technologisch bedingt, und marktinterne Vorgänge sind keine externen Effekte, haben also auch nicht die oben erwähnten, den Marktmechanismus verzerrenden Wirkungen.

3. Gemeineigentum und externe Effekte: Die Rationalitätenfalle

Externe Effekte durchbrechen sozusagen die ökonomische Funktion des Privateigentums, den Eigentümern ein Recht auf Erträge aus Leistungen und eine Pflicht zur Verantwortung von Mißerfolgen zu geben. Als Absender positiver externer Effekte haben Eigentümer keinen Anspruch auf eine Vergütung durch den (die) Empfänger; als Absender negativer externer Effekte haften sie nicht gegenüber dem (den) Empfänger(n) für Schäden. Externe Effekte entsprechen daher einem Zustand nicht des Privat-, sondern des Gemeineigentums.

Dies läßt sich am Beispiel der *Allmende*, einer in Gemeineigentum stehenden landwirtschaftlichen Nutzfläche, erläutern: Ohne Privateigentum am Boden, mit Nutzungsrechten für alle, hat jeder Anreiz, den Boden extensiv zu nutzen, jedoch niemand Anreiz zur Pflege des Bodens. Denn Aufwendungen des einzelnen zur Regeneration des Bodens kämen ihm selbst nur zu einem verschwindend kleinen Teil zugute. Der Boden wird übernutzt und verliert seine Qualität. Jeder einzelne handelt in seinem Eigeninteresse, es existiert jedoch eine *Rationalitätenfalle*, denn es kommt zu einer kollektiven Selbstschädigung der Gemeinschaft (vgl. JÖHR 1976, S. 127 ff.; oftmals spricht man auch von einem *Gefangenendilemma* nach einem zuerst von W. A. TUCKER spieltheoretisch diskutierten Beispiel, vgl. LUCE und RAIFFA 1957, S. 95 ff.). – Dieses Problem des Gemeineigentums am Boden kann wie folgt als Problem der externen Effekte gesehen werden: Die Nutzung des Bodens ist für jeden einzelnen ein positiver externer Effekt, d. h. eine wirtschaftliche Leistung, die die einzelnen Empfänger unentgeltlich erhalten, denn es gibt keinen Markt und damit keinen Preis für Bodenleistungen. Der Absender des externen Effektes ist die Gemeinschaft als Eigentümerin des Bodens. Sie erhält von den privaten Nutzern keine Entschädigung. – Durch Überführung des Gemeineigentums in Privateigentum ließe sich die Zuordnung von Folgen zu den Handlungen herstellen, d. h. die individuelle Nutzung des Bodens mit den privaten Erträgen und Kosten verknüpfen. Es würde ein Markt für Bodenleistungen entstehen; Bodenleistungen würden entgeltlich und rechenbar gemacht; der externe Effekt würde *internalisiert*.

Das Beispiel des vom Gemeineigentum am Boden ausgehenden externen Effektes läßt sich abwandeln: *Umweltverschmutzende Handlungen* von Wirtschaftssubjekten nutzen das knapp gewordene, im Gemeineigentum stehende Gut Umwelt, ohne für die Folgen verminderter Umweltqualität aufzukommen, also unentgeltlich als positiven externen Effekt. Überführung der Umwelt vom Gemein- in Privateigentum würde bedeuten, daß die Inanspruchnahme der Umwelt entgeltlich gemacht, die externen Effekte also internalisiert werden, was allerdings, wie zu zeigen bleibt, nur sehr begrenzt möglich ist.

Wahlweise lassen sich Nutzung der Allmende oder Umweltverschmutzung auch als Absenden negativer externer Effekte deuten, die Allmende bzw. Umwelt, und damit die Gemeinschaft schädigen (vgl. Kap. 0.I.2.c).

4. Internalisierung von externen Effekten: Das Coase-Theorem

Die Probleme des Gemeineigentums ließen sich als externe Effekte deuten; Umwandlung in Privateigentum würde diese Probleme lösen, die externen Effekte entgeltlich machen, also zum Verschwinden bringen oder internalisieren. Kommt es nur auf eine Umwandlung von Handlungsrechten an, um allgemein die Probleme externer Effekte zu beseitigen? Wäre es stets möglich und sinnvoll, durch Gestaltung von Handlungsrechten externe Effekte zu internalisieren?

Die *Handlungsrechte bezüglich des Absendens externer Effekte* können grundsätzlich in zweierlei Weise ausgestaltet sein:
Das *Absenden negativer externer Effekte* könnte
a) erlaubt sein mit der Folge, daß die Empfänger die damit verbundene Nutzen- oder Gewinnminderung ohne Anspruch auf Entschädigung hinzunehmen haben, die Absender also nicht für den Schaden haften;
b) verboten sein mit der Folge, daß die Empfänger bei Nichtbeachtung des Verbotes einen Anspruch auf Entschädigung haben, die Absender also haften.
Das *Absenden positiver externer Effekte* könnte
a) keinen Anspruch des Absenders auf Kompensation für die Nutzen- oder Gewinnsteigerung des Empfängers schaffen;
b) einen solchen Anspruch des Absenders begründen.
Unter der *jeweiligen Rechtsausgestaltung* a) sind *externe Effekte nicht zu kompensieren;* die Folgen der Handlung des Absenders beim Empfänger scheinen für den Absender, da er nicht zahlen muß oder Zahlungen erhält, irrelevant zu sein. Die *jeweilige Rechtsausgestaltung* b) mit ihrer Schadenshaftung bzw. dem Recht des Absenders auf Kompensation durch den Empfänger bedeutet *Entgeltlichmachen* und damit eine *Internalisierung des externen Effektes.* Durch b) wird wie beim Privateigentum erreicht, daß die Wirtschaftssubjekte die Folgen ihrer Handlungen wirtschaftlich zu spüren bekommen.

In Analogie zur Vorteilhaftigkeit des Privateigentums gegenüber dem Gemeineigentum scheint die Rechtsausgestaltung b) grundsätzlich die einzig sinnvolle zu sein, da sie eine Erfassung aller Kosten und Erträge beim Absender, dem Verursacher, anstrebt. Nur Schadenshaftung für negative externe Effekte und Kompensationsanspruch für positive externe Effekte scheinen sich als die dem Privateigentum entsprechende Ausgestaltung von Handlungsrechten anzubieten, die bewirken würde, daß den Wirtschaftssubjekten die Folgen ihrer Handlungen zugerechnet werden.

In „The Problem of Social Cost" (1960) zeigte RONALD COASE allerdings, daß – nicht aufgrund handlungsrechtlicher Regelungen, wohl aber im Eigeninteresse der Beteiligten – auch unter einer Rechtsausgestaltung a) eine Internalisierung von externen Effekten möglich ist, so daß sich die Frage nach einer bestmöglichen Ausgestaltung von Handlungsrechten doch nicht in gleicher Weise wie die nach Gemein- oder Privateigentum beantworten läßt.

COASE argumentiert am Beispiel eines Viehzüchters, dessen Herden in den Feldern eines Getreidebauern umherlaufen und so den negativen externen Effekt auslösen. Wir erläutern den Inhalt des Theorems hier an einem Beispiel nach BÖSSMANN (1979) unter der Annahme, daß Viehzüchter und Getreidebauer auf ihren Absatzmärkten als Mengenanpasser handeln. Den Viehzüchter kennzeichnen wir in den folgenden Gleichungen durch den Fußindex v, den Getreidebauern durch den Fußindex g. Wir unterstellen die Kostenfunktionen

$$K_v = a y_v^2 \quad \text{und} \quad K_g = b y_g^2 + c y_v^2, \qquad (VI.12)$$

von denen die letztere mit dem Summanden $c y_v^2$ die Abhängigkeit der Kosten des Getreidebauern von der Produktion des Viehzüchters, also den externen Effekt, zum Ausdruck bringt.

Gibt es unter der *Rechtsausgestaltung* a) *keine Haftung des Viehzüchters* für die durch seine Herden dem Getreidebauern entstehenden Schäden, so hat letzterer ein Interesse, den ersteren zur Reduzierung seiner Herden zu veranlassen und ist bereit, diesem für jede Verringerung seiner ohne Ausgleichszahlung gewinnmaximierenden Produktionsmenge y_v^* um eine Einheit einen näher zu bestimmenden Betrag z zu zahlen. In der Gewinnfunktion des Viehzüchters

$$G_v = p_v y_v - a y_v^2 + z(y_v^* - y_v) \qquad (VI.13)$$

stellt $y_v^* - y_v$ die Reduzierung der Produktionsmenge, der Summand $z(y_v^* - y_v)$ die vom Getreidebauern geleistete Ausgleichszahlung dar. Wenn der Viehzüchter z als eine gegebene Größe betrachtet, an die er sich mit seiner Produktionsmenge anpaßt, dann ergibt sich aus der Bedingung 1. Ordnung

$$\frac{\partial G_v}{\partial y_v} = p_v - 2a y_v - z = 0 \qquad (VI.14)$$

seine gewinnmaximierende Menge in Abhängigkeit von z:

$$y_v^{**} = \frac{p_v - z}{2a}. \qquad (VI.15)$$

In der Gewinnfunktion des Getreidebauern,

$$G_g = p_g y_g - b y_g^2 - c y_v^2 - z(y_v^* - y_v) \; , \qquad \text{(VI.16)}$$

ist die Ausgleichszahlung abgezogen. Der Getreidebauer könnte wie ein preissetzender Monopolist im bilateralen Monopol (vgl. Kap. IV.B.4) den seinen Gewinn maximierenden Wert von z ermitteln, indem er (VI.15) als „Reaktionsfunktion" des Viehzüchters in seine Gewinnfunktion G_y einsetzt, diese dann nach z differenziert und die 1. Ableitung gleich Null setzt (auf Bedingungen 2. Ordnung gehen wir hier und im folgenden nicht ein).

Statt dessen wird hier auch für den Getreidebauern mengenanpassendes Verhalten unterstellt (vgl. IV.B.4). Dieser sieht also z als gegeben an und ermittelt die für ihn optimale Menge y_v^{***} durch Ableiten von (VI.16) nach y_v und Nullsetzen:

$$\frac{\partial G_g}{\partial y_v} = -2 c y_v + z = 0 \quad \text{oder} \quad y_v^{***} = \frac{z}{2c} \qquad \text{(VI.17)}$$

Im Gleichgewicht muß gelten $y_v^{**} = y_v^{***}$, also

$$\frac{p_v - z}{2a} = \frac{z}{2c} \quad \text{oder} \quad z^{opt} = \frac{c p_v}{a + c} \; . \qquad \text{(VI.17a)}$$

Aus

$$\frac{\partial G_g}{\partial y_g} = p_g - 2 b y_g = 0 \qquad \text{(VI.18)}$$

ergibt sich die von z^{opt} und c unabhängige gewinnmaximierende Produktionsmenge des Getreidebauern:

$$y_g^{**} = \frac{p_g}{2b} \; . \qquad \text{(VI.19)}$$

Haftet hingegen unter der Rechtsausgestaltung b) der Viehzüchter für die dem Getreidebauern entstehenden Schäden, so gilt für den Viehzüchter die Gewinnfunktion

$$G_v = p_v y_v - a y_v^2 - s y_v, \qquad \text{(VI.20)}$$

in der $s y_v$ die Entschädigungszahlung darstellt. Betrachtet der Viehzüchter die je Produktionsmengeneinheit zu zahlende Entschädigung s als gegebene Größe, an die er sich mit seiner Produktionsmenge anpaßt, dann ergibt sich aus der Bedingung 1. Ordnung

$$\frac{\partial G_v}{\partial y_v} = p_v - 2ay_v - s = 0 \tag{VI.21}$$

seine gewinnmaximierende Menge in Abhängigkeit von s:

$$y_v^{**} = \frac{p_v - s}{2a}. \tag{VI.22}$$

In der Gewinnfunktion des Getreidebauern

$$G_g = p_g y_g - b y_g^2 - c y_v^2 + s y_v \tag{VI.23}$$

ist die Entschädigungszahlung hinzugezählt. Der Getreidebauer könnte den seinen Gewinn maximierenden Wert von s ermitteln, indem er (VI.22) als „Reaktionsfunktion" des Viehzüchters in seine Gewinnfunktion G_g einsetzt, diese dann nach s differenziert und die 1. Ableitung gleich Null setzt. Mit einer solchen Festlegung von s würde er wie ein preissetzender Monopolist gegenüber einem Mengenanpasser im bilateralen Monopol handeln.

Statt dessen wird wieder mengenanpassendes Verhalten unterstellt. Der Getreidebauer sieht s als gegeben an und ermittelt die für ihn optimale Menge y_v^{***} durch Ableiten von (VI.23) nach y_v und Nullsetzen:

$$\frac{\partial G_g}{\partial y_v} = -2c y_v + s = 0 \quad \text{oder} \quad y_v^{***} = \frac{s}{2c}. \tag{VI.24}$$

Im Gleichgewicht muß gelten $y_v^{**} = y_v^{***}$, also

$$\frac{p_v - s}{2a} = \frac{s}{2c} \quad \text{oder} \quad s^{opt} = \frac{c p_v}{a + c}. \tag{VI.24a}$$

Aus

$$\frac{\partial G_g}{\partial y_g} = p_g - 2b y_g = 0 \tag{VI.25}$$

ergibt sich die von s^{opt} und c unabhängige gewinnmaximierende Produktionsmenge des Getreidebauern:

$$y_g^{**} = \frac{p_g}{2b}. \tag{VI.26}$$

Da $s^{opt} = z^{opt} = c p_v / (a + c)$, zeigt sich in (VI.15) und (VI.22) bzw. (VI.19) und (VI.26) das Hauptergebnis des COASE-Theorems, daß nämlich die gewinnmaximierende Produktionsmenge sowohl des Viehzüchters als auch des Getreidebauern unter beiden Rechtsausgestaltungen jeweils dieselbe ist oder, allgemeiner ausgedrückt, daß die *Rechtsausgestaltung neutral* in bezug auf die in den beiden *Produktionen eingesetzten Faktoren* ist. Ein Übergang von einer Rechtsausgestaltung zur anderen würde die Allokation der Faktoren nicht verändern. Für die Gewinne läßt sich eine analoge Aussage nicht machen. Denn ein Vergleich von (VI.13) und (VI.20) sowie von (VI.16) und (VI.23) ergibt, daß der Gewinn des Viehzüchters unter der Rechtsausgestaltung a) und der des Getreidebauern unter der Rechtsausgestaltung b) größer als unter der jeweils anderen ist. Die *Rechtsausgestaltung* ist also *nicht neutral* hinsichtlich der *Gewinnverteilung*. Bei einem Übergang von der einen zur anderen Rechtsausgestaltung würde sozusagen eine Gewinnsumme $z^{opt}(y_v^* - y_v^{**}) + s^{opt}y_v^{**}$ umverteilt.

Die Überlegungen von COASE zeigen, daß es *ökonomisch nicht von vornherein vorziehenswert ist, mittels der Rechtsausgestaltung b) den Absender als Verursacher im Fall eines negativen externen Effektes haftungspflichtig* (oder im Fall eines positiven externen Effektes kompensationsberechtigt) zu machen. „Verursachen" bezieht sich sowieso nur auf den externen Effekt im technischen Sinn des Herumtrampelns der Herden im Getreide. Wenn der Viehzüchter zuerst seine Unternehmung gründete und der Getreidebauer später hinzukam, könnte man auch letzterem die Entstehung des externen Effektes anlasten. Ökonomisch besteht das Problem in den konkurrierenden Ansprüchen beider Wirtschaftssubjekte auf die Nutzung des Bodens für Getreideanbau und Viehzucht. Das „Verursacherprinzip", das allein auf b) als Internalisierungsmaxime hinweist, ist ökonomisch ambivalent (vgl. BONUS 1986).

Anders als bei der Überführung von Gemeineigentum in Privateigentum scheint das COASE-Theorem aufgrund der Faktorallokationsneutralität der Rechtsausgestaltungen a) und b) keinen Bedarf für die wirtschaftspolitische Gestaltung von Handlungsrechten anzudeuten. Vielmehr wird suggeriert, daß die Wirtschaftssubjekte in Verhandlungen ohnehin zu einer Internalisierung externer Effekte gelangen und damit − wie bei Privateigentum − die Folgen ihrer Handlungen übernehmen. Die Tatsache, daß in der Wirklichkeit für zahlreiche externe Effekte keine Internalisierungsaktivität zwischen den beteiligten Wirtschaftssubjekten auszumachen ist, legt es nahe, die Voraussetzungen des COASE-Theorems zu prüfen und das Fortbestehen externer Effekte mit dem Nichtzutreffen von Voraussetzungen zu erklären. Im COASEschen Beispiel gilt:

1) Der externe Effekt selbst sowie Absender und Empfänger dieses Effektes sind bekannt.
2) Es handelt sich um nur zwei Beteiligte.
3) Bei den Verhandlungen gibt es keine Ausübung von Macht.
4) Es gibt keine Kosten der gegenseitigen Information über die Produktionsbe-

dingungen, keine Kosten des Aushandelns, der Ausführung und der Kontrolle eines Vertrages über Schadens- oder über Kompensationszahlungen.

Zu 1): In der Wirklichkeit gibt es externe Effekte, die nicht oder schwer meßbar und/oder deren Absender oder Empfänger unbekannt sind. Als Beispiel sind hier Emissionen und Immissionen mit teils unscharfen räumlichen (auch internationalen) und zeitlichen Schadenszusammenhängen zu nennen.

Zu 2): Bei vielen externen Effekten handelt es sich um eine Vielzahl von Absendern und/oder Empfängern, so daß Verhandlungen mit hohen Verhandlungskosten verbunden wären. Nur diejenigen, die eine höhere Kompensation als ihre individuellen Verhandlungskosten erwarten, sind an Verhandlungen interessiert.

Zu 3): Selbst bei nur zwei Beteiligten ist, ähnlich wie in einem bilateralen Monopol, nicht nur eine Verhandlungslösung möglich; vielmehr können Verhandlungsgeschick oder andere Ungleichheiten der Verhandlungspartner, die sich mit dem Begriff „Macht" umschreiben lassen, andere Zahlungen als die im COASEschen Beispiel bei machtfreiem Anpasserverhalten deduzierten Zahlungen veranlassen, die dann auch Nichtneutralität der Handlungsrechte bezüglich der Faktorallokation implizieren.

Zu 4): Die unter 1) genannten Fälle lassen sich so deuten, daß die Kosten der Information über externe Effekte und über daran Beteiligte sehr hoch, ja sogar unendlich hoch sein können. Unter 2) wurden Kosten für Verhandlungen in Abhängigkeit von der Zahl der Beteiligten angesprochen. Mit 4) sind verallgemeinernd die Kosten für Information, für das Aushandeln, das Ausführen und für die Kontrolle von Verträgen, also *Transaktionskosten*, gemeint. Es sind insbesondere hohe Transaktionskosten, die in den meisten Fällen eine Internalisierung externer Effekte aus der Sicht der Beteiligten von vornherein als nicht lohnend erscheinen lassen.

Als Ergebnis läßt sich festhalten, daß es leider unmöglich ist, der Wirtschaftsordnungspolitik analog zu der Empfehlung „Privateigentum mit Wettbewerb statt Gemeineigentum" die Empfehlung „Schadenshaftung für das Absenden negativer externer Effekte, Kompensationszahlungen für das Empfangen positiver externer Effekte" zu geben. Die Materie ist bei den externen Effekten generell komplizierter als bei der Eigentumsfrage. Nur in wenigen Einzelfällen kann man, unabhängig von der Rechtsausgestaltung, gemäß dem COASE-Theorem auf Internalisierung aus dem Eigeninteresse der Beteiligten hoffen.

Wirtschaftspolitischer Handlungsbedarf besteht insbesondere in bezug auf das im Gemeineigentum stehende Gut Umwelt. Als umweltpolitische Instrumente, deren Einsatz die negativen externen Effekte in Form von Emissionen mindert oder entgeltlich macht, kommen Emissionsobergrenzen (*Auflagen*), *Emissionssteuern* oder *Emissionszertifikate* (handelbare „Verschmutzungsrechte") in Frage. Allerdings ist die Einführung einer Haftung für negative externe Effekte im Umweltbereich auch deshalb schwierig, weil für Emissionen bezüglich ihres

Umfangs, ihrer Schädlichkeit oder ihrer Herkunft in vielen Fällen Unklarheit besteht.

Zudem macht es auch im Bereich der Umweltpolitik keinen Sinn, unter Berufung auf das Verursacherprinzip stets auf einer Rechtsausgestaltung b) mit Schadenshaftung zu beharren. Wie BONUS (1986) am Beispiel des umstrittenen, in Baden-Württemberg eingeführten „Wasserpfennigs" zeigte, spricht ökonomisch nichts gegen eine Rechtsausgestaltung a), die hier eine Beibehaltung des Rechts von Bauern bedeutet, durch Bodendüngung das Grundwasser zu schädigen. Der „Wasserpfennig" ist dann eine vom Staat den Wasserverbrauchern zugunsten der Bauern verordnete Kompensation für den (teilweisen) Verzicht auf das Recht, den Boden zu düngen.

Quellenhinweise zu Kapitel VI

Die Darstellung der *alternativen Ansätze zur Theorie der Unternehmung* orientiert sich an CURWEN (1976); vgl. auch SCHUMANN (1980a). Die Originalarbeit zu *administrierten* Preisen ist MEANS (1935); vgl. auch MEANS (1972) und BOHLEY (1963); allgemein zum Kostenzuschlagsprinzip auch BLATTNER (1977), S. 19ff. Zu den Fragen der *Trennung von Eigentum und Management* BERLE-MEANS (1932); MARRIS (1973); MARRIS (1964); BLATTNER (1977), S. 100ff. Zu *alternativen Maximierungszielsetzungen* vgl. die im Text genannten Quellen. Zur *X-inefficiency* vgl. außer der Originalarbeit LEIBENSTEIN (1966); auch LEIBENSTEIN (1978). Zur *Verhaltenstheorie* der Unternehmung vgl. außer der Monographie von CYERT-MARCH (1963) weitere Arbeiten dieser Autoren mit anderen Ko-Autoren, genannt bei CURWEN (1976), S. 169f. Hier auch einzuordnen die Anspruchsanpassungstheorie der Unternehmung von SAUERMANN-SELTEN (1962). Viele der in den alternativen Ansätzen zur Theorie der Unternehmung diskutierten Aspekte bereits angesprochen in KRÜSSELBERG (1965). Zu *negativer Auslese* AKERLOF (1970); MILDE (1988); VARIAN (1981), Kap. 8.1; zu *moralischen Wagnissen* SINN (1980), Kap. 5.C.2.2; STOBBE (1991), S. 466ff.; MAHR (1977).

Zum *Neuen Mikroökonomik* vgl. den Sammelband PHELPS et al. (1970) mit Beiträgen von 14 Autoren, darunter der einführende Beitrag von PHELPS (1970) und der die Rolle von Informationskosten und nicht-markträumenden Preisen hervorhebende Beitrag von ALCHIAN (1970). Einführend ferner ALCHIAN-ALLEN (1974), Kap. 9; SCHUMANN (1978). In dem Sammelband von PHELPS et al. (1970) auch Studien zum Arbeitsmarkt; die hier erläuterte Anwendung auf den Arbeitsmarkt nach MORTENSON (1970) in der Interpretation von ROTHSCHILD (1979). Zum *Ansatz der Ungleichgewichtstheorie* vgl. die Grundideen bei CLOWER (1963); LEIJOHNHUFVUD (1968); SCHLIEPER (1971); als Monographie BARRO-GROSSMAN (1976); als übersichtliche Einführung FREYER (1979). Der Ansatz findet sich z.B. im makroökonomischen Lehrbuch von RICHTER-SCHLIEPER-FRIEDMANN (1981), besonders Kap. 8. Eine neue Monographie ist MEYER (1983). Zur *Transaktionskostentheorie* vgl. die im Text zitierte Literatur, ferner PICOT (1982); kritisch D. SCHNEIDER (1987), Kap. 17. Zur *Agency-Theorie* vgl. außer den im Text erwähnten Quellen die Beiträge zu dem von PRATT und ZECKHAUSER (1985) herausgegebenen Sammelband, ferner GROSSMAN-HART (1983). Zur *Neuen Institutionenökonomik* insgesamt: EGGERTSON (1990); WIGGINS (1991); HOLSTROM-TIROLE (1989); HART-HOLSTROM (1987).

Repräsentativ für die *Theorie der Eigentumsrechte* FURUBOTN-PEJOVICH (1974) mit Beiträgen von 15 Autoren; einen Überblick gibt LEIPOLD (1978); vgl. auch den Sammelband SCHÜLLER (1983); zur Einführung in den Zusammenhang mit *externen Effekten* SCHUMANN (1978); vgl. auch SCHUMANN (1991). Zur allgemeinen Bedeutung externer Effekte vgl. SOHMEN (1976), Kap. 8, und dort angegebene Literatur. Klarer Überblick über externe Effekte, auch im Zusammenhang mit Eigentumsrechten, an dem sich unser Beispiel zum Theorem von COASE (1960) orientiert, bei BÖSSMANN (1979); zum COASE-Theorem vgl. auch MONISSEN (1976); ENDRES (1977). Zur *Rationalitätenfalle* JÖHR (1976); LUCE-RAIFFA (1957); BONUS (1979). Als Monographie zur Regulierung externer Effekte vgl. KÖSTERS (1979) und dort angegebene Literatur.

Literaturverzeichnis

ADAM, D. (1990): Produktionspolitik, 6. Aufl. Wiesbaden

AHLERT, D. (1990): Grundzüge des Marketing, 4. Aufl., Düsseldorf

AKERLOF, G. (1970): The market for 'lemons': Qualitative uncertainty and the market mechanism. Quarterly Journal of Economics 84, S. 488 – 500

ALCHIAN, A. A. (1970): Information costs, pricing, and resource unemployment. In: PHELPS, S. et al: Microeconomic foundations of employment and inflation theory. New York, S. 27 – 52

− (1984): Specificity, specialization, and coalitions. Journal of Institutional and Theoretical Economics. Zeitschrift für die gesamte Staatswissenschaft 140, S. 34 – 40

−, ALLEN, R. (1974): University economics. Elements of inquiry, 3rd ed. London

−, DEMSETZ, H. (1972): Production, information costs, and economic organization. American Economic Review 62, S. 777 – 795

−, WOODWARD, S. (1987): Reflections on the theory of the firm. Journal of Institutional and Theoretical Economics. Zeitschrift für die gesamte Staatswissenschaft 143, S. 110 – 136

ALLEN, R., ALCHIAN, A. A.; vgl. ALCHIAN

ALLEN, R. G. D. (1970): Mathematical analysis for economists. London 1938. Deutsch: Mathematik für Volks- und Betriebswirte, eine Einführung in die mathematische Behandlung der Wirtschaftstheorie, 4. Aufl. Berlin

−, HICKS, J. R. (1934): A reconsideration of the theory of value, parts I and II. Economica N.S. 1, S. 52 – 76, S. 196 – 219. Deutsch: In: OTT A. E. (Hrsg.) (1965) Eine erneute Betrachtung der Werttheorie, erster Teil. Eine mathematische Theorie der individuellen Nachfragefunktionen, zweiter Teil. S. 117 – 161

ARROW, K. J. (1963): Social choice and individual values, 2. Aufl. New York-London-Sidney

− (1969): The organization of economic activity: Issues pertinent to the choice of market versus nonmarket allocation. In: US Joint Economic Committee. The analysis and evaluation of public expenditure: The PBB system, vol. I. Washington, S. 59 – 73

− (1985): The economics of agency. In: PRATT, J. W., ZECKHAUSER, R. J. (eds) (1985a)

−, CHENERY, H. B., MINHAS, B. S., SOLOW, R. M. (1961): Capital-labor substitution and economic efficiency. Review of Economics and Statistics 43, S. 225 – 250

−, DEBREU, G. (1954): Existence of an equilibrium for a competitive economy. Econometrica 22, S. 265 – 290

−, SCITOVSKY, T. (eds.) (1969): Readings in welfare economics. London

ASCHINGER, G. (1984): Contestable Markets. Ein neuer Weg zur Charakterisierung des Wettbewerbs und der Industriestruktur. Wirtschaftswissenschaftliches Studium (WiSt), 13, S. 217 – 223

ATTIYEH, R., BACH, G. L., LUMSDEN, K. (1973): Microeconomics, a programmed book. Englewood Cliffs 1966. Deutsch: Programmierte Einführung in die Volkswirtschaftslehre, Teil 1 Mikroökonomie, 3. Aufl. Frankfurt/M.-Zürich

BACH, G.L., ATTIYEH, R., LUMSDEN, K.: vgl. ATTIYEH

BADER, H., FRÖHLICH, S. (1988): Einführung in die Mathematik für Volks- und Betriebswirte, 9. Aufl. München-Wien

BAIN, J.S. (1949): A note on pricing in monopoly and oligopoly. American Economic Review 39, S. 448 – 464

– (1952): Price theory. New York,1952. Science editions. New York 1966. A rev. and enl. ed. of: Pricing, distribution and employment. New York 1948

BARRO, R.J., GROSSMANN, H.I. (1976): Money, employment and inflation. Cambridge et al.

BARTLING, H. (1980): Leitbilder der Wettbewerbspolitik. München

–, LUZIUS, F. (1991): Grundzüge der Volkswirtschaftslehre, 9. Aufl. München

BASSELER, U., HEINRICH, J., KOCH, W. (1991): Grundlagen und Probleme der Volkswirtschaft, 13. Aufl. Köln

BATOR, F.M. (1957): The simple analytics of welfare maximization. American Economic Review 47, S. 22 – 59. Wiederabgedruckt. In: BREIT, W., HOCHMANN, H.M. (eds.) (1968), S. 385 – 418 sowie in KAMERSCHEN, D.R. (ed.) (1969), S. 503 – 546

– (1958): The anatomy of market failure. Quaterly Journal of Economics 72, S. 351 – 379. Wiederabgedruckt in: BREIT, W., HOCHMANN, H.M. (eds.) (1968), S. 457 – 476

BAUMOL, W.J. (1952): Welfare economics and the theory of the state. Cambridge/Mass.

– (1959): Business behaviour, value and growth. New York

– (1977): Economic theory and operations analysis, 4th edn. Prentice-Hall

– (1982): Contestable markets: An uprising in the theory of industry structure. American Economic Review 72, S. 1 – 15

–, PANZAR, J., WILLIG, R. (1988): Contestable markets and the theory of industry structure. New York, rev. ed. San Diego

BECKER, G.S. (1965): A theory of the allocation of time. Economic Journal 75, S. 493 – 517

BECKER, K.O. (1967): Die wirtschaftlichen Entscheidungen des Haushalts. Berlin

BECKMANN, M.J., KÜNZI, H.P. (1973): Mathematik für Ökonomen. Berlin-Heidelberg-New York, Band I, 2. Aufl. 1973, Band II 1973

BERLE, A.A., MEANS, G.C. (1932): The modern corporation and private property. New York

BERNHOLZ, P., BREYER, F. (1984): Grundlagen der politischen Ökonomie. Tübingen

BERNOULLI, D. (1738): Specimen theoriae novae de mensura sortis. Commentarii academiae scientiarum imperialis Petropolitanae 5, Petersburg, S. 175 – 192. Deutsche Übersetzung von PRINGSHEIM, A.: Die Grundlage der modernen Wertlehre: DANIEL BERNOULLI. Versuch einer neuen Theorie der Wertbestimmung von Glücksfällen. Leipzig 1896

BIEVERT, B., HELD, M. (Hrsg.) (1989): Ethische Grundlagen der mikroökonomischen Theorie. Frankfurt/M.

BILAS, R.A. (1971): Microeconomic theory, 2. Aufl. Tokyo et al.

BISHOP, R.L. (1964): The theory of monopolistic competition after thirty years: The impact on general theory. American Economic Review 54, S. 33 – 43. Wiederabgedruckt in: KAMERSCHEN, D.R. (ed.) (1969), S. 320 – 331

BLATTNER, N. (1977): Volkswirtschaftliche Theorie der Firma. Firmenverhalten, Organisationsstruktur, Kapitalmarktkontrolle. Berlin-Heidelberg-New York

BLAUG, M. (1985): Economic theory in retrospect, 4th edn. Cambridge. Deutsch: Systematische Theoriengeschichte der Ökonomie, 3 Bände. München 1971, 1972, 1975

BÖHM, V. (1988): Arbeitsbuch zur Mikroökonomie II. Berlin-Heidelberg-New York

– (1989): Arbeitsbuch zur Mikroökonomie I, 2. Aufl. Berlin-Heidelberg-New York

BÖSSMANN, E. (1957): Probleme einer dynamischen Theorie der Konsumfunktion. Berlin

– (1977): Art. „Information", Handwörterbuch der Wirtschaftswissenschaft (HdWW), Bd. 4. Stuttgart et al, S. 184 – 200

– (1979): Externe Effekte, Das Wirtschaftsstudium (wisu) 8, Teil I, Heft 2, S. 95 – 98; Teil II, Heft 3, S. 147 – 151

– (1983): Unternehmungen, Märkte, Transaktionskosten: Die Koordination ökonomischer Aktivitäten. Wirtschaftswissenschaftliches Studium (WiSt), 12, S. 105 – 111

BÖVENTER, E. v. et al (1991): Einführung in die Mikroökonomie, 7. Aufl. München-Wien

BOHLEY, P. (1963): Die Rezession der Jahre 1957/58 in den Vereinigten Staaten von Amerika unter besonderer Berücksichtigung des Preisverhaltens. Berlin

BOHM, P. (1964): External economies in production. Acta Universitatis Stockholmiensis, Stockholm Economics Studies, Pamphlet Series 3. Stockholm

BONUS, H. (1979): Öffentliche Güter: Verführung und Gefangenendilemma. In: List-Forum 10 (1979/80), Heft 2, S. 69 – 102

BONUS, H. (1986): Eine Lanze für den Wasserpfennig. Wider die Vulgärform des Verursacherprinzips. Wirtschaftsdienst 9, 451 – 455

BORCHERT, M., GROSSEKETTLER, H. (1985): Preis- und Wettbewerbstheorie. Marktprozesse als analytisches Problem und ordnungspolitische Gestaltungsaufgabe. Stuttgart-Berlin-Köln-Mainz

BOULDING, K. E. (1966): Economic analysis, 4. edn., vol. I. Microeconomics, New York-Evanston-London-Tokyo

–, STIGLER, G. J. (eds.) (1953): Readings in price theory. London

BRAFF, A. J. (1969): Microeconomic analysis. New York-London-Sidney-Toronto

BRANDT, K. (1973): Einführung in die Volkswirtschaftslehre, eine Vorlesung zum Verständnis wirtschaftlicher Zusammenhänge, 3. Aufl. Freiburg/Brsg.

–, KÖHLER, W., SCHULZ, W. (1972): Mikroökonomie. Eine Aufgabensammlung mit Lösungen, Band I und II. Freiburg 1972, Band III und IV, Freiburg 1974

BREIT, W., HOCHMAN, H. M. (eds.) (1968): Readings in microeconomics. New York-Chicago-San Francisco

BREYER, F., BERNHOLZ, P.: vgl. BERNHOLZ

CARELL, E. (1968): Allgemeine Volkswirtschaftslehre, 13. Aufl. Heidelberg

CARLSON, S. (1939): A study on the pure theory of production. London. Reprinted: New York 1965

CARTTER, A. M. (1959): Theory of wages and employment. Homewood/Ill.

CASSEL, G. (1927): Theoretische Sozialökonomie, 4. Aufl. Leipzig

CASSELS, J. M. (1937): Excess capacity and monopolistic competition. Quarterly Journal of Economics 51, S. 426 – 443. Wiederabgedruckt in: BREIT, W., HOCHMAN, H. M. (eds.) (1968), S. 256 – 266

CHAMBERLIN, E. H. (1933): The theory of monopolistic competition, a reorientation of the theory of value, 8th enl, edn. Cambridge/Mass. 1965

CHENERY, H. B., ARROW, K. J., MINHAS, B. S., SOLOW, R. M.: vgl. ARROW

CHEUNG, S. N. S. (1973): The fable of the bees: An economic investigation. Journal of Law and Economics 16, S. 11 – 33

CLARK, J. M. (1940): Toward a concept of workable competition. American Economic Review 30. Wiederabgedruckt in: Readings in the Social Control of Industry. Philadelphia-Toronto 1949

– (1961): Competition as a dynamic process. Washington

CLOWER, R. W. (1963): The keynesian counter-revolution: a theoretical appraisal. In: HAHN, F. H., BRECHLING, F. P. R. (Hrsg.) The theory of interest rates, London 1965, chapter 5. Deutsch: Die Keynesianische Gegenrevolution: eine theoretische Kritik. Schweizerische Zeitschrift für Volkswirtschaft und Statistik, Band 99 (1963), S. 8 – 31

−, DUE, J.F. (1972): Microeconomics. Homewood/Ill

COASE, R.H. (1937): The nature of the firm. Economica 16, S. 386−405. Wiederabgedruckt in: STIGLER, G.J., BOULDING, K.E. (eds.) (1953), S. 331−351

− (1960): The problem of social cost. Journal of Law and Economics, 3, S. 1−44. Gekürzt wiederabgedruckt in: DORFMAN, R. and N.S. (eds.), Economics of the environment, 2nd edn. New York 1977, S. 142−171

COBB, C.W., DOUGLAS, P.H. (1928): A theory of production. American Economic Review, Papers and Proceedings 18, S. 139−165

COURNOT, A. (1838): Recherches sur les principes mathématiques de la théorie des richesses. Paris. Deutsch: Untersuchungen über die mathematischen Grundlagen der Theorie des Reichtums. Jena 1924

CURWEN, P.J. (1976): The theory of the firm. London-Basingstoke

CYERT, R.M., MARCH, J.G. (1963): A behavioural theory of the firm. Englewood Cliffs/NJ

DASGUPTA, P., HEAL, G.M. (1974): The optimal depletion of exhaustible resources. Review of Economic Studies, Symposium, S. 3−28

DEBREU, G. (1976): Theory of value. New York 1959. Deutsch: Werttheorie. Eine axiomatische Analyse des ökonomischen Gleichgewichts. Berlin-Heidelberg-New York 1976

−, ARROW, K.J.: vgl. ARROW

DEMSETZ, H., ALCHIAN, A.A.: vgl. ALCHIAN

DIEKMANN, J. (1982): Kontrakttheoretische Arbeitsmarktmodelle. Göttingen

DIEKMANN, J., MEYER, U.: vgl. MEYER

DORNBUSCH, R., FISCHER, St., SCHMALENSEE, R.: vgl. FISCHER

DOUGLAS, P.H. (1934): The theory of wages. New York. Neudruck: New York 1957

−, COBB, C.W.: vgl. COBB

DOWNS, A., MONSEN, R.J.: vgl. MONSEN

DUE, J.F., CLOWER, R.W.: vgl. CLOWER

EDGEWORTH, F.Y. (1881): Mathematical psychics. An essay on the application of mathematics to the moral sciences. London

EFROYMSON, C.W. (1955): The kinked oligopoly curve reconsidered. Quarterly Journal of Economics 69, S. 119−136

EGGERTSON, T. (1990): Economic behavior and institutions. Cambridge

EICHHORN, W. (1970): Theorie der homogenen Produktionsfunktion. Berlin-Heidelberg-New York

ELLIS, H.S., FELLNER, W. (1943): External economics and diseconomies. American Economic Review 33, S. 493−511. Wiederabgedruckt in: BOULDING, K.E., STIGLER, G.J. (eds.) (1953), S. 242−263

ENDRES, A. (1977): Die COASE-Kontroverse. Zeitschrift für die gesamte Staatswissenschaft 133, S. 637−651

ESCHENBURG, R. (1977): Der ökonomische Ansatz zu einer Theorie der Verfassung. Tübingen

FEHL, U., OBERENDER, P. (1990): Grundlagen der Mikroökonomie, 4. Aufl. München

FELLNER, W. (1949): Competition among the few. Oligopoly and similar market structures. New York

−, ELLIS, H.S.: vgl. ELLIS

FERGUSON, C.E. (1969): The neoclassical theory of production and distribution. Cambridge/Mass

−, GOULD, J.P. (1975): Microeconomic Theory, 4. Aufl. Homewood/Ill

FISCHER, St., DORNBUSCH, R., SCHMALENSEE, R. (1983): Economics, 2nd edn. New York

FLEISCHMANN, G. (1963): Symmetrisches Dyopol. Bemerkungen zur Kritik von SEITZ an der Dyopoltheorie KRELLES. Jahrbücher für Nationalökonomie und Statistik 17, S. 347 – 355

FRERICHS, W. (1979): Elemente der mikroökonomischen Theorie. Neuwied

FRETER, H., MEFFERT, H., STEFFENHAGEN, H.: vgl. MEFFERT

FREYER, W. (1979): Mikro- und makroökonomische (Un-)Gleichgewichtsanalyse. Das Wirtschaftsstudium (wisu) 8, Teil I, Heft 11, S. 549 – 553; Teil II, Heft 12, S. 605 – 609

FRIEDMAN, M. (1976): Price theory, a provisional text, rev. edn. Chicago, 1976. Deutsch: Die Theorie der Preise. München 1977

FRIEDMANN, W., RICHTER, R., SCHLIEPER, U.: vgl. RICHTER

FRISCH, R. (1933): Monopole-polypole – la notion de force dans l'économie. National-okonomisk Tidsskrift 71, S. 241 – 259. Deutsch: OTT, A. E. (Hrsg.) (1965) Monopol-Polypol – der Begriff der Kraft in der Wirtschaft. S. 17 – 32

FRÖHLICH, S., BADER, H.: vgl. BADER

FURUBOTN, E. G., PEJOVICH, S. (eds) (1974): The economics of property rights. Cambridge/Mass

GALBRAITH, K. (1958): The affluent society, 4th edn. Cambridge/Mass 1984. Deutsch: Gesellschaft im Überfluß. München-Zürich

GARB, G. (1968): Introduction to microeconomic theory. New York

GERDSMEIER, G. (1972): Grundlagenkritik preistheoretischer Modelle. Berlin

GOSSEN, H. H. (1853): Entwicklung der Gesetze des menschlichen Verkehrs und der daraus fließenden Regeln für menschliches Handeln, 3. Aufl. Mit einem Vorwort von A. HAYEK, Berlin 1927

GOULD, J. P., FERGUSON, C. E.: vgl. FERGUSON

GROSSEKETTLER, H. (1978): Der Einfluß der innerorganisotorischen Informationsverarbeitung auf die Wachstumsstruktur einer Marktwirtschaft. In: HELMSTÄDTER, E. (Hrsg.): Neuere Entwicklungen in den Wirtschaftswissenschaften. Schriften des Vereins für Socialpolitik, N. F., Band 98. Berlin, S. 135 – 196

– , BORCHERT, M.: vgl. BORCHERT

GROSSMAN, H. I., BARRO, R. J.: vgl. BARRO

GROSSMAN, S. J., HART, O. D. (1983): An analysis of the principal-agent problem. Econometrica, vol. 51, S. 7 – 46

– , HART, O. D. (1986): The costs and benefits of ownership: A theory of vertical and lateral integration. Journal of Political Economy, vol. 94, S. 691 – 719

GUTENBERG, E. (1965): Zur Diskussion der polypolistischen Absatzkurve. Jahrbücher für Nationalökonomie und Statistik 177, S. 289 – 303

– (1979): Grundlagen der Betriebswirtschaftslehre, Band I: Die Produktion, 23. Aufl. Berlin-Heidelberg-New York

– (1979): Grundlagen der Betriebswirtschaftslehre, Band II: Der Absatz, 16. Aufl. Berlin-Heidelberg-New York

HÄRTTER, E., STÖWE, H. (1990): Lehrbuch der Mathematik für Volks- und Betriebswirte, die mathematischen Grundlagen der Wirtschaftstheorie und Betriebswirtschaftslehre, 3. Aufl. Göttingen

HÄUSER, K. (1967): Volkswirtschaftslehre. Frankfurt/M-Hamburg

HALL, R. L., HITCH, C. J. (1939): Price theory and business behavior. Oxford Economic Papers 2, S. 12 – 45. Wiederabgedruckt in: WILSON, T., ANDREWS, P. W. S. (eds) (1951): Oxford studies in the price mechanism. Oxford, S. 107 – 138

HANAU, A. (1930): Die Prognose der Schweinepreise. Sonderheft 18 der Vierteljahreshefte zur Konjunkturforschung, Berlin

HARROD, R.F. (1934): Doctrines of imperfect competition. Quarterly Journal of Economics 48, S. 442 – 470

HART, O., HOLSTROM, B.R. (1987): The theory of contracts. In: BEWLEY, T.F. (ed.) Advances in economic theory. S. 71 – 155, Cambridge

–, MOORE, J. (1988): Incomplete contracts and renegotiation. Econometrica, vol. 56. S. 755 – 785

HART, O.D., GROSSMAN, S.J.: vgl. GROSSMAN

HAYEK, F.A. VON (1968): Wettbewerb als Entdeckungsverfahren. SCHNEIDER, E. (Hrsg.) Kieler Vorträge. N.F. 56, Kiel

HEAL, G.M., DASGUPTA, P.: vgl. DASGUPTA

HEINEMANN, K. (1966): Externe Effekte der Produktion und ihre Bedeutung für die Wirtschaftspolitik. Berlin

HEINRICH. J., BASSELER, U., KOCH, W.: vgl. BASSELER

HELD, M., BIEVERT, B.: vgl. BIEVERT

HELMSTÄDTER, E. (1963): Gleichgewichtsbereiche in statischen Dyopolmodellen. Jahrbücher für Nationalökonomie und Statistik 175, S. 441 – 458

– (1991): Wirtschaftstheorie. I. Mikroökonomische Theorie, 4. Aufl. München

HENDERSON, J.M., QUANDT, R.E. (1983): Microeconomic theory, 3rd edn. New York 1980. Deutsch: Mikroökonomische Theorie, 5. überarb. Aufl. München

HERBERG, H. (1989): Preistheorie. Eine Einführung in die Mikroökonomik, 2. Aufl. Stuttgart-Berlin-Köln-Mainz

HESSE, H. (1980): Arbeitsbuch Angewandte Mikroökonomik. Tübingen

HESSE, H. (Hrsg.) (1988): Wirtschaftswissenschaft und Ethik. Schriften des Vereins für Sozialpolitik, N.F., Bd. 171, Berlin

HEUSS, E. (1965): Allgemeine Markttheorie. Tübingen-Zürich

HICKS, J.R. (1932): The theory of wages. London et al.

– (1946): Value and capital, an inquiry into some fundamental principles of economic theory, 2. edn. Oxford

– (1956): A revision of demand theory. Oxford

– (1962): The social framework, an introduction to economics. Oxford 1942. Deutsch: Einführung in die Volkswirtschaftslehre. Hamburg 1962

HICKS, J.R., ALLEN, R.G.D.: vgl. ALLEN

HIRSHLEIFER, J. (1988): Price theory and Applications, 4th edn. New York

HITCH, C.J., HALL, R.L.: vgl. HALL

HOCHGESAND, H. (1977): Art. „Spekulation". Handwörterbuch der Wirtschaftswissenschaft (HdWW), 5./6. Lieferung. Stuttgart et al, S. 170 – 177

HOCHMAN, H.M., BREIT, W.: vgl. BREIT

HOEL, M. (1978): Resource extraction under some alternative market structures. Mathematical Systems in Economics, Band 39. Meisenheim

HOFMANN, W. (1989): Mathematik für Volks- und Betriebswirte, 4. Aufl. Berlin-Frankfurt/M

HOLSTROM, B.R., TIROLE, J. (1989): The theory of the firm. In: SCHMALENSEE, R., WILLIG, R.D. (eds.) Handbook of Industrial Organization. New York

HOLSTROM, B.R., HART, O.: vgl. HART

HOLZHEU, F. (1976): Zur Ökonomik erschöpfbarer Ressourcen. Diskussionspapier, Nr. 23, Institut für Wirtschaftswissenschaften, Technische Universität Berlin

HOPPMANN, E. (1977): Marktmacht und Wettbewerb. Beurteilungskriterien und Lösungsmöglichkeiten. Tübingen

HOTELLING, H. (1929): Stability in competition. Economic Journal 39, S. 41 – 57. Wiederabgedruckt in: BOULDING, K.E., STIGLER, G.J. (eds) (1953), S. 467 – 484

– (1931): The economics of exhaustible resources. Journal of Political Economy 39, S. 137 – 175

HOUTHAKKER, H.S. (1950): Revealed preferences and the utility function. Economica N.S. 17, S. 159 – 174

HOYER, W., RETTIG, R. (1984): Grundlagen der mikroökonomischen Theorie, 2. Aufl. Düsseldorf

JENSEN, M.C., MECKLING, W.H. (1976): Theory of the firm: Managerial behavior, agency costs and ownership structure. Journal of Financial Economics 3, S. 305 – 360

JEVONS, W.St. (1871): The theory of political economy. London. Deutsch: Die Theorie der politischen Ökonomie. Übersetzt nach der 4. engl. Aufl. Jena 1924

JÖHR, W.A. (1976): Die kollektive Selbstschädigung durch Verfolgung des eigenen Vorteils. In: NEUMARK, F. (Hrsg.) Wettbewerb, Konzentration und wirtschaftliche Macht. Festschrift für HELMUT ARNDT. Berlin

JUREEN, L., WOLD, H.: vgl. WOLD

KADE, G. (1962): Die Grundannahmen der Preistheorie, eine Kritik an den Ausgangssätzen der mikroökonomischen Modellbildung. Berlin-Frankfurt/M

KAMERSCHEN, D.R. (ed.) (1969): Readings in microeconomics. New York

KANTZENBACH, E. (1967): Die Funktionsfähigkeit des Wettbewerbs, 2. Aufl. Göttingen

KATONA, G. (1960): Psychological analysis of economic behavior. New York-Toronto-London 1951. Deutsch: Das Verhalten der Verbraucher und Unternehmer, über die Beziehungen zwischen Nationalökonomie, Psychologie und Sozialpsychologie. Überarbeitet und erweitert gegenüber dem Original, Tübingen

KAUFER, E. (1981): Theorie der öffentlichen Regulierung. München

KEIL, G. (1969): Vorlesungen über mikroökonomische Theorie. Meisenheim am Glan

KENEN, P.B. (1957): On the geometry of welfare economics. Quarterly Journal of Economics 71, S. 426 – 447

KEYNES, J.M. (1936): The general theory of employment, interest and money. London. Deutsch: Allgemeine Theorie der Beschäftigung, des Zinses und des Geldes. München-Leipzig 1936

KILGER, W. (1962): Die quantitative Ableitung polypolistischer Preisabsatzfunktionen aus den Heterogenitätsbedingungen atomistischer Märkte. In: KOCH, H. (Hrsg.): Zur Theorie der Unternehmung. Festschrift zum 65. Geburtstag von E. GUTENBERG, Wiesbaden, S. 269 – 309

KLAUS, J., MAUSSNER, A. (1986): Grundzüge der mikro- und makroökonomischen Theorie. München

KLEIN, B., LEFFLER, K.B. (1981): The role of market forces in assuring contractual performance. Journal of Political Economy, vol. 89, S. 615 – 641

KNIGHT, F.H. (1921): Risk, uncertainty and profit. New York

KOCH, H. (1975): Die Betriebswirtschaftslehre als Wissenschaft vom Handeln. Die handlungstheoretische Konzeption der mikroökonomischen Analyse. Tübingen

KOCH, W., BASSELER, U., HEINRICH, J.: vgl. BASSELER

KÖHLER, W., BRANDT, K., SCHULZ, W.: vgl. BRANDT

KOESTER, U. (1978): Art. „Terminmärkte". Handwörterbuch der Wirtschaftswissenschaft (HdWW), Band 8. Stuttgart et al, S. 1 – 7

KÖSTERS, R. (1979): Die Regulierung externer Effekte. Tübingen

KOOPMANS, T.C. (1957): Three essays on the state of economic science. New York-Toronto-London

KOUTSOYIANNIS, A. (1979): Modern microeconomics, 2nd edn. London et al

– (1982): Non price decisions. The firm in a modern context. London et al

KRELLE, W. (1963): Unbestimmtheitsbereiche beim Dyopol. Erwiderung auf Bemerkungen von T. SEITZ. Jahrbücher für Nationalökonomie und Statistik 175, S. 232 – 236

- (1961): Preistheorie, 1. Aufl. Tübingen
- (1968): Präferenz- und Entscheidungstheorie. Tübingen
- (1976a): Preistheorie, 2. Aufl., I. und II. Teil. Tübingen
- (1976b): Produktionstheorie, 2. Aufl., I. und II. Teil, Tübingen
KRÜSSELBERG, H. (1965): Organisationstheorie, Theorie der Unternehmung und Oligopol. Materialien zu einer sozialökonomischen Theorie der Unternehmung. Volkswirtschaftliche Schriften, Heft 86, Berlin
KRUSE, J. (1985): Ökonomie der Monopolregulierung. Göttingen
KUENNE, R.E. (1963): The theory of general economic equilibrium. Princeton NJ
- (1968): Microeconomic theory of the market mechanism: A general equilibrium approach. New York-London
KÜNZI, H.P., BECKMANN, M.J.: vgl. BECKMANN
LACHMANN, W. (1987): Wirtschaft und Ethik. Maßstäbe wirtschaftlichen Handelns. Neuhausen-Stuttgart
LAMPERT, H. (1960): Die Preisführerschaft. Jahrbücher für Nationalökonomie und Statistik 172, S. 203 – 239
LANCASTER, K. (1971): Consumer demand. A new approach. New York-London
- (1974): Introduction to modern microeconomics, 2nd edn. Chicago
LANGE, O. (1942): The foundations of welfare economics. Econometrica 10, S. 215 – 228. Wiederabgedruckt in: ARROW, K.J., SCITOVSKY, T. (eds.) (1969), S. 26 – 38
LAUNHARDT, W. (1885): Mathematische Begründung der Volkswirtschaftslehre. Leipzig
LAYARD, P.R.G., WALTERS, A.G. (1978): Introduction to modern microeconomics. New York
LEFFLER, K.B., KLEIN, B.: vgl. KLEIN
LEFTWICH, R.H. (1979): The price system and resource allocation, 7. edn. Hinsdale/Ill. Deutsche Übersetzung: Lehrbuch der mikroökonomischen Theorie. Stuttgart 1972
LEIBENSTEIN, H. (1950): Bandwagon, snob and Veblen effects in the theory of consumer's demand. Quarterly Journal of Economics 64, S. 183 – 207. Wiederabgedruckt in: BREIT, W., HOCHMAN, H.M. (eds.) (1968), S. 123 – 139. Sowie in: KAMERSCHEN, D.R. (ed.) (1969), S. 95 – 119. Deutsch: In: STREISSLER, E. u. M. (Hrsg.) (1966): Bandwagon-, Snob- und Veblen-Effekte in der Theorie der Konsumentennachfrage. S. 231 – 255
- (1966): Allocative efficiency versus "X-Efficiency". American Economic Review LVI, S. 392 – 415
- (1978): General X-Efficiency. Theory and economic development. New York-London
LEIJONHUFVUD, A. (1968): On keynesian economics and the economics of Keynes. New York-London-Toronto
LEIPOLD, H. (1978): Theorie der Property Rights: Forschungsziele und Anwendungsbereiche. Wirtschaftswissenschaftliches Studium (WiSt) 11, S. 518 – 525
LEONTIEF, W. (1946): The pure theory of the guaranteed annual wage contract. Journal of Political Economy 54, S. 76 – 79
LERNER, A.P. (1933/34): The concept of monopoly and the measurement of monopoly power. Review of Economic Studies I, S. 157 – 175
LEVENSON, A.M., SOLON, B.S. (1971): Outline of price theory. New York-Chicago-San Francisco-Toronto-London. 1964. Verbessert wiederaufgelegt als: Essential price theory, 1971
- (1964): Exercises and problems in price theory. New York-Chicago-San Francisco-Toronto-London
LINDER, S.B. (1971): Das LINDER-Axiom. Gütersloh-Wien

LIPSEY, R.G. (1975): An introduction to positive economics, 4. edn. London. Deutsche Übersetzung: Einführung in die positive Ökonomie. Köln 1973

–, STILWELL, J.A. (1967): Workbook to accompany: An introduction to positive economics. London

LITTLE, I.M.D. (1950): A critique of welfare economics. Oxford (2. edn. 1957)

– (1949): A reformulation of the theory of consumer's behavior. Oxford Economic Papers N.F. 1, S. 90 – 99. Deutsch: In: STREISSLER, E. u. M. (Hrsg.) (1966): Eine Neuformulierung der Theorie des Konsumentenverhaltens. S. 173 – 186

LUCE, R.D., RAIFFA, H. (1957): Games and decisions. Introduction and critical survey. New York

LUCKENBACH, H. (1975): Theorie des Haushalts. Göttingen

LÜCKE, W. (1969): Produktions- und Kostentheorie. Würzburg-Wien

LUMSDEN, K., ATTIYEH, R., BACH, G.L.: vgl. ATTIYEH

LUZIUS, F., BARTLING, H.: vgl. BARTLING

LYALL, K.C. (1974): Microeconomic issues of the seventies. Exercises in applied price theory. New York

MACHLUP, F. (1952): The political economy of monopoly, business, labor and government policies. Baltimore

– (1966): The economics of sellers' competition, model analysis of sellers' conduct. Baltimore 1952. Deutsch: Wettbewerb im Verkauf, Modellanalysen des Anbieterverhaltens. Göttingen 1966

MACNEIL, I.R. (1978): Contracts: Adjustment of long-term economic relations under classical, neoclassical and relational contract law. Northwestern University Law Review 72, S. 854 – 906

MAHR, W. (1977): Das moralische Risiko in Individual- und Sozialversicherung. Das Prinzip und seine Tragweite. Zeitschrift für die gesamte Versicherungswissenschaft 66, S. 205 – 240

MALINVAUD, E. (1985): Lectures on microeconomic theory, 2nd edn. Amsterdam-London

MANDEVILLE, B. (1714): Fable of the bees. Or: Private vices publick benefits. Faks. Ausg. Düsseldorf 1990

MARCH, J.G., CYERT, R.M.: vgl. CYERT

MARCUSE, H. (1967): Der eindimensionale Mensch. Studien zur Ideologie der fortgeschrittenen Industriegesellschaft. Neuwied-Berlin

MARRIS, R. (1963): A model of the "managerial" enterprise. Quarterly Journal of Economics 7, S. 185 – 209

– (1964): The economic theory of "managerial capitalism". London

– (1971): An introduction to the theories of corporate growth. In: MARRIS, R., WOOD, A. (eds.): The corporate economy. Growth, competition and innovative power. London

MARSHALL, A. (1890): Principles of economics. London, 8. Aufl., New York 1920

MARX, K. (1867, 1885, 1894): Das Kapital, Bde. 1 – 3. Berlin 1955/56

MAUSSNER, A., KLAUS, J. vgl. KLAUS

MCKENZIE, R.B., TULLOCK, G. (1978): The new world of economics – Explorations into the human experience. Homewood (Ill). Deutsch: Homo oeconomicus. Ökonomische Dimensionen des Alltags. Frankfurt/M 1984

MEANS, G.C. (1935): Industrial prices and their relative inflexibility. US-Senate, Document B, 74th Congress, 1st Session, Washington

– (1972): The administered-price-thesis reconfirmed. American Economic Review 62, S. 292 – 306

MEANS, G.C., BERLE, A.A.: vgl. BERLE

MECKLING, W.H. (1976): Values and the choice of the model in the social sciences. Schweizerische Zeitschrift für Volkswirtschaft und Statistik 112, S. 545 – 560

—, JENSEN, M.C.: vgl. JENSEN

MEFFERT, H. (1974): Interpretation und Aussagewert des Produktlebenszyklus-Konzeptes. In: HAMMANN, P. et al. (Hrsg.): Neuere Ansätze der Marketingtheorie, Berlin, S. 85 – 134

— (1986): Marketing. Grundlagen der Absatzpolitik, 7. Aufl. Wiesbaden

—, STEFFENHAGEN, H., FRETER, H. (1979): Konsumentenverhalten und Information. Wiesbaden

MENGER, C. (1871): Gesammelte Werke. Hrsg. mit einer Einleitung von F.A. HAYEK. Band 1, Grundsätze der Volkswirtschaftslehre. Tübingen 1968

MEYER, U. (1983): Neue Makroökonomik. Ungleichgewichtsanalyse mit Hilfe der Methode des temporären Gleichgewichts. Berlin et al

—, DIEKMANN, J. (1988): Arbeitsbuch zu den Grundzügen der mikroökonomischen Theorie, 3. Aufl. Berlin et al

—, SCHUMANN, J. (1979): Theoretische Ansätze zur Preisbildung. In: POPKIEWICZ-SCHUMANN (1979), S. 67 – 83

MICHAELIS, E. (1985): Organisation unternehmerischer Aufgaben. Transaktionskosten als Beurteilungskriterium. Frankfurt/M-Bern-New York

MILDE, H. (1988): Theorie der adversen Selektion. Wirtschaftswissenschaftliches Studium (WiSt) 17, S. 1 – 6

MINHAS, B.S., ARROW, K.J., CHENERY, H.B., SOLOW, R.M.: vgl. ARROW

MISHAN, E.J. (1960): A survey of welfare economics, 1939 – 1959. Economic Journal 70, S. 197 – 265. Wiederabgedruckt in: Surveys of economic theory. Vol. 1: Money, interest and welfare, London 1968, S. 154 – 222. Deutsch: Ein Überblick über Wohlfahrtsökonomik 1939 – 1959. In: GÄFGEN, G. (Hrsg.) (1966): Grundlagen der Wirtschaftspolitik. Neue Wirtschaftliche Bibliothek 11, Wirtschaftswissenschaften, Köln-Berlin, S. 110 – 176

— (1965): Reflections on recent developments in the concept of external effects. Canadian Journal of Economics and Political Science 31, S. 3 – 34

MONISSEN, H.G. (1976): Haftungsregeln und Allokation: Einige einfache analytische Zusammenhänge. Jahrbuch für Sozialwissenschaft 27, S. 391 – 412

MONSEN, R.J., DOWNS, A. (1965): A theory of large managerial firms. Journal of Political Economy 73, S. 221 – 236

MOORE, J., HART, O.: vgl. HART

MORTENSEN, D.T. (1970): Job search, the duration of unemployment, and the Phillips curve. American Economic Review 60, S. 847 – 862

MÜLLER, J.H. (1972): Produktionstheorie. In: EHRLICHER, W., ESENWEIN-ROTHE, I., JÜRGENSEN, H., ROSE, K. (Hrsg.): Kompendium der Volkswirtschaftslehre, Band 1, 3. Aufl. S. 57 – 106

MÜLLER, U., PÖHLMANN, H. (1977): Allgemeine Volkswirtschaftslehre. Einführung und Mikroökonomik

NEISSER, H.P. (1957): Oligopoly as a non-zero-sum-game. Review of Economic Studies 25, S. 1 – 20. Deutsch: In: OTT, A.E. (Hrsg.) (1965): Das Oligopol als Nichtnullsummenspiel. S. 465 – 491

NEUMANN, M. (1979): Artikel „Nutzen". In: Handwörterbuch der Wirtschaftswissenschaft (HdWW), Band 5. Stuttgart et al, S. 349 – 361

— (1988): Neoklassik. In: ISSING, O. (Hrsg.): Geschichte der Nationalökonomie, 2. Aufl. München, S. 209 – 224

— (1991): Theoretische Volkswirtschaftslehre II: Produktion, Nachfrage und Allokation, 3. Aufl. München

NORDHAUS, W.D. (1973): The allocation of energy resources. Brooking Papers on Economic Activity. S. 529–576

NOWOTNY, E. (Hrsg.) (1974): Löhne, Preise, Beschäftigung. Die Phillipskurve und ihre Alternativen. Frankfurt/M

OBERENDER, P. (Hrsg.) (1984): Marktstruktur und Wettbewerb in der Bundesrepublik Deutschland. München

– (Hrsg.) (1989): Marktökonomie. Marktstruktur und Wettbewerb in ausgewählten Branchen der Bundesrepublik Deutschland. München

–, FEHL, U.: vgl. FEHL

OTT, A.E. (1963): Gewinnmaximierung, Reaktionshypothese und Gleichgewichtsgebiet beim unvollkommenen Dyopol. Jahrbücher für Nationalökonomie und Statistik 175, S. 428–440

– (Hrsg.) (1965): Preistheorie. Neue Wissenschaftliche Bibliothek 1, Wirtschaftswissenschaften, Köln-Berlin

– (1975): Preistheorie. In: EHRLICHER, W., ESENWEIN-ROTHE, I., JÜRGENSEN, H., ROSE, K. (Hrsg.): Kompendium der Volkswirtschaftslehre, Band 1, 5. Aufl. Göttingen. S. 114–182

– (1979): Grundzüge der Preistheorie, 3. Aufl. Göttingen

PACKARD, V. (1958): The hidden persuaders. New York 1957. Deutsch: Die geheimen Verführer, der Griff nach dem Unbewußten in jedermann. Düsseldorf 1958

PANZAR, J., BAUMOL, W.J., WILLIG, R.: vgl. BAUMOL

PAPANDREOU, A.G. (1952): Some basic problems in the theory of the firm. In: HALEY, B. (ed.): A survey of contemporary economics. Homewood/Ill.

PARETO, V. (1906): Manuel d'économie politique, 1. Aufl.; Paris, 2. Aufl. Paris 1927

PATINKIN, D. (1947): Multiple-plant firms, cartels, and imperfect competition. Quarterly Journal of Economics 61, S. 173–205. Wiederabgedruckt in: BREIT, W., HOCHMAN, H.M. (eds.) (1968), S. 297–316

PEARCE, D.W., ROSE, J. (eds.) (1975): The economics of natural resource depletion. London

PEJOVICH, S., FURUBOTN, E.G.: vgl. FURUBOTN

PETHIG, R. (1979): Die Knappheit natürlicher Ressourcen. Jahrbuch für Sozialwissenschaft 30, S. 189–209

PFINGSTEN, A. (1989): Mikroökonomik. Eine Einführung. Berlin-Heidelberg

PHELPS, E.S. (1970): Introduction: The new microeconomics in employment and inflation theory. In: PHELPS et al (1970). Teilweise deutsche Übersetzung: Die neue mikroökonomische Beschäftigungs- und Inflationstheorie. In: NOVOTNY, E. (1974), S. 172–194

–, et al (1970): Microeconomic foundations of employment and inflation theory. New York

PHILLIPS, A.W. (1958): The relation between unemployment and the rate of change of money wage rates in the United Kingdom, 1861–1957. Economica, New Series 25, S. 283–299

PICOT, A. (1982): Transaktionskostenansatz in der Organisationstheorie: Stand der Diskussion und Aussagewert. Die Betriebswirtschaft 42, S. 267–283

PIGOU, A.C. (1920): The economics of welfare. London

PÖHLMANN, H., MÜLLER, U.: vgl. MÜLLER

POPKIEWICZ, J., SCHUMANN, J. (Hrsg.) (1979): Probleme der Preisbildung in den Volkswirtschaften Polens und der Bundesrepublik Deutschland. Deutsch-polnische wirtschaftswissenschaftliche Studien, Band 1, Bad Honnef

–, SCHUMANN, J. (Hrsg.) (1980): Aufgaben und Funktionsweisen der Unternehmungen in den Wirtschaftsordnungen Polens und der Bundesrepublik Deutschland. Deutsch-polnische wirtschaftswissenschaftliche Studien, Band 2, Bad Honnef

POSNER, R.A. (1986): Economic analysis of law, 3rd. edn. Boston-Toronto

PRATT, J.W., ZECKHAUSER, R.J. (eds.) (1985a): Principals and agents. The structure of business. Boston/Mass

–, ZECKHAUSER, R.J. (1985b) Principals and agents: An overview. In: PRATT, J.W., ZECKHAUSER, R.J. (eds.) (1985a)

QUANDT, R.E., HENDERSON, J.M.: vgl. HENDERSON

RAIFFA, H., LUCE, R.D.: vgl. LUCE

REISS, W. (1990): Mikroökonomische Theorie: Historisch fundierte Einführung. München-Wien

RETTIG, R., HOYER, W.: vgl. HOYER

RICARDO, D. (1817): The principles of political economy and taxation. London-New York 1817. Deutsch: Grundsätze der Volkswirtschaft und Besteuerung, Jena 1905

RICHARDSON, G.B. (1972): The organization of industry. Economic Journal 82, S. 883 – 896

RICHTER, R. (1954): Das Konkurrenzproblem im Oligopol. Berlin

– (1963): Preistheorie, Wiesbaden

–, SCHLIEPER, U., FRIEDMANN, W. (1981): Makroökonomik. Eine Einführung, 4. Aufl. Berlin-Heidelberg-New York

ROBINSON, J. (1933): The economics of imperfect competition. London

ROBINSON, R. (1967): Study guide to accompany Samuelson: Economics, 7. edn. New York

ROSE, J., PEARCE, D.W.: vgl. PEARCE

ROSS, S.A. (1973): The economic theory of agency: The principal's problem. American Economic Review 63, Papers and Proceedings, S. 134 – 139

ROTH, J., SCHMID, B.A. (1972): Arbeitsbuch „Mikroökonomische Theorie". Heidelberger Arbeitsbücher, Berlin-Heidelberg-New York

ROTHSCHILD, K.W. (1963): Lohntheorie. Berlin-Frankfurt/M

– (1979): Unvollkommene Information und Arbeitsmarkt. Suchtheorie der Arbeitslosigkeit. Wirtschaftswissenschaftliches Studium (WiSt) 8, S. 518 – 523

RYAN, W.J.L. (1977): Price theory. London-New York 1958. Rev. edn. London-Basingstoke 1977

SAMUELSON, P.A. (1938): A note on the pure theory of consumer's behavior. Economica N.S. 5, S. 61 – 71

– (1947): Foundations of economic analysis. Cambridge/Mass

– (1950): Evaluation of real national income. Oxford Economic Papers N.S. 2, S. 1 – 29

– (1975): Economics, an introductory analysis, 9. edn. New York 1973. Deutsch: Volkswirtschaftslehre, 8. Aufl. Köln 1987

SAUERMANN, H. (1965): Einführung in die Volkswirtschaftslehre. Band I, 2. Aufl., Wiesbaden

– (1964): Einführung in die Volkswirtschaftslehre, Band II. Wiesbaden

–, SELTEN, R. (1962): Anspruchsanpassungstheorie der Unternehmung. Zeitschrift für die gesamte Staatswissenschaft 118, S. 577 – 597

SAVOSNICK, K.M. (1958): The box diagram and the production possibility curve. Ekonomisk Tidsskrift 60

SCHERER, F.M. (1980): Industrial market structure and economic performance, 2. edn. Chicago

SCHITTKO, U.K. (1981): Der Dualitätsansatz und einige Anwendungsbeispiele. Wirtschaftsstudium (wisu) 10, S. 395 – 401

SCHMALENSEE, R., FISCHER, St., DORNBUSCH, R.: vgl. FISCHER

SCHLIEPER, U. (1969): Pareto-Optima, externe Effekte und die Theorie des Zweitbesten. Köln-Berlin-Bonn-München

- (1971): Some aspects of disequilibrium analysis in macroeconomics. Diskussionspapier Nr. 3, Institut für theoretische Volkswirtschaftslehre der Universität des Saarlandes, Saarbrücken
-, RICHTER, R., FRIEDMANN, W.: vgl. RICHTER
SCHMID, B. A., ROTH, J.: vgl. ROTH
SCHMIDT, I. (1990): Wettbewerbspolitik und Kartellrecht. Eine Einführung, 3. Aufl. Stuttgart-New York
SCHNABL, H. (1979): Verhaltenswissenschaftliche Konsumtheorie. Stuttgart et al
SCHNEIDER, D. (1987): Allgemeine Betriebswirtschaftslehre. 3. Aufl. der „Geschichte betriebswirtschaftlicher Theorie". München-Wien
SCHNEIDER, E. (1951): Wirtschaftlichkeitsrechnung. Tübingen
- (1972): Einführung in die Wirtschaftstheorie, II. Teil, Wirtschaftspläne und wirtschaftliches Gleichgewicht in der Verkehrswirtschaft, 13. Aufl. Tübingen
SCHNEIDER, H. (1986): Mikroökonomie, 4. Aufl. München
SCHÜLLER, A. (Hrsg.) (1983): Property Rights und ökonomische Theorie. München
SCHULZ, W., BRANDT, K., KÖHLER, W.: vgl. BRANDT
SCHUMANN, J. (1978): „Neue Mikroökonomik" und „Theorie der Eigentumsrechte": Ansätze zur Ergänzung der mikroökonomischen Theorie. Wirtschaftswissenschaftliches Studium (WiSt) 7, S. 307–312
- (1980a): Neue Ansätze zur Theorie der Unternehmung: Ein Überblick. In: POPKIEWICZ-SCHUMANN (Hrsg.) (1980), S. 68–88
- (1980b): Von Eigennutz und Nachbars Garten. In: HESSE, H. (Hrsg.) (1980), S. 1–8
- (1984): Artikel „Nutzen, Grenznutzen". In: Historisches Wörterbuch der Philosophie (HWP), Bd. 6. Sp. 1008–1011
- (1987): Die Unternehmung als ökonomische Institution. Das Wirtschaftsstudium (wisu) 16, S. 212–218
- (1988a): Die Wegbereiter der modernen Preis- und Kostentheorie. In: ISSING, O. (Hrsg.): Geschichte der Nationalökonomie, 2. Aufl. München, S. 123–149
- (1988b): Wohlfahrtsökonomik. In: ISSING, O. (Hrsg.): Geschichte der Nationalökonomie, 2. Aufl. München, S. 165–185
- (1991): Wirtschaftliche Anreizwirkungen der Eigentumsordnung. In: SCHUMANN, J. (Hrsg.) Die Bedeutung der Eigentumsordnung für das Funktionieren einer Volkswirtschaft. Deutsch-polnische wirtschaftswissenschaftliche Studien, Bd. 9, S. 1–20. Bad Honnef
SCHUMANN, J. (1992): Der Produktionsfaktor Arbeit: Düstere Vergangenheit – glänzende Zukunft? Jahrbuch für Sozialwissenschaft 43, S. 1–24
-, MEYER, U.: vgl. MEYER
-, POPKIEWICZ, J.: vgl. POPKIEWICZ
SCHUMPETER, J. A. (1912): Theorie der wirtschaftlichen Entwicklung, 1. Aufl. Leipzig 1912, 6. Aufl. Berlin 1964
SCITOVSKY, T. (1954): Two concepts of external economies. Journal of Political Economy 62, S. 143–151 (1954). Wiederabgedruckt in: ARROW, K. J., SCITOVSKY, T. (eds.), 1969, S. 242–252
-, ARROW, K. J.: vgl. ARROW
SEEL, B. (1975): Grundlagen haushaltsökonomischer Entscheidungen. Berlin
SEITZ, T. (1962): Bemerkungen zur Dyopoltheorie Krelles. Jahrbücher für Nationalökonomie und Statistik 174, S. 430–451
SELTEN, R. (1970): Preispolitik der Mehrproduktenunternehmung in der statischen Theorie. Berlin-Heidelberg-New York
- (1980): Artikel „Oligopoltheorie". In: Handwörterbuch der Wirtschaftswissenschaft (HdWW), Band 5. Stuttgart et al, S. 667–678

−, SAUERMANN, H.: vgl. SAUERMANN

SENGENBERGER, W. (Hrsg.) (1978): Der gespaltene Arbeitsmarkt. Ein Reader zur Theorie der Arbeitsmarktsegmentation. Frankfurt/M

SESSELMEIER, W., BLAUERMEL, G. (1990): Arbeitsmarkttheorien: Ein Überblick. Heidelberg

SHEPHARD, R. W. (1970): Theory of cost and production functions. Princeton, NJ

SHUBIK, M. (1959): Strategy and market structure. Competition, oligopoly, and the theory of games. New York-London

SIEBERT, H. (1978): Ökonomische Theorie der Umwelt. Tübingen

− (Hrsg.) (1980): Erschöpfbare Ressourcen. Schriften des Vereins für Socialpolitik, Neue Folge, Bd. 108. Berlin

− (1991): Einführung in die Volkswirtschaftslehre, 10. Aufl. Stuttgart

SIMON, H. A. (1955): A behavioural model of rational choice. Quarterly Journal of Economics 69, S. 99 − 118

− (1959): Theories of decision making in economics and behavioural science. American Economic Review 49, S. 253 − 284

SINN, H. W. (1980): Ökonomische Entscheidungen bei Ungewißheit. Tübingen

SLUTSKY, E. E. (1915): Sulla teoria del bilancio del consumatore. Giornale degli Economisti 51 (1915), S. 1 − 26. Deutsch: In: OTT, A. E. (Hrsg.) (1965), Zur Theorie des Verbraucherbudgets. S. 87 − 116

SMITH, A. (1759): Theory of moral sentiments. Faks. der Erstausgabe Düsseldorf 1986. Deutsch: Theorie der ethischen Gefühle. Hamburg 1985

− (1776): An inquiry into the nature and causes of the wealth of nations, 1. Aufl. London 1776. Deutsch: Der Wohlstand der Nationen, 4. Bde. München 1974

SMITHIES, A. (1941): Equilibrium in monopolistic competition. Quarterly Journal of Economics 55, S. 95 − 115

SOHMEN, E. (1976): Allokationstheorie und Wirtschaftspolitik. Tübingen

SOLON, B. S., LEVENSON, A. M.: vgl. LEVENSON

SOLOW, R. M. (1974): The economics of resources or the resources of economics. American Economic Review, Papers and Proceedings 64, S. 1 − 14

−, ARROW, K. J., CHENERY, H. B., MINHAS, B. S.: vgl. ARROW

SOMMER, F. (1967): Einführung in die Mathematik für Studenten der Wirtschaftswissenschaften, 2. Aufl. Berlin-Heidelberg-New York

SRAFFA, P. (1926): The laws of returns under competitive conditions. Economic Journal 36, S. 535 − 550

STACKELBERG, H. V. (1951): Grundlagen der theoretischen Volkswirtschaftslehre, 2. Aufl. Tübingen-Bern

− (1934): Marktform und Gleichgewicht. Wien-Berlin

− (1938): Probleme der unvollkommenen Konkurrenz. Weltwirtschaftliches Archiv 48, S. 95 − 141

STEFFENHAGEN, H., MEFFERT, H., FRETER, H.: vgl. MEFFERT

STEINMANN, G. (1970): Theorie der Spekulation. Tübingen

STIGLER, G. J. (1949): Monopolistic competition in retrospect. In: STIGLER, G. J., Five lectures on economic problems. New York, S. 12 − 24. Wiederabgedruckt in: KAMERSCHEN, D. R. (ed.) (1969), S. 307 − 319

− (1961): The economics of information. Journal of Political Economy 69, S. 213 − 225

− (1950): The development of utility theory. Journal of Political Economy 58. Wiederabgedruckt in: STIGLER, G. J., Essays in the history of economics, Chicago-London 1965, S. 66 − 155

− (1987): The theory of price, 4th edn. New York-London

– (1947): The kinky oligopoly demand curve and rigid prices. Journal of Political Economy 55, S. 432 – 449. Wiederabgedruckt in: BOULDING, K.E., STIGLER, G.J. (eds.), (1953), S. 410 – 439. Deutsch: Die geknickte Oligopol-Nachfragekurve und starre Preise. In: OTT, A.E. (Hrsg.) (1965), S. 326 – 353

–, BOULDING, K.E.: vgl. BOULDING

STIGLITZ, J.E. (1976): Monopoly and the rate of extraction of exhaustible resources. American Economic Review 66, S. 655 – 661

STILWELL, J.A., LIPSEY, R.G.: vgl. LIPSEY

STOBBE, A. (1991): Mikroökonomik, 2. Aufl. Berlin et al

STÖWE, H., HÄRTTER, E.: vgl. HÄRTTER

STREISSLER, E. u. M. (Hrsg.) (1966): Konsum und Nachfrage. Neue Wissenschaftliche Bibliothek 13, Wirtschaftswissenschaften, Köln-Berlin

STREISSLER, E., WATRIN, C. (Hrsg.) (1980): Zur Theorie marktwirtschaftlicher Ordnungen. Tübingen

STREISSLER, M. (1974): Theorie des Haushalts. Stuttgart

STREIT, M. (1978): Ökonomische Modelle für Ausbildung und Arbeitsmarkt. Wien-New York

SWEEZY, P.M. (1939): Demand under conditions of oligopoly. Journal of Political Economy 47, S. 568 – 573. Wiederabgedruckt in: BOULDING, K.E., STIGLER, G.J. (eds.) (1953), S. 404 – 409. Deutsch: Die Nachfrage beim Oligopol. In: OTT, A.E. (Hrsg.) (1965), S. 320 – 325

THIEME, J. (1991): Soziale Marktwirtschaft: Ordnungskonzeption und wirtschaftspolitische Gestaltung. München

TIROLE, J. (1988): The theory of industrial organization. Cambridge/Mass-London

TIROLE, J., HOLSTROM, B.R.: vgl. HOLSTROM

TOWNSEND, H. (ed.) (1971): Price theory. Harmondsworth, Middlesex

TULLOCK, G., McKENZIE, R.B.: vgl. McKENZIE

TRIFFIN, R. (1940): Monopolistic competition and general equilibrium theory. Cambridge/Mass

VARIAN, H.R. (1985): Microeconomic analysis, 2nd edn. New York 1984. Deutsch: Mikroökonomie, 2. Aufl. München-Wien

VEBLEN, Th. (1924): The theory of the leisure class, an economic study of institutions. London. Deutsch: Theorie der feinen Leute, eine ökonomische Untersuchung der Institutionen. Köln-Berlin

VINER, J. (1932): Cost curves and supply curves. Zeitschrift für Nationalökonomie 3, S. 23 – 46. Wiederabgedruckt in: BOULDING, K.E., STIGLER, G.J. (eds.) (1953), S. 198 – 232 sowie in: KAMERSCHEN, D.R. (ed.) (1969), S. 197 – 228. Deutsch: Kosten- und Angebotskurven. In: OTT, A.E. (Hrsg.) (1965), S. 195 – 221

WAGNER, A. (1988): Mikroökonomik, 2. Aufl. Stuttgart-New York

WALD, A. (1936): Über einige Gleichungssysteme der mathematischen Ökonomie. Zeitschrift für Nationalökonomie 7, S. 637 – 670

WALLIS, J.J., NORTH, D.C. (1986): Measuring the transaction sector in the American economy 1870 – 1970. In: ENGERMAN, S.L., GALLMAN, R.E. (eds.) Long-term factors in American economic growth. Studies in income and wealth, Vol. 51, S. 95 – 161

WALRAS, L. (1874): Eléments d'économie politique pure ou théorie de la richesse social. 1874, edition définitive. Paris 1926. Englisch: Elements of pure economics or the theory of social wealth. London 1954

WALSH, V.C. (1970): Introduction to contemporary microeconomics. New York

WALTERS, A.G., LAYARD, P.R.G.: vgl. LAYARD

WATRIN, C., STREISSLER, E.: vgl. STREISSLER

WATSON, D.S., GETZ, M. (1981): Price theory and its uses,5th edn. Boston

WEINTRAUB, E. R. (1974): General equilibrium theory. London

WEINTRAUB, S. (1949): Price theory. New York-Toronto-London

WEISE, P. et al (1991): Neue Mikroökonomie, 2. Aufl. Würzburg-Wien

WEIZSÄCKER, C. C. VON (1980): Barriers to entry. A theoretical treatment. Berlin-Heidelberg-New York

WICKSELL, K. (1913): Vorlesungen über Nationalökonomie auf Grundlage des Marginalprinzips, Theoretischer Teil 1, Band. Jena, Neudruck 1969

WIESMANN, J. (1991): Pareto-inferiore Bereiche der Transformationskurve. Wirtschaftswissenschaftliches Studium (WiSt) 20, S. 205 – 208

WIGGINS, St. N. (1991): The economics of firms and contracts. Journal of Institutional and Theoretical Economics. Zeitschrift für die gesamte Staatswissenschaft 147, S. 603 – 661

WILLIAMSON, O. E. (1963): A model of rational managerial behaviour. In: CYERT, R. M., MARCH, J. G.: A behavioural theory of the firm. Englewood Cliffs/NJ

– (1964): The economics of discretionary behaviour. Managerial objectives in a theory of the firm. Englewood Cliffs/NJ

– (1983): Credible commitments: Using hostages to support exchanges. American Economic Review 73, S. 519 – 540

– (1985): The economic institutions of capitalism. Firms, markets, relational contracting. New York-London. Deutsch: Die ökonomischen Institutionen des Kapitalismus. Tübingen 1990

– (1989): Transaction cost economics. In: SCHMALENSEE, R., WILLIG, R. D. (eds.) Handbook of Industrial Organization, vol. 1. S. 135 – 182

– (1990): A comparison of alternative approaches to economic organization. Journal of Institutional and Theoretical Economics. Zeitschrift für die gesamte Staatswissenschaft 146, S. 61 – 71

WILLIG, K., BAUMOL, W. J., PANZAR, J.: vgl. BAUMOL

WITTMANN, W. (1968): Produktionstheorie. Berlin-Heidelberg-New York

WOLD, H., JURÉEN, L. (1952): Demand analysis, a study in econometrics. Stockholm-New York

WOLL, A. (1990): Allgemeine Volkswirtschaftslehre, 10. Aufl. München

WOODWARD, S., ALCHIAN, A. A.: vgl. ALCHIAN

ZECKHAUSER, R. J., PRATT, J. W.: vgl. PRATT

ZIMMERMANN, G. (1972): Untersuchungen zur Preistheorie der Mehrproduktunternehmung bei Nachfrage- und Kostenverbund. Diss, Münster

Namenverzeichnis

Sachverzeichnis*

---

* *Kursive* Seitenzahl bezeichnet die Seite, auf der der Begriff erläutert wird.